铁路科技图书出版基金资助出版

高速铁路无缝线路关键技术研究与应用

高　亮　著

中国铁道出版社

2012年·北京

内 容 简 介

本书针对我国高速铁路跨区间无缝线路的特点，以无砟轨道无缝线路、高速无砟道岔、长大桥梁及高架站无砟轨道无缝线路为研究对象，对其设计理论、设计参数、试验方法、检测及监测技术、检算评估方法等进行了深入系统地研究，形成一整套适用于我国高速铁路的一般地段（或区间）无砟轨道无缝线路、路基上高速无缝道岔、长大桥梁无砟轨道无缝线路、高架站无砟轨道无缝道岔技术体系，并成功应用于京沪高速铁路、郑西高速铁路等，为高速线路无缝线路的设计、施工、养护维修及现场监测等提供了重要的依据。

图书在版编目（CIP）数据

高速铁路无缝线路关键技术研究与应用/高亮著．—北京：中国铁道出版社，2012.12

ISBN 978-7-113-15438-7

Ⅰ.①高… Ⅱ.①高… Ⅲ.①高速铁路—无缝线路轨道—研究 Ⅳ.①U213.9

中国版本图书馆 CIP 数据核字（2012）第 239029 号

书　　名：高速铁路无缝线路关键技术研究与应用
作　　者：高　亮

策　　划：张　婕
责任编辑：张　婕　　**编辑部电话：**（路）021-73141　（市）010-51873141
编辑助理：邱金帅
封面设计：郑春鹏
责任校对：焦桂荣
责任印制：陆　宁

出版发行：中国铁道出版社（100054，北京市西城区右安门西街 8 号）
网　　址：http://www.tdpress.com
印　　刷：北京米开朗优威印刷有限责任公司
版　　次：2012 年 12 月第 1 版　2012 年 12 月第 1 次印刷
开　　本：787 mm × 1 092 mm　1/16　印张：25.25　字数：610 千
书　　号：ISBN 978-7-113-15438-7
定　　价：88.00 元

推荐语

Recommended Language

我国高速铁路已进入一个快速发展的时期。按照《中长期铁路网规划(2008年调整)》的目标,2020年我国铁路营业里程将达到12万公里,其中客运专线将达到1.6万公里以上,形成"四纵四横"客运专线骨架及三个城际客运系统,客车速度目标值达到每小时200 km及以上。目前,我国高速铁路的发展极其迅猛,京沪、郑西、武广等高速铁路已经建设完成并投入运营,我国高速铁路的大规模建设已经是一个不争的事实。

我国高速铁路具有全线采用跨区间无缝线路、无砟轨道为主、高架桥梁众多的鲜明特点。以京沪高速铁路为例,其设计速度350 km/h,是目前世界上标准最高、规模最大、一次建成线路最长的高速铁路。京沪高速铁路从北京南站出发终止于上海虹桥站,总长度1 318 km,线路跨越两大既有铁路干线、三大平原、四大水系,地理条件多样,地质条件复杂,线下工程以桥梁为主,正线桥梁247座,约1 060 km,占全长的80.4%;全线铺设无砟轨道,正线约1 268 km,占线路长度的96.2%。

无缝线路是铁路技术进步的重要标志,是轨道结构近百年来最突出的改进与创新。为保证高速列车的平稳安全运行,高速铁路无缝线路不仅要求具有传统无缝线路的高强度,更要实现高平顺性、高稳定性,无缝线路技术面临前所未有的挑战。我国地域广阔,气候条件恶劣,而无缝线路长度长、跨越地界广、地形要素多样,如何保证高速铁路无缝线路的强度、稳定性成为难点。为保证轨道平顺性,我国高速铁路无缝线路广泛采用无砟轨道与高架桥梁,这又显著增加了线下结构对无缝线路受力变形影响的复杂性。与传统无缝线路不同,高速铁路无缝线路技术包含内容更加广泛,涉及技术难点更多,列车运行的高舒适性与平稳性、轨道与线下基础的适应性、各种参数的合理匹配等均对无缝线路的设计及应用提出了更高的要求。

目前,国内外针对无缝线路的结构设计、现场施工及养护维修等进行大量的研究工作,普速无缝线路技术已经比较成熟。但对于高速铁路而言,普速无缝线路的设计、施工、养护维修的理念及方法均具有一定局限性，难以满足高速铁路无缝线路的需要。与普速无缝线路相比，由于采用大号码道岔、桥上道岔、无砟轨道和长大桥梁等，高速铁路无缝线路不仅综合了跨区间无缝线路、无砟轨道、长大桥梁和高架车站的技术要点，还衍生出一系列的技术难点，有些甚至是世界性难题。在结构设计方面，需要解决路基上大号码道岔无缝化设计、无砟轨道与无缝线路的适应性、长大桥梁和特殊桥梁上无缝线路结构设计及高架站铺设无砟道岔的设计等问题；施工养护方面，需要解决轨下基础平顺性、钢轨碎弯变形控制及大号码道岔的焊联等问题。高速铁路使得无缝线路设计技术更为复杂，对高速铁路无缝线路及其下部基础采用的新结构、新技术进行深入地研究，对指导无缝线路设计具有重要的理论及应用价值。

近年来，北京交通大学土木建筑工程学院高亮教授及其科研团队在铁道部领导及设计、施工、管理相关单位的支持下，针对高速铁路无缝线路的技术难点，先后开展了大号码道岔无缝化研究、长大桥梁无缝线路关键技术研究、高架站无缝道岔计算理论与试验研究、高速铁路无缝线路监测、检算及评估技术研究等，并进行了多次的室内、实尺模型及现场试验，在高速铁路关键技术的研究方面取得很多具有创新性的成果，大量成果得到现场应用，并形成合理的高速铁路无缝线路理论与技术。期待我国科技工作者增强自主创新能力，进一步开展高速铁路无缝线路新技术的研究与实践，满足高速铁路建设的需要，为实现我国铁路的快速发展作出更大贡献。

中国工程院院士 王梦恕

2012 年 6 月

序

Sequence

无缝线路是世界铁路技术进步的重要标志，特别是跨区间无缝线路的推广应用，最大限度地消灭了钢轨接头，全面提高了轨道的平顺性、稳定性和可靠性，保证了列车高速、安全、平稳运行。

当前，我国铁路正处于快速发展的黄金期。到 2020 年，全国铁路营业里程将达到 12 万公里以上，其中客运专线 1.6 万公里以上，由客运专线、城际铁路和快速客货线路构成的快速客运网总规模达到 5 万公里以上。我国高速铁路线路里程长，气候环境差异大，运营条件复杂。土木工程以大跨结构多、无砟轨道体系丰富和道岔全面无砟化独树一帜；气候环境北有哈大高铁为代表的高寒冰雪，西有兰新二线为代表的极旱大风，南有广深港客运专线为代表的潮湿酷暑；运输上高中低不同速度并存，技术装备制式多样，速度、密度、运量并举；从而对无缝线路提出了更高要求，需要突破众多重大技术难题。

高亮教授是我国轨道结构领域的知名专家，尤其在无缝线路方面造诣很高。针对高速铁路无缝线路重大技术难题，他以高速铁路轨道结构基础理论为核心，以实尺试验和现场试验为基础，先后开展了大号码道岔无缝化研究、长大桥梁无缝线路关键技术研究、高架车站无缝道岔计算理论研究、无砟轨道无缝线路关键技术研究、跨区间无缝线路的检算与评估计术以及无缝线路的检测与实时监测技术研究，取得了一系列创新性成果，成功指导了以京沪高速铁路为代表的我国高速铁路重大工程的设计、施工与养护维修，并及时总结形成《高速铁路无缝线路关键技术研究与应用》一书。

本书是一本阐述无缝线路设计理论及其应用技术的学术专著，系统性强，内容丰富，对高速铁路无缝线路技术的发展具有重大的意义，是轨道专业科研、设计、施工、维护人员学习提高的好教材和日常工作中的重要参考书。

我国高速铁路正经受运营的考验，无缝线路技术需要在实践中进一步提高。希望高亮教授继续发扬吃苦奉献、理论联系实际的优良传统，不断研究总结最新的成果，笃行不倦，进一步丰富发展高速铁路无缝线路技术。

铁道部副总工程师 

2012 年 12 月

前言 Forewords

我国高速铁路具有全线铺设跨区间无缝线路，正线以无砟轨道为主，长大桥梁、高架站多，行车速度高等特点。以桥代路、控制沉降是我国高速铁路重要的设计理念之一，基础工程中桥梁的比例普遍较高。高速铁路不仅需要铺设众多的高速道岔，且需要在大量的长大桥梁上铺设无砟轨道无缝线路。

高速道岔、长大桥梁无缝线路及高架站无缝道岔不仅综合了跨区间无缝线路、无砟轨道、长大桥梁和高架站的技术要点，还衍生出一系列的技术难点，如高速道岔的无缝化设计问题、无缝线路与长大桥梁的适应性问题、无缝道岔群与高架站的适应性问题、长大桥梁及高架站无砟轨道对无缝线路的影响问题、跨区间无缝线路检算及评估问题、无缝线路的长期监测技术问题等。

1. 路基上无缝线路。我国高速铁路无缝线路以无砟轨道为主，CRTS Ⅰ型板式、双块式、CRTS Ⅱ型板式无砟轨道等得到广泛应用，形成高速铁路无砟轨道无缝线路。无砟轨道刚度均匀性好、结构耐久性强、轨道稳定性高。与有砟轨道相比，无砟轨道更能适应高速铁路对于线路高稳定性、高平顺性及高使用率的要求。由于无砟轨道道床稳定，无缝线路不易发生失稳，但在高温条件下易出现碎弯，影响高速列车的平稳安全运行。此外，无砟轨道弹性多由扣件提供，这就对扣件性能提出了更高的要求。为此，需要根据高速铁路轨道结构的特点，研究合理的无缝线路设计方法，实现高速铁路无缝线路各项参数的合理匹配。

2. 高速无缝道岔。无缝道岔是跨区间无缝线路的关键技术，与普通无缝线路、桥上无缝线路相比，其受力与变形特点不同，具有以下特点：无缝道岔两端温度力不平衡；无缝道岔中有多根钢轨参与温度力的传递；无缝道岔直侧股钢轨间存在着限位器、间隔铁等传力部件，将道岔导轨的温度力向基本轨传递等。随着高速铁路的发展，岔区无砟轨道因其稳定性好、养护维修量少而得到广泛应用，形成无砟轨道无缝道岔。由于无砟轨道无缝道岔以道岔板、底座板（支承层）等取代道床，轨下基础具有更好的结构稳定性，限位器、间隔铁等传力结构在温度力的传递中起主要作用。传力结构在限制尖轨、心轨位移的同时，将部分温度力传递至基本轨，产生伸缩附加力，引起基本轨位移。此外，道岔受力变形也受到温度梯度、刚度变化等岔区无砟轨道因素的影响。与既有无缝道岔相比，高速道岔对结构的安全性、列车运行的平稳性要求更高，需要更准确、更可靠的设计方法来保证道岔的性能。

3. 长大桥梁无砟轨道无缝线路。长大桥梁无砟轨道无缝线路梁跨较大，梁体因温度变化产生的伸缩量、因列车荷载作用产生的挠曲量远远大于一般梁跨结构，导致无缝线路钢轨伸缩力、挠曲力也较大。同时，在列车制（启）动或桥上发生断轨时，对桥跨结构施加的附加力也比一般桥梁大的多。长大桥梁在温度及列车荷载作用下，梁体的纵向位移往往远大于钢轨的纵向位移，此时桥梁墩台和钢轨均承受巨大的纵向水平力。为解决这一问题，需要采取措施减小梁轨相互作用。我国多采用减小轨下阻力，即布置小阻力扣件或设置伸缩调节器的方式，但伸缩调节器的合理布置、无砟轨道与桥梁、钢轨受力变形的相互协调又成为新的难点。近几年随着 CRTS Ⅱ 型板式无砟轨道的应用，混凝土底座板与桥梁之间设置"两布一膜"滑动层，通过减少无砟轨道板下约束来减小梁轨相互作用的方式也得到应用，但其力学特性非常复杂。对于桥上 CRTS Ⅱ 型板式无砟轨道，扣件参数的合理选择、伸缩调节器是否布置及布置原则、锁定轨温合理设置、梁轨相对位移与钢轨的受力变形关系等均与一般桥上无缝线路不同。此外，高速列车运行对桥上无砟轨道无缝线路振动冲击较大，无缝线路与桥梁结构的受力变形必须协调，需要研究车-轨-桥系统动力设计方法，并开展相应的现场试验研究。同时，基于新型测试手段开展长期监测技术的研究，对高速铁路无缝线路服役状态进行实时监控，把握其受力与变形规律，也是保证高速铁路无缝线路安全运行的关键。

4. 高架站无砟轨道无缝道岔。高架站无砟轨道上铺设无缝道岔后，高架站与无缝道岔间的相互作用会影响车站梁体结构形式、支座布置、无砟轨道形式等的设计，同时还会影响无缝道岔的结构设计、道岔与高架站梁体的相对布置。除了考虑上述影响外，还必须考虑高架站与无缝道岔间存在的空间耦合动力作用。由于无砟轨道无缝道岔结构不平顺、碎弯变形、尖轨与心轨尖端上翘、开口等不平顺的影响，车-岔-桥的耦合作用无疑会增大岔区轮轨动力响应，严重情况下还可能引起尖轨及心轨破坏和列车运行平稳性与安全性降低，导致列车直侧向过岔时限速，这就要求桥梁结构形式、岔桥相对位置等设计中必须考虑车-岔-桥耦合振动的影响。为掌握高速列车通过时道岔、无砟轨道、高架站系统的动力学特性，需开展实车试验研究，对关键区域的安全性指标、动位移、振动加速度等进行测试，指导高架站无缝道岔的动力设计。此外，还需要使用稳定性好、精度高、抗干扰强的新型测试手段，对其长期受力与变形规律进行实时监测。

高速铁路设计和建设过程中，对高速道岔、长大桥梁无砟轨道无缝线路、高架站无砟轨道无缝道岔的诸多技术难点还把握不准。因此，理论分析与综合试验相结合，开展我国高速铁路长大桥梁、高架站无砟轨道无缝线路技术体系的研究，对指导我国高速铁路建设、有效解决高速铁路的建设和运营问题，具有重要的工程意义。为此，本书将以京沪高速铁路、郑西高速铁路等为背景，对高速道岔、长大桥梁及高架站无砟轨道无缝线路设计方法、跨区间无缝线路检算内容和评估方法、高速铁路无缝线路关键设计参数、无砟轨道无缝线路长期监测技术等进行深入的理论与试验研究，希望能为从事相关设计、施工、养护维修的铁路工作者提供参考，推动我国高速铁路无缝线路技术的不断发展。

本书共分八章，第一章介绍国内外路基上一般无缝线路、高速道岔、桥上无缝线路、桥上无缝道岔的研究应用现状及相关参数、检测监测技术、检算评估方法的概况；第二章通过理论分析、室内与现场试验，对设计锁定轨温、制动力摩擦系数、间隔铁阻力等高速铁路无缝线路关键设计参数的合理取值进行研究；第三章提出基于纵-横-垂向空间耦合模型的高速道岔设计方法及车-岔动力学模型，并对高速道岔的无缝化问题及长大坡道道岔、道岔合理焊接顺序等关键技术问题进行系统研究；第四章建立长大桥梁无砟轨道无缝线路的空间耦合静动力模型，对其相互作用规律及车桥耦合系统的动力特性、伸缩调节器的设置、CRTSⅡ型板式无砟轨道台后锚固体系的力学特性等进行分析；第五章建立道岔-无砟轨道-桥梁-墩台空间耦合精细化模型，结合现场试验，对桥上无砟道岔的力学特性及参数影响规律进行研究；第六章基于协同仿真技术，建立车-岔-桥 FORSYS 一体化平台，对桥上无砟道岔的动力作用规律进行深入分析；第七章针对高速铁路无缝线路的特点，总结提出人工、基于修正应力-应变式、基于光纤光栅传感器技术的监测方法，并应用于典型工点；第八章建立高速铁路无缝线路检算方法及指标，对典型工点进行全面的检算评估。

在开展高速铁路无缝线路关键技术的研究中，得到铁道部运输局、科技司有关领导的亲切关怀与鼓励，得到国家自然基金、铁道部科技发展计划项目、教育部博士点基金项目、国家 863 项目的资助，得到铁道部副总工程师赵国堂研究员，京沪高速铁路股份有限公司杨启兵教授级高级工程师、魏强高级工程师、彭声应教授级高级工程师、答治华教授级高级工程师、赵健高级工程师，中铁第一勘察设计院集团有限公司魏周春高级工程师，铁道第三勘察设计院集团有限公司闫红亮高级工程师，郭鹂高级工程师、管吉波高级工程师，中铁第四勘察设计院集团有限公司孙立教授级高级工程师、李秋义教授级高级工程师，铁道科学研究院刘秀波研究员、蒋金洲研究员，中铁工程设计咨询集团有限公司许有全高级工程师，西南交通大学万复光教授、王平教授、刘学毅教授、李成辉教授，华东交通大学雷晓燕教授、刘林芽教授，香港理工大学谭耀华教授，各铁路设计院轨道、桥梁专家及铁一局、铁十二局、铁十四局、铁十五局、铁十七局、铁十八局等单位的大力支持与帮助。在本书的写作过程中，课题组成员蔡小培、肖宏、井国庆、朱力强等进行大量研究资料的收集整理，笔者的博士研究生乔神路、辛涛、曲村、侯博文、赵磊、王璞、崔日新等提供了丰富的算例；本书还参考了最近颁布的相关规范及国内外相关文献，对其编者或作者一并表示感谢。

作者水平有限，不当、疏漏之处在所难免，恳请广大读者批评指正。

高亮
2012 年于北京

目录

Contents

第一章　绪　　论

我国高速铁路广泛采用跨区间无缝线路结构，具有行车平稳、机车车辆及轨道维修费用低、线路使用寿命长等优点。无缝线路是世界铁路技术进步的重要标志，是与高速铁路相适应的轨道结构。与普速无缝线路相比，高速铁路无缝线路广泛采用无砟轨道、高架桥梁等稳定性好、可靠性高的轨下结构，能够有效保障高速列车的平稳安全运行。

高速道岔是高速铁路跨区间无缝线路的重要组成部分，其结构与状态对列车运行的安全性、平稳性及旅客的舒适性产生直接的影响。作为影响列车行车速度和安全的关键设备，道岔在高速铁路中占有十分重要的特殊地位，其设计与运用受到各国铁路的关注。高速道岔的无缝化是延长道岔使用寿命，提高列车通过能力的关键。由于高速道岔导曲线半径大，限制条件多，结构复杂，平顺性要求高，对道岔无缝化后的受力变形要求严格，道岔无缝化设计的合理、可靠就成为高速道岔的核心问题。

以桥代路、控制沉降是我国高速铁路重要的设计理念，高速铁路需要在大量的长大桥梁上铺设无砟轨道无缝线路。对于长大桥梁无砟轨道无缝线路，由于梁跨较大，梁体因温度变化产生的伸缩量、因列车荷载作用产生的挠曲量远远大于一般梁跨结构，导致无缝线路钢轨伸缩力、挠曲力也较大。同时，在列车制（启）动或桥上发生断轨时，对桥跨结构施加的附加力也比一般的桥梁大的多。长大桥梁在温度荷载作用下，梁体的纵向位移往往远大于钢轨的纵向位移，此时桥梁墩台和钢轨均承受巨大的纵向水平力。为解决这一问题，往往需要在长大桥梁上设置伸缩调节器、布置小阻力扣件或者在无砟轨道与梁体之间设置滑动层，而这又会给长大桥梁无砟轨道无缝线路带来更多的技术难题。

受到环保、地形和地质条件的限制，高速铁路某些车站必须采用高架形式，这样就会有相当数量的道岔必须设置在桥上。高架站无砟轨道无缝道岔，综合了桥上无缝线路、无砟轨道、无缝道岔的技术特点和难点，是迄今为止跨区间无缝线路方面难度最大的课题之一。高架站与道岔间的空间相互作用不仅会影响车站梁体结构形式、支座布置、无砟轨道形式等的设计，同时还会影响无缝道岔的结构设计、道岔与高架站梁体的相对布置。除了考虑上述影响外，还必须考虑高架站与无缝道岔间的耦合动力作用。

随着我国高速铁路建设的展开和无砟轨道的大量采用，高速无砟道岔的应用、长大连续梁桥上铺设无砟轨道无缝线路和无缝道岔已是不可避免。高速铁路采用无砟轨道后，路基无缝线路及道岔的力学特性更加复杂、梁-轨（岔）相互作用机理及设计参数与传统的有砟轨道也有明显不同；对于不同的无砟轨道结构，其结构形式及传力机理相差很大，需要结合高速铁路无缝线路的特点，对无砟轨道的适应性进行更加详尽的研究。为了确保高速铁路无缝线路的正常安全使用，需要对高速无砟道岔、长大桥上无砟轨道无缝线路和高架站无砟轨道无缝道岔的计算方法、计算参数、受力变形规律、检测和监测技术及检算和评估指标等进行系统研究。

第一节 高速铁路无缝线路的技术特点

为保证高速列车的平稳安全运行,高速铁路无缝线路必须具有高平顺性及高稳定性。为此,与传统无缝线路相比,高速铁路无缝线路采用更高的设计及施工标准。我国高速铁路跨区间无缝线路的主要技术特点包括:无砟轨道无缝线路、高速道岔无缝化、长大桥上无缝线路和高架站上无缝道岔。

(一)无砟轨道无缝线路

无砟轨道取消碎石道床,轨道保持几何状态的能力得到提高,轨道稳定性相应增强,已成为高速铁路轨道结构的发展方向。与有砟轨道相比,无砟轨道更能适应高速铁路对于线路高稳定性、高平顺性及高使用率的要求。随着我国高速铁路无砟轨道的大规模铺设,CRTS Ⅰ型板式、双块式、CRTS Ⅱ型板式无砟轨道等得到广泛应用,形成高速铁路无砟轨道无缝线路。

(二)高速道岔无缝化

我国高速铁路采用跨区间无缝线路,线路平顺性好,钢轨受力分布均匀,可保证轨道结构的高平顺性及高稳定性,实现高速列车的平稳安全运行。道岔无缝化是跨区间无缝线路的关键技术,18号、39号、41号、42号等多种道岔已经大量铺设于我国高速铁路。道岔的受力变形分析及动力特性已成为无缝道岔设计与应用的核心和主要难点,直接关系到高速铁路跨区间无缝线路的稳定性。

(三)长大桥上无缝线路

为满足高速铁路跨越江河、山谷等的需要,桥梁长度及跨度不断增加,形成高速铁路长大桥上无缝线路。长大桥梁伸缩、挠曲变形大,梁轨相互作用复杂,列车制动或桥上发生断轨对结构施加的附加力也比一般桥梁大。如何减小梁轨相互作用是长大桥上无缝线路的核心技术。

随着我国高速铁路建设的开展,长大桥梁结构形式被广泛采用,长大桥上铺设无砟轨道和无缝线路是我国高速铁路建设的关键技术之一。对于长大桥上无缝线路,梁端设置钢轨伸缩调节器可以减少梁轨相互作用,但却影响行车舒适性,增加养护维修工作量,形成轨道结构的薄弱环节。钢轨伸缩调节器是否设置、如何设置一直是长大桥上无缝线路设计的难点。

(四)高架站上无缝道岔

由于地质、地形条件或环保的要求,高速铁路无缝道岔需要设置在高架车站结构上,形成高架站上无缝道岔结构。高架站上无缝道岔涉及无缝道岔、桥上无缝线路、桥梁对道岔的适应性等相关问题,既要考虑无缝道岔中钢轨受力和变形的复杂关系,又要考虑桥上无缝道岔的梁轨相互作用,是迄今为止跨区间无缝线路方面难度最大的课题之一。

德国、法国、日本高速铁路上都曾在高架站上铺设无缝道岔,我国正在建设的高速铁路越来越多地出现道岔,并以各种形式布设在高架站上。高架站上无缝道岔技术已经成为高速铁路无缝线路的关键技术之一。

第二节 高速铁路无砟轨道发展概况

无砟轨道具有稳定性高、刚度均匀性好、结构耐久性强、养护维修工作量少等显著特点,是与高速铁路相适应的轨道结构。自20世纪60年代开始,为满足高速铁路发展的需要,许多国家相继开展了无砟轨道结构的研究与铺设,并得到不同程度的发展,其中以日本、德国最具代表性。我国也开展了对无砟轨道的一系列研究,在引进—消化—吸收—再创新的过程中取得一定的成果,并在实际建设运营中积累了大量的经验,形成具有我国自主知识产权的高速铁路无砟轨道技术。

一、国外发展现状

目前世界上高速铁路无砟轨道结构类型的发展方向可分为两类,即预制混凝土板式轨道和带轨枕或支承块的现浇混凝土式无砟轨道。其中预制混凝土板式轨道又分为单元板式(如日本板式轨道)和纵向连续板式(如博格板式轨道)。

(一)日本新干线板式轨道

日本无砟轨道技术主要以新干线板式轨道结构为代表。20 世纪 70 年代,板式轨道作为日本铁路建设的国家标准进行推广。因此,日本的板式轨道应用非常广泛。日本板式轨道主要由钢轨、扣件(扣件形式主要为直结型扣件)、轨道板、CA 砂浆及底座等组成,见图 1—1。

为节省建设成本,减小轨道板翘曲,改善横向应力分布,在标准 A 型轨道板的基础上,日本研制出普通混凝土和预应力混凝土框架式轨道板(图 1—2),并自北陆、九州和东北(盛冈—八户)新干线开始推广应用。

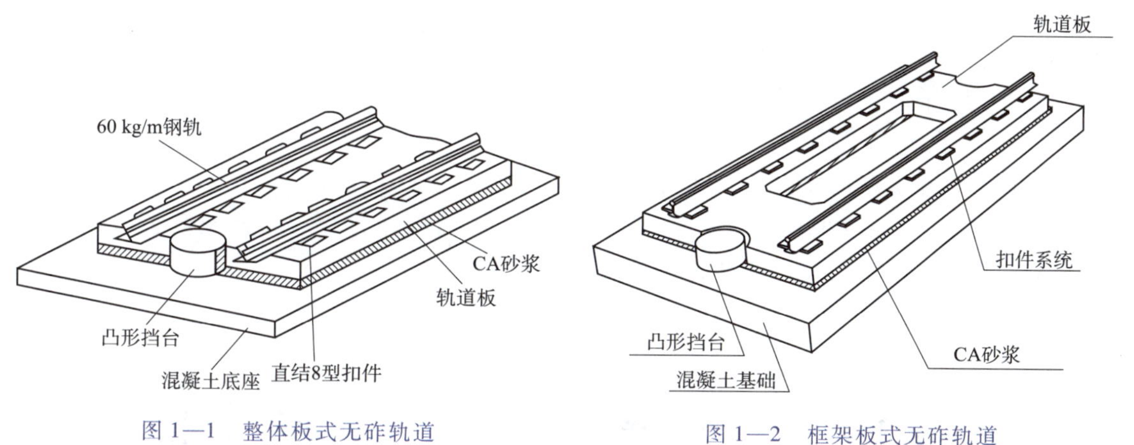

图 1—1　整体板式无砟轨道　　图 1—2　框架板式无砟轨道

(二)德国 Rheda 型无砟轨道结构

德国的无砟轨道结构形式很多,主要有两大类,一类为整体结构,另一类为轨枕支承式结构。整体结构中又分为现浇混凝土型和预制板型两种。

Rheda 型无砟轨道结构是德铁无砟轨道最主要的结构形式。Rheda 型无砟轨道于 1972 年铺设于德国比勒菲尔德至哈姆的一段线路上,以 Rheda 车站而命名。在使用过程中进行了不断优化,从最初的普通型发展到现在的 Rheda2000 型。

Rheda2000 型无砟轨道系统由钢轨、高弹性扣件、改进的带有桁架钢筋的双块式轨枕、现浇混凝土板和下部支承体系组成,见图 1—3。

(三)德国 Züblin 型无砟轨道

Züblin(旭普林)型无砟轨道于 1974 年开发,见图 1—4。Züblin 型无砟轨道结构形式与 Rheda2000 型无砟轨道基本相同,但其双块式轨枕下部不露钢筋,中间由钢筋桁架相连。Züblin 与 Rheda 的主要差异是在施工方式上。Züblin 的施工方式是在现场混凝土道床板浇筑以后,通过振动方式将轨枕"振入"到新鲜的混凝土中,使轨枕和道床板成为一个整体结构。此时的混凝土必须具有一定的密度,以确保只能将轨枕"振入"其中,而不允许轨枕靠重力"沉入"其中。

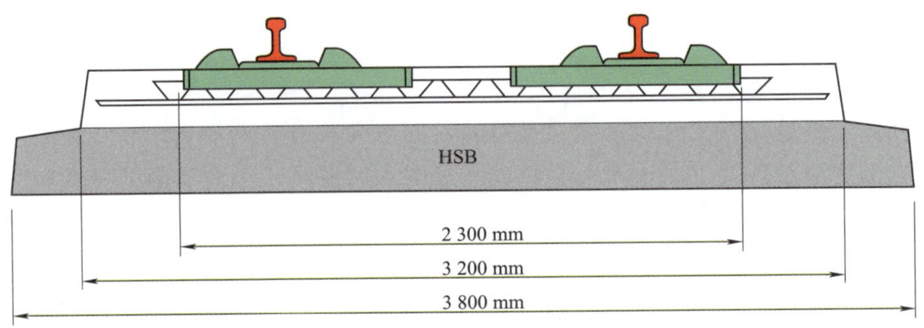

图 1—3 Rheda2000 无砟轨道基本组成(1998)

Züblin 型无砟轨道主要优点为,结构整体性强,新老混凝土的结合面连接强;道床板混凝土的密实度较好;施工精度、机械化程度高。

(四)德国博格板式无砟轨道

博格(Bögl)板式无砟轨道系统(图 1—5)的前身是 1977 年铺设在德国卡尔斯费尔德—达豪的一种预制板式无砟轨道。博格公司对达豪试验段预制板式轨道进行包括预应力、结构尺寸、纵向连接等方面的优化改进,并为轨道板施工研制了成套设备,使得博格板式轨道施工机械化程度高于一般轨道结构。1999 年,博格公司分别在卡尔斯鲁尔—海德堡的罗特马耳西车站铺设了 656 m(直线)Bögl 轨道试验段、汉堡—威斯特兰德的哈特斯德特铺设了 285 m(曲线)Bögl 轨道试验段,试验效果良好。2006 年 5 月,投入运营的纽伦堡—英格施塔特线铺设了 35 km(双线)的 Bögl 轨道,设计速度 330 km/h。

图 1—4 Züblin 无砟轨道

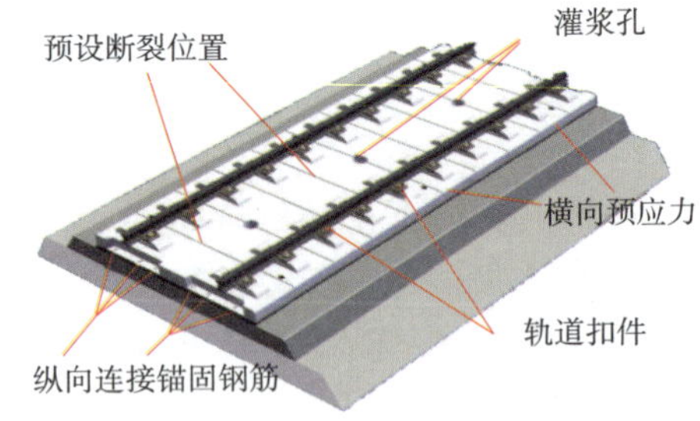

图 1—5 博格板式无砟轨道

路基上博格无砟轨道由钢轨、扣件、轨道板、砂浆调整层及水硬性材料支承层等部分组成。曲线地段超高在路基表层设置,其抵抗纵横向作用力的方式是轨道板间纵向螺杆和夹紧装置联结。

(五)其他国家和地区无砟轨道

除了德国和日本外,许多国家和地区也进行了无砟轨道的试验和试铺。法国高速铁路以有砟轨道为主,但在 TGV 地中海线的一座长 7.8 km 隧道内试铺了双块式(VSB 型)无砟轨道结构。英国自1969年开始研究和试铺PACT型无砟轨道，到1973年正式推广，并在西班牙、南非、加拿大和荷兰等国重载和高速线的桥、隧结构上应用，铺设总长度约为80 km。瑞士国铁于1966年在隧道内首次采用弹性支承块式无砟轨道结构（LVT），最高速度200 km/h的英吉利海底隧道也采用弹性支承块轨道，此外，丹麦，韩国，法国，葡萄牙等国也采用了此种轨道结构。我国台湾地区高速铁路（台北—高雄）全线采用无砟轨道，区间高架桥上均为框架板式无砟轨道结构，站内及两端300 m区段采用Rheda 2000型无砟轨道。

二、国内发展现状

我国对无砟轨道的研究始于20世纪60年代，与国外的研究几乎同时起步。初期曾试铺过支承块式、短木枕式、整体灌筑式等整体道床及框架式沥青道床等几种形式，正式推广应用的仅有支承块式整体道床。在成昆线、京原线、京通线、南疆线等长度超过1 km的隧道内铺设，总铺设长度约300 km。

进入90年代以来，我国开始针对高速铁路无砟轨道技术进行试验研究，在西康线秦岭隧道铺设了弹性支承块式无砟轨道，在秦沈客运专线双何、狗河、沙河桥上及渝怀线鱼嘴2号隧道、赣龙线枫树排隧道内分别试验铺设了长枕埋入式和板式无砟轨道。

为在我国高速铁路铁路积极推广无砟轨道技术，2004年铁道部决定在遂渝线建设成区段的无砟轨道综合试验段，通过综合试验段的实际试铺，以系统研究解决不同类型无砟轨道结构、岔区无砟轨道、过渡段、结构承载力及耐久性、路基结构形式、桥梁和路基变形对无砟轨道的影响、减振降噪措施及无砟轨道对ZPW-2000轨道电路的适应性等关键技术，为研究并推广具有自主知识产权的无砟轨道技术积累经验。

自2005年开始，铁道部先后引进国外高速铁路先进成熟的无砟轨道系统，包括德国的Bögl型、Rheda2000型、Züblin型及日本板式轨道的设计、制造、施工及相关接口技术。与此同时，成立了无砟轨道再创新攻关组，积极开展无砟轨道再创新的研究工作，使我国的无砟轨道结构获得迅速的发展。

京津城际是国内最早开工建设和最早建成的第一条高标准客运专线。为了满足高速铁路列车运行的平顺性和稳定性，铁道部组织专家论证，确定全线采用改进型的博格板式无砟轨道系统。作为我国第一条最高速度350 km/h的客运专线，京津城际轨道交通工程既是我国铁路跨越式发展的标志性和示范性工程，同时也是2008北京奥运会交通配套工程。京津城际铁路铺设CRTSⅡ型无砟轨道，对于我国的高速铁路建设有着重要的借鉴意义。

为了在自主研发和引进消化吸收无砟轨道技术的基础上，实现我国铁路无砟轨道技术再创新，尽快形成具有我国自主知识产权、世界一流水平的无砟轨道技术体系，铁道部建设了武广高速铁路武汉综合试验段，并开展无砟轨道技术再创新试验研究。试验段内轨道类型有Rheda2000双块式无砟轨道和再创新的双块式、单元板式、纵连板式无砟轨道，以及道岔区轨枕埋入式等5种类型。

为适应发展高速铁路的需求，我国先后研发了CRTSⅠ型板式、CRTSⅠ型及Ⅱ型双块式、CRTSⅡ型板式、CRTSⅢ型板式无砟轨道等结构形式，并在郑西高速铁路、哈大客运专线、京沪高速铁路等得到成功应用。

（一）CRTSⅠ型板式无砟轨道

CRTSⅠ型板式无砟轨道（图1—6）由预制混凝土轨道板、凸形挡台及周围填充树脂、水泥乳化沥青砂浆调整层及钢筋混凝土底座等组成。曲线超高在底座上设置。水泥乳化沥青砂浆充填层厚度50 mm,减振型板式轨道的水泥乳化沥青砂浆厚度40 mm。凸形挡台分圆形和半圆形,半径260 mm,其周围填充树脂的厚度40 mm。

(二)双块式无砟轨道

路基地段双块式无砟轨道(图1—7)由钢轨、弹性扣件、双块式轨枕、道床板、支承层等部分组成,道床板为纵向连续的钢筋混凝土结构,曲线超高在基床表层上设置。桥梁地段双块式轨道结构由钢轨、弹性扣件、双块式轨枕、道床板、隔离层、底座(或钢筋混凝土保护层)、凹槽(或凸台)周围弹性垫层等部分组成。道床板或底座沿线路纵向分块,间隔缝100 mm。道床板宽度范围的底座或保护层顶面铺设隔离层。曲线超高在底座或道床板上设置。

图1—6 CRTS Ⅰ型板式无砟轨道

图1—7 双块式无砟轨道

(三)CRTSⅡ型板式无砟轨道

路基地段CRTSⅡ型板式无砟轨道结构由钢轨、弹性不分开式扣件、轨道板、水泥乳化沥青砂浆充填层、支承层等部分组成,见图1—8。曲线超高在基床表层上设置。桥梁地段轨道结构由钢轨、弹性不分开式扣件、轨道板、水泥乳化沥青砂浆充填层、底座板、滑动层、高强度挤塑板、侧向挡块及弹性限位板等部分组成。台后路基设置锚固结构(包括摩擦板、土工布、端刺)及过渡板。曲线超高在底座板上设置。

此外,基于"桥上单元,路基纵连"、"按单元板制造、按纵连板施工、形成双块式受力"的设计理念,我国自主研发出CRTSⅢ型板式无砟轨道(图1—9),并应用于成灌线、盘锦客运专线、武汉城市圈城际铁路等工程。

图1—8 CRTSⅡ型板式无砟轨道

图1—9 CRTSⅢ型板式无砟轨道

第三节 高速铁路无缝道岔研究现状

高速道岔是高速铁路无缝线路的重大技术环节。当轨温相对于锁定轨温发生变化时,道岔区钢轨将承受纵向力以及产生相应位移,将直接影响到道岔的强度、稳定性及高速行车的安全性。对于高速道岔,岔内钢轨接头焊接或胶接,且道岔两端与无缝线路长轨条焊连,形成直股和侧股都无轨缝的道岔。由于两侧轨条数量不同,其力的不平衡和位移的改变直接影响到高速道岔的安全使用。此外,高速道岔还受到刚度变化、温度梯度等岔区无砟轨道因素的影响,受力变形更为复杂,对结构安全性、列车运行平稳性等均提出更高的要求。

一、高速道岔的发展应用

高速铁路最为发达的国家过去有法国、德国和日本,这三个国家都根据道岔的研究实践和使用经验,分别研制出高速道岔并投入运用。现在,我国经过不断的研发和改进,也已经形成自己的高速道岔系列。

(一)国外高速道岔

1. 德国道岔

德国道岔的先进技术,以 BWG 道岔为代表。BWG 道岔采用多机多点牵引方式,尖轨分动,由控制电路实现同步。转辙连杆设置于钢岔枕中,安装调整比较容易。采用 S700K 型转辙机,要求转换力不大于 6kN,锁闭力大于 90 kN。HRS 钩型外锁可满足尖轨、心轨伸缩位移的要求。采用 Rodamaster2000 道岔监测系统,可对尖轨的位置、转辙机牵引电流等进行同步监测。BWG 道岔采用了高弹性的硫化橡胶基板,并合理设置道岔前后过渡段长度和刚度,能够保证道岔区各部位的轨道整体刚度一致,减缓列车在道岔内的振动。

BWG 道岔尖轨采用整根钢轨制造,尖端附近采用轨距加宽 15 mm 的处理技术(FAKOP 技术),能够改善尖轨范围内的动力不平顺,延长尖轨使用寿命。心轨尖端为整体结构,采用与钢轨相同材质的钢坯机加工而成,并与长短心轨焊接。长短心轨在焊接断面后设置 4 ~5 块间隔铁式顶铁,再往后一直到固定点设置内轨撑。辙叉跟端下部设置很长的大垫板,心轨与心轨、心轨与翼轨间长大间隔铁通过螺栓与大铁垫板连接,同时还有横向螺栓连接,心轨的不足位移通过预加反向变形消除,控制标准在 2m 范围内为 0. 5 mm。翼轨用 UIC60 钢轨制作,轨腰设扁长圆孔,心轨的牵引杆件从轨腰穿出。心轨在与翼轨密贴时,顶铁的扣压面和心轨轨底上斜面的间隙为 1 mm,能够限制心轨的跳动。BWG 道岔轨下基础分为有砟和无砟两种类型。既有线路道岔区轨下基础采用有砟轨道,长岔枕采用柔性铰接。高速线路轨下基础采用无砟轨道。

2. 法国道岔

法国拥有道岔世界速度纪录,道岔技术以科吉富为代表。1975 年开始,科吉富公司就成为法国国铁最紧密的合作伙伴。法国高速铁路采用的道岔最大号码为 65 号,最小为 15. 3 号。65 号道岔的侧向速度为 230 km/h,15. 3 号为 80 km/h。65 号和 46 号道岔采用圆缓线型,其余采用圆曲线型。

法国高速道岔尖轨材质为 UIC60D 不淬火整长钢轨,尖轨跟端不设跟端限位器,通常采用刚性滑床板。心轨采用双肢弹性可弯、高锰钢铸造翼轨结构。长短心轨用 UIC60D 钢轨拼接而成,短心轨始端约在长心轨 50 mm 断面处并嵌入长心轨中。长短心轨用螺栓连接,轨头与轨底的联结面密贴。心轨跟端设有长间隔铁,用防松螺栓连接。翼轨前后与普通钢轨焊接。为保证心轨的自由伸缩,道岔辙叉部分安装 Paulve 道岔转换状态检查器。

法国道岔采用一机多点牵引方式,尖轨联动,在第一牵引点设置外锁闭装置,其他牵引点通过直角拐和导管由转辙机间接锁闭。采用 MCEM91 型转辙机,安装在岔枕上。要求转换力控制在 7 kN 以内,锁闭力大于 5.2 kN。尖轨采用 VCC 拐肘型外锁,适应尖轨伸缩位移量可达 ±50 mm。心轨采用 VPM 拐肘型外锁,适应心轨位移量为 ±10 mm。

法国高速线路岔区轨道刚度为 75 ~ 105 kN/mm,区间轨道刚度为 50 ~ 80 kN/mm,道岔前后分别采用 5 根岔枕进行刚度过渡。岔区扣件系统刚度设计的原则为:岔枕的垂向位移应不超过 0.5 ~ 0.7 mm,钢轨的垂向位移应不超过 1 mm;在较大动荷载作用下,道床提供一定的弹性。法国高速铁路道岔区全部采用混凝土岔枕。

3. 日本道岔

日本道岔技术自成体系,以铁道机器(株)公司为代表。日本最早于 1964 年前后开始研制 18 号高速道岔,除了 18 号道岔,日本高速铁路使用的道岔主要有 12 号、14 号、16 号、30 号和 38 号。其中,18 号用于进站停车和出站,38 号用于高速线出岔,14 号用于到发线间的连接,16 号用于段线,12 号用于站线。

日本采用高锰钢整铸框架式翼轨,长短心轨也采用高锰钢铸造,为滑动接头,属单弹性支。岔区设 1∶40 轨底坡。道岔采用一机多点的转换方式,但不设置道岔监测系统。日本道岔采用刚性扣件,不设橡胶垫板,双层铁垫板实现无级调距,弹性扣压通过弹簧垫圈实现。

(二)我国高速道岔

我国铁路高速道岔的研发始于 2005 年 6 月,分为两个阶段。第一阶段为 2005 年 6 月至 2006 年 12 月,历时 1.5 年,研制出 250 km/h 有砟和无砟道岔;第二阶段为 2007 年 2 月至 2008 年 12 月,历时 1 年 10 个月,研制出 350 km/h 无砟道岔。

我国客运专线道岔主要分为 250 km/h 和 350 km/h 两个速度系列,道岔号数有 18 号、42 号和 62 号 3 个号码。高速道岔设计参数见表 1—1。

表 1—1　客专高速道岔设计参数

道岔号数	18	42	62
直向允许速度(km/h)	250/350	250/350	350
侧向允许速度(km/h)	80	160	220
平面线型	单圆曲线 *R*1100	圆缓、*R*5000 + 三次抛物线	圆缓、*R*8200 + 三次抛物线
道岔角度(°)	3.17983012	1.36392553	0.92404535
道岔全长(m)	69	157.2	201
道岔前长(m)	31.729	60.573	70.784
道岔后长(m)	37.271	96.627	130.216

我国客运专线道岔基本轨、导轨均采用国产 60 kg/m 钢轨制造,尖轨、心轨采用 60D40 钢轨制造,尖轨、心轨可动部分采用整根钢轨制造。钢轨件材质为 U71Mn(K)或 U75V,要求道岔钢轨与区间钢轨材质一致。

道岔尖轨采用藏尖式结构,藏尖深度为 3 mm。转辙器部分扣件系统采用瑞士施维格公司开发的“几”形弹性夹扣压基本轨,在部分滑床板上安装了该公司配套的辊轮系统,安装位置沿岔枕方向可调,辊轮高度可在 -0.5 ~ +6.0 mm 之间调整。尖轨跟端采用Ⅱ型弹条扣压。

滑床台均采用减摩涂层。为防止斥离尖轨在列车通过时跳动，加设了多对尖轨防跳限位装置。

18 号道岔长短心轨进行拼接处理，具有制造简单、实现容易的特点。由于侧向速度较高，42 号、62 号道岔心轨采用双肢弹性可弯结构，取消了尖轨后端的斜接头，将短心轨直接与线路钢轨连接，改善了列车侧向通过时的运行条件。采用可动心轨辙叉，可减少轮轨动力效应，降低轨道养护维修费用，提高行车安全性和舒适性。

道岔尖轨及心轨转换采用多机多点牵引方式。18 号道岔尖轨设 3 个牵引点，心轨设 2 个牵引点；42 号道岔尖轨设 6 个牵引点，心轨设 3 个牵引点；62 号道岔尖轨设 6 个牵引点，心轨设 3 个牵引点。尖轨外锁闭机构主要由锁闭杆、锁闭框、锁钩、尖轨连接铁和防护罩组成，心轨外锁闭机构由锁闭杆、锁闭框、锁钩组成。心轨外锁闭机不仅适应心轨自由伸缩，而且稳定可靠，通过改用轧制翼轨、优化工电结合部部件结构，解决了心轨转换时外翻及 4 mm 不锁闭的问题。

客运专线道岔的主要扣件结构为带铁垫板的弹性分开式结构，铁垫板上部结构为有螺栓扣件系统。钢轨与铁垫板间的橡胶垫板主要起缓冲冲击作用，铁垫板与混凝土岔枕间设弹性垫层以发挥系统弹性作用。铁垫板与混凝土岔枕采用螺栓与预埋套管配合紧固方式联结。通过合理设置扣件系统刚度，解决岔区轨道刚度合理化和均匀化问题。

我国高速铁路岔区无砟轨道有长枕埋入式和板式两种形式。岔区长枕埋入式无砟轨道由横向穿孔轨枕、道床板、底座等构件组成，铺设在桥上时在道床板和底座之间设置隔离层；底座采用 C40 混凝土现场浇筑，与基础上的预留钢筋浇筑成为一个整体；道床板也采用 C40 混凝土进行现场浇筑，浇筑前将轨枕润湿，以保证轨枕和道床的粘结。岔区板式无砟轨道由多层结构组成，自下而上为防冻层、找平层、混凝土支承层和道岔板（预制）；找平层铺设在防冻层上，厚度为 20 cm，混凝土强度等级为 C20（C25）；混凝土底座板是厚度为 18 cm 的钢筋混凝土结构，混凝土强度等级为 C40，自流动性强；预制道岔板板厚为 24 cm，混凝土强度等级为 C55，钢筋混凝土结构，其长度和宽度随道岔几何尺寸确定。

二、高速无缝道岔的设计理论

国外如欧洲已有部分国家铺设了不少无缝道岔，在铺设与焊接工艺上积累不少成熟经验，并发展了一些无缝道岔计算理论。

德国无缝道岔纵向力的计算采用有限元法，假定基本轨为岔枕的支承点，在导轨力的作用下，岔枕产生弯曲变形，导轨通过岔枕传递至基本轨的纵向力与岔枕刚度、扣件阻矩等有关。轨温变化 25℃时，12 号无缝道岔的理论计算结果表明，在尖轨跟端位置，基本轨的附加纵向力最大，约为基本温度力的 37%。

法国在路基无缝道岔设计中，提出基本轨温度力峰值约为固定区温度力的 1.4 倍。日本铁道技术研究所的柳川秀明和三浦重在进行温度荷载作用下无缝道岔纵向力分布试验的基础上，提出了计算模型和计算方法，并对无缝道岔的受力变形进行分析。此外，国际铁道联盟委托欧洲铁道研究所研究了纵向列车荷载下无缝线路的爬行机理，建立无缝道岔有限元分析模型。

我国自 20 世纪 90 年代铁道部组织开展无缝道岔研究以来，各科研院校投入大量的精力进行研究和试验，相继形成不同的无缝道岔设计计算理论，并在我国既有道岔的无缝化改造中发挥了重要作用。

1. 两轨相互作用的计算方法

两轨相互作用的计算方法采用“两轨相互作用”的原理，由中国铁道科学研究院（以下称铁科院）卢耀荣研究员提出。对于可动心轨道岔，该方法采用以下基本假定：①12号以上的道岔，可采取分离两股钢轨分别计算；②无缝道岔从锁定轨温一次升温或降温，基本轨受力计算时，忽略扣件阻矩影响；③钢轨件及道床纵向阻力为非线性函数，计算模型以约束弹簧表示。根据作用于导轨力的平衡条件、限位器力的平衡条件、基本轨与导轨的位移相容条件、作用于基本轨力的平衡条件进行求解，得出导轨、基本轨的纵向力和位移。

2. 解析法

西南交通大学蔡成标、王其昌教授提出无缝道岔钢轨温度力力学解析模型，其基本假设为：扣件阻力大于道床阻力，且道岔区范围内每根轨枕的道床阻力与其长度成正比。根据基本轨力的平衡条件、长轨条力的平衡条件、导轨及翼轨力的平衡条件、基本轨的变形协调条件，采用牛顿－拉斐逊方法，通过编制程序求解道岔受力及变形。

3. 超静定二次松弛法

兰州交通大学许实儒、童本浩教授提出用一种基于结构力学基础上的三节点力学模型和二次松弛法来分析无缝道岔的受力与变形特性。按照结构力学解超静定结构的松弛法原理，首先将各节点锁住，求出此时各轨节温度力，然后将轨节点放松，节点产生位移，随着位移的发展，道床纵向阻力将发挥作用，直到节点受力平衡为止。按此条件即可求出各节点位移和各杆的温度力，后再将尖轨跟部和基本轨间的约束去掉，导轨将产生相对基本轨的位移，引起各轨内力分布，从而求得最终分析结果。

4. 广义变分原理的计算方法

中南大学陈秀方教授等提出将广义变分原理应用于铁路无缝道岔结构体系的分析，在假设钢轨纵向位移函数的基础上，计算无缝道岔结构体系各部分的能量，设体系的总势能为Π，则

$$\Pi = U_1 + U_2 + U_3 + U_4 \tag{1—1}$$

式中，U_1 为轨枕弯曲形变位能；U_2 为钢轨轴力作用的应变能；U_3 为道床阻力耗散功；U_4 为扣件阻力耗散功。

由势能驻值原理可知，结构体系处于平衡状态时，其势能的一阶变分等于零。另外，根据边界条件和变形协调条件，即可建立相应的非线性方程组，利用数值解法求解得出道岔的受力及变形。

5. 当量阻力系数法

北京交通大学（以下称北京交大）范俊杰教授认为道岔是一个整体结构，道岔各股钢轨之间通过岔枕、扣件及其他部件而相互连接。同时道岔又铺在道床中，道岔各股钢轨的受力与变形也将受到道床阻力的影响，因而在计算无缝道岔的受力与变形时要考虑各种部件的作用及其对无缝道岔受力与变形的影响程度。为简化计算，用一个“当量参数”来综合考虑各种影响。如前所述造成道岔里轨产生伸缩位移和基本轨承受附加温度力的根本原因是道岔里轨的末端承受有巨大的温度力，这一温度力首先使里轨产生位移，与此同时又会通过岔跟结构（限位器）、岔枕的弯曲刚度、钢轨扣件的阻距把一部分温度力传给基本轨。在传力的过程中当然会受到道岔道床阻力的影响，最终形成道岔基本轨的附加温度力。显然，道岔里轨的伸缩位移与道岔基本轨的附加温度力是相关联的，但是里股刚轨的伸缩位移是第一位的，应当首先算出。得知里轨伸缩位移之后，才能精确地掌握限位器的接触状况、岔枕的弯曲变形，进而求得

道岔基本轨的附加温度力及道岔其他部件的受力情况。

6. 有限元法

为对道岔进行精确分析，更好适应铁路提速后道岔检算的需要，笔者建立基于有限元方法的纵-横-垂向耦合无缝道岔非线性计算理论，形成了基于纵-横-垂向空间耦合模型的无缝道岔精细化设计方法。这种设计方法考虑了尖轨、心轨截面的实际变化、限位器安装误差、牵引点之间的位移耦合以及钢轨的纵向位移对轨距的影响等因素。此外，还考虑到行车方向对道岔尖轨、心轨尖端位移的影响及基本轨前侧仅单侧有扣件的实际情况。

这种方法对道岔结构的考虑较为详尽，可按实际情况考虑基本轨与导轨间的相互作用关系，道床、扣件阻力均可为非线性阻力，取值可与实测值一致；考虑限位器、间隔铁等部件的实际传力作用，并可详细得出每一组限位器、间隔铁的受力；可计算不同尖轨跟端结构形式及各种工况的无缝道岔的力学特性，并对道岔进行结构检算，进而得出满足各项控制条件的可铺设轨温变化幅度范围；可对采用不同尖轨跟端结构形式的无缝道岔的尖轨钢轨横向变形进行计算分析与比较；还可对限位器结构的铺设与养护维修、扣件阻力的合理选择和翼轨末端间隔铁的合理布置方法等提供指导意见。

高速铁路列车速度较高且多采用无砟轨道结构，对道岔的受力、变形及几何形位的要求均较普通无缝道岔更严格。当轨温变化幅度较大时，高速铁路无缝道岔易形成碎弯，可能影响到列车高速通过道岔时的行车安全性和旅客舒适性；岔区无砟轨道在长期反复荷载作用下发生变形，也有可能影响道岔的几何形位。对于高速铁路无缝道岔而言，不仅需要进行常规检算，还应对道岔及岔下基础的垂横向受力变形进行深入研究。为此，有必要结合高速道岔的特点，建立更加完善的高速铁路无缝道岔设计方法。

第四节　长大桥梁无砟轨道无缝线路技术

高速铁路跨越地界广、地形要素多样，跨越大量江河、山谷，桥梁长度及跨度不断增加，形成高速铁路长大桥梁无砟轨道无缝线路。与传统桥上无缝线路相比，长大桥梁在温度荷载、车辆荷载作用下的变形明显较大，梁轨相互作用非常复杂。从 20 世纪 60 年代中后期起，随着桥上无缝线路日益增多，国内外关于桥上无缝线路受力与变形问题的研究进入一个新的历史时期，对其进行大量的理论和试验研究。经过几代铁路工作者的不断努力，我国桥上无缝线路的研究与实践取得了显著的成绩，跨越大江、大河的长大桥上均铺设了无缝线路，铺设规模世界领先。

一、桥上无缝线路的发展应用

（一）国外桥上无缝线路

1. 德国桥上无缝线路

德国将铺设无缝线路的多跨简支梁按结构分为高架桥和山谷桥，铺设无缝线路的多跨简支梁最大跨度为 60 m。德国对桥上无缝线路纵向力的传递很重视，高速铁路的某些桥梁设有专门传递纵向力的结构，如 RSB 传力杆、桥上徐变连接器（相当于水平支座）等传力装置及纵向连接器等。目前，德国高速铁路铺设无砟轨道的最大跨度桥梁为科隆至法兰克福的美因河桥，其主跨为 130 m。

德国规定桥上设置钢轨伸缩调节器的温度跨度为：混凝土梁 180 m；钢梁 120 m。新型

SAV 系列伸缩调节器采用尖轨固定、基本轨伸缩的方式，最大动程为 830 mm，可适应不同温度跨度桥梁伸缩对钢轨的作用。

2. 日本桥上无缝线路

20 世纪 50 年代，日本国铁研究所为修建东海道新干线开始进行桥上无缝线路的研究，根据理论研究和现场试验结果，建立桥上无缝线路伸缩力的计算理论和计算方法，此后将这一成果广泛应用于新干线桥上无缝线路的设计。日本《全国新干线网建筑物设计规范》中规定了各种跨度桥梁铺设无缝线路的技术条件，并在墩台设计中考虑了线路纵向力的作用。

日本根据桥长的不同来决定伸缩调节器的设置与桥上线路纵向阻力等参数，并进行了大跨度混凝土桥上无砟轨道无缝线路的研究与实践。日本高速铁路铺设无砟轨道的最大跨度桥梁为第二千曲川大桥，其主跨为 135 m。

对于明桥面上跨度 60 m 及以上的桥梁，日本铁路在桥梁活动端均设置钢轨伸缩调节器。适应高速铁路的伸缩调节器有 JIS50N 轨和 JIS60 轨系列产品，动程分为 ±62.5 mm、±100 mm、±200 mm 等，形式为曲线刨切。

3. 其他国家及组织

国际铁路联盟（UIC）试验研究所（ORE）于 1966 年成立 D101 委员会，专门对桥上无缝线路的制动力和启动力进行多方面的研究，前后延续了十几年，包括各种类型桥梁的轨面制动力率和有效制动力率的测试。随着桥上无缝线路研究的深入，国际铁路联盟编制了《梁轨相互作用计算的建议》（UIC774－3），作为桥上无缝线路的设计参考。

美国铁路规定，桥上铺设无缝线路时，对于跨度不小于 300 英尺（91.4 m）或总长大于 500 英尺（152.39 m）的钢梁桥，在梁的活动端应设钢轨伸缩调节器；桥上轨道要安设弹簧防爬器，其数量视桥跨长度而定。

（二）我国桥上无缝线路

从 20 世纪 60 年代开始，我国曾对铁路桥上无缝线路梁轨相互作用的原理进行大量试验研究，对不同跨度桥梁的桥上无缝线路受力机理进行了深入探讨，为桥上无缝线路的铺设提供了理论和方法。90 年代后，我国相继在武汉长江大桥、南京长江大桥、九江长江大桥、济南黄河大桥、洛阳黄河大桥、三道坎黄河大桥及广深线石龙特大桥上铺设无缝线路。秦沈客运专线在国内首次采用新建铁路一次性铺设跨区间无缝线路技术，其中多座混凝土连续梁上铺设了跨区间无缝线路。

近年来，随着我国高速铁路建设的大规模开展，京津城际铁路、武广高速铁路、郑西客运专线及京沪高速铁路都已相继建成并开始运营，大跨度混凝土桥上铺设无砟轨道无缝线路成为我国高速铁路建设的关键技术之一。

我国在武广高速铁路和郑西高速铁路上铺设了双块式无砟轨道，在沪宁城际铁路全线铺设了单元板式无砟轨道。对于桥上双块式和单元板式无砟轨道无缝线路，主要通过扣件进行梁轨相互作用力的传递。为减少梁轨相互作用，大跨度桥上需要采用小阻力扣件。但在温度力的作用下，长大桥梁梁端处小阻力扣件的爬行量较大；且为防止钢轨爬行或者在低温断轨时钢轨断缝值过大，扣件纵向阻力也不宜太小。

桥梁地段 CRTS Ⅱ 型板式无砟轨道是一种全新设计理念的无砟轨道结构，CRTS Ⅱ 型板式无砟轨道系统通过采用隔离层以减弱轨道和线下基础间相互作用，隔离层包括两种类型，一是桥上底座板和梁面间的“两布一膜”，又称之为“滑动层”；二是台后底座板与摩擦板间的“两层土工布”。通过采用“两布一膜”滑动层，减小梁体伸缩对轨道结构的受力的影响；而台后底座板和摩擦板间的两层土工布主要是为了避免摩擦板区段的集中受力。CRTSⅡ型板式无砟轨道系统不仅改变了无砟轨道的设计理念,同时也对桥上无缝线路设计产生深远影响。由于底座和梁面之间设置了滑动层,彻底改变了传统梁轨相互作用的力学传递机理,从理论上讲,如果滑动层处于理想状态时摩擦系数比较小,可以减弱温度变化和列车荷载引起的梁轨相互作用,减少轨道和桥梁承受的纵向附加力,有利于桥梁和轨道的受力和变形。

目前,我国已相继制定实施了《新建铁路桥上无缝线路设计暂行规定》、《新建时速200公里客货共线铁路设计暂行规定》、《铁路轨道设计规范》、《京沪高速铁路设计暂行规定》、《新建时速300~350公里客运专线铁路设计暂行规定》、《高速铁路设计规范(试行)》等,这些规范在不同的时期规定了桥上无缝线路纵向力计算及结构设计方法,反映出我国桥上无缝线路的发展历程。

(三)我国大跨度桥上无缝线路

1. 大跨度桥上有砟轨道无缝线路发展应用概况

我国铁路上铺设无缝线路总长度超过200 m的桥梁,至少已有500座,其中著名的有武汉长江大桥(主桥3×128 m连续钢桁梁)、南京长江大桥(主桥3×180 m连续钢桁梁)、九江长江大桥(图1—10,主桥180 m+216 m+180 m连续钢桁梁)、芜湖长江大桥(主桥180 m+312 m+180 m连续钢桁混凝土板结合梁),济南黄河大桥(图1—11,主桥112 m+2×120 m+112 m连续钢桁梁)、孙口黄河大桥(主桥4联108.9 m+2×108 m+108.9 m连续钢桁梁)、钱塘江二桥(主桥8×80 m混凝土连续梁)、马口河特大桥(主桥60 m+100 m+100 m+60 m混凝土连续梁)、驷步河特大桥(主桥60 m+108 m+60 m混凝土连续梁)等。

秦沈客运专线在国内首次采用新建铁路一次性铺设跨区间无缝线路技术,在181座大中桥上铺设了无缝线路。柳树屯特大桥(主跨40 m+64 m+40 m)、跨阜锦公路特大桥(主跨48 m+80 m+48 m)、跨锦娘公路特大桥(主跨40 m+64 m+40 m)、跨兴闫公路特大桥(主跨40 m+64 m+40 m)为有砟桥,其中跨阜锦公路特大桥176 m在长连续梁中部及在跨兴闫公路特大桥144m长连续梁中部设有双向钢轨伸缩调节器。铁道部组织了跨兴闫公路特大桥桥上无缝线路综合试验,对桥墩纵向水平线刚度、伸缩附加力、挠曲附加力、伸缩调节器动力性能进行全面测试。该方案的成功实施,在我国温差较大的北方地区尚属首次。

近年来,随着我国高速铁路的建设,桥上有砟轨道无缝线路也在高速大跨桥上得到应用。如京沪高速铁路大胜关长江大桥(六跨连续钢桁拱桥,主跨108 m+192 m+2×336 m+192 m+108 m)、济南黄河大桥(五跨连续钢桁拱桥,主跨112 m+3×168 m+112 m)及武广高速铁路天兴洲大桥(双塔三索面钢桁梁斜拉桥,主跨98 m+196 m+504 m+196 m+98 m)等。

图1—10 九江长江大桥

图1—11 济南黄河大桥

2. 大跨度桥上无砟轨道无缝线路发展应用概况

步入21世纪,随着我国高速铁路建设的展开和无砟轨道的大量采用,大跨度桥上铺设无砟轨道无缝线路已是不可避免。武广高速铁路、郑西高速铁路、京津城际轨道交通、沪宁城际铁路、京沪高速铁路等大跨度复杂结构桥梁的无缝线路技术已经达到世界领先水平。

武广高速铁路大跨度桥梁共有83座,其中最具代表性的大跨度混凝土连续梁有:株洲湘江特大桥(图1—12,主跨60 m+5×100 m+60 m连续梁)、衡阳湘江特大桥(图1—13,主跨64 m+4×116 m+64 m连续梁)、陆水特大桥(主跨70 m+125 m+70 m连续梁)等。我国科研人员在武广高速铁路大跨度桥上无缝线路设计中进行了大胆创新,对于不设置钢轨伸缩调节器的长大跨度混凝土桥上无缝线路的温度跨长取得突破,武广高速铁路桥上无缝线路的最大温度跨长达到195 m。

图1—12　株洲湘江特大桥

图1—13　衡阳湘江特大桥

郑西高速铁路一跨渭河特大桥桥跨布置形式为10×32 m简支梁+(40+64+40)m连续梁+(40+5×64+40)m连续梁+(40+5×64+40)m连续梁+10×44 m简支梁,全桥无缝线路设计采用小阻力扣件,共设置一处双向钢轨伸缩调节器。二跨渭河特大桥桥跨布置形式为7×32 m简支梁+7×(48+4×80+48)m连续梁+(40+2-64+40)m连续梁+7×32 m简支梁,全桥无缝线路设计采用小阻力扣件,共设置四处双向钢轨伸缩调节器。

广深港客运专线沙湾水道特大桥112 m提篮拱+(104+2×168+112)m连续刚构;广珠城际轨道交通容桂水道特大桥(108+2×185+115)m连续刚构;广珠城际轨道交通石歧河特大桥(60+4×100+60)m连续梁,以上大跨度桥梁主桥位于曲线地段,未设置钢轨伸缩调节器。

我国京津城际、沪杭高速铁路、京沪高速铁路等在桥上铺设了CRTSⅡ型板式无砟轨道。京津城际(45+70+70+45)m连续梁、(60+100+60)m连续梁、(60+128+60)m连续梁、(80+128+80)m连续梁均未设置钢轨伸缩调节器。我国高速铁路采用CRTSⅡ型板式无砟轨道最具代表性的大跨桥梁如下:京沪高速铁路淮河特大桥(主跨为48 m+5×80 m+48 m连续梁);杭甬客运专线曹娥江特大桥(主跨为76 m+3×120 m+76 m连续梁);郑武高速铁路跨淮河特大桥(主跨为48 m+5×80 m+48 m连续梁)等。

3. 钢轨伸缩调节器发展应用概况

自1968年开始,铁科院等相关单位开始研制曲线型钢轨伸缩调节器。随着技术的发展,曲线型钢轨伸缩调节器已能适用于不同线路条件、不同运营要求,至今已形成系列产品。目前,我国曲线型钢轨伸缩调节器已累计铺设数千组,使用情况良好。

我国曲线型钢轨伸缩调节器具有伸缩动程大、尖轨固定,基本轨伸缩、尖轨尖端采取藏尖、采用分开式小垫板及尼龙轨距调整片等特点，轨距易于保持，铺设和养护维修都较方便。为满足高速铁路的需要，我国已开发了时速 350 km 客运专线无砟轨道伸缩调节器，并得到成功应用。

对于采用有砟轨道的普速及提速铁路，伸缩调节器常设于桥梁跨中。广深准高速铁路石龙大桥混凝土连续梁(40 m + 3 × 72 m + 40 m)在连续梁中跨的跨中设置曲线型双向钢轨伸缩调节器，调节器梁端设置小阻力扣件。秦沈客运专线跨阜锦公路特大桥 176 m 长连续梁中部及跨兴闫公路特大桥(40 + 64 + 40) m 长连续梁也在中部设置双向钢轨伸缩调节器。宜万线的宜昌长江大桥为 10 × 49. 15 m 简支梁 + (130 + 2 × 275 + 130) m 刚构拱 + 14 × 48. 15 m 简支梁 + (56 + 100 + 56) m 连续梁 + 10 × 32 m 简支梁，分别于刚构拱的两端和连续梁的中部设置 6 组伸缩调节器；龙王庙特大桥为 10 × 32 m 简支梁 + (60 + 2 × 100 + 60) m 连续梁 + 8 × 32 m 简支梁，在连续梁中部设置 2 组伸缩调节器。

对于目前高速铁路大量出现的大跨连续梁，由于梁轨相互作用强烈，伸缩调节器设于跨中难以达到预期的效果，因此必须设置在梁端。武广高速铁路株洲湘江特大桥(60 + 5 × 100 + 60) m 连续梁两端设置了 4 组伸缩调节器，衡阳湘江特大桥(64 + 4 × 116 + 60) m 连续梁两端设置 4 组伸缩调节器，广州跨环城高速特大桥(99 + 242 + 99) m 连续梁两端设置了 2 组双向伸缩调节器。

郑西高速铁路一跨渭河特大桥桥跨布置形式为 10 × 32 m 简支梁 + (40 + 64 + 40) m 连续梁 + (40 + 5 × 64 + 40) m 连续梁 + (40 + 5 × 64 + 40) m 连续梁 + 10 × 44 m 简支梁，全桥梁端设置一处双向钢轨伸缩调节器。二跨渭河特大桥桥跨布置形式为 7 × 32 m 简支梁 + 7 × (48 + 4 × 80 + 48) m 连续梁 + (40 + 2 × 64 + 40) m 连续梁 + 7 × 32 m 简支梁，全桥无缝线路设计采用小阻力扣件，同时在梁端设置四处双向钢轨伸缩调节器。经过运营监测及综合轨检车检测，钢轨伸缩调节器结构动力性能满足高速列车运行安全性、平稳性要求。

通过多年的理论研究与工程实践，铁道部制订《时速 350 公里客运专线无砟轨道 60 kg/m 钢轨伸缩调节器暂行技术条件》，规定了钢轨伸缩调节器制造、厂内组装、现场铺设、养护维修的技术要求、检验方法、检验规则，以及钢轨伸缩调节器的标识、包装、运输与储存要求。该暂行技术条件的制订，结合我国高速铁路的前期科研成果和既有线钢轨伸缩调节器实践经验，并研究分析了国外铁路等有关资料或标准，使钢轨伸缩调节器的性能指标、试验方法等方面满足高速铁路的要求，适合设计、制造、施工及养护部门应用。

二、桥上无缝线路计算模型及方法

梁轨相互作用关系的研究是桥上无缝线路设计的关键，是进行纵向力问题研究的前提，是确定下部结构所要承受的纵向水平力及线路是否安全与稳定的基础。科技工作者对其原理进行了深入而广泛的研究，已经形成较为成熟的设计方法，但这些研究大多是针对普通无缝线路进行的。高速铁路行车速度高，对线路的平顺性要求更严格，轨道和桥梁设计都有一定的特殊性，完全沿用普通桥上无缝线路的设计方法已不适合。目前，国内外多是在普通无缝线路研究成果的基础上，对扣件纵向阻力、梁轨温差、钢轨纵向位移限制、桥墩刚度等参数进行深入研究，并结合高速铁路的特点对桥上无缝线路进行优化设计。

随着计算机技术在桥上无缝线路设计研究中的应用，桥上无缝线路的计算理论不断得到完善和发展，由解析方法到有限元，由线性到非线性，由静力到动力，计算模型也由局部的分散的向整体化和系统化方向转变，相应的试验手段也变得越来越先进，通过更先进的理论和试验手段研究大跨度桥梁无砟轨道无缝线路成为可能。

(一)国外桥上无缝线路

1. 德国

1985 年由联邦德国铁路管理局颁布的《铁路新干线桥梁的特殊规程》(DS 899/59)是对德国多年的纵向力研究经验的总结,并建议提出模拟钢轨与桥梁结构(或路基)连接的力学模型。该模型假定钢轨与梁体结构(或路基)的连接为承受纯纵向力或承受纯弯曲的连杆。

2. 日本

日本桥上无缝线路的设计研究中,有以下假定。

(1)钢轨锁定温度和梁的锁定温度相等;

(2)梁和钢轨温度相等;

(3)梁不受轨道约束,因温度变化自由伸缩;

(4)作用在梁和钢轨间的防爬力和桥梁前后地段的道床纵向阻力为恒定值;

(5)梁和钢轨的相对位移通过钢轨扣件在钢轨上附加均等的纵向力。

根据以上假定,由梁轨位移关系及钢轨力与位移的平衡原理,即可得出相应的关系式进行求解,得出桥上无缝线路的受力及变形。为此,日本铁道运输机构编制了桥上无缝线路解析程序,用于桥上无缝线路的计算。

3. 其他国家及组织

捷克的 Frýba 提出"制动力和启动力在钢轨、桥梁中的准静力分析"理论。该理论按弹性纵向阻力假设建立梁轨纵向力模型,并建立起相应的轴向平衡微分方程,用数学形式将集中力表示成分布荷载,用拉普拉斯变换解微分方程组。该方法是最早建立梁轨相互作用的整体分析模型。

UIC774-3 中给出桥上无缝线路静力计算模型(图 1—14),采用非线性弹簧表达长钢轨与桥梁或路基的连接,非线性弹簧的力学特性就是轨道纵向位移阻力。计算模型考虑到桥梁的温度作用,以及垂直荷载与纵向制动力、加速力等作用。

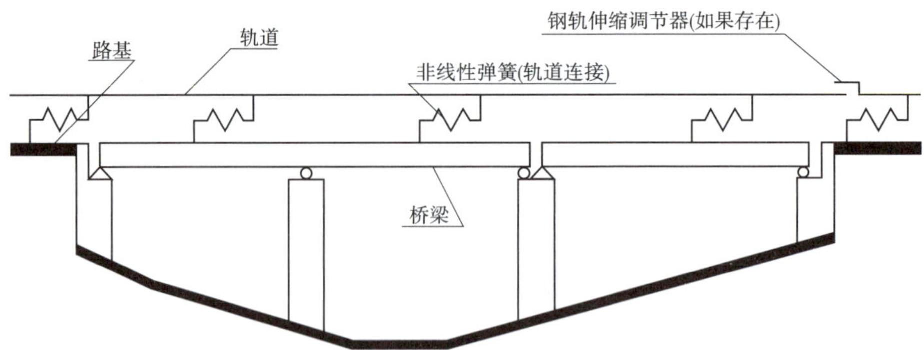

图 1—14 UIC 规范中桥上无缝线路梁轨相互作用计算模型

(二)我国桥上无缝线路

20 世纪 60 年代,我国首先在京广线琉璃河大桥上铺设无缝线路。此后,铁科院、西南交通大学(以下称西南交大)、北京交大、长沙铁道学院、兰州铁道学院、铁道部第三勘察设计院等单位开始系统地对桥上无缝线路等开展理论研究、模型试验和现场测试,逐步建立以梁轨相互作用原理为基础的纵向力计算方法,形成较为完善的一般桥上无缝线路计算、设计理论体系。

20 世纪 70 年代初，我国在上承板梁和预应力混凝土梁上也铺设无缝线路，并进行了伸缩力、挠曲力及各种计算参数的实桥测试和模型试验。通过纵向力的测试，在研究梁轨相互作用的基础上，我国建立中小跨度桥上无缝线路伸缩力、挠曲力的计算理论和方法。经过实际铺设的检验，这一原理和方法于 20 世纪 80 年代得到普遍采纳和应用。

梁轨相互作用的基本原理可以由梁轨相互作用基本微分方程来阐述说明，见图 1—15。在钢轨变形范围内，任取一微分段 dx 长的钢轨进行受力分析。设钢轨以受拉为正；x 坐标以向右为正；梁的位移 Δ 和钢轨的位移 y 均以向右为正。梁轨相对位移 $z=y-\Delta$，当钢轨的位移大于梁的位移时，z 为正。

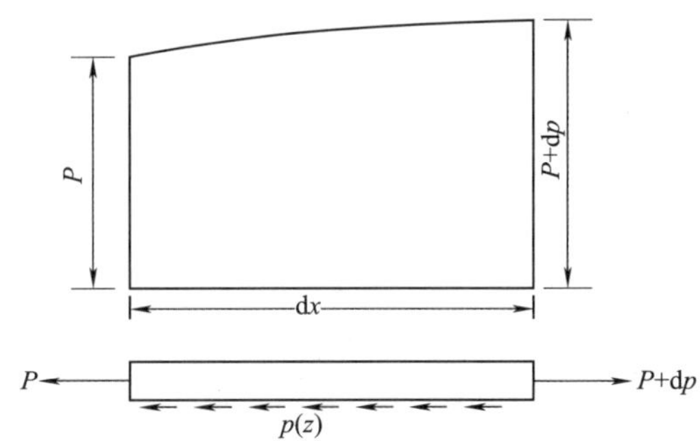

图 1—15　梁轨相互作用示意图

用 $p(z)$ 表示梁轨间的纵向约束阻力，p 为 z 的函数。当梁产生位移时，可以把 $p(z)$ 视作梁作用于钢轨时的纵向分布荷载。当 μ 为正时，$p(z)$ 取正号，指向左侧。

取 $\sum x = 0$ 可得 $dP - p(z) \cdot dx = 0$

即
$$\frac{dP}{dx} = p(z) \tag{1—2}$$

由虎克定律可知 $\frac{dy}{dx} = \frac{P}{EF}$，从而有
$$\frac{d^2 y}{dx^2} = \frac{1}{EF} p(z) \tag{1—3}$$

又知 $\frac{d^2 y}{dx^2} = \frac{d^2 \Delta}{dx^2} + \frac{d^2 z}{dx^2}$

代入上式可得到：
$$\frac{d^2 z}{dx^2} = \frac{1}{EF} p(z) - \frac{d^2 \Delta}{dx^2} \tag{1—4}$$

式(1—4)就是梁轨相对位移微分方程，其中梁位移 Δ 为已知函数。对于高墩，在 Δ 中应减去墩顶位移 δ，在分析桥头路基或挠曲力无荷载作用的桥跨时，$\Delta = 0$ 或 δ。

近年来，随着我国高速铁路建设中大规模的铺设无砟轨道，有限元法在桥上无缝线路的计算分析中得到广泛应用。北京交大、西南交大、中南大学等高校和相关科研单位先后建立桥上无砟轨道无缝线路的计算模型，并用于梁轨相互作用计算，有效地指导了高速铁路桥上无缝线路的发展应用。

目前，长大桥梁无砟轨道无缝线路的应用梁轨相互作用力学计算模型已由局部的分散的向整体化和系统化方向转变；在高速铁路长大桥上无缝线路的分析中，由于高速铁路梁体和桥墩具有很强的空间力学特性，平面力学模型已不能很好地反映双线高速铁路桥梁及墩台空间力学特性的实质，与实际情况存在较大差别。因此，在进行桥上无缝线路精细化分析时，梁轨相互作用力学计算模型已由平面的、简单的力学模型向三维的、精细化力学模型转变，甚至在进行某些特殊工况分析时，梁体、桥梁墩台、无砟轨道结构等采用三维实体单元模拟。

高速铁路对轨道的平顺性提出更高的要求，梁轨相互作用产生的桥梁、轨道变形及位移势

必影响轨道几何形位。因此，对于高速铁路长大桥上无砟轨道无缝线路设计，结构变形的控制就显得尤为重要。桥梁和轨道的变形和位移过大，可能造成无砟轨道碎弯和方向不良，单纯靠钢轨强度检算是难以控制轨道横向变形的，通过强度-变形双重控制才有可能找到解决长大桥上无砟轨道无缝线路问题的有效途径。

第五节　高架站无砟轨道无缝道岔研究概况

高速铁路由于采用全封闭行车模式，线路平纵面参数限制严格以及对轨道的平顺性要求较高，导致桥梁所占比例明显增大。与此同时，由于环保、地形和地质条件的限制，会有相当数量的道岔必须设置在桥上。桥上无砟轨道无缝道岔综合了桥上无缝线路、无砟轨道、无缝道岔的技术特点和难点，是迄今为止跨区间无缝线路方面难度最大的课题之一。德国、法国、日本、我国台湾高速铁路上都曾在桥上铺设无缝道岔。目前，我国正在建设的高速铁路有多组道岔以各种形式布设在桥上，同时也对桥上无缝道岔进行大量的研究，桥上无缝道岔技术已经成为高速铁路的关键技术之一。

一、桥上无缝道岔的发展应用

1. 国外桥上无缝道岔

德国桥上无缝道岔技术在我国台湾高速铁路取得了应用经验。德国桥上岔区轨道结构包括钢轨、岔枕、道床板、桥面保护层。道床板根据道岔长度设置若干伸缩缝；桥面保护层上设置纵、横向凸台以限制道床板的纵横向位移；道床板和保护层之间设置隔离层，用来减少道岔板和保护层收缩及温度变化引起的约束。

德国桥上道岔的基本设计理念是限制关键部件处钢轨和桥面之间的相对位移。根据道岔与桥梁的相对位移限值，德国建立梁轨相对位移包络图，进行道岔-桥梁的相对位移检算。梁轨相对位移包络图可以清楚显示道岔-桥梁计算相对总位移与相对位移限值的关系。

德国桥上道岔的设计原则为：①道岔不允许设在活动的桥梁伸缩缝上。尖轨尖端与桥梁伸缩缝之间应保证最小距离；②桥梁支座布置应尽量减小温度跨度，桥梁温度跨度不宜大于90 m。为减少牵引制动力作用下桥梁的水平最大变形，连续梁可设置多组固定支座，使纵向荷载分布至不同桥墩上；③相邻梁体横向位移较大时对轨道平顺性产生影响，增大养护维修工作量。对于无砟轨道，相邻梁体横向位移应不大于1 mm；④为保证梁轨相对位移、桥梁纵向位移在允许范围内，桥墩纵向刚度必须满足限值要求；⑤多联连续梁之间应设置简支梁，可减小温度跨度，降低钢轨受力和梁轨相对位移。

法国尚未有桥上道岔的实际铺设经验，但在京沪高速铁路的前期咨询中，也提出高速铁路桥上道岔的设计理念：①避免由于桥梁伸缩和道岔里轨伸缩而使钢轨积聚较高的应力；②防止温度变化下钢轨的位移，保持道岔的纵向稳定性；③限制转辙器和辙叉等部分钢轨和轨枕的位移。

对于桥上道岔的设置原则，法国认为：①道岔设置在桥梁上应进行专门的设计研究；②道岔不应设置在路桥过渡段上，以避免发生差异沉降的不利影响；③道岔不应设置在平面曲线或竖向曲线上；④为控制钢轨应力，道岔应避免跨越桥梁伸缩缝，在困难情况下，道岔转辙器和辙叉不应设置在桥梁伸缩缝上；⑤道岔与桥梁伸缩缝间应保证最小距离。

国外桥上无缝道岔均强调道岔和桥梁相对位移的控制，特别是对道岔辙叉、转辙器等关键部件处钢轨和桥面之间的相对位移有严格要求。

2. 我国桥上无缝道岔

随着我国高速铁路及客运专线建设的发展，桥上无缝道岔研究已经开始引起各方面的重视。目前，在京沪高速铁路及武广、郑西、哈大等客运专线项目中，有多组道岔以各种布置形式铺设于桥上。这些项目所采用的道岔包括多种类型，轨道结构涵盖有砟轨道和无砟轨道，道岔及桥梁的布置形式种类繁多，充分体现了我国高速铁路桥上无缝道岔的技术特点。

郑西客运专线渭南北高架站铺设法国 Cogifer 无砟轨道无缝道岔，共计 4 组 18 号单开道岔及 2 组 18 号单渡线。其中，2 组单渡线分别布置在 30.2 m + 48 m + 56 m + 48 m + 30.2 m 和 32.7 m + 3 × 48 m + 32.7 m 连续梁上，2 组单开道岔布置在 30.7 m + 48 m + 33.03 m 变宽异型连续梁上，2 组单开道岔布置在 29.77 m + 48 m + 30.7 m 变宽异型连续梁上。

渭南北高架站桥上岔区采用长枕埋入式无砟轨道，区间采用 CRTSⅡ型双块式无砟轨道。岔区长枕埋入式无砟轨道由道岔、岔枕、道床板、底座及桥面保护层等组成。道床板为分块式结构，相邻道床板间设置 10 cm 的伸缩缝。道岔的转辙器部分、连接部分和辙叉部分均分别位于整块道床板上，保证道岔关键部位的稳定。

岔区长枕埋入式无砟轨道有以下技术条件。

(1)道床板为钢筋混凝土结构，强度等级 C40。道床板内配置双层钢筋，在长枕边缘靠近道床板上表面处加配纵向钢筋，以限制道床板表面裂缝。钢筋采用 HRB335 级钢筋。

(2)每块道床板中部设置三个横向限位凸台，长度与道床板宽度一致；横向限位凸台两侧分别设置通长的纵向限位凸台。道床板通过纵横向限位凸台与底座连接在一起，见图 1—16。

图 1—16　桥上岔区长枕埋入式轨道限位凸台平面布置

(3)底座为分块式结构，宽度与道床板宽度一致，在道床板伸缩缝处对应设置伸缩缝，采用强度等级 C40 的混凝土现场浇筑，内部配置单层 HRB335 级钢筋。底座通过在桥面保护层内预埋的门形钢筋与保护层连接。每块底座板在道床板限位凸台对应位置设置凹槽，并在凹槽四周粘贴弹性橡胶垫板。

(4)桥面混凝土保护层采用强度等级 C40 混凝土现场浇筑，内部配置带肋钢筋，厚度一般为 120 mm。保护层通过剪力键与防撞墙连接。

武广高速铁路新郴州站铺设 CNTT 系列 18 号无砟轨道无缝道岔，道岔梁为 6 × 32 m 连续梁。岔区首次采用底座纵连的板式无砟轨道，京沪高速铁路高架站铺设的 18 号及 42 号道岔也采用了这种岔区轨道结构形式。

桥上纵连底座板式无砟轨道结构由道岔部件、预制道岔板、砂浆调整层、底座板及纵横向限位结构组成。桥上轨道结构高度：直股内轨顶面至底座板底面为 710 mm。岔区扣件节点间距除安装电务设备范围外均为 600 mm，采用贯通插入式螺栓紧固。桥上岔区板式无砟轨道结构断面见图 1—17。

桥上纵连底座板式无砟轨道结构有以下技术条件。

(1)道岔板厚度为 240 mm，其上设置 340 mm 宽、纵向间距 600 mm 的横向承台，承台表面水平；混凝土强度等级为 C55，设置 HRB335 级钢筋；承台间的道岔板表面设置 0.5% 的横向排水坡及横向预裂缝，缝深 4 cm。道岔板长度和宽度依据道岔几何尺寸确定。

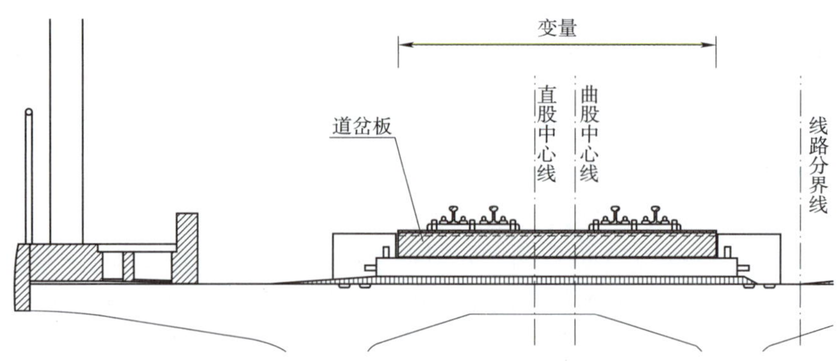

图 1—17 桥上岔区板式无砟轨道结构断面

(2)安装道岔设备范围的道岔板上相应设置预埋槽,其表面设置横向排水坡。每块道岔板与底座板间通过 8 根剪力销连接,销钉采用钻孔植筋方式设置,钻孔标准直径 28 mm。

(3)道岔板内纵、横向钢筋间采用塑料夹进行绝缘处理,满足轨道电路的要求。每块道岔板内均设置综合接地系统,同时设置基准孔,用于安装测量棱镜。

(4)底座厚度为 180 mm,横向宽度较相应的道岔板宽约 440 mm,露出道岔板部分需要高出道岔板 15 mm,突出的边缘向轨道系统外侧设置 4% 的排水坡;底座板混凝土强度等级为 C40,采用自流平混凝土现场浇筑;底座板延展贯穿于整个道岔,通长设置 HRB335 级钢筋;底座纵横向钢筋间采用塑料夹进行绝缘处理,满足轨道电路的要求。

(5)垫层混凝土强度等级为 C25,平均厚度约 120 mm。

(6)桥上岔区无砟轨道的砂浆调整层和底座板设计与区间基本相同。

二、桥上无缝道岔计算模型及方法

(一)国外桥上无缝道岔

德国主要针对桥上无砟道岔建立桥上无缝道岔计算模型(图 1—18),分析道岔和桥梁的受力与变形,其计算方法分为简单算法和复杂算法。简单算法的精度不高,一般用于桥上方案设计阶段估算桥墩附加力。复杂算法是采用有限元模型,计算轨道板-桥梁结构之间的相互作用,包括支座纵向反力、钢轨附加力、转辙器与辙叉区域的相对位移等。

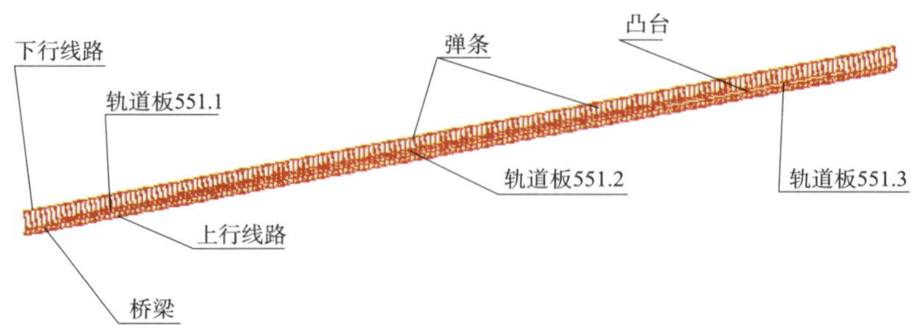

图 1—18 德国桥上无缝道岔计算模型

在复杂算法的计算模型中,桥梁、渡线、道岔板和钢轨都采用梁单元模拟。无载时,扣件采用弹塑性非线性弹簧单元模拟;有载时,扣件采用摩擦弹簧单元模拟。桥墩和凸台采用弹性弹簧单元模拟。模型建立后,采用 SOFISTIK 程序进行非线性计算。

针对有砟轨道桥上无缝道岔，法国建立了钢轨-扣件-轨枕-桥梁的桥上无缝道岔计算模型，采用有限元方法分析道岔和桥梁的相互作用。法国桥上无缝道岔计算模型见图1—19。该计算模型包括钢轨、轨枕、桥面板和桥墩。依据双线性阻力模型，桥面与轨枕的道砟及钢轨与轨枕之间的扣件均采用非线性弹簧模拟。

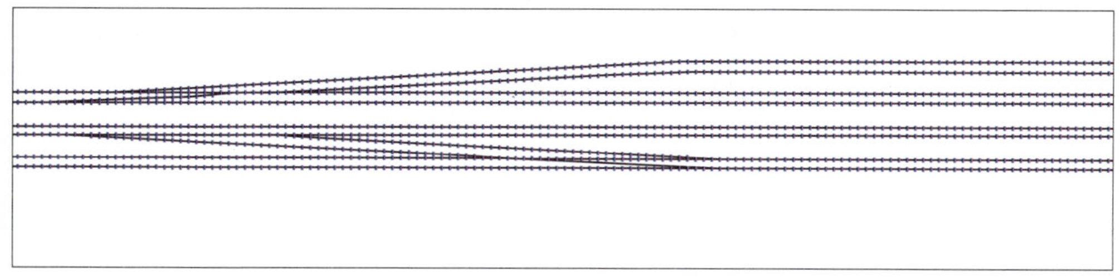

图1—19　法国桥上无缝道岔计算模型

尚未见到日本针对桥上无缝道岔所开展深入研究工作，仅在《新干线轨道结构基准》中规定，道岔不可设在除有砟轨道外的桥梁或桥台上。

(二)我国桥上无缝道岔

1. 桥上道岔静力学计算模型及方法

在路基无缝道岔研究的基础上，铁科院、北京交大、西南交大、中铁第四勘察设计院集团有限公司(以下称铁四院)、中南大学等单位均对桥上无缝道岔进行了大量的研究工作，并取得丰富的成果。

铁科院建立了桥上无缝道岔计算模型。计算模型分成平面模型和立面模型，平面计算模型用于分析无缝道岔里轨和基本轨的纵向相互作用，立面模型用于分析钢轨与桥梁的纵向相互作用。该计算模型计算桥上无缝道岔时，将平面作用和立面作用分开考虑，然后再将计算结果叠加。计算模型中采用的钢轨与桥梁之间纵向阻力是扣件阻力和道床阻力的综合阻力。

西南交大建立了桥上有砟轨道无缝道岔的道岔-桥梁-墩台一体化计算模型(图1—20)，分析长大连续梁桥上铺设无缝道岔及伸缩调节器时，墩台及钢轨的受力及变形规律。该方法将钢轨、岔枕、桥梁及墩台视为相互作用、相互影响的耦合系统，根据不同结构力与位移的相互关系，建立钢轨、岔枕、桥梁、墩台受力及变形的平衡方程，采用牛顿迭代法求解。

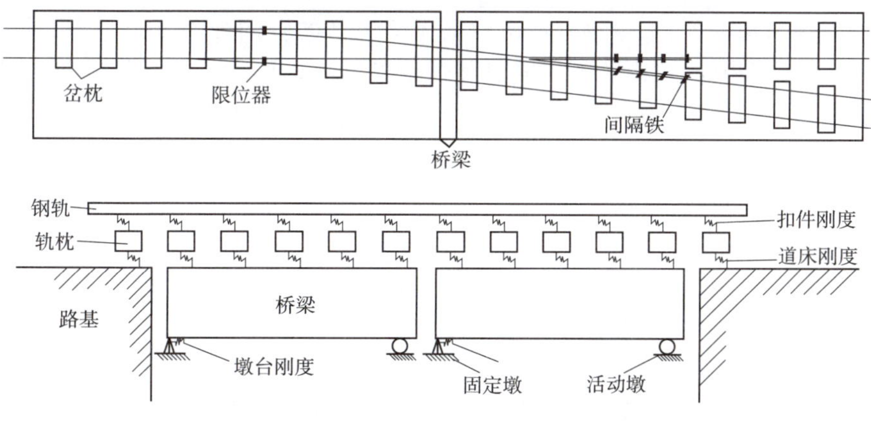

图1—20　桥上无缝道岔-桥梁-墩台一体化计算模型

中南大学将道岔、桥梁和墩台视为整体，根据变分原理建立桥上有砟轨道无缝道岔有限元模型。模型中梁体和钢轨考虑成杆单元，岔枕划分为弹性点支承梁单元，固定支座处桥梁墩台视为线性弹簧单元，道床纵向阻力、扣件纵向阻力、扣件阻矩、限位器阻力和间隔铁阻力用非线性弹簧模拟。根据各单元变形能一阶变分的表达式，运用“对号入座”法则，得到系统的非线性有限元方程，采用荷载增量法结合牛顿迭代法求解。

北京交大率先建立桥上无缝道岔的有限元计算方法，建立的桥上无缝道岔的桥梁模型为平面二维模型，可以解决无缝道岔纵向力和位移的计算问题，并对影响桥上无缝道岔受力与变形的各种因素做了初步的研究分析。在此基础之上，引入影响无缝道岔受力与变形的横向因素，将之发展为无缝道岔纵横向耦合的有限元分析方法，解决了桥上无缝道岔纵横向受力和位移的计算问题。随着垂向因素的引入，北京交大发展建立了桥上无缝道岔纵-横-垂向空间耦合有限元模型，不仅计算分析了不同轨道基础的桥上无缝道岔力学特性及其影响因素，而且对桥上无缝交叉渡线的力学特性进行了研究。利用该模型，北京交大对桥上无缝道岔在多种荷载作用下的受力变形、轨道不平顺、梁体挠曲等进行了计算分析。在此基础上，北京交大已完成深圳地铁 4 号线、泰国曼谷机场地铁线等桥上无缝道岔项目，并对郑西高速铁路、哈大客运专线、京沪高速铁路的桥上无缝道岔进行了详细的研究计算。

在桥上无缝道岔动力研究方面，针对桥上无缝道岔的特点，中南大学建立车辆-岔枕-桥梁系统空间振动分析模型，计算了动车组直逆向通过单渡线时的车岔桥系统空间振动响应。西南交大建立车辆-道岔-桥梁耦合系统动力模型，用数值模拟的方法探讨高速行车条件下道岔区轨道与桥梁结构的动力特性及行车安全性和舒适性。

北京交大从系统耦合的角度出发，利用有限元方法，研究建立了较为完善的车辆-轨道空间耦合振动分析模型、车辆-道岔系统动力分析模型、车辆-轨道-桥梁空间耦合振动分析模型等多种理论分析模型。在此基础上，北京交大发展建立了桥上无缝道岔车-岔-桥耦合动力分析模型，并将其用于郑西客运专线桥上无缝道岔等项目的研究。

总体上看，国外桥上无缝道岔均强调道岔和桥梁相对位移的控制，特别是对道岔辙叉、转辙器等关键部件处钢轨和桥面之间的相对位移有严格要求；国内桥上无缝道岔除强调控制岔桥相对变形外，还要求道岔及桥梁受力变形合理，动力性能良好，高速列车运行安全稳定。与国外相比，国内桥上无缝道岔的设计理念更为先进，突出体现了安全舒适并重的特点。

国外桥上无缝道岔的理论计算模型仅着重于结构的纵向力学特性，不能实现对道岔限位器、间隔铁等细部结构的计算，也没有考虑桥上无缝道岔的空间受力变形情况，动力学的相关研究更为缺乏。与其相比，国内桥上无缝道岔理论模型考虑因素详尽，优势明显。纵-横-垂向空间有限元耦合模型不仅考虑桥梁的实际尺寸，而且考虑多种细部因素，能够真实反映道岔钢轨、轨下基础、桥梁及墩台的耦合作用；利用桥上无缝道岔动力分析模型，可对高速铁路桥上无缝道岔的动力特性进行准确评估，确保列车运行的平稳舒适。目前，我国已形成拥有完全自主知识产权的桥上无缝道岔理论体系。

第六节　高速铁路无缝线路监测技术的发展应用

目前，国内外对于桥上无缝线路和无缝道岔的理论和计算模型的研究已相对成熟，对于桥上无缝线路的检测与监测技术，一些国家的科技工作者也做了相关的研究，取得一定的成果。对于高速铁路与无砟轨道无缝线路，国内相关研究还不够全面。国外虽然有一定的研究，但其设计理念、方法与我国不同。对于长大桥梁无砟轨道无缝线路和高架站上无缝道岔的检测与监测，尤其是关于钢轨温度力的测试方法研究，虽然相关研究人员相继提出多种测试方法和仪器，但都受到各种条件的限制，不能有效应用于高速铁路无缝线路的现场检测与长期监测当中。目前，世界各国正在继续研究这一看似简单而实际极难的无缝线路科研课题。

一、静态检测技术

美国早在20世纪30年代就采用机械应变计测量钢轨纵向力。该应变计测量长度为250 mm或500 mm，测量精度为1/100 mm。当钢轨处于自由状态时，在轨腹中性轴上刻出间距为250 mm或500 mm两条刻线，记下初读数。该长度变化即为应变值。无缝线路中长钢轨受扣件阻力和道床阻力的影响，其应变受到约束。因此，在测试过程中需要一段标准短轨作参照，将之放在待测钢轨旁边。在不同的温度下可测出标准短轨的长度变化，比较两个长度可求出应力值。因测尺本身也发生热胀冷缩，所以对测尺还应进行修正。

英国铁路技术中心用振弦法测量钢轨纵向力。该测力传感器是外径约25 mm的钢环，里面固定两条互相垂直的钨丝作振弦。在钢轨中性轴上钻一小孔，塞进振弦传感器。钢轨纵向力的变化改变了小孔的形状，从而改变了振弦传感器两根弦的长度和自振频率。两个频率的差即反映了钢轨纵向力。该技术无需参考短轨，但需要在钢轨腹部钻孔，现场标定时需使用液压机械装置。

匈牙利和德国提出钢轨纵向力的横向位移法，其作法是在垂直于钢轨方向加一横向力，由钢轨横向位移量求解钢轨纵向力。这种方法设备复杂笨重，检测时必须封锁线路，撤除27 m左右单股钢轨的扣件，严重影响正常行车。为克服其不足，美国开发了提起钢轨法。该方法采用一辆装有特殊设备的专用车在现场应用，把车停在轨道上，车轮自动压住钢轨的两端，把内侧车轮之间钢轨扣件拆除，钢轨中心施加一个集中垂直力将钢轨提起。由于钢轨挠曲量和钢轨内的纵向力有直接关系，根据提升力即可换算出钢轨纵向力。

日本铁路公司开发了超声波声音弹性法和巴克豪森磁噪声法等两种新的钢轨纵向力测定方法，并采用这两种方法进行了验证试验。声弹性法依据公式$(t-t_1)/t_1=C\cdot\sigma$计算。式中，t为无应力状态下超声波传播时间；t_1为应力状态下超声波传播时间；C为声弹性常数；σ为纵向力。当拉应力愈大，传播速度愈慢；压应力愈小，则传播速度愈快。巴克豪森磁噪声法是依据巴克豪森磁噪声因磁性体的应力状态而变化，检测出这种变化就可计算出钢轨纵向力。

我国刘兴汉教授级高级工程师研究提出测量钢轨纵向力的标定轨长法，后经改进后定名为测标法。其基本原理是通过钢轨线膨胀系数，将钢轨应变折合成相应的轨温变化幅度，完成无缝线路锁定轨温的测定。哈尔滨工业大学研制了基于巴克豪森效应的无缝线路钢轨纵向应力检测仪，对无缝线路固定区纵向应力的均匀分布进行了验证。电子科技大学设计了用于检测无缝钢轨温度应力的电容式位移传感器，利用标定轨长原理，通过检测钢轨的应变（位移）来检测钢轨的温度应力。石家庄铁道学院与石家庄工务段合作提出无缝线路钢轨温度力测试的位移法，通过建立无缝线路轨道力学模型分析温度力变化时侧向力及其作用位移的变化规律，并结合标定试验，最终实现对钢轨轴向温度力的精确测试。

北京交大光电检测技术研究所提出一种通过测量微小位移变化来测量钢轨温度力等参数的方法，并开发形成了TS系列温度应力测量仪。TS系列温度应力测量仪采用高精度电感传感、结构和电路设计的双重温度补偿及高精度定位等技术，保证了测量、定位的准确性，已在多项既有线改造及高速铁路的无缝道岔测试中得到成功应用。

二、动态检测技术

动态检测技术一般以传统的应变片、应变计、压力盒、位移计、加速度计等为传感器件，以应变仪为动态采集系统，以普通数据线为信号传输载体，以电子计算机为操作和存储装置，构成测试网络进行现场的测试。目前，动态检测技术已在高速铁路联调联试、无缝线路技术状态评估、无缝线路新型设备及部件研发中得到广泛应用。

铁科院在武广高速铁路株洲南线路所50号板式无砟轨道道岔、郴州西站18号道岔等多组道岔测试工点进行道岔部件位移、轮轨动态相互作用力、道岔转换设备工作性能等方面的动态测试，对道岔扣件系统、岔枕、转换和锁闭装置等关键部件的性能进行了现场实测，验证了道岔区轨道刚度的合理性、岔区轨道刚度的均匀性、道岔前后轨道过渡的平顺性。

西南交大以郑西高速铁路渭南北高架站、京沪高速铁路京杭运河特大桥为对象，对桥上无砟道岔、桥上无缝线路的轮轨垂横向力、钢轨动弯应力、钢轨垂横向位移、尖轨开口量等进行系统测试，评估桥上道岔及无缝线路在高速列车通过时的工作状态，取得大量实测数据。

北京交大先后在郑西客运专线渭南北高架站、京沪高速铁路徐州东站等工点对桥上道岔进行了大量的动态测试工作，测试项目包括轮轨垂横向力、尖轨动弯应力、钢轨垂横向位移、尖轨心轨开口量等，通过计算脱轨系数、轮重减载率等，对列车高速通过道岔时的平稳安全性进行全面评估，掌握了桥上道岔的动态响应特性。

三、长期监测技术

德意志联邦铁路局曾对一座6跨预应力混凝土连续箱梁铁路桥上进行长期监测试验，持续时间从1981年11月到1982年11月。连续梁桥跨全长为137.75 m，试验中在全桥15个截面共78个测点进行位移、应变及温度测试，以分析温度效应对桥、轨的影响。测面间最大距离为336.18 m，充分考虑了伸缩力在无缝钢轨中可能的影响距离。测试工作不间断进行，每小时读取一次数据。在整个测量过程中，对应于气温的最大及最小值，桥梁温度最高为26.5℃，最低为-10.75℃，年温差约为37℃。各测点由于在混凝土中埋深不一，表层点更易受环境温度的影响，还有的测点受太阳直照，变化幅度较大。对于大多数测点，由于外侧包裹混凝土层、道砟层的影响以及梁室内空气温度的相对稳定，梁温变化不大。不论寒暑，也不论昼夜，其最大日温差均只有几摄氏度。可见，桥梁的温度变化是一个极为缓慢的进程。

南非对桥上无缝线路也进行了大量的理论和试验研究，曾经对南非象河桥进行长期的监测工作。南非象河桥位于赛申-萨尔达尼亚铁路线上，全跨长1 035 m范围内铺设无缝线路。桥梁结构由两侧分别锚固在桥台的11×45 m混凝土连续梁和中间一跨45 m混凝土简支梁组成，钢轨在伸缩缝附近承受着较大的伸缩力。为避免发生胀轨跑道，南非相关单位开发了伸缩力测试系统，测量方法是在钢轨上每隔5 mm粘贴一块铜的标定板用以测量钢轨与桥面的相对位移，在钢轨与其桥面参照点之间接上钢丝。长的桥面板的位移在伸缩缝处用游标卡尺进行监测，用两台自动记录仪测量钢轨和空气温度。

美国科罗拉多大学提出利用牵引回流的不平衡度进行断轨检测的方法。该方法通过断轨发生时流向牵引变电站两轨的电流不平衡度判定断轨。在电气化轨道区段，通常会采用空芯线圈和扼流变压器来平衡两轨牵引回流。如果其中一轨发生断裂，阻抗提高，则牵引回流会从阻抗较小的另一轨流回牵引变电站。因此，只要在两轨按一定间隔安装电流传感器检测两轨电流差异，即可实现断轨检测功能。俄亥俄州 Salient System 公司提出在钢轨轨头下方连续粘贴光导纤维进行断轨检测的方法。该方法使用特制环氧胶，沿轨道将单模光导纤维粘贴于轨颚或轨腰上，在光导纤维的一端接入光源，在另一端安装接收器。钢轨断裂时会使纤维破断，阻断光源，接收端因接收不到光信号而发出断轨报警，非常适于对钢轨焊缝或裂纹进行检测。

天津大学研究开发的无缝线路轨温实时监测系统，可对轨温进行远程实时全天候测量，并对测得的轨温数据进行相应的存储、统计处理，操作简单易懂，可实现对轨温的长期监测并对轨道的状况进行实时分析，及时发现无缝线路出现的异常，按规定采取必要的应急措施。该无缝线路轨温实时监测系统从 2002 年 10 月开始在天津东车辆段试用，已经积累大量的轨温数据。

铁科院将光纤光栅传感器初步应用于郑西高速铁路渭南北高架站无缝道岔的监测及渭河特大桥上无缝线路伸缩调节器的监测，主要对岔前、辙跟、梁端等位置的钢轨纵向力、梁轨及梁体位移、轨温及梁温等进行长期跟踪观测记录，研究桥上无缝道岔及伸缩调节器在不同季节时受力及变形的变化规律。

北京交大基于人工监测方法、修正的应力-应变方法及光纤光栅监测技术，对高速铁路长大桥梁无砟轨道无缝线路的服役状态进行长期监测，监测内容包括桥上无缝线路温度力、梁轨相对位移、梁端伸缩量、无砟轨道底座板与桥面的相对位移等。监测结果为高速铁路无缝线路的状态评估提供了有效的方法与依据。

总体上看，适于一般线路的传统检测、监测手段的研究较多，与行车速度高、行车密度大、天窗时间短等相适应的高精度、快采集的自动化检测、监测手段的研究相对较少，难以保证高速条件下线路状态的快速监测与检测。因此，需要对此问题进行系统和深入的研究，完善高速铁路长大桥梁无砟轨道无缝线路和高架站无砟轨道无缝道岔的检测及监测方法。

第七节　高速铁路无缝线路检算与评估技术

无缝线路的受力变形直接影响高速铁路整体的运营安全、乘车舒适性和工程投资，因此必须对其进行相关的检算及评估，指导高速铁路无缝线路的养护。随着高速铁路技术的发展与应用，欧洲及日本等逐渐形成了较为系统的高速铁路无缝线路的检算、评估方法，我国的高速铁路无缝线路的检算评估方法也在不断发展。

一、检算与评估指标

(一)国外无缝线路

1. 德国

(1)钢轨附加应力

钢轨允许附加应力应利用 Smith 图求解而得，见图 1—21。Smith 图考虑到以下钢轨应力：σ_B 断裂应力；σ_{str} 弹性极限应力；σ_{zul} 容许应力 $=0.9\cdot\sigma_{str}$；σ_A 疲劳强度(幅值)；σ_U 疲劳试验的应力下限值；σ_T 钢轨温度变化引起的钢轨应力；σ_{BT}，桥梁中温度变化引起的钢轨应力；σ_E 残余应力；σ_{BV} 加速度和制动力引起的钢轨应力。针对 UIC60 钢轨，断裂应力 $\sigma_B=900\ \mathrm{N/mm^2}$；弹性极限应力 $\sigma_{str}=525\ \mathrm{N/mm^2}$；容许应力 $\sigma_{zul}=0.9\cdot\sigma_{str}=470\ \mathrm{N/mm^2}$；残余应力 $\sigma_E=80\ \mathrm{N/mm^2}$。利用 Smith 图推导得到钢轨允许附加拉应力为 92 $\mathrm{N/mm^2}$，允许附加压应力为 72 $\mathrm{N/mm^2}$。

上述有砟轨道钢轨应力的极限值主要针对以下特定的轨道结构及使用环境：UIC60 钢轨

抗拉强度至少为 900 N/mm^2、混凝土 B70W 或至少同等重量的相似轨枕，轨枕间距离最多 65 cm，碎石道床厚度 30 cm，线路为直线或曲线半径至少为 1 500 m。对于其他型号钢轨的允许附加应力需根据实际情况确定。

对于无砟轨道铁路，由于轨道横向稳定性较高，钢轨允许附加压应力增大至 92 MPa，其前提条件是：与桥上无砟轨道相连的路基上仍然铺设的是无砟轨道。这样，轨道就会有足够的横向位移阻力。钢轨允许附加应力的推导，要考虑其疲劳强度。疲劳强度取决于其表面腐蚀状况、钢轨残余应力、钢轨温度变化应力、垂直轮载下钢轨应力等。

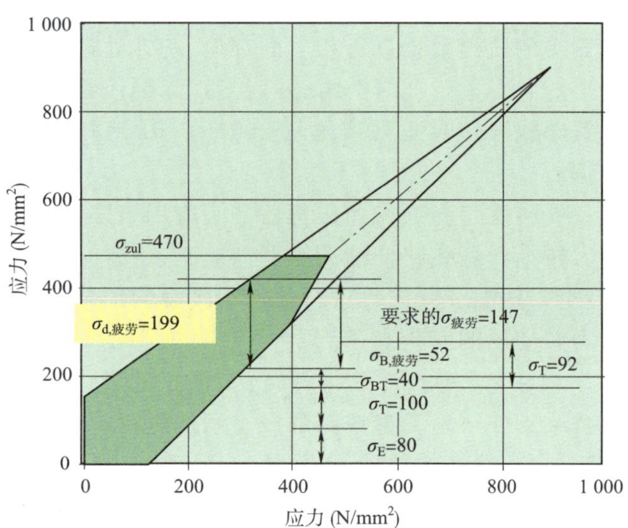

图 1—21　用 Smith 图推导钢轨允许附加应力

(2) 梁轨相对位移

①有砟轨道铁路

DS804 中规定，由启动牵引力及制动力引起的线路与结构或线路与路基之间的相对位移不得超过 ±4 mm。这主要是因为在轨排和道砟之间的快速相对位移（由启动牵引力/制动力作用下产生的位移）将破坏道砟结构，道砟结构的破坏会减少线路纵向滑移阻力。这种对轨道位置的干扰应通过限制快速作用力引起的位移来避免。

②无砟轨道铁路

DIN－101 中规定：①由于牵引和制动：在使用全长无缝焊接钢轨，其中一个上部结构端部无钢轨伸缩调节器或有钢轨伸缩的情况下，钢轨与桥表面或桥头范围内路基之间的相对位移不得大于 5 mm，在上部结构端部设置两个钢轨伸缩器时，上部结构端部的纵向绝对位移不得大于 30 mm；②在移动荷载的情况下：上部结构端部的上端点顺桥方向的纵向位移不得超过 10 mm。

③断缝检算

德国高速铁路规范中没有明确规定断缝允许值，这与德国区域轨温条件及德国高速铁路路基及桥上无缝线路采用较大的线路阻力有关。另外，德国相关规范中在桥梁墩台检算时也没有考虑断轨力的规定，这应该与德国规范中规定的桥墩纵向刚度很大有关。

德国规范对于桥上无缝线路的检算不仅考虑钢轨应力是否满足要求，同时强调桥梁及梁轨相对位移和变形的控制，这对于保证有砟轨道无缝线路的稳定性，以及无砟轨道结构的平顺性都是至关重要的，这一设计理念值得学习和借鉴。

2. 日本

(1) 钢轨纵向最大压力

日本关于轨道的臌曲理论，首先由堀越于 1934 年提出，并进行钢轨长度和轨缝的研究。其后于 1957 年应用无缝线路时，由沼田提出新的理论，并据此制定了铺设和管理无缝线路的标准。在这个理论中，将抑制臌曲的道床阻力假定为塑性阻力，将臌曲波形分为 4 种波形，并求解引起钢轨变形外力和阻止钢轨变形内力的平衡条件。根据轨道压屈强度，确定的破坏极限状态钢轨纵向力限值为 981 kN/轨。

根据最小能量原理，臌曲强度表达式由下式表示。

$$P_t = P + \sqrt{\frac{\gamma^2 r^2}{P} + \frac{\alpha r}{P^3\sqrt{P}}\left\{\left(g - \xi\frac{P}{R}\right)^2 + K\left(g - \xi\frac{P}{R}\right)\frac{P}{R}\right\}} - \frac{\gamma r}{\sqrt{P}} \tag{1—5}$$

式中　P——臌曲发生前钢轨纵向温度力（轨道臌曲强度）（kgf）；

P_t——臌曲发生后处于平衡状态时的纵向温度力（平衡纵向温度力）（kgf）；

n——臌曲波形数；

E——钢轨钢的弹性模量 2.1×10^6（kgf/cm^2）；

J——考虑轨排刚度后绕钢轨竖直轴的断面二次矩（cm^4）；

r——道床纵向阻力（kgf/cm）；

g——道床横向阻力（kgf/cm）；

α——系数，$\alpha = 8\mu E^2 JA\ \sqrt{EJ}$；

K——系数，$K = \frac{\phi}{2\mu}$；

A——钢轨的断面积（cm^2）；

μ、ϕ、ξ——由臌曲波形确定的常数；

R——轨道的曲线半径（cm）。

臌曲强度 P_t 是平衡纵向温度压力 P 的最小值。这个值称为最低臌曲强度 P_{tmin}，根据这个值评价轨道的臌曲稳定性。

（2）钢轨断缝允许值

日本根据断缝安全性试验结果，确定断缝容许值为 70 mm。

3. 国际铁路联盟

UIC774 - 3 规定的检算内容包括有砟轨道无缝线路的钢轨附加应力、梁轨相对位移、桥梁位移和梁端转角。

（1）钢轨附加应力：由于梁体温度变化、制动/加速和桥梁挠曲引起的钢轨最大附加压应力允许值为 72 N/mm^2（$\sigma_{rail}\leqslant 72\ N/mm^2$）。由于梁体温度变化、制动/加速和桥梁挠曲引起的钢轨最大附加拉应力允许值为 92 N/mm^2（$\sigma_{rail}\leqslant 92\ N/mm^2$）。

（2）梁轨相对位移：由于列车制动/加速引起的梁轨相对位移最大允许值为 4 mm（$\sigma_{rel}\leqslant$ 4 mm）。

（3）桥梁位移：在桥梁一端设置钢轨伸缩调节器的无缝线路由于列车制动/加速引起的桥梁最大绝对水平位移 5 mm（$\delta_{abs}\leqslant 5$ mm）。桥梁两端设置钢轨伸缩调节器或为有缝线路，由于制动/加速引起的桥梁最大绝对水平位移为 30 mm（$\delta_{abs}\leqslant 30$ mm）。

（4）梁端转角限值：由于竖向弯曲（包括动力因素）引起的梁端上翼缘与路基之间或两相邻桥梁梁端上翼缘之间的最大允许位移为 8 mm（$\delta_{(\theta H)}\leqslant 8$ mm），计算时考虑梁轨相互作用。

（二）我国无缝线路

1. 钢轨附加应力

国家"八五"科技攻关项目《高速铁路线桥隧站设计参数选择的研究》提出的高速铁路无缝线路钢轨强度和稳定性检算公式，采用 UIC60 钢轨、混凝土轨枕、碎石道床组成的有砟轨道，轨温差 ±45℃，桥头曲线线路允许温度压力 2 820 kN，SS8 电力机车以 160 km/h 速度运行，满足有砟轨道钢轨强度和线路稳定性要求的桥上无缝线路固定区钢轨允许附加应力限值分别为：夏季 －61 MPa，冬季 ＋81 MPa。对于无砟轨道，由于采用了较大的平面圆曲线半径，有利于无缝线路保持稳定性，且无砟轨道的横向稳定性较有砟轨道提高较大，无缝线路稳定性中钢轨附加压应力限值不起控制作用。因此参考国内外相关规定，无砟轨道铁路钢轨附加应力可采用如下限值：夏季 -85 MPa，冬季 +85 MPa。

目前，在无缝线路设计中进行钢轨强度检算时，作用在钢轨上的应力应满足式（1—6）要求。

$$\sigma_{底d} + \sigma_t + \sigma_f \leqslant [\sigma] = \frac{\sigma_s}{K} \tag{1—6}$$

式中　$\sigma_{底d}$——轨底边缘动弯应力；

σ_t——钢轨最大温度应力；

σ_f——钢轨最大附加应力；

$[\sigma]$——钢轨容许应力；

σ_s——钢轨钢屈服强度；

K——安全系数，取 1.3。

2. 稳定性检算

有砟轨道允许温升可采用“统一无缝线路稳定性计算公式”或“不等波长稳定性计算公式”进行计算。

目前，国内外关于无砟轨道的稳定性问题研究的较少。无砟轨道扣件系统直接与混凝土道床连接，轨道稳定性较好，不易发生失稳，但在较大升温条件下极易出现钢轨碎弯，或者钢轨压溃。较大的钢轨碎弯、扣件的扣压力损失和组装公差等共同作用，会对高速列车的安全平稳运行产生不利影响，甚至造成无砟轨道破坏。遂渝线无砟轨道试验段、广珠城际铁路就曾出现过钢轨碎弯现象。因此，无砟轨道的稳定性问题也应引起关注。

3. 断缝检算

桥上无缝线路采用小阻力扣件，在冬季可能出现断轨，断缝拉开过大，会危及行车安全。《铁路无缝线路设计规范》规定，无缝线路钢轨断缝可按式（1—7）检算。

$$\lambda = \frac{EF(\alpha \Delta T_{dmax}{}^2)}{r} \leqslant [\lambda] \tag{1—7}$$

式中　λ——无缝线路钢轨断缝计算值；

α——钢轨钢线膨胀系数；

ΔT_{dmax}——最大降温幅度；

r——线路纵向阻力；

E——钢轨弹性模量；

F——钢轨截面面积。

桥上无缝线路钢轨断缝检算，必要时应考虑桥梁跨度、墩台刚度及相邻股道等因素的影响进行梁轨相互作用分析。

为了尽量避免在高速铁路桥上无缝线路采用钢轨伸缩调节器，应在确保安全的前提下，有条件地适当放宽断缝允许值。铁科院曾在环形试验基地进行列车通过钢轨断缝的安全试验。试验证实，在列车最高运行速度 85 km/h 的条件下，尽管设置断缝由 20 mm 逐次扩大至 138 mm，但并未发现因断缝的扩大而使行车安全受到威胁。

无砟轨道无缝线路钢轨断缝允许值 $[\lambda]$ 取值如下：一般情况下，取 $[\lambda]=70$ mm；困难条件下，断缝允许值可适当放宽，取 $[\lambda]=90$ mm。

4. 道岔转辙器、辙叉部分钢轨允许位移检算

由于岔区尖轨相对基本轨及心轨相对翼轨的位移一方面可能引起不密贴，另一方面可能造成轨距发生较大变化，因此需要对尖轨与基本轨及心轨与翼轨的相对位移进行检算。无缝道岔尖轨及心轨允许伸缩量见表1—2。为避免桥梁变形对道岔的不利影响，保证道岔合理几何形位，也需要对转辙器、辙叉部分道岔钢轨与桥面无砟轨道的相对位移进行检算。

表1—2 无缝道岔尖轨及心轨允许伸缩量

类型	尖轨容许伸缩位移	心轨容许伸缩位移	说明	
			锁闭机构	尖轨跟端结构
客专系列	±40 mm	±20 mm	多机多点钩型外锁	限位器、双间隔铁或无传力部件
CZ系列	±45 mm	±30 mm	第一牵引点拐肘外锁	无传力部件
CNTT系列	±40 mm	±20 mm	多机多点自调式外锁	限位器

5. 岔区限位器及间隔铁螺栓强度检算

在纵向力作用下，由于钢轨间产生相对位移，限位器及间隔铁承受作用力，该力主要由摩阻力及螺栓剪力组成。为保证道岔正常工作，螺栓剪应力不能超过限值。根据北京交大试验结果，$[\tau]\leqslant 264$ MPa。

6. 梁端转角

对于长大桥上无缝线路，由于荷载布置的不同，会发生一侧桥梁转动、另一侧桥梁或台尾未转动的情况。一般的，桥梁受荷载时均会发生向下转动，但当连续梁邻跨作用有荷载时，易引起本跨向上拱起，此时梁端转角将反向。

梁端偏转后，将引起轨道系统某些部件工作状况发生改变。这种偏转将最终导致轨面在高低上出现不平顺，应从功能和结构强度上予以保证，使其不致影响高速行车和轨道结构的功能要求。尤其是对于扣件系统，梁端偏转后将导致扣件系统出现不均匀的拉压受力。尤其是拉力的作用，当拉力超过弹条的扣压力后将导致弹条产生塑性变形或被拉断，因此扣件承受拉力不应超过弹条所能提供的扣压力。

我国规范规定，在ZK竖向静活载作用下，桥梁梁端竖向转角限值应符合表1—3的规定。

表1—3 梁端转角限值

桥上轨道类型	位置	限值(rad)	备 注
有砟轨道	桥台与桥梁之间	$\theta\leqslant 2.0‰$	
	相邻两孔梁之间	$\theta_1+\theta_2\leqslant 4.0‰$	
无砟轨道	桥台与桥梁之间	$\theta\leqslant 1.5‰$	梁端悬出长度≤0.55 m
		$\theta\leqslant 1.0‰$	0.55 m＜梁端悬出长度≤0.75 m
	相邻两孔梁之间	$\theta_1+\theta_2\leqslant 3.0‰$	梁端悬出长度≤0.55 m
		$\theta_1+\theta_2\leqslant 2.0‰$	0.55 m＜梁端悬出长度≤0.75 m

7. 桥梁挠度

我国规范规定，梁部结构在ZK竖向静活载作用下，梁体竖向挠度不应大于表1—4的规定。

表 1—4 梁体的竖向挠度限值

设计速度(km/h) \ 跨度范围(m)	$L≤40$	$40<L≤80$	$L>80$
250	$L/1400$	$L/1400$	$L/1000$
300	$L/1500$	$L/1600$	$L/1100$
350	$L/1600$	$L/1900$	$L/1500$

二、国内外检算与评估指标对比

1. 钢轨强度检算

中外铁路有关无缝线路的钢轨强度检算的差异是多方面的，首先是检算方法的区别。德国、UIC 钢轨强度检算采用的是极限状态法，我国钢轨强度检算采用的是容许应力法。其次，在荷载组合上存在差异。德国、UIC 钢轨强度检算时对钢轨伸缩力、挠曲力、制动力叠加，我国钢轨强度检算仅取钢轨伸缩力或挠曲力的最大值，再叠加制动力。再者，钢轨应力的安全评判标准不一致。德国、UIC 桥上无缝线路设计以钢轨附加应力作为检算的控制条件，我国以总的钢轨工作应力小于钢轨容许应力(即屈服强度除安全系数 1.3)为控制条件。

德国、UIC 根据 Smith 图考虑钢轨温度变化引起的钢轨应力 σ_T、疲劳强度 σ_A、残余应力 σ_E、垂直轮载下钢轨动弯应力 σ_d，确定有砟轨道附加拉应力 92 MPa，附加压应力 72 MPa；无砟轨道附加拉应力 92 MPa，附加压应力 92 MPa。德国规范规定，无缝线路的温度力 P_t 一律按钢轨温度的变化幅度 $\Delta t = \pm 50$℃计算，并不区分当地历年最大钢轨温度的变化幅度。我国规范规定，无缝线路温度力用实际的当地历年最大钢轨温度变化幅度 Δt 进行计算。就该值来说我国的南北方气候差异就很大，海南省三亚近 30 年最高轨温 55.9℃，最低轨温 8.3℃，最大年温差 47.6℃；黑龙江省漠河近 30 年最高轨温 58.0℃，最低轨温 −49.6℃，最大年温差 107.6℃，两个地区年温差相差近 60℃，钢轨温度的变化幅度 Δt 相差 30℃，相当于将近 600 kN 的温度力(换算成钢轨应力高达 74.34 MPa)。

若采用德国规范设计，最大跨度为 80 m、联长(40 + 80 + 40) m 的混凝土连续梁桥，扣件无载阻力采用 15 kN/m/轨，有载阻力采用 30 kN/m/轨，经计算，钢轨截面最大伸缩纵向力达到 506.6 kN，钢轨伸缩应力为 64.5 MPa，钢轨制动应力为 20.1 MPa，再加上钢轨挠曲应力，计算得钢轨附加拉应力已超过允许值 92 MPa，则联长(40 + 80 + 40) m 的混凝土连续梁桥也要设置调节器。而采用我国规范规定和计算方法进行设计，无缝线路的温度力 P_t 按照各地历年最大钢轨温度的变化幅度，可见在年温差较小的地区可以采用较大的温度跨度而无需设置钢轨伸缩调节器；而在严寒的北方地区，按钢轨温度的变化幅度 $\Delta t = \pm 50$℃是不够的，如黑龙江省漠河市近 30 年最高轨温 58.0℃，最低轨温 −49.6℃，年最大轨温差可达 107.6℃。我国桥上无缝线路设计根据轨道结构标准、行车和线路条件及通过地区的气候条件等因素进行无缝线路强度检算，并经计算确定合理的设计锁定轨温是符合我国国情的。

2. 稳定性检算

德国是最早开展无缝线路稳定性研究的国家，但无缝线路稳定性检算未纳入规范，无缝线路的稳定性不作检算，以钢轨强度检算取代，主要基于德国道床结构强度较高，施工和养护中对道床密实度要求严格的考虑。国际铁道联盟(UIC)曾委托欧洲铁道研究所(ERRI)进行了一项名为《改善对无缝线路包括无缝道岔的了解》的研究，包括开发理论模型、确定该模型输入数值的试验工作并且证实该模型、钢轨纵向温度力的无损测量等。法国 SNCF I/SYSTRA 在《CHI 高速铁路工程设计咨询报告》中采用 SNCF（法国国铁）的无缝线路稳定性分析方法来确定有砟轨道抗压强度。这都表明欧洲铁路也是十分重视无缝线路稳定性问题的。

日本对于无缝线路压屈强度统一规定为 981 kN 是值得商榷的。国内外研究和实践表明，曲线半径是影响无缝线路稳定性的重要因素，日本不考虑曲线半径的影响，造成大半径曲线上无缝线路稳定性安全储备过大，可能引起大跨桥上无缝线路铺设过多的钢轨伸缩调节器。相比而言，我国"统一无缝线路稳定性计算公式"和"不等波长稳定性计算公式"综合考虑曲线半径、道床横向阻力、变形波长、轨道不平顺的影响，更为科学合理，适用范围更广。

对于无砟轨道无缝线路的稳定性问题，国内外均未开展系统的研究，由于取消了薄弱的散粒道床，无砟轨道无缝线路发生大的横向胀轨跑道不太可能，但是在温度压力作用下，目前开通的无砟轨道无缝线路已经出现钢轨碎弯或钢轨上拱的现象，可见无砟轨道无缝线路稳定性问题是不容回避的，这也是无砟轨道应用带给无缝线路技术的新问题。近年来，国内研究人员针对无砟轨道提出采取控制长钢轨的压弯变形作为检算条件，进行无砟轨道上的无缝线路允许温升计算、曲线地段上扣件和无砟轨道轨下基础的横向抗力计算的探索。

3. 钢轨断缝检算

强调断缝检算是与我国设置小阻力扣件的理念一脉相承的，我国和日本桥上无缝线路设计为减小桥梁和轨道的受力，避免采用或少用钢轨伸缩调节器而采用小阻力扣件。但扣件阻力减小必须控制低温下钢轨折断的断缝宽度在允许值范围之内，确保钢轨折断后的行车安全。铁科院针对断缝的安全性问题进行了大量的试验研究，在此基础上确定了我国的断缝容许值。由于钢轨探伤和重伤钢轨焊接接头原位复焊技术的发展，桥上发生钢轨折断的几率很小，恰巧在出现近 30 年最低轨温时发生钢轨折断的几率更小。我国铺设无缝线路的总长大于 200 m 的桥梁已有 500 余座，桥上发生钢轨折断仅 2 次。折断时轨温分别为 -12.5℃ 和 4℃，远高于历年最低轨温，断缝大小分别为 4.16 cm 和 2.07 cm，远小于检算断缝值 10 cm。所以运营实践说明，用无缝线路设计锁定轨温上限 T_{max} 至历年（近 30 年）最低轨温 T_{min} 的变化幅度 Δt 检算断缝时，其轨温取值已包含很大的安全储备量。

德国桥上无缝线路设计以常阻力扣件为主，虽然最近开始采用小阻力扣件，但其纵向阻力值远大于我国，即便发生断轨，其断缝值也非常有限，不至于危及行车安全，故德国不进行断缝检算。但不考虑断缝检算并不意味德国铁路不发生钢轨折断。据 2002 年德国 THERMIT 公司介绍，德国的铝热焊接头的伤损率也达到 0.5% ~2.0%，德国高速铁路采用长轨排法铺设无缝线路，工地的长钢轨焊联也用铝热焊，运营中也难免有焊接接头折断，不考虑断缝检算，应该得益于较大的墩台纵向刚度。根据法国 SYSTRA 公司提供的《CHI 高速铁路设计咨询报告》，如果断缝值达到 60 mm 需停止运营，但规范未见相应规定。

根据以上分析可知，是否需要进行断缝检算是与各国扣件阻力取值以及墩台刚度等条件密切相关的。由于我国采用小阻力扣件且墩台纵向水平线刚度相对较小，必须严格控制钢轨断缝宽度，因而进行断缝检算是必不可少的。目前我国断缝计算方法和断缝容许值是经过试验和运营检验的，也是切实可行的。

4. 梁轨相对位移

德国和 UIC 规范明确规定桥上无缝线路设计除进行钢轨应力计算，还特别强调牵引力/制动力作用下梁轨相对位移的检算，主要是为了保证道床的稳定性，避免无缝线路胀轨跑道。

德国规范不进行无缝线路稳定性检算，但是通过控制梁轨相对位移来保证无缝线路的动态稳定性，在实践中证明也是可行的。由于限制了梁轨相对位移，同时也起到控制桥墩纵向水平线刚度的作用。这一设计理念值得学习和借鉴。目前我国规范对于大跨度连续梁桥墩的纵向水平线刚度没有规定，设计中需要梁轨相对位移控制来确定桥墩最小纵向水平线刚度。我国温福铁路飞云江特大桥（48 + 7 × 80 + 48）m 连续梁（温度跨度 400 m）由于位于曲线地段，采用小阻力扣件，未设置钢轨伸缩调节器，虽然钢轨强度和无缝线路稳定性检算均能通过，但运营中出现梁端轨道方向不良和上拱迹象。因此，很有必要对我国桥上无砟轨道无缝线路的梁轨相对位移合理限值进行深入研究。

5. 荷载组合

德国规范和 UIC 标准认为分别计算伸缩力、挠曲力及制动力是一种简化算法，由各个作用产生的钢轨纵向力和支承结构纵向力不允许线性叠加；我国分别计算伸缩力、挠曲力及断轨力，再进行组合，未考虑各作用力的叠加作用。桥上无缝线路实践表明，在列车振动荷载作用下，伸缩力将会得到释放，不与挠曲力叠加计算是可行的。长期以来，我国钢轨强度检算中均未计算残余应力，但为安全计，考虑了钢轨的垂直磨耗、焊缝强度、列车的速度系数、安全系数等，实践证明是合理的。由于列车在桥梁上制动或加速运行时，轨面上将承受纵向力，因梁轨相互作用同样会在钢轨中引起附加应力，因此应考虑制动力作用，将伸缩力或挠曲力与制动力叠加作为钢轨承受的附加力。

在列车制动时的制动力计算中，中德两国铁路规范有关列车荷载、传递系数的规定有所区别，但最终作用于墩台上制动力的计算结果差异很小。而两国相关规范中与邻线的荷载组合却不同，德国铁路规范规定，检算墩台应考虑一线列车制动和另一线列车牵引的组合；我国铁路规范规定，双线桥梁考虑一线列车制动或牵引。此外，我国铁路规范还规定，一线列车制动还应考虑与另一线一股钢轨作用的断轨力、另一股作用伸缩力，而德国铁路规范对此项荷载组合却未作规定。由此看出我国铁路规范对两线荷载组合的考虑未必是欠安全的。

我国《高速铁路设计规范》和《铁路无缝线路设计规范》规定桥梁墩台检算断轨力作为特殊荷载加以考虑，但德国铁路有关规范对桥梁墩台检算无此项规定。德国规范和 UIC 标准中因严格控制钢轨拉应力，在最低轨温断轨的几率降低，同时采用先进的轨道电路技术，能及时发现断轨，并停止运营，因而可不进行断轨力计算。德国不考虑断轨力，应该得益于德国规范规定的墩台纵向刚度很大。我国规范规定的墩台纵向刚度较小，要求应严格控制钢轨断缝，是为确保钢轨折断后的行车安全。为安全计，墩台检算中考虑了断轨力这一特殊力。

由以上分析可知，高速铁路给无缝线路的应用带来一系列新问题，虽然国内外已在高速铁路无缝线路的铺设、运营及养护等方面取得一定成果，但仍有大量问题需要深入研究。本书将以京沪高速铁路、郑西高速铁路等为背景，围绕高速道岔、长大桥梁及高架站无砟轨道无缝线路设计方法、跨区间无缝线路检算内容和评估方法、长大桥梁及高架站无砟轨道无缝线路设计参数、无砟轨道无缝线路长期监测技术等内容进行深入的理论与试验研究，并有所应用，希望能促进我国高速铁路无缝线路技术的不断发展。

第二章　高速铁路无缝线路设计参数

近年来,铁路无缝线路技术已经在我国得到广泛推广应用,并得到长足的发展。计算参数是高速铁路无缝线路设计体系的重要组成部分,是高速铁路无缝线路力学特性计算及结构检算的前提和基础。长期以来,我国对无缝线路设计参数的基础研究远远不够。虽然之前我国对无缝线路的主要参数进行了大量的试验研究,但大多数测试主要针对中低速条件下的有砟轨道结构,如有砟轨道道床阻力测试、扣件的纵向阻力等。随着既有线提速改造和高速铁路的大规模建设,出现很多新型材料、轨道结构和轨道部件,高速铁路无缝线路的研究也逐渐成为系统化、一体化的工程。目前,由于缺少关键设计参数的相关试验数据,我国高速铁路无缝线路的部分设计参数取值仍采用以前的数据,尚未考虑无砟轨道的实际情况,使设计、研究人员无法准确掌握结构的力学特性,严重影响设计的科学性和合理性,因此,开展高速铁路无缝线路关键设计参数试验研究,确定相关设计参数的合理取值十分必要。

针对高速铁路无缝线路关键设计参数的取值问题,笔者不仅对设计锁定轨温、线路纵向阻力、桥梁竖向荷载、列车制动力率、墩台纵向水平刚度限值、活动支座摩擦率、荷载组合方式等参数的合理取值进行了理论及试验研究,而且针对目前高速铁路出现的新型材料、新型轨道结构及部件开展了相关测试工作,相关成果可为高速铁路无缝线路的设计提供理论依据,具体包括以下内容。

(1)研究高速铁路无缝线路基本参数的合理取值范围,掌握了高速铁路无缝线路的设计锁定轨温及线路在有载及无载条件下的纵向阻力。

(2)进行高速道岔扣件系统的阻力测试工作,掌握了不同螺栓扭矩下的纵向阻力、横向阻力和扣件扭力矩值。

(3)进行道岔间隔铁阻力补充测试工作,掌握了我国高速道岔间隔铁结构不同加载方式、不同螺栓扭矩下的纵向阻力;利用螺栓及间隔铁同道岔钢轨间的摩阻力特性反算出了限位器结构同道岔钢轨的纵向阻力特性。

(4)参与高速铁路其他关键参数试验研究:参与高速铁路钢轨相关参数的测试,掌握了钢轨屈服强度、极限强度、伸长率等指标;参与无砟轨道的推板试验,掌握无砟轨道板和砂浆层间的粘结关系;参与有关“两布”及“两布一膜”隔离层试验,掌握了隔离层对应的摩擦系数。

通过一系列关键参数的理论与试验研究,为我国高速铁路道岔、桥上无砟轨道无缝线路、高架站无砟道岔等的结构设计与分析提供了宝贵的参数,确保了设计的科学合理性。

第一节　高速铁路无缝线路基本参数

无缝线路基本参数包括锁定轨温及线路阻力。锁定轨温决定钢轨温度力水平的基准,是指导高速铁路运营维修的依据。合理确定锁定轨温对于高速铁路无缝线路设计具有重要的意义。目前,我国高速铁路无砟轨道无缝线路设计锁定轨温的计算方法尚不明确,需要对其合理的确定方法进行研究。高速铁路无砟轨道无缝线路的纵向阻力主要由扣件系统提供,扣件阻力对无缝线路受力变形及无缝线路的稳定性均有重要影响。我国高速铁路扣件主要采用WJ-7型、WJ-8型、Vossloh型扣件等扣件形式，有必要针对高速铁路主要采用的扣件形式进行相关测试，掌握扣件在不同荷载条件下的受力变形特性。

一、设计锁定轨温

德国在《铁路上部结构设计规范》(DS 820)中规定，德国最高轨温 $T_{max}=65℃$，最低轨温 $T_{min}=-25℃$，锁定轨温范围为中间轨温 ±3℃，即(20+3)℃。最大温升幅度为48℃，最大温降幅度48℃。

德国铁路全国使用一个锁定轨温范围，且规定了一个钢轨允许附加应力92 MPa，因此，无缝线路计算无需考虑温度力。我国地域广阔，各地轨温条件不同，结构复杂，无缝线路锁定轨温必须根据轨温条件、允许温降、允许温升、断缝检算及地区特点综合考虑，且考虑施工和养护维修因素，无缝线路锁定轨温给定 ±5℃的范围。

对于设计锁定轨温，国际铁路联盟颁发的规范《无缝线路轨道铺设和养护》(UIC—720)规定

$$T_s=T_m+X$$

式中　T_m——中间轨温，$T_m=(T_{max}+T_{min})/2$；

X——锁定轨温的修正值，取为0～10℃。

无缝线路的实际锁定轨温范围按设计锁定轨温 ±3℃考虑。

我国有砟轨道无缝线路设计锁定轨温应根据当地气象资料，无缝线路的允许温升及允许温降，并考虑一定的修正量计算确定。

设计锁定轨温宜根据式(2—1)进行计算。

$$T_e=\frac{T_{max}+T_{min}}{2}+\frac{[\Delta T_d]-[\Delta T_c]}{2}\pm\Delta T_k \tag{2-1}$$

式中　T_e——设计锁定轨温；

T_{max}——当地历年最高轨温；

T_{min}——当地历年最低轨温；

$[\Delta T_c]$——轨道强度和稳定性允许温升；

$[\Delta T_d]$——轨道强度允许温降；

ΔT_k——修正值，一般为0～5℃。

无缝线路设计锁定轨温范围宜为10℃。桥上无缝线路或寒冷地区，当 $[\Delta T_d]-[\Delta T_c]-(T_{max}+T_{min})<10℃$ 时，锁定轨温范围不应小于6℃。跨区间无缝线路与区间无缝线路，相邻轨节之间的锁定轨温之差不应大于5℃，同一区间内单元轨节最高与最低锁定轨温之差不应大于10℃；左右股钢轨锁定轨温之差，速度为160 km/h及以下时，不应大于5℃；设计速度为160 km/h以上时，不应大于3℃。

随着我国高速铁路的大规模建设，无砟轨道无缝线路得到广泛应用。为满足无缝线路施工及养护维修的需要，必须合理确定高速铁路无砟轨道无缝线路的锁定轨温。我国有砟轨道无缝线路锁定轨温的确定方法较为成熟，但无砟轨道无缝线路锁定轨温的确定方法尚不统一。我国曾经规定无砟轨道无缝线路的中和轨温应取中间轨温 $T_c-3℃$，即设计锁定轨温范围为 $(T_c-3℃)\pm5℃$，主要依据为：①无砟轨道结构整体性相对较好，一般不会发生失稳，可以降低锁定轨温，增大允许升温幅度；②高速铁路所使用的U71Mn(K)钢轨强度较低，低温条件下

焊缝处可能易发生断轨，特别是在长大桥梁及高架车站地段。为了避免发生断轨，需降低锁定轨温，减小降温幅度；③断缝值可能会对高速列车运行的安全性造成不利影响。钢轨断缝值与降温幅度直接相关，降低锁定轨温不仅可以减少无缝线路断轨，同时也可使断轨后所产生的断缝值减小。

为此，我国已有多条高速铁路无砟轨道无缝线路采用了 T_c-3℃作为中和轨温，如武广高速铁路，其锁定轨温取为(19 ±5)℃。用这种方法确定的无砟轨道无缝线路锁定轨温使无缝线路温升幅度明显增大，温降幅度减小。无砟轨道扣件系统直接与混凝土道床板连接，轨道稳定性较好，不易发生失稳，但在较大升温条件下极易出现钢轨碎弯。较大的钢轨碎弯、扣件的扣压力损失和组装公差等共同作用，会对高速列车的平稳运行产生不利影响。

图 2—1 为铁科院调查遂渝线无砟轨道试验段就嘉陵江大桥、蒋家大桥、木鱼山隧道口等地段的轨距和轨向时，在隧道口、桥梁过渡段测得的 3 处钢轨碎弯形状，轨温及轨距偏差见表 2—1。

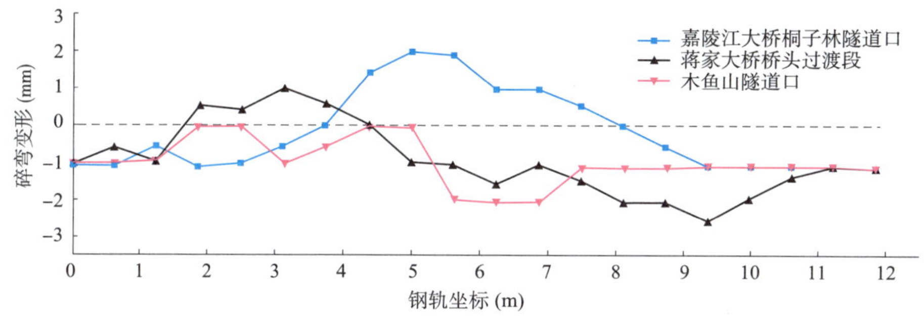

图 2—1　遂渝线无砟轨道试验段的碎弯形状

表 2—1　钢轨碎弯变形时的轨温及轨距偏差

地　　点	轨温(℃)	轨距偏差(mm)	碎弯波长(m)
嘉陵江大桥桐子林隧道口	45	+2.0	4
蒋家大桥桥头过渡段	56	-2.5	4
木鱼山隧道口	32	-2.0	4

由于遂渝线无砟轨道试验段长度较短，无缝线路设计锁定轨温与两端的有砟轨道线路一致，即锁定轨温范围为(35 ±5)℃，最大温升幅度为 34℃，最大温降幅度为 42.5℃。虽然在确定设计锁定轨温时考虑了防胀，但在隧道洞口附近钢轨轨温过渡段的较短范围内，钢轨仍易出现小幅值、短波长的碎弯现象。如果按照既有无砟轨道无缝线路锁定轨温的确定方法，则遂渝线无砟轨道试验段无缝线路设计锁定轨温范围应为(29 ±5)℃。这样，温升幅度更大，碎弯出现的几率也会更大。若再考虑无缝线路长期运营后锁定轨温降低的影响，钢轨碎弯变形的发展将会更加不利，甚至会造成轨道几何形位的超限，影响高速行车的安全。表 2—2 为动力学分析得到的碎弯地段脱轨系数和轮重减载率，结合脱轨系数、轮重减载率的安全评价指标可知，线路存在潜在的安全隐患。为保证列车运行的安全性、平稳性及旅客乘坐的舒适性，不能为追求防断不防胀而降低高速铁路无砟轨道无缝线路的锁定轨温，应在避免发生断轨的同时，防止碎弯造成的动力学相关指标超限。

表 2—2　钢轨碎弯地段脱轨系数和轮重减载率

地　点	脱轨系数	轮重减载率
嘉陵江大桥桐子林隧道口	0.217	0.778
蒋家大桥桥头过渡段	0.311	0.811
木鱼山隧道口	0.284	0.782

对于有砟轨道与无砟轨道段频繁交替铺设的线路，如果有砟轨道采用高于中间轨温较多的锁定轨温，而无砟轨道采用低于中间轨温 3℃ 的锁定轨温，必将造成相邻钢轨锁定轨温差过大，不符合当前规范规定的相邻轨节之间的锁定轨温之差不应大于 5℃ 的要求，将对无缝线路的设计、施工及维护造成一定的困难，并且有可能影响到线路的安全与稳定。此外，无砟轨道无缝线路采取中间轨温 T_c-3℃ 作为中和轨温，也会给无缝道岔等存在附加力的特殊地段带来更不利的影响。

目前，随着我国钢轨生产工艺的进步，高速铁路钢轨的强度已经得到充分保证；根据相关的试验研究，钢轨在较大降温幅度时发生断轨也能满足断缝允许值要求，允许温降幅度有所增加，设计锁定轨温可有所提高。与我国既有的无砟轨道无缝线路相比，德国无砟轨道无缝线路设计锁定轨温较高，设计锁定轨温范围一般为 $T_c\pm3$℃。运营经验表明，德国无砟轨道无缝线路状态良好，其锁定轨温的确定方法具有一定的合理性，值得借鉴。

综上所述，我国高速铁路无砟轨道无缝线路设计锁定轨温的确定过多地考虑了低温断轨的影响，允许温降过于保守，设计锁定轨温偏低，应当适当提高。

高速铁路无砟轨道无缝线路锁定轨温的合理确定应结合静、动力学分析，并参考传统锁定轨温计算公式进行。计算时，应作无缝线路强度检算，确定允许温降$[\Delta T_d]$，有条件时应结合车辆－轨道耦合动力学分析对钢轨碎弯变形进行检算，确定允许温升$[\Delta T_c]$。在分析条件有限时，也可依据式(2—2)直接计算确定。

$$T_e=\frac{T_{max}+T_{min}}{2}\pm\Delta T_k \tag{2—2}$$

式中，ΔT_k 为修正值，一般为 0～5℃。

二、线路纵向阻力

1980 年，德国 Seraphim 对 10m 长的运营线路进行加载试验，线路纵向滑移达 10cm 以上。Seraphim 不仅测定出扣件的纵向滑移阻力规律，同时也测定出多个轨枕上钢轨的应变。试验线路采用 UIC60 轨、B70－W 轨枕，轨枕间距为 60cm。试验发现，线路滑移次数越多，滑移量越大，纵向位移阻力下降越大，最小值约为最大值的 40%。

根据 Seraphim 等人的研究成果，德国在高速铁路桥梁设计的特殊规程中采用了理想弹塑性阻力模型，见图 2—2。

上述纵向阻力为德国常用的常阻力扣件的取值。目前，德国企业和科研单位也在研究开发桥上无缝线路用的小阻力扣件，如 Vossloh 弹条小阻力扣件。在 2006 年开通的纽伦堡—英戈尔斯塔特高速铁路上，其桥上无缝线路已实际使用小阻力扣件，每一扣件节点的线路阻力为 6～7 kN，即 9.6～11.2 kN/m/轨。

与有砟轨道的钢轨伸缩受道床内轨枕移动控制情况不同，日本在板式轨道和直结轨道中，通过用钢轨扣件使钢轨在其上滑动，将其载荷控制在结构物、填充材料容许限度内来设计。因此在板式轨道和直结轨道上铺设无缝线路时，通过调整轨道垫板等调整钢轨伸缩阻力。研究这种情况下的钢轨伸缩时，在分析模型中，以扣件纵向阻力取代道床纵向阻力即可。

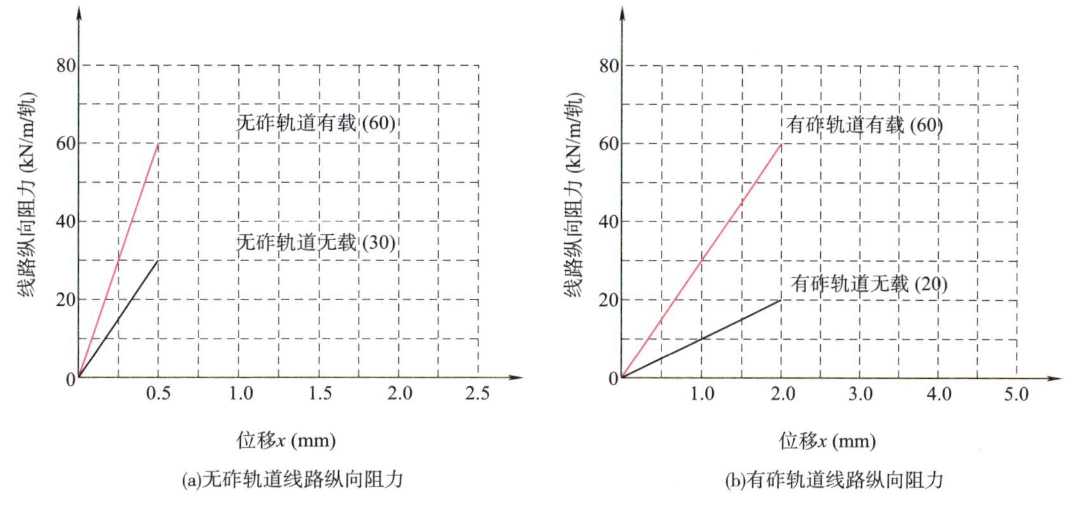

图 2—2　德国规范中线路纵向位移-阻力模型

对于无砟桥上的轨道结构，可以将扣件作为梁的一部分，钢轨与扣件之间有摩擦移动，从而与梁有相对位移。桥上采用无缝线路，铺设板式轨道时的线路阻力为 0. 5 tf/m(4. 9 kN/m)；铺设桥枕轨道时的线路阻力为 0. 25 ~ 0. 75 tf/m(2. 45 ~ 7. 35 kN/m)。

国际铁路联盟《梁轨相互作用计算建议》(UIC 774—3)与欧洲法规《对建筑物的作用》(EN 1991-2—2003)中采用的线路纵向阻力模型一致，均为为双线性阻力。单元长度轨道纵向阻力 k 与轨道位移 u 的函数关系见图 2—3。

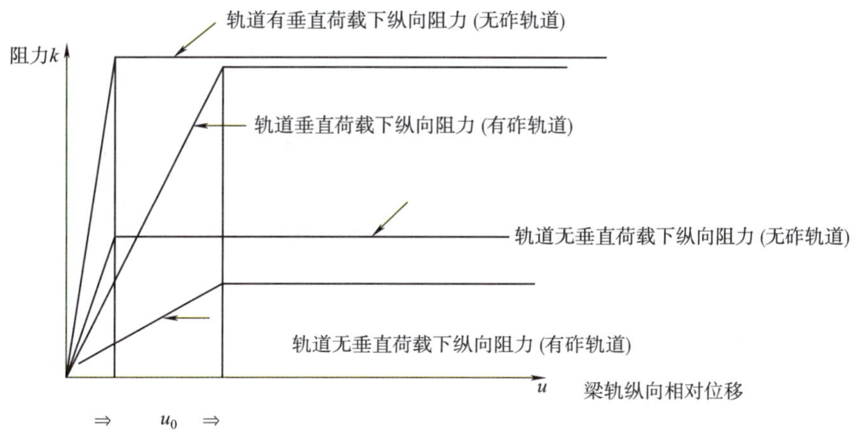

图 2—3　单元长度轨道纵向阻力 k 与轨道位移 u 的函数关系

UIC 规范认为，图 2—3 的双线性函数使得轨道纵向阻力在计算中可以足够准确的表达出来。随着结构类型的变化，阻力和位移量之间的关系也是变化的，相应采用的程序也随之改变。根据轨道结构的类型和所采用的养护程序不同，轨道的位移和纵向阻力的关系也不同。

1. 有砟轨道

弹性与塑性的分界点 u_0：

$u_0=0.5$ mm　　对于扣件阻力

$u_0=2$ mm　　对于道床阻力

目前在弹性区域内阻力 k 值：

$k=12$ kN/m　　道床阻力（无载），维护情况中等

$k=20$ kN/m　　道床阻力（无载），维护情况良好

$k=60$ kN/m　　有载或道砟结冰情况道床阻力

2. 无砟轨道

双线性函数同样适用于无砟轨道，在这种情况下，塑性区域的临界值 $u_0=0.5$ mm，阻力在无载时取 40 kN/m，有载时取 60 kN/m。

三、我国研究概况

（一）《新建铁路桥上无缝线路设计暂行规定》等现行规范

《新建铁路桥上无缝线路设计暂行规定》规定无砟轨道的线路纵向阻力为扣件阻力，混凝土梁无砟轨道扣件阻力取值按式（2—3）计算。

$$r=2\xi P\mu/\alpha \tag{2—3}$$

式中 ξ——线路纵向阻力系数；

P——单个扣件的扣压力（kN）；

μ——钢轨与轨下胶垫的综合摩擦系数，轨下胶垫为橡胶垫板时，μ 取 0.8，轨下胶垫为不锈钢复合胶垫或钢轨与铁垫板直接接触时，μ 取 0.5；

α——轨枕间距（m）。

《新建时速 300～350 公里客运专线铁路设计暂行规定》等规范从降低梁轨作用力出发，建议桥上无砟轨道采用小阻力扣件，设计线路纵向阻力为 7～8 kN/m/轨。表 2—3 为无砟轨道采用小阻力扣件时，无缝线路纵向力计算所采用的扣件阻力值。

表 2—3　桥上无砟轨道线路纵向阻力（kN/m/轨）

计算内容	伸缩力	挠曲力			断轨力
轨面荷载	无	无	机车下	车辆下	无
阻力系数 ξ	0.75	0.75	1.15	0.75	1.0
线路纵向阻力	7～8	7～8	10.7～12.3	7～8	9.4～10.7

（二）Ⅰ、Ⅱ、Ⅲ型扣件纵向阻力

北京交大对我国Ⅰ、Ⅱ、Ⅲ型扣件阻力进行了测试，得出扣件阻力与位移关系，当位移小于 1 mm 时扣件阻力处于弹性阶段，而 1 mm 之后钢轨有开始滑移趋势。建议扣件阻力可采用表 2—4 的数值。

表 2—4　Ⅰ、Ⅱ、Ⅲ型扣件纵向阻力（kN/组）

扭　矩	扣件类型		
	Ⅰ型	Ⅱ型	Ⅲ型
80 N·m	9.0	9.3	16.0
150 N·m	12.0	15.0	

（三）弹条Ⅳ型、Ⅴ型扣件纵向阻力

弹条Ⅳ型、Ⅴ型是新研制的客运专线有砟轨道扣件。弹条Ⅳ型扣件为无螺栓无挡肩扣件，与Ⅲb型轨枕配套使用。弹条Ⅴ型为有螺栓、有挡肩扣件，与Ⅲc型轨枕配套使用。

弹条Ⅳ型扣件每组扣件的设计纵向阻力要求大于9 kN/组，一般在13.0～16.0 kN，铁科院的纵向阻力测试数据见表2—5。

表2—5　弹条Ⅳ型扣件钢轨纵向阻力测试结果(kN)

试验组号	第1次测试	第2次测试	第3次测试	平均阻力
1	13.9	15.0	14.4	14.43
2	14.5	16.0	14.4	15.67
3	13.5	13.9	14.4	13.93

弹条Ⅴ型扣件当采用W2型弹条和橡胶垫板并且不调高时，每组扣件的设计纵向阻力要求大于9 kN，一般在15 kN以上。弹条Ⅴ型扣件当采用X3型弹条和复合垫板时，每组扣件的设计纵向阻力为4 kN。铁科院的纵向阻力测试数据见表2—6和图2—4、图2—5。

表2—6　弹条Ⅴ型扣件钢轨纵向阻力测试结果(kN)

试验组号	第1次测试	第2次测试	第3次测试	平均阻力	备注
1	14.2	14.3	15.6	14.37	安装W2弹条和橡胶垫板
2	15.2	15.2	16.5	15.30	
3	4.1	4.2	4.0	4.10	安装X3弹条和复合垫板
4	3.8	4.0	4.1	3.97	
5	4.2	4.3	4.3	4.27	

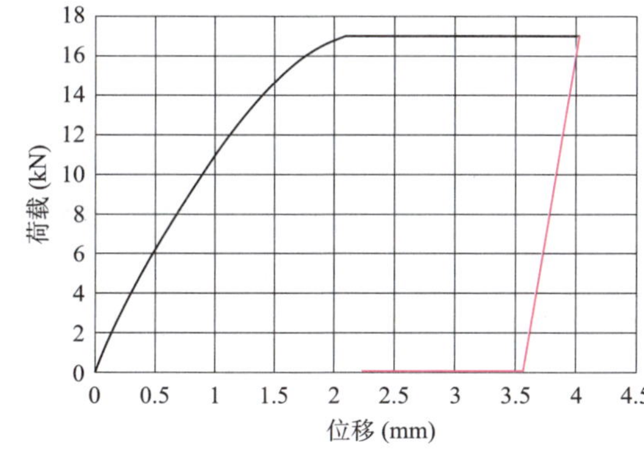

图2—4　采用W2型弹条和橡胶垫板时纵向阻力测试荷载—位移曲线

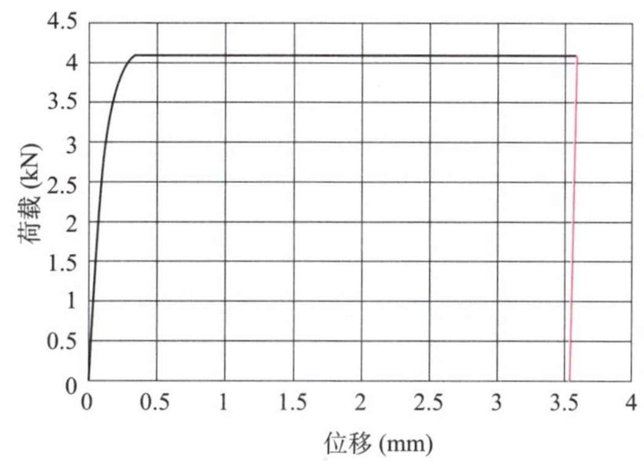

图2—5　采用X3型弹条和复合垫板时纵向阻力测试荷载—位移曲线

（四）秦沈客运专线无砟轨道小阻力扣件

秦沈客运专线沙河特大桥采用长枕埋入式无砟轨道，扣件采用WJ-2型小阻力扣件；狗河特大桥和双何特大桥，梁上采用板式轨道，扣件采用不锈钢复合胶垫弹性分开式扣件(Ⅱ型弹条)。

秦沈客运专线无砟轨道采用小阻力扣件，无载时扣件阻力采用式(2—4)：

$$r_{sl}=5.83(1.2-e^{-4.4y^{1.2}})\ (\text{kN/m/轨}) \tag{2—4}$$

其阻力最大值　$r_{sl}=7.0$ kN/m/轨（断缝允许值放宽至 10 cm）。

有载时扣件阻力采用式（2—5）：

$$r_{sl}=7.3(1.2-e^{-20y^{0.8}})\ (\text{kN/m/轨}) \tag{2—5}$$

其阻力最大值　$r_{sl}=8.76$ kN/m/轨（断缝允许值 8 cm）。

（五）高速铁路无砟轨道扣件纵向阻力

我国高速铁路无砟轨道普遍采用 WJ-7 和 WJ-8 型扣件，铁四院对上述两种扣件的纵向阻力进行了测试。

1. WJ-7 与 WJ-8 小阻力扣件

对比 WJ-7 与 WJ-8 小阻力扣件的荷载—位移曲线可见：①小阻力扣件弹塑性临界点在 0.5 ~ 1 mm 之间。②WJ-7 型小阻力扣件的滑移阻力在 3 ~ 5 kN 之间，大多数为 4 kN；WJ-8 型小阻力扣件的滑移阻力在 3 ~ 6 kN 之间，大多数为 4 ~ 5 kN。③当扣件节点间距取 0.625 m 时，无砟轨道 WJ-7 或 WJ-8 型小阻力扣件纵向阻力为 $r=4/0.625=6.4$ kN/m/轨。

若采用幂指型非线性形式，小阻力扣件纵向阻力取值见式（2—6）和图 2—6。

$$r=5.4\zeta(1.2-e^{-20f^{0.7}})\ (\text{kN/m/轨}) \tag{2—6}$$

阻力最大值 $r=6.48$ kN/m/轨。在计算挠曲力和制动力时，建议有载扣件阻力为无载扣件阻力的 1.55 倍。式中，ζ 为纵向阻力系数，轨面无载时 ζ 取 1，轨面有载时 ζ 取 1.55。

为使扣件阻力既符合非线性的本构关系，同时又使桥上无缝线路计算简化，便于应用，建议无砟轨道 WJ-7 或 WJ-8 型小阻力扣件采用双线性，考虑一定的安全储备后，每股钢轨扣件阻力取值见表 2—7 和图 2—7。

表 2—7　WJ-7、WJ-8 型小阻力扣件纵向阻力（kN/m/轨）

扣件类型	有载		无载
	机车下	车辆下	
WJ-7 型、WJ-8 型小阻力扣件	$r=20.2x$ $x\leq0.5$ mm $r=10.1$ $x>0.5$ mm	$r=13.0x$ $x\leq0.5$ mm $r=6.5$ $x>0.5$ mm	$r=13.0x$ $x\leq0.5$ mm $r=6.5$ $x>0.5$ mm

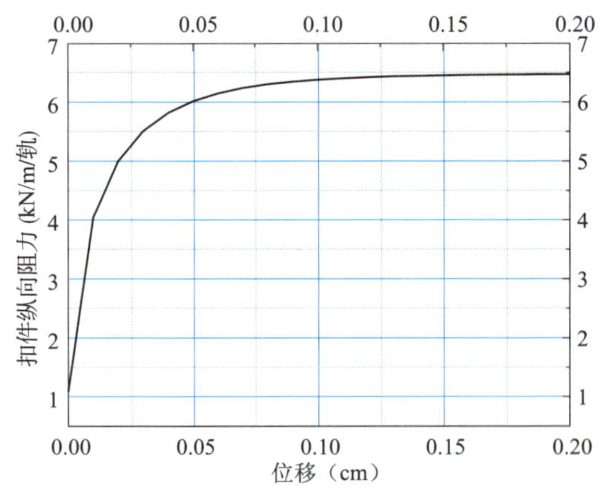

图 2—6　WJ-7、WJ-8 型小阻力扣件纵向阻力（幂指数型）

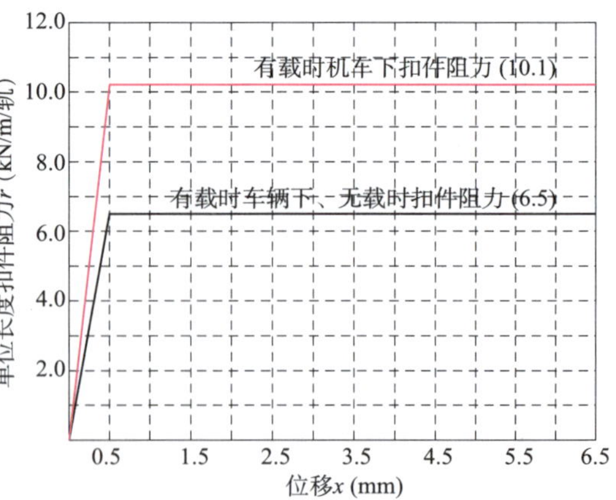

图 2—7　WJ-7、WJ-8 型小阻力扣件纵向阻力（双线性）

2. WJ-7 与 WJ-8 常阻力扣件

对比 WJ-7 与 WJ-8 常阻力扣件的荷载—位移曲线可见：①扣件弹塑性临界点在 2 ~ 3 mm 之间。②WJ-7 型常阻力扣件的滑移阻力在 13 ~ 16 kN 之间，大多数为 14 kN；WJ-8 型常阻力扣件的滑移阻力在 13 ~ 18 kN 之间，大多数为 15 kN。③当扣件节点间距取 0.625 m 时，无砟轨道 WJ-7 或 WJ-8 型常阻力扣件纵向阻力为：$r = 15/0.625 = 24$ kN/m/轨。

若采用幂指型非线性形式，WJ-7 和 WJ-8 常阻力扣件纵向阻力取值见式(2—7)和图 2—8。

$$r = 17.5\zeta(1.37 - e^{-20f^{1.2}})\ (\text{kN/m/轨}) \tag{2—7}$$

阻力最大值：$r = 24$ kN/m/轨。在计算挠曲力和制动力时，建议有载扣件阻力为无载扣件阻力的 1.55 倍。式中，ζ 为纵向阻力系数，轨面无载时 ζ 取 1，轨面有载时 ζ 取 1.55。

为使 WJ-7、WJ-8 型常阻力扣件阻力既符合非线性的本构关系，同时又使桥上无缝线路计算简化，便于设计人员使用，相关规范建议无砟轨道 WJ-7 或 WJ-8 型常阻力扣件采用双线性阻力模型，每股钢轨扣件阻力取值见表 2—8 和图 2—9。

表 2—8　WJ-7、WJ-8 型扣件纵向阻力(kN/m/轨)

扣件类型	有载		无载
	机车下	车辆下	
WJ-7 型、WJ-8 型扣件	$r = 18.6x$ $x \leq 2.0$ mm $r = 37.2$ $x > 2.0$ mm	$r = 12.0x$ $x \leq 2.0$ mm $r = 24.0$ $x > 2.0$ mm	$r = 12.0x$ $x \leq 2.0$ mm $r = 24.0$ $x > 2.0$ mm

目前，我国桥上无缝线路计算参数的取值均建立在大量的试验基础上。基于长期的桥梁温度变化现场实测数据，逐步确定适宜我国桥上无缝线路设计的桥梁温度差；根据国家气象局信息中心多年的气温资料，我国大部分城市的最高、最低轨温也得到更新，设计锁定轨温的确定也更加符合实际情况。国内各科研设计单位相继对有砟轨道道床阻力、无砟轨道的扣件阻力等进行了系统测试，线路纵向阻力的取值也得以确定，为桥上无缝线路纵向附加力计算的准确性提供了保证。

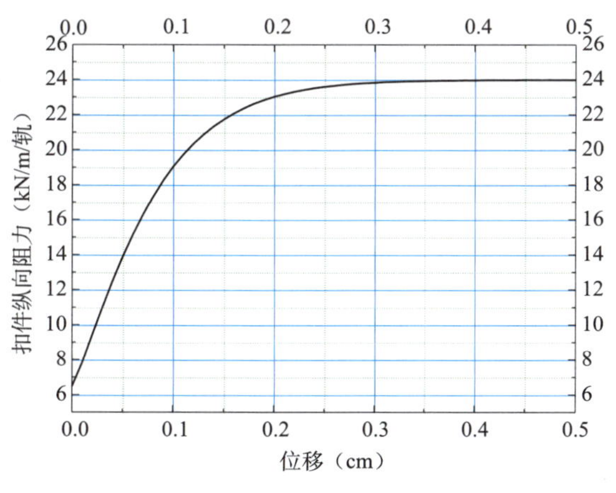

图 2—8　WJ-7、WJ-8 型常阻力扣件纵向阻力(幂指型)

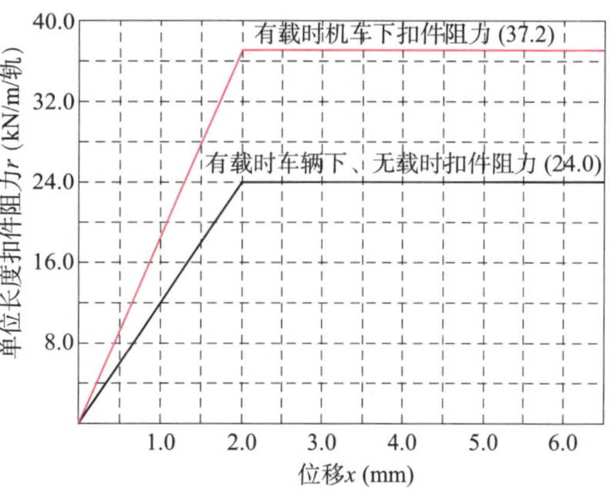

图 2—9　WJ-7、WJ-8 型常阻力扣件纵向阻力(双线性)

另外,线路纵向阻力的模型也由早期采用的常量纵向阻力模型转变为变量纵向阻力模型(非线性、理想弹塑性模型等)。常量纵向阻力模型具有简单易用的特点,但是对于长大跨度铁路桥梁,有时会出现不存在有力学意义解的情况;对于特大跨度铁路桥梁及高墩桥梁,其阻力取值是否合理,还有待研究。过分强调模型的简单易用是不恰当的,计算机性能的提高及我国科技人员素质的提高,为变量纵向阻力模型应用提供了很好的条件。变量纵向阻力模型比较符合实际情况,其中,非线性拟合模型最接近于道床纵向阻力的实际情况,精度较高,但是计算速度较慢。理想弹塑性模型由于本构关系比较简单,其计算结果与非线性拟合模型差别也很小,且容易针对其特点编制高效算法,若道床(扣件)还没有进入塑性阶段,甚至不用迭代即可求得问题的解。事实上,大多数挠曲及制动工况下,道床及扣件仍处于弹性阶段。理想弹塑性概念明确,计算方便,计算结果满足工程精度,在桥上无缝线路的计算中得以广泛应用。

不论是德国、日本、我国,还是国际铁路联盟或欧盟等组织,在确定扣件纵向阻力时均是通过试验进行测试,根据测试结果进行统计分析得到的拟合曲线。

德国早在20世纪80年代即开展相关测试,其得到的理想弹塑性阻力模型(双折线模型)经过多年的实践考验,证明可以较好地满足高速铁路的使用要求,其形式可以借鉴。但因其使用的扣件与我国采用的不同,不能照搬德国的扣件纵向阻力曲线。日本早期主要测试的是有砟轨道的轨枕纵向阻力值,后期采用的无砟轨道扣件阻力值,其结果来自直-5、直-8和钢直Ⅱ型钢轨扣件,与我国所采用的不同,且其模型假设与我国也有较大出入,因此不具备参考价值。国际铁路联盟《梁轨相互作用计算建议》(UIC 774—3)和欧洲法规《对建筑物的作用》(EN1991-2—2003)中采用的线路纵向阻力模型一致,均为双线性阻力,其形式与德国的相类似,其不仅区分了有载阻力与无载阻力的最大值,而且区分了它们的阻力梯度,比较符合实际情况。

我国《新建铁路桥上无缝线路设计暂行规定》规定的无砟轨道线路纵向阻力按照公式计算,考虑了扣件扣压力、轨下胶垫形式和扣件间距,以及是否有载、计算伸缩、挠曲还是断轨,但是阻力形式为常量,与实际情况差距较大。新研制的适用于高速铁路有砟轨道的弹条Ⅳ型和Ⅴ型扣件,以及针对高速铁路无砟轨道自主研发的WJ-7型和WJ-8型扣件等均由相关单位进行过试验,测试了扣件位移与阻力之间的关系曲线,给出幂指型非线性形式。为使扣件阻力既符合非线性的本构关系,同时又使桥上无缝线路计算简化,便于设计人员使用,研究人员拟合出与实际相近又便于计算的双线性阻力模型。在设计计算时,具体采用扣件阻力的实测曲线、幂指型非线性形式或双线性阻力模型,哪种情况更符合实际,还需经过理论计算对比并考虑实际设计需求加以确定。

第二节　高速道岔关键设计参数

高速道岔关键设计参数包括岔区扣件阻力及限位器、间隔铁阻力。扣件纵向阻力是影响无缝道岔受力与变形的重要因素之一。此外,扣件横向阻力和阻矩是影响无缝线路及无缝道岔轨道稳定性的重要参数,掌握合理的扣件横向阻力和阻矩参数对于研究无砟轨道失稳或横向变形规律有非常重要的意义。

高速道岔均采用可动心轨辙叉结构,翼轨末端的间隔铁、限位器等传力部件将心轨的纵向力通过导轨传递至基本轨,从而减小心轨的伸缩位移。就目前研究现状而言,国内外针对间隔铁、限位器的阻力测试较少。因此,有必要进行试验研究,掌握间隔铁、限位器阻力等力学特性,为高速铁路无缝道岔设计与计算提供合理的参数。

一、岔区扣件阻力

扣件纵向阻力是影响无缝线路及无缝道岔受力与变形的重要因素之一。我国客运专线系列道岔使用弹条Ⅱ型扣件,其纵向阻力位移曲线是非线性的。而目前无缝道岔的设计与计算中扣件纵向阻力为常量阻力,取10 kN/组。此外,扣件横向阻力和阻矩是影响无缝线路及无缝道岔轨道稳定性的重要参数。掌握合理的扣件横向阻力和阻矩参数对于研究无砟轨道失稳规律有非常重要的意义。因此,本节主要针对我国客运专线系列道岔岔区专用扣件的纵向、横向阻力及阻矩进行测试。

1. 扣件纵向阻力

通过千斤顶向扣件系统的钢轨施加纵向的水平荷载,测定钢轨在荷载作用下产生的纵向位移,见图2—10、图2—11。

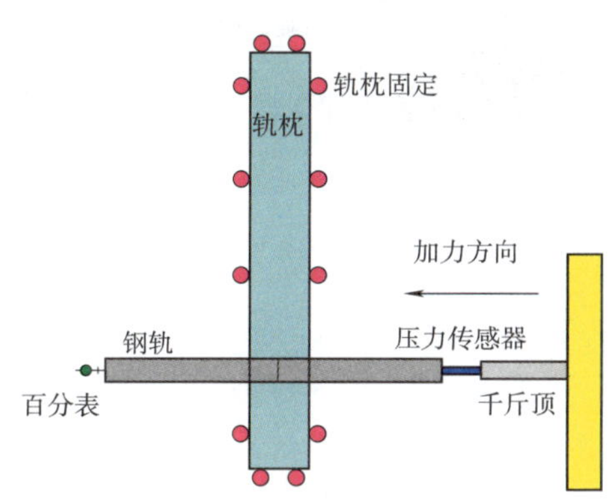

图2—10　扣件纵向阻力测定

图2—11　扣件纵向阻力试验设备布置图

不同螺栓扭矩的扣件纵向阻力位移统计曲线见图2—12。

扣件纵向阻力随螺栓扭矩增大而增大。扣件螺栓扭矩从100 N·m增大至140 N·m时,扣件纵向阻力增幅很明显;扣件螺栓扭矩从140 N·m增大至180 N·m时,扣件纵向阻力增幅不明显。

客运专线系列道岔弹条Ⅱ型扣件安装时,要求“三点接触”(或“五点接触”),经现场测试,“三点接触”时扣件螺栓扭矩约为140 N·m。可见,当弹条Ⅱ型扣件“三点接触”后,增大扣件螺栓扭矩对增大扣件纵向阻力没有显著效果。本次试验与既有试验数据的对比见图2—13。

两者的试验数据虽然有所差别,但在钢轨相对位移达到2 mm前的试验曲线线形基本相同。本试验数据值较小,使用更偏于安全。

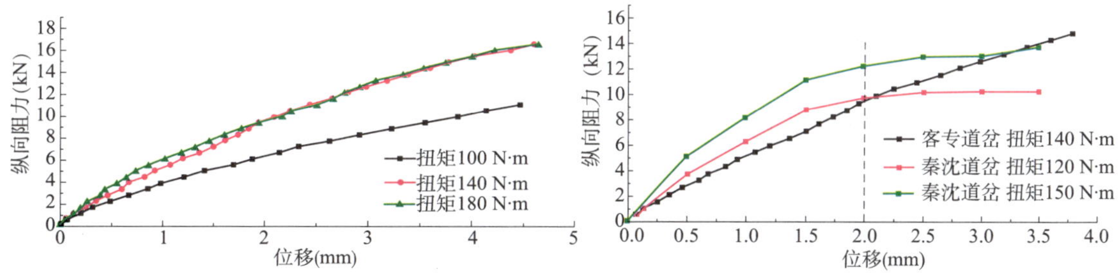

图2—12　不同螺栓扭矩的扣件纵向阻力统计曲线　图2—13　秦沈线道岔扣件阻力试验数据的对比

2. 扣件横向阻力

通过千斤顶向扣件系统的钢轨施加横向的水平荷载，测定钢轨在荷载作用下产生的横向位移，见图 2—14、图 2—15。

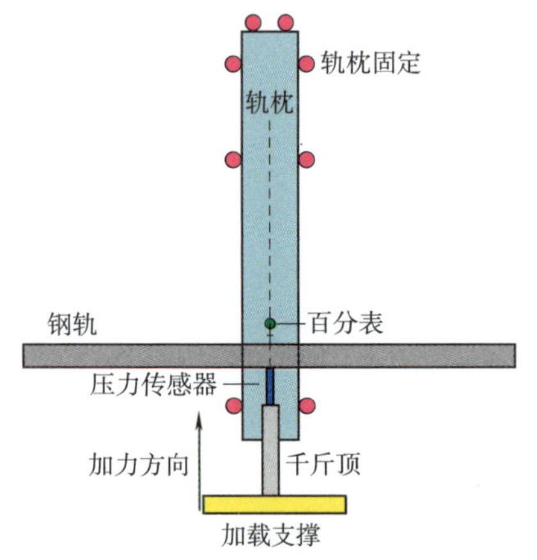

图 2—14　扣件横向阻力的测定

图 2—15　扣件横向阻力试验设备布置图

不同螺栓扭矩的扣件横向阻力位移统计曲线见图 2—16、图 2—17。

扣件横向阻力随螺栓扭矩增大而增大。扣件螺栓扭矩从 100 N · m 增大至 140 N · m 时，扣件横向阻力增幅相对明显；扣件螺栓扭矩从 140 N · m 增大至 180 N · m 时，扣件横向阻力增幅不明显，在一定程度上扣件螺栓扭矩 140 N · m 时的扣件横向阻力还较扣件螺栓扭矩 180 N · m时稍大一些。

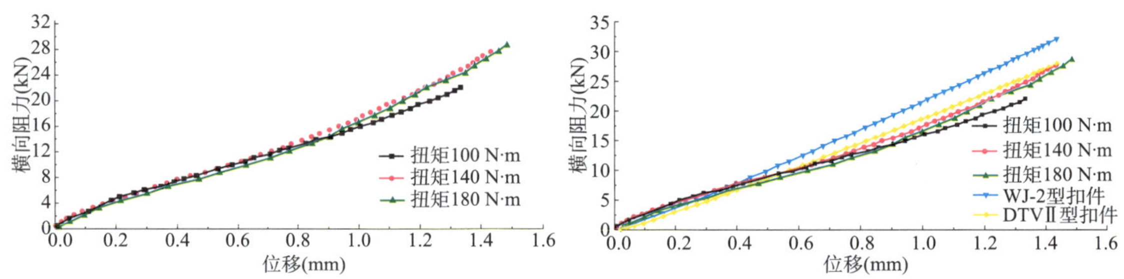

图 2—16　不同螺栓扭矩的扣件横向阻力位移曲线　　图 2—17　不同螺栓扭矩的扣件横向阻力统计曲线

道岔弹条Ⅱ型扣件安装时，要求“三点接触”(或“五点接触”)，经现场测试，“三点接触”时扣件螺栓扭矩约为 140 N · m。可见，当弹条Ⅱ型扣件“三点接触”后，增大扣件螺栓扭矩对增大扣件横向阻力没有显著效果。

3. 扣件阻矩

通过千斤顶向扣件系统的钢轨施加横向的水平荷载，测定钢轨在荷载作用下产生的扭转角，见图 2—18、图 2—19。

不同螺栓扭矩的扣件阻矩统计曲线见图 2—20。

扣件阻矩随螺栓扭矩增大而增大。扣件螺栓扭矩从 100 N·m 增大至140 N·m 时，扣件阻矩增幅相对不明显；扣件螺栓扭矩从 140 N·m 增大至180 N·m 时，扣件阻矩增幅相对明显。

通过对不同扣件螺栓扭矩的弹条Ⅱ型扣件阻矩试验数据分析可得出以下结论：在弹条Ⅱ

型扣件"三点接触"前，增大扣件螺栓扭矩对扣件阻矩影响不大。在弹条Ⅱ型扣件"三点接触"后，增大扣件螺栓扭矩有利于增大扣件阻矩。

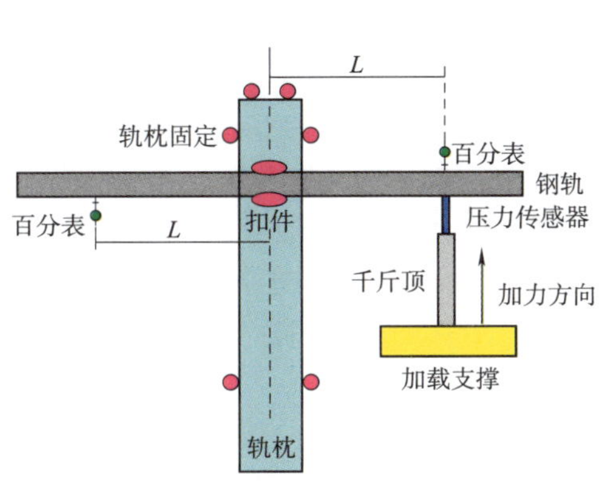

图 2—18　扣件阻矩的测定

图 2—19　扣件阻矩试验设备布置图

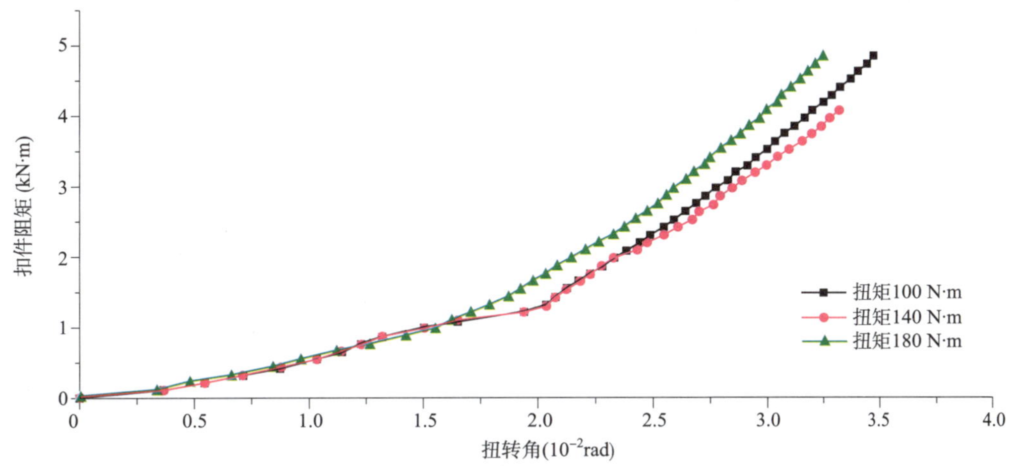

图 2—20　不同螺栓扭矩的扣件阻矩统计曲线

二、限位器及间隔铁阻力

国内外高速铁路无缝道岔均采用长翼轨式可动心轨辙叉结构，通过翼轨末端的间隔铁等传力部件将区间长轨条的纵向力传递至导轨，从而减小心轨的伸缩位移。另外，我国与德国的高速铁路无缝道岔在尖轨跟端多采用限位器结构，在将导轨温度力传递至基本轨的同时，控制尖轨位移，避免发生卡阻。限位器及间隔铁阻力是影响高速铁路道岔力学特性的关键参数，直接影响道岔的使用与维护。

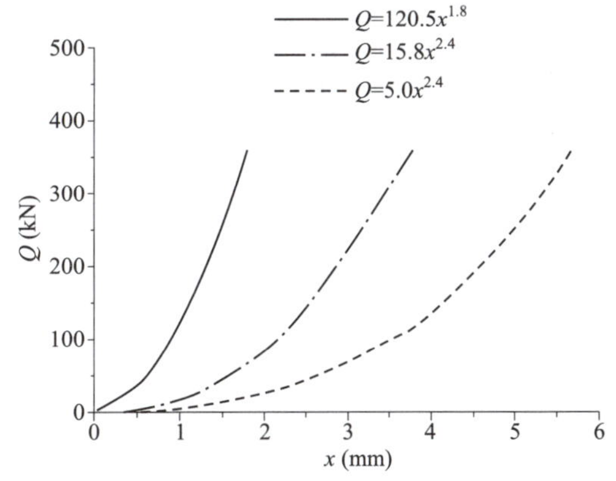

图 2—21　单个间隔铁阻力位移曲线

铁科院和北京交大实测未采取加强措施的间隔铁阻力。铁科院的试验分三种情况，试验得出间隔铁阻力与翼轨心轨相对位移的关系见图 2—21。间隔铁阻力位移函数见表 2—9。

表 2—9　间隔铁阻力位移函数

试验条件	阻力位移函数
M27,普通螺栓,扭力矩 400 N · m	$Q=5.0x^{2.4}$/kN
M27,10.9S 级螺栓,扭力矩 900 N · m	$Q=15.8x^{2.4}$/kN
M27,10.9S 级螺栓,扭力矩 1200 N · m	$Q=120.5x^{1.8}$/kN

根据铁科院的试验结果,单个未采取加强措施的间隔铁,使用 10.9S 级 M27 螺栓,当间隔铁产生微量位移时,螺栓受剪,最大阻力约为 420kN,北京交大的实测结果为 480kN。如果将间隔铁与钢轨用胶粘起来,测到单个间隔铁最大阻力可达 750kN。由于单个限位器和间隔铁与钢轨贴合面积相等,所用螺栓的公称直径也相等,因此,仅螺栓数量不同。可将实测单个间隔铁的阻力乘以相应系数近似作为限位器的阻力。

西南交大、中铁山桥集团有限公司曾对秦沈客运专线 18 号可动心轨无缝道岔中的限位器及间隔铁阻力特性分别进行了测试。限位器阻力测试时,螺栓扭矩分别取为 400 N · m、600 N · m、900 N · m。结果见图 2—22、图 2—23。

间隔铁阻力测试采用两种方法,即偏载试验与不偏载试验。在偏载试验中,螺栓扭矩为 600 N · m,并测量间隔铁与翼轨贴靠处的位移 u_1、间隔铁与心轨贴靠处的位移 u_2、直接加载心轨的位移 u_3。考虑间隔铁偏心受载,会发生一定的侧向变形,在消除这一影响后,间隔铁所联结的两钢轨相对位移为 $u_3-u_2+u_1$。

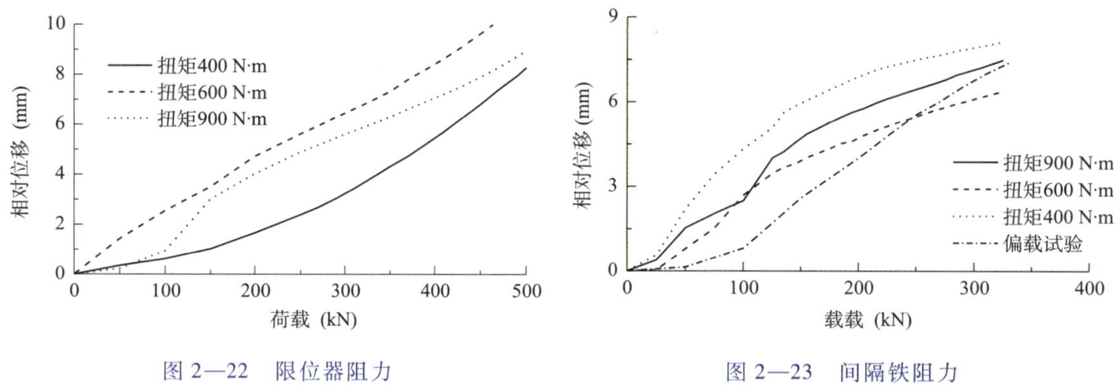

图 2—22　限位器阻力　　图 2—23　间隔铁阻力

在不偏载试验中,螺栓扭矩分别取为 400 N · m、600 N · m、900 N · m,并测量了间隔铁与翼轨贴靠处的位移 u_1、间隔铁与心轨贴靠处的位移 u_2,荷载为 P。假定间隔铁与翼轨间、间隔铁与心轨间的作用力均为 $P/2$,则在 $P/2$ 摩阻力作用下,翼轨与心轨的相对位移为 u_1+u_2。

由于限位器、间隔铁需要将纵向力传递至基本轨或导轨,因此摩阻力的取值也是高速道岔计算的重要参数。摩阻力与螺栓拉力及传力结构与钢轨间的摩擦系数有关,其中螺栓拉力与螺栓扭矩有关,摩擦系数与传力结构、钢轨件间的表面状态有关。北京交大经过多次测试并考虑一定的安全储备,摩擦系数采用 0.2,并得到 2 条 27 mm 直径高强度螺栓联结的间隔铁摩阻力,见表 2—10。

表 2—10　间隔铁摩阻力

螺栓扭矩(N·mm)	500	600	700	800	900
间隔铁摩阻力(kN/块)	34	40	48	54	60

我国客运专线系列道岔及国外高速道岔均采用可动心轨辙叉结构,翼轨末端的间隔铁及限位器等传力部件将心轨的纵向力通过导轨传递至基本轨,从而减小心轨的伸缩位移。道岔间隔铁及限位器由铸铁或铸钢制造,通过 3 根 M27 高强螺栓与钢轨联结。目前,我国客运专线系列道岔翼轨末端间隔铁及限位器螺栓扭矩为 1 100 N·m,国内尚无间隔铁及限位器在该螺栓扭矩下的阻力特性研究资料。在以前的研究中,对于螺栓扭矩为 1 100 N·m 的间隔铁及限位器的阻力特性,一般均采用螺栓扭矩为 900 N·m 的国内间隔铁及限位器试验结果。因此,有必要进行试验研究掌握间隔铁及限位器阻力等力学特性,为高速铁路无缝道岔设计与计算提供合理的参数。间隔铁试验用件见图 2—24,间隔铁阻力测定装置见图 2—25。

图 2—24　间隔铁试验用件分解图

北京交大通过液压式万能试验机向间隔铁施加垂向荷载,测定间隔铁与两侧钢轨在荷载作用下产生的相对位移。间隔铁阻力试验采用了两种测试方法,即偏载试验和不偏载试验。

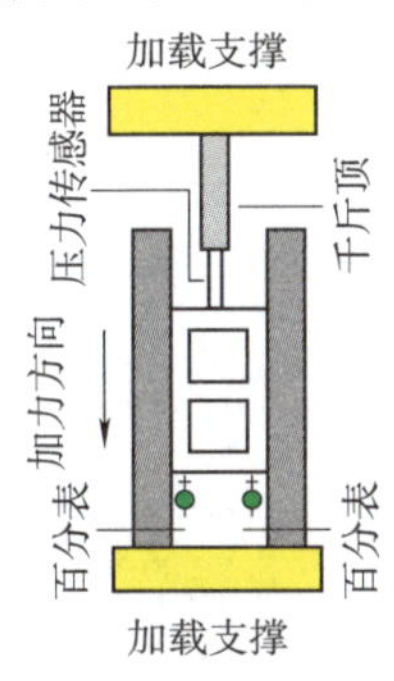

图 2—25　间隔铁阻力的测定

1. 中心加载

当间隔铁螺栓扭矩为 1 100 N·m 时,中心加载的实测间隔铁阻力曲线见图 2—26。不同螺栓扭矩下,中心加载的间隔铁阻力统计曲线见图 2—27。

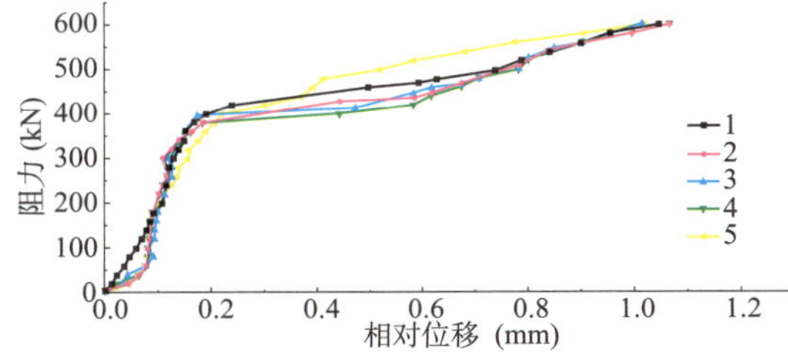

图 2—26　螺栓扭矩 1 100 N·m 时间隔铁阻力曲线图

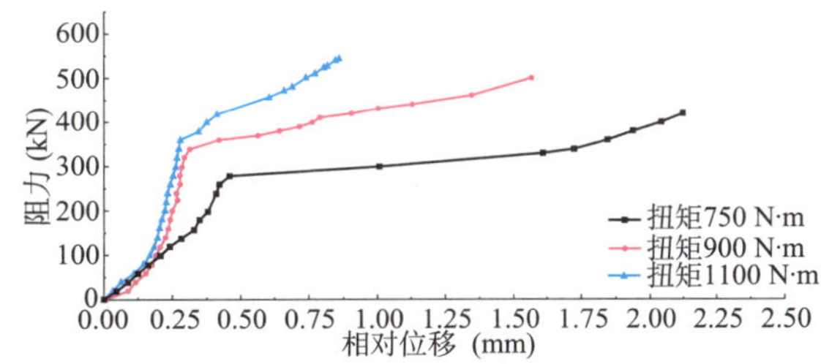

图 2—27　不同螺栓扭矩的间隔铁阻力曲线

间隔铁阻力随螺栓扭矩增大而增大。螺栓扭矩从 750 N · m 增大至 900 N · m 时，间隔铁阻力增加，特别是摩阻力明显变大；螺栓扭矩从 900 N · m 增大至 1100 N · m 时，间隔铁阻力虽然也有所增加，但增幅变小。总体上看，增大螺栓扭矩会增大间隔铁阻力。

与既有试验数据的对比见图 2—28。试验数据有明显差别，北京交大的试验数据曲线正确地反映出间隔铁摩阻力的作用，同时也说明在中心加载的条件下，相对位移较小。考虑到螺栓孔与螺栓的间隙一般仅有 1 ~ 2 mm，且加载完成后螺栓仅螺纹发生一定的变形，试验结果是合理的，更具有应用价值。

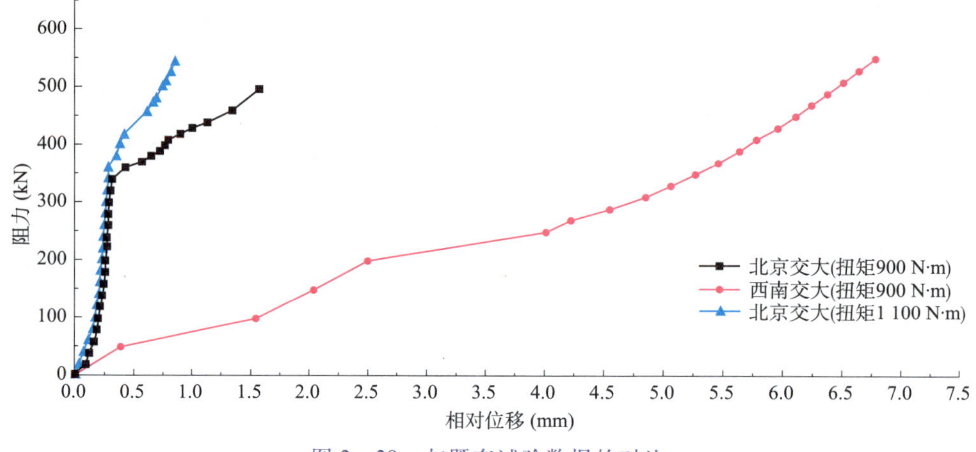

图 2—28 与既有试验数据的对比

2. 偏心加载

当间隔铁螺栓扭矩为 1100 N · m 时，偏心加载的实测间隔铁阻力曲线见图 2—29。不同螺栓扭矩下，偏心加载的间隔铁阻力统计曲线见图 2—30。

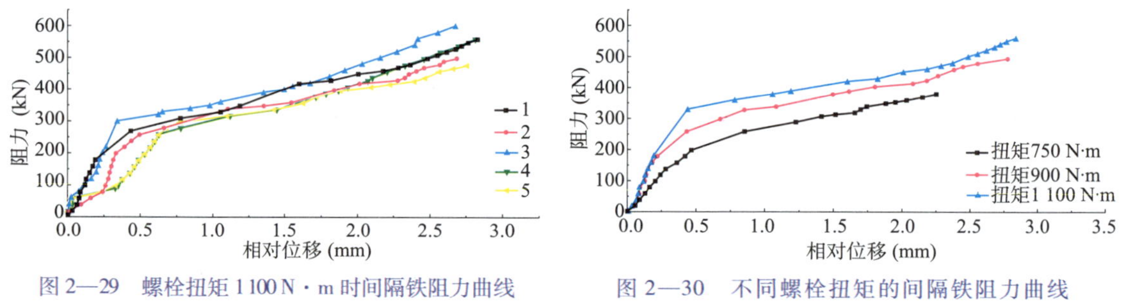

图 2—29 螺栓扭矩 1 100 N · m 时间隔铁阻力曲线

图 2—30 不同螺栓扭矩的间隔铁阻力曲线

间隔铁阻力随螺栓扭矩增大而增大。螺栓扭矩从 750 N · m 增大至 900 N · m 时，间隔铁阻力增加，摩阻力明显变大；螺栓扭矩从 900 N · m 增大至 1 100 N · m 时，间隔铁阻力虽然也有所增加，但增幅变小。总体上看，增大螺栓扭矩会增大间隔铁阻力。需要注意的是，当螺栓扭矩为 750 N · m 及 900 N · m 时，由于间隔铁摩阻力较小，一侧摩阻力被克服后，另一侧摩阻力紧接着被克服，然后一侧螺栓受剪发生变形，造成两轨间相对位移先增大后减小然后又增大的现象发生，这一点在试验曲线上表现明显。据此可以判断，当螺栓扭矩为 750 N · m 时，单组间隔铁的摩阻力约为 80 kN；当螺栓扭矩为 900 N · m 时，单组间隔铁的摩阻力约为 100 kN；当螺栓扭矩为 1 100 N · m 时，单组间隔铁的摩阻力约为 200 kN。

以偏心加载为例，间隔铁螺栓扭矩为 1 100 N · m，不同螺栓数量的间隔铁阻力试验数据如图 2—31。

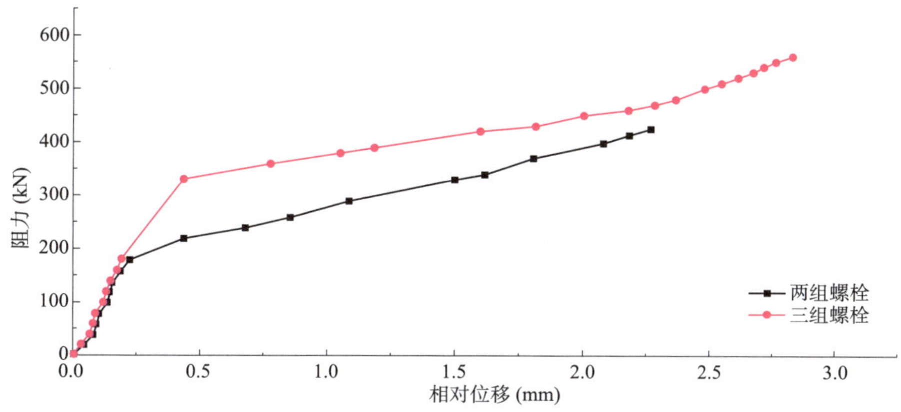

图 2—31 不同螺栓数量的间隔铁阻力曲线

在相同扭矩的条件下,间隔铁阻力随螺栓数量增加而增大。螺栓数量从两组增加至三组时,间隔铁阻力增加,摩阻力明显变大。当采用两组螺栓时,单组间隔铁阻力约为 200 kN,当采用三组螺栓时,单组间隔铁阻力约为 320 kN。当采用两组螺栓时,间隔铁同两组螺栓的限位器结构及受力特性近似,因此限位器的阻力曲线(限位器子母块已接触)可以参考两组螺栓的间隔铁阻力曲线。

可见,对于偏心加载,间隔铁阻力随螺栓扭矩的增加而增大;螺栓扭矩的变化对不同加载方式下的间隔铁阻力特性影响不同。

第三节 长大桥梁无缝线路关键设计参数

桥上无缝线路设计参数是无缝线路设计体系重要组成部分,是桥上无缝线路纵向力(伸缩力、挠曲力、制动力、断轨力)、位移(梁轨相对位移、断缝)及稳定性计算的前提和基础。设计参数主要包括:桥梁温度差、列车荷载、墩台纵向水平刚度限值、列车制动力率及活动墩支座的摩擦系数等。

一、桥梁温度差

桥梁温度差是指桥上无缝线路伸缩力计算时所采用的梁跨结构最大温差,是无缝线路设计、施工及养护的重要参数。

德国规范中规定梁温度差一般按 ±30℃ 考虑。梁温度差是根据德国所处地理位置,基于年温差的研究测试成果确定的。德意志联邦铁路关于此问题进行过较为完善的试验研究,结果表明桥梁结构的温度变化是一个极为缓慢的进程。

日本对于计算桥梁活动支座纵向移动量所用的温度变化值见表 2—11。若按平均温度计算梁温度差,即一般地区梁温度差为 ±20℃;寒冷地区梁温度差为 ±25℃。

表 2—11 桥梁活动支座纵向移动量所用温度变化值

地 区	一般地区	寒冷地区
温度变化值(℃)	-5 ~ +35	-15 ~ +35

国际铁路联盟规范《梁轨相互作用计算的建议》(UIC-774-3):对于混凝土梁及结合梁桥,

采用±35℃的温差进行计算。

欧洲规范 ENV 1991—1994 中规定:计算无缝线路固定区伸缩力时结构温差考虑年温差,为35℃;钢轨的温差为50℃;计算无缝线路伸缩区墩台伸缩力时梁轨温差为20℃;当计算墩台制动力、启动力与固定区伸缩力叠加时,梁体温差按折减50%考虑。

我国在桥上无缝线路设计时梁温差按以下取值。

有砟轨道混凝土梁:±15℃

无砟轨道混凝土梁:±20℃

钢　　　　　梁:±25℃

铁科院分别于2002年9月和12月在秦沈客运专线对沙河特大桥和罗家屯中桥进行桥梁纵向力测试。梁体温度差及桥址处大气温差测试结果见图2—32、图2—33。沙河特大桥采用长枕埋入式无砟轨道结构形式,测得桥址处大气日温差为14.5℃,梁温度差为3.5℃。罗家屯中桥采用有砟轨道结构形式,测得桥址处大气日温差为14℃,梁温度差为4.5℃。

2009年4月至12月,中铁第一勘察设计院(以下称铁一院)对郑西高速铁路渭河桥进行梁体纵向伸缩位移、梁端温度力及位移的测试,并对梁日温差进行相应的观测,见图2—34。与大气温度相比,箱梁内温度更接近梁体的实际温度,为此对箱梁内的温度变化进行了长期观测,并对72 h内梁体、箱内温度变化进行跟踪观测。

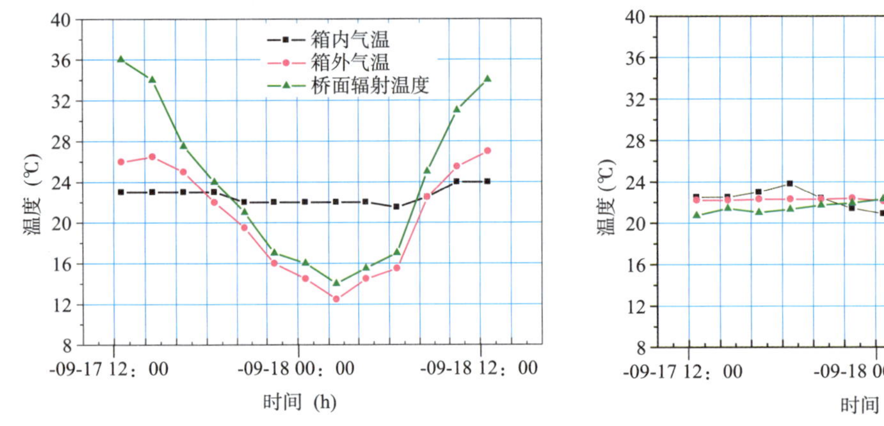

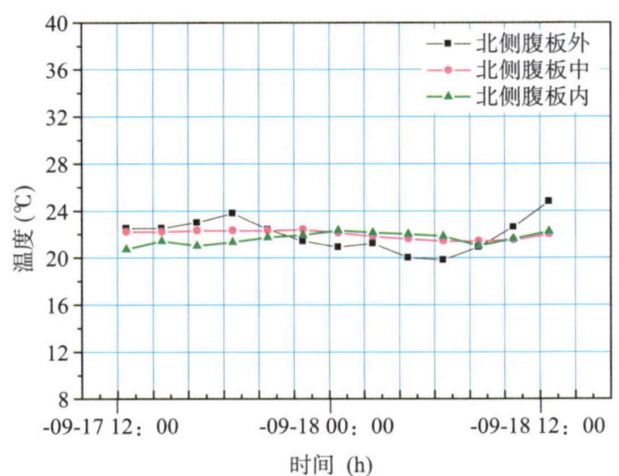

图2—32　沙河特大桥梁温度差测试结果

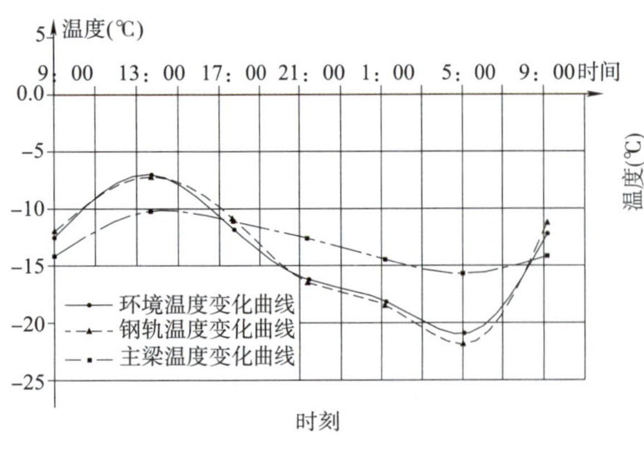

图2—33　罗家屯中桥梁温度差测试结果

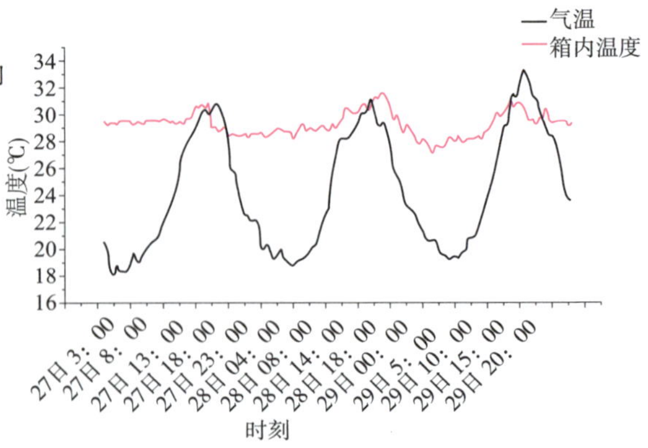

图2—34　渭河桥梁体内温度变化图

从 72 h 内每 30 min 观测一次的规律来看，箱梁内温度变化幅度远小于气温变化。测试结果表明，32 m 简支梁梁缝最大日变化量对应的梁体日温差为 2.9℃；96 m 温度跨度梁缝最大日变化量对应梁体日温差为 2.4℃；736 m 温度跨度梁缝最大日变化量对应梁体日温差为 3.1℃，均小于我国规范规定的日温差取值。

桥梁结构温度差是桥上无缝线路设计的重要参数，是引起桥梁伸缩对无缝线路施加伸缩附加力的主要因素。桥梁结构温度差的确定一方面要结合梁体温度变化的实测数据，同时也要考虑足够的安全储备。德国规范和 UIC 标准采用的是年温差，我国研究者认为桥上无缝线路伸缩力并非长年积累，而是随着列车的运行有所放散，德国规范和 UIC 标准取值偏于保守。我国桥上无缝线路设计采用桥梁结构温差既非年温差，又非日温差。为此，铁科院卢耀荣研究员在《再议我国与德国桥上无缝线路设计理念的差异》一文中将我国规范采用的桥温差描述为“当量温差”。

我国规范规定梁的当量温度差取日温差 15℃ ~20℃，依据是成昆线青衣江大桥实测 3 年和京广线七里河大桥实测 1 年的结果，又在青藏线昆仑河 4 号大桥、小南川 3 号大桥和南京无砟桥梁上进行了补充测定。实测数据证明，因混凝土材料的导热系数很小，且混凝土梁体积很大，梁体温度变化远远迟滞于气温的变化，梁体每日甚至每旬温度变化幅度均小于 15℃，而桥上无缝线路伸缩力随着列车运行不断调整和释放，并非日积月累。因此用我国规范规定的当量日温差 15℃ ~20℃计算出的伸缩力足以保证安全。

中南大学在秦沈客运专线跨兴闫公路特大桥无缝线路综合试验研究中，对混凝土梁体的温度变化进行了测试。混凝土梁体温度变化采用数字式温度传感器测试。在梁体端部和跨中截面埋设 6 只数字式温度传感器测量梁体温度。从凌晨开始直至午夜，连续观测梁体温度的变化，根据每天内最高梁温和最低梁温计算日温差。测试结果显示：2002 年 9 月，梁体日温差最大 6℃，与之相应的日气温差为 14.8℃，梁体日温差明显小于日气温差。2002 年 11 月 24 日至 12 月 5 日，对连续梁上的伸缩力测点进行连续观测，同时测试了梁体温度变化，在该时间段梁体日温差最大为 3.8℃。

铁科院和铁一院于 2009 年 4 月 ~12 月对郑西高速铁路二跨渭河特大桥 4 处梁缝宽度变化、同一连续梁 4 个活动支座进行为时 9 个月的连续观测，并于 2009 年 9 月 13 日 ~2010 年 1 月30 日补充对 1 处连续梁小梁缝及 1 处 32 m 简支梁梁缝宽度变化进行为期 5 个月的连续观测；另外，还对箱梁内的温度变化进行了长期观测，并对 72 h 内梁体、箱内温度变化进行跟踪观测，获得大量的实测数据。经对数据整理和分析后，得出的结论为：测试得出的混凝土箱梁梁体年温差约为 24.7℃，日温差最大约为 3.1℃。由此可以看来，混凝土梁日温差和年温差测试结果与规范取值差距较大，因此建议相应规范对梁温差定义为“当量温差”。

各国已对梁体温度变化引起的梁轨相互作用进行了充分的研究，并制定出相应的设计规程，但对于桥墩温差荷载引起的梁轨相互作用研究较少，只有德国铁路将此项内容纳入最新版的桥梁设计规范。当温度变化时，物体由于材料热胀冷缩会产生变形。由于日照的不均匀，桥墩沿线路走向两侧可能存在温度差。在温差荷载作用下，墩顶将产生纵向位移，从而产生梁轨相互作用，引起额外的钢轨附加力和墩台附加力，对无缝线路和桥梁结构安全造成不利影响。

二、桥梁竖向荷载

桥梁在列车竖向荷载作用下产生的挠曲变形、列车牵引和制动也会引起梁轨相互作用，产生挠曲力或制动力，桥上无缝线路挠曲力和制动力计算一般采用相应的桥梁设计标准活载，根据桥梁跨度截取活载长度并换算成均布荷载。

《德国工业标准技术报告—桥梁的荷载》(DIN—101)中对来自铁路交通作用的垂直荷载及牵引和制动荷载给出规定。

荷载图式 UIC 71 表示来自正常铁路交通作用的静力部分,并作为垂直荷载作用于轨道。该垂直荷载的荷载布置和特征值见图 2—35。

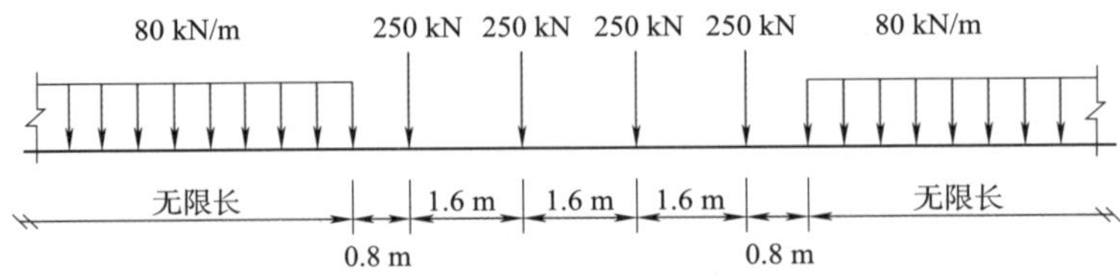

图 2—35 荷载图式 UIC 71 和单轨垂直荷载的特征值

荷载图式 SW 的荷载布置及特征值见图 2—36。

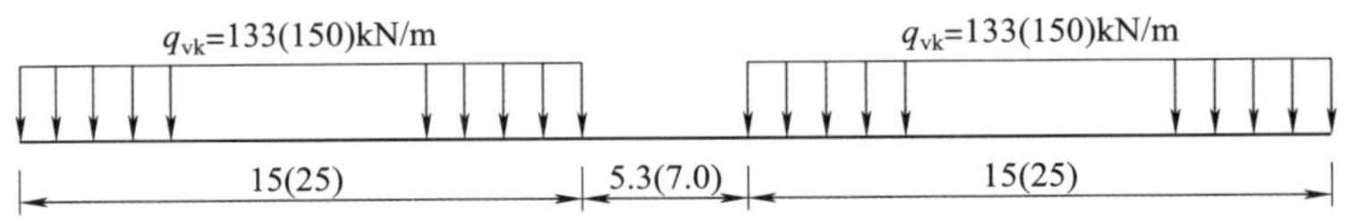

图 2—36 荷载图式 SW/0 和 SW/2(括号中数据为 SW/2)

欧洲各国普遍采用 UIC 活载图式,其基本图式(图 2—37)是一致的,仅根据各国具体情况有所补充,牵引和制动作用的计算同德国规范相同。

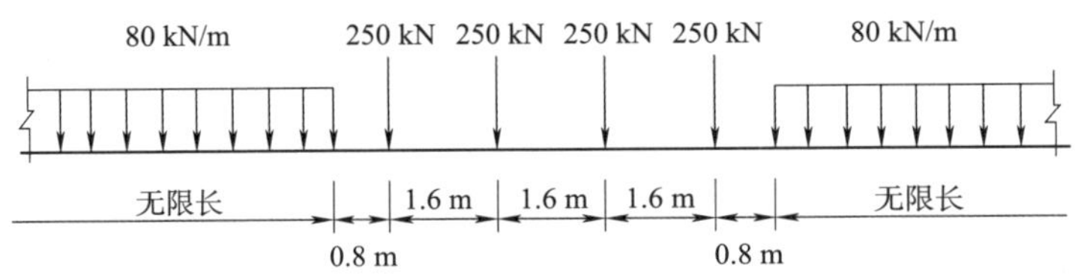

图 2—37 UIC 活载图式

日本采用的高速列车专用荷载 N、P 荷载图式见图 2—38。

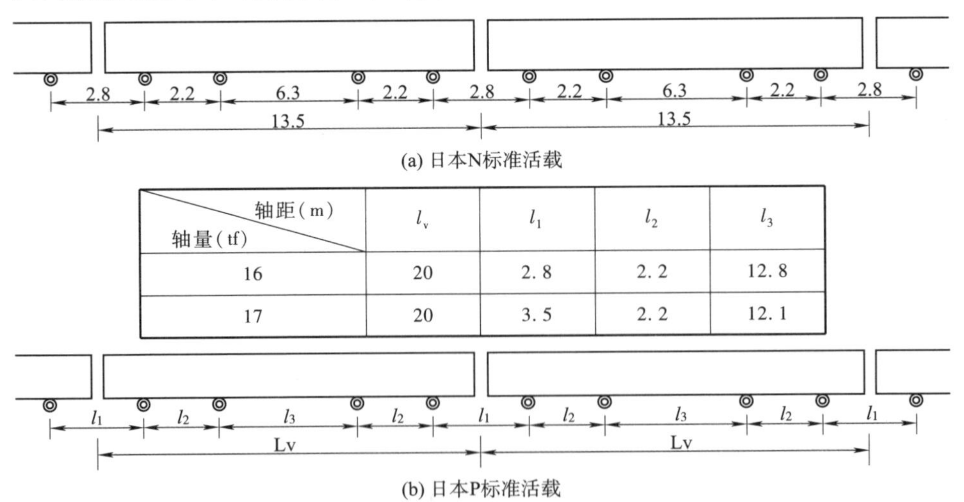

轴距(m) / 轴量(tf)	l_v	l_1	l_2	l_3
16	20	2. 8	2. 2	12. 8
17	20	3. 5	2. 2	12. 1

图 2—38 日本 N、P 荷载图式(单位:m)

我国客运专线桥梁设计中采用 ZK 荷载(0.8UIC);客货共线铁路采用中—活载用于承载能力的检算。其荷载图式分别见图 2—39 和图 2—40。

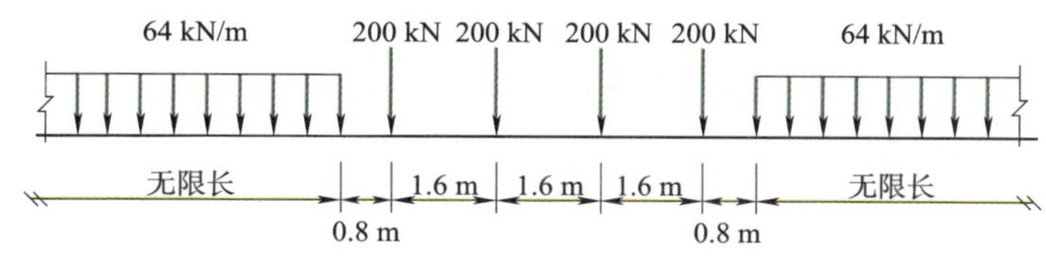

图 2—39　ZK 荷载图式

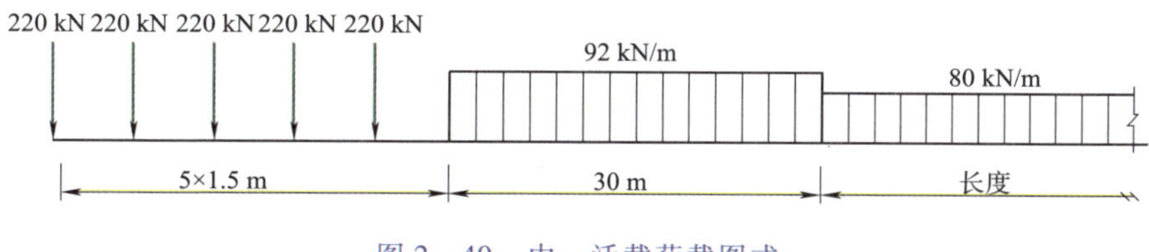

图 2—40　中—活载荷载图式

在进行挠曲力、牵引/制动力计算时,德国、UIC 及我国均采用桥梁设计荷载,只是桥梁设计的标准荷载图示有所不同,日本桥上无缝线路设计不进行挠曲力和牵引/制动计算。

进行轨道强度检算计算钢轨动弯应力时,中国、日本、UIC 在竖向荷载取值及动力影响系数有以下不同。

1. 我国根据牵引种类及机车车辆类型,按有关规定选择实际运营的列车活载计算钢轨动弯应力。

计算荷载采用实际运营列车荷载,以动载系数、横向水平力系数、偏载系数分别反映车轮垂直动荷载、横向水平力和垂直力偏心、曲线内外轨偏载的影响。

(1)轨道垂直动荷载

直线轨道上的垂直荷载采用准静态当量静荷载应由下式计算

$$P_d = (1+\alpha)\cdot P_j$$

式中　P_d——车轮作用于钢轨上的垂直动轮载;

P_j——静轮载;

α——速度系数,按表 2—12 取值。

表 2—12　速度系数值

速度系数	牵引种类 / 速度范围(km/h)	电力牵引	内燃牵引
α_1	$v\leqslant 120$	$0.6v/100$	$0.4v/100$
α_2	$120<v\leqslant 160$	$0.3\Delta v_1/100$	
α_3	$160<v\leqslant 200$	$0.1\Delta v_2/100$	
α_4	$v>200$	1	

注:v 为设计速度(km/h);$\Delta v_1=(v-120)$ km/h;$\Delta v_2=(v-160)$ km/h。

(2)轨道横向水平力系数 f

直线地段转向架的蛇行运动和曲线地段的轮缘导向作用,在轮轨之间产生横向水平力及垂直力的偏心作用，使钢轨承受横向水平弯曲和扭转，由此而引起的轨头及轨底的边缘应力相对于其中心应力的增量用横向水平力系数 f 表示。不同曲线半径的 f 值见表 2—13。

表 2—13　横向力水平系数 f 值

直线	曲线半径(m)					
	300	400	500	600	800 ~ 2000	≥2000
1.25	2.00	1.80	1.70	1.60	1.45	1.3

(3)偏载系数 β

列车通过曲线时，未被平衡的超高会导致内、外轨偏载，由此引起的钢轨附加荷载用偏载系数 β 表示。

$$\beta = \frac{2 \cdot \Delta h \cdot H}{S^2}$$

式中　Δh——未被平衡超高(mm)；

H——机车或车辆重心高度，可取 2 300 mm；

S——内外股钢轨中心距，可取 1 500 mm。

将 H、S 代入上式可得

$$\beta = 0.002\Delta h$$

实际运营的列车活载作用下的钢轨动应力为

$$\sigma_d = \sigma_j \times (1 + \alpha + \beta) \times f$$

2. 在进行无缝线路强度检算时，日本根据轮重变异实测值的统计，其变异系数(为标准差与平均值之比值)在既有线列车速度 100 km/h 情况下为 0.25，在新干线 200 km/h 情况下为 0.3。

据此，新的速度冲击率与速度的关系可用下式表达。

$$i = 1 + 0.5v/100(\text{有缝线路})$$

$$i = 1 + 0.3v/100(\text{无缝线路})$$

式中　i——速度冲击率，最大不超过 1.8；

v——列车速度(km/h)；

$0.5v/100$ 和 $0.3v/100$ 相当于我国所说的速度系数，最大速度系数为 0.8。

3. 德国和 UIC 用纵梁理论进行轨道强度和疲劳检算时，一般惯例采用静荷载，有时采用单轮载。按照这种方法，考虑动力影响一般用速度系数或动力放大系数。事实上，因为车辆与轨道的动力作用，运行速度对荷载的影响非常复杂。考虑到荷载的性质，用这种方法进行疲劳计算也更加正确。

确定放大系数 DAF(即速度系数)的 Eisenmann 法由列车速度、轨道质量和选择的系数 t 确定，t 和 φ 值见表 2—14。

$$DAF = 1 + t\varphi \quad v < 60\ \text{km/h}$$

$$DAF = 1 + t\varphi\left(1 + \frac{v - 60}{140}\right) \quad 60\ \text{km/h} \leqslant v \leqslant 200\ \text{km/h}$$

表 2—14　$t\varphi$ 取值一览表

概率(%)	t	适用范围	轨道条件	φ
68.3	1	接触应力,路基	很好	0.1
94.4	2	侧向荷载,道床	好	0.2
99.7	3	钢轨应力,扣件、支承	差	0.3

式中　t——标准差系数,取决于置信区间;

φ——由轨道质量决定的系数;

v——列车速度(km/h)。

以上两式中的后半部分相当于速度系数。

当 $v=200$ km/h 时,对于质量一般(好)的轨道,$\varphi=0.2$,$t=3$,计算出的放大系数 $DAF=2.2$,即速度系数为 1.2。

综上所述,德国、日本、中国在计算钢轨动弯应力时均考虑速度系数,德国速度系数为 1.2,我国速度系数为 1.0,日本速度系数为 0.8。德国、日本、中国的动车组轴重、速度系数不同,动车组通过轨道时的产生动荷载必然有所差别。根据武广高速铁路、郑西高速铁路联调联试的试验结果,时速 350 km 动车组通过时动力系数最大均不超过 1.0,因此,在轨道强度检算时速度系数取 1.0 是安全、可行的。

三、列车制动力率

制动力是桥梁和无缝线路设计中的重要载荷,列车制动力由线路与桥梁结构共同承受,一部分制动力经线路结构传至桥外路基,其余部分由桥梁结构承担。桥梁结构承担的制动力又称有效制动力,是影响桥梁墩台设计的重要因素。列车制动力是作用于线桥结构的外荷载,有效制动力则是该荷载在线桥结构内部的分配结果。

德国列车制动力率取轮轨间的最大摩擦系数值即轮轨黏着系数,即 $\mu=0.25$;有效制动力率根据不同情况取为 0.13～0.25。

牵引和制动力从轨道纵向作用于轨顶,设制动和启动力均匀地分布于构件作用长度上。当列车制动力率 $\mu=0.25$ 时,列车启动荷载及制动荷载有以下规定。

1. 启动荷载

$q=33$ kN/m/线(UIC 71 荷载图式或 SW 荷载图式),其中 $L\cdot q\leqslant 1\,000$ kN,即加载长度 $L\leqslant 30.3$ m。

2. 制动荷载

$q=20$ kN/m/线(UIC 71 荷载图式或 SW/0 荷载图式),其中 $L\cdot q\leqslant 6\,000$ kN,即加载长度 $L\leqslant 300$ m;

$q=35$ kN/m/线(SW/2 荷载图式),其中 $L\cdot q\leqslant 6\,000$ kN,即加载长度 $L\leqslant 171.4$ m。

如果桥梁承载双线或多线轨道,那么一线轨道上所承受的加速度力应加在另一线轨道的制动力上,仅需考虑两线轨道。

对于双线桥,轨道承受的列车加速和制动荷载按下述计算。

(1)德国铁路规范。

$q_{UIC}=20$ kN/m/线 $+33.3$ kN/m/线 $=53.3$ kN/m/线

UIC 规范对于仅限于特定交通的线路(比如 ICE3):

$q_{UIC特}=6.8$ kN/m/线 $+6.8$ kN/m/线 $=13.6$ kN/m/线

(2)日本参考欧洲单机紧急制动的试验结果,日本规范的制动力率采用0.35,考虑大约30%的制动力由钢轨传走,有效制动力率取0.25,但除机车外制动力率随编组长度逐渐减小。

日本在60年代分别对蒸汽机车和EH_{10}型电力机车单机紧急制动减加速度测试,最大值分别为0.27g和0.38g,均值分别为0.16g和0.23g。

(3)20世纪60年代中,国际铁路联盟试验研究所(ORE)组织欧洲7个国家的铁路局进行了系统、大规模的桥上制动力和牵引力专项试验和理论研究。

国际铁路联盟试验研究所(ORE)在7座桥的试验中,测得的列车减加速度范围在0.136g~0.407g,制动力率均值0.192~0.396。实测结果见表2—15。

表2—15　国际铁路联盟试验研究所实测列车最大制动力率均值

国　别	结构形式	支座类型	制动力率均值
捷　克	1-15.2 m简支钢板梁桥	钢支座	0.332
捷　克	1-30.3 m简支钢板梁桥	钢支座	0.278
捷　克	2-21.5+7.9 m预应力混凝土简支梁桥	板式橡胶支座	0.192
西　德	3-53.9+69.3 m简支钢桁梁桥	钢支座	0.264
比利时	1-30.0 m简支钢板梁桥	钢支座	0.246
法　国	8.25+17.0+9.25 m钢筋混凝土连续梁桥	盆式橡胶支座	0.259
瑞　士	2×15 m预应力混凝土连续梁桥	盆式橡胶支座	0.396

考虑到列车制动力率不应超过轮轨之间的黏着系数,欧洲国家普遍以轮轨黏着系数均值0.25作为制动力率的规定值。美国规范的制动力率采用0.23。欧洲规范和美国、英国规范均取与列车编组长度无关的轮轨黏着系数作为试验制动力率,对长桥来说,则过于保守。

(4)前苏联规范对制动力率没有作出规定,有效制动力率采用0.10。与其他国家相比,不管是试验结果还是规范取值,前苏联规范对制动力率的取值明显低于其他国家,其原因在很大程度上与苏联处于高纬度严寒地区有关。

(5)中国现行的《铁路桥涵设计基本规范》对于列车制动力率没有作出规定,只是参照原苏联规范的规定,对桥梁结构所承受的有效制动力率规定为10%。在《时速200公里线桥隧站设计暂行规定》制定时,根据《高速铁路线桥隧设计参数选择的研究》之报告三《高速铁路轨道理论计算模式与参数建议值》中提供的计算制动力率的黏着系数$\mu=0.164$。该黏着系数为我国(湿润轨面$\mu=0.0405+13.55/(v+120)$)、日本(湿润轨面$\mu=13.6/(v+85)$)、美国(良好轨面$\mu=0.24$和不良轨面$\mu=0.12$的平均值)三国制动停车时黏着系数的平均值。

1971~1981年我国进行《桥梁墩台承受列车纵向水平力》专项研究,在10座桥上进行了制动试验,实测加速度在0.10g~0.29g,实测结果离散性很大。表2—16为我国在9座桥上实测的列车制动力率均值。由于影响制动力的因素众多,缺乏有效的理论指导和计算手册,加上试验条件和试验结果的处理不尽一致,造成试验结论的不一致。

另外,北京交大对列车制动荷载与编组长度的关系进行了较为系统的理论研究。当时主型机车的单机制动力率在0.21~0.28,主型车辆的单车制动力率在0.175左右。对于单机情况与欧美的试验结果和规范取值相一致。不同编组的货物列车情况下,制动力率随编组增加而减小(表2—17),这与日本规范规定的列车有效制动力率随加载长度的变化规律相一致。制动力率随编组增加而减小主要原因是制动时各车体间在制动停车的瞬间存在速度差,导致各车体上的闸瓦不能同时达到最大的摩擦系数。

表 2—16 我国实测的列车制动力率均值

桥名	制动列车编组	结构形式	试验年份	制动力率均值
枝城长江大桥		5×128 m+4×160 m 连续钢桁梁	1971	0.128
三叉河桥	JF+6×C_{60}+N_{14}+2×N_{12}	3-31.7 m 预应力简支梁桥	1972	0.137
长沟桥	JF+2×N_{12}+N_{14}+6×C_{60}	4-31.7 m 预应力简支梁桥	1972	0.126
苏南沟桥	JF+10×C_{60}+S_5	4-31.7 m 预应力简支梁桥	1974	0.149
苏北沟桥	JF+10×C_{60}+S_5	5-31.7 m 预应力简支梁桥	1974	0.145
水阳江桥	JF+16×C_{62}+S_5	3-31.7 m 预应力简支梁桥	1974	0.106
陈家溪桥	FX+9×C_{62}+C_{60}+C_{62}	6-16 m 钢筋混凝土简支梁桥	1978	0.157
漠河桥	JF+6×C_{62}+S_5	6-16 m 钢筋混凝土简支梁桥	1980	0.173
茅岭江	2×QJ+C_{65}+C_{62A}+3×C_{62A}	48 m+80 m+48 m 预应力连续梁桥	1988	0.218

表 2—17 不同编组长度的列车制动力率

编组长度(m)	≤50	75	100	150	200	300	400	600	800
制动力率	0.25	0.215	0.200	0.185	0.180	0.173	0.165	0.150	0.135

列车启动、制动或行驶中调速均需要利用车轮与钢轨间摩擦力予以实现,相应的在钢轨顶面产生纵向力。列车启动时的纵向力主要集中在机车范围,列车制动时的纵向力分布在机车和全部车辆范围。与启动和制动工况相比,列车行驶过程中的调速产生的纵向力并不控制。

普通列车一般采用闸瓦制动的方式,即主要利用车辆和钢轨间的摩擦。对于高速列车,由于动能和速度的平方成正比,若完全依靠车轮摩擦实现制动功率将使得轮温大幅增加,势必影响列车的安全运营。研发的新型制动技术包括盘形制动、非黏着制动和防滑器技术等。其中盘形制动是指通过对轮轴上附加盘的摩擦代替直接对车轮的摩擦,较好地解决了制动中轮轨发热性能,具有更好的制动性能;非黏着制动方式包括电阻制动、涡流制动等;防滑器是指车轮受抱死而滑行时能使其迅速缓解,正常运转恢复后又能自动施加制动力的装置。

对于采用黏着制动技术的列车,由于滑动摩擦系数低于黏着系数,制动力的大小受黏着力的限制,并不能无限增加,车轮和钢轨间黏着力为制动力的上限。对于采用闸瓦制动技术的情况,出于安全考虑,车辆设计时不会达到此限值;采用盘形制动情况下,由于使用防滑器,对轨面制动力最显著的影响就是能最大限度地利用黏着制动,使最大制动力率常常逼近其黏着上限;对于此类高速列车,最大制动力的值可直接用制动黏着系数乘以列车活载,可将最大制动力率取为制动黏着系数。

列车制动时作用于钢轨顶面上的纵向力可以通过"制动力率×列车竖向荷载"得到。列车在路基上或隧道内制动时,作用于钢轨顶面的纵向力被较为均匀的传至地基。由于桥梁仅在纵向固定支座部位承受纵向力,且桥梁墩台纵向刚度与刚性路基相比要小的多;列车在桥梁上制动时,作用于钢轨顶面的纵向力不能及时传至地基,并导致部分列车制动力通过钢轨传递至其他桥跨或台后路基,相应地钢轨内产生附加力。对于桥梁结构而言作用于桥梁墩台上的纵向力可通过"有效制动力率×列车竖向荷载"得到;有效制动力率的大小与轨道结构参数(无缝线路、钢轨类型和道床阻力等)和桥梁墩台刚度等有直接的关系。

关于列车制动力率的取值,国内外前期均进行了大量的理论和试验研究工作。首先应注意的是,在制动过程中列车制动力率是不断变化的,最大制动力率出现在车辆停止前的时刻。国内外关于单机制动力率的试验结果基本一致;而对于长编组列车,受制动时各车体间在制动停车的瞬间速度差异,试验结果具有一定的离散性。此外,列车制动力率与车辆采用的制动技术、钢轨状态(干燥或湿润、表面状态等)有着直接的关系。目前,我国在梁轨纵向相互作用分析中列车制动力率取 0.164,在量值上小于欧洲(0.25)和美国(0.23)取值。

欧洲各国在双线桥梁纵向力的分析计算中,考虑一线制动、另一线同时启动的情况,由于启动力仅出现在机车范围,欧洲一般按 33 kN/m 进行计算,并将总启动力控制在 1 000 kN 以内。根据我国铁路设计和运营经验,在正线桥梁上同时出现制动(停车前时刻)和启动的概率很小,故双线桥梁仅按一线的制动考虑;考虑到高架车站内一线制动、另一线启动的概率较高,在《高速铁路设计规范(试行)》中规定应考虑同时制动和启动的情况。

值得注意是,制动力率是相对于设计活载而言的,因此,仅从制动力率的量值上并不能推断储备量的大小,尚应考虑竖向设计活载图式。如日本新干线桥梁一直采用接近运营列车的活载图式(N、P 和 H 活载图式)进行设计;而我国高速铁路桥梁采用 ZK 活载图式进行设计,对于常用跨度桥梁,实际动车组仅约占设计活载图式的 30%。虽然我国制动力率取值较低,但作用于轨面的纵向力要高于日本设计值。欧洲采用 UIC 活载图式进行设计,并采用 0.25 的制动力率,作用于轨顶面的纵向力为 20 kN/m,比按我国 ZK 活载图式和 0.164 的制动力率计算得到的纵向力(10.5 kN/m)高出近 1 倍。

笔者科研团队在京沪高速铁路徐州铺轨基地曾对制动及非制动条件下的轮轨摩擦系数进行了测试。选取的试验段位于京沪高速铁路徐州铺轨基地联络线上。试验段属于桥上单线,桥梁为简支 T 梁,跨度 32 m,线路为直线地段,纵坡坡度 9‰。

试验时,DF4 型内燃机车在不同初始速度下分别进行常规制动及紧急制动,测试当轨面干燥时,钢轨的纵向力、轮轨作用力等指标,结合列车轴重等参数,推算出制动及非制动条件下轨面的摩擦系数值:非制动运行条件下,轨面摩擦系数一般在 0.05 左右;在常规制动及紧急制动条件下,轨面摩擦系数最大值均不超过 0.164。

综上所述,我国铁路目前采用的制动力率(0.164)在量值上要小于国际铁路联盟和欧洲取值。从实践经验看,上述取值对于机车或短、长编组列车(300 m 以上)是基本适用的。对于高速铁路桥梁,由于我国运营活载与设计活载图式间差异较大,实际运营条件下桥梁墩台和钢轨受力具有一定的储备。

四、墩台纵向水平刚度限值

墩台纵向水平刚度是指桥梁墩、台支承垫石顶产生单位纵向水平位移时所需的纵向作用力。墩台顶纵向水平刚度对列车制动作用下桥梁墩台产生的墩台顶纵向制动附加力及其分布有重要影响,这一现象在大跨度连续梁上尤为明显。墩顶刚度越小,桥梁所受墩顶制动力越小,但钢轨制动附加力越大。增大墩顶刚度可使钢轨制动附加力减小,但将使得墩顶制动力增大,同时使得工程造价提高且影响桥梁整体美观性能。因此,确定合理的墩顶刚度限值对于桥梁及无缝线路设计尤为重要。

德国桥梁荷载规范 DIN—101 中给出了墩台顶纵向水平刚度的计算方法,见图 2—41。

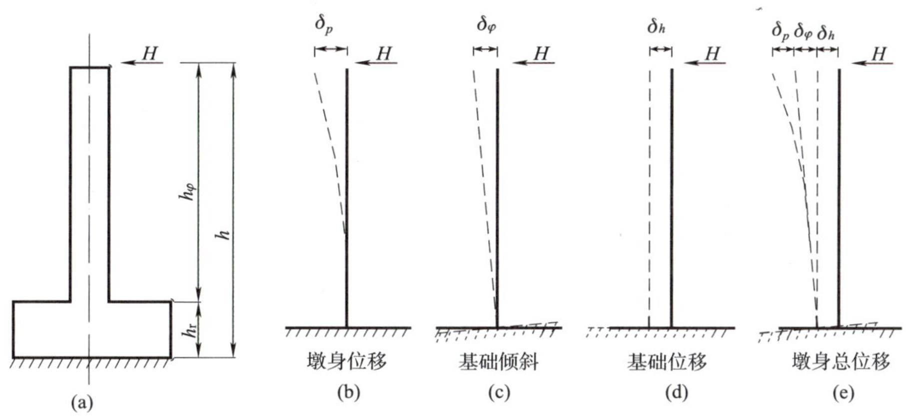

图 2—41　影响下部结构刚度的因素

墩台顶的纵向水平刚度为使桥梁墩、台支承垫石顶产生单位纵向水平位移时所需的纵向作用力，即

$$K=\frac{H}{\sum\delta_i}$$

式中　H——作用在墩、台支承垫石顶的纵向水平力(kN)；

$\sum\delta_i=\delta_p+\delta_\varphi+\delta_h$；

其中　δ_p——在纵向水平力 H 作用下，由于墩、台身弯曲引起的墩、台支承垫石顶纵向水平位移(cm)；

δ_φ——在 H 作用下，由于基础倾斜引起的墩、台支承垫石顶纵向水平位移(cm)；

δ_h——在 H 作用下，由于基础平移引起的墩、台支承垫石顶纵向水平位移(cm)。

德国《铁路桥梁设计、修建与维护规范》(DS 804)中按照钢轨在桥上不同的布置形式(连续布置、一端设置钢轨伸缩调节器、两端设置钢轨伸缩调节器)，规定了与承重结构总长度 $L_总$ 有关的单线和多线承重结构的最小纵向水平线刚度值 K，见表 2—18。

表 2—18　承重结构总长度有关的下部结构纵向水平刚度

承重结构总长度 $L_总$(m)	最小刚度 K(kN/cm)			
	钢轨布置			
	连续(不设钢轨伸缩调节器)		一端设置钢轨伸缩调节器	
	固定支座设在承重结构中央	固定支座在承重结构的一端或在 $L_{max}=90$ m 处	单线	双线
1	2	3	4	5
	k_m	K_c		
<30	没有最小刚度的要求			
30	200	200	—	—
60	500	500	900 * / 2 000	1 700 * / 2 500
90	800	1 800	1900 * / 2 000	—
120	2 000	4 000	3 000	3 800

续上表

承重结构总长度 $L_{总}$(m)	最小刚度 K(kN/cm)			
	钢轨布置			
	连续(不设钢轨伸缩调节器)		一端设置钢轨伸缩调节器	
	固定支座设在承重结构中央	固定支座在承重结构的一端或在 $L_{max}=90$ m 处	单线	双线
150	4 500	6 000	4 000	4 800
180	8 000	8 000	5 000	5 900
210	—	—	6 000	6 900
240	—	—	7 000	8 000
270	—	—	8 000	9 000
300	—	—	9 000	10 000

注:① * 表示在这种情况下,该值采用:UIC 71 荷载图式的上限值/SSW 荷载图式的下限值;

②在两端有断缝的线路时,最小刚度应为:

$K=\frac{20}{3}\cdot L\geqslant 330$ kN/cm(在 UIC 71 荷载图式时)

$K=600$ kN/cm(在 SSW 荷载图式中用 $L<90$ m,UIC 71 荷载图式的值适用于 $L\geqslant 90$ m);

③中间值允许线性插值,如果固定支座在该表中第 2 和 3 列之间所给出的极值时,取插值的规定也适用于最小刚度。

德国铁路股份公司于 2003 年 5 月重新发布的《铁路桥梁设计、修建与维护规范》(DS 804)对该规范的早期版本进行了修订,在新颁布版本的 DS 804 规范中未对墩台最小纵向水平刚度限值进行规定。

日本属于地震频发国家,因此铁路结构设计中以抗震方面要求为主,桥梁墩台检算由地震力控制,对于由梁轨相互作用决定的墩台纵向线刚度限值没有作出具体规定。

国际铁道联盟(UIC)根据欧洲高速铁路建设的经验,编制了《梁轨相互作用计算方法的建议》(UIC 774-3),规定下部结构水平线刚度 K 可由下式计算。

$$K=\frac{H}{\sum\delta_i}$$

式中　δ_i——$\delta_p+\delta_\varphi+\delta_h+\delta_a$;

δ_p——下部结构弹性变形产生的墩顶位移;

δ_φ——基础发生扭转变形产生的墩顶位移;

δ_h——基础发生水平位移产生的墩顶位移;

δ_a——支座上部与下部的相对位移。

UIC 774-3 中对制/启动力作用下的梁的绝对位移提出严格控制条件,桥上不设或仅设一组钢轨伸缩调节器(REJ)时,梁的绝对位移不能超过 5 mm;桥上设置两组钢轨伸缩调节器时,梁的绝对位移不能超过 30 mm。由此,设计时桥墩刚度 K 可通过下式确定。

$$K>Q\times\mu\times\beta\times L/v>20\times\beta\times L/v\text{(kN/mm)}$$

式中　Q——设计活载,计算时可取 80 kN/m;

μ——轮轨黏着系数,UIC 规范为 25%;

β——制动力传递系数,见表 2—19;

L——梁长(m);

v——制/启动力作用下,梁允许的最大位移值。

通过上式,可以确定常见桥长的下部结构线刚度,见表 2—20。

表 2—19　UIC 规范中制/启动力传递系数 β

梁长(m)	桥上不设 REJ	桥梁一端设 REJ	桥梁两端设 REJ
30	0.50		
60	0.50	0.60	
90	0.60	0.65	
120	0.70	0.70	1.0
150	0.75	0.75	1.0
180		0.80	1.0
210		0.85	1.0
240		0.90	1.0
270		0.90	1.0
300		0.90	1.0

表 2—20　桥梁下部结构纵向水平线刚度最小值(kN/cm)

梁长(m)	桥上不设 REJ	桥梁一端设 REJ	桥梁两端设 REJ
30	600		
60	1 200	1 440	
90	2 160	2 340	
120	3 360	3 360	800
150	4 500	4 500	1 000
180		5 760	1 200
210		7 140	1 400
240		8 640	1 600
270		9 720	1 800
300		10 800	2 000

在影响下部结构刚度的因素中,计算基础变形时,UIC 建议将计算伸缩力的静态弹性模量与计算加速和制动的动态弹性模量区分开来。然而,通过计算机程序进行非线性分析,当将温度变化、制动力/启动力、竖向变形同时考虑时,这两个荷载状态不能单独计算,很难遵从 UIC 的建议。

我国高速铁路采用跨区间无缝线路,为了保证桥上无缝线路的稳定和安全性,必须检算由于温度变化、列车制动/启动等产生的钢轨附加应力。同时为了保证桥梁的受力安全,应检算相应墩台附加力。既有大量试验研究成果表明:列车制动作用下,桥梁墩台顶纵向制动附加力及分布除受轮轨黏着系数、线路阻力等参数影响外,主要由墩台顶纵向水平线刚度及相邻墩台顶刚度匹配所决定。墩顶刚度越小,桥梁所受制动力越小,但钢轨制动附加应力越大;增大墩顶刚度可降低钢轨附加应力,但使得墩顶制动力增大。因此,墩台顶合理的纵向线刚度限值是桥梁及桥上无缝线路设计的关键参数之一。

《新建铁路桥上无缝线路设计暂行规定》中规定,铺设无缝线路的混凝土简支梁,桥梁墩台顶纵向水平线刚度不宜小于表 2—21 的规定。

表 2—21　简支梁墩台顶纵向水平线刚度限值

跨度(m)	≤12	16	20	24	32	40	48	桥台
墩台顶线刚度(kN/cm · 双线)	120	200	240	300	400	700	1 000	3 000

根据我国前期研究,《新建时速 300 ~ 350 公里客运专线铁路设计暂行规定》规定的桥梁墩台纵向水平线刚度限值见表 2—22。

表 2—22　墩台纵向水平线刚度(双线)

类　　型	跨度(m)	最小水平线刚度(kN/cm)	附注
桥　墩	≤12	120	不设钢轨伸缩调节器
	16	200	不设钢轨伸缩调节器
	20	240	不设钢轨伸缩调节器
	24	300	不设钢轨伸缩调节器
	32	400	不设钢轨伸缩调节器
	40	700	不设钢轨伸缩调节器
	48	1 000	不设钢轨伸缩调节器
桥　台	3 000		不设钢轨伸缩调节器

注:单线桥梁墩台的最小水平线刚度的限值按表内值的 1/2 取值。

2008 年,铁道部立项开展了《客运专线铁路桥梁墩台纵向线刚度参数标准的研究》项目。在总结归纳国内外桥梁墩台纵向水平线刚度有关规定,较系统研究桥梁纵向力计算参数的基础上,针对等跨布置的 20 m、24 m、32 m、40 m 和 48 m 简支梁,提出满足桥梁轨道受力(不需设置钢轨伸缩调节器)的墩台顶最小线刚度限值。根据该项研究成果,对《高速铁路设计规范(试行)》相关条文进行修订,具体规定为:“位于有砟轨道无缝线路固定区的混凝土简支梁,墩台顶部纵向水平线刚度应满足表 2—23 限值要求”。

表 2—23　墩台顶纵向水平线刚度限值

类　　型	跨度(m)	最小水平线刚度(kN/cm)	
		双线	单线
桥　　墩	≤12	100	60
	16	160	100
	20	190	120
	24	270	170
	32	350	220
	40	550	340
	48	720	450
桥　　台		3000	1500

注:①墩台顶纵向线刚度满足表中限值时,可不设钢轨伸缩调节器;
②高架车站到发线有效长度范围内双线桥梁墩台的最小水平线刚度的限值按表内单线桥梁墩台的最小水平线刚度的限值的 2.0 倍取值。

对于铺设无缝线路的桥梁结构,我国桥梁墩台纵向水平线刚度的制定主要考虑满足桥上无缝线路的铺设要求,主要包括桥上轨道强度、稳定性和制动力作用下梁轨相对位移的大小;

同时尚应关注桥上无缝线路钢轨断缝值和桥梁墩台自身受力等。前期研究表明，控制常用跨度桥梁墩台纵向线刚度的控制指标为“制动力作用下梁轨快速位移 4 mm 限值”，该项限值适用于有砟轨道；对于采用无砟轨道的桥梁，可偏于安全的暂按上述限值取用。

前期研究中，通过将我国与国际铁路联盟、德国等关于墩台纵向刚度的规定进行较系统的对比，我国高速铁路纵向线刚度限值相对偏低，以下为其主要原因。

1. 在制动力方面：我国高速铁路采用 ZK 活载图式，为 0.8 倍的 UIC 活载图式；作用于轨面的制动力率我国取 0.164，为国际铁路联盟和欧洲的 0.656 倍；我国在正线双线桥上考虑一线的制动力，而国际铁路联盟和欧洲考虑一线制动、另一线同时牵引的工况。

2. 在伸缩力方面：我国铁路基于既有铁路桥上无缝线路研究成果，考虑到列车引起的振动对伸缩力具有放散作用，故伸缩力按照日温差进行取用，而国际铁路联盟推荐采用年温差进行计算。

3. 在限值方面：我国关于钢轨强度的检算与德国和国际铁路联盟检算方法不一致，但在制动力作用下梁轨快速相对位移方面取相同的数值（4 mm）；且研究表明梁轨相对位移为墩台纵向线刚度制定的控制指标。

4. 在控制指标方面：我国墩台纵向线刚度的控制指标为制动力作用下梁轨快速相对位移（4 mm）。UIC 规范确定桥梁下部结构线刚度的控制条件为制动力作用下的梁的绝对位移，且在 UIC 规范中，当在桥梁一端设置钢轨伸缩调节器时，对桥梁下部结构线刚度的要求更高。

综上所述，我国高速铁路目前为便于常用跨度桥梁设计，通过开展大量的梁轨纵向相互作用静力计算，基于钢轨的强度、稳定性及制动工况下道床的稳定性，提出等跨布置的常用跨度桥梁（48 m 以下）墩台纵向线刚度限值。从目前研究情况看，大跨度桥梁由于受支座布置、配跨等因素的影响，尚未提出明确的限值，设计时主要通过梁轨纵向相互作用计算确定。

五、活动支座摩阻率

活动支座摩阻率即活动支座的摩擦系数，活动支座并非对梁体伸缩变形没有约束任其自由滑动，活动支座摩阻对梁轨纵向力传递有一定的影响。

德国支座的活动阻力须按静荷载及不计冲击系数的 UIC 71 荷载图式荷载引起的竖向支座反力计算。起卸载作用的活动阻力可不予以考虑。用 St37，St52 或铸钢制成的钢支座，若无许可证说明，其活动支座的摩擦系数应取：①滚动支座：0.05；②钢对钢的滑动支座：1.00。

国际铁路联盟在 UIC 774－3 中对于支座特性描述为：“桥梁所采用的支座类型和特点对桥梁位移的约束作用有很大的影响，一般情况下活动支座的刚度忽略不计，除非进行更为精确的计算或活动支座具有一定程度弹性刚度（如橡胶支座）；摩擦系数一般取 0%～5%”。

UIC 774－3 中指出，在大多数情况下，只考虑一个固定支座所在的支撑结构的刚度。当不止一个支撑结构对梁纵向位移起到阻挡作用时，就需要考虑其总体的刚度。比如活动支座的摩擦力就应当被考虑在内。弹性支座情况下，下部结构总刚度就是所有下部结构刚度之和，并应当确定有效固定点的位置。因此总刚度可由 $\sum K_i + 2\sum F_{fi}$（kN/cm）计算，其中 K_i 是固定支座或橡胶支座所在的下部结构的刚度，F_{fi}是活动支座的摩擦阻力，活动支座的摩擦系数一般取 0～0.05。

目前国内在桥上无缝线路的设计中一般不考虑活动支座对梁活动端的伸缩阻力的影响。

我国曾经专题研究关于活动支座摩阻率对梁轨纵向力传递的影响问题。铁科院铁建所在

1996 年完成的报告《轨道结构对梁体的减载作用》中指出，根据不同支座情况的初步试验结果分析，认为对于采用铸钢平板支座和铸钢弧形支座的小跨度混凝土梁，一旦支座活动不灵或锈死，会对梁体产生较大的减载作用，同时对墩台产生较大的附加纵向水平力。但未对支座的摩阻系数给出数值。

铁科院 2003 年的研究报告《桥梁纵向力综合试验研究报告》中，提到由铁科院和中铁大桥工程局桥梁科学研究院对秦沈客运专线上沙河特大桥、罗家屯中桥桥墩进行的对拉试验，通过墩底预埋传感器应变的测试确定支座摩阻率。测试结果见表 2—24。其中，沙河特大桥摩阻系数平均为 2.35%，小于支座设计摩阻率 3%；罗家屯中桥的摩阻率的实测值大于 3%，主要原因是摩阻系数计算时，是按照双线分离考虑的，实际上双线在箱梁上部通过盖板及道砟搭接，因此相互约束影响较大，导致实测摩阻系数偏大。

目前，我国高速铁路桥梁建设中大量采用盆式橡胶支座，根据铁科院对盆式橡胶支座性能检验结果统计确定，活动支座的最大摩擦力为竖向荷载的 1% 以下（设计允许值 5%）。

表 2—24　支座摩阻系数实测结果

沙河特大桥		罗家屯中桥	
墩　号	支座摩阻系数试验值%	墩号	支座摩阻系数试验值%
21	2.17	1	3.92
22	2.55	2	3.59
23	2.78		
24	2.47		
25	1.65		
平均值	2.35	平均值	3.755

应明确的是，由于梁体轴向刚度和墩柱纵向线刚度间的差异较大，系统升降温条件下，活动支座的摩擦力对于梁体伸缩影响较小，仅在墩柱反力分配上略有差异；制动工况下，受活动支座摩擦力作用墩柱承受相应的纵向力，相当于活动支座位置的墩柱也提供一定的纵向刚度，从而对于梁轨纵向力分配产生一定的影响。但值得注意的是，对于等跨布置的简支梁工况，支座布置多为“固 + 活”形式，即每个桥墩上部均各布置一个固定支座和活动支座，所以从系统整体而言，考虑活动支座摩擦力与否，下部结构提供的总刚度不变，影响相对较小；但对于连续梁结构，由于主墩上方布置一个支座，活动支座桥墩刚度并未计入，且梁体自重较大，在制动力作用下，若分配在活动支座上方的荷载不超过摩阻力，相当于墩柱刚度增大。因此，在后续研究中，应重点考虑连续梁活动支座摩阻对梁轨纵向力传递的影响，活动支座的摩擦系数按 3% 取用。

六、荷载组合

德国桥上无缝线路钢轨强度检算主要考虑两大类。一是温度附加力（或称伸缩力），二是动载时的牵引力和制动力。桥梁墩台检算时不考虑断轨力的影响，但考虑一线制动和另一线牵引的荷载组合。

德国铁路规范认为，钢轨受力计算是一个非线性分析的过程，应对各相关荷载状态同时进行计算。对于检算钢轨强度，将不同荷载状态下分别计算得到的钢轨应力叠加是偏于安全的，而对于检算结构变形时，则计算结果叠加是不安全的。

德国规范因严格控制钢轨拉应力，在最低轨温发生断轨的几率较小，同时采用先进的轨道电路技术，能及时发现断轨并停止运营，故不进行断轨力检算。

日本进行无缝线路设计稳定性检算、断缝计算仅考虑伸缩附加力，不考虑挠曲力、制动力。由于日本属于地震频发国家，因此铁路结构设计中以抗震方面要求为主，桥梁墩台检算由地震力控制，对于由梁轨相互作用引起的附加力只计算伸缩力和断轨力。

国际铁路联盟为了计算出对桥梁结构的作用，并使总的作用力在轨道结构所允许承受的范围内，总的作用力 $\sum R$ 表达式如下。

$$\sum R = \alpha R(\Delta T) + \beta R(\text{制动力}) + \gamma R(\text{挠曲力})$$

在计算桥梁墩台附加力时，α、β、γ 为组合系数。

在计算轨道结构所承受的总的力和位移时，对连续梁和简支梁 α、β、γ 的取值均为 1。

以下为我国研究概况。

1. 无缝线路检算的荷载组合

①钢轨强度检算：钢轨伸缩力或钢轨挠曲力最大值，考虑钢轨制动力。

②梁轨相对位移检算：钢轨制动力，不考虑钢轨伸缩力、钢轨挠曲力。

③稳定性检算：钢轨伸缩力或钢轨挠曲力最大值，不考虑钢轨制动力。

④断缝检算：钢轨伸缩力，不考虑钢轨制动力、钢轨挠曲力。

2. 桥梁墩台检算的荷载组合

桥梁位于无缝线路固定区时，桥梁墩台纵向力组合应符合以下规定。

①同一股钢轨的伸缩力、挠曲力、断轨力不进行叠加。

②伸缩力、挠曲力、断轨力不与同线离心力、牵引/制动力等组合。

③伸缩力和挠曲力按主力考虑，牵引/制动力按附加力考虑，断轨力按特殊荷载考虑。

桥梁位于无缝线路伸缩区时，荷载组合中不应计挠曲力、断轨力和牵引/制动力，桥梁所承受的伸缩力按主力考虑。

桥梁墩台设计荷载除应按国家现行桥梁设计相关规范规定组合外，增加的纵向力组合应符合表 2—25 的规定。

表 2—25　纵向力组合

墩台类型	序号	荷载分类	纵向力组合
单线墩台	1	主力无车	①恒载＋两股钢轨伸缩力 ②恒载＋两股钢轨挠曲力 ①与②比较取大值
	2	主力＋特殊荷载无车	恒载＋一股钢轨伸缩力＋另一股钢轨断轨力
双线墩台	1	主力双线无车	①恒载＋四股钢轨伸缩力 ②恒载＋四股钢轨挠曲力 ①与②比较取大值
	2	主力＋纵向附加力 一线有车 一线无车	恒载＋一线活载＋一线列车制动力或牵引力＋另一线两股钢轨伸缩力或挠曲力较大值＋其他纵向附加力
	3	主力＋特殊荷载 双线无车	恒载＋一线一股钢轨断轨力＋另一股钢轨伸缩力＋另一线两股钢轨伸缩力或挠曲力较大值
	4	主力＋特殊荷载 一线无车 一线有车	恒载＋一线一股钢轨断轨力＋另一股钢轨伸缩力＋另一线活载（制动力）

续上表

墩台类型	序号	荷载分类	纵向力组合
三线及以上墩台	1	主力 三线无车	①恒载 + $2n$ 股钢轨伸缩力 ②恒载 + $2n$ 股钢轨挠曲力 ①与②比较取大值
	2	主力 + 纵向附加力 两线有车	恒载 + 两线活载 + 两线列车制动力或牵引力 + 其他线两股钢轨伸缩力或挠曲力较大值 + 其他纵向附加力
	3	主力 + 附加力 + 特殊荷载 两线有车	恒载 + 两线活载 + 两线列车制动力或牵引力 + 其他各线一股钢轨作用断轨力 + 其余钢轨作用伸缩力或挠曲力较大值

注：n 为桥上股道数。

第四节　高架站无砟道岔关键设计参数

与路基高速道岔不同，高架站无砟道岔不仅需要进行道岔本身的结构检算，更要避免桥梁变形对道岔的影响，控制道岔与岔下基础的相对位移，保证道岔的几何形位。为避免岔下基础变形影响道岔几何形位及电务转换，保证道岔的工作状态，必须对道岔与岔下基础的相对变形进行限制，研究其合理取值。同时，根据桥上岔区在不同荷载作用下受力变形的特点，提出其合理的荷载组合方式。

一、道岔-岔下基础相对位移

高架站无砟轨道无缝道岔相比路基上高速道岔、桥上无缝线路受力更为复杂，不仅综合了二者的技术特点，更衍生出一系列的技术难点。桥上无缝道岔除具有高速道岔、桥上无缝线路的设计参数外，为保证道岔几何形位，保障列车运行的安全平稳，还必须对道岔-无砟轨道相对位移进行限制。

由于目前我国尚无相关技术条文，因此参照德国桥上无缝道岔的有关限值进行取值。德国 BWG 公司规定，道岔导曲线部分——钢轨和基板的最大允许相对位移为 ±20 mm，基板和轨枕/轨道板的最大允许相对位移为 ±0.7 mm（基板与钢锥筒之间弹性套管的容许变形值）。道岔转辙器部分——当有特殊措施时，钢轨和基板的最大允许相对位移为 ±20 mm；无特殊措施时，钢轨和基板的最大允许相对位移为 ±3 mm（避免锁闭装置发生卡阻）；基板和轨枕/轨道板的最大允许相对位移为 ±0.7 mm；转辙器基座与轨道板/轨枕之间的最大允许相对位移为 ±6 mm（避免转辙机械发生卡阻）。道岔辙叉部分——除基板和轨枕/轨道板的最大允许相对位移为 ±0.7 mm 外，对于有斜接头的单肢弹性可弯可动心轨，翼轨和基板的最大允许相对位移为 ±3 mm。根据道岔各部分的相对位移限值，可确定道岔与桥梁的相对位移限值，见表 2—26。

表 2—26　与桥梁的相对位移限值（mm）

类型		钢轨　扣件	轨道板/轨枕	桥面	总计	附注
一般要求	无砟	20	0.7	0	20.7	
	有砟			1.5	22.2	
转辙器	无砟	20	0.7	0	20.7	特殊措施
	有砟			1.5	22.2	

续上表

类型		钢轨	扣件	轨道板/轨枕	桥面	总计	附注
辙叉部分 $R \geqslant 3\,000$ m	无砟	0	0.7	0	0.7	
	有砟			1.5	2.2	
辙叉部分 $R = 1\,100$ m	无砟	3	0.7	0	3.7	翼轨
	有砟			1.5	5.2	

注:对于有砟轨道道岔,考虑道砟 1.5 mm 的容许变形量。

二、荷载组合方式

桥上无缝道岔计算需要考虑伸缩力、挠曲力、制动力与断轨力等荷载。对于道岔检算,我国桥上无缝线路大量实践经验表明,列车振动荷载可部分放散伸缩力的累积作用,因此伸缩力与挠曲力不必要进行叠加。我国钢轨强度检算中未计算残余应力,但为安全计,考虑钢轨的垂直磨耗、焊缝强度、列车的速度系数、安全系数等,实践证明是合理的。由于列车在桥梁上制动或加速运行时,轨面上将承受纵向力,并在钢轨中引起附加应力,因此应考虑制动力作用,将伸缩力或挠曲力与制动力叠加进行钢轨强度的检算。

在制动力或挠曲力作用下,桥上道岔传力结构的受力、里轨伸缩位移均较小,伸缩力对道岔部件传力结构受力及位移的影响最大,因此桥上道岔传力结构位移及里轨伸缩位移检算时,只需考虑在最不利条件下的伸缩力作用。对于稳定性检算,由于制动力、挠曲力等均会使钢轨受压或受拉,考虑最不利情况,应采用伸缩力、制动力、挠曲力三者组合荷载的作用。桥梁墩台检算可根据长大桥梁无砟轨道无缝线路的纵向力组合进行。

第五节　其他设计参数

随着我国高速铁路的建设与发展,CRTSⅡ型板式无砟轨道、高强度钢轨等新型结构得到广泛应用,但上述结构力学性能的相关研究等需要深入开展。

垫层砂浆与轨道板底面、底座板表面的粘结状态以及砂浆垫层依靠其抗剪作用对轨道板的约束能力是影响 CRTSⅡ型板式无砟轨道结构系统可靠度、稳定性和耐久性的关键。因此有必要针对无砟轨道砂浆层的粘结特性进行推板试验。

高速铁路桥上 CRTSⅡ型板式无砟轨道系统通过采用“两布一膜”或“两层土工布”以减弱轨道与线下基础间相互作用。通过采用“两布一膜”滑动层,减小梁体伸缩对轨道结构的受力的影响;而台后底座板与摩擦板间的两层土工布主要为了避免摩擦板区段的集中受力。“两布一膜”和“两布”间摩擦系数是 CRTSⅡ型板式无砟轨道关键的设计参数之一。以往针对隔离层的设计参数较少,缺乏针对“两布一膜”滑动层及“两布”参数取值的测试,因此有必要针对隔离层的摩擦系数进行测试。

与既有钢轨相比,新型钢轨强度高,硬度大,使用寿命长,屈服强度指标等已有很大变化。因此有必要对其力学性能进行测试,为相关规范的制订及设计、养护工作提供依据。

一、推板阻力试验

北京交大参与了京沪高速铁路股份有限公司、铁科院组织的 CRTSⅡ型板式无砟轨道轨道板推板试验，主要针对轨道板板底拉毛对砂浆粘结性的影响和界面剂对砂浆粘结性的改善作用进行测试，见图 2—42 ~ 图 2—44。

图 2—42　轨道板推板实验现场

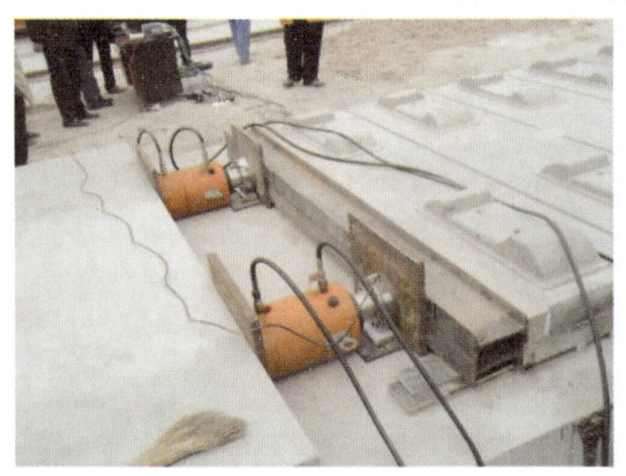

图 2—43　推板试验装置设置

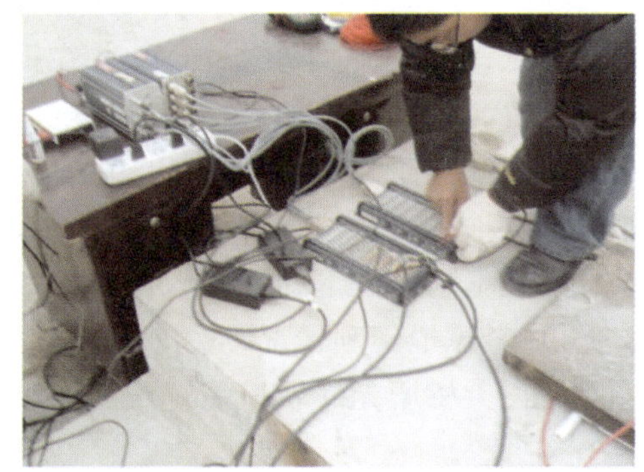

图 2—44　推板试验装置数据采集

通过测试，得到底座板在是否涂抹界面剂和轨道板是否拉毛条件下的推板阻力，见表 2—27、表 2—28。

表 2—27　底座板不涂抹界面剂推板阻力

项　　目	推板阻力(kN)
轨道板拉毛	1 200
轨道板不拉毛	630

表 2—28　底座板涂抹界面剂推板阻力

项　　目	推板阻力(kN)	
	试验 1	试验 2
轨道板拉毛	1 560	1 700
轨道板不拉毛	1 470	1 550

二、“两布一膜”及“两布”隔离层参数试验

铁科院针对桥上 CRTSⅡ型板式无砟轨道“两布一膜”和“两布”隔离层，采用室内 1∶2 模型，针对隔离层的摩擦、磨耗性能进行了共计 15 阶段的试验（每阶段加载 300 万次循环），另

外在京沪高速铁路进行了足尺寸(25m 长)的放大试验,得出隔离层参数的取值。CRTS Ⅱ型板式无砟轨道桥上底座板与梁面间、台后底座板与摩擦板间摩擦系数可按表 2—29 取用。

表 2—29　隔离层摩擦系数取值

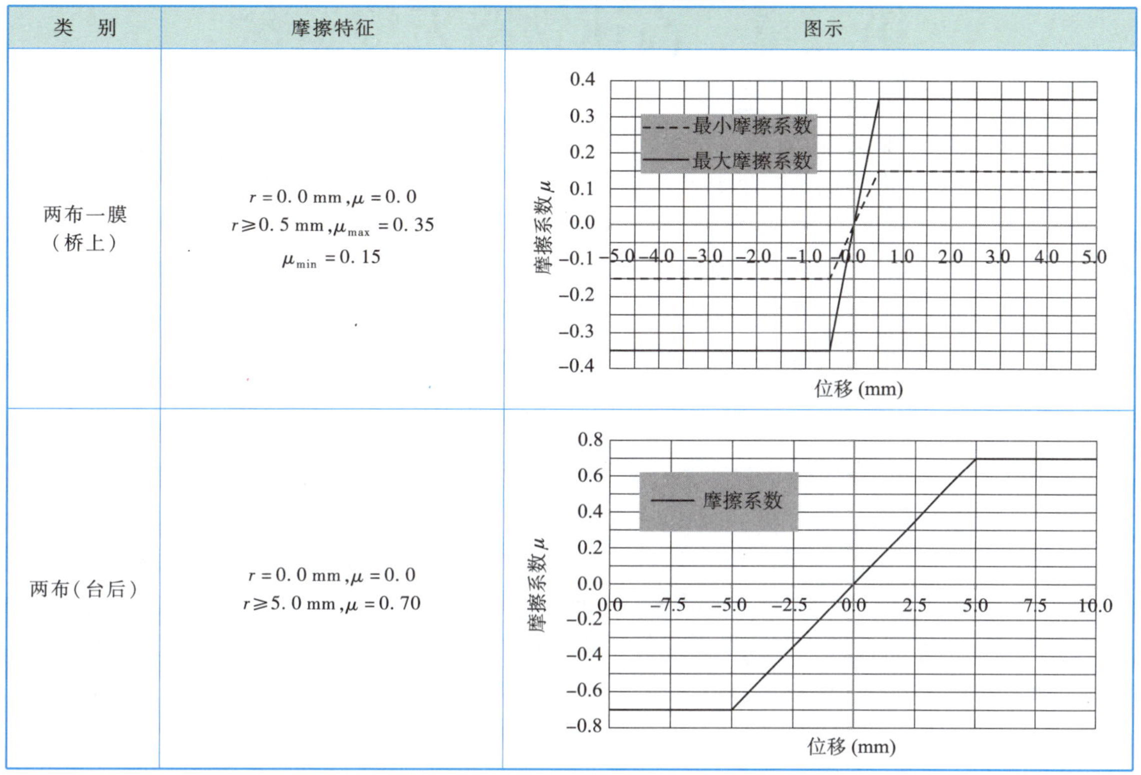

类　别	摩擦特征	图示
两布一膜 （桥上）	$r=0.0\ \text{mm},\mu=0.0$ $r\geqslant 0.5\ \text{mm},\mu_{max}=0.35$ $\mu_{min}=0.15$	
两布（台后）	$r=0.0\ \text{mm},\mu=0.0$ $r\geqslant 5.0\ \text{mm},\mu=0.70$	

三、高速铁路钢轨[U71Mn(K)]强度试验

西南交大在参与笔者主持课题《高速铁路长大桥梁、高架站及无砟轨道无缝线路技术试验研究》的过程中,对 100m 定尺长钢轨取样进行钢轨拉伸试验(图 2—45、图 2—46),确定了高速铁路钢轨 U71Mn(K)的强度指标。两根钢轨各取样 9 个试件,在液压万能试验机上进行加载测试。分析两根钢轨的 18 个试件的实测数据结果,可知 U71Mn(K)的屈服强度为 744.54 MPa,极限强度为 982.49 MPa,伸长率为 12.92% 。

图 2—45　钢轨拉伸试件取样图

图 2—46　试件装配图

第三章　高速铁路无缝道岔

由于高速铁路列车速度较高,对道岔的受力、变形及几何形位的要求均较普通无缝道岔更严格,因此需要更加完善的高速铁路无缝道岔设计方法。当轨温变化幅度较大时,高速铁路无缝道岔各项横向变形量较大,可能影响到列车高速通过道岔时的行车安全性和旅客舒适性。对于高速铁路无缝道岔而言,不仅需要进行常规计算,还应计算道岔的横向变形及细部受力。

近年来,国内很多学者对无缝道岔的受力与变形的计算理论开展了一些研究工作。但是这些研究中的计算理论需要预先假定基本轨与导轨的相互作用关系,忽略辙叉角的影响,与实际情况不完全相符;仅考虑了道岔的纵向受力与变形,不能适应高速道岔横向变形研究的要求。

本章针对高速道岔的特点,建立基于纵-横-垂向空间耦合模型的高速铁路无缝道岔设计方法,不仅能够计算道岔纵向受力与变形,而且能够准确分析道岔的横向变形及细部结构受力,已成功应用于我国国产客运专线系列道岔的研发。本章还针对高速道岔车-岔耦合的特点,建立车-岔动力学模型,结合基于纵-横-垂向空间耦合模型的高速铁路无缝道岔设计方法,对高速铁路长大坡道道岔的合理设置进行了深入研究。通过对高速道岔的钢轨温度力及位移等进行测试,掌握高速道岔的受力与变形规律,对无缝道岔设计和计算理论进行有效的验证。另外,本章还针对工程实践问题,对高速道岔的合理焊接顺序进行探讨。

第一节　基于纵-横-垂向空间耦合模型的高速道岔设计方法

根据高速道岔的实际结构,基于纵-横-垂向空间耦合模型的高速铁路无缝道岔设计方法考虑到尖轨与心轨截面的实际变化、限位器安装误差、牵引点之间的位移耦合以及钢轨纵向位移对轨距的影响等因素。此外,还考虑了行车方向对道岔尖轨、心轨尖端位移的影响,和仅单侧有扣件的基本轨前侧部分实际情况。

在高速铁路无缝道岔温度力与位移的传递过程中,考虑对钢轨、扣件、轨枕、限位器、间隔铁和螺栓等传力部件的影响。

1. 钢轨建模时,采用梁单元(图 3—1)进行模拟,钢轨按实际截面属性进行建模,考虑钢轨的截面积、惯性矩以及扭转弯矩等参数。钢轨按照支承节点划分有限长梁单元,全面考虑纵、横、垂向线位移及转角。在计算道岔尖轨横向变形时,考虑尖轨的实际截面积和惯性矩的变化、牵引点之间的横向位移耦合以及钢轨纵向位移对尖轨横向变形的影响,道岔尖轨与可动心轨前端可自由伸缩,尖轨或可动心轨尖端位移为其跟端位移与自由段伸缩位移之和。

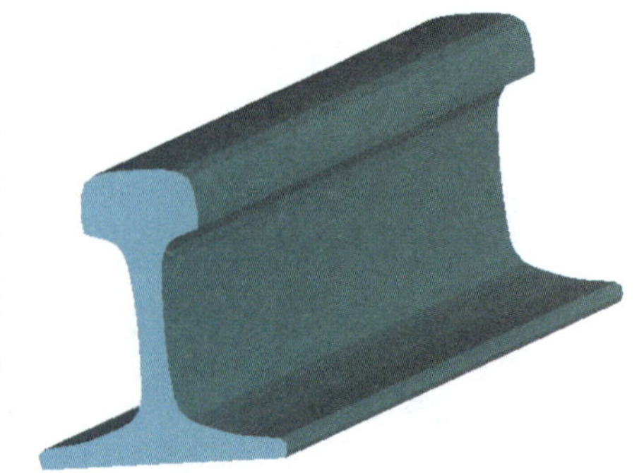

图 3—1　钢轨单元

2. 道岔区的扣件采用非线性弹簧单元(图 3—2)进行模拟,可全面考虑扣件的纵、横向阻力和垂向刚度。纵、横向扣件弹簧作用于钢轨支承节点上,可阻止钢轨相对于轨道板或岔枕的纵、横向位移,扣件纵、横向阻力可按常量或变量形式输入,扣件垂向刚度取扣件的支点刚度。

图 3—2　扣件单元

3. 有砟轨道的轨枕采用梁单元进行模拟,考虑轨枕的截面积、高度及惯性矩等实际参数。轨枕按照较小间距的支承节点划分单元,全面考虑纵、横、垂向线位移及转角。道床的纵横向阻力采用非线性弹簧单元进行模拟,阻力值取单位岔枕长度的阻力,可按常量或变量形式输入;道床垂向刚度用垂向弹簧模拟,其值取道床支承刚度。

4. 限位器结构子母块为非绝对刚性构件,随着相对位移的不同,其阻力也是非线性的,故尖轨跟端限位器结构采用非线性弹簧单元进行模拟(图 3—3),限位器阻力值采用相关试验取得的数据;在计算尖轨钢轨横向变形时,考虑限位器子母块在轨温变化时实际接触位置的最不利影响。

5. 翼轨末端(图 3—4)及辙岔跟端通过间隔铁结构固定,间隔铁结构采用非线性弹簧单元进行模拟,间隔铁阻力值采用相关试验取得的数据。

图 3—3　尖轨跟端限位器单元

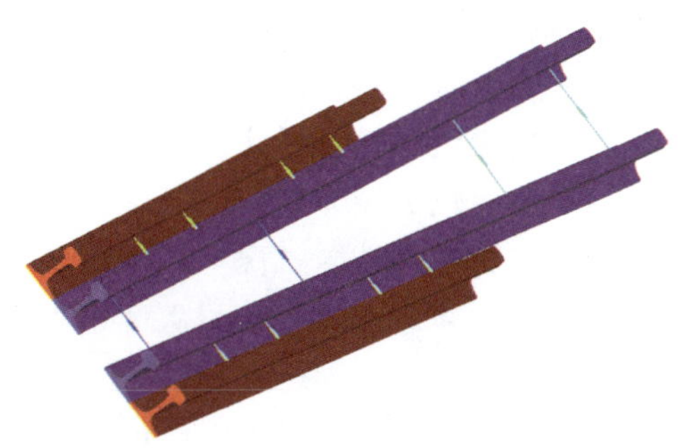

图 3—4　翼轨末端间隔铁单元

6. 通过对道岔各个部件的模拟和组合,建立纵横垂向空间耦合的高速铁路无缝道岔整体计算模型,见图 3—5。

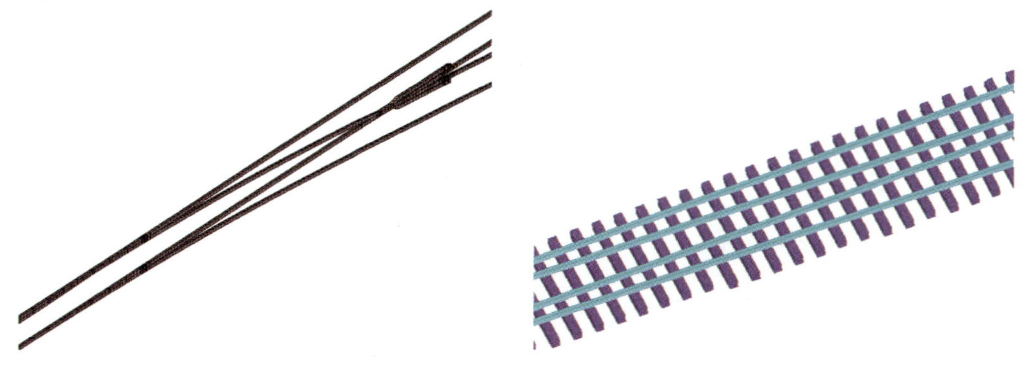

(a)整体图　　(b)局部图

图 3—5　高速道岔纵-横-垂向空间耦合有限元模型

基于上述计算模型的设计方法主要特点在于：道岔结构较为详尽，可按实际情况考虑基本轨与导轨间的相互作用关系，各种阻力均可为非线性阻力，取值可与实测值一致；考虑了限位器、间隔铁等部件的实际传力作用，并可详细得出每一组限位器、间隔铁的受力；可计算不同尖轨跟端结构形式及各种工况的无缝道岔的力学特性，并对道岔进行结构检算，进而得出满足各项控制条件的可铺设轨温变化幅度范围；可对采用不同尖轨跟端结构形式的无缝道岔的尖轨钢轨横向变形进行计算分析与比较；还可对限位器结构的铺设与养护维修、扣件阻力的合理选择和翼轨末端间隔铁的合理布置方法等提供指导意见。

第二节　高速道岔无缝化研究及力学特性影响因素分析

笔者主持了国产客运专线 18 号、42 号及 62 号道岔的无缝化研究工作，利用基于纵-横-垂向空间耦合模型的高速道岔设计方法，不仅确定了不同道岔的适用轨温条件，而且提出岔区尖轨跟端结构的合理选型、限位器子母块间隙铺设及养护标准、岔区扣件阻力的合理设置等。本节以客运专线 18 号无砟道岔为例，介绍相关的研究工作。

一、尖轨跟端结构形式比选

（一）受力变形计算结果的对比分析

为合理选择时速 350 km 客运专线 18 号无砟轨道道岔的尖轨跟端结构形式，主要考虑以下 9 种计算工况。

（1）工况 A：尖轨跟端不设传力结构；

（2）工况 B：尖轨跟端邻枕跨设置 2 组不等间隙限位器，限位值为 7.0 mm 和 6.5 mm。

（3）工况 C：尖轨跟端同工况 B，并考虑安装误差，子母块偏移 1.5 mm。

（4）工况 D：尖轨跟端邻枕跨设置 2 组不等间隙限位器，限位值为 10.0 mm 和 9.5 mm。

（5）工况 E：尖轨跟端同工况 D，并考虑安装误差，子母块偏移 1.5 mm。

（6）工况 F：尖轨跟端设置 1 组限位器，限位值为 10.0 mm。

（7）工况 G：尖轨跟端邻枕跨设置 2 组间隔铁。

（8）工况 H：尖轨跟端邻枕跨设置 2 组不等间隙限位器，限位值为 9.0 mm 和 8.5 mm。

（9）工况 I：尖轨跟端同 H，并考虑安装误差，子母块偏移 1.5 mm。

道岔尖轨跟端采用限位器结构时，温度力及位移的分布规律分别见图 3—6、图 3—7（图中，1 为直基本轨；2 为曲导轨；3 为直导轨；4 为曲基本轨；5 为长心轨；6 为短心轨）。

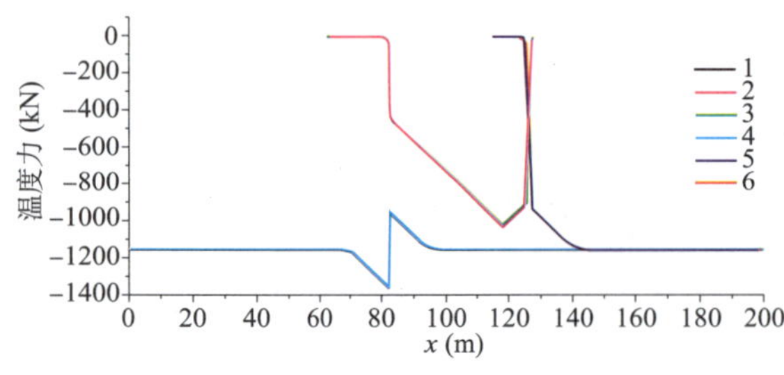

图 3—6　钢轨的温度力分布规律

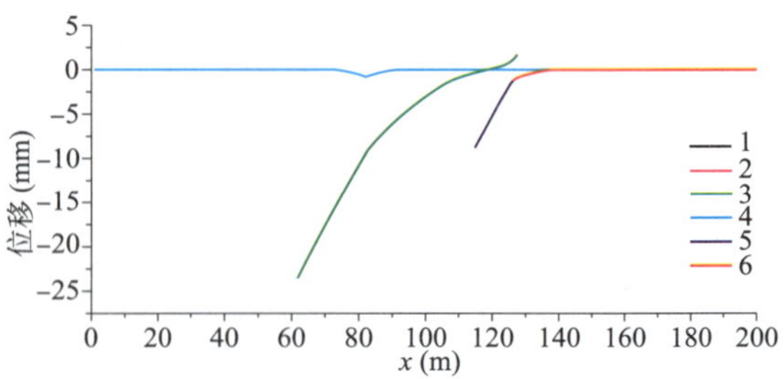

图 3—7　钢轨的位移分布规律

不同计算工况在轨温变化幅度为60℃时的受力变形主要结果见表3—1。

表3—1　各计算工况在轨温变化幅度为60℃时的受力变形主要结果

尖轨跟端结构形式	尖轨尖端位移(mm)	心轨尖端位移(mm)	基本轨附加温度力(kN)	尖轨跟端传力部件所受最大力(kN)	翼轨末端传力部件所受最大力(kN)
工况A	37.9	5.8	0.0	0.0	188.7
工况B	27.6	8.2	164.1	172.8	214.2
工况C	28.5	8.4	179.1	245.2	215.4
工况D	29.5	7.9	133.9	136.9	211.0
工况E	30.6	8.1	149.7	203.6	212.3
工况F	31.1	8.6	195.1	270.3	220.0
工况G	23.4	8.7	268.7	298.9	220.1
工况H	28.8	8.0	144.2	149.4	212.2
工况I	29.9	8.2	159.4	217.7	213.5

由表3—1计算结果可知：采用新型锁闭结构（图3—8，伸缩限值50 mm）时，各种尖轨跟端结构形式均可用于时速350公里、60kg/m客运专线18号道岔的结构设计，其中尖轨跟端不设传力结构最佳。采用原有锁闭结构（伸缩限值30 mm）时，工况A、E和F不满足尖轨尖端位移限值的要求，工况B、C、D、G、H、I的尖轨尖端位移、心轨尖端位移、各部件强度满足无缝化要求。

图3—8　新型锁闭结构

（二）可铺设轨温范围的对比分析

不同计算工况的可铺设温度范围见表3—2。

由表3—2可知，随着限位器限位值的增大，道岔的可铺设轨温范围有所扩大；尖轨跟端采用间隔铁结构时的可铺设轨温范围较采用限位器结构时小；当尖轨跟端不设传力结构时，若采用新型锁闭结构，则可铺设轨温范围比设置传力结构的情况大，但若采用原有锁闭结构，则可铺设轨温范围比设置传力结构的情况小。

（三）轨道几何形位的对比分析

在温度变化幅度为60℃、55℃和50℃时，不同计算工况轨道几何形位变化量的规律见图3—9～图3—13。

表 3—2　各计算工况可铺设温度范围

尖轨跟端结构形式	最大升温幅度(℃)		最大降温幅度(℃)	
	新锁闭结构	原锁闭结构	新锁闭结构	原锁闭结构
工况 A	57	50	62	50
工况 B	51	51	60	60
工况 C	50	50	59	59
工况 D	52	52	61	60
工况 E	51	51	60	59
工况 F	54	54	63	62
工况 G	45	45	54	54
工况 H	52	52	61	61
工况 I	51	51	60	60

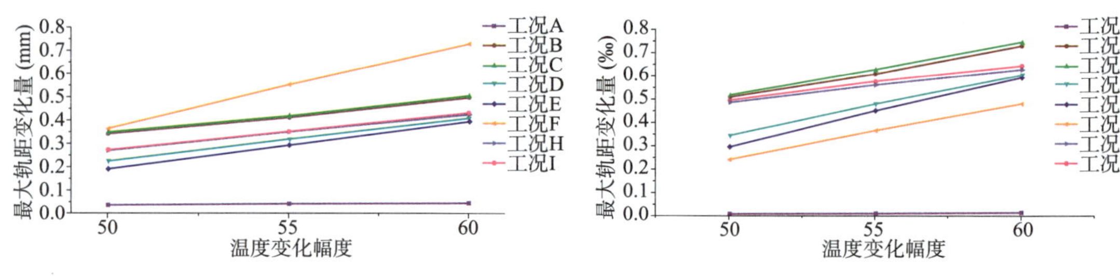

图 3—9　最大轨距变化量对比

图 3—10　最大轨距变化率对比

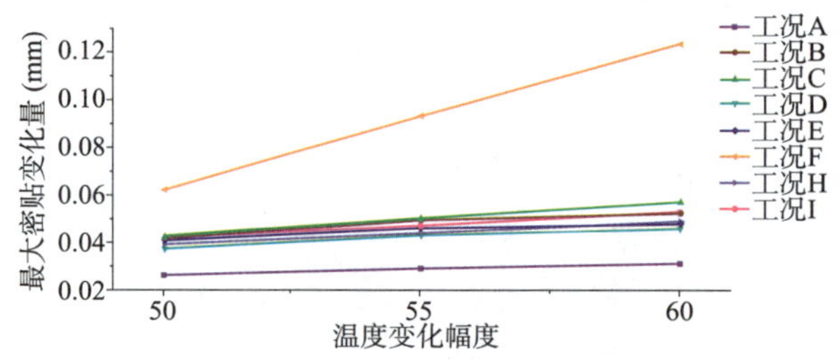

图 3—11　最大密贴变化量对比

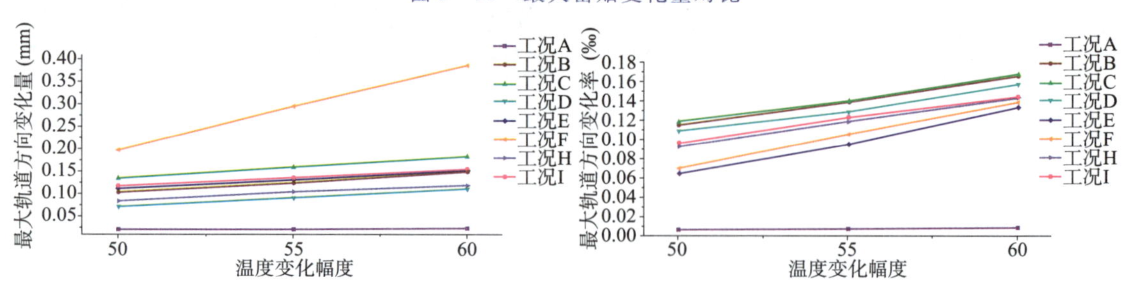

图 3—12　最大轨向变化量对比

图 3—13　最大轨向变化率对比

由以上计算结果对比可知,密贴变化量、轨道方向变化量和轨距变化量在尖轨跟端采用 1 组限位器结构(限位值为 10.0 mm)最大,尖轨跟端不设传力结构(工况 A)最小;轨距变化率在尖轨跟端邻枕跨设置 2 组不等间隙限位器(限位值依次为 7.0 mm 和 6.5 mm,考虑安装误差)最大,尖轨跟端不设传力结构(工况 A)最小。

（四）尖轨跟端结构形式比选结论

1. 道岔的可铺设轨温范围

随着限位器限位值的增大，道岔的可铺设轨温范围有所扩大；尖轨跟端采用间隔铁结构时的可铺设轨温范围较采用限位器铁结构时小；当尖轨跟端不设传力结构时，若采用新型锁闭结构，则可铺设轨温范围比设置传力结构的情况大，但若采用原有锁闭结构，则可铺设轨温范围比设置传力结构的情况小。

2. 高速行车的安全性与舒适度

密贴变化量、轨道方向变化量和轨距变化量在尖轨跟端采用 1 组限位器结构（限位值为 10.0 mm）最大，尖轨跟端不设传力结构（工况 A）最小。因此，采用新型锁闭结构时，建议尖轨跟端不设传力结构；采用原有锁闭结构时，建议尖轨跟端采用 2 组限位器结构，限位值依次为 10.0 mm、9.5 mm（工况 D 和工况 E）或尖轨跟端采用 2 组限位器结构，限位值依次为 9.0 mm、8.5 mm（工况 H 和工况 I）

仅从无缝道岔的角度而言，采用新型锁闭结构时，建议尖轨跟端不设传力结构（可铺设范围 109℃）；采用原有锁闭结构时，建议尖轨跟端采用 2 组限位器结构，限位值依次为 9.0 mm、8.5 mm（可铺设范围 101℃），且应严格限制限位器安装误差。

（五）不同地区道岔尖轨跟端结构选型

将各地区按照最高轨温与最低轨温之差划分为三类：最大轨温差为 80℃ 以下、最大轨温差为 80℃ ~90℃ 和最大轨温差在 90℃ ~100℃，分别讨论各地区道岔尖轨跟端的结构选型。

1. 最大轨温差 80℃ 以下的地区

最大轨温差在 80℃ 以下的地区，锁定轨温暂时按中间轨温降低 3℃ 确定，即最大升温幅度为 48℃、最大降温幅度为 42℃。

在此温度变化幅度下，尖轨跟端不设传力结构时，尖轨尖端最大位移量为 28.1 mm，小于原锁闭机构的伸缩限值 30 mm，富余量为 1.9 mm，并且其他各项计算结果也均满足限值。因此，建议尖轨跟端不设传力结构。

2. 最大轨温差 80℃ ~90℃ 的地区

最大轨温差在 80℃ ~90℃ 的地区，锁定轨温暂时按中间轨温降低 3℃ 确定，即最大升温幅度为 53℃、最大降温幅度为 47℃。

尖轨跟端邻枕跨设置 2 组不等间隙限位器（前、后限位器的限位值依次为 10.0 mm 和 9.5 mm，以及考虑安装误差，子母块偏移 1.5 mm）时，在上述温度变化幅度范围内，尖轨尖端最大位移量为 27.8 mm，小于原锁闭机构的伸缩限值 30 mm，富余量为 2.2 mm，并且其他各项计算结果也均满足限值。因此，建议尖轨跟端采用隔枕 2 组限位器结构形式（限位值依次为 10.0 和 9.5 mm）。

3. 最大轨温差 90℃ ~100℃ 的地区

最大轨温差在 90℃ ~100℃ 的地区，锁定轨温暂时按中间轨温降低 3℃ 确定，即最大升温幅度为 58℃、最大降温幅度为 52℃。

尖轨跟端邻枕跨设置 2 组不等间隙限位器（前、后限位器的限位值依次为 9.0 mm 和 8.5 mm，以及考虑安装误差，子母块偏移 1.5 mm）时，在上述温度变化幅度范围内，尖轨尖端最大位移量为 29.1 mm，小于原锁闭机构的伸缩限值 30 mm，富余量为 0.9 mm，并且其他各项计算结果也基本满足限值。因此，建议尖轨跟端采用隔枕 2 组限位器结构形式（限位值依次为 9.0 和 8.5 mm）。

二、限位器间隙值铺设、养护维修标准及影响分析

限位器作为无缝道岔尖轨跟端结构，是影响无缝道岔受力与变形的重要因素之一。研究限位器结构子母块间隙值随钢轨温度的变化规律对无缝道岔养护维修有重要意义。

以道岔尖轨跟端采用隔枕2组限位器结构形式（限位值依次为7.0和6.5 mm）为例，对道岔限位器间隙值铺设、养护维修标准及影响进行研究。

（一）限位器子母块间隙铺设标准

一般情况下，无缝道岔焊接时的钢轨温度可在锁定轨温±5℃范围内变化。当钢轨温度等于锁定轨温情况时，限位器子母块严格居中。当钢轨温度不等于锁定轨温时，施工人员可依据焊接时的钢轨温度调整铺设时限位器子母块的间隙值。客运专线18号无砟道岔的计算结果见表3—3，其中钢轨温度高于锁定轨温为正，①、②、③和④为限位器编号，见图3—14。

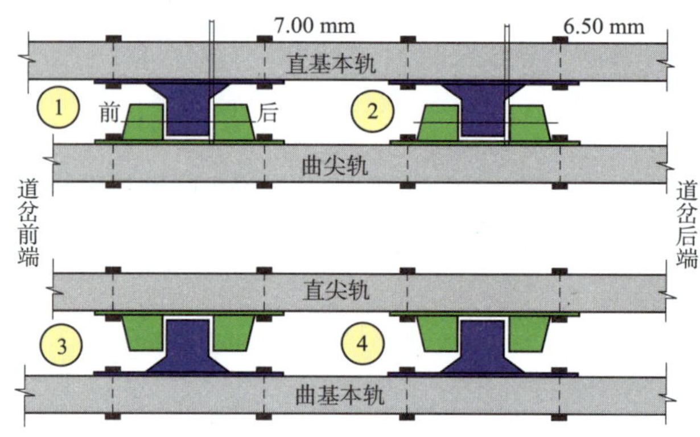

图3—14　限位器结构（居中）

表3—3　限位器在锁定轨温范围内的间隙值

变温幅度(℃)	①		②		③		④	
	前	后	前	后	前	后	前	后
-5	7.21	6.79	6.68	6.32	7.21	6.79	6.68	6.32
-4	7.15	6.85	6.62	6.38	7.15	6.85	6.62	6.38
-3	7.09	6.91	6.58	6.42	7.09	6.91	6.58	6.42
-2	7.06	6.94	6.54	6.46	7.06	6.94	6.54	6.46
-1	7.03	6.97	6.52	6.48	7.03	6.97	6.52	6.48
0	7.00	7.00	6.50	6.50	7.00	7.00	6.50	6.50
+1	6.97	7.03	6.48	6.52	6.97	7.03	6.48	6.52
+2	6.94	7.06	6.46	6.54	6.94	7.06	6.46	6.54
+3	6.91	7.09	6.42	6.58	6.91	7.09	6.42	6.58
+4	6.85	7.15	6.38	6.62	6.85	7.15	6.38	6.62
+5	6.79	7.21	6.32	6.68	6.79	7.21	6.32	6.68

（二）限位器子母块间隙养护标准

对于未依照规定已铺设的无缝道岔限位器结构，若其子母块间隙值非常不合理，已不利于

无缝道岔结构的受力与变形时，可在限位器子母块未接触的情况下，依据钢轨温度调整限位器子母块的间隙值。客运专线 18 号无砟道岔的限位器前侧间隙值见表 3—4。

表 3—4　客运专线 18 号无砟道岔的限位器前侧间隙值

变温幅度(℃)	①		②		③		④	
	前	后	前	后	前	后	前	后
0	7.00	7.00	6.50	6.50	7.00	7.00	6.50	6.50
+1	6.97	7.03	6.48	6.52	6.97	7.03	6.48	6.52
+2	6.94	7.06	6.46	6.54	6.94	7.06	6.46	6.54
+3	6.91	7.09	6.42	6.58	6.91	7.09	6.42	6.58
+4	6.85	7.15	6.38	6.62	6.85	7.15	6.38	6.62
+5	6.79	7.21	6.32	6.68	6.79	7.21	6.32	6.68
+6	6.71	7.29	6.25	6.75	6.71	7.29	6.25	6.75
+7	6.62	7.38	6.17	6.83	6.62	7.38	6.17	6.83
+8	6.51	7.49	6.07	6.93	6.51	7.49	6.07	6.93
+9	6.39	7.61	5.95	7.05	6.39	7.61	5.95	7.05
+10	6.26	7.74	5.83	7.17	6.26	7.74	5.83	7.17
+11	6.11	7.89	5.69	7.31	6.11	7.89	5.69	7.31
+12	5.95	8.05	5.53	7.47	5.95	8.05	5.53	7.47
+13	5.78	8.22	5.37	7.63	5.78	8.22	5.37	7.63
+14	5.59	8.41	5.19	7.81	5.59	8.41	5.19	7.81
+15	5.39	8.61	4.99	8.01	5.39	8.61	4.99	8.01
+16	5.17	8.83	4.78	8.22	5.17	8.83	4.78	8.22
+17	4.95	9.05	4.56	8.44	4.95	9.05	4.56	8.44
+18	4.70	9.3	4.33	8.67	4.70	9.3	4.33	8.67
+19	4.45	9.55	4.08	8.92	4.45	9.55	4.08	8.92
+20	4.18	9.82	3.82	9.18	4.18	9.82	3.82	9.18
+21	3.89	10.11	3.54	9.46	3.89	10.11	3.54	9.46
+22	3.60	10.4	3.25	9.75	3.60	10.4	3.25	9.75
+23	3.29	10.71	2.95	10.05	3.29	10.71	2.95	10.05
+24	2.96	11.04	2.63	10.37	2.96	11.04	2.63	10.37
+25	2.62	11.38	2.30	10.70	2.62	11.38	2.30	10.70
+26	2.27	11.73	1.96	11.04	2.27	11.73	1.96	11.04
+27	1.91	12.09	1.60	11.40	1.91	12.09	1.60	11.40
+28	1.53	12.47	1.23	11.77	1.53	12.47	1.23	11.77
+29	1.15	12.85	0.85	12.15	1.15	12.85	0.85	12.15
+30	0.75	13.25	0.46	12.54	0.75	13.25	0.46	12.54
+31	0.34	13.66	0.06	12.94	0.34	13.66	0.06	12.94
+32	0.00	14.00	0.00	13.00	0.00	14.00	0.00	13.00

由表 3—4 可见,①、③限位器和②、④限位器子母块间隙值随温度变化规律基本相同。当钢轨温度变化 32℃时,限位器子母块均接触。各限位器子母块前侧间隙值的单位温度变化率基本相同。随着钢轨温度的增加,限位器子母块前侧间隙值的单位温度变化率由 0.03 mm 线性增加至 0.41 mm。

三、力学特性影响因素

1. 扣件阻力

尖轨跟端结构为限位器结构(2 组不等间隙限位器,限位值依次为 10.0 mm 和 9.5 mm),考虑以下 4 种扣件阻力变化情况。

(1)扣件阻力形式Ⅰ:基本轨和里轨扣件阻力不变;

(2)扣件阻力形式Ⅱ:基本轨扣件阻力降低 20%,里轨扣件阻力不变;

(3)扣件阻力形式Ⅲ:基本轨扣件阻力不变,里轨扣件阻力增大 20%;

(4)扣件阻力形式Ⅳ:基本轨扣件阻力降低 20%,同时里轨扣件阻力增大 20%。

各扣件阻力形式下的计算结果、可铺设轨温范围见表 3—5、表 3—6。

表 3—5 各扣件阻力形式主要计算结果

扣件阻力形式	尖轨尖端位移(mm)	心轨尖端位移(mm)	基本轨附加温度力(kN)	尖轨跟端传力部件所受最大力(kN)	翼轨末端传力部件所受最大力(kN)
Ⅰ	29.5	7.9	133.9	136.9	211.0
Ⅱ	28.9	7.8	133.1	135.8	210.5
Ⅲ	28.6	8.0	114.5	113.2	209.4
Ⅳ	29.0	8.0	113.6	112.2	209.3

表 3—6 各扣件阻力形式可铺设温度范围

扣件阻力形式	最大升温幅度(℃)		最大降温幅度(℃)	
	新锁闭结构	原锁闭结构	新锁闭结构	原锁闭结构
Ⅰ	52	52	61	60
Ⅱ	53	53	62	62
Ⅲ	54	54	63	62
Ⅳ	54	54	63	62

对以上计算结果的分析可知,当基本轨扣件阻力降低、里轨扣件阻力增大时,尖轨跟端传力部件位置处相对位移减小,里轨通过尖轨跟端传力部件传递到基本轨上的附加力减小,相应的基本轨最大温度力降低;同时,翼轨末端单个传力部件受力也减小。

当基本轨扣件阻力减小或里轨扣件阻力增大时,尖轨尖端相对位移减小,有利于控制尖轨尖端的卡阻现象。道岔的可铺设轨温范围也有所增大。

2. 道岔群夹直线长度

尖轨跟端结构为限位器结构,两组道岔首首相连。不同夹直线长度下计算结果见表 3—7。图 3—15 ~ 图 3—19 为计算结果随夹直线长度变化的规律。

表 3—7　不同夹直线长度下计算结果

夹直线长度(m)	0	12. 5	25	33	50
最大温度力(kN)	1 098. 074	1 096. 183	1 095. 314	1 095. 102	1 094. 936
尖轨跟端限位器受力最大值(kN)	143. 342	143. 059	142. 929	142. 897	142. 872
心轨跟端间隔铁受力最大值(kN)	199. 981	199. 967	199. 961	199. 959	199. 958
尖轨尖端相对位移(mm)	19. 946	19. 896	19. 872	19. 867	19. 862
心轨尖端相对位移(mm)	7. 192	7. 191	7. 191	7. 191	7. 191

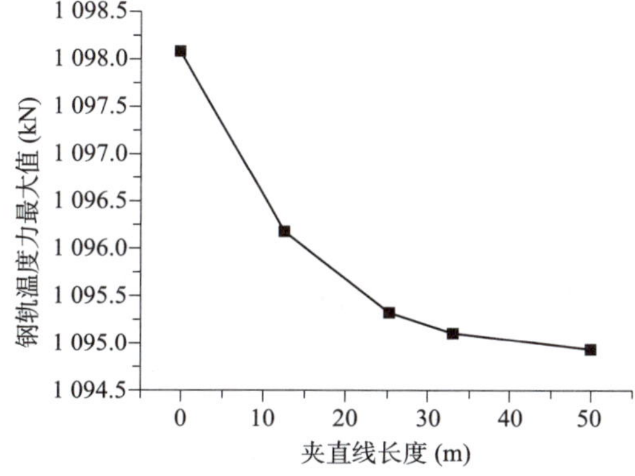

图 3—15　钢轨温度力最大值变化规律

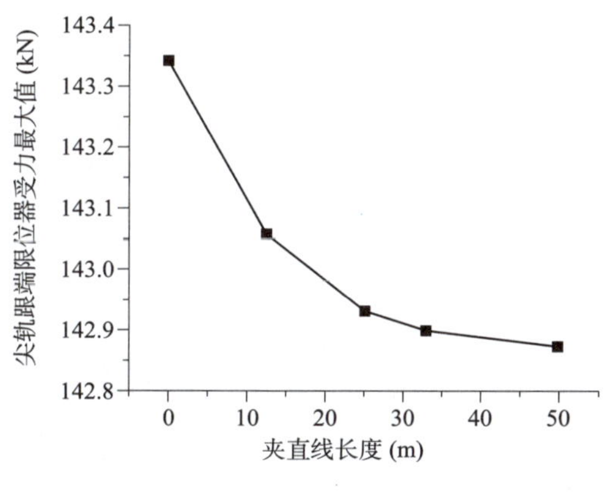

图 3—16　尖轨跟端限位器受力最大值变化规律

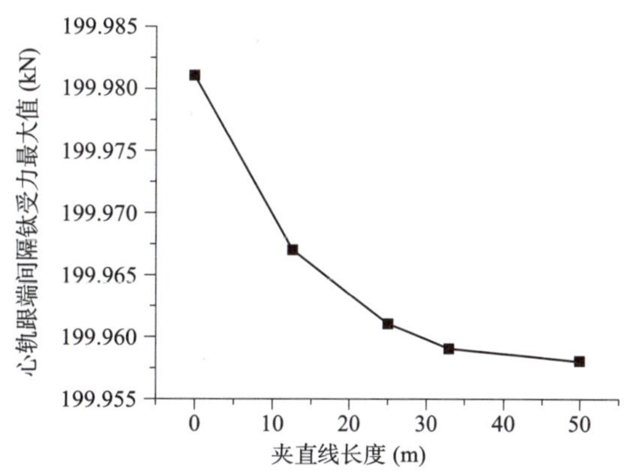

图 3—17　心轨跟端间隔铁受力最大值变化规律

尖轨尖端相对位移最大值 (mm)
19.96
19.94
19.92
19.90
19.88
19.86
0
10
20
30
40
50
夹直线长度 (m)

图 3—18　尖轨尖端相对位移最大值变化规律

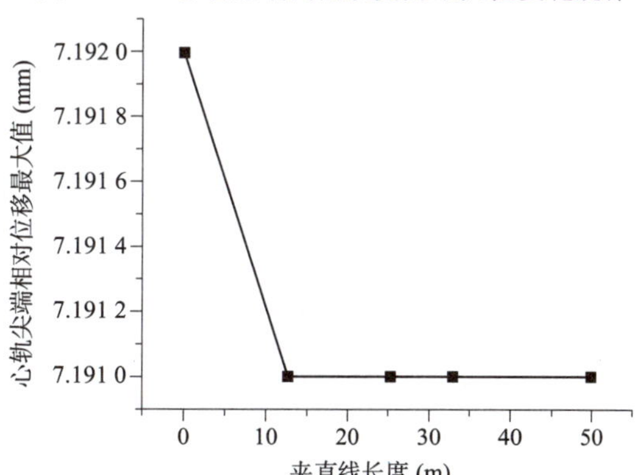

图 3—19　心轨尖端相对位移最人值变化规律

钢轨最大温度力、尖轨跟端间隔铁受力最大值、心轨跟端间隔铁受力最大值、尖轨尖端相对位移和心轨尖端相对位移均随夹直线长度的增大而减小。随着夹直线长度的增加，两组道岔之间的影响逐渐减小。当夹直线长度大于 25.0 m 时，可不考虑两组道岔之间的静态相互影响。

第三节　高速道岔车-岔耦合动力学模型

针对车辆-道岔这一复杂的力学结构体系，本节利用系统耦合的思想建立有限元模型进行动力仿真研究。概括地说，就是将列车、道岔视为一个相互作用、相互耦合的大系统，将车轨相互作用作为各子系统相互耦合的纽带，通过理论仿真分析车辆直向及侧向通过坡道道岔时各子系统的动力学特性。

将车辆、道岔看作一个联合动力体系，分别建立车辆、道岔的运动方程，通过车岔相互作用将车辆、道岔的运动方程联立，得到车辆-道岔耦合系统的运动方程

$$\begin{bmatrix} M_{vv} & 0 \\ 0 & M_{tt} \end{bmatrix} \begin{Bmatrix} \ddot{\delta}_v \\ \ddot{\delta}_t \end{Bmatrix} + \begin{bmatrix} C_{vv} & C_{vt} \\ C_{tv} & C_{tt} \end{bmatrix} \begin{Bmatrix} \dot{\delta}_v \\ \dot{\delta}_t \end{Bmatrix} + \begin{bmatrix} K_{vv} & K_{vt} \\ K_{tv} & K_{tt} \end{bmatrix} \begin{Bmatrix} \delta_v \\ \delta_t \end{Bmatrix} = \begin{Bmatrix} P_v \\ P_t \end{Bmatrix} \tag{3—1}$$

式中，M、C、K 分别为质量、阻尼和刚度矩阵；下标 v、t 分别表示车辆和道岔。

求解式(3—1)，可以计算车辆-道岔结构体系各部分的振动、变形及列车与道岔结构间的动力相互作用。

一、动力学模型的建立

(一)车辆模型

采用整车模型，根据车辆的结构形式和振动特点，考虑车体和前后转向架的沉浮、点头、横移、侧滚和摇头运动，考虑每一轮对的沉浮、横移、侧滚和摇头运动，暂不考虑车辆的纵向运动。车辆结构模型的自由度见表 3—8，模型见图 3—20。

表 3—8　车辆结构模型的自由度

名称	沉浮	点头	横移	侧滚	摇头
车体	Z_c	φ_c	Y_c	θ_c	ψ_c
转向架	Z_{t1}	φ_{t1}	Y_{t1}	θ_{t1}	ψ_{t1}
	Z_{t2}	φ_{t2}	Y_{t2}	θ_{t2}	ψ_{t2}
轮对	Z_{w1}	—	Y_{w1}	θ_{w1}	ψ_{w1}
	Z_{w2}	—	Y_{w2}	θ_{w2}	ψ_{w2}
	Z_{w3}	—	Y_{w3}	θ_{w3}	ψ_{w3}
	Z_{w4}	—	Y_{w4}	θ_{w4}	ψ_{w4}

纵坐标 x 以列车行进方向为正；横坐标 y 以列车行进方向的右侧为正；垂向坐标 z 以向下为正；侧滚角 θ 以绕 x 轴顺时针方向旋转为正；点头角 φ 以绕 y 轴顺时针方向旋转为正；摇头角 ψ 以绕 z 轴顺时针方向旋转为正，见图 3—21。

(二)道岔模型

相对于普通区间轨道，岔区轨道较为复杂，建模也较为繁琐。针对道岔的特点，建立包括转辙器、连接部分和辙叉区在内完整的道岔结构模型，并在模型中对间隔铁、顶铁、滑床台等道

岔部件的非线性作用等进行了细致考虑。

1. 考虑钢轨截面形式的变化

对普通区间钢轨、岔区基本轨、翼轨、尖轨和心轨未刨切的部分，将其按常截面处理；而对尖轨和心轨的刨切部分，将其按变截面处理。转辙器和辙叉区的钢轨模型见图 3—22。

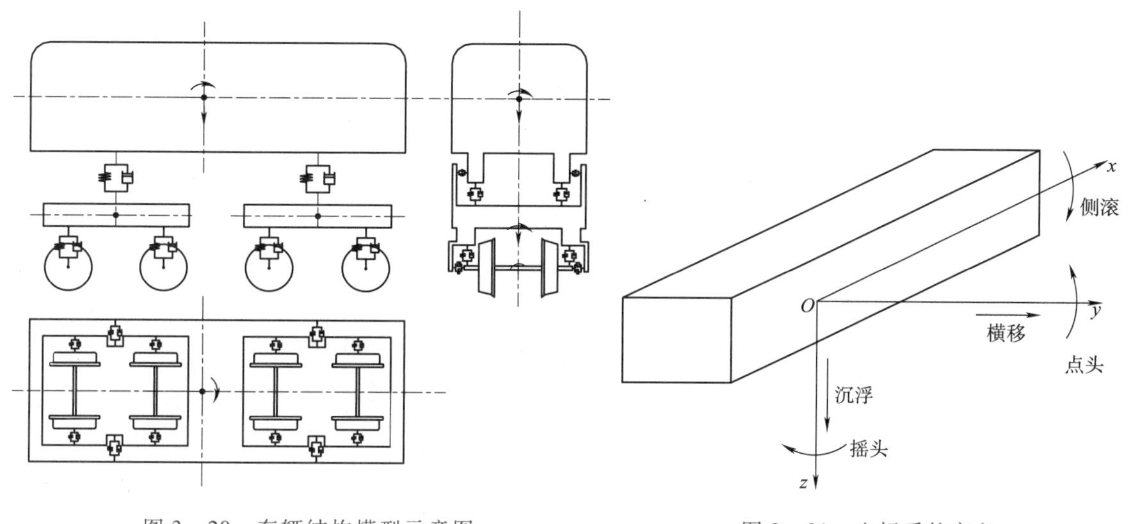

图 3—20　车辆结构模型示意图

图 3—21　坐标系的定义

2. 考虑密贴部分的非线性

在尖轨和基本轨、心轨和翼轨的密贴部分（图 3—22），存在着非线性力的作用。即密贴紧密时，尖轨和基本轨、心轨和翼轨存在着力的作用，而分离时，作用力消失。对此非线性力，利用 FORTRAN 模块进行处理，将其属性设置为只受压不受拉。密贴作用力可以表示为

$$F_y = \begin{cases} K_c(y_{r1} - y_{r2}) & (y_{r1} - y_{r2} \geqslant 0) \\ 0 & (y_{r1} - y_{r2} < 0) \end{cases} \tag{3—2}$$

式中，y 代表横向；y_{r1}、y_{r2} 为密贴的两股钢轨的横向位移；K_c 为钢轨之间的接触刚度。

3. 考虑顶铁的非线性

在尖轨、心轨轨腰上设有顶铁，用于限制尖轨与基本轨非密贴区域以及心轨与翼轨的横向相对位移，见图 3—23。顶铁的力学属性与密贴部分的非线性力类似，也在 FORTRAN 模块中进行处理，将其属性设置为只受压不受拉。顶铁力一般为横向力，可以表示为

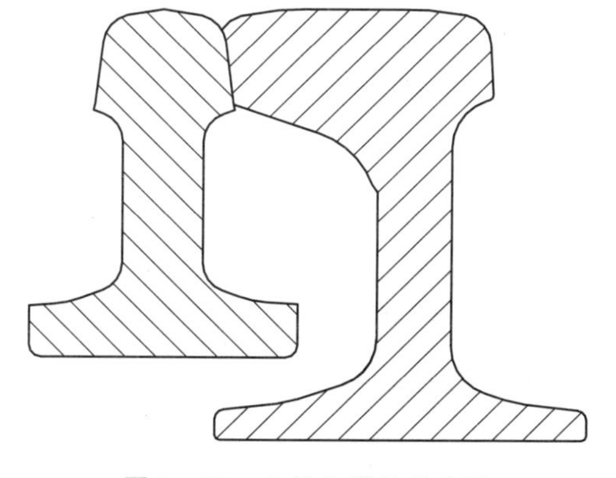

图 3—22　心轨和翼轨的密贴

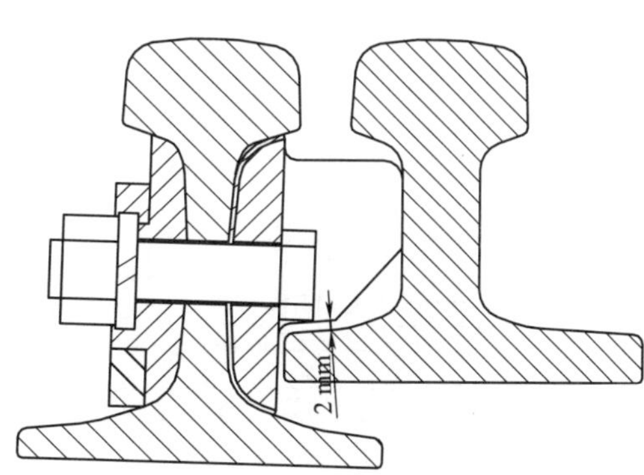

图 3—23　顶铁

$$F_y=\begin{cases}K_c(y_{r1}-y_{r2}-y_0) & (y_{r1}-y_{r2}\geqslant 0)\\ 0 & (y_{r1}-y_{r2}<0)\end{cases} \tag{3—3}$$

式中，y 代表横向；y_{r1}、y_{r2} 为顶铁和对应钢轨的横向位移；y_0 为顶铁和钢轨轨腰的横向间隙量。

对于防跳顶铁，顶铁和钢轨之间还可能存在垂向力的作用，顶铁的垂向力可以表示为

$$F_z=\begin{cases}K_c(z_{r1}-z_{r2}-z_0) & (z_{r1}-z_{r2}\geqslant 0)\\ 0 & (z_{r1}-z_{r2}<0)\end{cases} \tag{3—4}$$

式中，z 代表垂向；z_{r1}、z_{r2} 为顶铁和对应钢轨的垂向位移；z_0 为顶铁和钢轨的垂向间隙量，一般取为 2 mm。

4. 考虑间隔铁的联结作用

间隔铁将两股钢轨联结在一起，共同承受荷载作用，见图 3—24。间隔铁既可以受压，又可以受拉，在 ANSYS 模块中进行处理，将其设置为高刚度的空间弹簧单元。

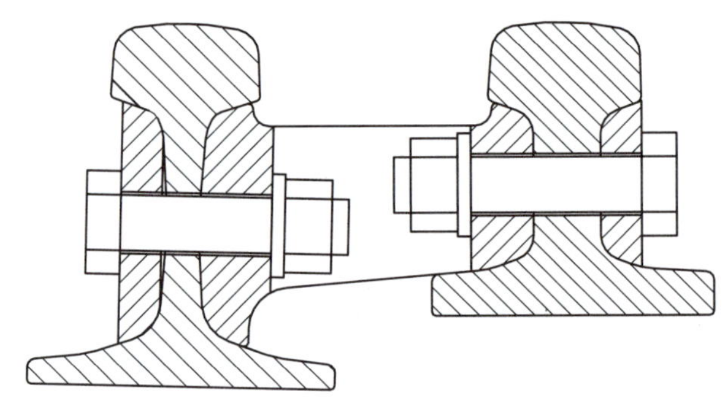

图 3—24　间隔铁

5. 考虑滑床台的非线性作用

滑床台对尖轨和心轨可动部分起着支承作用，如图 3—25 所示，其力学性质与密贴力、顶铁力的性质类似，只能传递压力、不能传递拉力，但是其作用方向为垂向。对于滑床台的非线性支承作用，同样在 FORTRAN 模块中进行处理，将其属性设置为只受压不受拉的垂向力。滑床台与钢轨之间的垂向作用力可以表示为

$$F_z=\begin{cases}K_c(z_{r1}-z_{r2}) & (z_{r1}-z_{r2}\geqslant 0)\\ 0 & (z_{r1}-z_{r2}<0)\end{cases} \tag{3—5}$$

式中，z 代表垂向；z_{r1}、z_{r2} 为滑床台和对应钢轨的垂向位移。

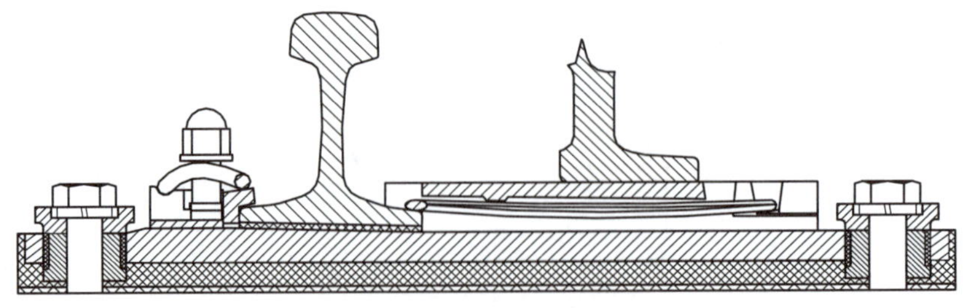

图 3—25　滑床台

6. 考虑转辙连杆的联结作用

转辙连杆将直尖轨和曲尖轨联结在一起，认为在转辙连杆的作用下，直尖轨和曲尖轨的横向位移可以保持一致，因此，在 ANSYS 模块中进行处理，将其设置为高刚度的横向弹簧单元。

7. 考虑扣件、滑床台胶垫刚度沿线路纵向的可变性

虽然扣件和滑床台胶垫刚度是可变的，但是对于同一扣件或胶垫，其刚度可视为常数，属于线性力，因此，在 ANSYS 模块中进行设置。由于 ANSYS 良好的前处理功能和可视化界面，与自编程序相比，更易快速、准确地进行建模。

8. 考虑无砟轨道板几何尺寸、物理参数的变化

从普通区间到岔区，轨道形式、几何尺寸均有所变化，本部分利用 ANSYS 模块，参照 AutoCAD 图纸对其进行建模，采用实体单元进行模拟，模型更为细致和准确。

（三）车岔相互作用模型

车岔相互作用模型包括岔区轮轨接触几何关系的处理和轮轨接触力的求解两个部分。

1. 轮轨接触几何（图 3—26）的处理

考虑到岔区轮轨接触的复杂性，对轨面和踏面形状进行离散，用迹线法动态确定轮轨空间接触几何关系。轮轨接触是一个空间接触问题，轮轨空间接触点的集合形成一条在车轮踏面上的空间曲线，即轮轨接触点的轨迹，简称迹线。迹线法就是用一条迹线来代替车轮的整个踏面区域，将轮轨接触点从车轮踏面限定在迹线上，降低轮轨接触几何计算的工作量。

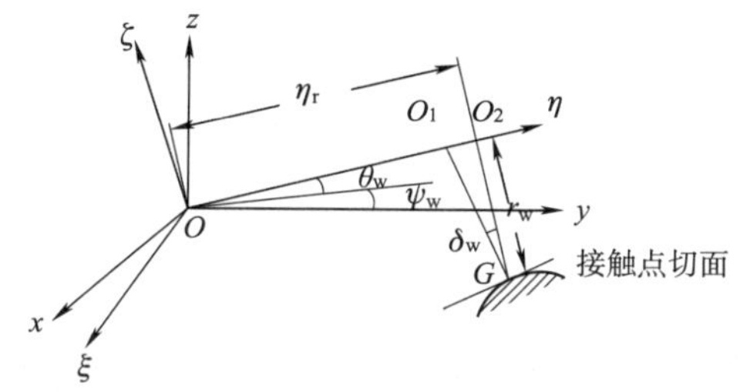

图 3—26　轮轨接触几何示意图

推导出轮轨接触点的坐标为

$$\begin{cases} x = \eta_r l_x + l_x R_w \tan\delta_w \\ y = \eta_r l_y - \dfrac{R_w}{1 - l_x^2}(l_x^2 l_y \tan\delta_w + l_z m) + y_w \\ z = \eta_r l_z - \dfrac{R_w}{1 - l_x^2}(l_x^2 l_z \tan\delta_w - l_y m) \end{cases} \tag{3—6}$$

式中，R_w 为车轮滚动圆半径；δ_w 为车轮踏面接触角；η_r 为滚动圆距轮轴中间截面的横向距离；y_w 为轮对横向位移；$m = \sqrt{1 - l_x^2(1 + \tan^2\delta_w)}$、$l_x$、$l_y$、$l_z$ 分别为 x、y、z 方向上的角度，按式(3—7)计算。

$$\begin{cases} l_x = -\cos\theta_w \sin\psi_w \\ l_y = -\cos\theta_w \cos\psi_w \\ l_z = \sin\theta_w \end{cases} \tag{3—7}$$

式中，θ_w、ψ_w 分别为轮对的侧滚和摇头角位移。

2. 轮轨接触力的计算

(1)轮轨法向力

根据 Hertz 非线性弹性接触理论计算轮轨法向力

$$P(t) = \left[\frac{1}{G}\Delta Z(t)\right]^{3/2} \tag{3—8}$$

式中，G 为轮轨接触常数($\mathrm{m/N^{2/3}}$)；$\Delta Z(t)$ 为 t 时刻轮轨间的弹性压缩量。对于锥形踏面车轮，

$G=4.57R^{-0.149}\times10^{-8}(\mathrm{m/N^{2/3}})$；对于磨耗形踏面车轮，$G=3.86R^{-0.115}\times10^{-8}(\mathrm{m/N^{2/3}})$。

轮轨间的弹性压缩量包括车轮静压量在内，可以由轮轨接触点处的轮轨位移直接确定。

$$\Delta Z(t)=Z_{wi}-Z_{ri}(t)\quad(i=1\sim4)\tag{3—9}$$

式中，Z_{wi}、$Z_{ri}(t)$分别为 t 时刻第 i 个车轮的位移和车轮下的钢轨位移。

当轮轨界面存在位移不平顺 $Z_0(t)$时，轮轨力的表达式为

$$P(t)=\begin{cases}\left\{\dfrac{1}{G}[Z_{wi}(t)-Z_{ri}(t)-Z_0(t)]\right\}^{3/2}\\0\quad(\text{轮轨脱离时})\end{cases}\tag{3—10}$$

(2)轮轨切向力

由于摩擦的存在，车轮与钢轨在接触斑上会产生切向力，即为轮轨蠕滑力。本文采用Kalker线性理论求解轮轨蠕滑力，并用沈氏理论进行非线性修正。轮轨间的纵向蠕滑率 ξ_x、横向蠕滑率 ξ_y 以及自旋蠕滑率 ξ_{sp}定义为

$$\begin{cases}\xi_x=\dfrac{V_{w1}-V_{r1}}{V}\\[2mm]\xi_y=\dfrac{V_{w2}-V_{r2}}{V}\\[2mm]\xi_{sp}=\dfrac{\Omega_{w3}-\Omega_{r3}}{V}\end{cases}\tag{3—11}$$

式中，V_{w1}、V_{w2}、Ω_{w3}分别为车轮在轮轨接触点的纵向、横向线速度及旋转角速度分量；V_{r1}、V_{r2}、Ω_{r3}分别为钢轨在轮轨接触点的纵向、横向线速度及旋转角速度分量；V 为车轮在钢轨上的名义前进速度。

Kalker线性理论假定接触区全部为黏着区，而且切向力的分布为对称，因此纵向蠕滑力与横向蠕滑率无关，横向蠕滑力与纵向蠕滑率无关。蠕滑力 T_x、T_y、M_z 与蠕滑率 ξ_x、ξ_y、ξ_{sp}的线性关系为

$$\begin{cases}T_x=-f_{11}\xi_x\\T_y=-f_{22}\xi_y-f_{23}\xi_{sp}\\M_z=f_{32}\xi_y-f_{33}\xi_{sp}\end{cases}\tag{3—12}$$

式中，f_{11}为纵向蠕滑系数；f_{22}为横向蠕滑系数；$f_{23}=f_{32}$为横向/自旋蠕滑系数；f_{33}为自旋蠕滑系数。蠕滑系数可以由式(3—13)确定

$$\begin{cases}f_{11}=EabC_{11}\\f_{22}=EabC_{22}\\f_{23}=E(ab)^{2/3}C_{23}\\f_{33}=E(ab)^2C_{33}\end{cases}\tag{3—13}$$

式中，a、b 为轮轨接触椭圆的长短半轴；E 为轮对与钢轨材料的弹性模量；C_{ij}为 Kalker 系数，可以查表得出。

Kalker线性蠕滑理论只适用于小蠕滑率和小自旋的情形，对于大蠕滑率、大自旋甚至完全滑动的情形，蠕滑力的线性关系被打破。为此，用沈氏理论作如下非线性修正，从而适应轮轨相互作用实际工况仿真计算。T_x 和 T_y 的合力 T_r 为

$$T_r=\sqrt{T_x^2+T_y^2}$$

$$T'_{\mathrm{r}}=\begin{cases}\mu N\left[\dfrac{T_{\mathrm{r}}}{\mu N}-\dfrac{1}{3}\left(\dfrac{T_{\mathrm{r}}}{\mu N}\right)^{2}+\dfrac{1}{27}\left(\dfrac{T_{\mathrm{r}}}{\mu N}\right)^{3}\right], T_{\mathrm{r}}\leqslant\mu N\\ \mu N, T_{\mathrm{r}}>\mu N\end{cases} \tag{3—14}$$

式中,μ 为轮轨间的最大静摩擦系数;N 为轮轨接触点处的法向力。

引入修正系数 $\varepsilon=\dfrac{T_{\mathrm{r}}'}{T_{\mathrm{r}}}$,则得到修正后的蠕滑力(力矩)为

$$\begin{cases}T'_{x}=\varepsilon T_{x}\\ T'_{y}=\varepsilon T_{y}\\ M'_{z}=\varepsilon M_{z}\end{cases} \tag{3—15}$$

(3)轮背与钢轨的接触

车辆过岔时,除了车轮踏面和轮缘与钢轨接触外,轮背也可能与钢轨发生接触,见图 3—27。

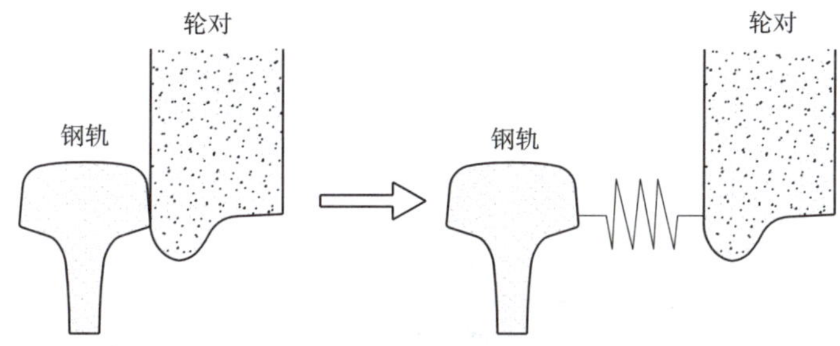

图 3—27 轮背与钢轨接触

轮背和钢轨之间的接触力为横向力,根据动态轮轨几何关系确定其接触压缩量,然后根据接触压缩量和接触刚度可以求解得到接触力,按式(3—16)计算。

$$F_{\mathrm{w}}=\begin{cases}0 & \delta\leqslant 0\\ K_{\mathrm{w}}\delta & \delta>0\end{cases} \tag{3—16}$$

式中,K_{w} 为接触刚度;δ 为接触压缩量。

(四)系统激励的处理

轨道不平顺是车辆和轨道的激振源,岔区的激振源大致可分为道岔自身结构的不平顺、轨道几何不平顺、轨道刚度变化等动力型不平顺和轮轨表面的磨耗等。动力型不平顺可利用扣件刚度、基础刚度等参数的可变性来实现。

高速道岔采用可动心轨结构,尖轨和心轨在尖端都有降低值。尖轨与基本轨、心轨与翼轨在降低值范围内相互密贴,这些密贴区段轮载从一根钢轨过渡到另一根钢轨上,轮轨接触点迹线、车轮实际滚动半径、轮轨接触角等几何参数发生改变,相当于一个垂向和横向不平顺激励。另外,车辆行驶至尖轨和心轨尖端时,车轮与钢轨产生横向冲击,车轮被迫改变运行方向,轮对出现横移和摇头运动,产生一个车辆、道岔耦合振动系统横向激振源。

对于道岔结构不平顺,由于考虑了钢轨截面形式的变化,利用迹线法实时判断和计算轮轨接触几何关系。因此,可在车岔相互作用模型中得到反映。

二、动力学模型的验证

根据武广高速铁路 18 号道岔的动力测试结果,对动力学模型进行了验证。验证工况为:

直向过岔速度 250 km/h，侧向过岔速度 80 km/h，轨道结构为长枕埋入式无砟轨道，列车轴重 12 t，轨道支撑刚度 37 kN/mm，验证区域的道岔未实施刚度均匀化处理。为与实测结果进行验证比较，除岔区结构不平顺外，轨道随机不平顺激励采用了武广实测轨道不平顺。验证结果见表 3—9。

表 3—9 理论与实测结果对比

项　目		测试结果	理论分析结果	误差(%)
直　向	脱轨系数	0.12	0.11	-8.3
	减载率	0.31	0.29	-6.5
	轮轨横向力(kN)	10.39	9.94	-4.3
	尖轨一动位移(mm)	0.73	0.77	5.5
	尖轨一动加速度(m/s^2)	2 361	2 513	6.4
	心轨一动位移(mm)	0.55	0.6	9.1
	心轨一动加速度(m/s^2)	3 116	2 970	-4.7
侧　向	脱轨系数	0.17	0.19	11.8
	减载率	0.23	0.25	8.7
	轮轨横向力(kN)	16.44	17.87	8.7
	尖轨一动加速度(m/s^2)	395	440	11.4
	心轨一动加速度(m/s^2)	1 067	1 155	8.2

通过对比可知，采用本模型计算得到的各指标同实测结果较为接近，绝大多数验证指标误差在 10% 之内，最大误差未超过 12%，故所建立的空间耦合动力学模型是可靠的。

第四节　高速铁路长大坡道无缝道岔力学特性研究

随着我国高速铁路建设的深入，大坡道上铺设无缝道岔这一技术难题又呈现在铁路设计者面前。在我国正建铁路项目中，受地形条件的限制，部分联络线、走行线上道岔不得不设置在超过 6‰或更大坡度的大坡道上。在大坡度地段，列车往往需要惰行或制动运行，道岔将承受沿线路纵向的周期性牵引或制动力，加剧道岔爬行和磨损，对道岔的受力和变形非常不利。道岔设在大坡道上将恶化道岔运营环境，不利于行车的安全性和舒适性。目前，国内外尚无大坡道地段道岔铺设、维护及运营管理的经验，列车通过道岔舒适性和安全性能否得到保证，道岔结构是否安全和耐久，都有待进一步科学地论证。

一、静力学研究

（一）道岔方向的影响规律分析

本部分主要研究道岔方向对高速铁路长大坡道道岔空间力学特性的影响。考虑两种荷载的作用：温度荷载；车辆荷载及制动荷载。

1. 温度荷载作用

考虑两种工况：工况 1，岔尖指向坡顶；工况 2，岔尖指向坡底。坡道长度取 201 m，钢轨温度变化幅度取 50°C，坡度取 30‰，道岔岔心位于坡道正中。钢轨纵向力的计算结果对比见表 3—10。

表 3—10　钢轨力的对比

项　目	工况 1	工况 2
钢轨温度力最大值(kN)	1 052. 087	1 052. 087
钢轨附加力最大值(kN)	87. 912	87. 912
温度力增加幅度(%)	9. 11	9. 11

当施加温度荷载时,岔尖指向坡顶时和岔尖指向坡底时道岔的钢轨温度力最大值相同,且钢轨力图形对称。岔尖方向对钢轨温度力影响较小。

钢轨位移的计算结果对比见表 3—11。

表 3—11　钢轨位移的对比

项　目	工况 1	工况 2
基本轨最大位移(mm)	0. 189	0. 189
曲尖轨尖端位移(mm)	19. 967	19. 967
直尖轨尖端位移(mm)	19. 968	19. 968
心轨尖端位移(mm)	7. 057	7. 057

当施加温度荷载时,岔尖指向坡顶时和岔尖指向坡底时道岔的基本轨最大位移最大值均是 0. 189 mm;岔尖指向坡顶时和岔尖指向坡底时道岔的曲尖轨尖端位移均是19. 967 mm;岔尖指向坡顶时和岔尖指向坡底时道岔的直尖轨尖端位移均是 19. 968 mm;岔尖指向坡顶时和岔尖指向坡底时道岔的心轨尖端位移均是 7. 057 mm。因此,岔尖方向对钢轨位移影响较小。

限位器与间隔铁受力的计算结果对比见表 3—12。

表 3—12　限位器和间隔铁受力的对比

项　目	工况 1	工况 2
限位器受力最大值(kN)	111. 551	111. 551
间隔铁受力最大值(kN)	199. 456	199. 456

当施加温度荷载时,岔尖指向坡顶时和岔尖指向坡底时道岔的限位器受力最大值均是 111. 551kN;岔尖指向坡顶时和岔尖指向坡底时道岔的间隔铁受力最大值均是 199. 456 kN。因此,岔尖方向对限位器和间隔铁受力值影响较小。

2. 车辆荷载与制动荷载作用

考虑两种工况:工况 1,岔尖指向坡顶;工况 2,岔尖指向坡底。坡道长度取 201 m,车辆为动车组,坡度取 30‰,道岔岔心位于坡道正中。车辆荷载考虑垂直于道岔方向施加的 ZK 活载分量,制动荷载考虑制动黏着系数 0. 164 及车辆自重在沿线路运行方向上的分量。当施加车辆荷载和制动荷载时,岔尖指向坡顶时和岔尖指向坡底时道岔的钢轨温度力最大值均是 39. 328 kN。因此,岔尖方向对钢轨纵向力影响较小。

钢轨位移的计算结果对比见表 3—13。

当施加车辆荷载和制动荷载时,岔尖指向坡顶时和岔尖指向坡底时道岔的基本轨最大位移最大值均是 0. 013 mm;岔尖指向坡顶时和岔尖指向坡底时道岔的曲尖轨尖端位移均是 0. 012 mm;岔尖指向坡顶时和岔尖指向坡底时道岔的直尖轨尖端位移均是 0. 605 mm;岔尖指向坡顶时和岔尖指向坡底时道岔的心轨尖端位移均是 0.090 mm。因此,岔尖方向对钢轨位移影响较小。

表 3—13　钢轨位移的对比

项　目	工况 1	工况 2
基本轨最大位移(mm)	0.013	0.013
曲尖轨尖端位移(mm)	0.012	0.012
直尖轨尖端位移(mm)	0.605	0.605
心轨尖端位移(mm)	0.090	0.090

限位器与间隔铁受力的计算结果对比见表 3—14。

表 3—14　限位器和间隔铁受力的对比

项　目	工况 1	工况 2
限位器受力最大值(kN)	0	0
间隔铁受力最大值(kN)	4.036	4.036

当施加车辆荷载和制动荷载时,岔尖指向坡顶时和岔尖指向坡底时道岔的尖轨跟端限位器受力最大值均是 0 kN;岔尖指向坡顶时和岔尖指向坡底时道岔的心轨跟端间隔铁受力最大值均是 4.036 kN。因此,岔尖方向对尖轨跟端限位器和心轨跟端间隔铁受力值影响较小。

(二)坡道坡度的影响规律分析

本部分主要研究不同坡度对高速铁路长大坡道道岔空间力学特性的影响。考虑两种荷载的作用:温度荷载;车辆荷载及制动荷载。

1. 温度荷载作用

为了研究高速铁路长大坡道道岔力学特性随坡度的变化,在规范规定的范围内选取 4 个代表值,其中包括不设坡度,即 0‰,以及最大坡度 30‰。具体分为 4 种工况:工况 1,坡度为 0‰;工况 2,坡度为 10‰;工况 3,坡度为 20‰;工况 4,坡度为 30‰。坡道长度取 201m,岔尖方向指向坡顶,道岔岔心位于坡道正中。钢轨纵向力的计算结果对比见表 3—15。

表 3—15　钢轨力的对比

坡道坡度(‰)	0	10	20	30
钢轨温度力最大值(kN)	1 052.087	1 052.087	1 052.087	1 052.087
钢轨附加力最大值(kN)	87.912	87.912	87.912	87.912
附加温度力增加幅度(%)	9.11	9.11	9.11	9.11

在施加温度荷载时,不同坡度上高速铁路长大坡道道岔的钢轨温度力最大值均相同。坡度对高速铁路长大坡道道岔钢轨温度力的影响较小。

钢轨位移的计算结果对比见表 3—16。

在施加温度荷载时,不同坡度上高速铁路长大坡道道岔的基本轨位移、尖轨及心轨位移、竖曲线钢轨垂向位移均相同。坡度大小对钢轨力的影响较小。

尖轨跟端限位器与心轨跟端间隔铁受力的计算结果对比见表 3—17。

表 3—16　钢轨位移的对比

坡道坡度(‰)	0	10	20	30
基本轨最大位移(mm)	0.189	0.189	0.189	0.189
曲尖轨尖端位移(mm)	19.967	19.967	19.967	19.967
直尖轨尖端位移(mm)	19.968	19.968	19.968	19.968
心轨尖端位移(mm)	7.057	7.057	7.057	7.057
竖曲线上钢轨最大垂向位移(mm)	0.001	0.001	0.001	0.001

表 3—17　限位器和间隔铁受力的对比

坡道坡度(‰)	0	10	20	30
限位器受力最大值(kN)	111.551	111.551	111.551	111.551
间隔铁受力最大值(kN)	199.456	199.456	199.456	199.456

在施加温度荷载时，坡度为 0‰、10‰、20‰和 30‰上的高速铁路长大坡道道岔的尖轨跟端限位器受力最大值均为 111.551 kN；坡度为 0‰、10‰、20‰和 30‰上的高速铁路长大坡道道岔的心轨跟端间隔铁受力最大值均为 199.456 kN。坡度大小对长大坡道上道岔的尖轨跟端限位器和心轨跟端间隔铁受力影响较小。

2. 车辆荷载与制动荷载作用

考虑 4 种工况：工况 1，坡度为 0‰；工况 2，坡度为 10‰；工况 3，坡度为 20‰；工况 4，坡度为 30‰。车辆为动车组，坡道长度取 201 m，岔尖方向指向坡顶，道岔岔心位于坡道正中。钢轨纵向力的计算结果对比见表 3—18。

表 3—18　钢轨纵向力的对比

坡道坡度(‰)	0	10	20	30
钢轨纵向力最大值(kN)	33.261	35.288	37.310	39.328

在施加车辆荷载和制动荷载时，坡度的变化对钢轨纵向力有明显影响。随着坡度的增大，基本轨、尖轨和心轨的纵向力最大值都有明显增大。坡度每增大 10‰，钢轨纵向力增大 6.0% 左右。

钢轨位移的计算结果对比见表 3—19 和图 3—28、图 3—29。

表 3—19　钢轨位移的对比

坡道坡度(‰)	0	10	20	30
基本轨最大位移(mm)	0.011	0.011	0.012	0.013
曲尖轨尖端位移(mm)	0.010	0.011	0.012	0.012
直尖轨尖端位移(mm)	0.512	0.543	0.574	0.605
心轨尖端位移(mm)	0.076	0.078	0.086	0.090

在施加车辆荷载和制动荷载时，道岔区钢轨位移有明显影响：坡度每增加 10‰，尖轨尖端相对位移增加 6% 左右；心轨尖端位移也随坡度增加而增大。

尖轨跟端限位器与心轨跟端间隔铁受力的计算结果对比见表 3—20。随着坡度的增加，心轨跟端间隔铁受力也有所增大。平均坡度每增加 10‰，间隔铁受力值增加 6% 左右。

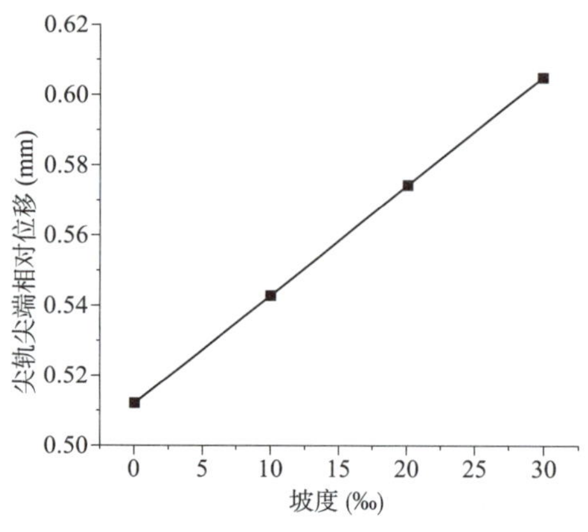

图 3—28 坡度对尖轨尖端相对位移的影响

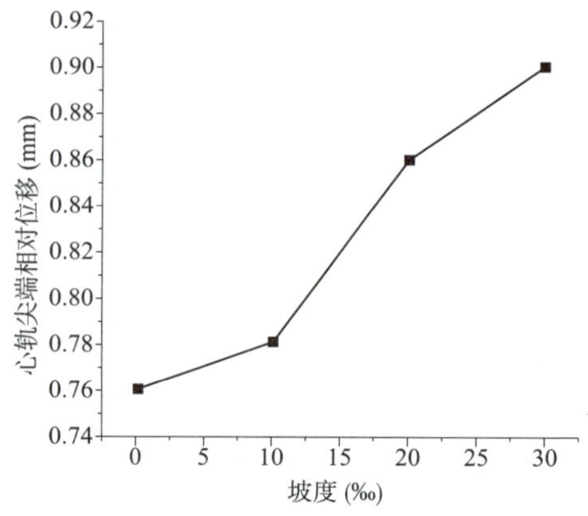

图 3—29 坡度对心轨尖端相对位移的影响

表 3—20 限位器和间隔铁受力的对比

坡道坡度(‰)	0	10	20	30
限位器受力最大值(kN)	0.000	0.000	0.000	0.000
间隔铁受力最大值(kN)	3.414	3.622	3.829	4.036

(三)道岔处于坡段不同位置的影响规律分析

本部分主要研究道岔位置对高速铁路长大坡道道岔空间力学特性的影响。考虑两种荷载的作用:温度荷载,车辆荷载及制动荷载。

1. 温度荷载作用

钢轨温度变化幅度取 50°C,坡度取 30‰,道岔岔心位于坡道正中,坡道长度取 1 200 m,岔尖方向指向坡顶,道岔岔心位于坡道正中。考虑 3 种工况:工况 1,岔心距离坡顶 100 m;工况 2,岔心距离坡顶 300 m;工况 3,岔心距离坡顶 600 m。钢轨纵向力的计算结果对比见表 3—21。

表 3—21 钢轨力的对比

项 目	工况 1	工况 2	工况 3
钢轨温度力最大值(kN)	1 052.089	1 052.087	1 052.087
钢轨附加力最大值(kN)	87.914	87.912	87.912
温度力增加幅度%	9.11	9.11	9.11

当施加温度荷载时,不同工况道岔的钢轨温度力最大值基本相同。工况 1 钢轨温度力最大值稍大,表明道岔距离变坡点较近时,钢轨温度力会略微增大。

钢轨位移的计算结果对比见表 3—22。

表 3—22 钢轨位移的对比

项 目	工况 1	工况 2	工况 3
基本轨位移(mm)	0.189	0.189	0.189
直尖轨尖端位移(mm)	19.968	19.968	19.968
心轨尖端位移(mm)	7.057	7.057	7.057
基本轨横向位移(mm)	0.006	0.001	0.000

当施加温度荷载时，对于不同位置的长大坡道道岔，基本轨位移最大值均为 0. 189 mm；尖轨尖端位移最大值均为 19. 968 mm；心轨尖端位移最大值均为 7. 057 mm。道岔位置对钢轨纵向位移影响较小。当道岔距离变坡点较近时，基本轨横向位移略为不利，横向位移最大值为 0. 006 mm。

尖轨跟端限位器与心轨跟端间隔铁受力的计算结果对比见表 3—23。

表 3—23　限位器和间隔铁受力的对比

项　目	工况 1	工况 2	工况 3
限位器受力最大值(kN)	111. 553	111. 551	111. 551
间隔铁受力最大值(kN)	199. 456	199. 456	199. 456

当施加温度荷载时，当施加温度荷载时，对于不同位置的长大坡道道岔，心轨跟端间隔铁受力最大值均是 199. 456 kN。当道岔距离变坡点较近时，尖轨跟端限位器受力略为不利，受力最大值为 111. 553 kN。道岔位置对长大坡道道岔尖轨跟端限位器和心轨跟端间隔铁受力存在一定影响。

2. 车辆荷载与制动荷载作用

坡道坡度取 30‰，道岔岔心位于坡道正中，坡道长度取 1 200 m，岔尖方向指向坡顶，道岔岔心位于坡道正中。考虑 3 种工况：工况 1，岔心距离坡顶 100 m；工况 2，岔心距离坡顶 300 m；工况 3，岔心距离坡顶 600 m。钢轨纵向力的计算结果对比见表 3—24。

表 3—24　钢轨纵向力的对比

项　目	工况 1	工况 2	工况 3
钢轨纵向力最大值(kN)	39. 328	39. 328	39. 328

由以上计算结果可知，施加车辆荷载和制动荷载时，不同位置长大坡道道岔钢轨纵向力最大值均为 39. 328 kN。因此，道岔位置对长大坡道道岔钢轨的纵向力影响较小。

钢轨位移的计算结果对比见表 3—25。

表 3—25　钢轨位移的对比

项　目	工况 1	工况 2	工况 3
基本轨位移(mm)	0. 013	0. 013	0. 013
尖轨尖端位移(mm)	0. 605	0. 605	0. 605
心轨尖端位移(mm)	0. 090	0. 090	0. 090
竖曲线上钢轨最大垂向位移(mm)	0. 029	0. 027	0. 027

当施加车辆荷载和制动荷载时，不同位置长大坡道道岔基本轨位移最大值均是 0. 013 mm；尖轨尖端位移最大值均是 0. 605 mm；道岔的心轨尖端位移均是 0. 090 mm，道岔位置对钢轨纵向位移影响较小。但当道岔距离变坡点较近时，竖曲线钢轨最大位移略大，最大值为 0. 029 mm。

尖轨跟端限位器与心轨跟端间隔铁受力的计算结果对比见表 3—26。

当施加车辆荷载和制动荷载时，不同位置长大坡道道岔的尖轨跟端限位器受力最大值均是 0 kN；辙叉区心轨跟端间隔铁受力最大值均是 4. 036 kN。因此，道岔位置对长大坡道道岔尖轨跟端限位器及心轨跟端间隔铁受力影响较小。

表 3—26　限位器和间隔铁受力的对比

项　目	工况 1	工况 2	工况 3
限位器受力最大值(kN)	0. 000	0. 000	0. 000
间隔铁受力最大值(kN)	4. 036	4. 036	4. 036

(四)荷载影响因素分析

1. 制动力方向

本部分主要研究制动力方向对高速铁路长大坡道道岔空间力学特性的影响。考虑两种制动力方向:工况 1,制动力方向从坡底指向坡顶;工况 2,制动力方向从坡顶指向坡底。坡道长度取 1 209 m,坡度取 30‰,岔尖方向指向坡顶,道岔岔心位于坡道正中。钢轨纵向力的计算结果对比见表 3—27。

表 3—27　钢轨力的对比

项　目	工况 1	工况 2
钢轨纵向力最大值(kN)	34. 807	39. 328

制动力方向从坡底指向坡顶时,高速铁路长大坡道道岔的钢轨力最大值是 34. 807 kN;制动力方向从坡顶指向坡底时高速铁路长大坡道道岔的钢轨力最大值是 39. 328 kN,增幅为 13. 0% 。可见,制动力方向从坡顶指向坡底时,高速铁路长大坡道道岔的钢轨受力较不利。

钢轨位移的计算结果对比见表 3—28。

表 3—28　道岔区钢轨位移的对比

项　目	工况 1	工况 2
基本轨最大位移(mm)	0. 012	0. 013
曲尖轨尖端位移(mm)	0. 011	0. 012
直尖轨尖端位移(mm)	0. 544	0. 605
心轨尖端位移(mm)	0. 077	0. 090
竖曲线上钢轨最大垂向位移(mm)	0. 290	0. 292

制动力方向从坡底指向坡顶时,道岔的尖轨尖端相对位移是 0. 544 mm,制动力方向从坡顶指向坡底时,道岔的尖轨尖轨相对位移是 0. 605 mm,增幅为 13. 1% ;制动力方向从坡底指向坡顶时,道岔的心轨尖端相对位移是 0. 077 mm,制动力方向从坡顶指向坡底时,道岔的心轨尖端相对位移是 0. 090 mm,增幅为 17. 4% ;制动力方向从坡底指向坡顶时,竖曲线上钢轨最大垂向位移是 0. 290 mm,制动力方向从坡顶指向坡底时,竖曲线上钢轨最大垂向位移是0. 292 mm,增幅为 1. 2% 。

尖轨跟端限位器与心轨跟端间隔铁受力的计算结果对比见表 3—29。

表 3—29　限位器和间隔铁受力的对比

项　目	工况 1	工况 2
限位器受力最大值(kN)	0. 00	0. 00
间隔铁受力最大值(kN)	3. 571	4. 036

当制动力不同的方向时,高速铁路长大坡道道岔区尖轨跟端限位器和心轨跟端间隔铁受

力有明显不同。制动力方向从坡底指向坡顶时和从坡顶指向坡底时，尖轨跟端限位器受力均为 0 kN，心轨跟端间隔铁受力最大值是 3.571 kN、4.036 kN。可见，制动力方向从坡顶指向坡底对，高速铁路长大坡道的传力结构的受力较不利。

对于高速铁路长大坡道上道岔，当制动力的方向从坡底指向坡顶和从坡顶指向坡底时，其钢轨的温度力和位移的分布明显不同。当制动力的方向从坡底指向坡顶时，钢轨的纵向力比制动力的方向为从坡顶指向坡底时增大 13%；钢轨尖轨尖端位移增大 13.1%，心轨尖端位移增大 17.4%；竖曲线上钢轨最大垂向位移增大 1.2%；心轨处间隔铁受力最大值增加 13% 左右。总体上看，制动力方向从坡顶指向坡底对高速铁路长大坡道道岔力学特性的影响较不利。

2. 荷载及荷载组合的影响

本部分主要研究荷载及荷载组合对长大坡道道岔力学特性的影响。坡道长度取 1 209 m，坡度取 30‰，岔尖方向指向坡顶，道岔岔心位于坡道正中。分为 3 种工况：工况 1，单独作用温度荷载；工况 2，温度荷载与直向过岔时的车辆荷载和制动荷载同时作用；工况 3，温度荷载与侧向过岔时的车辆荷载和制动荷载同时作用。钢轨力的计算结果对比见表 3—30。

表 3—30　钢轨力分析

项　目	工况 1	工况 2	工况 3
钢轨纵向力最大值(kN)	1 052.087	1 070.88	1 080.85

可以看出，作用温度荷载 + 车辆荷载（直向）+ 制动荷载（直向）时，钢轨温度力最大值为 1 070.88 kN；作用温度荷载 + 车辆荷载（侧向）+ 制动荷载（侧向）时，钢轨温度力最大值为 1 080.85 kN；作用温度荷载时，钢轨温度力最大值为 1 052.087 kN。作用温度荷载 + 车辆荷载（直向）+ 制动荷载（直向）时与作用温度荷载 + 车辆荷载（侧向）+ 制动荷载（侧向）时，钢轨温度力近似相等。与作用温度荷载时相比，温度荷载 + 车辆荷载 + 制动荷载作用时，钢轨温度力最大值增大 1.5%。

钢轨位移的计算结果对比见表 3—31。

表 3—31　钢轨位移的对比

项　目	工况 1	工况 2	工况 3
基本轨最大位移(mm)	0.189	0.245	0.245
曲尖轨尖端位移(mm)	19.967	20.022	20.883
直尖轨尖端位移(mm)	19.968	21.179	20.078
心轨尖端位移(mm)	7.057	7.102	7.031
竖曲线上钢轨最大垂向位移(mm)	0.001	0.271	0.271

作用温度荷载时，高速铁路长大坡道产生的基本轨纵向最大位移为 0.189 mm；作用温度荷载 + 车辆荷载（直向）+ 制动荷载（直向）时和作用温度荷载 + 车辆荷载（侧向）+ 制动荷载（侧向）时，基本轨纵向最大位移均为 0.245 mm，与仅作用温度荷载相比，增幅为 29.6%。

对于尖轨尖端位移，仅作用温度荷载时，高速铁路长大坡道道岔的尖轨尖端位移为 19.967 mm；作用温度荷载 + 车辆荷载（直向）+ 制动荷载（直向）时，道岔的曲尖轨尖端位移为 20.883 mm；作用温度荷载 + 车辆荷载（侧向）+ 制动荷载（侧向）时，尖轨尖端位移为 21.179 mm。与仅作用温度荷载相比，高速铁路长大坡道道岔的尖轨尖端位移增大 6.1%。

对于竖曲线上钢轨垂向位移，作用温度荷载时，高速铁路长大坡道竖曲线上钢轨垂向位移最大值为 0.001 mm；作用温度荷载 + 车辆荷载（直向）+ 制动荷载（直向）时和作用温度荷载 + 车辆荷载（侧向）+ 制动荷载（侧向）时，高速铁路长大坡道竖曲线上钢轨垂向位移最大值均为 0.271 mm，增幅为 271%。

可见，温度荷载 + 车辆荷载（直向）+ 制动荷载（直向）时和温度荷载 + 车辆荷载（侧向）+ 制动荷载（侧向）作用时，对高速铁路长大坡道钢轨位移影响均较不利。

尖轨跟端限位器与心轨跟端间隔铁受力的计算结果对比见表 3—32。

表 3—32　限位器和间隔铁受力的对比

荷载组合	温度荷载	温度荷载 + 车辆荷载（直向）+ 制动荷载（直向）	温度荷载 + 车辆荷载（曲向）+ 制动荷载（曲向）
限位器受力最大值（kN）	111.547	127.72	113.06
间隔铁受力最大值（kN）	199.465	204.373	200.596

温度荷载 + 车辆荷载（直向）+ 制动荷载（直向）作用下，高速铁路长大坡道道岔尖轨跟端限位器受力最大值为 127.72 kN；温度荷载的高速铁路长大坡道道岔尖轨跟端限位器受力最大值为 113.06 kN，增幅为 13.0%。

温度荷载 + 车辆荷载（直向）+ 制动荷载（直向）作用下，高速铁路长大坡道道岔心轨跟端间隔铁受力最大值为 204.373 kN；温度荷载的高速铁路长大坡道道岔心轨跟端间隔铁受力最大值为 200.596 kN，增幅为 1.9%。

可见，与温度荷载相比较，温度荷载 + 车辆荷载（直向）+ 制动荷载（直向）或温度荷载 + 车辆荷载（侧向）+ 制动荷载（侧向）的作用对高速铁路长大坡道道岔的尖轨跟端限位器和心轨跟端间隔铁的受力影响更为不利。因此，建议设计时应同时针对单种荷载及温度荷载及车辆荷载组合作用下对无缝道岔进行受力及变形检算。

二、动力学研究

（一）列车运行方向的影响规律分析

本部分主要针对列车上坡及下坡工况进行对比分析。计算工况条件为：30‰的坡道坡度，竖曲线半径为 20 000 m，列车速度 250 km/h 直逆向通过 18 号高速道岔，坡道竖曲线终点与道岔间距离（以下简称坡道与道岔间距离）50 m，计算结果见表 3—33。轨轮垂向力时程曲线和车体横向加速度时程曲线分别见图 3—30、图 3—31。

表 3—33　计算结果汇总

项　目	单　位	上　坡	下　坡
速度	km/h	250	250
脱轨系数	—	0.07	0.07
轮重减载率	—	0.18	0.18
轮轨竖向力	kN	103.33	102.8878
轮轨横向力	kN	4.72	4.642623
轮轴横向力	kN	4.99	4.651445
车体横向加速度	m/s^2	0.36	0.349714
车体垂向加速度	m/s^2	3.59	3.59

续上表

项　目	单　位	上　坡	下　坡
岔前基本轨垂向位移	mm	1.94	1.94
尖轨一动垂向位移	mm	0.82	0.798 421
心轨垂向位移	mm	2.7	2.7
尖轨开口量	mm	0.15	0.12
心轨开口量	mm	0.15	0.15
岔前基本轨垂向加速度	m/s^2	633.18	692.1 672
尖轨一动垂向加速度	m/s^2	1 329.15	1 397.309
心轨垂向加速度	m/s^2	1 488.8	1 510.077

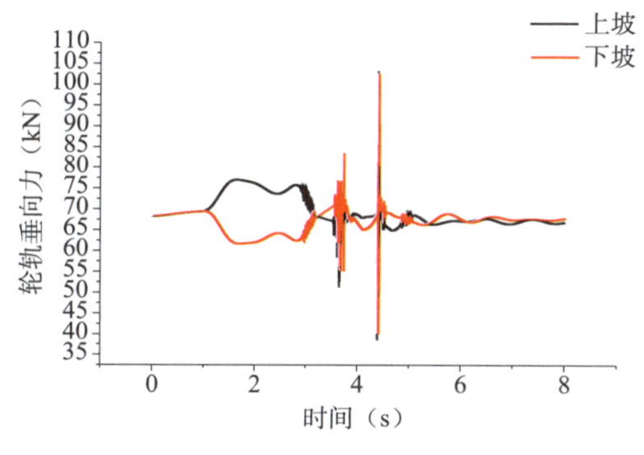

图 3—30　轮轨垂向力时程曲线

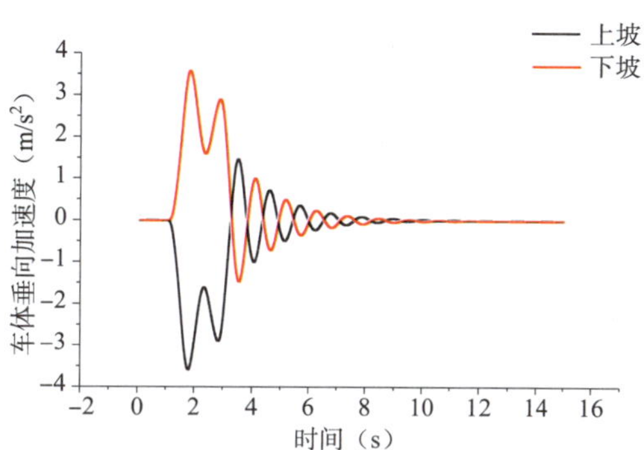

图 3—31　车体垂向加速度时程曲线

根据表 3—33 计算结果可知以下因素。

1. 安全检算指标：列车在上坡通过高速道岔以及下坡通过高速道岔时，脱轨系数、轮重减载率、轮轨垂向力、轮轨横向力、轮轴横向力、尖轨及心轨开口量等各项指标均无较大变化。从量值分析可知，列车在下坡通过高速道岔是轮轨力等指标略有减小，但降低幅度最大仅为 6.7% 。从时程曲线可以看出，列车在上坡通过道岔时，在坡脚处车轮荷载有一定的增大，呈梯形分布，而在下坡通过道岔时，在坡脚处车轮荷载却发生了减载，呈倒梯形分布。无论列车上坡或下坡通过道岔时，尖轨及心轨处引起的轮轨力突变幅度均要大于坡脚处的轮载波动幅度。

2. 车体振动加速度：列车在上坡通过高速道岔以及下坡通过高速道岔时，车体横向振动加速度并无明显变化，从量值分析可知，车体横向振动加速度仅减小约 2.86%；车体垂向加速度则完全呈现出相反的振动趋势，这是由于列车在上坡时受到上坡坡脚冲击荷载的作用，导致车体第一次垂向振动，其量值为负也说明车体有略微的超重；在列车下坡时，车体垂向振动加速度第一个半波峰值为正也说明由于坡脚处发生了略微的失重，导致列车的第一次垂向振动，但上坡及下坡时的车体垂向振动加速度在坡脚处的绝对值几乎相同。在列车继续行驶至道岔区域时，仍然引起了车体垂向振动的小幅振动。从时程曲线还可明显看出，上坡及下坡工况中，坡脚引起的车体的垂向振动衰减距离基本一致，道岔引起的车体横向振动衰减距离也基本一致。

3. 轨道结构振动：列车在上坡通过高速道岔以及下坡通过高速道岔时，岔区钢轨的垂向位移及振动加速度并无明显变化。其中，仅尖轨一动处的钢轨垂向位移在车辆下坡时有所减小，降低幅度约 2.6%；岔区钢轨各处的垂向振动加速度在下坡时有略微增大，其中，岔前基本轨处钢轨垂向振动加速度增大约 9.3%，尖轨一动处钢轨垂向振动加速度增大约 5.1%，心轨处钢轨垂向振动加速度增大约 1.4%。

（二）坡道坡度的影响规律分析

本部分主要研究不同坡段坡度对于结构动力学特性的影响。由于坡道与道岔间距离过小存在振动叠加作用，故主要分别从两个角度对坡道坡度对列车及道岔动力学特性的影响进行研究：①坡道与道岔距离 50 m 时，坡脚处与道岔处振动叠加情况下坡道坡度对于系统动力学特性的影响；②坡道与道岔距离 500 m 时，坡脚处与道岔处振动叠加极小，此时研究单纯坡道坡度对于系统动力学特性的影响。计算时选择列车 250 km/h 直逆向通过 18 号高速道岔，竖曲线半径为 20 000 m，坡段坡度选为 6‰、12‰、20‰、30‰、35‰。

1. 坡道与道岔距离 50 m

相距 50 m 坡脚与道岔不同相对距离计算结果见表 3—34。

表 3—34　相距 50 m 坡脚与道岔不同相对距离计算结果

项　目	单位	6‰	12‰	20‰	30‰	35‰
速度	km/h	250	250	250	250	250
脱轨系数	—	0.05	0.06	0.07	0.07	0.08
轮重减载率	—	0.12	0.13	0.14	0.18	0.20
轮轨竖向力	kN	88.80	94.52	95.55	103.33	103.46
轮轨横向力	kN	3.66	4.22	4.66	4.72	4.83
轮轴横向力	kN	3.39	3.69	4.40	4.99	4.96
车体横向加速度	m/s^2	0.35	0.35	0.35	0.36	0.36
车体垂向加速度	m/s^2	0.71	1.43	2.39	3.59	4.19
岔前基本轨垂向位移	mm	1.38	1.42	1.54	1.94	2.18
尖轨一动垂向位移	mm	0.76	0.68	0.72	0.82	0.94
心轨垂向位移	mm	1.62	1.8	1.8	2.7	3.06
尖轨开口量	mm	0.05	0.08	0.08	0.15	0.20
心轨开口量	mm	0.04	0.08	0.08	0.15	0.20
岔前基本轨垂向加速度	m/s^2	487.44	492.11	493.72	633.18	844.53
尖轨一动垂向加速度	m/s^2	828.00	1 194.48	997.77	1 329.15	1 735.80
心轨垂向加速度	m/s^2	1 034.20	1 265.81	1 311.10	1 488.80	1 715.62

根据表 3—34 计算结果和图 3—32、图 3—33 可知以下几点因素。

①安全检算指标：随着坡度的增大，脱轨系数、轮重减载率、轮轨垂向力、轮轨横向力、轮轴横向力、尖轨及心轨开口量等指标均有所增大。其中，随着坡度从 6‰逐渐增大至 35‰，轮轨横向力增大了 1.17 kN，增大约 32.0%，轮轴横向力增大了 1.57 kN，增大约 46.4%，轮轨垂向力增大了 14.66 kN，增大约 16.5%；脱轨系数及轮重减载率、尖轨及心轨开口量也有所增大，其中脱轨系数从 0.05 增大至 0.08，轮重减载率由 0.12 增大至 0.20，尖轨开口量由0.05 mm增大至 0.2 mm，心轨开口量由 0.04 mm 增大至 0.2 mm。

②车体振动加速度：随着坡度的增大，车体横向振动加速度仅有略微的增大，增大幅度极小，但车体垂向振动加速度随着坡度的增大而有较大幅度增大。其中，随着坡度从 6‰逐渐增

大至 35‰,车体横向振动加速度仅由 0. 35 m/s² 增大至 0. 36 m/²,而车体垂向振动加速度则由 0. 71 m/s² 增大至 4. 19 m/s²,增大幅度近 490. 1% 。从车体横向振动加速度时程曲线可以看出,随着坡度的增大,车体横向振动加速度峰值基本均在车辆运行至心轨区域附近产生,而且横向振动的衰减距离并未随坡度增大而变化。从车体垂向振动加速度时程曲线可以看出,在仅改变坡度而不改变竖曲线长度时,车体垂向振动加速度增幅极为显著,但其与坡脚间的振动机理并未发生显著变化,线型除峰值有所变化外仍较为一致。车体垂向振动加速度的衰减距离随着坡度的增大而有所增大。

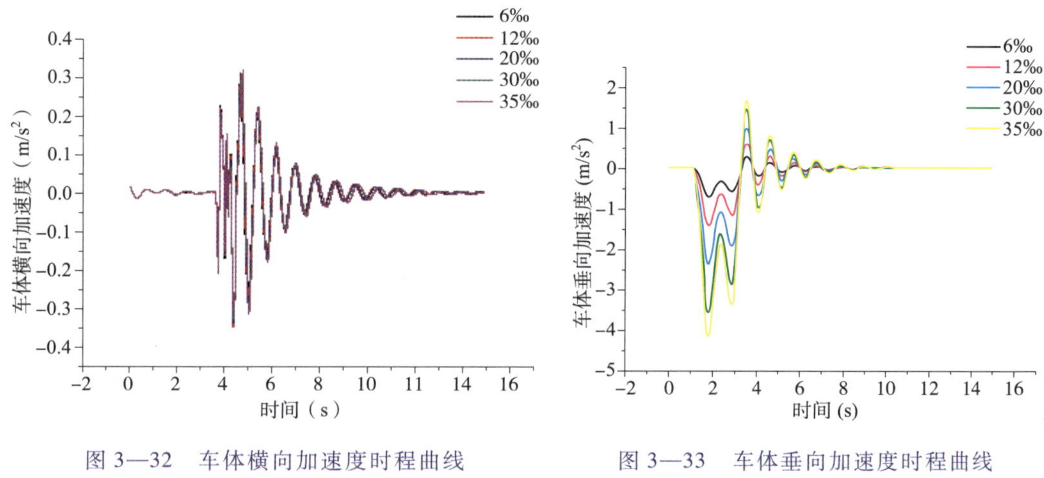

图 3—32　车体横向加速度时程曲线　　图 3—33　车体垂向加速度时程曲线

③轨道结构振动:随着坡度的增大,轨道结构的动位移及振动加速度均有所增大。其中,随着坡度从 6‰逐渐增大至 35‰,岔前基本轨垂向位移增大 0. 8 mm,增大近 58. 0% ,尖轨一动处钢轨垂向位移增大 0. 18 mm,增大近 23. 7% ,心轨处钢轨垂向位移增大 1. 44 mm,增大近 88. 9% ;随着坡度从 6‰逐渐增大至 35‰,岔前基本轨垂向振动加速度增大近 73. 3% ,尖轨一动处钢轨垂向振动加速度增大近 109. 6% ,心轨处钢轨垂向振动加速度增大近 65. 9% 。

2. 坡道与道岔距离 500 m

相距 500 m 坡脚与道岔不同相对距离计算结查见表 3—35。

表 3—35　相距 500 m 坡脚与道岔不同相对距离计算结果

项　目	单位	6‰	12‰	20‰	30‰	35‰
速度	km/h	250	250	250	250	250
脱轨系数	—	0. 05	0. 06	0. 06	0. 06	0. 06
轮重减载率	—	0. 12	0. 12	0. 12	0. 13	0. 13
轮轨竖向力	kN	84. 91	86. 65	89. 73	92. 05	98. 31
轮轨横向力	kN	3. 16	3. 65	3. 98	4. 14	4. 21
轮轴横向力	kN	2. 79	2. 83	2. 86	3. 50	3. 94
车体横向加速度	m/s²	0. 33	0. 33	0. 33	0. 34	0. 35
车体垂向加速度	m/s²	0. 71	1. 43	2. 39	3. 59	4. 19
岔前基本轨垂向位移	mm	1. 4	1. 42	1. 46	1. 5	1. 62
尖轨一动垂向位移	mm	0. 7	0. 7	0. 72	0. 74	0. 76

续上表

项　目	单位	6‰	12‰	20‰	30‰	35‰
心轨垂向位移	mm	1.62	1.62	1.8	1.8	1.8
尖轨开口量	mm	0.04	0.05	0.07	0.09	0.08
心轨开口量	mm	0.04	0.04	0.07	0.09	0.08
岔前基本轨垂向加速度	m/s^2	380.76	583.82	868.38	683.82	660.57
尖轨一动垂向加速度	m/s^2	839.90	845.32	846.07	1 022.34	1 119.41
心轨垂向加速度	m/s^2	1 071.74	1 190.42	1 334.14	1 364.26	1 564.57

根据表 3—35 计算结果和图 3—34、图 3—35 可知以下几点因素。

①安全检算指标:随着坡度的增大,脱轨系数、轮重减载率、轮轨垂向力、轮轨横向力、轮轴横向力、尖轨及心轨开口量等指标均有所增大。其中,随着坡度从 6‰逐渐增大至 35‰,轮轨横向力增大 1.05 kN,增大约 33.2% ,轮轴横向力增大 1.15 kN,增大约 41.2% ,轮轨垂向力增大 13.4 kN,增大约 15.8% ;脱轨系数及轮重减载率、尖轨及心轨开口量也有所增大,其中脱轨系数从 0.05 增大至 0.06,轮重减载率由 0.12 增大至 0.13,尖轨开口量由 0.04 mm 增大至 0.08 mm,心轨开口量由 0.04 mm 增大至 0.08 mm。

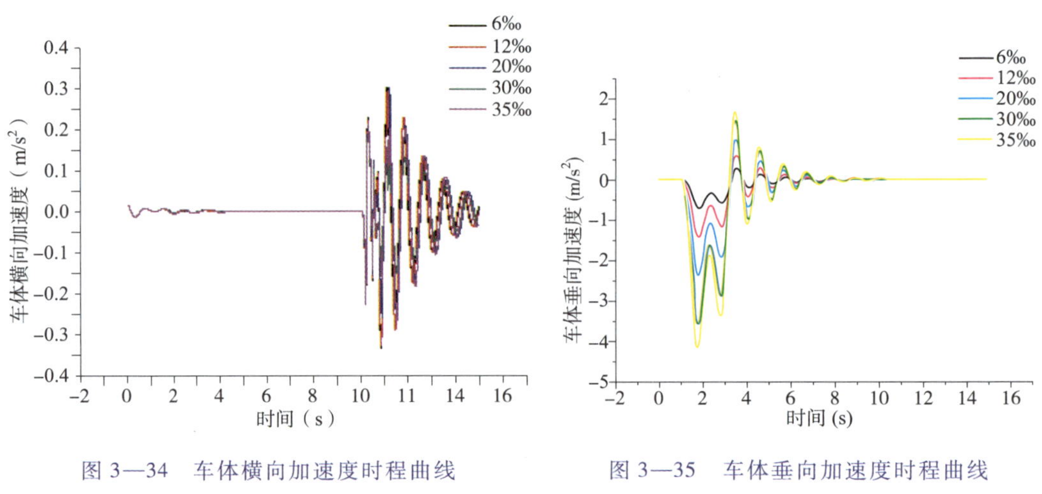

图 3—34　车体横向加速度时程曲线　　图 3—35　车体垂向加速度时程曲线

②车体振动加速度:随着坡度的增大,车体横向振动加速度仅有略微的增大,增大幅度极小,但车体垂向振动加速度随着坡度的增大而有较大幅度增大。其中,随着坡度从 6‰逐渐增大至 35‰,车体横向振动加速度仅由 0.33 m/s^2 增大至 0.35 $m/^2$,而车体垂向振动加速度则由 0.71 m/s^2 增大至 4.19 m/s^2,增大幅度近 489.5% 。从车体横向振动加速度时程曲线可以看出,随着坡度的增大,车体横向振动加速度峰值基本均在车辆运行至心轨区域附近产生,而且横向振动的衰减距离并未随坡度增大而变化。从车体垂向振动加速度时程曲线可以看出,在仅改变坡度而不改变竖曲线长度时,车体垂向振动加速度增幅极为显著,但其与坡脚间的振动机理并未发生显著变化,线型除峰值有所变化外仍较为一致。车体垂向振动加速度的衰减距离随着坡度的增大而有所增大。

③轨道结构振动:随着坡度的增大,轨道结构的动位移及振动加速度均有所增大。其中,随着坡度从 6‰逐渐增大至 35‰,岔前基本轨垂向位移增大 0.22 mm,增大近 15.7% ,尖轨一

动处钢轨垂向位移增大 0. 06 mm，增大近 8. 6%，心轨处钢轨垂向位移增大 0. 18 mm，增大近 11. 1%；随着坡度从 6‰逐渐增大至 35‰，岔前基本轨垂向振动加速度增大近 73. 5%，尖轨一动处钢轨垂向振动加速度增大近 33. 3%，心轨处钢轨垂向振动加速度增大近 46. 0%。

3. 道岔与坡脚不同距离间坡道坡度影响对比分析（图 3—36 ~ 图 3—43）

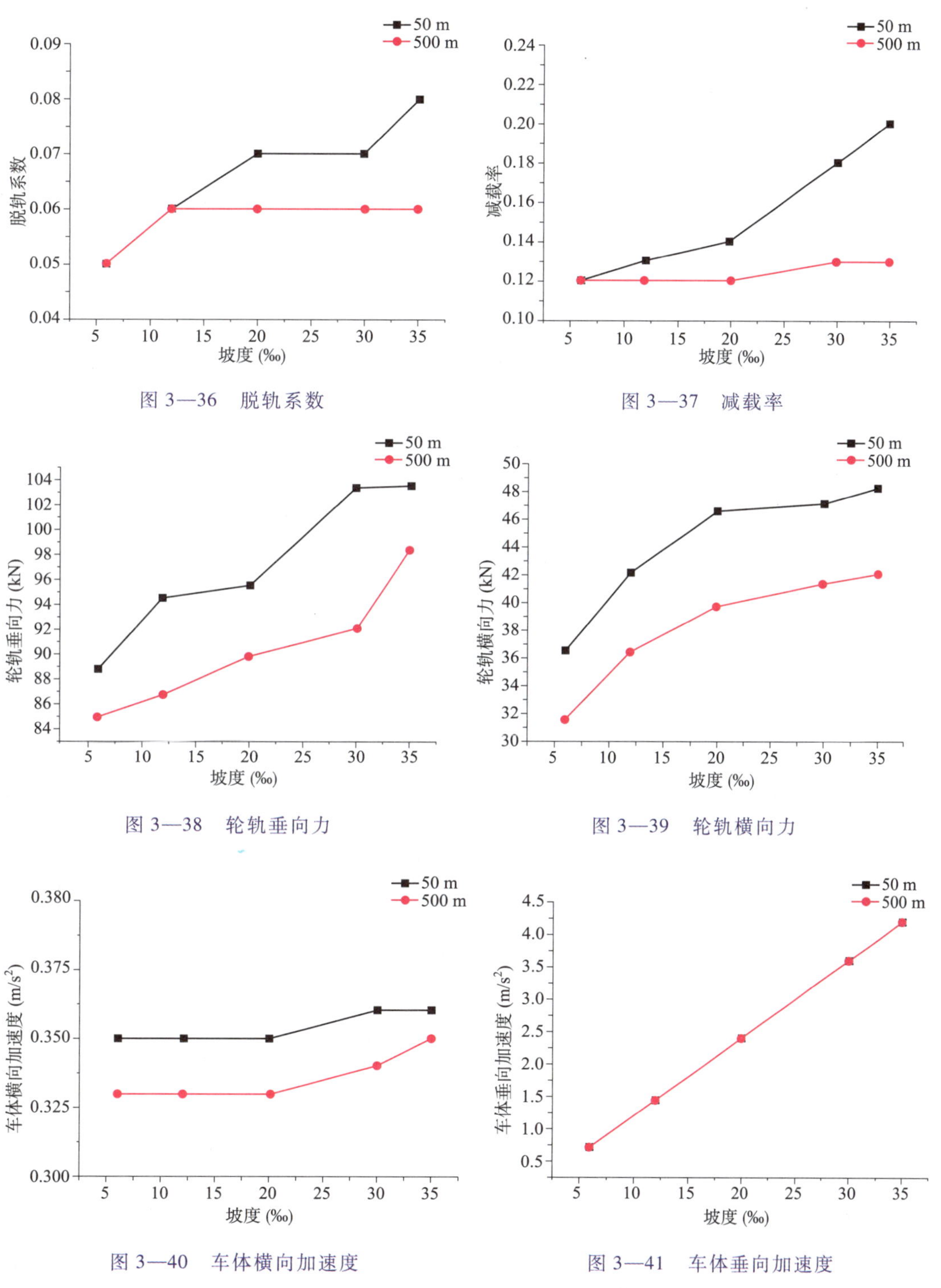

图 3—36　脱轨系数

图 3—37　减载率

图 3—38　轮轨垂向力

图 3—39　轮轨横向力

图 3—40　车体横向加速度

图 3—41　车体垂向加速度

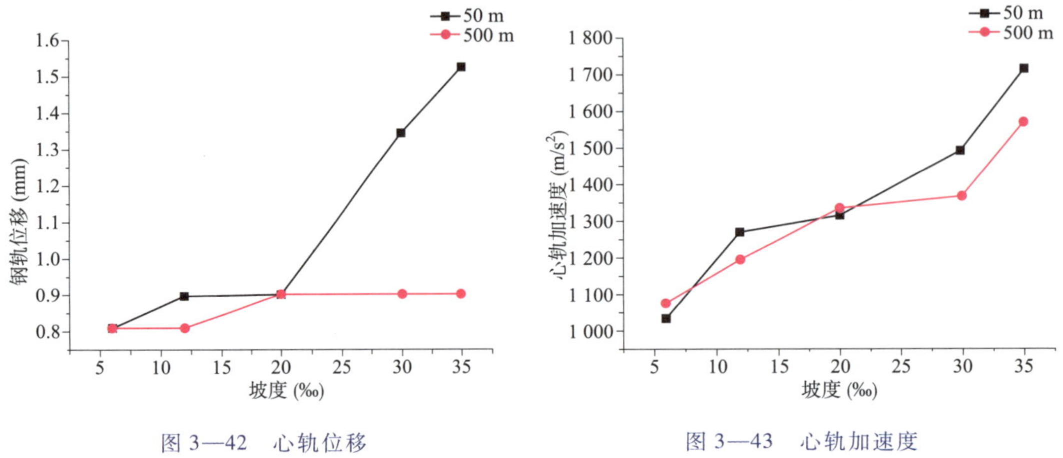

图 3—42　心轨位移　　　　图 3—43　心轨加速度

由图 3—36 ~ 图 3—43 结果可见以下因素。

①对于各项安全指标，道岔与坡脚距离 50 m 的计算工况同道岔与坡脚距离 500 m 计算工况相比，前者的各指标量值均要大于后者各指标量值，同时前者量值随着坡度增大而增大的幅度也要大于后者量值随着坡度增大而增大的幅度。

②对于车体横向振动加速度，道岔与坡脚距离 50 m 的计算工况同道岔与坡脚距离 500 m 计算工况相比，前者的量值均要大于后者各指标量值；车体横向加速受坡度变化影响极小，几乎无变化；车体垂向加速度的峰值本身由坡脚冲击引起，道岔对其峰值并无贡献，故两种情况下的车体垂向振动加速度量值及增大幅度均相同。

③对于轨道结构振动指标，道岔与坡脚距离 50 m 的计算工况同道岔与坡脚距离500 m计算工况相比，前者的各指标量值均要大于后者各指标量值，同时前者量值随着坡度增大而增大的幅度也要大于后者量值随着坡度增大而增大的幅度。

（三）不同竖曲线半径的影响

根据设计资料，本部分主要针对竖曲线半径为 20 000 m、25 000 m 及 30 000 m 条件下的系统动力响应进行分析。竖曲线平纵断面资料见表 3—36。

表 3—36　竖曲线长度及高程

项　目	20 000 m	25 000 m	30 000 m
竖曲线长度（m）	120	150	180
竖曲线终点高程（m）	0. 36	0. 45	0. 54

由于随着竖曲线半径的不同，竖曲线在平面里程的投影也有所增长，从文献资料可知随着竖曲线长度的增大，相同坡道坡度条件下的列车动力响应会有所降低，即：竖曲线半径越大，其对列车振动的影响距离越小，故当坡道竖曲线终点同道岔距离较远时，不同竖曲线半径对于列车振动的影响都极小，这同单纯研究坡道竖曲线终点同道岔间的距离无异。故本节在研究竖曲线半径影响时选取坡道竖曲线终点与道岔距离 50 m 时，研究坡脚处与道岔处振动叠加情况下不同竖曲线半径对于系统动力学特性的影响，计算选择坡度为 30‰，列车 250 km/h 直逆向通过 18 号高速道岔。计算结果见表 3—37。

表 3—37　距离 50 m 计算结果

项　目	单位	20 000 m	25 000 m	30 000 m
速度	km/h	250	250	250
脱轨系数	—	0. 07	0. 07	0. 07
轮重减载率	—	0. 18	0. 18	0. 18
轮轨竖向力	kN	103. 33	103. 21	102. 66
轮轨横向力	kN	4. 72	4. 22	4. 05
轮轴横向力	kN	4. 99	4. 21	4. 08
车体横向加速度	m/s^2	0. 36	0. 36	0. 35
车体垂向加速度	m/s^2	3. 59	2. 88	2. 43
岔前基本轨垂向位移	mm	1. 94	1. 94	1. 94
尖轨一动垂向位移	mm	0. 82	0. 76	0. 76
心轨垂向位移	mm	2. 70	2. 70	2. 70
尖轨开口量	mm	0. 15	0. 15	0. 12
心轨开口量	mm	0. 15	0. 19	0. 15
岔前基本轨垂向加速度	m/s^2	633. 18	632. 01	625. 54
尖轨一动垂向加速度	m/s^2	1 329. 15	1 317. 21	1 310. 05
心轨垂向加速度	m/s^2	1 488. 80	1 478. 58	1 482. 73

根据表 3—37 计算结果和图 3—44、图 3—45 可知以下因素。

1. 安全检算指标：随着竖曲线半径的增大，在相同坡度条件下，竖曲线的长度也有所增大，故脱轨系数、轮重减载率、轮轨垂向力、轮轨横向力、轮轴横向力、尖轨及心轨开口量等指标均有所减小，但降低的幅度较小。随着竖曲线半径的增大，轮轨横向力减小 0. 67 kN，降低约 14. 2%，轮轴横向力减小 0. 91 kN，降低约 18. 2%，轮轨垂向力减小 0. 67 kN，降低约 0. 60%；脱轨系数及轮重减载率、尖轨及心轨开口量几乎没有变化。由轮轨垂向力时程曲线也可以看出，随着竖曲线半径的增大，竖曲线长度也有所增大，列车经过坡脚时引起的轮轨垂向力增载量仍呈梯形分布，但明显梯形的高度有所下降，表示随着竖曲线半径的增大轮轨垂向力增载量有一定减小，同时梯形下底边长度增大，表示轮轨垂向力的增量变化时间变长，坡脚处的轮轨变化更为平缓。各项安全指标符合相关规范要求。

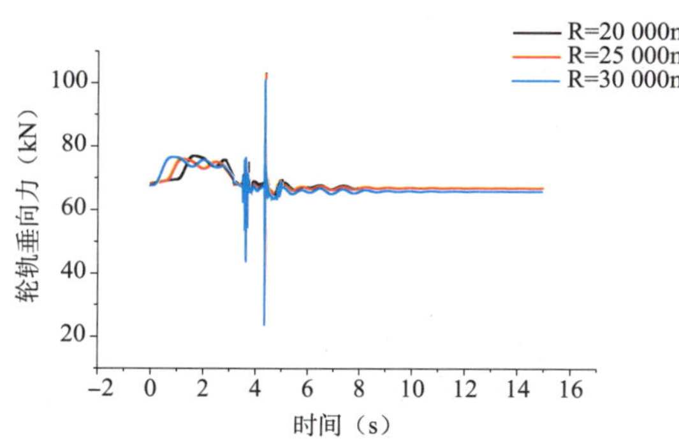

图 3—44　轮轨垂向力时程曲线

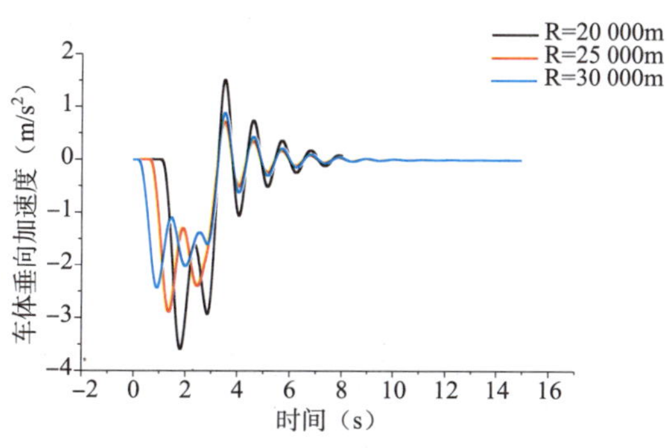

图 3—45　车体垂向加速度时程曲线

2. 车体振动加速度：车辆通过坡脚时并未引起车体的横向振动，仅由于道岔的存在引起了车辆的横向振动，故竖曲线半径对于车体横向振动加速度几乎没有影响。在以上计算工况条件下，车体横向振动加速度最大值均出现在车辆运行至心轨附近区域，且最大值均为0.35～0.36 m/s^2之间。车体垂向加速度最大值均产生在坡脚位置附近，随着竖曲线半径的增大，坡脚处的车体垂向振动加速度变化时间也有所增长，且车体垂向加速度的峰值有明显下降，竖曲线半径由20 000 m增大至30 000 m时，车体在坡脚处的垂向振动加速度降低了1.16 m/s^2，下降幅度达32.1%。由于三种竖曲线半径工况下，坡脚竖曲线终点距离道岔均为50 m，故列车在通过道岔时发生的垂向振动变化不明显，而且同坡脚的振动冲击相比，道岔结构引起的车体垂向振动量值极小，在时程曲线上几乎无法分辨。从车体垂向振动加速度时程曲线还可以看出，随着竖曲线半径的增大，车体垂向振动加速度的衰减距离虽然有所减小，但并未发生较大变化。

3. 轨道结构振动：由以上计算结果及分析可知，在不同曲线半径条件下，轨道结构振动位移及振动加速度等指标在量值上仍较为接近，并未出现明显波动，从峰值来看，钢轨的位移及加速度均未发生较大变化，最大变化幅度均未超过5%，说明在列车高速通过条件下，随着竖曲线半径的增大，对于轨道结构的振动并无明显影响。

三、小　结

(1)道岔方向对高速铁路长大坡道道岔力学特性的影响较小，可根据线路设计需要合理设置；列车上下坡高速通过道岔时，道岔的动态响应相近。

(2)坡度对高速铁路长大坡道道岔空间力学特性在施加温度荷载时影响不显著，而施加车辆荷载和制动荷载时影响较为明显；随着坡度的增大，钢轨、尖轨跟端限位器和心轨跟端间隔铁受力及钢轨位移均有不同程度的增大，道岔动态响应也有所增大。应该尽量减小坡度。

(3)在温度荷载、车辆荷载及制动荷载作用下，道岔位置对长大坡道道岔受力变形有一定影响。为避免钢轨在变坡点处产生碎弯，保证轨道几何形位的准确，道岔宜布置于尽可能远离边坡点500 m以上。

(4)增大竖曲线半径可减小道岔及高速列车的动态响应，有利于保证列车的平稳运行。

第五节　高速铁路道岔力学特性的试验研究

遂渝线无砟轨道综合试验段蔡家车站2号岔位和4号岔位铺设的客运专线18号道岔是我国首次在路基上铺设无砟轨道道岔，见图3—46、图3—47。对于实际运营的客运专线18号无砟道岔在温度荷载作用下，道岔钢轨的温度力及位移的分布规律缺乏足够的理论和试验研究。为此，笔者带领科研团队对客运专线18号无砟道岔的温度力和位移进行了试验研究。

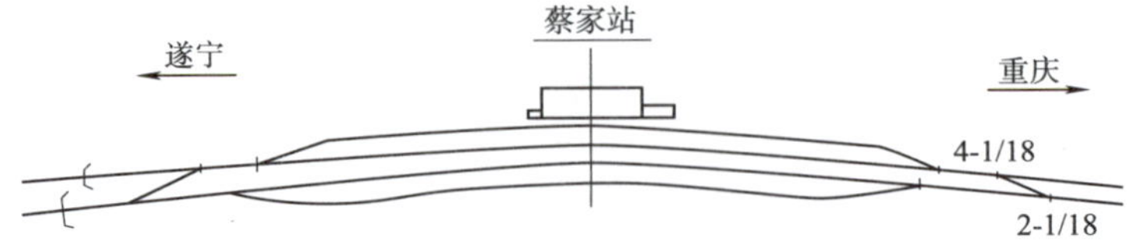

图3—46　蔡家站道岔布置示意图

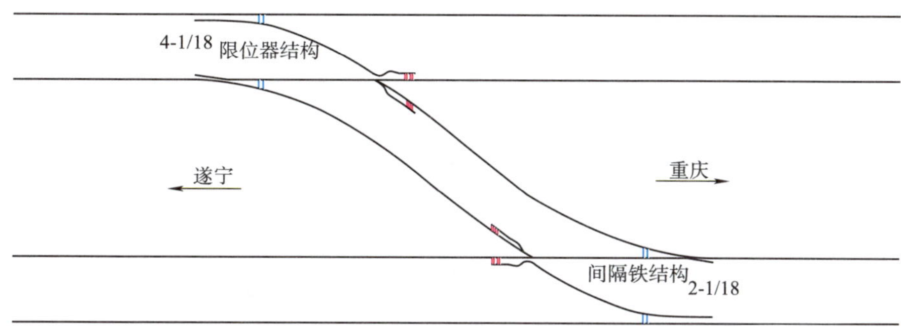

图 3—47　测试道岔布置图

一、温度力测试

通过对无缝道岔温度力观测数据的计算，可得出无缝道岔钢轨温度力。图 3—48 ~ 图 3—50分别为钢轨温度差为 6.5℃和 9.0℃时道岔温度力分布规律。图中 4-1/18 道岔标记为 1 号道岔，其尖轨跟端传力结构为 2 组限位器；2-1/18 道岔标记为 2 号道岔，其尖轨跟端传力结构为 2 组间隔铁。

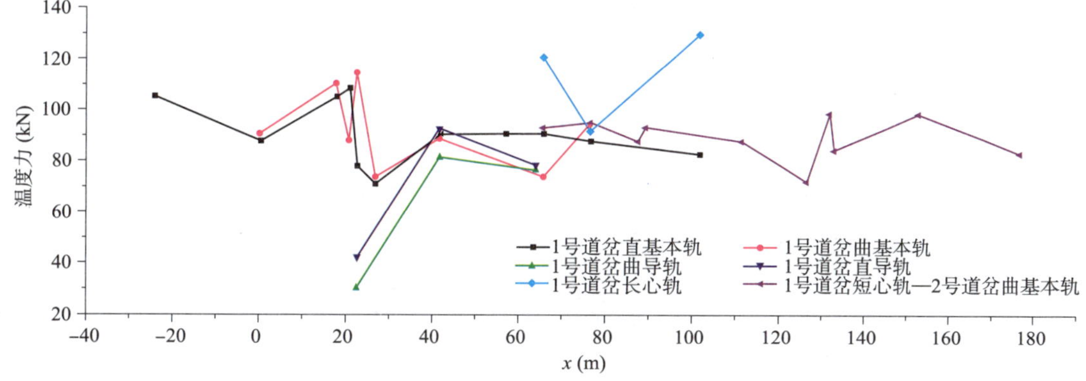

图 3—48　钢轨温度差为 5.0℃时道岔温度力分布

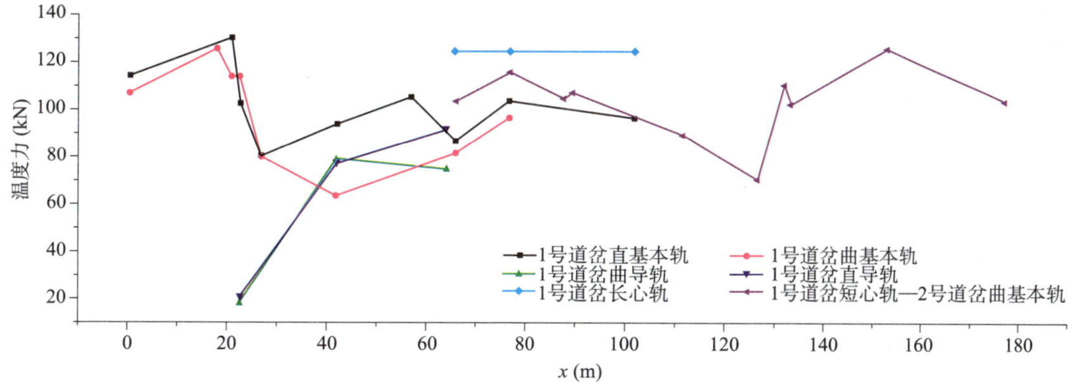

图 3—49　钢轨温度差为 6.5℃时道岔温度力分布

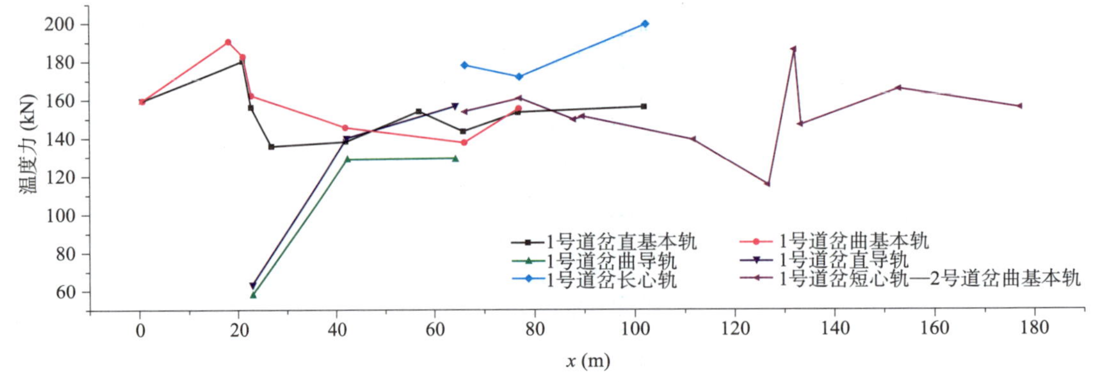

图 3—50　钢轨温度差为 9.0℃时道岔温度力分布

图 3—51 和图 3—52 为 4-1/18 道岔直基本轨、4-1/18 道岔曲基本轨温度力分布随温度变化的规律。图 3—53 和图 3—54 为道岔曲导轨温度力分布随温度变化的规律。

由于 4-1/18 道岔直基本轨没有与 2-1/18 道岔直接相连，其温度力分布受 2 组道岔连接的影响很小。由于限位器子母块尚未接触，道岔基本轨不受里轨传递的附加温度力。限位器子母块尚未接触，因此曲基本轨不承受里轨传递的附加温度力。由于 4-1/18 道岔曲基本轨与 2-1/18道岔短心轨相连，与直基本轨相比较，其温度力分布受 2 组道岔连接的影响较大。

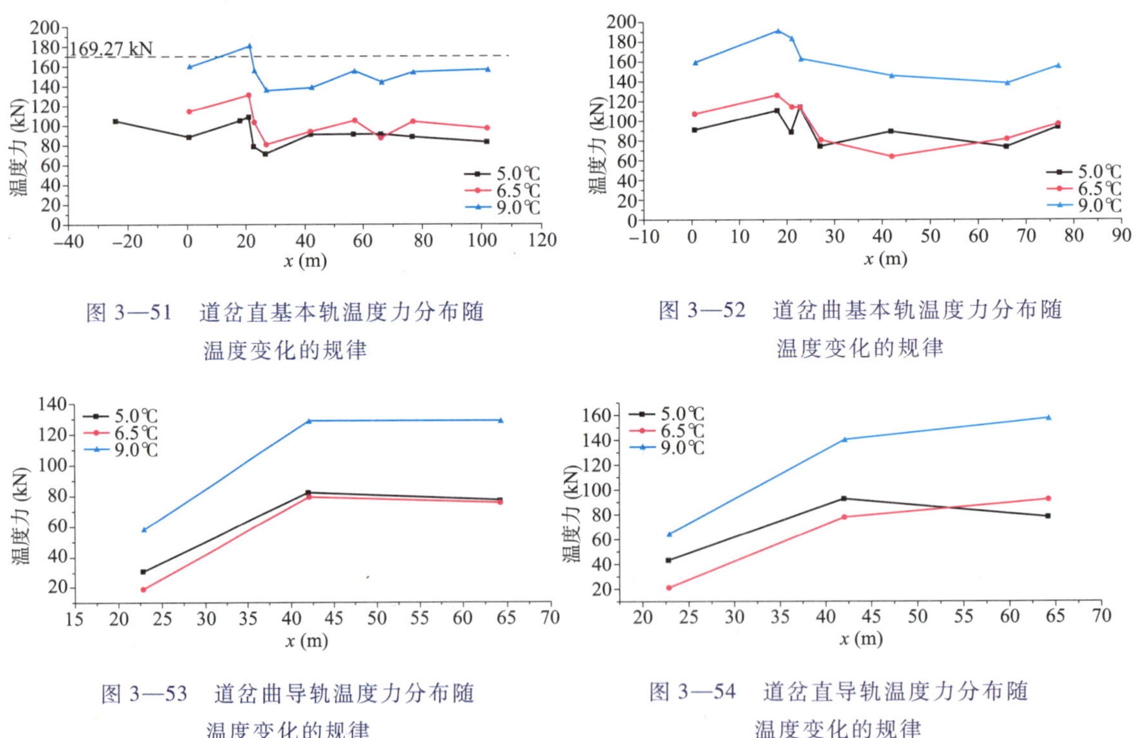

图 3—51　道岔直基本轨温度力分布随温度变化的规律

图 3—52　道岔曲基本轨温度力分布随温度变化的规律

图 3—53　道岔曲导轨温度力分布随温度变化的规律

图 3—54　道岔直导轨温度力分布随温度变化的规律

4-1/18 道岔曲、直导轨温度力随温度升高而增大。由于 4-1/18 道岔曲导轨和直导轨没有与 2-1/18 道岔直接相连，其温度力分布受 2 组道岔连接的影响较小。

考虑到钢轨实测温度与钢轨截面平均温度不同，通过计算反推钢轨截面平均温度。反推的钢轨截面平均温度比钢轨实测温度小 1.0 左右℃。在理论计算时，钢轨温度差分别为 8.0℃、5.5℃和 4.0℃。

4-1/18 道岔尖轨跟端为限位器结构，在限位器子母块接触前，无砟轨道无缝道岔基本轨附加温度力为零。2-1/18 道岔尖轨跟端为间隔铁结构，图 3—55 为 2-1/18 道岔曲基本轨在温度差分别为 8.0℃、5.5℃和 4.0℃时的温度力分布规律。

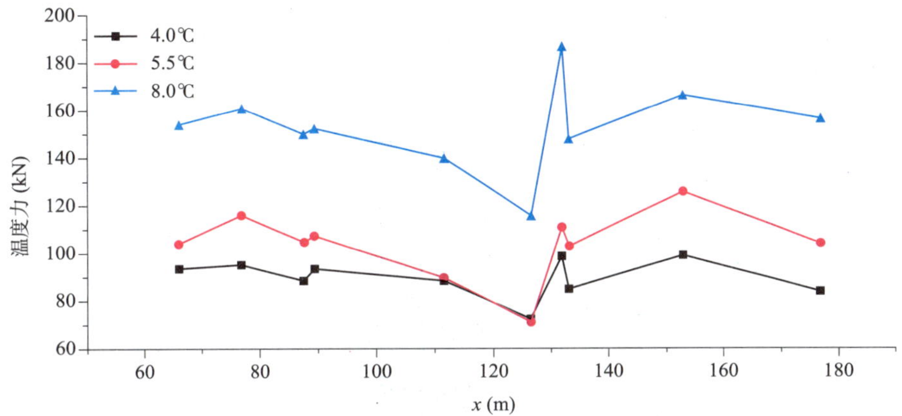

图 3—55　2-1/18 道岔钢轨实测温度力分布规律

由图 3—71 实测结果可知，在尖轨跟端位置，基本轨附加温度力最大，约为基本温度力的 4.77% ~28.26%。依据测试道岔实际结构建立 18 号道岔的无缝渡线有限元模型，计算结果与实测值的对比见图 3—56。计算结果与实测值相近，证明该有限元模型计算结果安全可靠。

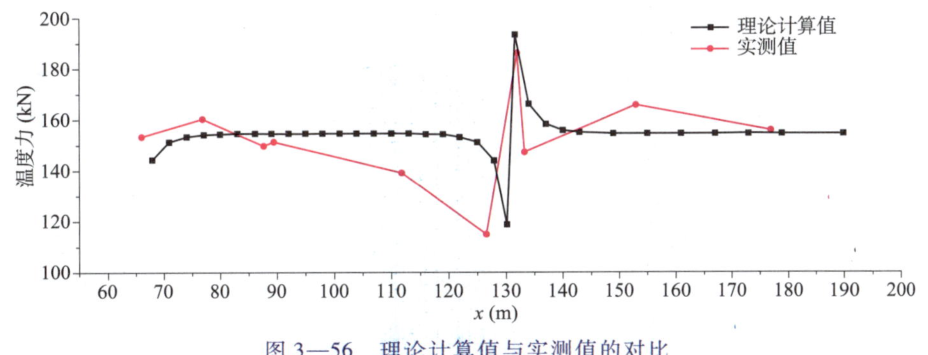

图 3—56　理论计算值与实测值的对比

二、钢轨位移测试

道岔锁定轨温为 35℃，理论计算限位器间隙值及与实测值的对比见表 3—38。

由表 3—38 可知，限位器前侧间隙值随温度升高而增大，限位器后侧间隙值随温度升高而减小。限位器间隙值实测值与理论计算值差别较大，这主要是由行车方向造成的。遂渝线试验段为复线线路，顺向通过道岔的列车数与逆向通过道岔的列车数会有明显的差异。

一般情况下，在钢轨温度低于无缝道岔锁定轨温的情况下，由于列车纵向力的作用，当列车顺向通过道岔时，道岔直尖轨或曲尖轨收缩位移会增大；当列车逆向通过道岔时，道岔直尖轨或曲尖轨收缩位移会减小。在钢轨温度高于无缝道岔锁定轨温的情况下，当列车顺向通过道岔时，道岔直尖轨或曲尖轨伸长位移会减小；当列车逆向通过道岔时，道岔直尖轨或曲尖轨收缩位移会增大。除此之外，列车作用在尖轨上的纵向力克服尖轨底部的摩擦力后，剩余部分由导轨和基本轨通过尖轨跟端传力机构的协调共同承受。

表 3—38　限位器间隙理论计算值与实测值的对比

道岔编号	相对位移			11.5℃		8.0℃		13.5℃		4.0℃	
				观测值	计算值	观测值	计算值	观测值	计算值	观测值	计算值
4-1/18	尖　轨			0.00	0	−1.50	−1.20	0.00	0.72	−1.90	−2.54
	心轨	尖端		0.00	0	0.00	−0.53	0.00	0.30	−0.50	−1.15
		跟端		0.00	0	0.00	−0.25	0.00	0.13	0.00	−0.54
	限位器间隙值	Ⅰ	前	5.60	5.26	5.34	4.88	5.50	5.51	5.20	4.50
			后	7.36	8.75	7.10	9.12	6.98	8.49	7.90	9.50
		Ⅱ	前	5.16	5.12	5.10	4.80	5.30	5.34	5.00	4.50
			后	7.40	7.88	8.00	8.20	7.80	7.66	8.10	8.50
		Ⅲ	前	5.64	5.26	5.70	4.88	5.80	5.51	5.50	4.50
			后	6.80	8.76	7.04	9.12	6.62	8.49	7.16	9.50
		Ⅳ	前	5.20	5.07	5.40	4.80	5.58	5.34	5.14	4.50
			后	7.46	7.93	7.60	8.20	7.20	7.66	7.96	8.50
2-1/18	尖　轨			0.00	0	−1.50	−1.12	+1.00	0.63	−2.00	−8.84
	心轨	尖端		0.00	0	−1.00	−0.53	0.00	0.30	−1.00	−1.15
		跟端		0.00	0	0.00	−0.25	0.00	0.13	0.00	−0.54

目前还没有高速列车通过道岔时，尖轨位移发生变化的相关实验资料。借鉴铁道部科学研究院 1980 年 11 月的试验结果。该试验在过车情况下，测定长钢轨的纵向位移及纵向阻力。经过 80 次货车的运行（其中内燃机车 33 次，蒸气机车 47 次）得出：扣件布置为1 紧 –5 松 –1 紧时（扣件设计阻力为 300 kgf/m），车前长钢轨最大位移为 0.56 ~1.0 mm；扣件布置为1 紧 –2 松 –1 紧时（扣件设计阻力为 600 kgf/m），车前长钢轨最大位移为 0.51 ~1.0 mm。列车通过后，尖轨位移回弹，其残余位移量极其微小。随着行车次数的增加，这种塑性变形会积累。

由以上分析可知，在高速情况下，列车纵向作用力较大，行车方向可能使尖轨位移和限位器间隙值增大或减小。在无缝道岔设计中应考虑到行车方向可能使尖轨位移增大 2.0 mm，同时行车方向可能也使限位器间隙值产生 1.0 mm 的偏移。

由于行车方向的影响，单位温度变化的道岔尖轨伸长、缩短量有明显的差异。当温度由 11.5℃升高至 13.5℃时，尖轨伸长量观测值为零；当温度由 11.5℃降低至 8.0℃时，尖轨缩短量观测值为 1.50 mm。可见，温度升高时，尖轨伸长方向与行车方向相反，单位温度变化的道岔尖轨伸长量较小；温度降低时，尖轨缩短方向与行车方向相同，单位温度变化的道岔尖轨缩短量较大。

三、试验结论

通过对遂渝线无砟轨道综合试验段蔡家车站 2 号岔位和 4 号岔位铺设的客运专线 18 号道岔的温度力和位移进行观测记录、对实测值的分析以及与理论计算值的对比，进一步掌握了无砟轨道道岔钢轨的温度力及位移的分布规律，得出以下主要结论及建议。

1. 无缝渡线的受力与变形有别于单个道岔的受力与变形，应整体计算分析无缝渡线。

2. 在无缝道岔理论分析及设计中应充分考虑行车方向对无缝道岔受力与变形的影响。行车方向可能使尖轨位移增大，使限位器间隙值偏移，子母块更早接触。

第六节　高速铁路道岔合理焊接顺序

目前世界上拥有成熟高速道岔技术的国家都很重视道岔的铺设，视为道岔技术的关键组成部分，与道岔的设计和制造环节并重。无缝道岔钢轨焊接是道岔铺设的一个重要问题。随着跨区间无缝线路的发展，我国各研究与施工单位通过研究与实践，也提出无缝道岔钢轨焊接相关技术要求，但尚未达成共识。本节通过对国内外无缝道岔铺设焊接的综合研究，提出了高速道岔的合理钢轨焊接顺序及其作业温度范围。

一、德国道岔钢轨焊接顺序及其作业温度范围

德国无缝道岔钢轨焊接顺序见图 3—57，接头 1 ~ 6 的焊接轨温为 3℃ ~ 25℃；辙跟接头 7 的焊接轨温要更严格一些，应在设计锁定轨温范围内焊连该接头。最终道岔两端与长轨条焊连时，其焊接轨温应为线路锁定轨温 ±3℃。

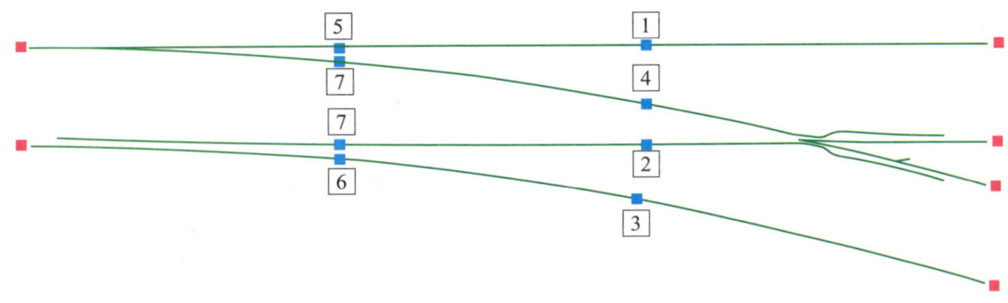

图 3—57　德国无缝道岔钢轨焊接顺序

德国道岔轨下基础多为无砟轨道结构，这对道岔的铺设精度要求高。一般情况下，道岔直向通过速度要远大于道岔侧向通过速度，道岔直向铺设精度必然应高于道岔侧向铺设精度。因此，先焊道岔直向钢轨接头，后焊道岔侧向钢轨接头，便于焊接过程中调整道岔钢轨的几何形位，保证道岔直向铺设精度。此外，道岔岔内接头焊接时按照从后至前的顺序，有利于放散焊接过程中形成的钢轨不均匀内力。

德国道岔尖轨跟端一般设置传力结构(如 BWG18 号和 39 号道岔)。在锁定轨温时，限位器结构子母块应居中，间隔铁结构纵向应不受力或受力很小。计算表明：对于德国 BWG18 号道岔，当尖轨跟端设置 1 组限位器，钢轨温度变化 5℃时，限位器子母块间隙变化 0.2 mm；当尖轨跟端设置 1 组间隔铁，钢轨温度变化 5℃时，间隔铁受力变化 37.1 kN。由此可见，尖轨跟端接头的焊接作业应在整个道岔岔内接头焊接作业的最后完成，且作业温度范围应严格一些，尤其是尖轨跟端传力结构为间隔铁结构时，其作业温度范围应更严格。

二、法国道岔系统钢轨焊接顺序及其作业温度范围

法国科吉福道岔系统 18 号道岔与无缝线路整合的技术要求中规定道岔锁定轨温为 30℃，道岔温度变化幅度为 ±50℃。道岔焊接操作温度有以下规定。

(1)30℃ ~35℃：标准条件下与无缝线路整合的温度范围，焊接轨内没有张力的情况下就能实现；

(2)15℃ ~29℃：与无缝线路最终整合的允许温度范围，采用液压千斤顶拖拽要焊接的钢

轨以补充实际轨温和中性温度(锁定轨温)的温差;

(3)28℃ ~35℃:渡线 2 个道岔中间段与无缝线路最终整合的允许温度范围;

(4)5℃ ~35℃:道岔内部焊接作业的允许温度范围;

(5)焊接是成对进行的,两次焊接的温度差应小于 2℃。

首先焊接道岔内部的钢轨,所有的焊接都在 5℃ ~35℃的温度条件下进行。焊接后,应对尖轨的实际位置进行控制和确认。道岔焊接顺序见图 3—58。

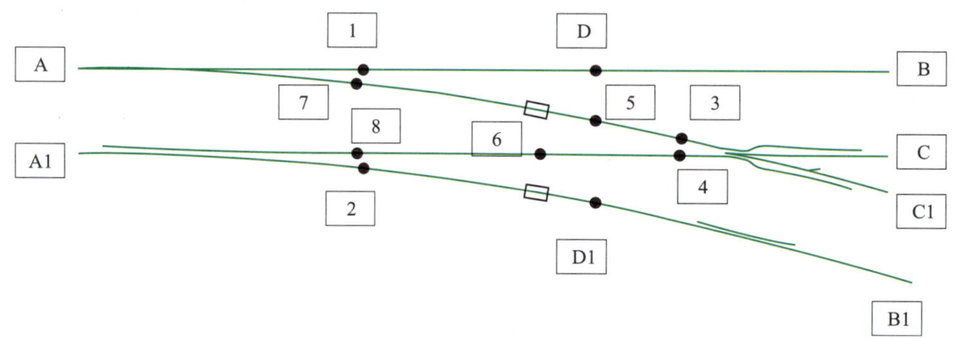

图 3—58　法国科吉福道岔钢轨焊接顺序

然后在道岔两端焊接连接轨,焊接在 5℃ ~35℃的温度条件下进行。最后将道岔与无缝线路整合焊接,整合焊接必须在 15℃ ~35℃的温度条件下进行。整合焊接应在距离连接轨至少 100 m 的位置进行。焊接时须松开至少 200 m 范围内的扣件系统,这样钢轨可以自由伸缩。钢轨置于滚轮上后须采用适当的捶打方法使其免受任何内力。整合顺序为:先道岔前端,后道岔后端;先道岔后端内侧,后道岔后端外侧。其中,道岔前端整合见图 3—59。

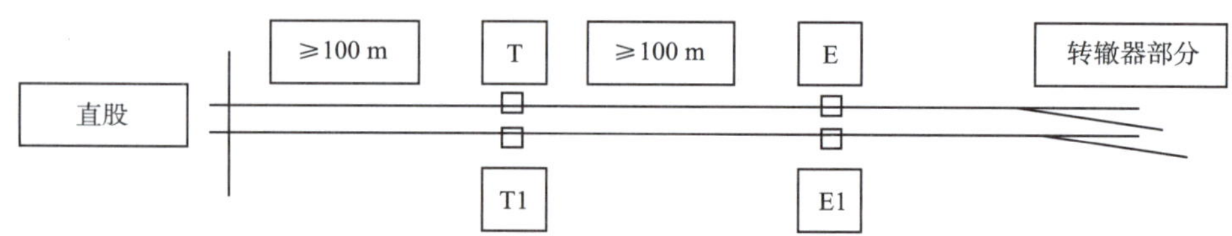

图 3—59　法国科吉福道岔前端整合示意

法国道岔的焊接与德国道岔焊接相比较,除仍然按照从后至前的顺序焊接岔内接头外,其他焊接顺序均不同。对于全焊无缝道岔,其曲基本轨与直基本轨、曲导轨与直导轨及长心轨与短心轨的温度力和位移分布规律相近。因此无缝道岔岔内接头焊接时,应成对进行,且两次焊接的温度差应小于 2℃,这有利于保证全焊无缝道岔的整体性。

法国科吉福道岔的尖轨跟端不设传力结构。因此,尖轨跟端的焊接作业温度范围可适当增大,但应控制、检查尖轨的实际位置。

三、我国既有道岔钢轨焊接顺序及其作业温度范围

随着我国跨区间无缝线路的发展,各研究与施工单位通过研究与实践,提出无缝道岔钢轨焊接顺序及其作业温度的相关技术要求,同时也在相关规范中得到体现。

北京铁路局在大秦线铺设 75 kg/m 12 号无缝道岔时,先将道岔在线下整组预铺成型,焊接岔内所有接头,然后进行整组更换上道。该道岔的钢轨焊接基本顺序为先直股后曲股,先辙叉

后尖轨，见图 3—60。此种焊接顺序与作业温度范围是参照德国道岔的焊接技术要求制定的。大秦线是我国第一条现代化的重载铁路，其列车运行速度较低。一般地，12 号道岔的直向通过速度 120 km/h，侧向通过速度 60 km/h。采用这种焊接顺序可以保证道岔直向有较高的平顺性。

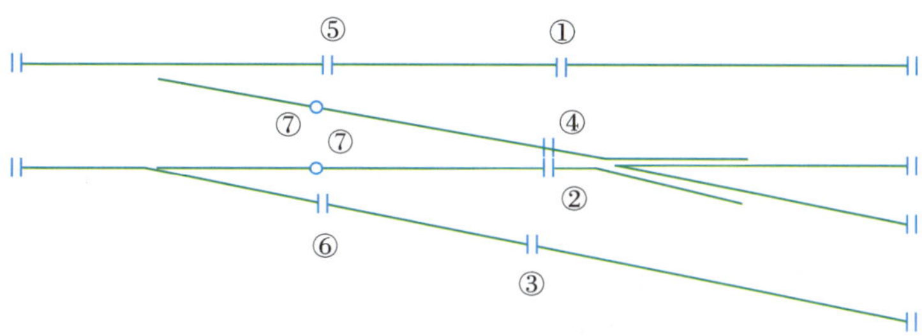

图 3—60　大秦线铺设 75 kg/m12 号无缝道岔岔内钢轨焊接顺序

秦沈客运专线绥中北站大号码道岔进行岔内钢轨焊接时，为保证道岔铺设精度，其焊接顺序为先外侧 2 股，后内侧 2 股，道岔各部分经全面检查整修，最后施焊尖轨跟端的 2 股钢轨。可见，该组道岔的钢轨焊接基本顺序为先外侧后内侧，先辙叉后尖轨。对于行车速度高的线路而言，采用此种焊接顺序及成对焊接可以很好地保证道岔的铺设精度。

胶州北站铺设客运专线 18 号有砟道岔，该组道岔岔区内钢轨焊接顺序为先焊接道岔直基本轨和曲基本轨 6 个接头，再焊接里股钢轨 6 个接头，即焊接顺序先外侧后内侧。此种焊接顺序是针对原位铺设道岔的方法制定的，仍采用了从后至前的焊接顺序以便于放散钢轨内力。按照此法进行道岔焊接作业，对保证道岔的铺设位置是有利的。

四、高速铁路无缝道岔钢轨焊接顺序及其作业温度范围

目前，我国高速铁路无缝道岔的焊接多按照先直股后曲股，先辙叉后尖轨的顺序进行，可保证道岔直向有较高的平顺性，保证道岔铺设位置，如秦沈客运专线大号码道岔的铺设等。

针对高速铁路的行车速度高和多为无砟轨道的特点，笔者经研究提出高速铁路无缝道岔钢轨焊接顺序及其作业温度的技术要求。高速道岔焊接顺序的确定原则为：先焊接岔内接头，后与区间无缝线路焊连；岔内按照先外后里，从后至前，先直后曲的顺序焊接；与区间焊连按照先前端后尾端，岔尾先外后里的顺序焊接。以上焊接均应成对进行，两次焊接的温度差应小于 2℃。

焊接顺序与作业温度（无缝道岔的锁定轨温为 $T_{锁定}$）见图 3—61。

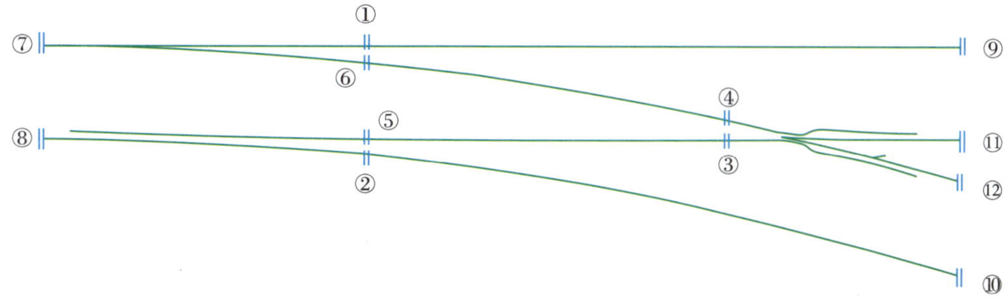

图 3—61　高速铁路无缝道岔钢轨焊接顺序

1. 焊接接头①～④,其作业温度范围为 $T_{锁定}-20℃$ 至 $T_{锁定}+5℃$。

2. 焊接接头⑤和⑥。若尖轨跟端采用限位器结构,其作业温度范围为 $T_{锁定}-5℃$ 至 $T_{锁定}+5℃$;若尖轨跟端采用间隔铁结构,其作业温度范围为 $T_{锁定}-3℃$ 至 $T_{锁定}+3℃$;若尖轨跟端不设传力结构,其作业温度范围为 $T_{锁定}-5℃$ 至 $T_{锁定}+5℃$。焊接后应对尖轨的实际位置进行控制和确认。

3. 焊接接头⑦～⑫,其作业温度范围为 $T_{锁定}-3℃$ 至 $T_{锁定}+3℃$。

在高速铁路无缝道岔钢轨的焊接过程中,应注意以下几点。

(1)钢轨焊接需控制各接头的作业温度,在规定的轨温范围内进行焊接作业。

(2)无缝道岔岔内钢轨的焊接顺序为先外侧后内侧,先直股后曲股,先辙叉后尖轨。这有利于放散焊接过程中形成的内力。

(3)焊接应成对进行,两次焊接的温度差应小于 2℃。这有利于保持全焊无缝道岔的整体性。

(4)若道岔尖轨跟端采用限位器结构,在焊接道岔过程中尖轨跟部限位器的子母块应保持居中。应采用卡具或卡块卡住限位器,保证子母块缝隙偏差不大于 0.5 mm。

(5)若道岔尖轨跟端采用间隔铁结构,在尖轨跟端钢轨焊接前应将间隔铁安装到位。在尖轨跟端钢轨焊接作业完成之后,与区间无缝线路长钢轨焊连之前需松开间隔铁螺栓,放散焊接过程中形成的内力。

(6)由于尖轨跟部有刨切扭曲,所以尖轨跟部的焊接操作较困难,质量不好控制,特别注意尖轨跟部的接头焊接。

第四章　长大桥梁无砟轨道无缝线路

国内外关于桥上无缝线路的研究工作很多,但尚未形成适用于各种桥梁形式的桥上无砟轨道无缝线路通用的计算方法,对于轨道受力也主要集中在纵向或垂向,纵向、横向、垂向相互结合的研究则相对较少。本章针对不同无砟轨道结构形式的特点,建立长大桥梁无砟轨道无缝线路纵横垂向空间耦合模型,对各项设计参数的影响规律进行了计算与分析。应用该模型,对无砟轨道可适应的长大混凝土桥梁温度跨长、伸缩调节器的设置原则等关键技术进行了分析,并对道床板与支承层的离缝问题也进行初步的研究。该方法能够更好的指导长大桥上无砟轨道无缝线路的设计与养护维修。在动力分析方面,本章通过大型有限元软件建立空间耦合动力学模型,系统分析了长大桥梁无砟轨道无缝线路的动力学性能,并就钢轨碎弯变形对车、线、桥的动力影响进行了分析。

另外,本章选择京沪高速铁路京杭运河特大桥桥上无砟轨道无缝线路作为静、动态试验工点。对桥上无缝线路钢轨伸缩附加力、桥梁位移和桥墩位移、桥上无缝线路上轮轨力、动态位移、动态应力、振动加速度、端刺结构动力性能等进行了测试,掌握了桥上无缝线路受力与变形规律,验证了长大桥梁无砟轨道无缝线路设计和计算理论,为高速铁路长大桥梁无砟轨道无缝线路的使用积累了经验。

第一节　长大桥梁无砟轨道无缝线路空间耦合分析模型

我国早期也曾产生很多较为简单实用的无缝线路计算模型,可以适应当时对于中小跨度桥梁的应用。但是随着越来越多的高速铁路长大桥梁无砟轨道无缝线路的投入使用,原有的简单计算模型已不再适用,需要建立更加完备的计算模型。桥梁在温度荷载或制(起)动力作用下,通过梁轨间的纵向约束带动长轨条发生纵向位移,并在长轨条中产生纵向附加力;同时梁轨间的纵向约束力又以相反的方向作用在桥梁上,并传递至固定支座上,带动墩台产生纵向位移,使桥梁上翼缘的纵向位移发生改变,可见线、桥、墩是一相互作用的耦合系统。

单线桥梁若一根轨条折断,相邻轨条会通过限制墩顶纵向位移而阻止钢轨断缝的继续扩大,这种钢轨-桥梁-墩台一体化的计算模型,用于计算单线桥上无缝线路钢轨断缝值时与实际情况是吻合的。高速铁路采用的双线桥梁由于有四根钢轨,发生断轨时相邻轨条的限制作用会更加明显,如果采用四根轨条同时断开,或不考虑墩台纵向水平刚度,或不考虑钢轨折断后纵向力的重分布等简化算法,计算结果与实际情况差别较大。目前高速铁路双线铁路桥梁共用墩台,当一股钢轨折断后,其他三股钢轨将限制折断钢轨的伸缩位移,相当于增大墩台的纵向水平刚度。因此,在建立高速铁路无砟轨道桥上无缝线路的计算模型时需要考虑多根钢轨、无砟轨道、桥梁及墩台的实际尺寸及共同作用。

我国高速铁路普遍采用无砟轨道,无砟轨道结构设置了底座板、砂浆层、轨道板等结构。在垂向力作用下,无砟轨道结构的受力情况与普通有砟轨道结构相比更加复杂,仅考虑平面因素的桥上无缝线路简化模型的计算结果与实际差别较大。尤其对于CRTS Ⅱ型板式无砟轨道,由于设置了滑动层、侧向挡块和剪力齿槽，在桥梁两端设置了锚固体系，结构更为复杂，仅仅建立纵向模型已不能满足高速铁路桥上无砟轨道的仿真要求。因此，应建立桥上无砟轨道无缝线路结构的空间耦合模型，使无砟轨道结构的受力状况分析更加精确。

综上所述，需要建立长大桥梁无砟轨道无缝线路的纵-横-垂向空间耦合模型，详细考虑不同无砟轨道和桥梁结构对无缝线路的影响，更好的指导理论研究与设计实践。本部分计算分析所采用的长大桥梁无砟轨道无缝线路的纵-横-垂向空间耦合模型经与试验结果相互验证，证明计算结果准确，能够满足设计要求。

一、CRTS Ⅰ 型板式无砟轨道无缝线路

高速铁路长大桥梁 CRTS Ⅰ 型板式无砟轨道无缝线路主要包括钢轨、扣件、轨道板、砂浆充填层、底座板、凸形挡台、树脂填充层、桥梁等结构。

1. 主要计算参数和有限元模型的建立

(1)钢轨选用梁单元进行模拟。钢轨按照实际截面属性进行建模，考虑钢轨的截面积、惯性矩以及扭转弯矩等参数。钢轨按照支承节点划分单元，可全面考虑纵、横、垂向线位移及转角。

(2)扣件采用非线性弹簧单元进行模拟。可全面考虑扣件的纵向阻力、横向阻力和垂向刚度。扣件的阻力和刚度均可根据实测值取值。桥上 CRTS Ⅰ 型板式无砟轨道无缝线路的扣件节点间距为 629 mm。

(3)轨道板采用实体单元进行模拟，可以全面考虑轨道板的几何尺寸和物理属性。CRTS Ⅰ 型板式无砟轨道可采用整体轨道板和框架型轨道板两种结构形式。对于严寒地区，采用整体轨道板结构；对于温暖及寒冷地区，采用框架型轨道板结构。本部分以框架型轨道板为例进行计算与分析。在 32 m 简支梁上设两种长度尺寸的轨道板，分别为长 3 685 mm 的梁端轨道板和长 4 962 mm 的标准轨道板。梁端轨道板上布置 6 个扣件，标准轨道板上布置 8 个扣件。轨道板之间设置 70 mm 板缝。轨道板采用 C50 混凝土，密度 2 500 kg/m^3，弹性模量 3.55×10^4 MPa，泊松比 0.2，线膨胀系数 1×10^{-5}/℃。框架型轨道板、砂浆充填层实体单元模型见图 4—1、图 4—2。

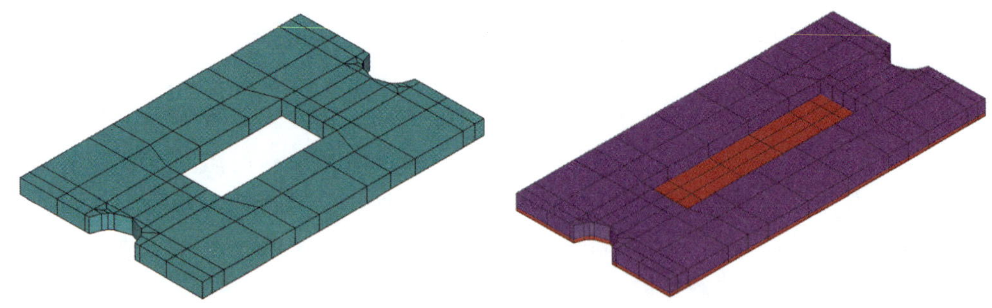

图 4—1　框架型轨道板实体单元模型　　图 4—2　轨道板和砂浆充填层实体单元模型

(4)采用砂浆材料作为轨道板与底座板之间的充填层。砂浆充填层采用实体单元进行模拟，可以全面考虑充填层的几何尺寸和物理属性。充填层与轨道板等长等宽，厚度取为 50 mm。根据不同使用条件的需要，砂浆充填层的弹性模量可分别取为 100 ~ 300 MPa(SL-2 型)、7 000 ~ 10 000 MPa(SL-1 型)和 20 000 ~ 30 000 MPa(SL-3 型)。轨道板和砂浆充填层实体单元模型见图 4-2。

(5)底座板、凸形挡台及凸形挡台四周的树脂填充层采用实体单元进行模拟,可以全面考虑各种结构的几何尺寸和物理属性。底座板采用 C35 混凝土,密度 2 500 kg/m^3,弹性模量 3.30×10^4 MPa,泊松比 0.2,线膨胀系数 1×10^{-5}/℃。凸形挡台半径为 260 mm,采用 C40 混凝土,密度 2 500 kg/m^3,弹性模量 3.40×10^4 MPa,泊松比 0.2,线膨胀系数 1×10^{-5}/℃。树脂填充层厚度取为 40 mm,弹性模量取为 25 MPa。底座板间设置 20 mm 的伸缩缝。桥上底座板的伸缩缝对应轨道板的板缝设置,路基地段每隔 4 块轨道板设置一个伸缩缝。底座板与凸形挡台的实体单元模型、底座板与凸形挡台及树脂填充层的实体单元模型见图 4—3、图 4—4。

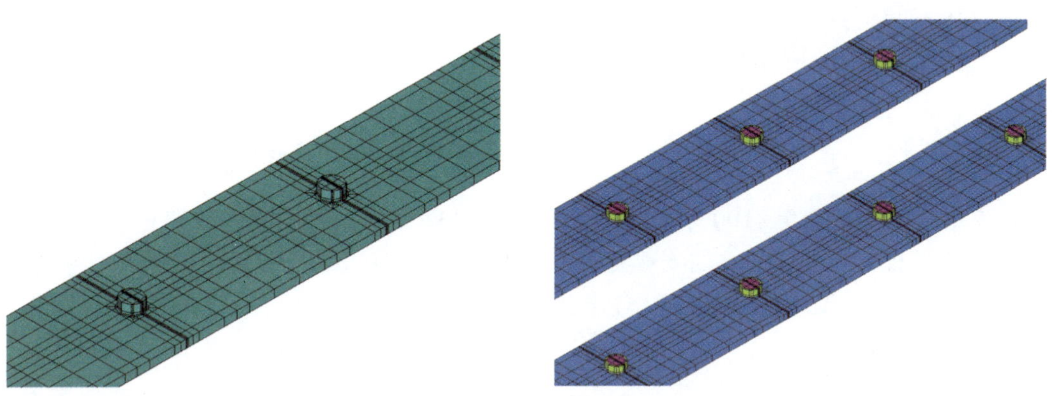

图 4—3　底座板与凸形挡台实体单元模型　　图 4—4　底座板与凸形挡台以及树脂填充层实体单元模型

(6)桥梁采用实体单元进行模拟,可以全面考虑桥梁结构的几何尺寸和物理属性。桥梁采用 C50 混凝土,密度 2 500 kg/m^3,弹性模量 3.55×10^4 MPa。简支梁及连续梁实体单元模型见图 4—5、图 4—6。

图 4—5　简支梁实体单元模型　　图 4—6　连续梁实体单元模型

(7)考虑桥梁墩台顶纵横向刚度基本为线性,采用线性弹簧单元进行模拟。考虑在墩顶面纵横向水平力作用下的墩身弯曲、基础倾斜、基础平移及橡胶支座剪切变形等引起的墩顶位移。固定支座可以阻止桥梁的伸缩,所承受的纵横向力全部传递至墩台;不考虑活动支座的摩擦阻力及支座本身的变形。

高速铁路长大桥梁 CRTS Ⅰ 型板式无砟轨道无缝线路的整体模型见图 4—7。

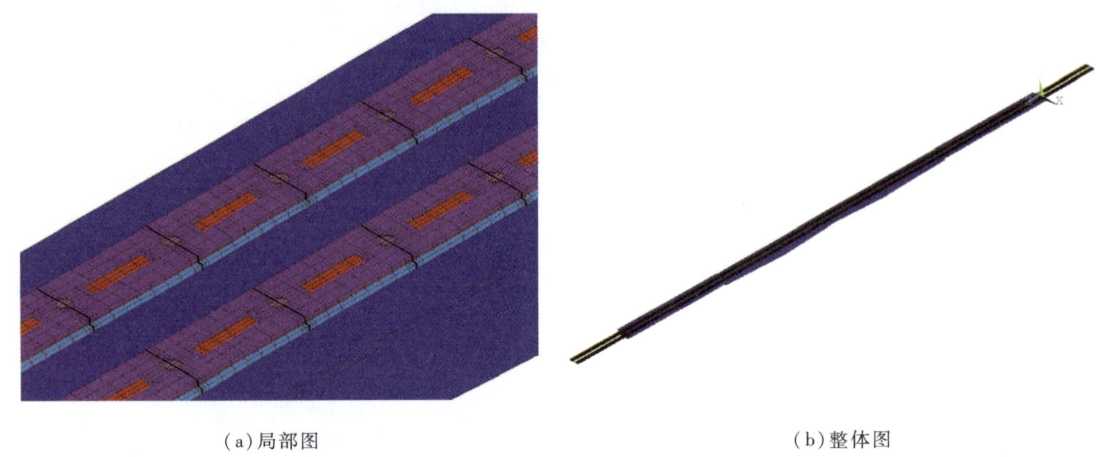

(a)局部图　(b)整体图

图 4—7　高速铁路长大桥梁 CRTS Ⅰ型板式无砟轨道无缝线路整体模型

以 3×32 m 简支梁 +(60+100+60)m 连续梁 +3×32 m 简支梁的双线铁路桥为例,进行模型对比与结果验证。首先采用本部分所建立的空间耦合模型和原有的梁轨简化模型分别进行计算,再对得到的钢轨受力与位移进行对比验证,见图 4—8、图 4—9。横坐标的零点为桥台与桥梁一侧的交界处。

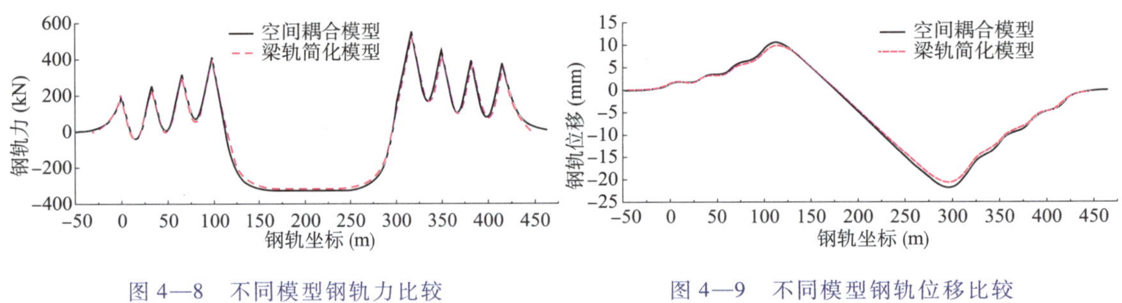

图 4—8　不同模型钢轨力比较　图 4—9　不同模型钢轨位移比较

由对比可知,本部分所建立的空间耦合模型与原有的梁轨简化模型计算得到的钢轨受力与位移在线形规律和数值上都非常相近,且由于空间耦合模型考虑了无砟轨道结构的影响,计算所得钢轨受力与位移偏大,相对较为安全。

由于原有的梁轨简化模型忽略了无砟轨道结构,无法考虑轨道板、砂浆充填层、底座板、凸形挡台、树脂填充层等结构参数的实际影响,而本部分所建立的空间耦合模型能够更详细的考虑无砟轨道各结构的影响,并能够得到各部分的详细计算结果,因此能够更好地指导设计。

2. 动力耦合模型

采用 ABAQUS 软件建立高速铁路长大桥梁 CRTS Ⅰ型板式无砟轨道无缝线路的动力学模型,主要考虑高速车辆(包括车体、转向架、轮对、一系悬挂和二系悬挂等)、CRTS Ⅰ型板式无砟轨道无缝线路(包括钢轨、扣件、轨道板、砂浆充填层、底座板、凸形挡台和树脂填充层等)和长大桥梁(包括简支箱梁、连续箱梁和桥墩)等结构组成。

(1)钢轨选用实体单元进行模拟,按实际截面属性建模,考虑钢轨的截面积、惯性矩以及扭转弯矩等参数。钢轨按照较小的长度划分单元,以满足动力学计算的需要,可以全面考虑纵、横、垂向线位移及转角。钢轨上施加不平顺轨道谱,并考虑钢轨底下 1∶40 的轨底坡。扣件采用弹簧单元进行模拟，可全面考虑扣件的纵向阻力、横向刚度和垂向刚度。动力计算时扣件动刚度按 1.5 倍静刚度取值。

（2）轨道板、砂浆层、底座板、凸形挡台及树脂填充层采用实体单元进行模拟，可以全面考虑轨道板的几何尺寸和物理属性，见图 4—10 ~ 图 4—12。

（a）标准框架型轨道板　（b）标准整体型轨道板

图 4—10　CRTS Ⅰ 型轨道板实体单元模型

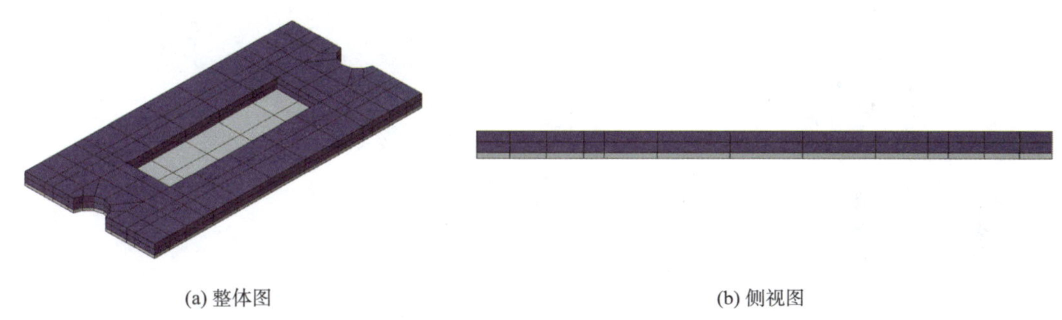

(a) 整体图　(b) 侧视图

图 4—11　轨道板和砂浆充填层实体单元模型

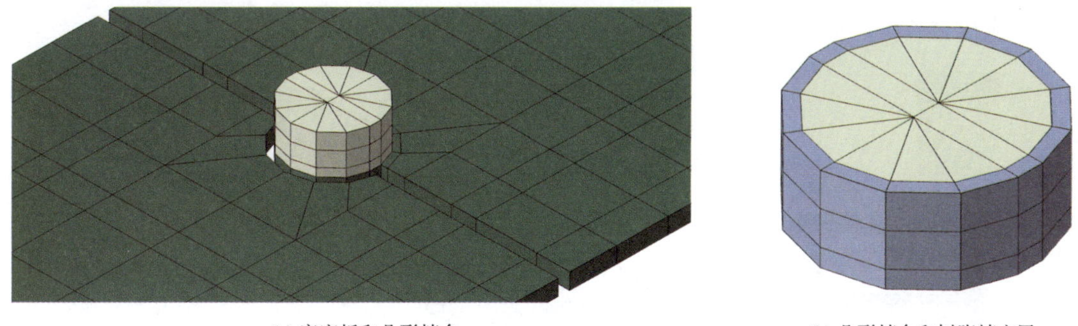

(a) 底座板和凸形挡台　(b) 凸形挡台和树脂填充层

图 4—12　桥梁上底座板、圆形凸形挡台及树脂填充层实体单元模型

（3）桥梁采用实体单元进行模拟，可以全面考虑桥梁结构的几何尺寸和物理属性，见图 4—13。

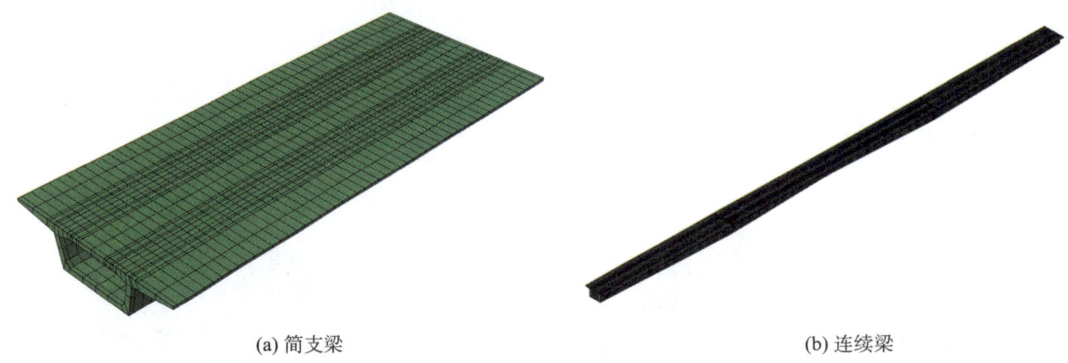

(a) 简支梁　　(b) 连续梁

图 4—13　32 m 简支箱梁及连续箱梁实体单元模型

(4)高速车辆为多刚体模型,由车体、转向架、轮对、一系悬挂(轴箱悬挂)和二系悬挂(中央悬挂)等部分组成。高速车辆的整体模型见图 4—14。

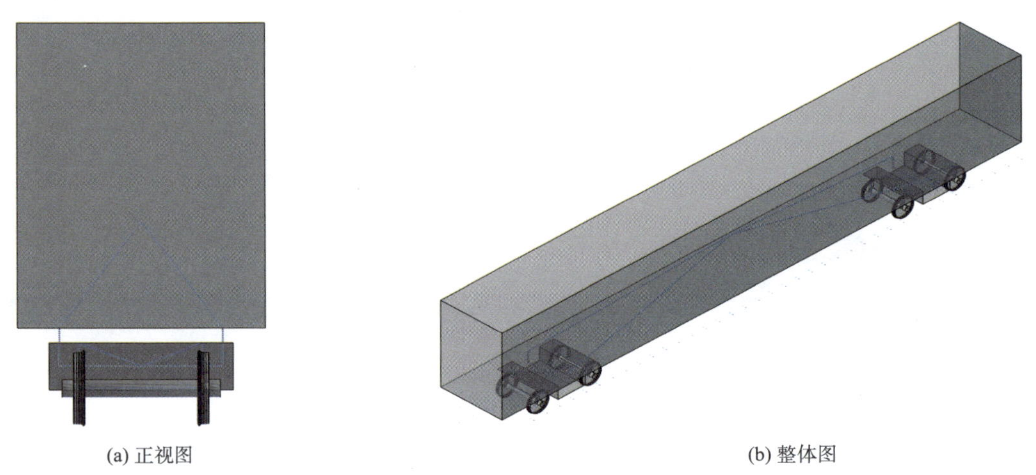

(a) 正视图　　(b) 整体图

图 4—14　高速车辆整体模型

由以上各部分组成高速车辆-CRTS Ⅰ 型板式无砟轨道无缝线路-长大桥梁纵横垂向空间耦合模型,见图 4—15。

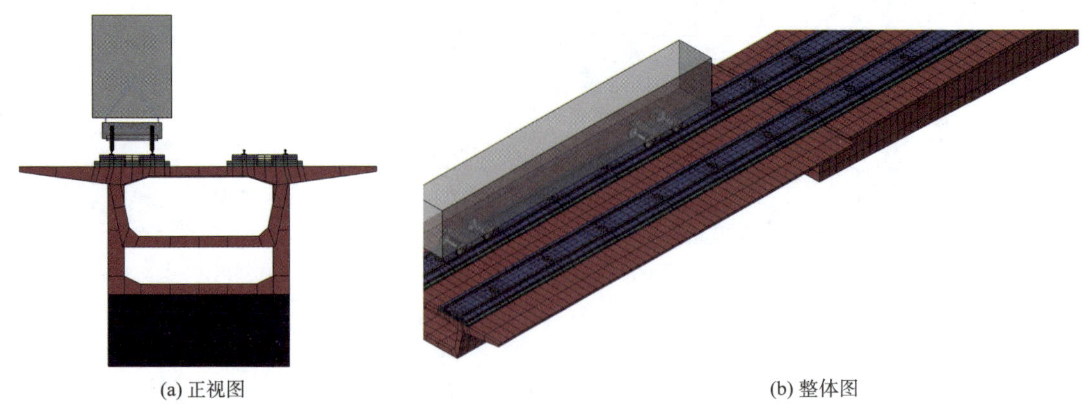

(a) 正视图　　(b) 整体图

图 4—15　高速车辆-CRTS Ⅰ 型板式无砟轨道无缝线路-长大桥梁纵横垂向空间耦合模型

二、双块式无砟轨道无缝线路

高速铁路长大桥梁双块式无砟轨道无缝线路主要包括钢轨、扣件、双块式轨枕、道床板、底座板、凹槽、隔离层、水硬性支撑层和桥梁等结构。

1. 主要计算参数和有限元模型的建立

(1)钢轨、扣件参数及建模方法同 CRTS Ⅰ型板式无砟轨道无缝线路模型。

(2)道床板和双块式轨枕采用实体单元进行模拟,可以全面考虑道床板和双块式轨枕的几何尺寸和物理属性。在桥上采用长 6.44 m 的标准道床板,每块道床板上布置 10 个扣件。道床板宽 2.8 m,厚度为 260 mm,道床板之间设置 100 mm 的板缝。路基上道床板采用纵连形式。道床板采用 C40 混凝土,弹性模量 3.40×10^4 MPa。双块式轨枕采用 C60 混凝土,弹性模量 3.65×10^4 MPa。道床板和双块式轨枕的实体单元模型见图 4—16。

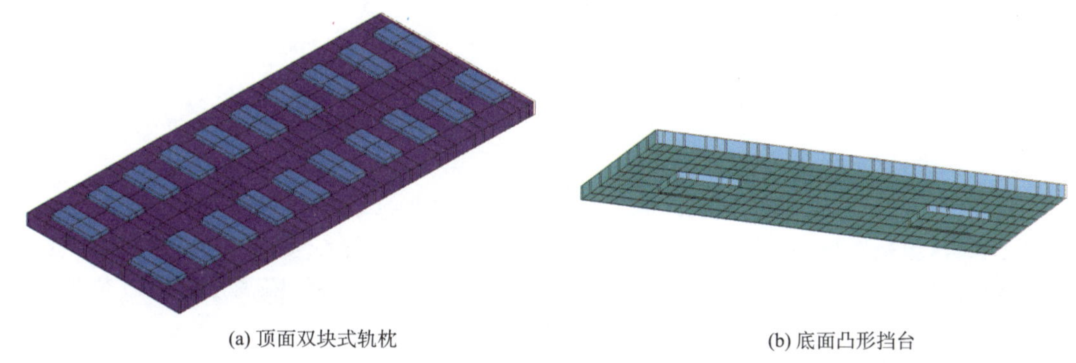

(a) 顶面双块式轨枕　　(b) 底面凸形挡台

图 4—16　道床板和双块式轨枕实体单元模型

(3)桥上采用道床板加底座板的结构,道床板与底座板之间设置隔离层,通过凹槽限位。底座板采用实体单元进行模拟,可以全面考虑底座板的几何尺寸和物理属性。底座板与道床板等长等宽,厚度取为 210 mm。道床板采用 C40 混凝土,弹性模量 3.40×10^4 MPa。底座板的实体单元模型见图 4—17。

(4)路基上采用道床板加水硬性支撑层的结构,道床板在路基上纵连,水硬性支撑层每隔 5.2 m 左右设置一条深度约 105 mm 的横向伸缩假缝。水硬性支撑层采用实体单元进行模拟,可以全面考虑支撑层的几何尺寸和物理属性,见图 4—18。路基上水硬性支撑层宽度 3.4 m,厚度 300 mm,弹性模量取为 7 000 MPa。

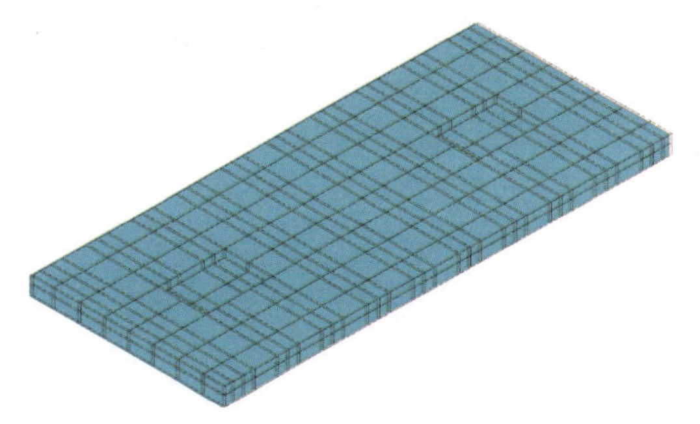

图 4—17　底座板实体单元模型

图 4—18　路基上水硬性支撑层实体单元模型

(5)桥梁、墩台的参数及建模方法同 CRTS Ⅰ 型板式无砟轨道无缝线路模型。

高速铁路长大桥梁双块式无砟轨道无缝线路的整体模型见图 4—19。

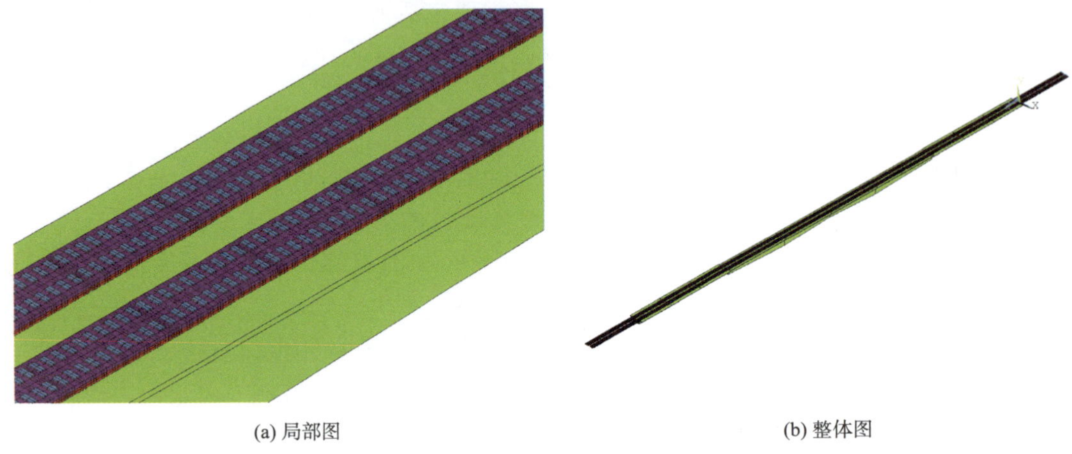

(a) 局部图　　(b) 整体图

图 4—19　高速铁路长大桥梁双块式无砟轨道无缝线路整体模型

2. 动力耦合模型

采用 ABAQUS 软件建立高速铁路长大桥梁双块式无砟轨道无缝线路的动力学模型，主要考虑高速车辆(包括车体、转向架、轮对、一系悬挂和二系悬挂等)、双块式无砟轨道无缝线路(包括钢轨、扣件、双块式轨枕、道床板、凸形挡台、底座板、限位凹槽、隔离层和橡胶垫板等)和长大桥梁(包括简支箱梁、连续箱梁和桥墩)等结构组成。

(1)钢轨、扣件、桥梁及高速车辆的参数及建模方法同 CRTS Ⅰ 型板式无砟轨道无缝线路模型。

(2)道床板、双块式轨枕及底座板采用实体单元进行模拟，见图 4—20、图 4—21。

(3)道床板与底座板之间设置的聚丙烯土工布中间隔离层采用罚函数接触进行模拟，限位凹槽与凸形挡台之间的橡胶垫板采用线性接触刚度进行模拟。

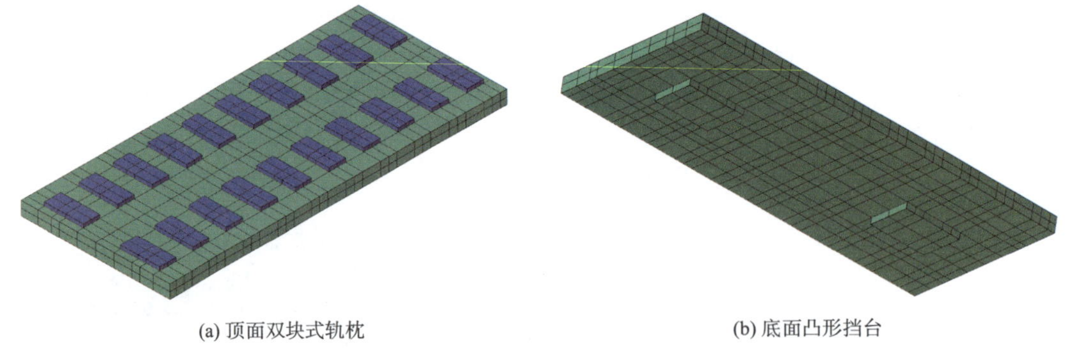

(a) 顶面双块式轨枕　　(b) 底面凸形挡台

图 4—20　道床板和双块式轨枕实体单元模型

高速车辆 - 双块式无砟轨道无缝线路 - 长大桥梁纵横垂向空间耦合模型见图 4—22。

三、CRTS Ⅱ 型板式无砟轨道无缝线路

高速铁路长大桥梁 CRTS Ⅱ 型板式无砟轨道无缝线路除包括钢轨、轨道板、底座板、摩擦板、端刺、桥梁等结构外，还包括扣件、CA 砂浆层、滑动层、固结机构等纵向传力结构。

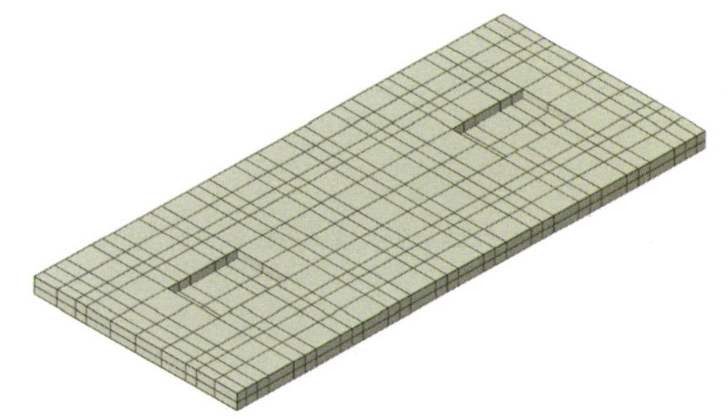

图 4—21　底座板和限位凹槽实体单元模型

图 4—22　高速车辆-双块式无砟轨道无缝线路-长大桥梁纵横垂向空间耦合模型

1. 主要计算参数和有限元模型的建立

高速铁路长大桥梁 CRTS Ⅱ 型板式无砟轨道无缝线路力学模型见图 4—23、图 4—24。

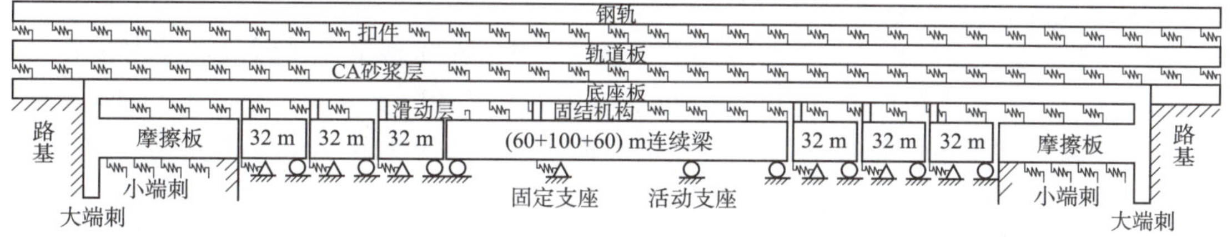

图 4—23　高速铁路长大桥梁 CRTS Ⅱ 型板式无砟轨道无缝线路力学模型示意图(纵向)

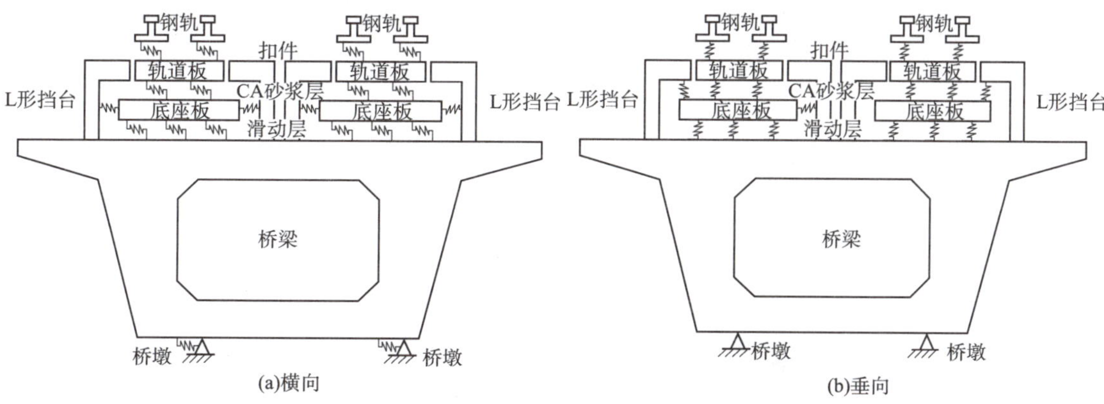

图 4—24　高速铁路长大桥梁 CRTS Ⅱ 型板式无砟轨道无缝线路力学模型示意图(横向和垂向)

(1)钢轨选用梁单元进行模拟。钢轨按照实际截面属性进行建模,考虑钢轨的截面积、惯性矩及扭转弯矩等参数。钢轨按照支承节点划分单元,可全面考虑纵、横、垂向线位移及转角。

(2)扣件采用非线性弹簧单元进行模拟。可全面考虑扣件的纵向阻力、横向阻力和垂向刚度。扣件的阻力和刚度均可根据实测值取值。

(3)轨道板、底座板和摩擦板采用实体单元进行模拟,可以全面考虑各种混凝土板的几何尺寸和物理属性,见图4—25、图4—26。轨道板与底座板的参数取值参考相关资料选取。轨道板采用C55混凝土,弹性模量3.60×10^4MPa;底座板采用C30混凝土,弹性模量3.20×10^4MPa。摩擦板采用C30混凝土,弹性模量3.20×10^4MPa。

图4—25　轨道板和底座板实体单元模型

图4—26　摩擦板实体单元模型

(4)CA砂浆层刚度根据试验测试结果取值。采用非线性弹簧单元进行模拟,可全面考虑CA砂浆层的纵向阻力和横向阻力。

(5)桥上和摩擦板上滑动层摩擦系数根据试验选取。滑动层的摩擦阻力采用非线性弹簧单元进行模拟,可全面考虑滑动层的纵向阻力和横向阻力。

(6)桥梁采用实体单元进行模拟,可以全面考虑桥梁结构的几何尺寸和物理属性。桥梁采用C50混凝土,弹性模量3.55×10^4MPa。

(7)考虑桥梁墩台顶纵横向刚度基本为线性,采用线性弹簧单元进行模拟。考虑在墩顶面纵横向水平力作用下的墩身弯曲、基础倾斜、基础平移及橡胶支座剪切变形等引起的墩顶位移。固定支座可以阻止桥梁的伸缩,所承受的纵横向力全部传递至墩台;不考虑活动支座的摩擦阻力及支座本身的变形。

(8)摩擦板下小端刺和大端刺与路基土体之间的纵向力—位移曲线参数参考相关资料选取。端刺结构采用非线性弹簧单元进行模拟,考虑路基土体对小端刺和大端刺的纵向阻力、横向阻力和垂向刚度。

高速铁路长大桥梁CRTSⅡ型板式无砟轨道无缝线路的整体模型见图4—27。

图4—27　高速铁路长大桥梁CRTSⅡ型板式无砟轨道无缝线路整体模型

2. 动力耦合模型

采用ABAQUS软件建立高速铁路长大桥梁CRTSⅡ型板式无砟轨道无缝线路的动力学模型，主要考虑高速车辆（包括车体、转向架、轮对、一系悬挂和二系悬挂等）、CRTSⅡ型板式无砟轨道无缝线路（包括钢轨、扣件、轨道板、底座板、滑动层等）和长大桥梁（包括梁体和桥墩）等结构组成，见图4—28。

（1）钢轨、扣件、桥梁及高速车辆同CRTSⅠ型板式无砟轨道无缝线路模型。

（2）轨道板与底座板采用实体单元进行模拟，可以全面考虑各种结构的几何尺寸和物理属性。

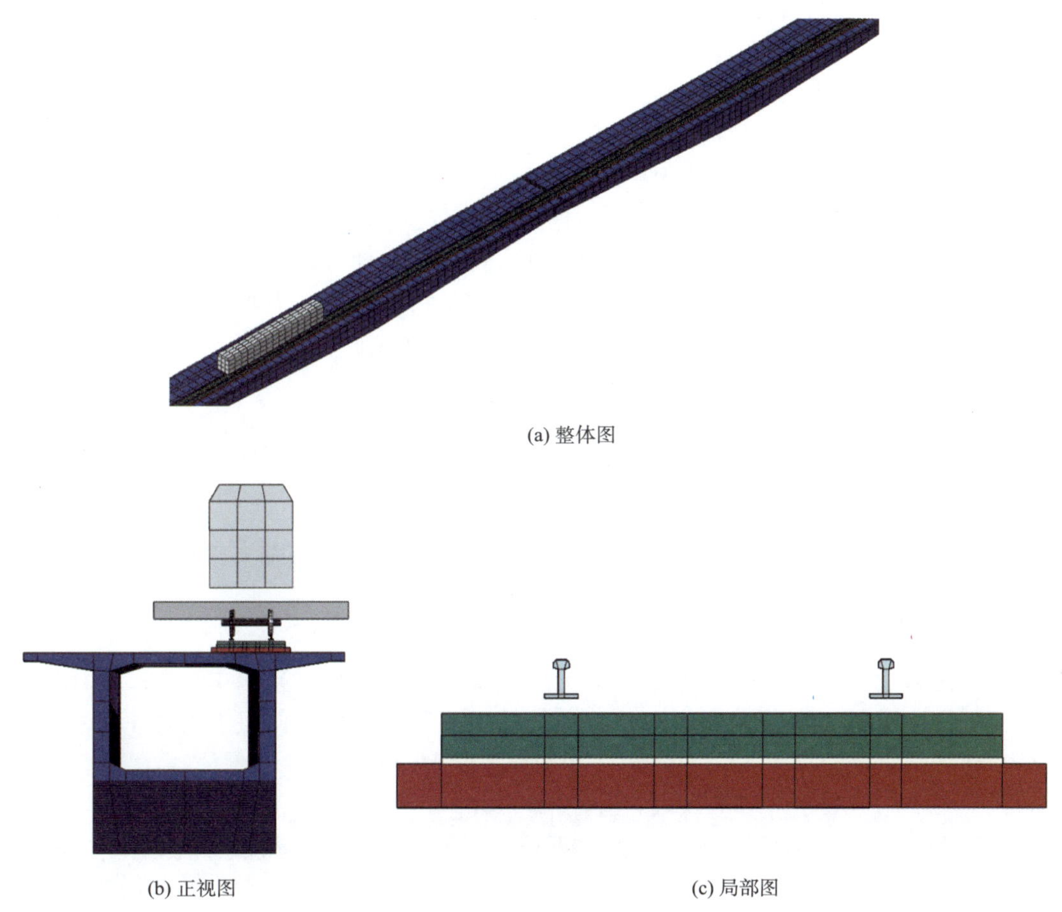

(a) 整体图

(b) 正视图

(c) 局部图

图4—28　桥上无砟轨道无缝线路动力学计算模型

第二节　长大桥梁无砟轨道无缝线路静力特性研究

桥上CRTSⅠ型板式无砟轨道无缝线路结构需要考虑钢轨、扣件、轨道板、砂浆层、底座板、凸形挡台、树脂填充层、桥梁、桥墩等各个细部结构的参数及其受力与变形。在实际工程中，曾经出现过凸形挡台周围树脂填充材料被挤压破坏、梁端位置处无砟轨道结构产生离缝等问题，轨道板与底座板之间的CA砂浆层也发生过边角离缝、翘曲等问题。另外，轨道板与底座板在施工时的不同施工温差对无砟轨道无缝线路的受力与变形也会产生一定的影响，因此需要详细考虑无砟轨道的细部结构及其对无缝线路的影响。

桥上双块式无砟轨道无缝线路结构需要考虑钢轨、扣件、双块式轨枕、道床板、底座板、隔离层、限位凹槽及周围高弹橡胶垫板、桥梁、桥墩等各部分细部结构的参数及其受力与变形。目前限位凹槽周围垂直侧面设置的高弹橡胶垫板的弹性模量或刚度系数、道床板与底座板之间隔离层的摩擦系数范围尚缺乏试验数据，上述参数对桥上双块式无砟轨道无缝线路的纵向受力和变形又具有一定影响。

桥上 CRTS Ⅱ 型板式无砟轨道无缝线路结构需要考虑钢轨、扣件、轨道板、砂浆层、底座板、摩擦板、滑动层、剪力齿槽、端刺、硬质泡沫塑料板、横向挡块、桥梁、桥墩等各部分细部结构的参数及其的受力与变形。目前铁科院已经对桥上“两布一膜”滑动层和摩擦板上“两层土工布”隔离层的摩擦系数、底座板刚度折减系数进行了测试，并对轨道板与底座板之间砂浆层进行了推板试验；笔者科研团队也对台后锚固体系的端刺结构 - 土体的力学特性进行了相关的测试，得到一定的测试结果。但剪力齿槽实际刚度、横向挡块阻力等参数还需要通过试验获取，以补充完善桥上 CRTS Ⅱ 型板式无砟轨道无缝线路的设计理论体系。

目前，国内外关于无砟轨道的稳定性问题研究的较少，但不代表无砟轨道就不会发生失稳。无砟轨道扣件系统直接与混凝土轨道板连接，轨道稳定性较好，不易发生失稳，但在较大升温条件下极易出现钢轨碎弯变形。较大的钢轨碎弯、扣件的扣压力损失和组装公差等共同作用，会对高速列车的平稳运行产生不利影响。另外，很多无砟轨道桥梁与路基相连接的位置也存在着碎弯变形。因此，无砟轨道的稳定性问题也应引起关注。

一、CRTS Ⅰ 型板式无砟轨道无缝线路

（一）温度力作用下影响因素分析

本部分以 3 × 32 m 简支梁 + (60 + 100 + 60) m 连续梁 + 3 × 32 m 简支梁的双线铁路桥为例进行计算与分析。

1. 扣件纵向阻力影响分析

本部分比较分析扣件纵向阻力分别为 15.0kN/组（常阻力）、9.0kN/组、6.5kN/组和 4.0kN/组（小阻力）时的主要温度力和位移计算结果。不同扣件纵向阻力条件下的主要温度力和位移计算结果比较见表 4—1、表 4—2 和图 4—29、图 4—30。

表 4—1　不同扣件纵向阻力条件下主要受力计算结果比较

扣件纵向阻力（kN/组）	钢轨最大纵向力（kN）	轨道板最大应力（MPa）	砂浆充填层最大应力（MPa）	底座板最大应力（MPa）	凸形挡台最大应力（MPa）	树脂填充层最大应力（MPa）	简支梁桥墩最大纵向力（kN）	连续梁桥墩最大纵向力（kN）
15.0	554.180	2.362	0.152	11.034	3.298	0.192	423.130	560.920
9.0	448.177	2.360	0.152	10.995	3.285	0.192	347.140	523.730
6.5	381.912	2.359	0.152	10.947	3.277	0.191	334.157	497.380
4.0	354.605	2.358	0.152	10.935	3.271	0.191	308.190	443.730

随着桥上扣件纵向阻力由 15.0 kN/组、9.0 kN/组、6.5 kN/组到 4.0 kN/组逐渐减小，在受力方面：钢轨纵向力逐渐变小，轨道板、底座板、凸形挡台、树脂填充层最大应力以及简支梁和连续梁桥墩最大纵向力都有所减小，仅砂浆充填层的最大应力基本保持不变；在位移方面：钢轨纵向位移逐渐变小，而轨道板、砂浆充填层、底座板、凸形挡台和树脂填充层以及连续梁端的最大纵向位移则有所增大，简支梁端的最大纵向位移有所减小。

表 4—2　不同扣件纵向阻力条件下主要位移计算结果比较

扣件纵向阻力（kN/组）	钢轨最大纵向位移（mm）	轨道板最大纵向位移（mm）	砂浆充填层最大纵向位移（mm）	底座板最大纵向位移（mm）	凸形挡台最大纵向位移（mm）	树脂填充层最大纵向位移（mm）	简支梁端最大纵向位移（mm）	连续梁端最大纵向位移（mm）
15.0	21.724	28.628	28.598	28.571	28.624	28.634	17.501	28.490
9.0	20.736	29.060	29.026	28.997	29.053	29.066	15.608	28.913
6.5	20.299	29.353	29.318	29.287	29.344	29.359	15.194	29.202
4.0	19.861	29.751	29.715	29.683	29.741	29.757	14.643	29.597

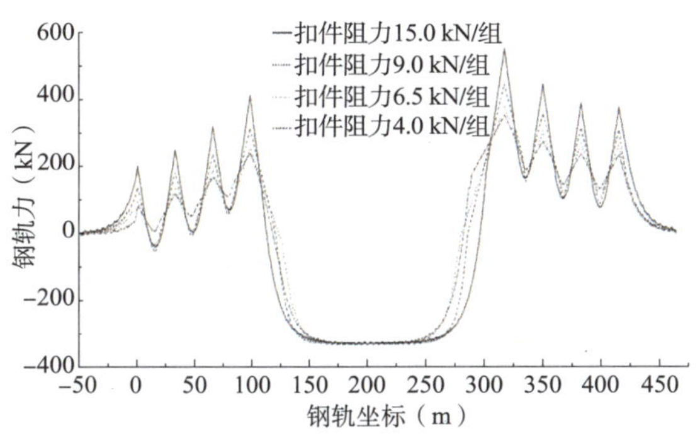

图 4—29　不同扣件纵向阻力条件下钢轨力比较

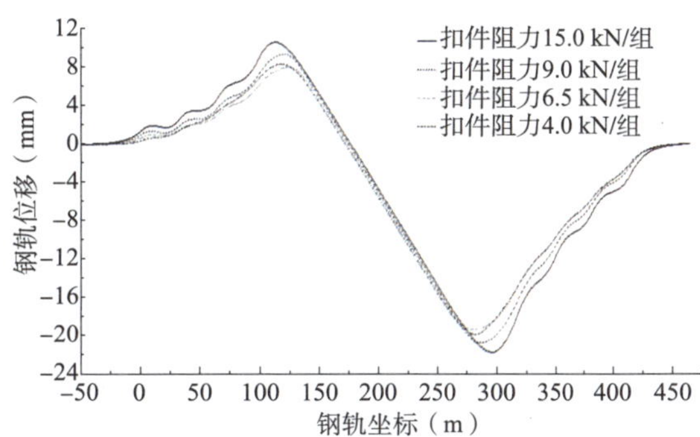

图 4—30　不同扣件纵向阻力条件下钢轨位移比较

在温度变化的条件下，通过在桥上采用小阻力扣件即减小桥上扣件的纵向阻力，可以明显降低钢轨最大纵向附加力及轨道结构的受力，保证轨道和桥梁结构的安全使用。但为了防止钢轨爬行或者在低温断轨时钢轨断缝值过大，扣件纵向阻力也不宜太小。当扣件纵向阻力较小时，在长大桥梁的梁端处，扣件的爬行量较大，需要重点加以关注。

2. 桥梁温差影响分析

本部分比较分析桥梁温差分别为 20℃、25℃和 30℃时的主要温度力和位移计算结果。不同桥梁温差条件下的主要温度力和位移计算结果比较见表 4—3、表 4—4 和图 4—31、图 4—32。

表 4—3　不同桥梁温差条件下主要受力计算结果比较

桥梁温差（℃）	钢轨最大纵向力（kN）	轨道板最大应力（MPa）	砂浆充填层最大应力（MPa）	底座板最大应力（MPa）	凸形挡台最大应力（MPa）	树脂填充层最大应力（MPa）	简支梁桥墩最大纵向力（kN）	连续梁桥墩最大纵向力（kN）
20	554.180	2.362	0.152	11.034	3.298	0.192	423.130	560.920
25	631.664	1.340	0.100	5.925	1.741	0.104	501.050	652.050
30	701.483	0.365	0.061	0.813	0.416	0.019	571.000	732.240

表 4—4　不同桥梁温差条件下主要位移计算结果比较

桥梁温差（℃）	钢轨最大纵向位移（mm）	轨道板最大纵向位移（mm）	砂浆充填层最大纵向位移（mm）	底座板最大纵向位移（mm）	凸形挡台最大纵向位移（mm）	树脂填充层最大纵向位移（mm）	简支梁端最大纵向位移（mm）	连续梁端最大纵向位移（mm）
20	21.724	28.628	28.598	28.571	28.624	28.634	17.501	28.490
25	26.472	35.162	35.149	35.141	35.157	35.161	21.153	35.175
30	31.059	41.789	41.803	41.816	41.788	41.789	24.660	42.064

随着桥梁温差由20℃、25℃到30℃逐渐增大，在受力方面：钢轨纵向力逐渐变大，简支梁和连续梁的桥墩纵向力也有明显增大，而轨道板、砂浆充填层、底座板、凸形挡台和树脂填充层的最大应力则有明显减小；在位移方面：钢轨纵向位移逐渐变大，轨道板、砂浆充填层、底座板、凸形挡台和树脂填充层以及简支梁和连续梁端的纵向位移都有所增大。

在温度变化的条件下，随着桥梁温差取值的增大，钢轨与桥墩受力及轨道和桥梁结构的变形都有明显增大，而无砟轨道结构受力由于与桥梁温度变化幅度逐渐接近而明显减小。

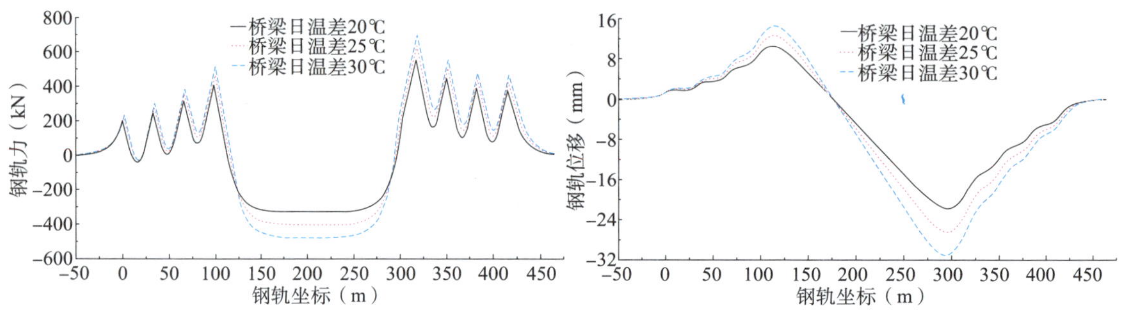

图4—31　不同桥梁日温差条件下钢轨力比较　　图4—32　不同桥梁日温差条件下钢轨位移比较

3. 轨道板和底座板温差影响分析

本部分比较分析轨道板和底座板温差分别为30℃、35℃和40℃时的主要温度力和位移计算结果。不同轨道板和底座板温差条件下的主要温度力和位移计算结果比较见表4—5、表4—6。

表4—5　不同轨道板和底座板温差条件下主要受力计算结果比较

轨道板和底座板温差（℃）	钢轨最大纵向力（kN）	轨道板最大应力（MPa）	砂浆充填层最大应力（MPa）	底座板最大应力（MPa）	凸形挡台最大应力（MPa）	树脂填充层最大应力（MPa）	简支梁桥墩最大纵向力（kN）	连续梁桥墩最大纵向力（kN）
30	554.180	2.362	0.152	11.034	3.298	0.192	423.130	560.920
35	560.608	3.481	0.216	16.263	4.882	0.283	430.480	575.200
40	565.682	4.599	0.287	21.492	6.466	0.374	436.120	585.880

表4—6　不同轨道板和底座板温差条件下主要位移计算结果比较

轨道板和底座板温差（℃）	钢轨最大纵向位移（mm）	轨道板最大纵向位移（mm）	砂浆充填层最大纵向位移（mm）	底座板最大纵向位移（mm）	凸形挡台最大纵向位移（mm）	树脂填充层最大纵向位移（mm）	简支梁端最大纵向位移（mm）	连续梁端最大纵向位移（mm）
30	21.724	28.628	28.598	28.571	28.624	28.634	17.501	28.490
35	22.033	29.232	29.181	29.138	29.220	29.237	17.809	29.017
40	22.308	29.865	29.794	29.733	29.844	29.868	18.074	29.570

随着轨道板和底座板温差由30℃、35℃到40℃逐渐增大，在受力方面，钢轨纵向力逐渐变大，轨道板、砂浆充填层、底座板、凸形挡台、树脂填充层最大应力及简支梁和连续梁的桥墩纵向力也有明显增大；在位移方面，钢轨纵向位移逐渐变大，轨道板、砂浆充填层、底座板、凸形挡台和树脂填充层以及简支梁和连续梁端的纵向位移也都有所增大。

在温度变化的条件下，随着轨道板和底座板温差取值的增大，轨道和桥梁结构的受力与变形都有明显增大。因此，在进行设计检算时应根据不同地区的实际情况分别选取当地不同的温差，特别是在严寒地区等温差较大的地区更应严格进行计算与检算，以保证轨道和桥梁结构的安全使用。

4. 树脂填充层弹性模量影响分析

本部分比较分析树脂填充层弹性模量分别为25 MPa、50 MPa和100 MPa时的主要温度力和位移计算结果。不同的树脂填充层弹性模量条件下的主要温度力和位移计算结果比较见表4—7、表4—8。

表4—7　不同树脂填充层弹性模量条件下主要受力计算结果比较

树脂填充层弹性模量（MPa）	钢轨最大纵向力（kN）	轨道板最大应力（MPa）	砂浆充填层最大应力（MPa）	底座板最大应力（MPa）	凸形挡台最大应力（MPa）	树脂填充层最大应力（MPa）	简支梁桥墩最大纵向力（kN）	连续梁桥墩最大纵向力（kN）
25	554.180	2.362	0.152	11.034	3.298	0.192	423.130	560.920
50	554.244	2.392	0.152	10.953	3.398	0.381	423.210	561.050
100	554.360	2.448	0.151	10.804	3.573	0.751	423.350	561.290

表4—8　不同树脂填充层弹性模量条件下主要位移计算结果比较

树脂填充层弹性模量（MPa）	钢轨最大纵向位移（mm）	轨道板最大纵向位移（mm）	砂浆充填层最大纵向位移（mm）	底座板最大纵向位移（mm）	凸形挡台最大纵向位移（mm）	树脂填充层最大纵向位移（mm）	简支梁端最大纵向位移（mm）	连续梁端最大纵向位移（mm）
25	21.724	28.628	28.598	28.571	28.624	28.634	17.501	28.490
50	21.726	28.633	28.603	28.576	28.630	28.639	17.503	28.495
100	21.732	28.643	28.612	28.585	28.641	28.648	17.508	28.504

随着树脂填充层弹性模量由25 MPa、50 MPa到100 MPa逐渐增大，在受力方面：钢轨纵向力略有增大，轨道板、凸形挡台、树脂填充层最大应力及简支梁和连续梁的桥墩纵向力也略有增大，而砂浆充填层和底座板的最大应力则略有减小，但在数值上相对变化很小；在位移方面：钢轨纵向位移略有增大，轨道板、砂浆充填层、底座板、凸形挡台和树脂填充层以及简支梁和连续梁端的纵向位移也都略有增大。

在温度变化的条件下，凸形挡台周围的树脂填充层弹性模量较小时较有利于轨道和桥梁的安全使用，因此应保证树脂填充层具有足够的弹性。

（二）挠曲力作用下影响因素分析

1. 扣件纵向阻力影响分析

本部分比较分析扣件纵向阻力分别为9.0 kN/组、6.5 kN/组和4.0 kN/组的小阻力扣件以及扣件阻力形式分别为常阻力和小阻力时的主要挠曲力和位移计算结果。不同扣件纵向阻力和阻力形式条件下的主要挠曲力和位移计算结果比较见表4—9～表4—11。

表4—9　不同扣件纵向阻力条件下主要受力计算结果比较

扣件纵向阻力（kN/组）	钢轨最大纵向力（kN）	轨道板最大应力（MPa）	砂浆充填层最大应力（MPa）	底座板最大应力（MPa）	凸形挡台最大应力（MPa）	树脂填充层最大应力（MPa）	简支梁桥墩最大纵向力（kN）	连续梁桥墩最大纵向力（kN）
15.0	63.869	1.099	0.107	5.034	1.883	0.092	21.182	91.714
9.0	75.881	1.145	0.105	5.012	1.876	0.092	21.310	93.670
6.5	71.823	1.143	0.106	5.020	1.879	0.092	21.302	93.033
4.0	64.886	1.143	0.107	5.032	1.883	0.093	21.206	91.886

表 4—10 不同扣件纵向阻力条件下主要纵向位移计算结果比较

扣件纵向阻力（kN/组）	钢轨最大纵向位移（mm）	轨道板最大纵向位移(mm)	砂浆充填层最大纵向位移(mm)	底座板最大纵向位移(mm)	凸形挡台最大纵向位移(mm)	树脂填充层最大纵向位移(mm)	简支梁端最大纵向位移(mm)	连续梁端最大纵向位移(mm)
15.0	1.071	1.253	1.195	1.175	1.248	1.250	0.530	0.615
9.0	1.150	1.236	1.179	1.158	1.231	1.233	0.533	0.628
6.5	1.126	1.241	1.184	1.164	1.237	1.239	0.532	0.624
4.0	1.078	1.251	1.194	1.174	1.247	1.249	0.530	0.616

表 4—11 不同扣件纵向阻力条件下主要垂向位移计算结果比较

扣件纵向阻力(kN/组)	钢轨最大垂向位移(mm)	轨道板最大垂向位移(mm)	砂浆充填层最大垂向位移(mm)	底座板最大垂向位移(mm)	桥梁最大垂向位移(mm)
15.0	13.471	12.911	12.911	12.915	12.935
9.0	13.450	12.890	12.890	12.893	12.913
6.5	13.456	12.897	12.897	12.900	12.920
4.0	13.469	12.909	12.909	12.913	12.933

当桥上都采用小阻力扣件时，随着纵向阻力由 9.0 kN/组、6.5 kN/组到 4.0 kN/组逐渐减小，在受力方面：钢轨纵向力逐渐变小，轨道板最大应力及简支梁和连续梁桥墩最大纵向力也都有所减小，而砂浆充填层、底座板、凸形挡台、树脂填充层的最大应力则有所增大；在纵向位移方面：钢轨纵向位移逐渐变小，而轨道板、砂浆充填层、底座板、凸形挡台和树脂填充层的最大纵向位移则有所增大，简支梁端以及连续梁端的最大纵向位移有所减小；在垂向位移方面：钢轨垂向位移逐渐增大，轨道板、砂浆充填层、底座板和桥梁的最大垂向位移也均有所增大，但相对数值变化不大。

2. 树脂填充层弹性模量影响分析

本部分比较分析树脂填充层弹性模量分别为 25 MPa、50 MPa 和 100 MPa 时的主要挠曲力和位移计算结果。不同树脂填充层弹性模量条件下的主要挠曲力和位移计算结果比较见表 4—12 ~ 表 4—14。

表 4—12 不同树脂填充层弹性模量条件下主要受力计算结果比较

树脂填充层弹性模量（MPa）	钢轨最大纵向力（kN）	轨道板最大应力（MPa）	砂浆充填层最大应力（MPa）	底座板最大应力（MPa）	凸形挡台最大应力（MPa）	树脂填充层最大应力（MPa）	简支梁桥墩最大纵向力（kN）	连续梁桥墩最大纵向力（kN）
25	63.869	1.099	0.107	5.034	1.883	0.092	21.182	91.714
50	63.811	1.164	0.106	4.993	1.876	0.183	21.176	91.690
100	63.702	1.204	0.103	4.918	1.862	0.361	21.164	91.644

表 4—13 不同树脂填充层弹性模量条件下主要纵向位移计算结果比较

树脂填充层弹性模量（MPa）	钢轨最大纵向位移（mm）	轨道板最大纵向位移(mm)	砂浆充填层最大纵向位移(mm)	底座板最大纵向位移(mm)	凸形挡台最大纵向位移(mm)	树脂填充层最大纵向位移(mm)	简支梁端最大纵向位移(mm)	连续梁端最大纵向位移(mm)
25	1.071	1.253	1.195	1.175	1.248	1.250	0.530	0.615
50	1.070	1.252	1.194	1.174	1.247	1.249	0.529	0.615
100	1.069	1.251	1.193	1.173	1.245	1.248	0.529	0.614

表4—14　不同树脂填充层弹性模量条件下主要垂向位移计算结果比较

树脂填充层弹性模量(MPa)	钢轨最大垂向位移(mm)	轨道板最大垂向位移(mm)	砂浆充填层最大垂向位移(mm)	底座板最大垂向位移(mm)	桥梁最大垂向位移(mm)
25	13.471	12.911	12.911	12.915	12.935
50	13.466	12.907	12.907	12.910	12.930
100	13.457	12.897	12.897	12.901	12.921

随着树脂填充层弹性模量由25 MPa、50 MPa到100 MPa逐渐增大，在受力方面：钢轨纵向力逐渐减小，砂浆充填层、底座板、凸形挡台的最大应力以及简支梁和连续梁桥墩最大纵向力也略有减小，而轨道板和树脂填充层的最大应力则略有增大；在纵向位移方面：钢轨纵向位移略有减小，轨道板、砂浆充填层、底座板、凸形挡台、树脂填充层以及简支梁和连续梁端最大纵向位移也都略有减小；在垂向位移方面：钢轨、轨道板、砂浆充填层、底座板、桥梁最大垂向位移均略有减小，但总体上来说相对变化数值很小。

在列车荷载作用下，凸形挡台周围树脂填充层弹性模量对轨道及桥梁结构的受力和变形影响不大。

(三)制动力作用下影响因素分析

1. 扣件纵向阻力影响分析

本部分比较分析扣件纵向阻力分别为9.0 kN/组、6.5 kN/组和4.0 kN/组的小阻力扣件以及扣件阻力形式分别为常阻力和小阻力时的主要制动力和位移计算结果。不同扣件纵向阻力和阻力形式条件下的主要制动力和位移计算结果比较见表4—15、表4—16。

表4—15　不同扣件纵向阻力条件下主要受力计算结果比较

扣件纵向阻力(kN/组)	钢轨最大纵向力(kN)	轨道板最大应力(MPa)	砂浆充填层最大应力(MPa)	底座板最大应力(MPa)	凸形挡台最大应力(MPa)	树脂填充层最大应力(MPa)	简支梁桥墩最大纵向力(kN)	连续梁桥墩最大纵向力(kN)
15.0	184.224	0.107	0.017	0.156	0.074	0.005	169.372	922.110
9.0	182.116	0.149	0.024	0.184	0.086	0.007	172.116	899.620
6.5	183.166	0.110	0.020	0.168	0.082	0.006	171.104	908.740
4.0	186.461	0.091	0.015	0.156	0.073	0.005	168.581	927.730

表4—16　不同扣件纵向阻力条件下主要位移计算结果比较

扣件纵向阻力(kN/组)	钢轨最大纵向位移(mm)	轨道板最大纵向位移(mm)	砂浆充填层最大纵向位移(mm)	底座板最大纵向位移(mm)	凸形挡台最大纵向位移(mm)	树脂填充层最大纵向位移(mm)	简支梁端最大纵向位移(mm)	连续梁端最大纵向位移(mm)
15.0	6.572	6.297	6.296	6.294	6.294	6.296	4.234	6.148
9.0	6.262	6.146	6.145	6.143	6.143	6.145	4.304	5.998
6.5	6.368	6.208	6.207	6.204	6.205	6.207	4.275	6.059
4.0	6.593	6.335	6.335	6.332	6.332	6.335	4.215	6.185

当桥上都采用小阻力扣件时，随着纵向阻力由9.0 kN/组、6.5 kN/组到4.0 kN/组逐渐减小，在受力方面：钢轨纵向力逐渐增大，连续梁桥墩最大纵向力也有明显增大，而轨道板、砂浆充填层、底座板、凸形挡台、树脂填充层最大应力以及简支梁桥墩最大纵向力都有所减小；在位移方面：钢轨纵向位移逐渐增大，轨道板、砂浆充填层、底座板、凸形挡台、树脂填充层以及连续梁端的最大纵向位移也都有所增大，而简支梁端的最大纵向位移则有所减小。

2. 树脂填充层弹性模量影响分析

本部分比较分析树脂填充层弹性模量分别为 25 MPa、50 MPa 和 100 MPa 时的主要制动力和位移计算结果。不同的树脂填充层弹性模量条件下的主要制动力和位移计算结果比较见表 4—17、表 4—18。

表 4—17　不同树脂填充层弹性模量条件下主要受力计算结果比较

树脂填充层弹性模量（MPa）	钢轨最大纵向力（kN）	轨道板最大应力（MPa）	砂浆充填层最大应力（MPa）	底座板最大应力（MPa）	凸形挡台最大应力（MPa）	树脂填充层最大应力（MPa）	简支梁桥墩最大纵向力（kN）	连续梁桥墩最大纵向力（kN）
25	184. 224	0. 107	0. 017	0. 156	0. 074	0. 005	169. 372	922. 110
50	184. 224	0. 107	0. 017	0. 155	0. 073	0. 010	169. 370	922. 100
100	184. 225	0. 107	0. 017	0. 154	0. 073	0. 016	169. 368	922. 080

表 4—18　不同树脂填充层弹性模量条件下主要位移计算结果比较

树脂填充层弹性模量（MPa）	钢轨最大纵向位移（mm）	轨道板最大纵向位移（mm）	砂浆充填层最大纵向位移（mm）	底座板最大纵向位移（mm）	凸形挡台最大纵向位移（mm）	树脂填充层最大纵向位移（mm）	简支梁端最大纵向位移（mm）	连续梁端最大纵向位移（mm）
25	6. 572	6. 297	6. 296	6. 294	6. 294	6. 296	4. 234	6. 148
50	6. 572	6. 297	6. 296	6. 294	6. 294	6. 296	4. 234	6. 148
100	6. 572	6. 297	6. 296	6. 294	6. 294	6. 296	4. 234	6. 148

随着树脂填充层弹性模量由 25 MPa、50 MPa 到 100 MPa 逐渐增大，在受力方面，钢轨纵向力略有增大，几乎不变，树脂填充层最大应力也略有增大，底座板和凸形挡台最大应力以及简支梁和连续梁桥墩最大纵向力则略有减小，轨道板和砂浆充填层最大应力则几乎不变；在位移方面，钢轨纵向位移几乎不变，轨道板、砂浆充填层、底座板、凸形挡台、树脂填充层以及简支梁和连续梁端最大纵向位移也都几乎没有变化。

在列车荷载作用下，凸形挡台周围树脂填充层弹性模量对轨道及桥梁结构的受力和变形几乎没有影响。

（四）小结

通过上述对不同参数条件下长大桥梁 CRTS Ⅰ 型板式无砟轨道无缝线路力学特性的计算与分析，得出以下参数影响规律。

（1）在温度变化的条件下，通过在桥上采用小阻力扣件即减小桥上扣件的纵向阻力，可以明显降低钢轨最大纵向附加力及轨道结构的受力，保证轨道和桥梁结构的安全使用。但为了防止钢轨爬行或者在低温断轨时钢轨断缝值过大，扣件纵向阻力也不宜太小。当扣件纵向阻力较小时，在长大桥梁的梁端处，扣件的爬行量较大，需要重点加以关注（实际维护中一定要注意扣件扭矩不宜过大，致使阻力过大引起梁端凸形挡台受力过大以致于破坏；设计部门也应适当加强梁端板式轨道限位结构的强度）。在制动力的作用下，小阻力扣件较不利于控制钢轨与桥墩受力以及轨道和桥梁结构的变形，因此扣件纵向阻力也不宜太小。

（2）在温度变化的条件下，随着桥梁温差取值的增大，钢轨与桥墩受力及轨道和桥梁结构的变形都有明显增大；随着轨道板和底座板温差取值的增大，轨道和桥梁结构的受力与变形都有明显增大。因此，在进行设计检算时应根据不同地区的实际情况分别选取当地不同温差，特别是在严寒地区等温差较大的地区更应严格进行计算与检算，以保证轨道和桥梁结构的安全使用。

(3)在温度变化的条件下,凸形挡台周围的树脂填充层弹性模量较小时较有利于轨道和桥梁的安全使用,因此应保证树脂填充层具有足够的弹性。在挠曲力或制动力的作用下,凸形挡台周围树脂填充层弹性模量对轨道及桥梁结构的受力和变形影响不大。

二、双块式无砟轨道无缝线路

(一)温度力作用下影响因素分析

本部分以 3×32 m 简支梁 +(60+100+60)m 连续梁 +3×32 m 简支梁的双线铁路桥为例进行计算与分析。

1. 扣件纵向阻力影响分析

本部分比较分析扣件纵向阻力分别为 15.0kN/组(常阻力)、9.0kN/组、6.5kN/组和 4.0kN/组(小阻力)时的主要温度力和位移计算结果。不同扣件纵向阻力条件下的主要温度力和位移计算结果比较见表 4—19、表 4—20 和图 4—33、图 4—34。

表 4—19　不同扣件纵向阻力条件下主要受力计算结果比较

扣件纵向阻力(kN/组)	钢轨最大纵向力(kN)	道床板最大应力(MPa)	底座板最大应力(MPa)	简支梁桥墩最大纵向力(kN)	连续梁桥墩最大纵向力(kN)
15.0	468.117	1.231	5.527	385.460	590.240
9.0	417.782	0.892	5.524	331.240	513.970
6.5	373.352	0.847	5.516	291.240	493.090
4.0	323.103	0.800	5.512	218.100	461.910

表 4—20　不同扣件纵向阻力条件下主要位移计算结果比较

扣件纵向阻力(kN/组)	钢轨最大纵向位移(mm)	道床板最大纵向位移(mm)	底座板最大纵向位移(mm)	简支梁端最大纵向位移(mm)	连续梁端最大纵向位移(mm)
15.0	20.097	23.091	28.881	16.567	28.801
9.0	19.654	26.711	29.498	15.208	29.415
6.5	19.173	28.170	29.706	14.207	29.622
4.0	16.781	30.036	30.068	12.378	29.983

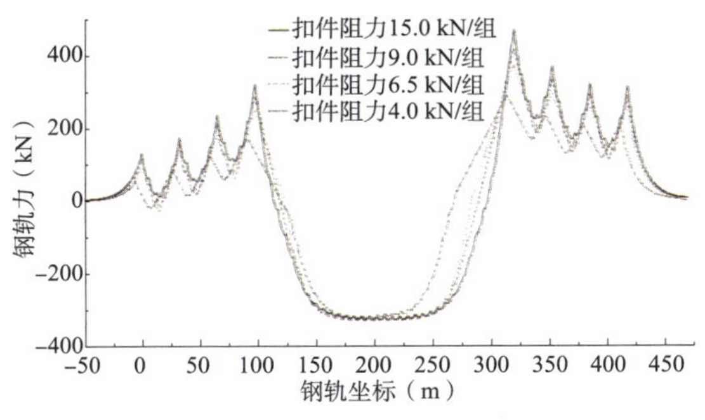

图 4—33　不同扣件纵向阻力条件下钢轨力比较

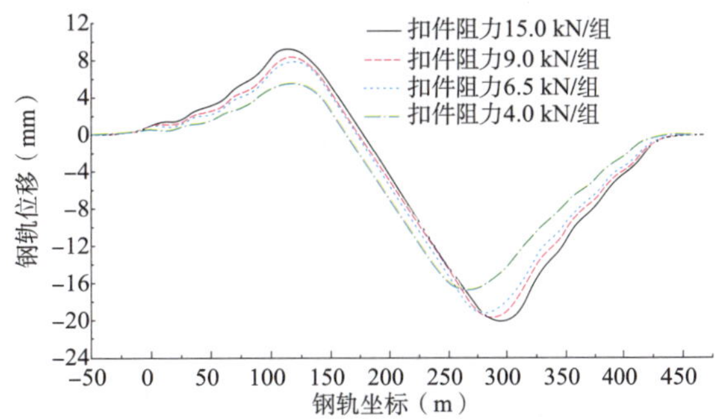

图 4—34　不同扣件纵向阻力条件下钢轨位移比较

随着桥上扣件纵向阻力由 15.0 kN/组、9.0 kN/组、6.5 kN/组到 4.0 kN/组逐渐减小,在受力方面:钢轨纵向力逐渐变小,道床板和底座板最大应力以及简支梁和连续梁桥墩最大纵向力都有所减小；在位移方面：钢轨纵向位移逐渐变小，简支梁端的最大纵向位移也有所减小，而道床板、底座板和连续梁端的最大纵向位移则有所增大。

在温度变化的条件下，通过在桥上采用小阻力扣件即减小桥上扣件的纵向阻力，可以明显降低钢轨最大纵向附加力及轨道结构的受力，保证轨道和桥梁结构的安全使用。但为了防止钢轨爬行或者在低温断轨时钢轨断缝值过大，扣件纵向阻力也不宜太小。当扣件纵向阻力较小时，在长大桥梁的梁端处，扣件的爬行量较大，需要重点加以关注。

2. 桥梁温差影响分析

本部分比较分析桥梁日温差分别为 20℃、25℃和 30℃时的主要温度力和位移计算结果。不同桥梁温差条件下的主要温度力和位移计算结果比较见表 4—21、表 4—22 和图 4—35、图 4—36。

表 4—21　不同桥梁日温差条件下主要受力计算结果比较

桥梁温差（℃）	钢轨最大纵向力（kN）	道床板最大应力（MPa）	底座板最大应力（MPa）	简支梁桥墩最大纵向力（kN）	连续梁桥墩最大纵向力（kN）
20	468. 117	1. 231	5. 527	385. 460	590. 240
25	543. 758	1. 233	2. 887	441. 400	692. 180
30	669. 634	1. 491	0. 940	548. 800	750. 460

表 4—22　不同桥梁日温差条件下主要位移计算结果比较

桥梁温差（℃）	钢轨最大纵向位移（mm）	道床板最大纵向位移（mm）	底座板最大纵向位移（mm）	简支梁端最大纵向位移（mm）	连续梁端最大纵向位移（mm）
20	20. 097	23. 091	28. 881	16. 567	28. 801
25	24. 286	29. 553	35. 449	19. 614	35. 465
30	31. 182	41. 228	42. 231	24. 061	42. 488

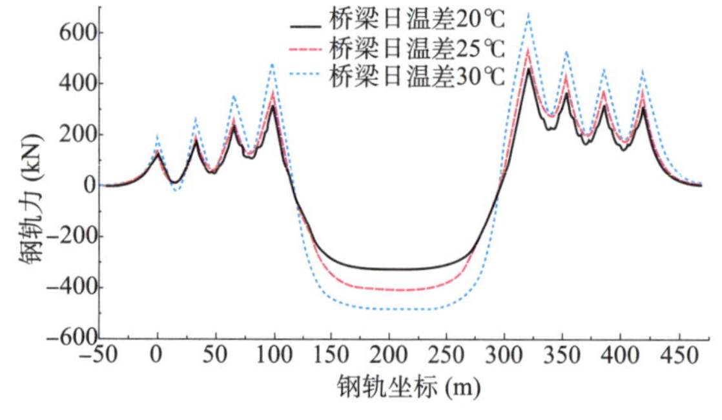

图 4—35　不同桥梁温差条件下钢轨力比较

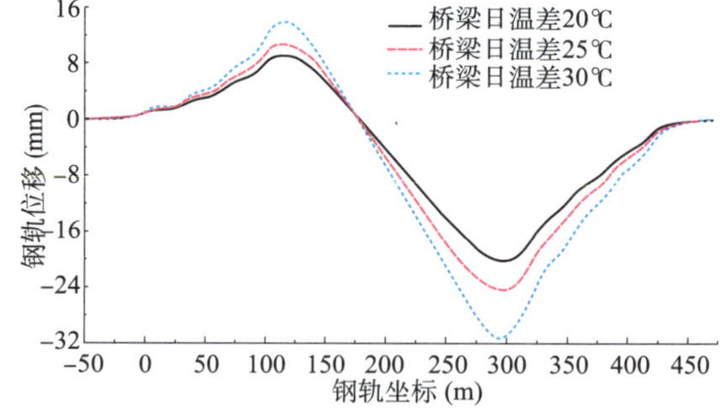

图 4—36　不同桥梁温差条件下钢轨位移比较

随着桥梁温差由 20℃、25℃到 30℃逐渐增大，在受力方面：钢轨纵向力逐渐变大，道床板最大应力以及简支梁和连续梁的桥墩纵向力也有明显增大，而底座板的最大应力则有明显减小；在位移方面：钢轨纵向位移逐渐变大，道床板、底座板及简支梁和连续梁端的纵向位移都有所增大。

3. 道床板和底座板温差影响分析

本部分比较分析道床板和底座板温差分别为 30℃、35℃和 40℃时的主要温度力和位移计算结果。不同道床板和底座板温差条件下的主要温度力和位移计算结果比较见表 4—23、表 4—24。

表 4—23 不同道床板和底座板温差条件下主要受力计算结果比较

道床板和底座板温差(℃)	钢轨最大纵向力(kN)	道床板最大应力(MPa)	底座板最大应力(MPa)	简支梁桥墩最大纵向力(kN)	连续梁桥墩最大纵向力(kN)
30	468. 117	1. 231	5. 527	385. 460	590. 240
35	473. 700	1. 308	8. 204	386. 770	598. 950
40	519. 156	1. 574	10. 885	395. 780	604. 200

表 4—24 不同道床板和底座板温差条件下主要位移计算结果比较

道床板和底座板温差(℃)	钢轨最大纵向位移(mm)	道床板最大纵向位移(mm)	底座板最大纵向位移(mm)	简支梁端最大纵向位移(mm)	连续梁端最大纵向位移(mm)
30	20. 097	23. 091	28. 881	16. 567	28. 801
35	20. 350	23. 817	29. 508	16. 728	29. 384
40	21. 339	27. 531	30. 093	17. 072	29. 928

随着道床板和底座板温差由 30℃、35℃到 40℃逐渐增大,在受力方面,钢轨纵向力逐渐变大,道床板和底座板最大应力以及简支梁和连续梁的桥墩纵向力也有明显增大;在位移方面,钢轨纵向位移逐渐变大,道床板、底座板以及简支梁和连续梁端的纵向位移也都有所增大。

在温度变化的条件下,随着道床板和底座板温差取值的增大,轨道和桥梁结构的受力与变形都有明显增大。因此,在进行设计检算时应根据不同地区的实际情况分别选取当地不同的温差,特别是在严寒地区等温差较大的地区更应严格进行计算与检算,以保证轨道和桥梁结构的安全使用。

4. 隔离层摩擦系数影响分析

本部分比较分析隔离层摩擦系数分别为 0. 50、0. 65 和 0. 80 时的主要温度力和位移计算结果。不同隔离层摩擦系数条件下的主要温度力和位移计算结果比较见表 4—25、表 4—26 和图 4—37、图 4—38。

表 4—25 不同隔离层摩擦系数条件下主要受力计算结果比较

隔离层摩擦系数	钢轨最大纵向力(kN)	道床板最大应力(MPa)	底座板最大应力(MPa)	简支梁桥墩最大纵向力(kN)	连续梁桥墩最大纵向力(kN)
0. 50	468. 117	1. 231	5. 527	385. 460	590. 240
0. 65	521. 812	1. 065	5. 539	392. 030	568. 440
0. 80	525. 536	0. 809	5. 546	395. 850	565. 160

表 4—26 不同隔离层摩擦系数条件下主要位移计算结果比较

隔离层摩擦系数	钢轨最大纵向位移(mm)	道床板最大纵向位移(mm)	底座板最大纵向位移(mm)	简支梁端最大纵向位移(mm)	连续梁端最大纵向位移(mm)
0. 50	20. 097	23. 091	28. 881	16. 567	28. 801
0. 65	21. 198	27. 351	28. 937	16. 715	28. 861
0. 80	21. 275	28. 223	28. 955	16. 811	28. 880

随着隔离层摩擦系数由 0. 50、0. 65 到 0. 80 逐渐增大,在受力方面,钢轨纵向力逐渐变大,底座板最大应力和简支梁桥墩最大纵向力也有所增大,而道床板最大应力和连续梁桥墩最大纵向力则有所减小;在位移方面,钢轨纵向位移逐渐变大,道床板、底座板及简支梁和连续梁端的最大纵向位移也都有所增大。

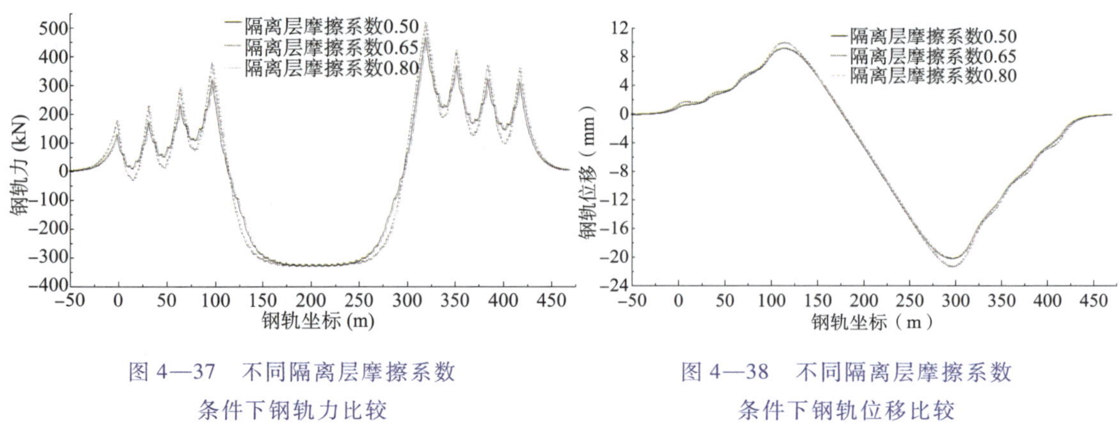

图 4—37 不同隔离层摩擦系数条件下钢轨力比较

图 4—38 不同隔离层摩擦系数条件下钢轨位移比较

在温度变化的条件下，随着隔离层摩擦系数的增大，钢轨以及部分轨道和桥梁结构的受力与变形都有明显增大。因此，道床板和底座板之间应尽量采用较小摩擦系数的隔离层，以减小轨道和桥梁结构的相互作用。值得注意的是，随着长大桥梁双块式无砟轨道无缝线路的投入使用，隔离层的摩擦系数在反复摩擦和材料老化的影响下可能有所上升，这一因素在设计中也应该予以考虑。

（二）挠曲力作用下影响因素分析

1. 扣件纵向阻力影响分析

本部分比较分析扣件纵向阻力分别为 9.0 kN/组、6.5 kN/组和 4.0 kN/组的小阻力扣件以及扣件阻力形式分别为常阻力和小阻力时的主要挠曲力和位移计算结果。不同扣件纵向阻力和阻力形式条件下的主要挠曲力和位移计算结果比较见表 4—27 ~ 4—29。

表 4—27 不同扣件纵向阻力条件下主要受力计算结果比较

扣件纵向阻力（kN/组）	钢轨最大纵向力（kN）	道床板最大应力（MPa）	底座板最大应力（MPa）	简支梁桥墩最大纵向力（kN）	连续梁桥墩最大纵向力（kN）
15.0	63.474	1.217	2.392	19.726	87.332
9.0	76.383	1.214	2.385	19.666	89.151
6.5	71.853	1.216	2.387	19.716	88.567
4.0	64.527	1.217	2.391	19.734	87.494

表 4—28 不同扣件纵向阻力条件下主要纵向位移计算结果比较

扣件纵向阻力（kN/组）	钢轨最大纵向位移（mm）	道床板最大纵向位移（mm）	底座板最大纵向位移（mm）	简支梁端最大纵向位移（mm）	连续梁端最大纵向位移（mm）
15.0	1.042	1.238	1.166	0.493	0.585
9.0	1.121	1.217	1.149	0.492	0.597
6.5	1.097	1.224	1.155	0.493	0.593
4.0	1.050	1.237	1.164	0.493	0.586

当桥上都采用小阻力扣件时，随着纵向阻力由 9.0 kN/组、6.5 kN/组到 4.0 kN/组逐渐减小，在受力方面，钢轨纵向力逐渐变小，连续梁桥墩最大纵向力也有所减小，而道床板和底座板的最大应力以及简支梁桥墩的最大纵向力则有所增大；在纵向位移方面，钢轨纵向位移逐渐变小，连续梁端的最大纵向位移也有所减小，而道床板、底座板以及简支梁端的最大纵向位移则

有所增大；在垂向位移方面，钢轨垂向位移逐渐增大，道床板、底座板和桥梁的最大垂向位移也均有所增大，但相对数值变化不大。

表 4—29　不同扣件纵向阻力条件下主要垂向位移计算结果比较

扣件纵向阻力（kN/组）	钢轨最大垂向位移（mm）	道床板最大垂向位移（mm）	底座板最大垂向位移（mm）	桥梁最大垂向位移（mm）
15.0	13.221	12.641	12.642	12.667
9.0	13.195	12.615	12.616	12.641
6.5	13.204	12.624	12.625	12.650
4.0	13.219	12.639	12.640	12.665

2. 隔离层摩擦系数影响分析

本部分比较分析隔离层摩擦系数分别为 0.50、0.65 和 0.80 时的主要挠曲力和位移计算结果。不同隔离层摩擦系数条件下的主要挠曲力和位移计算结果比较见表 4—30 ~ 表 4—32。

表 4—30　不同隔离层摩擦系数条件下主要受力计算结果比较

隔离层摩擦系数	钢轨最大纵向力（kN）	道床板最大应力（MPa）	底座板最大应力（MPa）	简支梁桥墩最大纵向力（kN）	连续梁桥墩最大纵向力（kN）
0.50	63.474	1.217	2.392	19.726	87.332
0.65	64.065	1.218	2.390	19.721	87.369
0.80	64.426	1.218	2.389	19.716	87.378

表 4—31　不同隔离层摩擦系数条件下主要纵向位移计算结果比较

隔离层摩擦系数	钢轨最大纵向位移（mm）	道床板最大纵向位移（mm）	底座板最大纵向位移（mm）	简支梁端最大纵向位移（mm）	连续梁端最大纵向位移（mm）
0.50	1.042	1.238	1.166	0.493	0.585
0.65	1.045	1.241	1.164	0.493	0.585
0.80	1.046	1.242	1.162	0.493	0.585

表 4—32　不同隔离层摩擦系数条件下主要垂向位移计算结果比较

隔离层摩擦系数	钢轨最大垂向位移（mm）	道床板最大垂向位移（mm）	底座板最大垂向位移（mm）	桥梁最大垂向位移（mm）
0.50	13.221	12.641	12.642	12.667
0.65	13.213	12.633	12.634	12.659
0.80	13.205	12.625	12.625	12.651

随着隔离层摩擦系数由 0.50、0.65 到 0.80 逐渐增大，在受力方面，钢轨受力逐渐增大，道床板最大应力和连续梁桥墩最大纵向力也略有增大，而底座板最大应力和简支梁桥墩最大纵向力则略有减小；在纵向位移方面，钢轨位移逐渐增大，道床板最大位移也有所增大，底座板最大位移有所减小，简支梁和连续梁端最大位移则几乎不变；在垂向位移方面，钢轨、道床板、底座板和桥梁最大垂向位移都有所减小，但总体上来说相对变化数值很小。

在列车荷载作用条件下，随着隔离层摩擦系数的增大，部分轨道和桥梁结构的受力和变形有所增大。因此，道床板和底座板之间应尽量采用较小摩擦系数的隔离层，以减小轨道和桥梁结构的相互作用。值得注意的是，随着长大桥梁双块式无砟轨道无缝线路的投入使用，隔离层的摩擦系数在反复摩擦和材料老化的影响下可能有所上升，这一因素在设计中也应该予以考虑。

（三）制动力作用下影响因素分析

1. 扣件纵向阻力影响分析

本部分比较分析扣件纵向阻力分别为 9.0 kN/组、6.5 kN/组和 4.0 kN/组的小阻力扣件及扣件阻力形式分别为常阻力和小阻力时的主要制动力和位移计算结果。不同扣件纵向阻力和阻力形式条件下的主要制动力和位移计算结果比较见表 4—33、表 4—34。

表 4—33 不同扣件纵向阻力条件下主要受力计算结果比较

扣件纵向阻力（kN/组）	钢轨最大纵向力（kN）	道床板最大应力（MPa）	底座板最大应力（MPa）	简支梁桥墩最大纵向力（kN）	连续梁桥墩最大纵向力（kN）
15.0	183.664	0.321	0.094	169.597	993.550
9.0	183.032	0.491	0.111	170.787	984.680
6.5	183.378	0.413	0.098	170.421	987.830
4.0	183.586	0.330	0.098	169.627	992.990

表 4—34 不同扣件纵向阻力条件下主要位移计算结果比较

扣件纵向阻力（kN/组）	钢轨最大纵向位移（mm）	道床板最大纵向位移（mm）	底座板最大纵向位移（mm）	简支梁端最大纵向位移（mm）	连续梁端最大纵向位移（mm）
15.0	7.238	6.946	6.781	4.240	6.625
9.0	7.012	6.892	6.722	4.270	6.566
6.5	7.077	6.912	6.743	4.261	6.587
4.0	7.216	6.943	6.777	4.241	6.619

当桥上都采用小阻力扣件时，随着纵向阻力由 9.0 kN/组、6.5 kN/组到 4.0 kN/组逐渐减小，在受力方面，钢轨纵向力逐渐增大，连续梁桥墩最大纵向力也有明显增大，而道床板、底座板最大应力以及简支梁桥墩最大纵向力则有所减小；在位移方面，钢轨纵向位移逐渐增大，道床板、底座板以及连续梁端的最大纵向位移也都有所增大，而简支梁端的最大纵向位移则有所减小。

2. 隔离层摩擦系数影响分析

本部分比较分析隔离层摩擦系数分别为 0.50、0.65 和 0.80 时的主要制动力和位移计算结果。不同隔离层摩擦系数条件下的主要制动力和位移计算结果比较见表 4—35、表 4—36。

表 4—35 不同隔离层摩擦系数条件下主要受力计算结果比较

隔离层摩擦系数	钢轨最大纵向力（kN）	道床板最大应力（MPa）	底座板最大应力（MPa）	简支梁桥墩最大纵向力（kN）	连续梁桥墩最大纵向力（kN）
0.50	183.664	0.321	0.144	169.497	993.550
0.65	186.039	0.349	0.130	169.511	973.910
0.80	186.222	0.379	0.112	170.176	960.050

随着隔离层摩擦系数由 0.50、0.65 到 0.80 逐渐增大，在受力方面，钢轨纵向力逐渐变大，道床板最大应力和简支梁桥墩最大纵向力也有所增大，而底座板最大应力和连续梁桥墩最大纵向力则有所减小；在位移方面，钢轨、道床板、底座板以及简支梁和连续梁端最大纵向位移都有所减小。

表 4—36　不同隔离层摩擦系数条件下主要位移计算结果比较

隔离层摩擦系数	钢轨最大纵向位移(mm)	道床板最大纵向位移(mm)	底座板最大纵向位移(mm)	简支梁端最大纵向位移(mm)	连续梁端最大纵向位移(mm)
0.50	7.238	6.946	6.781	4.240	6.625
0.65	6.942	6.656	6.647	4.236	6.494
0.80	6.846	6.561	6.553	4.255	6.402

在列车制动条件下，随着隔离层摩擦系数的增大，钢轨以及部分轨道和桥梁结构的受力都有所增大。因此，道床板和底座板之间应尽量采用较小摩擦系数的隔离层，以减小轨道和桥梁结构的相互作用。值得注意的是，随着长大桥梁双块式无砟轨道无缝线路的投入使用，隔离层的摩擦系数在反复摩擦和材料老化的影响下可能有所上升，这一因素在设计中也应该予以考虑。

(四)小结

通过上述对不同参数条件下长大桥梁双块式无砟轨道无缝线路力学特性的计算与分析，得出以下参数影响规律。

(1)在温度变化的条件下，通过在桥上采用小阻力扣件即减小桥上扣件的纵向阻力，可以明显降低钢轨及轨道结构受力，有利于保证结构的安全使用。当扣件纵向阻力较小时，长大桥梁梁端处的扣件爬行量较大；在制动力的作用下，小阻力扣件较不利于控制钢轨与桥墩受力以及轨道和桥梁结构的变形；扣件阻力较小也会造成钢轨爬行或者低温断轨时钢轨断缝值过大，因此扣件纵向阻力也不宜太小。

(2)随着桥梁温差取值的增大，钢轨、道床板与桥墩受力及轨道和桥梁结构的变形都有明显增大；随着道床板和底座板温差取值的增大，轨道和桥梁结构的受力与变形明显增大。因此，在进行设计检算时，应根据不同地区的实际情况分别选取合理温差。在严寒地区等温差较大的地区，更应严格进行计算与检算，以保证结构的安全使用。

(3)随着隔离层摩擦系数的增大，在温度变化的条件下，钢轨及部分轨道和桥梁结构的受力与变形都有明显增大；在挠曲力的作用下，部分轨道和桥梁结构的受力和变形有所增大；在制动力的作用下，钢轨以及部分轨道和桥梁结构的受力有所增大。因此，道床板和底座板之间应尽量采用较小摩擦系数的隔离层，以减小轨道和桥梁结构的相互作用。值得注意的是，随着长大桥梁双块式无砟轨道无缝线路的投入使用，隔离层的摩擦系数在反复摩擦和材料老化的影响下可能有所上升，这一因素在设计中也应该予以考虑。

三、CRTS Ⅱ 型板式无砟轨道无缝线路

(一)温度力作用下影响因素分析

1. 桥上滑动层摩擦系数影响分析

本部分比较分析桥上“两布一膜”滑动层摩擦系数分别为 0.1、0.3 和 0.5 时的主要温度力和位移计算结果。不同桥上滑动层摩擦系数条件下的主要温度力和位移计算结果比较见表 4—37、表 4—38 和图 4—39、图 4—40(图示横坐标的零点为桥台与桥梁一侧的交界处，下同)。

随着桥上滑动层摩擦系数由 0.1、0.3 到 0.5 逐渐变大，在受力方面，钢轨纵向力逐渐变大，轨道板与底座板最大应力、固结机构、大端刺以及简支梁和连续梁桥墩最大纵向力也都有明显变大；在位移方面，钢轨纵向位移逐渐变大，轨道板、底座板、摩擦板、大端刺和简支梁端的最大纵向位移也都有明显变大，仅有连续梁端最大纵向位移有所减小。

表 4—37 不同桥上滑动层摩擦系数条件下主要受力计算结果比较

桥上滑动层摩擦系数	钢轨最大纵向力(kN)	轨道板最大应力(MPa)	底座板最大应力(MPa)	固结机构最大纵向力(kN)	大端刺最大纵向力(kN)	简支梁桥墩最大纵向力(kN)	连续梁桥墩最大纵向力(kN)
0.1	22.821	11.996	15.068	545.487	4378.390	33.449	42.732
0.3	33.347	12.130	15.091	1614.450	4427.290	59.063	134.942
0.5	55.361	12.268	15.116	2800.820	4477.640	84.784	229.460

表 4—38 不同桥上滑动层摩擦系数条件下主要位移计算结果比较

桥上滑动层摩擦系数	钢轨最大纵向位移(mm)	轨道板最大纵向位移(mm)	底座板最大纵向位移(mm)	摩擦板最大纵向位移(mm)	大端刺最大纵向位移(mm)	简支梁端最大纵向位移(mm)	连续梁端最大纵向位移(mm)
0.1	0.377	0.377	0.388	0.589	0.493	6.523	31.780
0.3	0.960	0.961	0.996	0.594	0.499	6.950	30.860
0.5	1.554	1.555	1.615	0.599	0.505	7.385	29.923

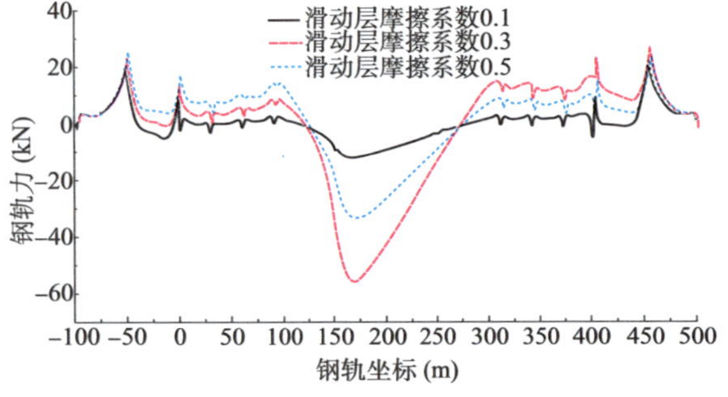

图 4—39 不同桥上滑动层摩擦系数条件下钢轨力比较

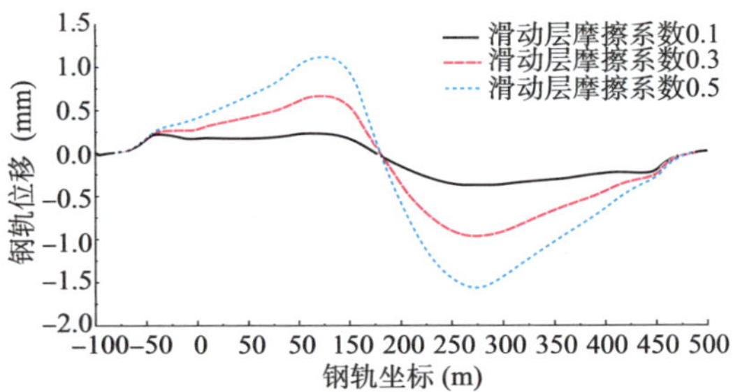

图 4—40 不同桥上滑动层摩擦系数条件下钢轨位移比较

桥上滑动层的摩擦系数越小，在温度变化的条件下轨道结构受到桥梁伸缩变形的影响越小，越有利于轨道和桥梁结构的安全使用。而随着长大桥梁无缝线路的投入使用，桥上滑动层的摩擦系数可能会由于“两布一膜”的磨损而有所增大，这一因素在设计中也应予以考虑。

2. 摩擦板上滑动层摩擦系数影响分析

本部分比较分析摩擦板上“两布”滑动层摩擦系数分别为 0.3、0.5 和 0.8 时的主要温度力和位移计算结果。不同的摩擦板上滑动层摩擦系数条件下的主要温度力和位移计算结果比较见表 4—39、表 4—40 和图 4—41、图 4—42。

表 4—39 不同摩擦板上滑动层摩擦系数条件下主要受力计算结果比较

摩擦板上滑动层摩擦系数	钢轨最大纵向力(kN)	轨道板最大应力(MPa)	底座板最大应力(MPa)	固结机构最大纵向力(kN)	大端刺最大纵向力(kN)	简支梁桥墩最大纵向力(kN)	连续梁桥墩最大纵向力(kN)
0.3	33.766	12.116	15.109	1 613.430	4 477.640	61.542	136.075
0.5	33.347	12.130	15.091	1 614.450	4 427.290	59.063	134.942
0.8	32.927	12.145	15.073	1 615.390	4 389.020	56.557	133.773

表 4—40　不同摩擦板上滑动层摩擦系数条件下主要位移计算结果比较

摩擦板上滑动层摩擦系数	钢轨最大纵向位移（mm）	轨道板最大纵向位移（mm）	底座板最大纵向位移（mm）	摩擦板最大纵向位移（mm）	大端刺最大纵向位移（mm）	简支梁端最大纵向位移（mm）	连续梁端最大纵向位移（mm）
0. 3	0. 984	0. 985	1. 019	0. 598	0. 503	6. 984	30. 852
0. 5	0. 960	0. 961	0. 996	0. 594	0. 499	6. 950	30. 860
0. 8	0. 937	0. 938	0. 973	0. 590	0. 495	6. 917	30. 867

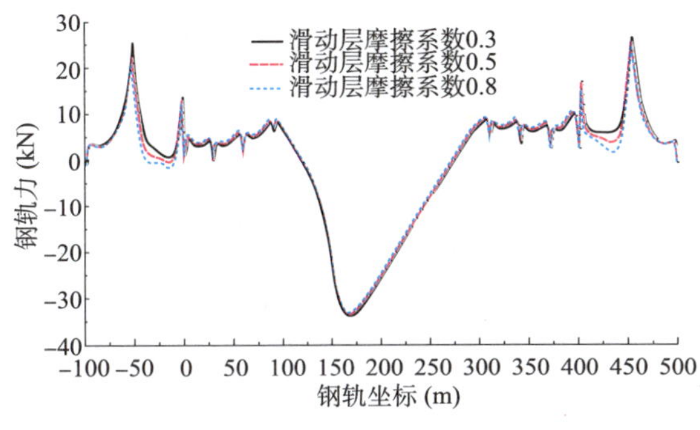

图 4—41　不同摩擦板上滑动层摩擦系数钢轨力比较

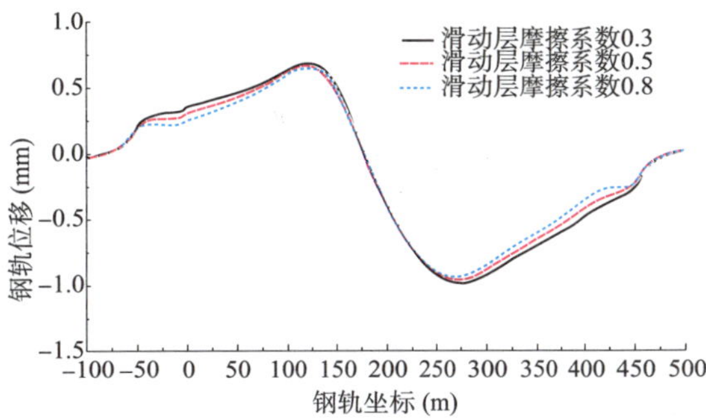

图 4—42　不同摩擦板上滑动层摩擦系数钢轨位移比较

随着摩擦板上滑动层摩擦系数由 0. 3、0. 5 到 0. 8 逐渐变大，在受力方面，钢轨纵向力逐渐减小，底座板最大应力、大端刺以及简支梁和连续梁桥墩最大纵向力也都有所减小，仅有轨道板最大应力和固结机构最大纵向力略有增大；在位移方面，钢轨纵向位移逐渐减小，轨道板、底座板、摩擦板、大端刺和简支梁端的最大纵向位移也都有所减小，仅有连续梁端最大纵向位移略有增大。

在温度变化的条件下，摩擦板上滑动层的摩擦系数越大越有利于轨道和桥梁结构的安全使用，但相对变化较小，影响不大。相对而言，桥上滑动层摩擦系数的变化对轨道和桥梁结构的影响较摩擦板上的更大，更应重点关注。

3. CA 砂浆层刚度影响分析

为考虑 CA 砂浆层灌注不饱满或部分碎裂对长大桥梁 CRTS Ⅱ 型板式无砟轨道无缝线路的影响，本部分比较分析 CA 砂浆层的刚度不折减、折减至 75% 和折减至 50% 时的主要温度力和位移计算结果。不同 CA 砂浆层刚度条件下的主要温度力和位移计算结果比较见表 4—41、表 4—42。

表 4—41　不同 CA 砂浆层刚度条件下主要受力计算结果比较

CA 砂浆层刚度	钢轨最大纵向力（kN）	轨道板最大应力（MPa）	底座板最大应力（MPa）	固结机构最大纵向力（kN）	大端刺最大纵向力（kN）	简支梁桥墩最大纵向力（kN）	连续梁桥墩最大纵向力（kN）
不折减	33. 347	12. 130	15. 091	1614. 450	4427. 290	59. 063	134. 942
折减至 75%	32. 435	12. 122	15. 123	1613. 100	4459. 630	58. 881	136. 681
折减至 50%	30. 980	12. 111	15. 157	1608. 310	4495. 780	58. 559	139. 569

表 4—42　不同 CA 砂浆层刚度条件下主要位移计算结果比较

CA 砂浆层刚度	钢轨最大纵向位移（mm）	轨道板最大纵向位移（mm）	底座板最大纵向位移（mm）	摩擦板最大纵向位移（mm）	大端刺最大纵向位移（mm）	简支梁端最大纵向位移（mm）	连续梁端最大纵向位移（mm）
不折减	0.960	0.961	0.996	0.594	0.499	6.950	30.860
折减至 75%	0.956	0.957	1.003	0.598	0.502	6.951	30.848
折减至 50%	0.949	0.950	1.016	0.602	0.506	6.954	30.829

随着 CA 砂浆层刚度由不折减、折减至 75% 下降到折减至 50%，在受力方面，钢轨纵向力逐渐变小，轨道板最大应力、固结机构和简支梁桥墩最大纵向力也有所减小，而底座板最大应力、大端刺以及连续梁桥墩最大纵向力都有所增大；在位移方面，钢轨纵向位移逐渐变小，轨道板和连续梁端最大纵向位移也有所减小，而底座板、摩擦板、大端刺和简支梁端的最大纵向位移却有所增大。

在温度变化的条件下，CA 砂浆层刚度对轨道和桥梁结构的受力与变形有一定的影响。随着 CA 砂浆层刚度的折减，部分轨道和桥梁的受力与变形都有所增大，严重时可能会影响到无砟轨道无缝线路的正常使用。因此，在施工时应注意将 CA 砂浆层灌注饱满，并防止其产生碎裂与失效。

4. 底座板/轨道板刚度影响分析

为考虑底座板和轨道板混凝土开裂对长大桥梁 CRTS Ⅱ 型板式无砟轨道无缝线路的影响，本部分比较分析底座板/轨道板刚度分别为不折减、折减至 50% 和折减至 10% 时的主要温度力和位移计算结果。不同底座板/轨道板刚度条件下的主要温度力和位移计算结果比较见表 4—43、表 4—44 和图 4—43、图 4—44。

表 4—43　不同底座板/轨道板刚度条件下主要受力计算结果比较

底座板/轨道板刚度	钢轨最大纵向力（kN）	轨道板最大应力（MPa）	底座板最大应力（MPa）	固结机构最大纵向力（kN）	大端刺最大纵向力（kN）	简支梁桥墩最大纵向力（kN）	连续梁桥墩最大纵向力（kN）
不折减	33.347	12.130	15.091	1 614.450	4 427.290	59.063	134.942
折减至 50%	61.834	6.336	8.563	1 592.200	2 321.070	75.617	197.540
折减至 10%	192.606	1.483	1.927	1 244.970	490.006	207.610	390.310

表 4—44　不同底座板/轨道板刚度条件下主要位移计算结果比较

底座板/轨道板刚度	钢轨最大纵向位移（mm）	轨道板最大纵向位移（mm）	底座板最大纵向位移（mm）	摩擦板最大纵向位移（mm）	大端刺最大纵向位移（mm）	简支梁端最大纵向位移（mm）	连续梁端最大纵向位移（mm）
不折减	0.960	0.961	0.996	0.594	0.499	6.950	30.860
折减至 50%	1.684	1.685	1.725	0.318	0.261	7.404	30.460
折减至 10%	5.064	5.068	5.121	0.069	0.055	9.094	29.227

随着底座板/轨道板刚度由不折减、折减至 50% 下降到折减至 10%，在受力方面，钢轨纵向力明显变大，且越来越显著地呈现出桥上非纵连板式无砟轨道无缝线路的线型，轨道板和底座板最大应力、固结机构和大端刺最大纵向力都有明显减小，而简支梁和连续梁桥墩最大纵向力却有明显增大；在位移方面，钢轨纵向位移明显变大，且也越来越显著地呈现出桥上非纵连板式无砟轨道无缝线路的线型，轨道板、底座板和简支梁端的最大纵向位移也都有明显变大，而摩擦板、大端刺和连续梁端的最大纵向位移却有所减小，其中摩擦板和大端刺的最大纵向位移减小较为明显。

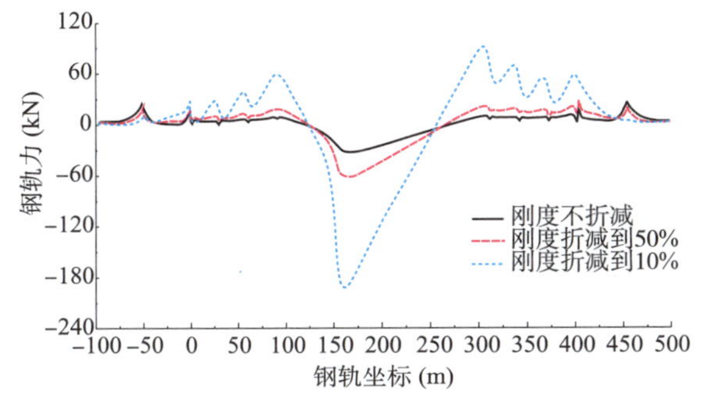

图 4—43　不同底座板/轨道板刚度条件下钢轨力比较

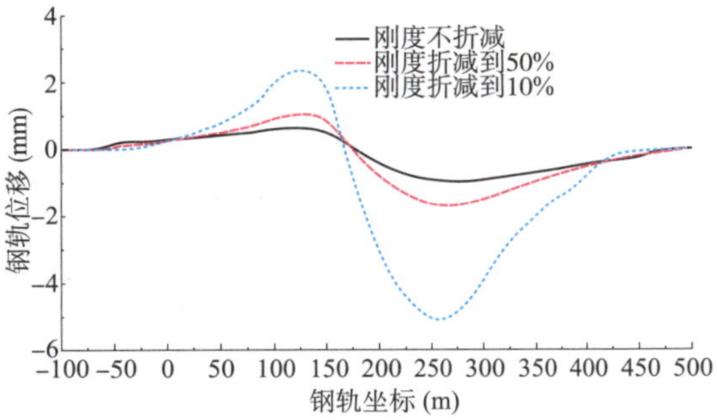

图 4—44　不同底座板/轨道板刚度条件下钢轨位移比较

在温度变化的条件下，底座板/轨道板的刚度减小会明显增大部分轨道和桥梁结构的受力与变形，因此要严格控制底座板和轨道板混凝土的开裂现象。

5. 端刺纵向刚度影响分析

为考虑端刺的刚度变化对长大桥梁 CRTS Ⅱ 型板式无砟轨道无缝线路的影响，本部分比较分析端刺纵向刚度分别为试验值的 0.5 倍、试验值的 1 倍和试验值的 2 倍时的主要温度力和位移计算结果。不同端刺纵向刚度条件下的主要温度力和位移计算结果比较见表 4—45、4—46和图 4—45、图 4—46。

表 4—45　不同端刺纵向刚度条件下主要受力计算结果比较

端刺纵向刚度	钢轨最大纵向力（kN）	轨道板最大应力（MPa）	底座板最大应力（MPa）	固结机构最大纵向力（kN）	大端刺最大纵向力（kN）	简支梁桥墩最大纵向力（kN）	连续梁桥墩最大纵向力（kN）
0. 5 倍试验值	33. 740	12. 101	14. 344	1 601. 500	2 835. 620	76. 900	157. 527
1. 0 倍试验值	33. 347	12. 130	15. 091	1 614. 450	4 427. 290	59. 063	134. 942
2. 0 倍试验值	33. 297	12. 220	15. 912	1 623. 350	6 155. 410	58. 030	115. 684

表 4—46　不同端刺纵向刚度条件下主要位移计算结果比较

端刺纵向刚度	钢轨最大纵向位移（mm）	轨道板最大纵向位移（mm）	底座板最大纵向位移（mm）	摩擦板最大纵向位移（mm）	大端刺最大纵向位移（mm）	简支梁端最大纵向位移（mm）	连续梁端最大纵向位移（mm）
0. 5 倍试验值	0. 961	0. 963	0. 998	0. 680	0. 639	6. 960	31. 009
1. 0 倍试验值	0. 960	0. 961	0. 996	0. 594	0. 499	6. 950	30. 860
2. 0 倍试验值	0. 941	0. 943	0. 976	0. 463	0. 347	6. 942	30. 756

随着端刺纵向刚度由试验值的 0. 5 倍、试验值的 1 倍增加到试验值的 2 倍，在受力方面，钢轨纵向力略有减小，轨道板和底座板最大应力、固结机构和大端刺最大纵向力有所增大，而简支梁和连续梁桥墩最大纵向力则有所减小；在位移方面，钢轨纵向位移有所减小，轨道板、底座板、摩擦板、大端刺、简支梁和连续梁端的最大纵向位移也都有明显减小。

在温度变化的条件下，端刺纵向刚度的减小会增大轨道和桥梁结构的变形，因此要严格保证梁端锚固结构端刺的纵向刚度。

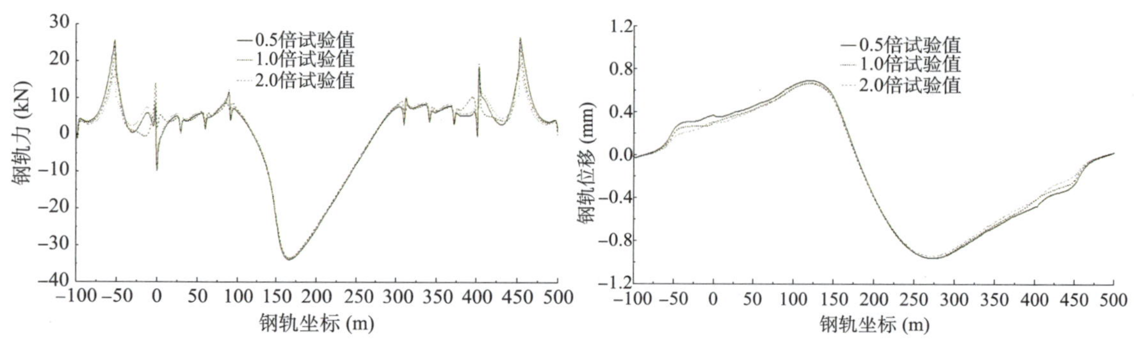

图 4—45 不同端刺纵向刚度条件下钢轨力比较　　图 4—46 不同端刺纵向刚度条件下钢轨位移比较

6. 连续梁桥墩刚度影响分析

本部分比较分析连续梁桥墩刚度分别为 1 200 kN/cm、1 600 kN/cm 和 2 000 kN/cm 时的主要温度力和位移计算结果。不同连续梁桥墩刚度条件下的主要温度力和位移计算结果比较见表 4—47、表 4—48。

表 4—47 不同连续梁桥墩刚度条件下主要受力计算结果比较

连续梁桥墩刚度（kN/cm）	钢轨最大纵向力（kN）	轨道板最大应力（MPa）	底座板最大应力（MPa）	固结机构最大纵向力（kN）	大端刺最大纵向力（kN）	简支梁桥墩最大纵向力（kN）	连续梁桥墩最大纵向力（kN）
1 200	33. 513	12. 127	15. 091	1642. 670	4426. 260	60. 414	106. 731
1 600	33. 347	12. 130	15. 091	1614. 450	4427. 290	59. 063	134. 942
2 000	33. 199	12. 133	15. 092	1588. 660	4428. 190	57. 845	160. 373

表 4—48 不同连续梁桥墩刚度条件下主要位移计算结果比较

连续梁桥墩刚度（kN/cm）	钢轨最大纵向位移（mm）	轨道板最大纵向位移（mm）	底座板最大纵向位移（mm）	摩擦板最大纵向位移（mm）	大端刺最大纵向位移（mm）	简支梁端最大纵向位移（mm）	连续梁端最大纵向位移（mm）
1 200	0. 940	0. 941	0. 976	0. 594	0. 499	6. 936	30. 818
1 600	0. 960	0. 961	0. 996	0. 594	0. 499	6. 950	30. 860
2 000	0. 978	0. 979	1. 013	0. 594	0. 499	6. 963	30. 897

随着连续梁桥墩刚度由 1 200 kN/cm、1 600 kN/cm 到 2 000 kN/cm 逐渐变大，在受力方面，钢轨纵向力略有减小，固结机构和简支梁桥墩最大纵向力也有所减小，而轨道板和底座板最大应力、大端刺和连续梁桥墩最大纵向力则有所增大，其中连续梁桥墩最大纵向力增大幅度较为明显；在位移方面，钢轨、轨道板、底座板以及简支梁和连续梁端最大纵向位移都有所增大，摩擦板和大端刺最大纵向位移则基本不变。

随着连续梁桥墩刚度的增大，在温度变化的条件下，轨道和桥梁结构的大部分受力与变形都略有增大，而桥墩受力也有相对较为明显的增长。由此可知，长大桥梁 CRTS Ⅱ 型板式无砟轨道无缝线路的连续梁桥墩纵向线刚度过大会造成一定的工程浪费，因此不建议连续梁桥墩纵向线刚度过大。

7. 支座布置形式影响分析

本部分比较分析采用不同的支座布置方式时的主要温度力和位移计算结果，支座布置形式见图 4—47。不同支座布置形式条件下的主要温度力和位移计算结果比较见表 4—49、表 4—50 和图 4—48、图 4—49。

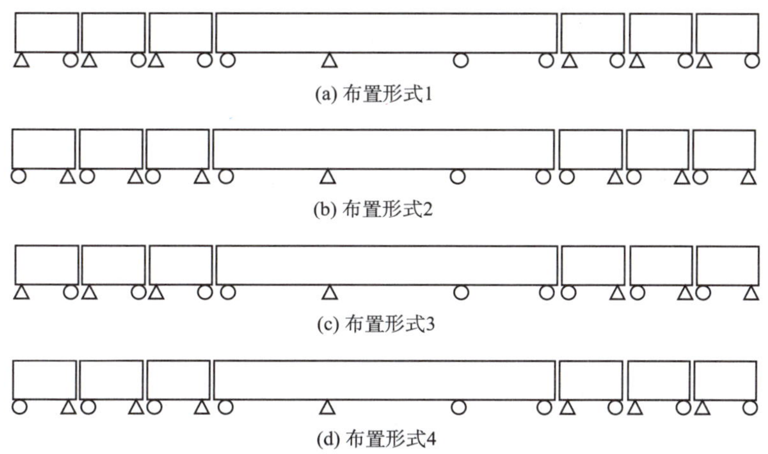

图 4—47 支座布置形式示意图

表 4—49 不同支座布置形式条件下主要受力计算结果比较

支座布置形式	钢轨最大纵向力(kN)	轨道板最大应力(MPa)	底座板最大应力(MPa)	固结机构最大纵向力(kN)	大端刺最大纵向力(kN)	简支梁桥墩最大纵向力(kN)	连续梁桥墩最大纵向力(kN)
形式 1	33.347	12.130	15.091	1 614.450	4 427.290	59.063	134.942
形式 2	33.374	11.942	15.086	1 608.030	4 416.240	68.785	141.469
形式 3	33.198	11.945	15.086	1 612.740	4 417.110	69.481	136.802
形式 4	33.531	12.128	15.091	1 609.740	4 426.450	39.426	139.614

表 4—50 不同支座布置形式条件下主要位移计算结果比较

支座布置形式	钢轨最大纵向位移(mm)	轨道板最大纵向位移(mm)	底座板最大纵向位移(mm)	摩擦板最大纵向位移(mm)	大端刺最大纵向位移(mm)	简支梁端最大纵向位移(mm)	连续梁端最大纵向位移(mm)
形式 1	0.960	0.961	0.996	0.594	0.499	6.950	30.860
形式 2	0.919	0.920	0.955	0.595	0.498	6.783	30.821
形式 3	0.936	0.937	0.972	0.594	0.498	5.933	30.851
形式 4	0.944	0.945	0.980	0.595	0.499	6.939	30.830

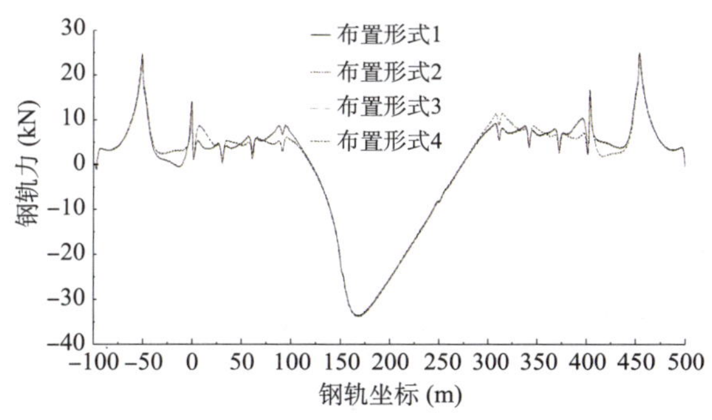

图 4—48 不同支座布置形式条件下钢轨力比较

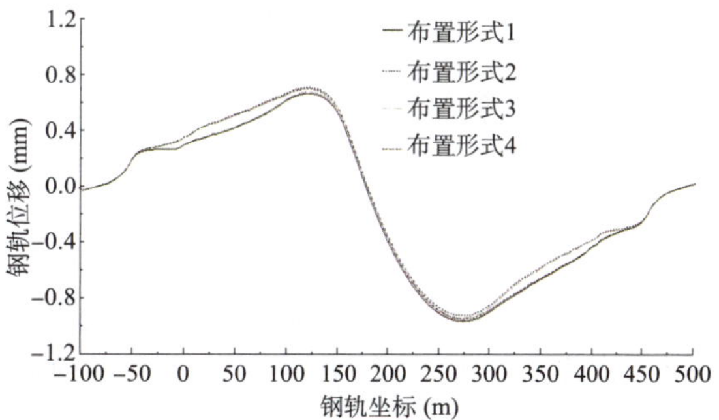

图 4—49 不同支座布置形式条件下钢轨位移比较

支座布置形式对轨道和桥梁的力学特性有一定的影响，不同的支座布置形式各有各的优缺点。在温度变化时，和其他的支座布置形式相比，支座布置形式4的简支梁桥墩受力相对明显较小；支座布置形式1的连续梁桥墩受力相对较小，但变化不是很大。

8. 桥跨布置形式影响分析

本部分比较分析采用不同的桥跨布置形式时的主要温度力和位移计算结果，桥跨布置形式见图4—50。不同桥跨布置形式条件下的主要温度力和位移计算结果比较见表4—51、表4—52和图4—51、4—52。

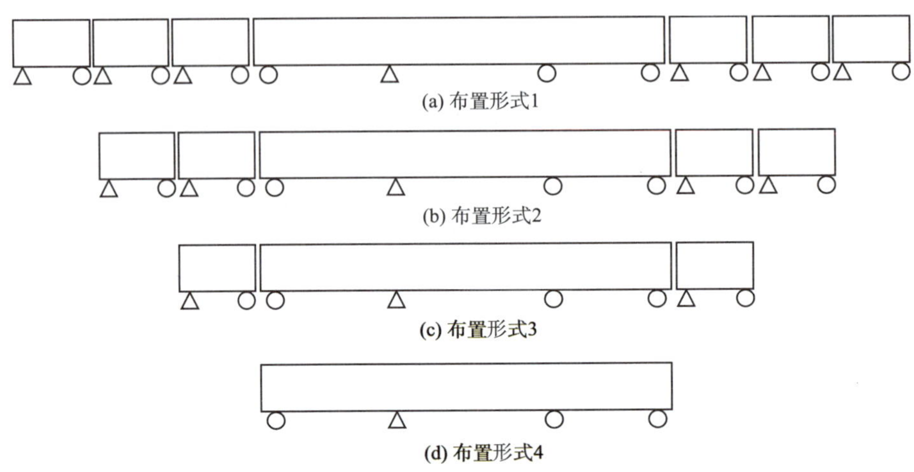

图4—50 桥跨布置形式示意图

表4—51 不同桥跨布置形式条件下主要受力计算结果比较

桥跨布置形式	钢轨最大纵向力(kN)	轨道板最大应力(MPa)	底座板最大应力(MPa)	固结机构最大纵向力(kN)	大端刺最大纵向力(kN)	简支梁桥墩最大纵向力(kN)	连续梁桥墩最大纵向力(kN)
形式1	33.347	12.130	15.091	1614.450	4427.290	59.063	134.942
形式2	32.772	12.028	14.959	1612.180	4433.320	57.421	136.962
形式3	31.826	11.986	14.822	1611.590	4445.000	52.453	137.041
形式4	30.293	12.033	14.828	1613.660	4460.990	—	134.605

表4—52 不同桥跨布置形式条件下主要位移计算结果比较

桥跨布置形式	钢轨最大纵向位移(mm)	轨道板最大纵向位移(mm)	底座板最大纵向位移(mm)	摩擦板最大纵向位移(mm)	大端刺最大纵向位移(mm)	简支梁端最大纵向位移(mm)	连续梁端最大纵向位移(mm)
形式1	0.960	0.961	0.996	0.594	0.499	6.950	30.860
形式2	0.905	0.906	0.942	0.594	0.500	6.898	30.849
形式3	0.836	0.837	0.873	0.594	0.500	6.841	30.848
形式4	0.746	0.748	0.784	0.595	0.501	—	30.918

随着连续梁两端简支梁数量逐渐减少，在受力方面，钢轨纵向力有所减小，简支梁桥墩最大纵向力也有所减小，大端刺最大纵向力则逐渐增大，轨道板和底座板最大应力及固结机构最大纵向力随着简支梁数量的减少而减小，但在连续梁两端不设置简支梁时又有所增大，连续梁桥墩最大纵向力则正好相反，随着简支梁数量的减少而增大，但在连续梁两端不设置简支梁时

又有所减小;在位移方面,钢轨、轨道板、底座板和简支梁端最大位移都有所减小,而摩擦板和大端刺最大位移则略有增大,连续梁端最大位移随着简支梁数量的减少而减小,但在连续梁两端不设置简支梁时又有所增大。

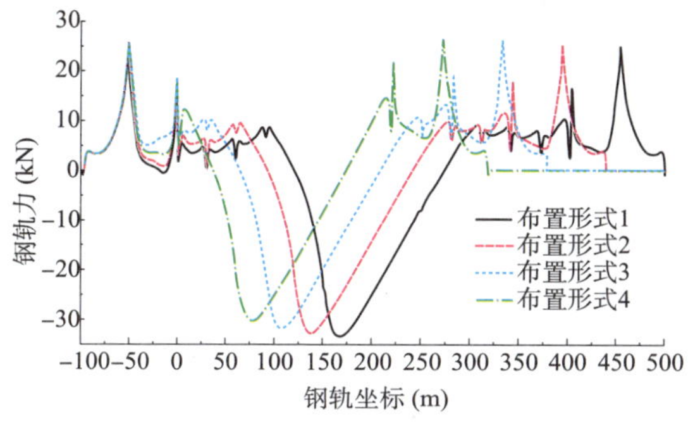

图 4—51　不同桥跨布置形式条件下钢轨力比较

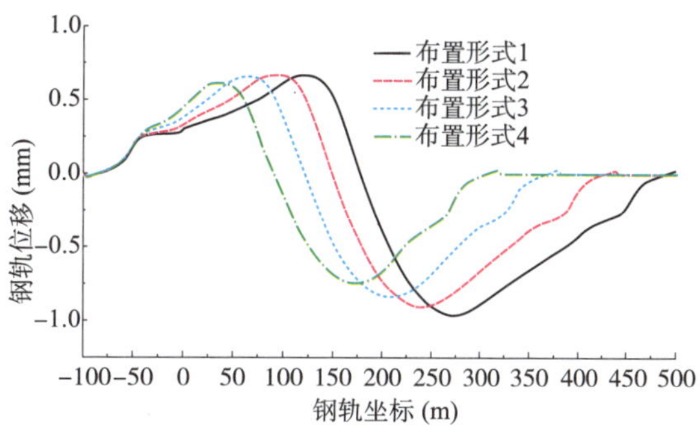

图 4—52　不同桥跨布置形式条件下钢轨位移比较

在温度变化的条件下,减少连续梁两端设置的简支梁数量,大部分轨道和桥梁结构的受力与变形都会减小,有利于轨道和桥梁结构的安全使用。但是,当连续梁两端不设置简支梁而直接与路基相连接时,大端刺的最大纵向力增大较为明显,因此应谨慎决定是否在连续梁两端设置简支梁。

(二)挠曲力作用下影响因素分析

1. 桥上滑动层摩擦系数影响分析

本部分比较分析桥上“两布一膜”滑动层摩擦系数分别为 0.1、0.3 和 0.5 时的主要挠曲力和位移计算结果。不同桥上滑动层摩擦系数条件下的主要挠曲力和位移计算结果比较见表 4—53 ~ 表 4—55 和图 4—53、图 4—54(图示横坐标的零点为桥台与桥梁一侧的交界处,车辆荷载满布连续梁,下同)。

表 4—53　不同桥上滑动层摩擦系数条件下主要受力计算结果比较

桥上滑动层摩擦系数	钢轨最大纵向力(kN)	轨道板最大应力(MPa)	底座板最大应力(MPa)	固结机构最大纵向力(kN)	大端刺最大纵向力(kN)	简支梁桥墩最大纵向力(kN)	连续梁桥墩最大纵向力(kN)
0.1	12.094	0.456	0.668	372.041	11.341	13.271	172.002
0.3	16.480	0.434	0.635	494.883	17.759	18.580	165.006
0.5	20.001	0.415	0.616	515.181	21.908	21.396	161.845

表 4—54　不同桥上滑动层摩擦系数条件下主要纵向位移计算结果比较

桥上滑动层摩擦系数	钢轨最大纵向位移(mm)	轨道板最大纵向位移(mm)	底座板最大纵向位移(mm)	摩擦板最大纵向位移(mm)	大端刺最大纵向位移(mm)	简支梁端最大纵向位移(mm)	连续梁端最大纵向位移(mm)
0.1	0.299	0.300	0.262	0.002	0.001	0.192	1.647
0.3	0.322	0.323	0.306	0.002	0.002	0.260	1.639
0.5	0.343	0.344	0.349	0.003	0.002	0.296	1.626

随着桥上滑动层摩擦系数由 0.1、0.3 到 0.5 逐渐变大,在受力方面,钢轨纵向力逐渐变大,固结机构、大端刺及简支梁桥墩最大纵向力也都有明显变大,而轨道板与底座板最大应力、连续梁桥墩最大纵向力则有所减小;在纵向位移方面,钢轨纵向位移逐渐变大,轨道板、底座

板、摩擦板、大端刺和简支梁端的最大纵向位移也都有明显变大，仅有连续梁端最大纵向位移略有减小；在垂向位移方面，钢轨垂向位移略有减小，轨道板、底座板以及连续梁和简支梁的最大垂向位移也都略有减小。

表 4—55　不同桥上滑动层摩擦系数条件下主要垂向位移计算结果比较

桥上滑动层摩擦系数	钢轨最大垂向位移(mm)	轨道板最大垂向位移(mm)	底座板最大垂向位移(mm)	连续梁最大垂向位移(mm)	简支梁最大垂向位移(mm)
0. 1	15. 633	15. 185	15. 180	15. 207	0. 143
0. 3	15. 371	14. 923	14. 919	14. 945	0. 142
0. 5	15. 185	14. 737	14. 733	14. 758	0. 142

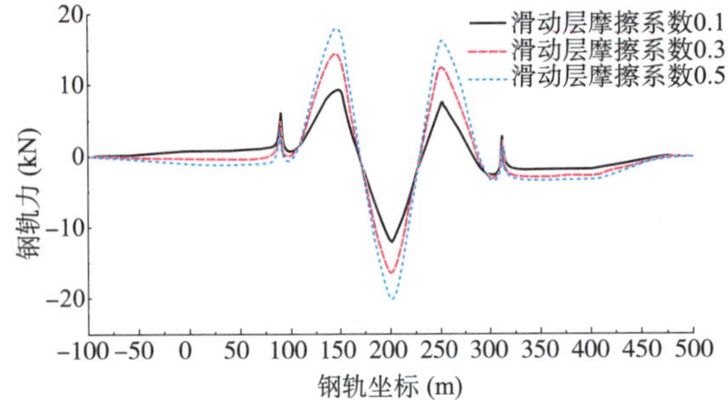

图 4—53　不同桥上滑动层摩擦系数下钢轨力比较

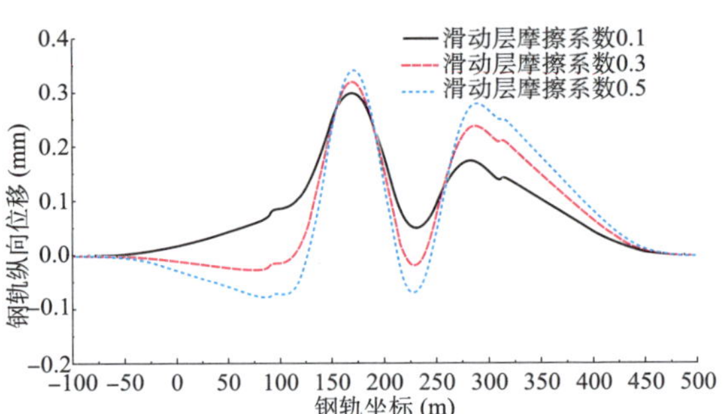

图 4—54　不同桥上滑动层摩擦系数下钢轨纵向位移比较

随着桥上滑动层摩擦系数的减小，在挠曲力的作用下，桥梁对轨道结构的约束作用降低，使得轨道和桥梁结构的垂向变形相对变大，而轨道和桥梁结构的纵向变形以及部分轨道和桥梁结构的受力则相对减小。从总体上来看，在挠曲力的作用下，桥上滑动层摩擦系数越小越有利于轨道和桥梁结构的安全使用。

2. 摩擦板上滑动层摩擦系数影响分析

本部分比较分析摩擦板上“两布”滑动层摩擦系数分别为 0. 3、0. 5 和 0. 8 时的主要挠曲力和位移计算结果。不同的摩擦板上滑动层摩擦系数条件下的主要挠曲力和位移计算结果比较见表 4—56 ~ 表 4—58。

随着摩擦板上滑动层摩擦系数由 0. 3、0. 5 到 0. 8 逐渐变大，在受力方面，钢轨纵向力略有增大，轨道板和底座板最大应力、固结机构、大端刺以及简支梁桥墩最大纵向力都有所减小，仅有连续梁桥墩最大纵向力略有增大；在纵向位移方面，钢轨纵向位移逐渐减小，轨道板、底座板、摩擦板、大端刺以及简支梁和连续梁端的最大纵向位移也都有所减小；在垂向位移方面，钢轨、轨道板、底座板及连续梁和简支梁的最大垂向位移都几乎不变。

表 4—56　不同摩擦板上滑动层摩擦系数条件下主要受力计算结果比较

摩擦板上滑动层摩擦系数	钢轨最大纵向力(kN)	轨道板最大应力(MPa)	底座板最大应力(MPa)	固结机构最大纵向力(kN)	大端刺最大纵向力(kN)	简支梁桥墩最大纵向力(kN)	连续梁桥墩最大纵向力(kN)
0. 3	16. 470	0. 435	0. 636	495. 498	21. 697	18. 928	164. 590
0. 5	16. 480	0. 434	0. 635	494. 883	17. 759	18. 580	165. 006
0. 8	16. 490	0. 434	0. 634	494. 238	13. 901	18. 230	165. 420

表 4—57　不同摩擦板上滑动层摩擦系数条件下主要纵向位移计算结果比较

摩擦板上滑动层摩擦系数	钢轨最大纵向位移(mm)	轨道板最大纵向位移(mm)	底座板最大纵向位移(mm)	摩擦板最大纵向位移(mm)	大端刺最大纵向位移(mm)	简支梁端最大纵向位移(mm)	连续梁端最大纵向位移(mm)
0. 3	0. 324	0. 326	0. 309	0. 003	0. 002	0. 264	1. 642
0. 5	0. 322	0. 323	0. 306	0. 002	0. 002	0. 260	1. 639
0. 8	0. 319	0. 320	0. 303	0. 002	0. 002	0. 255	1. 637

表 4—58　不同摩擦板上滑动层摩擦系数条件下主要垂向位移计算结果比较

摩擦板上滑动层摩擦系数	钢轨最大垂向位移(mm)	轨道板最大垂向位移(mm)	底座板最大垂向位移(mm)	连续梁最大垂向位移(mm)	简支梁最大垂向位移(mm)
0. 3	15. 371	14. 923	14. 919	14. 945	0. 142
0. 5	15. 371	14. 923	14. 919	14. 945	0. 142
0. 8	15. 371	14. 923	14. 919	14. 945	0. 142

在挠曲力的作用下，摩擦板上滑动层的摩擦系数越大越有利于轨道和桥梁结构的安全使用，但相对变化较小，影响不大。

3. CA 砂浆层刚度影响分析

为考虑 CA 砂浆层灌注不饱满或部分碎裂对长大桥梁 CRTSⅡ型板式无砟轨道无缝线路的影响，本部分比较分析 CA 砂浆层的刚度不折减、折减至 75% 和折减至 50% 时的主要挠曲力和位移计算结果。不同 CA 砂浆层刚度条件下的主要挠曲力和位移计算结果比较见表 4—59 ~ 表 4—61。

表 4—59　不同 CA 砂浆层刚度条件下主要受力计算结果比较

CA 砂浆层刚度	钢轨最大纵向力(kN)	轨道板最大应力(MPa)	底座板最大应力(MPa)	固结机构最大纵向力(kN)	大端刺最大纵向力(kN)	简支梁桥墩最大纵向力(kN)	连续梁桥墩最大纵向力(kN)
不折减	16. 480	0. 434	0. 635	494. 883	17. 759	18. 580	165. 006
折减至 75%	15. 634	0. 435	0. 634	485. 398	17. 518	18. 639	164. 891
折减至 50%	14. 263	0. 438	0. 631	470. 286	17. 101	18. 782	164. 700

表 4—60　不同 CA 砂浆层刚度条件下主要纵向位移计算结果比较

CA 砂浆层刚度	钢轨最大纵向位移(mm)	轨道板最大纵向位移(mm)	底座板最大纵向位移(mm)	摩擦板最大纵向位移(mm)	大端刺最大纵向位移(mm)	简支梁端最大纵向位移(mm)	连续梁端最大纵向位移(mm)
不折减	0. 322	0. 323	0. 306	0. 002	0. 002	0. 260	1. 639
折减至 75%	0. 312	0. 314	0. 312	0. 002	0. 002	0. 260	1. 641
折减至 50%	0. 296	0. 298	0. 322	0. 002	0. 002	0. 262	1. 643

表 4—61　不同 CA 砂浆层刚度条件下主要垂向位移计算结果比较

CA 砂浆层刚度	钢轨最大垂向位移(mm)	轨道板最大垂向位移(mm)	底座板最大垂向位移(mm)	连续梁最大垂向位移(mm)	简支梁最大垂向位移(mm)
不折减	15. 371	14. 923	14. 919	14. 945	0. 142
折减至 75%	15. 376	14. 928	14. 924	14. 950	0. 142
折减至 50%	15. 385	14. 937	14. 933	14. 959	0. 142

随着 CA 砂浆层刚度由不折减、折减至 75% 下降到折减至 50% ，在受力方面，钢轨纵向力

逐渐变小，底座板最大应力、固结机构、大端刺和连续梁桥墩最大纵向力也有所减小，而轨道板最大应力以及简支梁桥墩最大纵向力则略有增大；在纵向位移方面，钢轨纵向位移逐渐变小，轨道板最大纵向位移也有所减小，底座板及简支梁和连续梁端最大纵向位移略有增大，而摩擦板和大端刺的最大纵向位移则几乎不变；在垂向位移方面，钢轨、轨道板、底座板和连续梁的最大垂向位移略有增大，而简支梁最大垂向位移则几乎不变。

在挠曲力的作用下，CA 砂浆层刚度对轨道和桥梁结构的受力与变形有一定的影响，但从变化数值上来看影响不大，采用现有参数即可。

4. 底座板/轨道板刚度影响分析

为考虑底座板和轨道板混凝土开裂对长大桥梁 CRTSⅡ型板式无砟轨道无缝线路的影响，本部分比较分析底座板/轨道板刚度分别为不折减、折减至 50% 和折减至 10% 时的主要挠曲力和位移计算结果。不同底座板/轨道板刚度条件下的主要挠曲力和位移计算结果比较见表 4—62 ~ 表 4—64 和图 4—55、图 4—56。

随着底座板/轨道板刚度由不折减、折减至 50% 下降到折减至 10%，在受力方面，钢轨纵向力明显变大，且越来越显著地呈现出桥上非纵连板式无砟轨道无缝线路的线型，轨道板和底座板最大应力、固结机构、大端刺和连续梁桥墩最大纵向力都有明显减小，而简支梁桥墩最大纵向力则有明显增大；在纵向位移方面，钢轨纵向位移明显变大，且也越来越显著地呈现出桥上非纵连板式无砟轨道无缝线路的线型，轨道板、底座板及简支梁和连续梁端的最大纵向位移也都有所变大，摩擦板最大纵向位移几乎不变，而大端刺最大纵向位移则有明显减小直至几乎没有纵向位移；在垂向位移方面，钢轨、轨道板、底座板和连续梁的最大垂向位移都略有增大，而简支梁最大垂向位移则有所减小。

表 4—62　不同底座板/轨道板刚度条件下主要受力计算结果比较

底座板/轨道板刚度	钢轨最大纵向力(kN)	轨道板最大应力(MPa)	底座板最大应力(MPa)	固结机构最大纵向力(kN)	大端刺最大纵向力(kN)	简支梁桥墩最大纵向力(kN)	连续梁桥墩最大纵向力(kN)
不折减	16.480	0.434	0.635	494.883	17.759	18.580	165.006
折减至 50%	23.248	0.286	0.464	327.603	10.650	25.718	154.735
折减至 10%	43.053	0.102	0.182	101.758	2.281	37.764	135.191

表 4—63　不同底座板/轨道板刚度条件下主要纵向位移计算结果比较

底座板/轨道板刚度	钢轨最大纵向位移(mm)	轨道板最大纵向位移(mm)	底座板最大纵向位移(mm)	摩擦板最大纵向位移(mm)	大端刺最大纵向位移(mm)	简支梁端最大纵向位移(mm)	连续梁端最大纵向位移(mm)
不折减	0.322	0.323	0.306	0.002	0.002	0.260	1.639
折减至 50%	0.449	0.450	0.429	0.002	0.001	0.348	1.716
折减至 10%	0.767	0.771	0.747	0.002	0.0003	0.495	1.866

表 4—64　不同底座板/轨道板刚度条件下主要垂向位移计算结果比较

底座板/轨道板刚度	钢轨最大垂向位移(mm)	轨道板最大垂向位移(mm)	底座板最大垂向位移(mm)	连续梁最大垂向位移(mm)	简支梁最大垂向位移(mm)
不折减	15.371	14.923	14.919	14.945	0.142
折减至 50%	15.437	14.992	14.982	15.009	0.134
折减至 10%	15.590	15.164	15.124	15.142	0.090

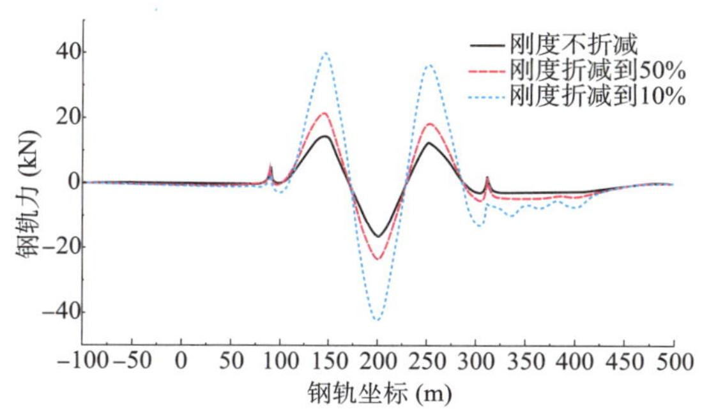

图 4—55 不同底座板/轨道板刚度下钢轨力比较

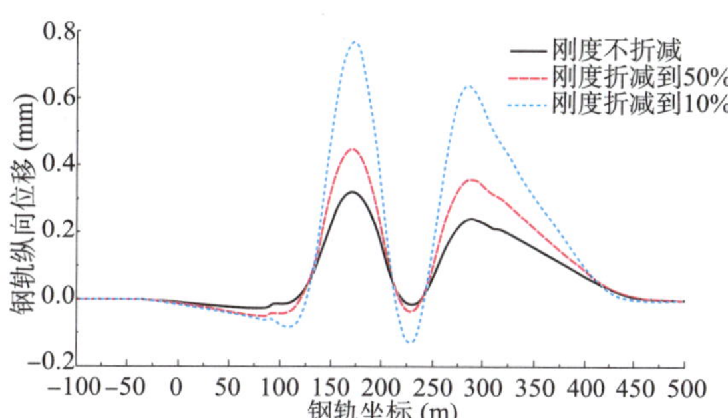

图 4—56 不同底座板/轨道板刚度下钢轨纵向位移比较

在挠曲力的作用下,底座板/轨道板的刚度减小会明显增大部分轨道和桥梁结构的受力与变形,因此要严格控制底座板和轨道板混凝土的开裂现象。

5. 连续梁桥墩刚度影响分析

本部分比较分析连续梁桥墩刚度分别为 1 200 kN/cm、1 600 kN/cm 和 2 000 kN/cm 时的主要挠曲力和位移计算结果。不同连续梁桥墩刚度条件下的主要挠曲力和位移计算结果比较见表 4—65 ~ 表 4—67 和图 4—57、图 4—58。

随着连续梁桥墩刚度由 1 200 kN/cm、1 600 kN/cm 到 2 000 kN/cm 逐渐变大,在受力方面,钢轨纵向力略有增大,轨道板和底座板最大应力、固结机构、大端刺以及简支梁和连续梁桥墩最大纵向力也都有所增大,其中连续梁桥墩最大纵向力增大的较为明显;在纵向位移方面,钢轨、轨道板、底座板、摩擦板及简支梁和连续梁端最大纵向位移都有所增大,大端刺最大纵向位移则基本不变;在垂向位移方面,钢轨、轨道板、底座板和连续梁最大垂向位移均略有减小,简支梁最大垂向位移则基本不变。

随着连续梁桥墩刚度的增大,在挠曲力的作用下,轨道和桥梁结构的大部分受力与变形都有所增大,而桥墩受力也有相对较为明显的增长。由此可知,长大桥梁 CRTS Ⅱ 型板式无砟轨道无缝线路的连续梁的桥墩纵向线刚度过大会造成一定的工程浪费,因此不建议连续梁桥墩纵向线刚度过大。

表 4—65 不同连续梁桥墩刚度条件下主要受力计算结果比较

连续梁桥墩刚度(kN/cm)	钢轨最大纵向力(kN)	轨道板最大应力(MPa)	底座板最大应力(MPa)	固结机构最大纵向力(kN)	大端刺最大纵向力(kN)	简支梁桥墩最大纵向力(kN)	连续梁桥墩最大纵向力(kN)
1 200	16. 440	0. 426	0. 626	486. 748	16. 078	16. 949	128. 380
1 600	16. 480	0. 434	0. 635	494. 883	17. 759	18. 580	165. 006
2 000	16. 517	0. 442	0. 643	502. 449	19. 323	20. 098	199. 085

表 4—66 不同连续梁桥墩刚度条件下主要纵向位移计算结果比较

连续梁桥墩刚度(kN/cm)	钢轨最大纵向位移(mm)	轨道板最大纵向位移(mm)	底座板最大纵向位移(mm)	摩擦板最大纵向位移(mm)	大端刺最大纵向位移(mm)	简支梁端最大纵向位移(mm)	连续梁端最大纵向位移(mm)
1 200	0. 290	0. 291	0. 273	0. 002	0. 002	0. 239	1. 608
1 600	0. 322	0. 323	0. 306	0. 002	0. 002	0. 260	1. 639
2 000	0. 352	0. 353	0. 336	0. 003	0. 002	0. 279	1. 669

表 4—67　不同连续梁桥墩刚度条件下主要垂向位移计算结果比较

连续梁桥墩刚度(kN/cm)	钢轨最大垂向位移(mm)	轨道板最大垂向位移(mm)	底座板最大垂向位移(mm)	连续梁最大垂向位移(mm)	简支梁最大垂向位移(mm)
1 200	15. 382	14. 934	14. 930	14. 956	0. 142
1 600	15. 371	14. 923	14. 919	14. 945	0. 142
2 000	15. 361	14. 913	14. 908	14. 934	0. 142

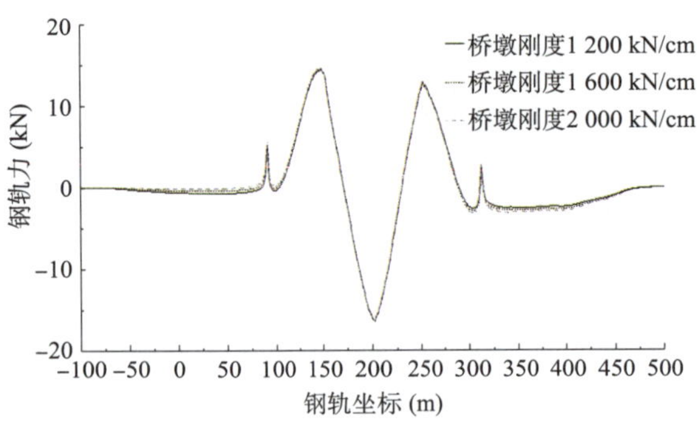

图 4—57　不同连续梁桥墩刚度条件下钢轨力比较

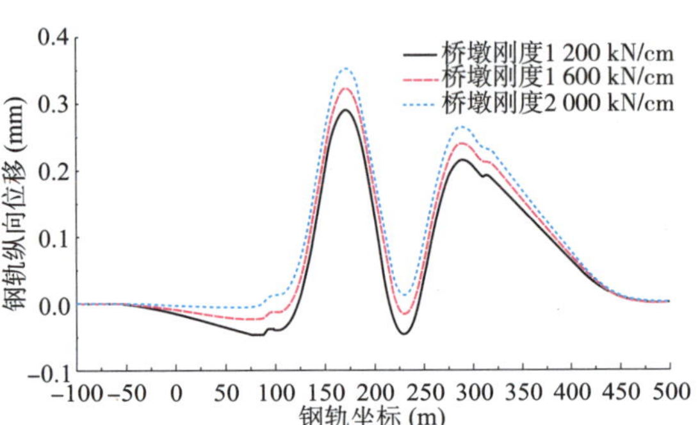

图 4—58　不同连续梁桥墩刚度条件下钢轨纵向位移比较

6. 桥跨布置形式影响分析

本部分比较分析采用不同的桥跨布置形式时的主要挠曲力和位移计算结果，桥跨布置形式见图 4—50。不同桥跨布置形式条件下的主要挠曲力和位移计算结果比较见表 4—68 ~ 表 4—70 和图 4—59、图 4—60。

表 4—68　不同桥跨布置形式条件下主要受力计算结果比较

桥跨布置形式	钢轨最大纵向力(kN)	轨道板最大应力(MPa)	底座板最大应力(MPa)	固结机构最大纵向力(kN)	大端刺最大纵向力(kN)	简支梁桥墩最大纵向力(kN)	连续梁桥墩最大纵向力(kN)
形式 1	16. 480	0. 434	0. 635	494. 883	17. 759	18. 580	165. 006
形式 2	16. 687	0. 424	0. 624	491. 363	21. 203	16. 600	168. 636
形式 3	16. 810	0. 416	0. 613	484. 085	25. 691	13. 789	171. 540
形式 4	16. 906	0. 500	0. 693	473. 152	31. 520	—	173. 125

表 4—69　不同桥跨布置形式条件下主要纵向位移计算结果比较

桥跨布置形式	钢轨最大纵向位移(mm)	轨道板最大纵向位移(mm)	底座板最大纵向位移(mm)	摩擦板最大纵向位移(mm)	大端刺最大纵向位移(mm)	简支梁端最大纵向位移(mm)	连续梁端最大纵向位移(mm)
形式 1	0. 322	0. 323	0. 306	0. 002	0. 002	0. 260	1. 639
形式 2	0. 307	0. 308	0. 291	0. 003	0. 002	0. 235	1. 624
形式 3	0. 290	0. 291	0. 274	0. 004	0. 003	0. 199	1. 604
形式 4	0. 272	0. 273	0. 256	0. 005	0. 004	—	1. 583

表 4—70　不同桥跨布置形式条件下主要垂向位移计算结果比较

桥跨布置形式	钢轨最大垂向位移(mm)	轨道板最大垂向位移(mm)	底座板最大垂向位移(mm)	连续梁最大垂向位移(mm)	简支梁最大垂向位移(mm)
形式 1	15.371	14.923	14.919	14.945	0.142
形式 2	15.369	14.921	14.916	14.942	0.140
形式 3	15.367	14.919	14.913	14.939	0.138
形式 4	15.364	14.915	14.910	14.936	—

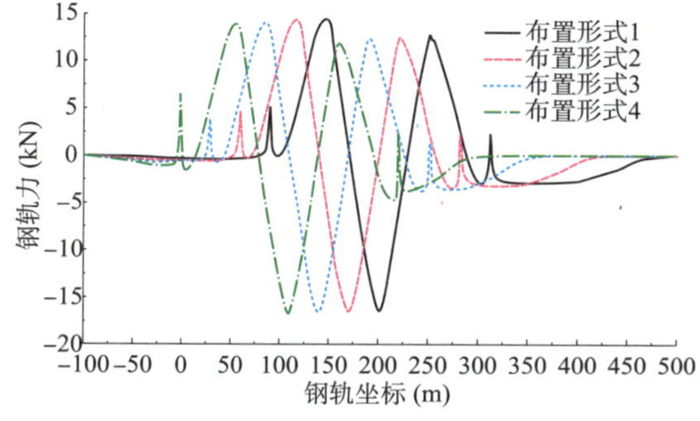

图 4—59　不同桥跨布置形式条件下钢轨力比较

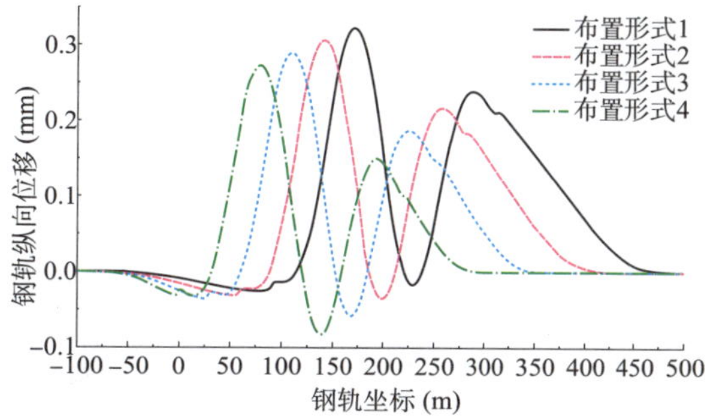

图 4—60　不同桥跨布置形式条件下钢轨纵向位移比较

随着连续梁两端简支梁数量逐渐减少，在受力方面，钢轨纵向力略有增大，大端刺和连续梁桥墩最大纵向力也有所增大，固结机构和简支梁最大纵向力则逐渐减小，而轨道板和底座板最大应力则随着简支梁数量的减少而减小，但在连续梁两端不设置简支梁时又有所增大；在纵向位移方面，钢轨、轨道板、底座板以及简支梁和连续梁端最大纵向位移都有所减小，而摩擦板和大端刺最大纵向位移则略有增大；在垂向位移方面，钢轨、轨道板、底座板以及连续梁和简支梁最大垂向位移都略有减小。

在挠曲力的作用下，减少连续梁两端设置的简支梁数量，大部分轨道和桥梁结构的受力与变形都会减小，有利于轨道和桥梁结构的安全使用。但是，当连续梁两端不设置简支梁而直接与路基相连接时，大端刺的最大纵向力增大较为明显，当连续梁两端没有设置简支梁时，相对两端各设置三组简支梁时，大端刺最大纵向力增大 77.49%，因此应谨慎决定是否在连续梁两端与路基之间设置简支梁。

（三）制动力作用下影响因素分析

1. 桥上滑动层摩擦系数影响分析

本部分比较分析桥上“两布一膜”滑动层摩擦系数分别为 0.1、0.3 和 0.5 时的主要制动力和位移计算结果。不同桥上滑动层摩擦系数条件下的主要制动力和位移计算结果比较见表 4—71、表 4—72 和图 4—61、图 4—62（图示横坐标的零点为桥台与桥梁一侧的交界处，车辆荷载满布连续梁，下同）。

随着桥上滑动层摩擦系数由 0.1、0.3 到 0.5 逐渐变大，在受力方面，钢轨纵向力逐渐变小，轨道板最大应力、固结机构以及简支梁和连续梁桥墩最大纵向力也都有明显变小，而底座板最大应力和大端刺最大纵向力则有所增大；在位移方面，钢轨纵向位移逐渐变小，轨道板、底座板以及简支梁和连续梁端的最大纵向位移也都有明显变小，而摩擦板和大端刺最大纵向力则基本不变。

表 4—71 不同桥上滑动层摩擦系数条件下主要受力计算结果比较

桥上滑动层摩擦系数	钢轨最大纵向力(kN)	轨道板最大应力(MPa)	底座板最大应力(MPa)	固结机构最大纵向力(kN)	大端刺最大纵向力(kN)	简支梁桥墩最大纵向力(kN)	连续梁桥墩最大纵向力(kN)
0. 1	25. 753	0. 533	0. 445	310. 272	121. 354	123. 919	325. 940
0. 3	24. 482	0. 527	0. 478	289. 478	122. 567	118. 199	307. 530
0. 5	23. 893	0. 523	0. 539	272. 767	123. 634	113. 954	294. 380

表 4—72 不同桥上滑动层摩擦系数条件下主要位移计算结果比较

桥上滑动层摩擦系数	钢轨最大纵向位移(mm)	轨道板最大纵向位移(mm)	底座板最大纵向位移(mm)	摩擦板最大纵向位移(mm)	大端刺最大纵向位移(mm)	简支梁端最大纵向位移(mm)	连续梁端最大纵向位移(mm)
0. 1	2. 361	2. 359	2. 330	0. 017	0. 014	1. 591	2. 103
0. 3	2. 187	2. 185	2. 150	0. 017	0. 014	1. 529	1. 987
0. 5	2. 071	2. 070	2. 031	0. 017	0. 014	1. 483	1. 907

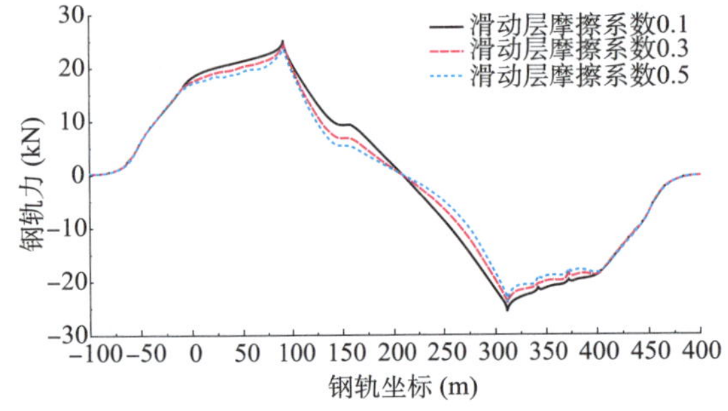

图 4—61 不同桥上滑动层摩擦系数条件下钢轨力比较

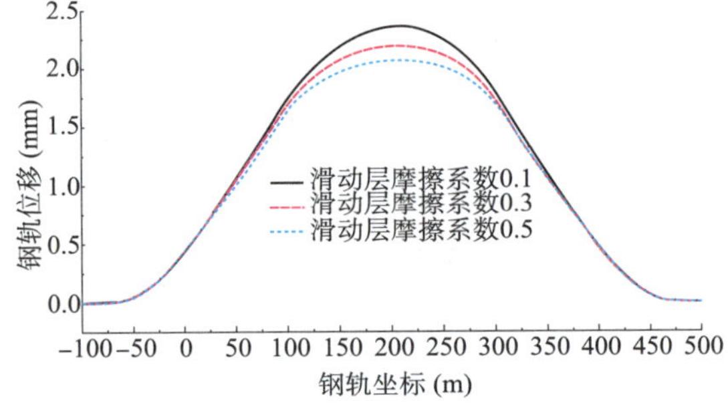

图 4—62 不同桥上滑动层摩擦系数条件下钢轨位移比较

桥上滑动层的摩擦系数越大,轨道结构和桥梁结构在制动力作用下的受力和位移越小,越有利于轨道和桥梁结构的安全使用。但值得关注的是,当桥上滑动层摩擦系数过大时,连续梁两侧的简支梁固定支座上方的固结机构所承受的最大纵向力有可能大大超过连续梁。因此,为安全起见,桥上滑动层的摩擦系数也不宜过大。

2. 摩擦板上滑动层摩擦系数影响分析

本部分比较分析摩擦板上"两布"滑动层摩擦系数分别为 0. 3、0. 5 和 0. 8 时的主要制动力和位移计算结果。不同的摩擦板上滑动层摩擦系数条件下的主要制动力和位移计算结果比较见表 4—73、表 4—74 和图 4—63、图 4—64。

表 4—73 不同摩擦板上滑动层摩擦系数条件下主要受力计算结果比较

摩擦板上滑动层摩擦系数	钢轨最大纵向力(kN)	轨道板最大应力(MPa)	底座板最大应力(MPa)	固结机构最大纵向力(kN)	大端刺最大纵向力(kN)	简支梁桥墩最大纵向力(kN)	连续梁桥墩最大纵向力(kN)
0. 3	24. 406	0. 525	0. 476	291. 256	151. 379	121. 917	314. 670
0. 5	24. 482	0. 527	0. 478	289. 478	122. 567	118. 199	307. 530
0. 8	24. 560	0. 529	0. 499	287. 685	94. 879	114. 495	300. 410

表 4—74　不同摩擦板上滑动层摩擦系数条件下主要位移计算结果比较

摩擦板上滑动层摩擦系数	钢轨最大纵向位移(mm)	轨道板最大纵向位移(mm)	底座板最大纵向位移(mm)	摩擦板最大纵向位移(mm)	大端刺最大纵向位移(mm)	简支梁端最大纵向位移(mm)	连续梁端最大纵向位移(mm)
0. 3	2. 233	2. 231	2. 196	0. 021	0. 017	1. 576	2. 033
0. 5	2. 187	2. 185	2. 150	0. 017	0. 014	1. 529	1. 987
0. 8	2. 141	2. 139	2. 104	0. 014	0. 011	1. 482	1. 941

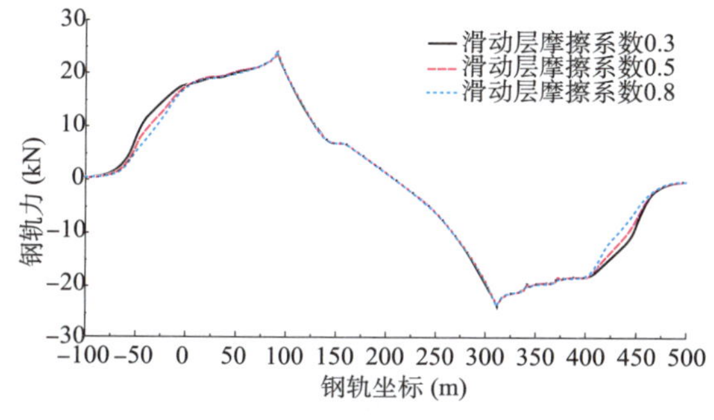

图 4—63　不同摩擦板上滑动层摩擦系数下钢轨力比较

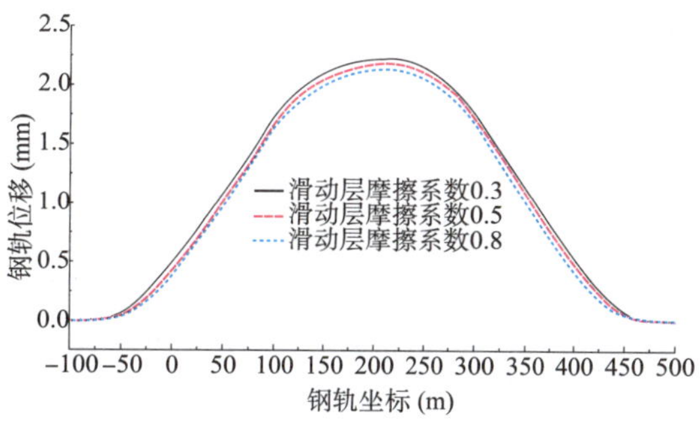

图 4—64　不同摩擦板上滑动层摩擦系数下钢轨位移比较

随着摩擦板上滑动层摩擦系数由 0. 3、0. 5 到 0. 8 逐渐变大，在受力方面，钢轨纵向力略有增大，轨道板和底座板最大应力也都略有增大，而固结机构、大端刺及简支梁和连续梁桥墩最大纵向力则都有所减小；在位移方面，钢轨纵向位移逐渐减小，轨道板、底座板、摩擦板、大端刺以及简支梁和连续梁端的最大纵向位移也都有所减小。

在制动力的作用下，摩擦板上滑动层的摩擦系数越大越有利于轨道和桥梁结构的安全使用，但相对变化较小，影响不大。

3. CA 砂浆层刚度影响分析

为考虑 CA 砂浆层灌注不饱满或部分碎裂对长大桥梁 CRTSⅡ型板式无砟轨道无缝线路的影响，本部分比较分析 CA 砂浆层的刚度不折减、折减至 75% 和折减至 50% 时的主要制动力和位移计算结果。不同 CA 砂浆层刚度条件下的主要制动力和位移计算结果比较见表 4—75、表 4—76。

随着 CA 砂浆层刚度由不折减、折减至 75% 下降到折减至 50% ，在受力方面，钢轨纵向力略有增大，轨道板和底座板最大应力以及简支梁桥墩最大纵向力也略有增大，而固结机构、大端刺以及连续梁桥墩最大纵向力则有所减小；在位移方面，钢轨纵向位移略有增大，轨道板和简支梁端最大纵向位移也略有增大，而底座板、大端刺和连续梁端的最大纵向位移却略有减小，摩擦板最大纵向位移则基本保持不变。

表 4—75　不同 CA 砂浆层刚度条件下主要受力计算结果比较

CA 砂浆层刚度	钢轨最大纵向力(kN)	轨道板最大应力(MPa)	底座板最大应力(MPa)	固结机构最大纵向力(kN)	大端刺最大纵向力(kN)	简支梁桥墩最大纵向力(kN)	连续梁桥墩最大纵向力(kN)
不折减	24. 482	0. 527	0. 478	289. 478	122. 567	118. 199	307. 530
折减至 75%	24. 509	0. 527	0. 481	285. 169	121. 115	118. 261	307. 400
折减至 50%	24. 596	0. 529	0. 487	278. 561	118. 640	118. 361	307. 100

表 4—76　不同 CA 砂浆层刚度条件下主要位移计算结果比较

CA 砂浆层刚度	钢轨最大纵向位移（mm）	轨道板最大纵向位移（mm）	底座板最大纵向位移（mm）	摩擦板最大纵向位移（mm）	大端刺最大纵向位移（mm）	简支梁端最大纵向位移（mm）	连续梁端最大纵向位移（mm）
不折减	2.187	2.185	2.150	0.017	0.014	1.529	1.987
折减至 75%	2.197	2.196	2.149	0.017	0.014	1.529	1.986
折减至 50%	2.218	2.216	2.146	0.017	0.013	1.531	1.984

在制动力的作用下，CA 砂浆层刚度对轨道和桥梁结构的受力与变形有一定的影响，但从变化数值上来看影响不大，采用现有参数即可。

4. 底座板/轨道板刚度影响分析

为考虑底座板和轨道板混凝土开裂对长大桥梁 CRTS Ⅱ 型板式无砟轨道无缝线路的影响，本部分比较分析底座板/轨道板刚度分别为不折减、折减至 50% 和折减至 10% 时的主要制动力和位移计算结果。不同底座板/轨道板刚度条件下的主要制动力和位移计算结果比较见表 4—77、表 4—78 和图 4—65、图 4—66。

表 4—77　不同底座板/轨道板刚度条件下主要受力计算结果比较

底座板/轨道板刚度	钢轨最大纵向力（kN）	轨道板最大应力（MPa）	底座板最大应力（MPa）	固结机构最大纵向力（kN）	大端刺最大纵向力（kN）	简支梁桥墩最大纵向力（kN）	连续梁桥墩最大纵向力（kN）
不折减	24.482	0.527	0.478	289.478	122.567	118.199	307.530
折减至 50%	39.868	0.441	0.435	408.025	73.144	168.599	448.880
折减至 10%	100.987	0.227	0.267	561.753	16.206	273.530	810.690

表 4—78　不同底座板/轨道板刚度条件下主要位移计算结果比较

底座板/轨道板刚度	钢轨最大纵向位移（mm）	轨道板最大纵向位移（mm）	底座板最大纵向位移（mm）	摩擦板最大纵向位移（mm）	大端刺最大纵向位移（mm）	简支梁端最大纵向位移（mm）	连续梁端最大纵向位移（mm）
不折减	2.187	2.185	2.150	0.017	0.014	1.529	1.987
折减至 50%	3.167	3.166	3.126	0.013	0.008	2.183	2.901
折减至 10%	5.585	5.584	5.537	0.013	0.002	3.536	5.233

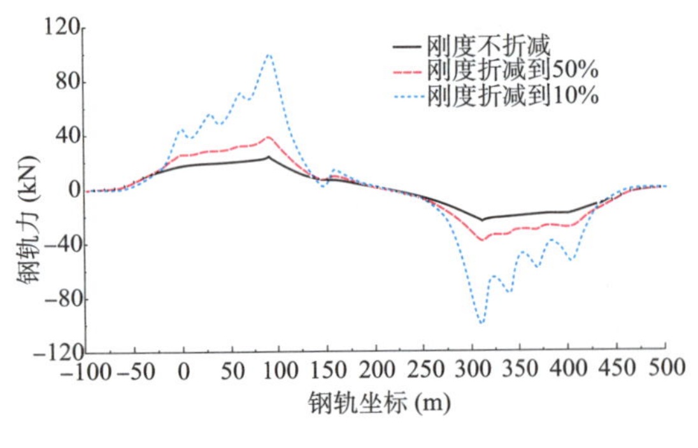

图 4—65　不同底座板/轨道板刚度条件下钢轨力比较

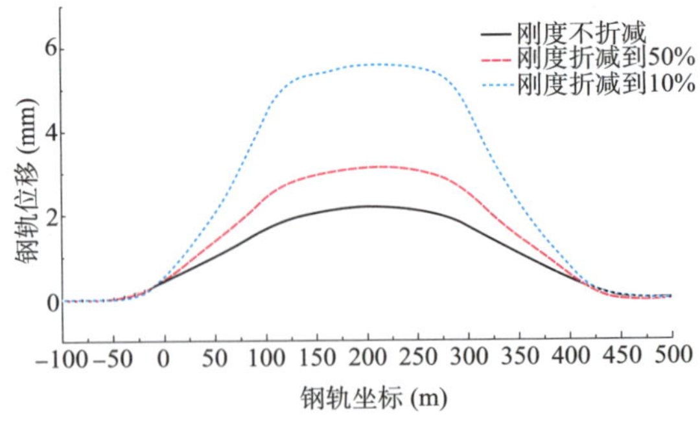

图 4—66　不同底座板/轨道板刚度条件下钢轨位移比较

随着底座板/轨道板刚度由不折减、折减至 50% 下降到折减至 10%，在受力方面，钢轨纵向力明显变大，且越来越显著地呈现出桥上非纵连板式无砟轨道无缝线路的线型，轨道板和底座板最大应力、大端刺最大纵向力都有明显减小，而固结机构及简支梁和连续梁桥墩最大纵向力却有明显增大，值得一提的是，在制动力的作用下，随着底座板和轨道板刚度的折减，简支梁固定支座上方的固结机构受力越来越大，并最终显著超过连续梁固定支座上方的固结机构受力；在位移方面，钢轨纵向位移明显变大，且也越来越显著地呈现出桥上非纵连板式无砟轨道无缝线路的线型，轨道板、底座板及简支梁和连续梁端的最大纵向位移也都有明显变大，但摩擦板和大端刺的最大纵向位移却有所减小，其中大端刺的最大纵向位移减小幅度较为明显。

在制动力作用下，底座板/轨道板的刚度减小会明显增大部分轨道和桥梁结构的受力与变形，因此要严格控制底座板和轨道板混凝土的开裂现象。

5. 端刺纵向刚度影响分析

为考虑端刺的刚度变化对长大桥梁 CRTS Ⅱ 型板式无砟轨道无缝线路的影响，本部分比较分析端刺纵向刚度分别为 0.5 倍试验值、1 倍试验值和 2 倍试验值时的主要制动力和位移计算结果。不同端刺纵向刚度条件下的主要制动力和位移计算结果比较见表 4—79、表 4—80。

表 4—79　不同端刺纵向刚度条件下主要受力计算结果比较

端刺纵向刚度	钢轨最大纵向力(kN)	轨道板最大应力(MPa)	底座板最大应力(MPa)	固结机构最大纵向力(kN)	大端刺最大纵向力(kN)	简支梁桥墩最大纵向力(kN)	连续梁桥墩最大纵向力(kN)
0.5 倍试验值	24.480	0.527	0.478	289.532	74.416	118.308	307.740
1.0 倍试验值	24.482	0.527	0.478	289.478	122.567	118.199	307.530
2.0 倍试验值	24.484	0.527	0.478	289.425	192.605	118.090	307.320

表 4—80　不同端刺纵向刚度条件下主要位移计算结果比较

端刺纵向刚度	钢轨最大纵向位移(mm)	轨道板最大纵向位移(mm)	底座板最大纵向位移(mm)	摩擦板最大纵向位移(mm)	大端刺最大纵向位移(mm)	简支梁端最大纵向位移(mm)	连续梁端最大纵向位移(mm)
0.5 倍试验值	2.188	2.186	2.152	0.021	0.017	1.530	1.988
1.0 倍试验值	2.187	2.185	2.150	0.017	0.014	1.529	1.987
2.0 倍试验值	2.186	2.184	2.149	0.013	0.011	1.528	1.986

随着端刺纵向刚度由 0.5 倍试验值、1 倍试验值增加到 2 倍试验值逐渐变大，在受力方面，钢轨纵向力有非常微小的增大，大端刺最大纵向力也有所增大，固结机构、简支梁和连续梁桥墩最大纵向力略有减小，而轨道板和底座板最大应力则几乎没有变化；在位移方面，钢轨最大纵向位移略有减小，轨道板、底座板、摩擦板、大端刺以及简支梁和连续梁端的最大纵向位移也都有所减小。

在制动力的作用下，端刺纵向刚度的减小会增大轨道和桥梁结构的变形，影响整个 CRTS Ⅱ 型板式无砟轨道无缝线路的整体稳定性，因此要严格保证梁端锚固结构端刺的纵向刚度。

6. 连续梁桥墩刚度影响分析

本部分比较分析连续梁桥墩刚度分别为 1 200 kN/cm、1 600 kN/cm 和 2 000 kN/cm 时的主要制动力和位移计算结果。不同连续梁桥墩刚度条件下的主要制动力和位移计算结果比较见表 4—81、表 4—82 和图 4—67、图 4—68。

表 4—81　不同连续梁桥墩刚度条件下主要受力计算结果比较

连续梁桥墩刚度(kN/cm)	钢轨最大纵向力(kN)	轨道板最大应力(MPa)	底座板最大应力(MPa)	固结机构最大纵向力(kN)	大端刺最大纵向力(kN)	简支梁桥墩最大纵向力(kN)	连续梁桥墩最大纵向力(kN)
1200	25.126	0.539	0.491	274.319	125.698	121.239	239.270
1600	24.482	0.527	0.478	289.478	122.567	118.199	307.530
2000	23.884	0.515	0.466	303.585	119.654	115.369	371.040

表 4—82　不同连续梁桥墩刚度条件下主要位移计算结果比较

连续梁桥墩刚度(kN/cm)	钢轨最大纵向位移(mm)	轨道板最大纵向位移(mm)	底座板最大纵向位移(mm)	摩擦板最大纵向位移(mm)	大端刺最大纵向位移(mm)	简支梁端最大纵向位移(mm)	连续梁端最大纵向位移(mm)
1200	2.246	2.244	2.209	0.018	0.014	1.568	2.047
1600	2.187	2.185	2.150	0.017	0.014	1.529	1.987
2000	2.132	2.130	2.095	0.017	0.014	1.492	1.932

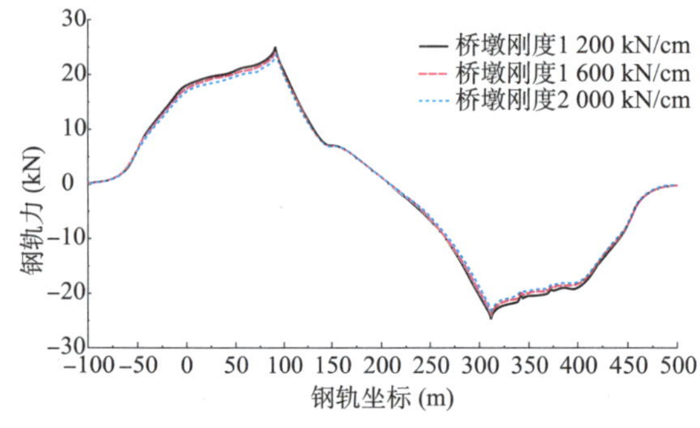

图 4—67　不同连续梁桥墩刚度条件下钢轨力比较

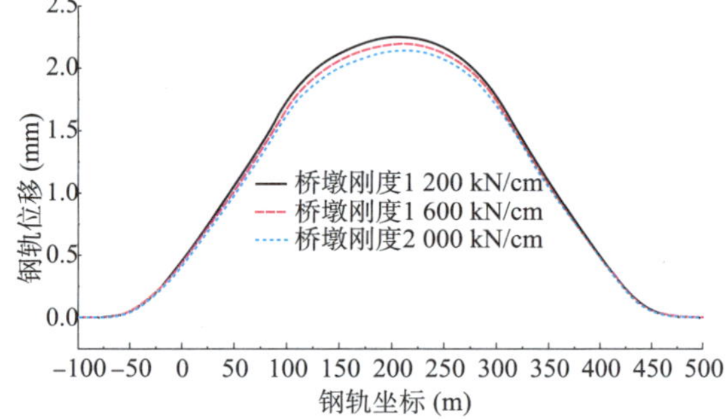

图 4—68　不同连续梁桥墩刚度条件下钢轨位移比较

随着连续梁桥墩刚度由 1 200 kN/cm、1 600 kN/cm 到 2 000 kN/cm 逐渐变大，在受力方面，钢轨纵向力略有减小，轨道板和底座板最大应力、大端刺和简支梁桥墩最大纵向力也有所减小，而固结机构和连续梁桥墩最大纵向力则有所增大，其中连续梁桥墩最大纵向力增大幅度较为明显；在位移方面，钢轨、轨道板、底座板、摩擦板及简支梁和连续梁端最大纵向位移都有所减小，而大端刺最大纵向位移则基本不变。

随着连续梁桥墩刚度的增大，在制动力的作用下，轨道和桥梁结构的大部分受力与变形都有所减小，但相对来说变化不大，而连续梁桥墩受力则明显增大。为轨道与桥梁的安全起见，连续梁桥墩纵向刚度不能太小，而桥墩刚度过大又会造成工程上的浪费。因此，在能够满足轨道与桥梁的安全使用的基础之上，不建议长大桥梁 CRTS Ⅱ 型板式无砟轨道无缝线路的连续梁桥墩纵向线刚度过大。

7. 桥跨布置形式影响分析

本部分比较分析采用不同的桥跨布置形式时的主要制动力和位移计算结果，不同桥跨布置形式条件下的主要制动力和位移计算结果比较见表 4—83、表 4—84 和图 4—69、图 4—70。

表 4—83　不同桥跨布置形式条件下主要受力计算结果比较

桥跨布置形式	钢轨最大纵向力(kN)	轨道板最大应力(MPa)	底座板最大应力(MPa)	固结机构最大纵向力(kN)	大端刺最大纵向力(kN)	简支梁桥墩最大纵向力(kN)	连续梁桥墩最大纵向力(kN)
形式 1	24.482	0.527	0.478	289.478	122.567	118.199	307.530
形式 2	24.984	0.542	0.526	277.229	136.061	96.935	266.180
形式 3	25.550	0.554	0.571	263.297	148.749	71.174	216.250
形式 4	26.020	0.535	0.542	249.315	159.897	—	158.151

表 4—84　不同桥跨布置形式条件下主要位移计算结果比较

桥跨布置形式	钢轨最大纵向位移(mm)	轨道板最大纵向位移(mm)	底座板最大纵向位移(mm)	摩擦板最大纵向位移(mm)	大端刺最大纵向位移(mm)	简支梁端最大纵向位移(mm)	连续梁端最大纵向位移(mm)
形式 1	2.187	2.185	2.150	0.017	0.014	1.529	1.987
形式 2	1.922	1.920	1.885	0.019	0.015	1.258	1.722
形式 3	1.601	1.599	1.564	0.021	0.017	0.930	1.402
形式 4	1.228	1.226	1.191	0.022	0.018	—	1.029

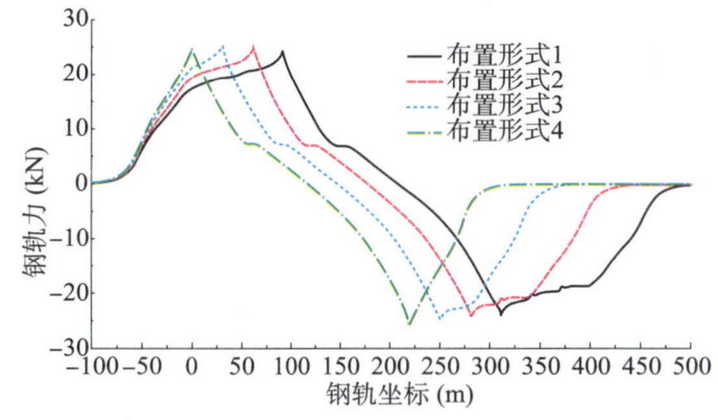

图 4—69　不同桥跨布置形式条件下钢轨力比较

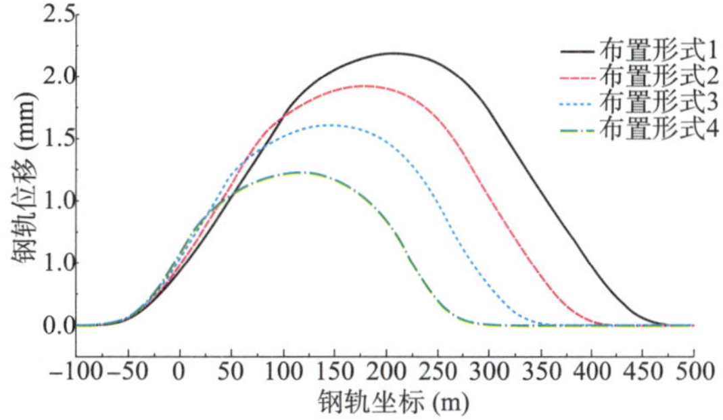

图 4—70　不同桥跨布置形式条件下钢轨位移比较

随着连续梁两端简支梁数量逐渐减少，在受力方面，钢轨纵向力逐渐增大，大端刺最大纵向力也有所增大，固结机构及简支梁和连续梁桥墩最大纵向力则有所减小，而轨道板和底座板最大应力则随着简支梁数量的减少而增大，但在连续梁两端不设置简支梁时又有所减小；在位移方面，钢轨、轨道板、底座板以及简支梁和连续梁端最大位移都有所减小，而摩擦板和大端刺最大位移则有所增大。

在制动力的作用下，减少连续梁两端设置的简支梁数量，大部分轨道和桥梁结构的受力与变形都会增大，不利于轨道和桥梁结构的安全使用。而且，当连续梁两端不设置简支梁而直接与路基相连接时，大端刺的最大纵向力增大更为明显，当连续梁两端没有设置简支梁时，相对两端各设置三组简支梁时的大端刺最大纵向力增大 30.46%，因此应谨慎决定是否在连续梁两端与路基之间设置简支梁。

（四）断板力作用下影响因素分析

1. 温度变化幅度影响分析

本部分比较分析不同的温度变化条件下，连续梁桥上纵连的底座板和轨道板同时断裂时轨道和桥梁结构的力学特性变化。断板位置为连续梁与右侧距离连续梁固定支座较远处简支梁之间的梁缝处。分别考虑以下 4 种工况。

(1)工况 1:桥梁降温 20℃,无砟轨道结构降温 40℃,钢轨降温 50℃;

(2)工况 2:桥梁降温 20℃,无砟轨道结构降温 45℃,钢轨降温 55℃;

(3)工况 3:桥梁降温 20℃,无砟轨道结构降温 50℃,钢轨降温 60℃;

(4)工况 4:桥梁降温 20℃,无砟轨道结构降温 55℃,钢轨降温 65℃。

不同温度变化条件下的主要断板力和位移计算结果比较见表 4—85、表 4—86 和图 4—71 ~ 图 4—74。图 4—71 ~ 图 4—74 横坐标的零点为桥台与桥梁一侧的交界处。

表 4—85 不同工况条件下主要受力计算结果比较

	钢轨最大纵向力(kN)	轨道板最大应力(MPa)	底座板最大应力(MPa)	固结机构最大纵向力(kN)	大端刺最大纵向力(kN)	简支梁桥墩最大纵向力(kN)	连续梁桥墩最大纵向力(kN)
工况 1	2 185. 300	10. 742	6. 631	3 929. 960	2 939. 450	795. 280	6 511. 800
工况 2	2 339. 000	11. 948	7. 306	5 311. 850	3 251. 550	917. 720	7 395. 400
工况 3	2 488. 700	13. 162	7. 995	6 387. 230	3 571. 990	1 092. 840	8 323. 200
工况 4	2 633. 400	14. 372	8. 668	7 387. 460	3 894. 520	1 263. 820	9 264. 700

表 4—86 不同工况条件下主要位移计算结果比较

	钢轨最大纵向位移(mm)	轨道板最大纵向位移(mm)	底座板最大纵向位移(mm)	简支梁端最大纵向位移(mm)	连续梁端最大纵向位移(mm)
工况 1	57. 399	93. 621	93. 978	38. 613	74. 035
工况 2	63. 491	107. 180	107. 580	44. 212	79. 719
工况 3	69. 414	121. 030	121. 460	49. 835	85. 649
工况 4	74. 956	135. 903	135. 490	55. 495	91. 664

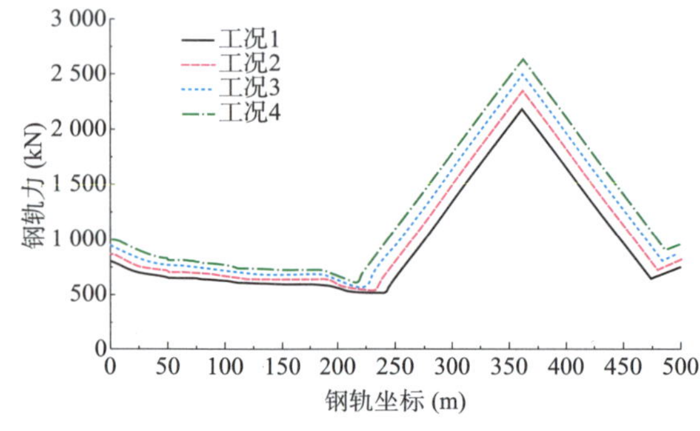

图 4—71 不同工况条件下钢轨力比较

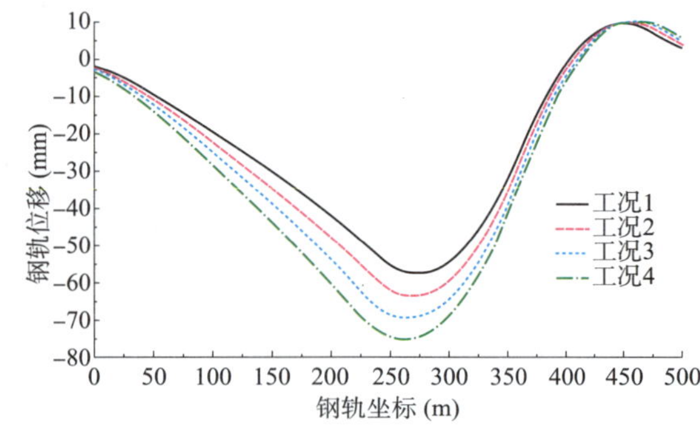

图 4—72 不同工况条件下钢轨位移比较

随着轨道结构的温度变化幅度逐渐变大,在受力方面,钢轨纵向力明显增大,轨道板、底座板的最大应力以及固结机构、大端刺、简支梁和连续梁桥墩的最大纵向力都有明显增大;在位移方面,钢轨、轨道板、底座板及简支梁和连续梁端最大纵向位移也都有所增大。

随着无砟轨道结构和钢轨温度变化幅度的增大,纵连底座板和轨道板的断裂对轨道和桥梁结构的影响增大。并且,经过检算可知,在纵连的底座板和轨道板断裂的条件下,钢轨所受纵向力已经超过容许值,钢轨也会发生断裂。因此,应该严格限制底座板和轨道板的断裂,保证轨道和桥梁结构的安全使用。

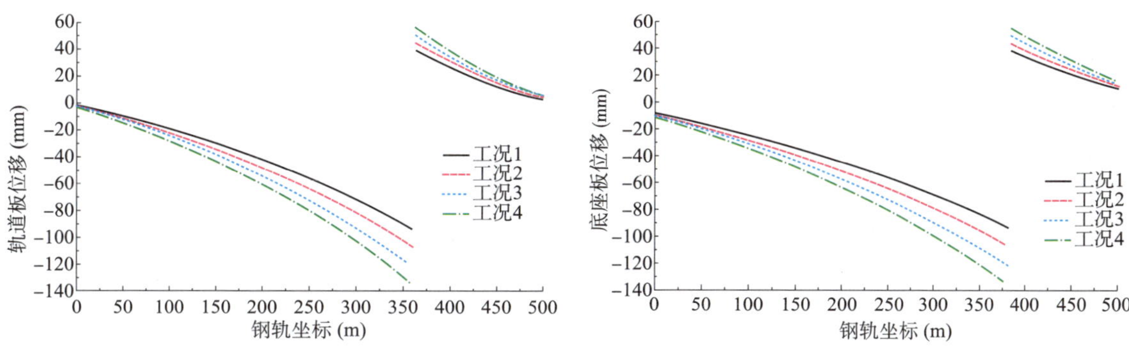

图 4—73　不同工况条件下轨道板位移比较　　图 4—74　不同工况条件下底座板位移比较

2. 断板位置影响分析

本部分比较分析不同的断板位置条件下，连续梁桥上纵连的底座板和轨道板同时断裂时轨道和桥梁结构的力学特性变化。桥梁降温 20℃，无砟轨道结构降温 40℃，钢轨降温 50℃。分别考虑 4 种断板位置，见图 4—75。

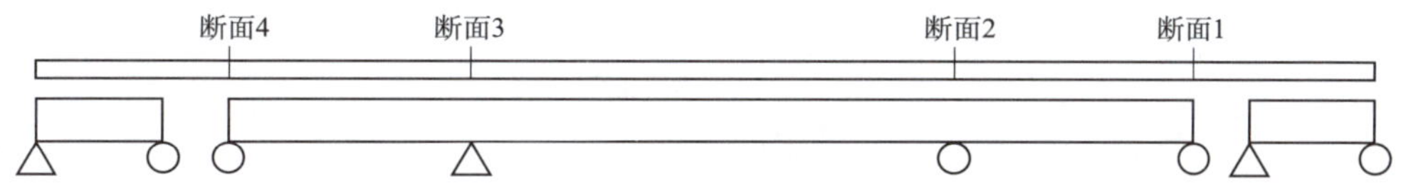

图 4—75　不同断板位置示意图

不同断板位置条件下的主要断板力和位移计算结果比较见表 4—87、表 4—88 和图 4—76 ~ 图 4—79。

表 4—87　不同断板位置条件下主要受力计算结果比较

断板位置	钢轨最大纵向力(kN)	轨道板最大应力(MPa)	底座板最大应力(MPa)	固结机构最大纵向力(kN)	大端刺最大纵向力(kN)	简支梁桥墩最大纵向力(kN)	连续梁桥墩最大纵向力(kN)
断面 1	2 185. 300	10. 742	7. 004	3 929. 960	2 939. 450	795. 280	6 511. 800
断面 2	2 157. 200	10. 896	7. 229	5 473. 170	3 058. 340	937. 700	6 279. 400
断面 3	2 163. 000	11. 261	7. 725	8 633. 788	3 335. 780	2 150. 000	6 103. 600
断面 4	2 122. 700	11. 449	8. 200	7 575. 540	3 489. 390	1 303. 440	8 684. 900

表 4—88　不同断板位置条件下主要位移计算结果比较

断板位置	钢轨最大纵向位移(mm)	轨道板最大纵向位移(mm)	底座板最大纵向位移(mm)	简支梁端最大纵向位移(mm)	连续梁端最大纵向位移(mm)
断面 1	57. 399	93. 621	93. 978	38. 613	74. 035
断面 2	40. 930	75. 109	75. 423	34. 444	72. 225
断面 3	47. 087	82. 676	82. 918	30. 897	70. 948
断面 4	48. 385	78. 159	78. 454	38. 237	67. 963

随着断板位置的改变，轨道和桥梁结构的受力与变形都有较大的变化。当断板位置在距离连续梁的固定支座较远的梁端处时，钢轨纵向力最大，钢轨、轨道板、底座板及简支梁和连续梁端的最大纵向位移也最大；当断板位置在距离连续梁的固定支座较近的梁端处时，轨道板、

底座板最大应力、大端刺和连续梁桥墩最大纵向力最大；当断板位置距离连续梁的固定支座最近时，固结机构以及简支梁桥墩最大纵向力最大。

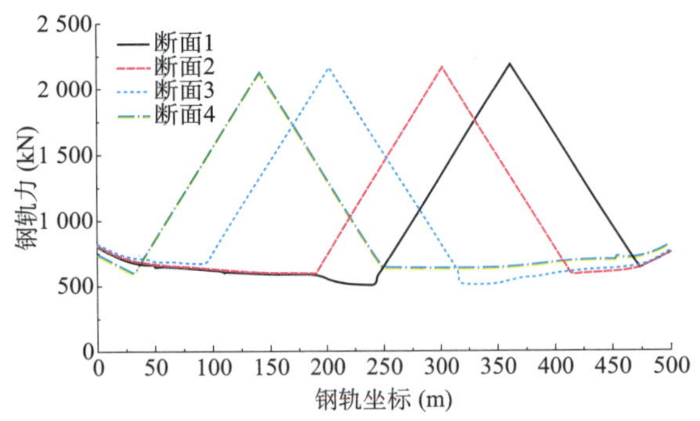

图 4—76　不同断板位置条件下钢轨力比较

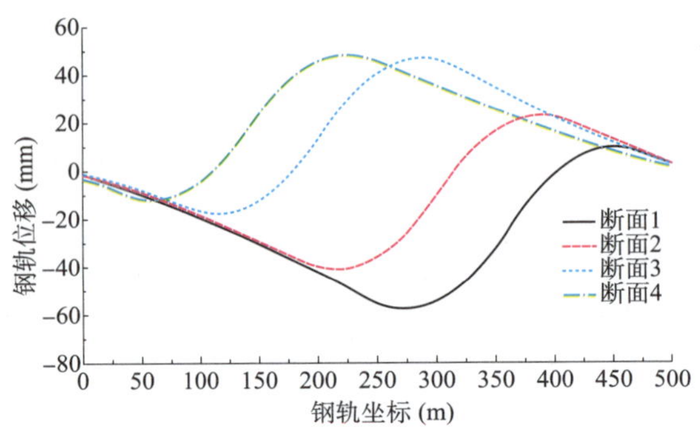

图 4—77　不同断板位置条件下钢轨位移比较

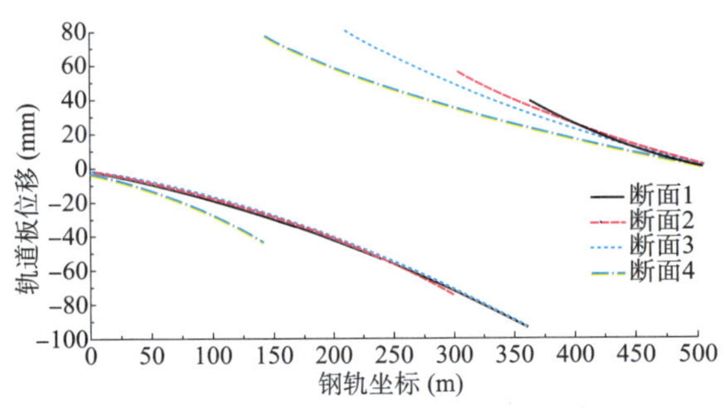

图 4—78　不同断板位置条件下轨道板位移比较

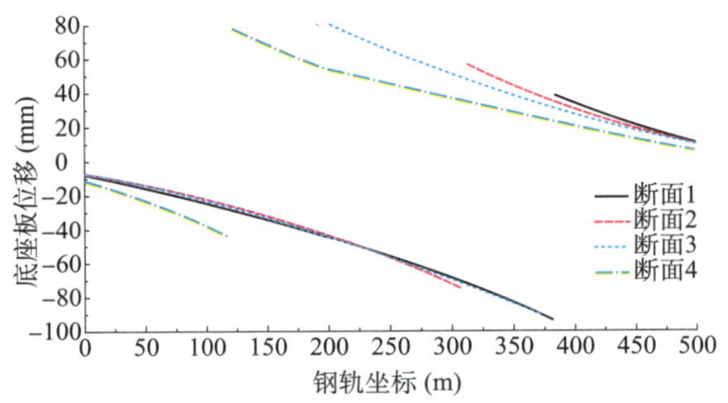

图 4—79　不同断板位置条件下底座板位移比较

(五) 小结

通过上述对不同轨道参数条件下长大桥梁 CRTS Ⅱ 型板式无砟轨道无缝线路力学特性的计算与分析，得出以下参数影响规律。

(1) 桥上滑动层的摩擦系数越小，在温度变化的条件下轨道结构受到桥梁伸缩变形的影响越小，越有利于轨道和桥梁结构的安全使用；而随着桥上滑动层摩擦系数的减小，在挠曲力的作用下，桥梁对轨道结构的约束作用降低，使得轨道和桥梁结构的垂向变形相对变大，而轨道和桥梁结构的纵向变形以及部分轨道和桥梁结构的受力则相对减小。从总体上来看，在温度变化的条件下，以及挠曲力的作用下，桥上滑动层摩擦系数越小越有利于轨道和桥梁结构的安全使用。而随着长大桥梁无缝线路的投入使用，桥上滑动层的摩擦系数可能会由于“两布一膜”的磨损而有所增大，这一因素在设计中也应该予以考虑。

(2) 在温度变化的条件下，以及在挠曲力或制动力的作用下，摩擦板上滑动层的摩擦系数越大越有利于轨道和桥梁结构的安全使用，但相对变化较小，影响不大。相对而言，桥上滑动层摩擦系数的变化对轨道和桥梁结构的影响较摩擦板上的更大，更应重点关注。

(3) 在挠曲力或制动力的作用下，CA 砂浆层刚度对轨道和桥梁结构的受力与变形有一定的影响，但从变化数值上来看影响很小；在温度变化的条件下，CA 砂浆层刚度对轨道和桥梁结构的受力与变形也有一定的影响，且随着 CA 砂浆层刚度的折减，部分轨道和桥梁的受力与变形都有所增大，严重时可能会影响到无砟轨道无缝线路的正常使用。因此，在施工时应注意将CA砂浆层灌注饱满，并防止其产生碎裂与失效。

(4)在温度变化的条件下，以及挠曲力或制动力的作用下，底座板/轨道板的刚度减小会明显增大部分轨道和桥梁结构的受力与变形，因此要严格控制底座板和轨道板混凝土的开裂现象。

(5)由于在长大桥梁上采用纵连板式无砟轨道结构与滑动层，且加载的连续梁距离梁端端刺结构距离较远，因此在挠曲力的作用下，端刺纵向刚度的变化对轨道和桥梁结构的受力与变形几乎没有影响。在温度变化的条件下，以及制动力的作用下，端刺纵向刚度的减小会增大轨道和桥梁结构的变形，因此要严格保证梁端锚固结构端刺的纵向刚度。

(6)随着连续梁桥墩刚度的增大，在温度变化的条件下，以及在挠曲力的作用下，轨道和桥梁结构的大部分受力与变形都有所增大；在制动力的作用下，轨道和桥梁结构的大部分受力与变形都有所减小，但相对来说变化不大；而不论在何种条件下，连续梁桥墩受力都有相对较为明显的增长。由此可知，为轨道与桥梁的安全起见，连续梁桥墩纵向刚度不能太小，而桥墩刚度过大又会造成工程上的浪费。因此，在能够满足轨道与桥梁的安全使用的基础之上，不建议长大桥梁CRTSⅡ型板式无砟轨道无缝线路的连续梁桥墩纵向线刚度过大。

(7)支座布置方式对轨道和桥梁结构的力学特性有一定的影响，不同的支座布置方式各有各的优缺点。实际采用何种支座布置方式还应结合具体工况和实际使用要求确定。

(8)在温度变化的条件下，以及在挠曲力的作用下，减少连续梁两端设置的简支梁，大部分轨道和桥梁结构的受力与变形都会减小，有利于轨道和桥梁结构的安全使用；但在制动力的作用下，减少连续梁两端设置的简支梁数量，大部分轨道和桥梁结构的受力与变形却会增大，不利于轨道和桥梁结构的安全使用。而且，当连续梁两端不设置简支梁而直接与路基相连接时，大端刺的最大纵向力增大较为明显。因此，应谨慎决定是否在连续梁两端与路基之间设置或取消简支梁。

(9)在断板力的作用下，随着无砟轨道结构和钢轨温度变化幅度的增大，纵连底座板和轨道板的断裂对轨道和桥梁结构的影响增大。随着断板位置的改变，轨道和桥梁结构的受力与变形都有较大的变化。并且，经过检算可知，在纵连的底座板和轨道板断裂的条件下，钢轨所受纵向力已经超过了容许值，钢轨也会发生断裂。因此，应该严格限制底座板和轨道板的断裂，保证轨道和桥梁结构的安全使用。

(10)长大桥梁上铺设CRTSⅡ型板式无砟轨道无缝线路后，虽然钢轨的受力与变形相对较小，但下部纵连的轨道结构的受力却相对较大。为安全起见，铺设CRTSⅡ型板式无砟轨道无缝线路的大跨度连续梁桥应更加关注下部纵连的轨道结构以及固结机构和锚固结构的安全使用。

第三节　无砟轨道可适应的长大混凝土桥梁温度跨长研究

随着我国高速铁路建设的展开和无砟轨道的大量采用，大跨度连续梁桥上铺设无砟轨道和无缝线路不可避免。铺设无砟轨道后，梁轨相互作用机理、计算模型及设计参数与传统的有砟轨道明显不同；不同桥上无砟轨道结构形式，梁轨相互作用关系也不尽相同。为了确保轨道和桥梁结构的安全，需要系统研究大跨度无砟桥上无缝线路的合理温度跨长，为桥上无砟轨道无缝线路的设计、养护提供有效依据。

一、CRTS Ⅰ型框架型板式无砟轨道无缝线路

根据所建立的模型，计算得到采用不同的连续梁桥桥跨布置形式(即不同温度跨长)在不

同的温度区域条件下，钢轨最大温度力见表 4—89。

表 4—89　不同温度区域钢轨最大温度力计算结果汇总

长大混凝土桥梁桥跨布置形式	支座布置形式	温度跨长(m)	钢轨最大温度力(kN)				
			最大气温差小于 40℃地区	最大气温差 40℃～50℃地区	最大气温差 50℃～60℃地区	最大气温差 60℃～70℃地区	最大气温差 70℃～80℃地区
(40+60+40)m	h-g-h-h	100	867.472	965.144	1 064.177	1 163.815	1 260.432
(48+80+48)m	h-g-h-h	128	933.194	1 031.710	1 130.437	1 228.920	1 329.898
(60+100+60)m	h-g-h-h	160	1 009.669	1 108.297	1 210.271	1 309.488	1 406.021
(80+128+80)m	h-g-h-h	208	1 046.356	1 147.269	1 249.209	1 350.660	1 451.979
(48+3×80+48)m	h-h-g-h-h-h	208	1 057.414	1 159.887	1 260.035	1 362.805	1 461.270
(48+3×80+48)m	h-g-h-h-h-h	288	1 184.358	1 291.110	1 395.632	1 496.714	1 604.417
(48+5×80+48)m	h-h-h-g-h-h-h-h	288	1 213.796	1 318.013	1 423.749	1 525.994	1 629.593
(64+4×116+64)m	h-h-h-g-h-h-h	296	1 235.907	1 340.947	1 446.474	1 547.774	1 649.486
(72+3×116+72)m	h-h-g-h-h-h	304	1 241.955	1 344.642	1 447.088	1 550.674	1 653.424
(48+5×80+48)m	h-h-g-h-h-h-h-h	368	1 339.642	1 446.054	1 554.737	1 660.318	1 762.854
(64+4×116+64)m	h-h-g-h-h-h-h	412	1 419.071	1 527.445	1 639.199	1 749.168	1 855.090
(72+3×116+72)m	h-g-h-h-h-h	420	1 421.974	1 531.416	1 641.040	1 749.764	1 858.197
(48+5×80+48)m	h-g-h-h-h-h-h-h	448	1 462.874	1 577.693	1 686.035	1 795.360	1 902.305
(64+4×116+64)m	h-g-h-h-h-h-h	528	1 606.464	1 719.691	1 827.698	1 940.773	2 052.132

注：支座布置方式中，g 表示固定支座；h 表示活动支座。

由表 4—89 可知，在相同的温度区域内，不同温度跨长对应的钢轨最大温度力基本上呈线性分布，因此考虑可以通过对计算结果的拟合(图 4—80)，得到温度跨长与钢轨温度力相对应的计算公式，见表 4—90。根据该公式及相应的计算条件，可以得到不同温度区域内可适应的最大温度跨长。

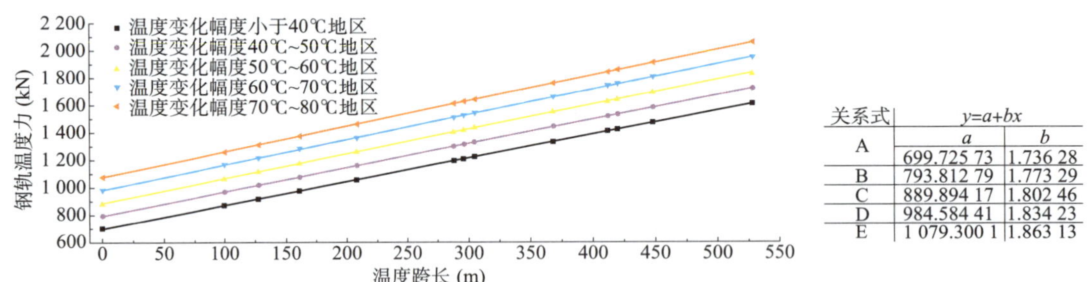

图 4—80　不同温度区域温度跨长－钢轨温度力拟合公式

表 4—90　不同温度区域温度跨长与钢轨温度力之间的关系式汇总

温度区域	最大气温差小于 40℃地区	最大气温差 40℃～50℃地区	最大气温差 50℃～60℃地区	最大气温差 60℃～70℃地区	最大气温差 70℃～80℃地区
温度跨长与钢轨温度力之间的关系式	$y=699.725\,7+1.736\,3x$	$y=793.812\,8+1.773\,3x$	$y=889.894\,2+1.802\,5x$	$y=984.584\,4+1.834\,2x$	$y=1\,079.300\,1+1.863\,1x$

注：温度跨长与钢轨温度力之间的关系式中，x 为温度跨长(单位：m)；y 为钢轨温度力(单位：kN)。

二、CRTS I 型整体型板式无砟轨道无缝线路

根据所建立的模型，计算得到采用不同的连续梁桥桥跨布置形式（即不同温度跨长）在不同的温度区域条件下，钢轨最大温度力见表 4—91。

表 4—91　不同温度区域钢轨最大温度力计算结果汇总

长大混凝土桥梁桥跨布置形式	支座布置形式	温度跨长（m）	钢轨最大温度力（kN）		
			最大气温差 60℃～70℃地区	最大气温差 70℃～80℃地区	最大气温差大于 80℃地区
(40+60+40)m	h-g-h-h	100	1 163.233	1 259.935	1 359.388
(48+80+48)m	h-g-h-h	128	1 232.363	1 330.525	1 428.918
(60+100+60)m	h-g-h-h	160	1 307.389	1 406.752	1 511.332
(80+128+80)m	h-g-h-h	208	1 352.802	1 451.932	1 553.762
(48+3×80+48)m	h-h-g-h-h-h	208	1 362.650	1 461.986	1 563.207
(48+3×80+48)m	h-g-h-h-h-h	288	1 499.171	1 605.161	1 705.332
(48+5×80+48)m	h-h-h-g-h-h-h-h	288	1 526.985	1 631.661	1 735.678
(64+4×116+64)m	h-h-h-g-h-h-h	296	1 549.854	1 651.582	1 751.056
(72+3×116+72)m	h-h-g-h-h-h	304	1 553.239	1 655.123	1 754.404
(48+5×80+48)m	h-h-g-h-h-h-h-h	368	1 662.944	1 765.834	1 871.763
(64+4×116+64)m	h-h-g-h-h-h-h	412	1 751.341	1 857.922	1 964.428
(72+3×116+72)m	h-g-h-h-h-h	420	1 752.947	1 861.091	1968.840
(48+5×80+48)m	h-g-h-h-h-h-h-h	448	1 797.439	1 903.062	2 007.366
(64+4×116+64)m	h-g-h-h-h-h-h	528	1 942.503	2 054.566	2 167.264

注：g 表示固定支座；h 表示活动支座。

由表 4—91 可知，在相同的温度区域内，不同温度跨长对应的钢轨最大温度力基本上呈线性分布，因此考虑可以通过对计算结果的拟合（图 4—81），得到温度跨长与钢轨温度力相对应的计算公式，见表 4—92。根据该公式及相应的计算条件，可以得到不同温度区域内可适应的最大温度跨长。

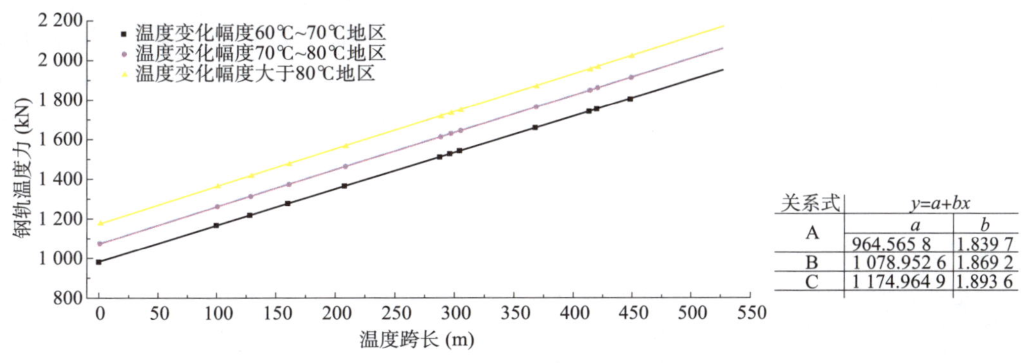

图 4—81　不同温度区域温度跨长－钢轨温度力拟合公式

表 4—92 不同温度区域温度跨长与钢轨温度力之间的关系式汇总

温度区域	最大气温差 60℃ ~70℃	最大气温差 70℃ ~80℃	最大气温差大于 80℃
温度跨长与钢轨温度力之间的关系式	$y = 984.5658 + 1.8397x$	$y = 1078.9526 + 1.8692x$	$y = 1174.9649 + 1.8936x$

注:温度跨长与钢轨温度力之间的关系式中,x 为温度跨长(单位:m);y 为钢轨温度力(单位:kN)。

三、双块式无砟轨道无缝线路

根据所建立的模型,计算得到采用不同的连续梁桥桥跨布置形式(即不同温度跨长)在不同的温度区域条件下,钢轨最大温度力见表 4—93。

表 4—93 不同温度区域钢轨最大温度力计算结果汇总

长大混凝土桥梁桥跨布置形式	支座布置形式	温度跨长(m)	钢轨最大温度力(kN)					
			最大气温差小于40℃地区	最大气温差 40℃ ~50℃地区	最大气温差 50℃ ~60℃地区	最大气温差 60℃ ~70℃地区	最大气温差 70℃ ~80℃地区	最大气温差大于80℃地区
(40 +60 +40)m	h-g-h-h	100	862.925	961.257	1059.015	1155.721	1256.222	1354.713
(48 +80 +48)m	h-g-h-h	128	925.305	1025.106	1124.933	1225.607	1322.343	1424.883
(60 +100 +60)m	h-g-h-h	160	1003.152	1104.482	1201.850	1298.025	1395.835	1494.881
(80 +128 +80)m	h-g-h-h	208	1039.737	1142.261	1243.774	1345.255	1445.188	1544.165
(48 +3 ×80 +48)m	h-h-g-h-h-h	208	1050.951	1155.440	1256.533	1356.133	1456.259	1557.002
(48 +3 ×80 +48)m	h-g-h-h-h-h	288	1177.272	1285.258	1386.946	1492.802	1591.154	1694.436
(48 +5 ×80 +48)m	h-h-h-g-h-h-h-h	288	1204.301	1311.790	1418.058	1518.342	1621.769	1722.936
(64 +4 ×116 +64)m	h-h-h-g-h-h-h	296	1224.912	1330.086	1436.587	1536.517	1636.578	1734.644
(72 +3 ×116 +72)m	h-h-g-h-h-h	304	1235.256	1339.023	1442.609	1546.335	1645.826	1743.652
(48 +5 ×80 +48)m	h-h-g-h-h-h-h-h	368	1329.471	1440.521	1545.565	1647.749	1754.058	1854.570
(64 +4 ×116 +64)m	h-h-g-h-h-h-h	412	1395.868	1507.048	1611.944	1723.585	1823.854	1929.568
(72 +3 ×116 +72)m	h-g-h-h-h-h	420	1412.356	1523.651	1628.574	1742.034	1841.229	1947.950
(48 +5 ×80 +48)m	h-g-h-h-h-h-h-h	448	1455.097	1568.691	1673.268	1786.676	1885.861	1992.551
(64 +4 ×116 +64)m	h-g-h-h-h-h-h	528	1595.756	1707.386	1811.955	1928.657	2033.004	2152.479

注:g 表示固定支座;h 表示活动支座。

由表 4—93 可知,在相同的温度区域内,不同温度跨长对应的钢轨最大温度力基本上呈线性分布,因此考虑可以通过对计算结果的拟合(图 4—82),得到温度跨长与钢轨温度力相对应的计算公式。根据该公式及相应的计算条件,可以得到不同温度区域内可适应的最大温度跨长,见表 4—94。

表 4—94 不同温度区域温度跨长与钢轨温度力之间的关系式汇总

温度区域	最大气温差小于 40℃地区	最大气温差 40℃ ~50℃地区	最大气温差 50℃ ~60℃地区	最大气温差 60℃ ~70℃地区	最大气温差 70℃ ~80℃地区	最大气温差大于 80℃地区
温度跨长与钢轨温度力之间的关系式	$y = 697.2089 + 1.7146x$	$y = 792.9803 + 1.7505x$	$y = 889.9531 + 1.7700x$	$y = 982.1975 + 1.8119x$	$y = 1079.2739 + 1.8228x$	$y = 1173.2330 + 1.8531x$

注:x 为温度跨长(单位:m);y 为钢轨温度力(单位:kN)。

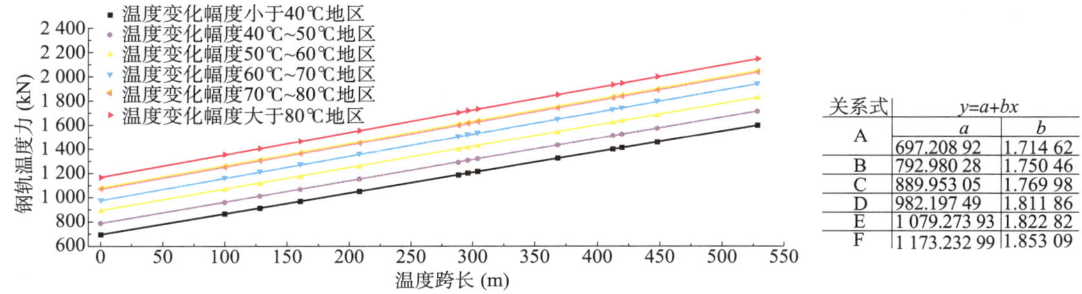

关系式	y=a+bx	
	a	b
A	697.208 92	1.714 62
B	792.980 28	1.750 46
C	889.953 05	1.769 98
D	982.197 49	1.811 86
E	1 079.273 93	1.822 82
F	1 173.232 99	1.853 09

图 4—82　不同温度区域温度跨长—钢轨温度力拟合公式

四、长大桥梁无砟轨道无缝线路温度跨长的确定

强度检算采用 ZK 标准活载，最大行车速度 350 km/h，制动应力取 10 MPa。经计算和检算得到直线和曲线（按照最小曲线半径 7 000 m 考虑）地段不同的钢轨磨耗条件下最大允许的温度力见表 4—95。

考虑到我国个别地区存在极端气候条件，桥梁实测温度差可能超过日温差 20℃。参考《铁路无缝线路设计规范》，当桥梁温差采用年温度差 30℃ 进行计算时，钢轨力将有较大的提升。以最大气温差大于 80℃ 地区为例，比较不同桥梁温差条件下钢轨温度力见图 4—83、图 4—84。

表 4—95　不同地段不同钢轨磨耗条件下最大允许温度力汇总（kN）

轨道结构形式	钢轨磨耗（mm）	0	3	6
CRTS Ⅰ 型板式无砟轨道	直线地段	1 652. 525	1 593. 763	1 508. 020
	曲线地段	1 530. 226	1 464. 224	1 367. 918
双块式无砟轨道	直线地段	1 646. 246	1 587. 113	1 500. 830
	曲线地段	1 523. 173	1 456. 754	1 359. 842

由此得到不同地段不同钢轨磨耗条件下可适应的理论温度跨长，见表 4—96 ~ 表 4—101。

表 4—96　不同温度区域温度跨长与钢轨温度力之间的关系式汇总（直线地段钢轨磨耗 0 mm）

温度区域		最大气温差小于 40℃ 地区	最大气温差 40℃ ~50℃ 地区	最大气温差 50℃ ~60℃ 地区	最大气温差 60℃ ~70℃ 地区	最大气温差 70℃ ~80℃ 地区	最大气温差大于 80℃ 地区
CRTS Ⅰ 型板式无砟轨道	框架型	548	484	423	364	307	—
	整体型	—	—	—	363	306	252
双块式无砟轨道		553	487	427	366	311	255

表 4—97　不同温度区域温度跨长与钢轨温度力之间的关系式汇总（直线地段钢轨磨耗 3 mm）

温度区域		最大气温差小于 40℃ 地区	最大气温差 40℃ ~50℃ 地区	最大气温差 50℃ ~60℃ 地区	最大气温差 60℃ ~70℃ 地区	最大气温差 70℃ ~80℃ 地区	最大气温差大于 80℃ 地区
CRTS Ⅰ 型板式无砟轨道	框架型	514	451	390	332	276	—
	整体型	—	—		331	275	221
双块式无砟轨道		519	453	393	333	278	223

表 4—98　不同温度区域温度跨长与钢轨温度力之间的关系式汇总(直线地段钢轨磨耗 6 mm)

温度区域		最大气温差小于 40℃地区	最大气温差40℃～50℃地区	最大气温差50℃～60℃地区	最大气温差60℃～70℃地区	最大气温差70℃～80℃地区	最大气温差大于 80℃地区
CRTS Ⅰ型板式无砟轨道	框架型	465	402	342	285	230	—
	整体型	—	—	—	284	229	175
双块式无砟轨道		468	404	345	286	231	176

表 4—99　不同温度区域温度跨长与钢轨温度力之间的关系式汇总(曲线地段钢轨磨耗 0 mm)

温度区域		最大气温差小于 40℃地区	最大气温差40℃～50℃地区	最大气温差50℃～60℃地区	最大气温差60℃～70℃地区	最大气温差70℃～80℃地区	最大气温差大于 80℃地区
CRTS Ⅰ型板式无砟轨道	框架型	478	415	355	297	242	—
	整体型	—	—	—	296	241	187
双块式无砟轨道		481	417	357	298	243	188

表 4—100　不同温度区域温度跨长与钢轨温度力之间的关系式汇总(曲线地段钢轨磨耗 3 mm)

温度区域		最大气温差小于 40℃地区	最大气温差40℃～50℃地区	最大气温差50℃～60℃地区	最大气温差60℃～70℃地区	最大气温差70℃～80℃地区	最大气温差大于 80℃地区
CRTS Ⅰ型板式无砟轨道	框架型	440	378	318	261	206	—
	整体型	—	—	—	260	206	152
双块式无砟轨道		442	379	320	261	207	152

表 4—101　不同温度区域温度跨长与钢轨温度力之间的关系式汇总(曲线地段钢轨磨耗 6 mm)

温度区域		最大气温差小于 40℃地区	最大气温差40℃～50℃地区	最大气温差50℃～60℃地区	最大气温差60℃～70℃地区	最大气温差70℃～80℃地区	最大气温差大于 80℃地区
CRTS Ⅰ型板式无砟轨道	框架型	384	323	265	208	154	—
	整体型	—	—	—	208	154	101
双块式无砟轨道		386	323	265	208	153	100

由此可以得出,当考虑桥梁温差采用年温度差 30℃进行计算时,可适应的温度跨长又将有一定的降低。根据理论计算,直线地段钢轨磨耗为 0 时,CRTS Ⅰ型板式无砟轨道可适应的温度跨长将由 252 m 降至 210 m,双块式无砟轨道可适应的温度跨长将由 255 m 降至 212 m。

桥梁地段 CRTS Ⅱ型板式无砟轨道是一种全新设计理念的无砟轨道结构,该结构通过采用隔离层以减弱轨道和线下基础间相互作用。由于底座和梁面之间设置了滑动层,彻底改变了传统梁轨相互作用的力学传递机理,从理论上讲,如果滑动层处于理想状态时摩擦系数比较小,可以减弱温度变化和列车荷载引起的梁轨相互作用,减少了轨道和桥梁承受的纵向附加力,有利于桥梁和轨道的受力和变形。由此可以推断,CRTS Ⅱ型板式无砟轨道可以适应更大的桥梁温度跨长,而无需设置钢轨伸缩调节器。

但是,铺设 CRTS Ⅱ型板式无砟轨道的大跨度混凝土桥梁温度跨长也并非可以无限长,从无砟轨道和无缝线路的安全性和耐久性考虑必然存在合理的温度跨长,超过合理温度跨长则不宜采用该种类型无砟轨道。随着我国高速铁路建设的深入和 CRTS Ⅱ型板式无砟轨道推广应用,CRTS Ⅱ型板式无砟轨道可适应的长大混凝土桥梁温度跨长这一关键技术问题也亟待解决。

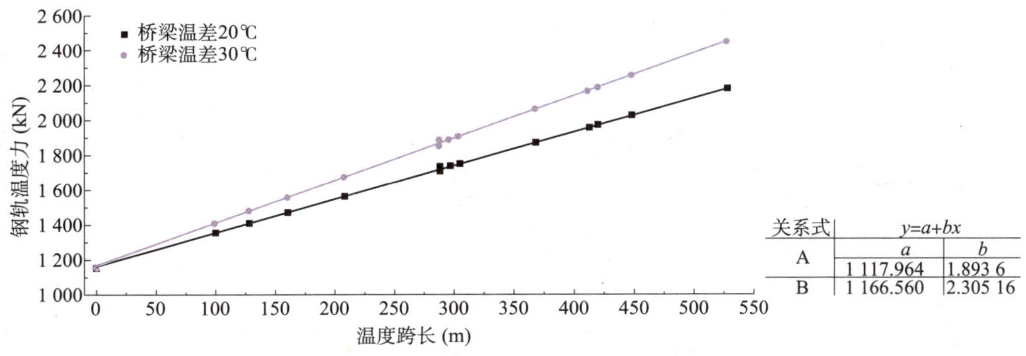

图 4—83　不同桥梁温差 CRTS Ⅰ 型板式无砟轨道温度跨长 - 钢轨温度力拟合

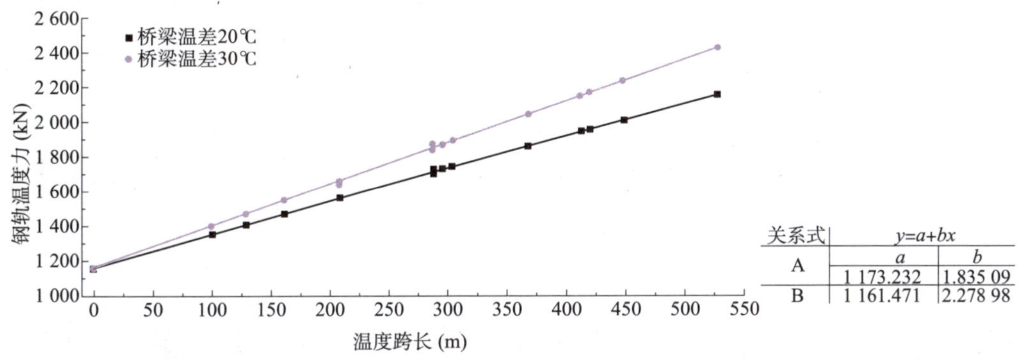

图 4—84　不同桥梁温差双块式无砟轨道温度跨长 - 钢轨温度力拟合

第四节　长大桥梁无砟轨道无缝线路动力特性研究

一、CRTS Ⅰ 型板式、双块式无砟轨道无缝线路

动车组 350 km/h 速度通过（60 + 100 + 60）m 连续桥梁时，桥梁跨中及桥墩处的钢轨、CRTS Ⅰ 型板式、双块式无砟轨道轨道板及梁体的垂向加速度和垂向位移的时程曲线见图 4—85 ~ 图 4—91。

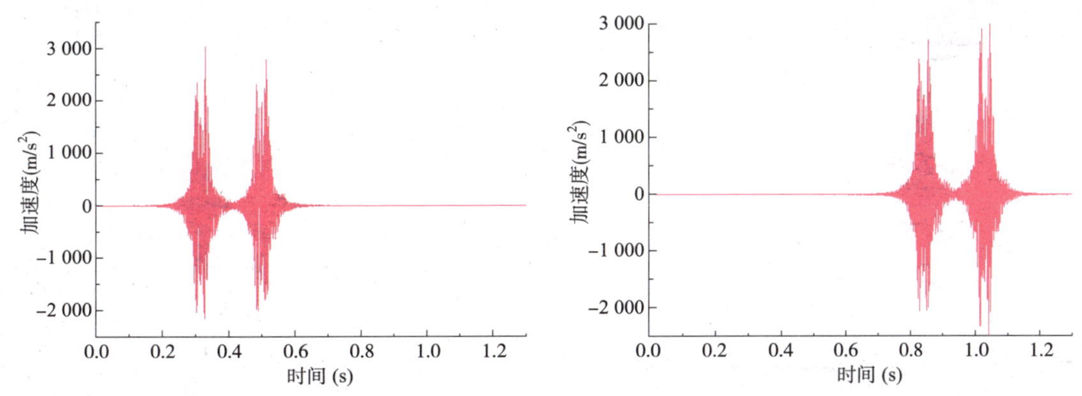

图 4—85　桥梁跨中及桥墩处钢轨垂向加速度

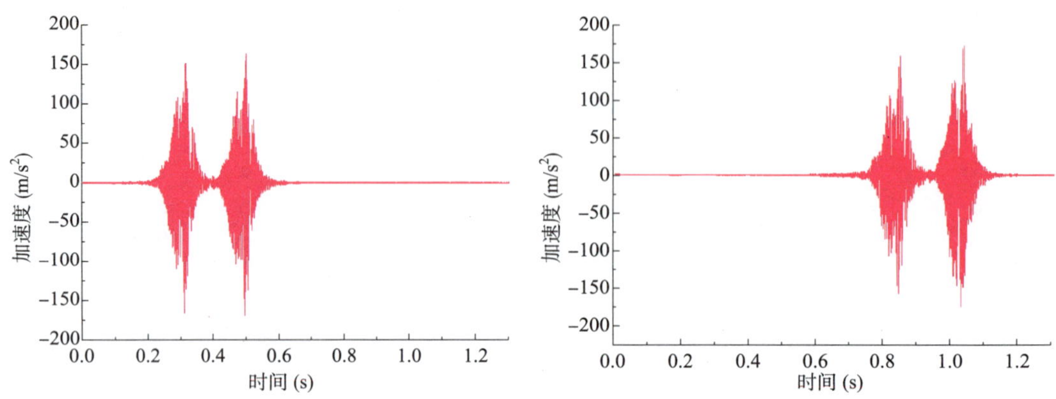

图 4—86　桥梁跨中及桥墩处轨道板垂向加速度

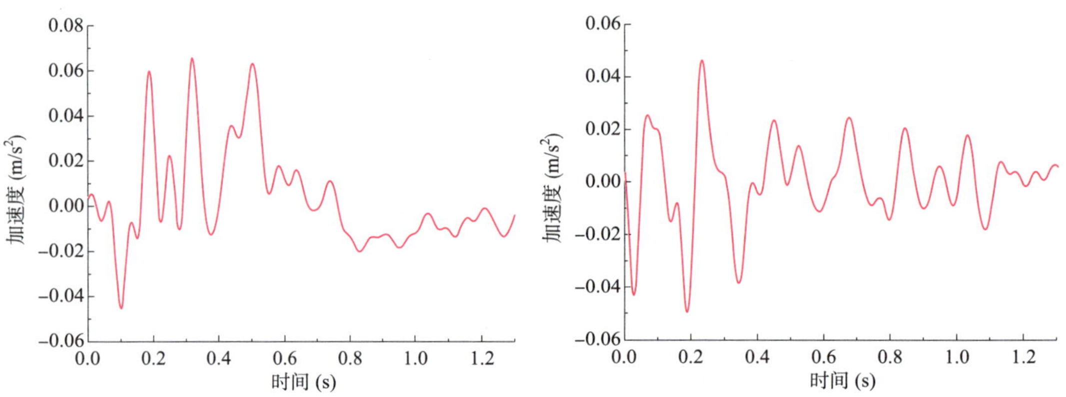

图 4—87　桥梁跨中及桥墩处梁体垂向加速度

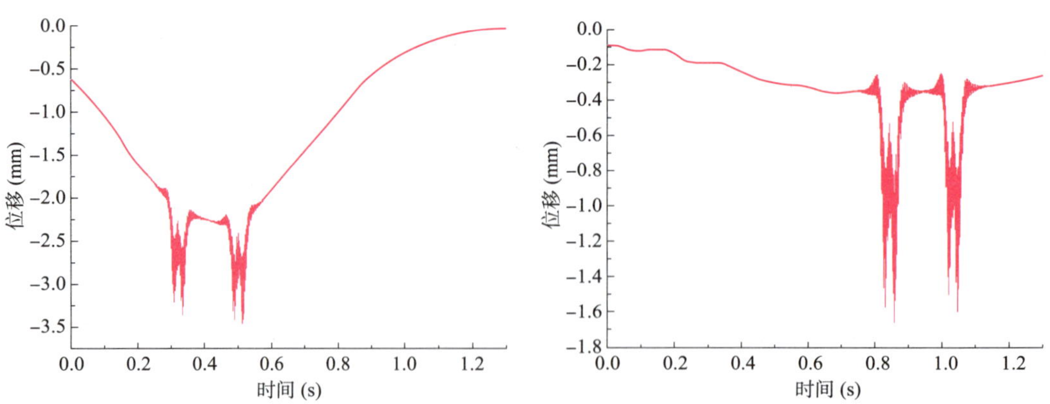

图 4—88　桥梁跨中及桥墩处钢轨垂向位移

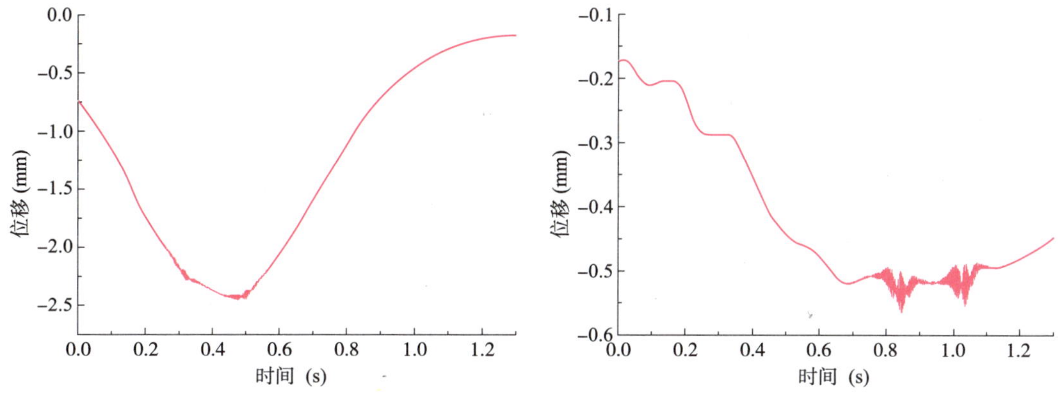

图 4—89 桥梁跨中及桥墩处轨道板垂向位移

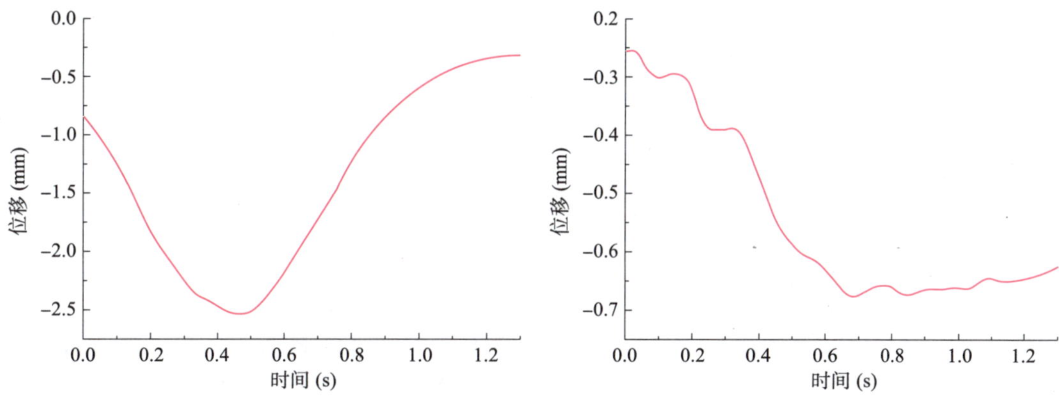

图 4—90 桥梁跨中及桥墩处梁体垂向位移

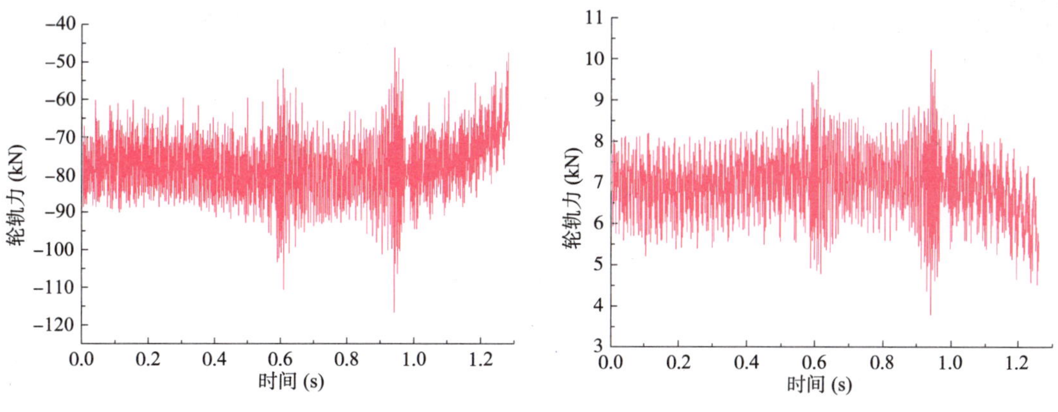

图 4—91 轮轨垂向力和横向力

动车组以 300 km/h、350 km/h 和 380 km/h 的速度通过(60 + 100 + 60)m 连续桥梁时，桥梁跨中及桥墩处的钢轨、CRTS Ⅰ型板式、双块式无砟轨道轨道板及梁体的垂向加速度和位移以及轮轨垂向力和横向力的计算结果见表 4—102。

表 4—102　计算结果汇总

车辆速度(km/h)		300	350	380
跨中处	钢轨垂向加速度(m/s^2)	2 235	2 784	2 807
	钢轨垂向位移(mm)	3.39	3.47	3.36
	轨道板垂向加速度(m/s^2)	149	154	177
	轨道板垂向位移(mm)	2.23	2.44	2.41
	梁体垂向加速度(m/s^2)	0.072	0.066	0.110
	梁体垂向位移(mm)	2.29	2.51	2.49
桥墩处	钢轨垂向加速度(m/s^2)	2 382	2 473	2 433
	钢轨垂向位移(mm)	1.58	1.60	1.58
	轨道板垂向加速度(m/s^2)	155	174	171
	轨道板垂向位移(mm)	0.47	0.56	0.55
	梁体垂向加速度(m/s^2)	0.054	0.049	0.076
	梁体垂向位移(mm)	0.53	0.68	0.66
轮轨垂向力(kN)		102.2	116.2	102.6
轮轨横向力(kN)		9.4	10.2	9.5

随着动车组速度的提高，钢轨、轨道板、梁体等结构的加速度与位移均有所增加，但整体来看变化不大。对各项计算结果的分析可知，桥梁跨中及桥墩处的各项动力学指标均在限值之内且都有较大富余，能够满足要求，列车运行安全稳定性较好。

二、CRTS Ⅱ型板式无砟轨道无缝线路

动车组 350 km/h 速度通过(60 + 100 + 60)m 连续桥梁时，桥梁跨中及桥墩处的钢轨、CRTS Ⅱ型板式无砟轨道轨道板及梁体的垂向加速度和垂向位移的时程曲线见图 4—92 ~ 图 4—98。

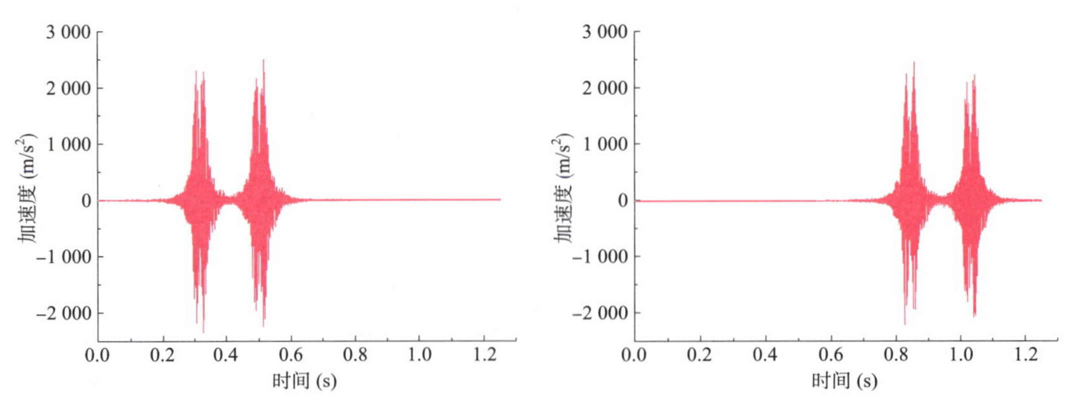

图 4—92　桥梁跨中及桥墩处钢轨垂向加速度

动车组以300 km/h、350 km/h和380 km/h的速度通过(60+100+60)m连续桥梁时，桥梁跨中及桥墩处的钢轨、CRTS Ⅱ型板式无砟轨道轨道板及梁体的垂向加速度和位移及轮轨垂向力和横向力的计算结果见表4—103。

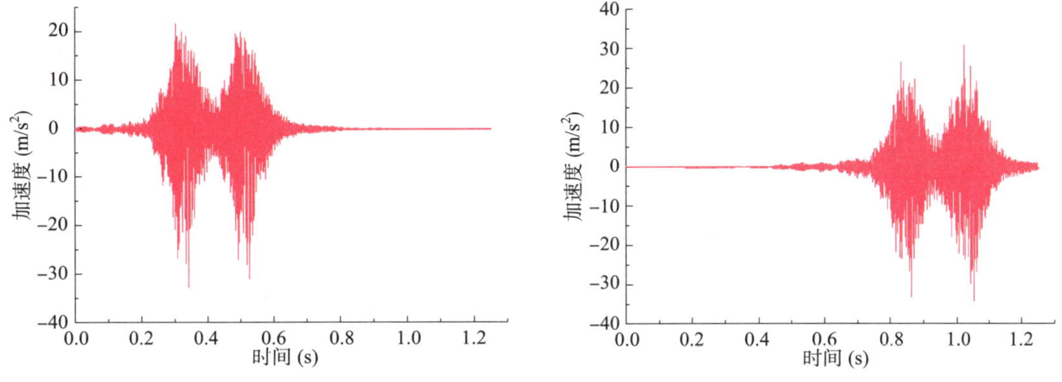

图4—93　桥梁跨中及桥墩处轨道板垂向加速度

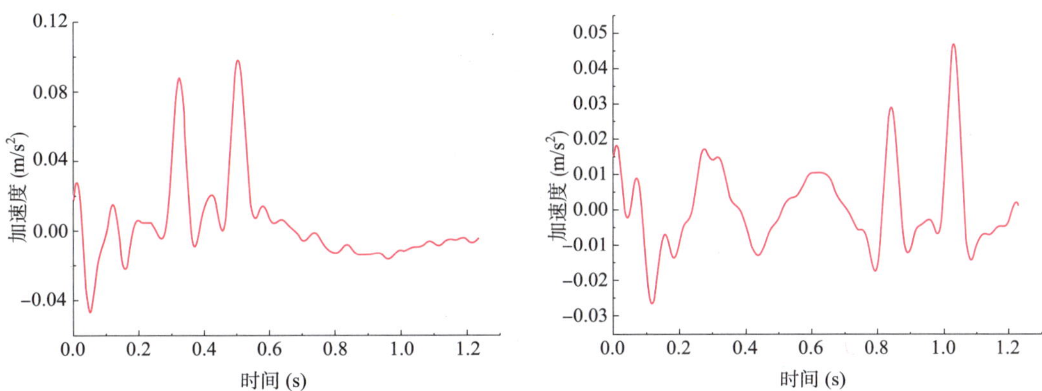

图4—94　桥梁跨中及桥墩处梁体垂向加速度

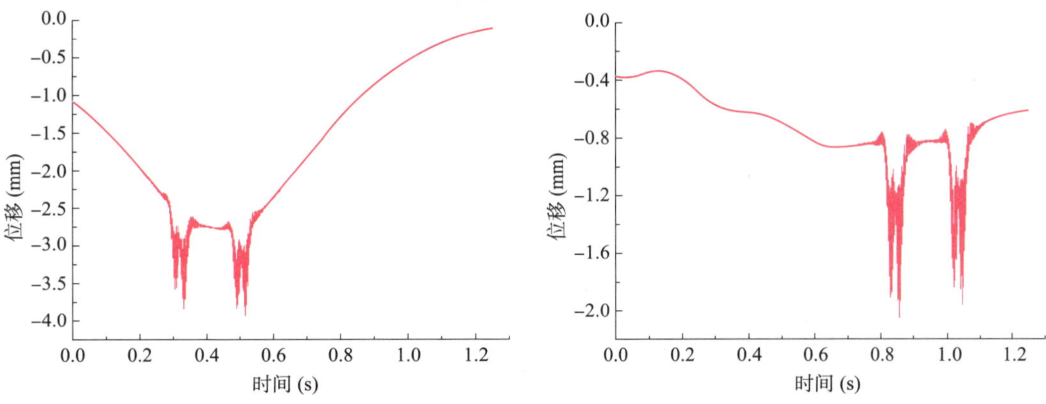

图4—95　桥梁跨中及桥墩处钢轨垂向位移

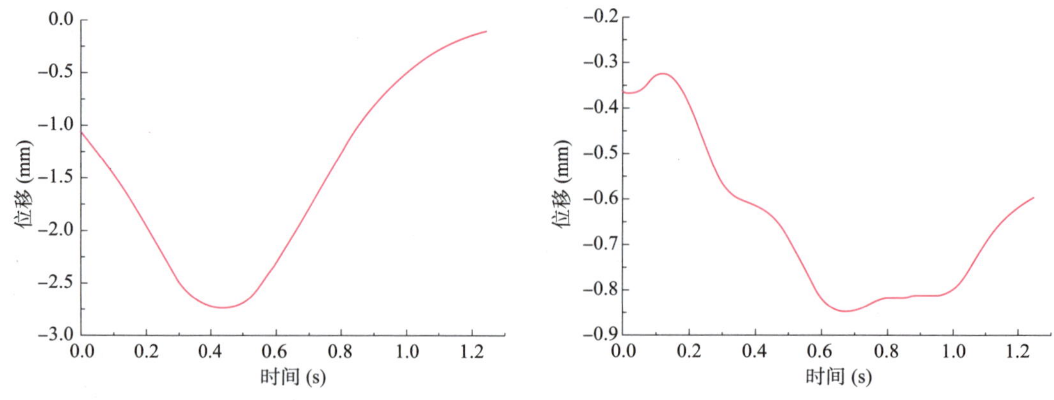

图 4—96　桥梁跨中及桥墩处轨道板垂向位移

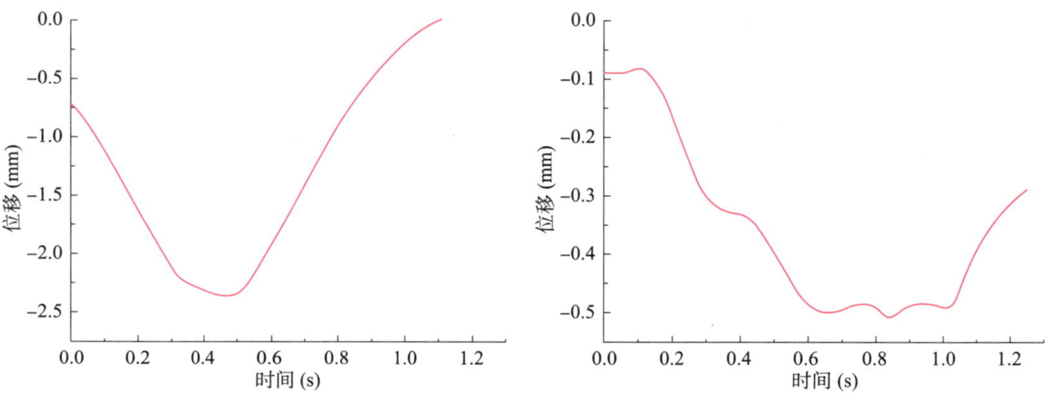

图 4—97　桥梁跨中及桥墩处梁体垂向位移

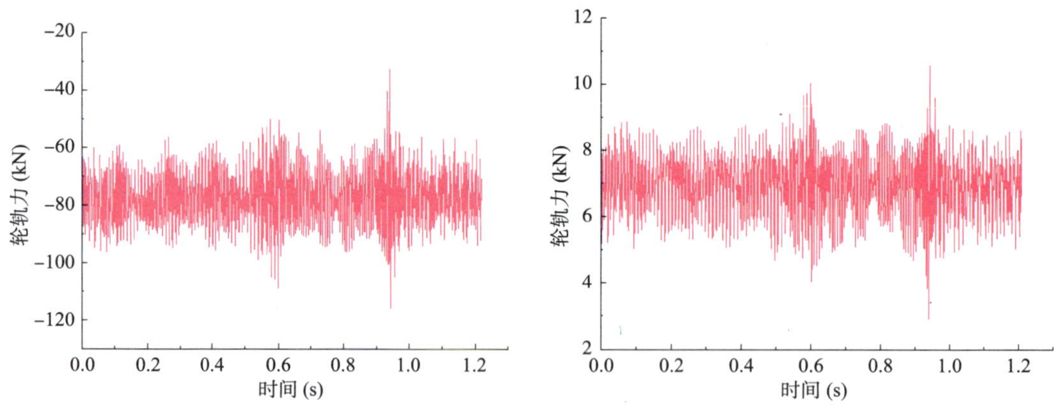

图 4—98　轮轨垂向力和横向力

随着动车组速度的提高，钢轨、轨道板、梁体等结构的加速度与位移均有所增加，但整体来看变化不大。对各项计算结果的分析可知，桥梁跨中及桥墩处的各项动力学指标均在限值之内且都有较大富余，能够满足要求，列车运行安全稳定性较好。

与长大桥上 CRTS Ⅰ 型板式、双块式无砟轨道无缝线路相比，长大桥上 CRTS Ⅱ 型板式无砟轨道无缝线路的钢轨和梁体的垂向加速度和位移、轮轨垂向力和横向力差距不大。但 CRTS Ⅱ 型板式无砟轨道的轨道板垂向加速度明显小于Ⅰ型板式、双块式无砟轨道无缝线路，而轨道板垂向位移则又明显大于Ⅰ型板式、双块式无砟轨道无缝线路。

表 4—103 计算结果汇总

车辆速度(km/h)		300	350	380
跨中处	钢轨垂向加速度(m/s^2)	2 030	2 306	3 201
	钢轨垂向位移(mm)	3.9	3.85	3.89
	轨道板垂向加速度(m/s^2)	31.06	32.68	34.06
	轨道板垂向位移(mm)	2.7	2.74	2.78
	梁体垂向加速度(m/s^2)	0.069	0.098	0.123
	梁体垂向位移(mm)	2.3	2.37	2.40
桥墩处	钢轨垂向加速度(m/s^2)	2 014	2 227	2 773
	钢轨垂向位移(mm)	2.1	1.98	2.00
	轨道板垂向加速度(m/s^2)	21.72	30.78	34.11
	轨道板垂向位移(mm)	0.86	0.85	0.87
	梁体垂向加速度(m/s^2)	0.032	0.050	0.042
	梁体垂向位移(mm)	0.54	0.51	0.53
轮轨垂向力(kN)		112.1	115.89	105.99
轮轨横向力(kN)		10.19	10.56	9.66

三、钢轨碎弯变形的影响

1. 钢轨碎弯变形参数影响规律分析

本部分主要对长大桥上无砟轨道无缝线路钢轨碎弯变形的不同连续波数和不同峰值的动力学影响规律进行计算分析。碎弯变形连续波数工况主要包括：连续半波、一波、二波和三波。碎弯变形峰值工况主要包括：0.6 mm、1.5 mm、2.5 mm、3.5 mm 和 5.0 mm。

以碎弯变形峰值 0.6 mm，单波及连续三波的轮轨横向力、垂向力、脱轨系数和轮重减载率为例进行比较，见图 4—99 ~ 图 4—102。不同碎弯变形连续波数和峰值的动力学计算结果比较见表 4—104、表 4—105。

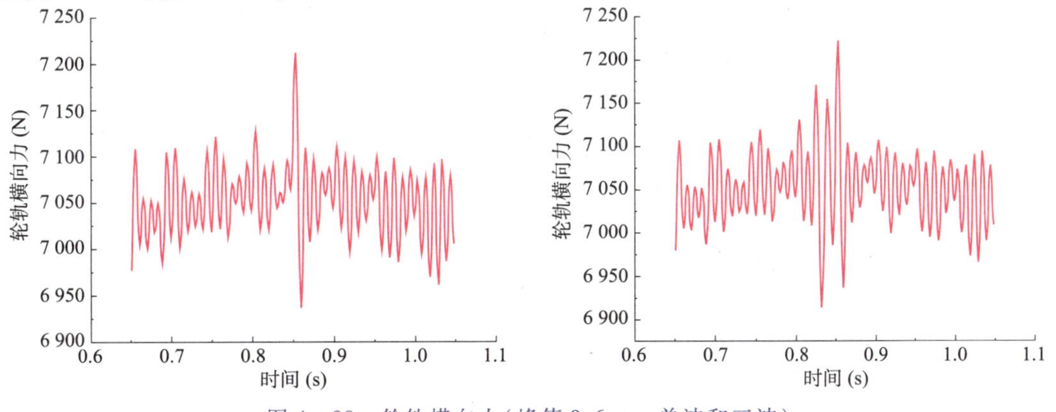

图 4—99 轮轨横向力(峰值 0.6 mm，单波和三波)

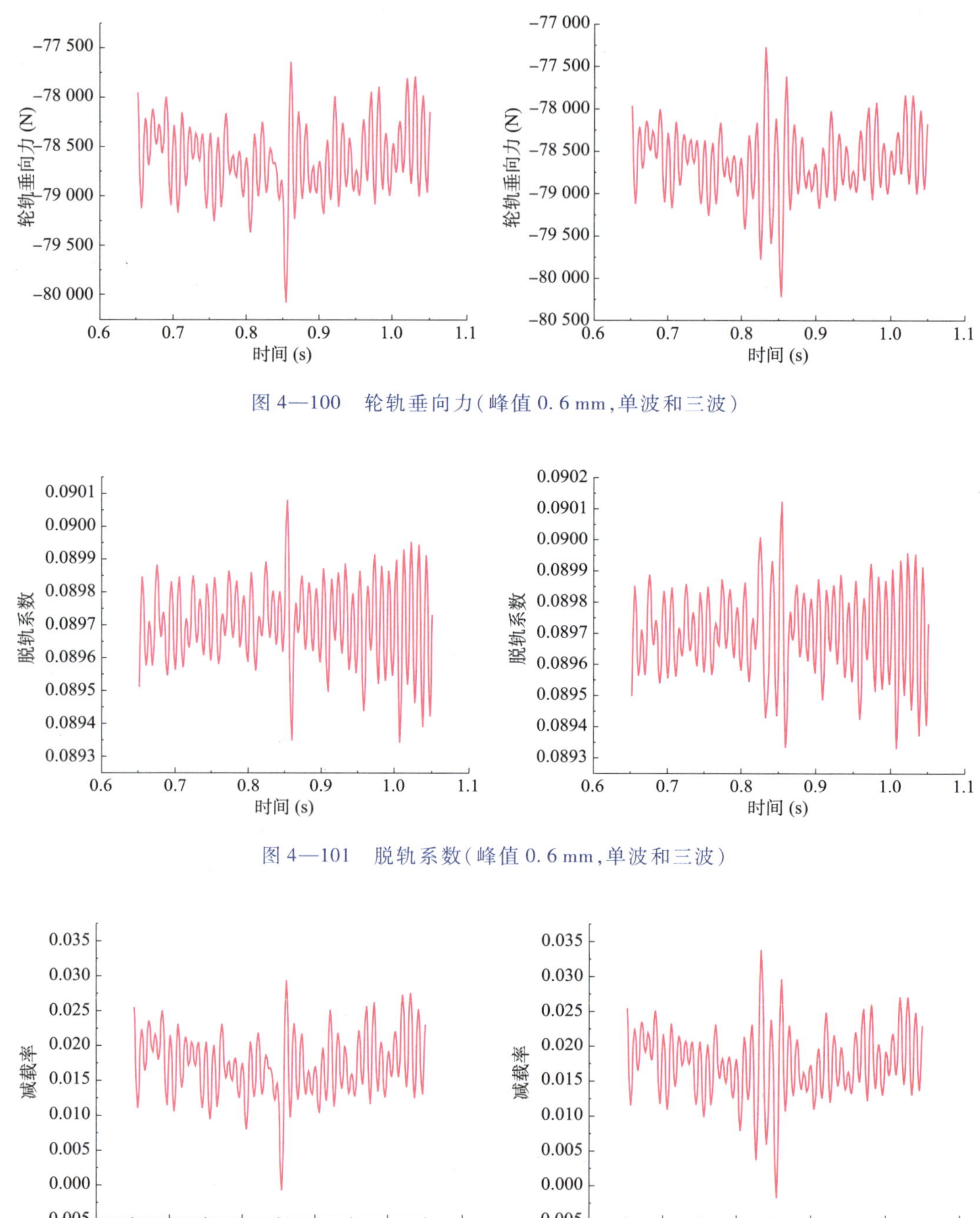

图 4—100　轮轨垂向力(峰值 0.6 mm,单波和三波)

图 4—101　脱轨系数(峰值 0.6 mm,单波和三波)

图 4—102　减载率(峰值 0.6 mm,单波和三波)

随着碎弯变形连续波数的增加或峰值的提高,各项动力响应皆有所提高。

2. 实际碎弯变形动力学影响分析

本部分主要对长大桥上无砟轨道无缝线路实际工况的钢轨碎弯变形对车、轨、桥的动力学性能的影响进行计算,主要考虑以下三种计算工况。

表 4—104　不同碎弯变形连续波数的动力学计算结果比较

连续波数	半波	一波	二波	三波
扣件横向反力(N)	3 944.8	3 889.4	3 895.1	3 892.3
扣件垂向反力(N)	35 112.2	34 763.6	35 146.0	34 763.2
轮轨横向力(N)	7 126.1	7 210.0	7 227.4	7 221.6
轮轨垂向力(N)	79 318.4	80 046.1	80 209.9	80 155.2
脱轨系数	0.090	0.090	0.090	0.090
轮重减载率	0.028	0.030	0.031	0.034
轨道板垂向加速度(m/s^2)	15.80	15.74	15.87	15.76
砂浆层垂向加速度(m/s^2)	9.55	9.44	9.48	9.49
底座板垂向加速度(m/s^2)	8.20	8.27	8.29	8.30
轨道板垂向位移(mm)	0.281	0.281	0.281	0.281
砂浆层垂向位移(mm)	0.282	0.281	0.281	0.281
底座板垂向位移(mm)	0.281	0.281	0.281	0.281

表 4—105　不同碎弯变形峰值的动力学计算结果比较

峰值(mm)	0.6	1.5	2.5	3.5	5.0
扣件横向反力(N)	3 944.8	3 876.6	3 998.1	3 926.1	3 988.7
扣件垂向反力(N)	35112.2	35 948.0	36 277.2	37 081.2	38 000.2
轮轨横向力(N)	7 126.1	7 151.0	7 170.0	7 279.3	7 444.1
轮轨垂向力(N)	79 318.4	79 565.2	79 758.9	79 962.4	80 249.1
脱轨系数	0.090	0.090	0.090	0.091	0.093
轮重减载率	0.028	0.038	0.054	0.071	0.092
轨道板垂向加速度(m/s^2)	15.80	15.88	15.80	15.91	15.89
砂浆层垂向加速度(m/s^2)	9.55	9.54	9.70	9.87	9.93
底座板垂向加速度(m/s^2)	8.20	8.50	8.53	8.61	8.75
轨道板垂向位移(mm)	0.281 316	0.281 854	0.282 390	0.282 910	0.283 563
砂浆层垂向位移(mm)	0.281 609	0.282 080	0.282 620	0.283 116	0.283 774
底座板垂向位移(mm)	0.281 139	0.281 632	0.282 195	0.282 678	0.283 364

(1)工况 1:无钢轨碎弯变形;

(2)工况 2:考虑轨温 12℃,梁温 5℃时的实测碎弯值;

(3)工况 3:考虑轨温 -7℃,梁温 -1.3℃时的实测碎弯值。

不同梁、轨温度条件下的钢轨碎弯变形比较见图 4—103,不同计算工况下车、轨、桥不同部分的动力学计算结果比较见表 4—106。

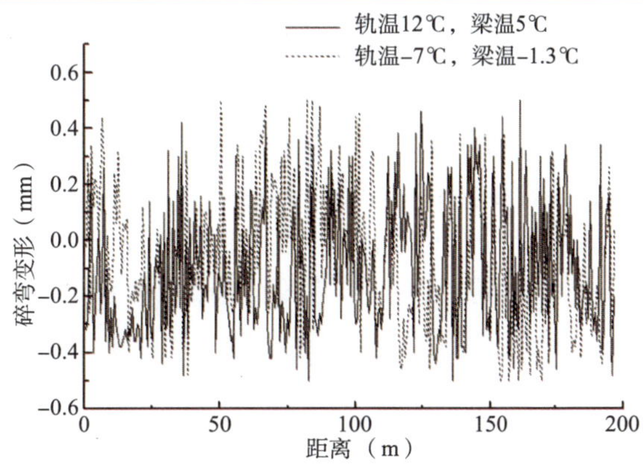

图 4—103　不同梁轨温度条件下的钢轨碎弯变形比较

表 4—106　不同计算工况下车、轨、桥不同部分的动力学计算结果比较

钢轨碎弯变形计算工况		工况 1	工况 2	工况 3
轮轨垂向力	kN	166.94	168.98	168.83
轮轴横向力	kN	7.50	8.58	8.55
脱轨系数		0.14	0.16	0.15
轮重减载率[注]		1.00	1.00	1.00
车体垂向加速度	m/s^2	0.03	0.03	0.03
车体横向加速度	m/s^2	0.35	0.35	0.35
车体垂向平稳性指标		1.21	1.21	1.21
车体横向平稳性指标		2.76	2.77	2.77
钢轨加速度	m/s^2	2536	2584	2576
轨道板加速度	m/s^2	223	250	237
钢轨垂向位移	mm	0.71	0.71	0.71
钢轨横向位移	mm	0.11	0.11	0.11
桥梁垂向加速度	m/s^2	3.49	3.56	3.52
桥梁横向加速度	m/s^2	0.42	0.43	0.42
桥梁跨中动位移	mm	0.16	0.16	0.16
桥梁梁端转角	mrad	0.0209	0.0209	0.0209

注：轮重减载率超过限值的时间在 0.01 s 以下，可认为没有脱轨危险性。

当考虑梁、轨温度变化产生的钢轨碎弯变形之后，轮轨垂向力、轮轴横向力、脱轨系数、车体横向平稳性指标、钢轨加速度、轨道板加速度、桥梁垂向加速度和横向加速度等动力响应指标均有所增长，而轮重减载率、车体垂向加速度和横向加速度、车体垂向平稳性指标、钢轨垂向位移和横向位移、桥梁跨中动位移、桥梁梁端转角等动力学响应指标则几乎保持不变。由此可知，长大桥梁无砟轨道无缝线路由于扣件失效、钢轨升温幅度较大等因素所造成的钢轨碎弯变形，会对高速车辆产生不利的影响，需要在计算分析和养护维修中加以重视。

第五节　长大桥梁无砟轨道无缝线路伸缩调节器研究

钢轨伸缩调节器由基本轨、尖轨、扣件、轨撑、钢垫板、弹性垫板、轨枕或轨道板等部件组成，可协调桥梁与无缝线路纵向位移，自动释放无缝线路温度应力。长大桥梁在温度荷载作用下伸缩位移较大，由于梁轨相互作用的影响，钢轨或桥墩将受到较大力的作用。为避免轨道或桥梁结构破坏，保证结构的稳定性，须在无缝线路上设置钢轨伸缩调节器，以改善桥梁和轨道的运营状态。为了阐明伸缩调节器的作用机理及影响因素，笔者针对高速铁路伸缩调节器的静、动力学特性进行了理论分析，为伸缩调节器的设置方法及原则提供理论依据。

一、伸缩调节器的静力特性

（一）计算工况

桥梁按跨度分为以下两种。

(1)桥梁为混凝土梁，为 3 跨 32 m 简支梁 + (60 + 100 + 60) 连续梁 + 3 跨 32 m 简支梁，伸

缩调节器范围内线路常阻力为 11 kN/m，伸缩调节器伸缩范围内小阻力扣件线路阻力为 6.67 kN/m，最大温度跨度 192 m（以下简称三跨连续梁）。

（2）桥梁为混凝土梁，为 3 跨 32 m 简支梁 +（60 + 3 × 100 + 60）连续梁 + 3 跨 32 m 简支梁，最大温度跨度 392 m（以下简称多跨连续梁）。

桥梁上设置有钢轨伸缩调节器时，因基本轨端头阻力较小、尖轨端头阻力也较小。可将该处视为接头阻力为零的钢轨接头，与钢轨折断情况类似，两端的长轨条伸缩位移较大。

单向钢轨伸缩调节器模型，在尖轨处将钢轨断开，伸缩区考虑到建模以及模型处理的方便性，长度设为 19.2 m

双向钢轨伸缩调节器模型，在尖轨处将钢轨断开，考虑到建模以及模型处理的方便性，尖轨总长度设为 19.8 m，伸缩区长度设为 19.2 m + 19.2 m。

三跨连续梁、四跨连续梁及多跨连续梁钢轨伸缩调节器设置位置见图 4—104、图 4—105。

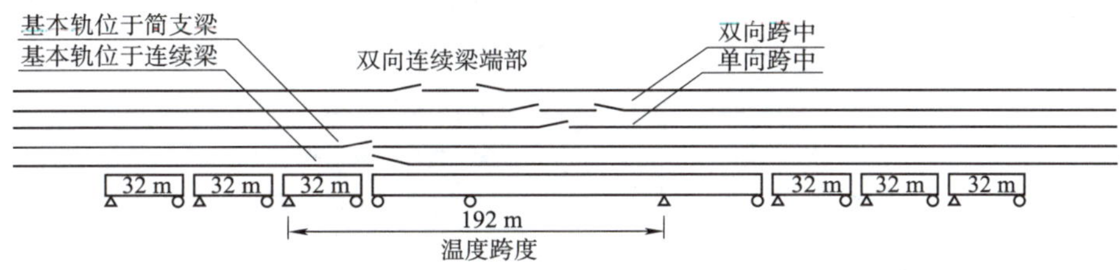

图 4—104　三跨连续梁伸缩调节器设置位置

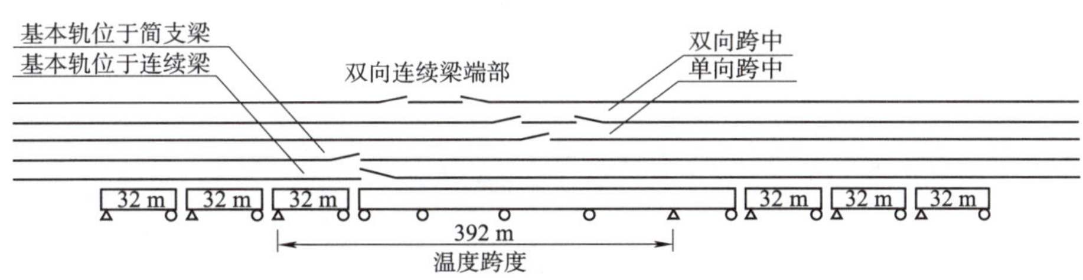

图 4—105　多跨连续梁伸缩调节器设置位置

（二）伸缩调节器的设置位置

1. 梁端处伸缩调节器基本轨设置对比

（1）三跨连续梁（表 4—107 和图 4—106、图 4—107）

基本轨位于简支梁上或者基本轨位于连续梁上对钢轨受力影响不大，与基本轨位于连续梁上相比，当基本轨位于简支梁上时，紧邻连续梁的简支梁桥墩及次一级桥墩受力较大，较不利于桥梁设计。因而单向钢轨伸缩调节器布置于梁端时，通常基本轨位于连续梁上，尖轨位于相邻简支梁上。

表 4—107　墩台受力及钢轨附加力对比表

设置方式	伸缩附加力（kN）			
	连续梁所在固定墩	简支梁所在固定墩	简支梁所在固定墩	钢轨
不设伸缩调节器	638	432	432	576
基本轨位于简支梁	416	75	33	319
基本轨位于连续梁	416	72	21	319

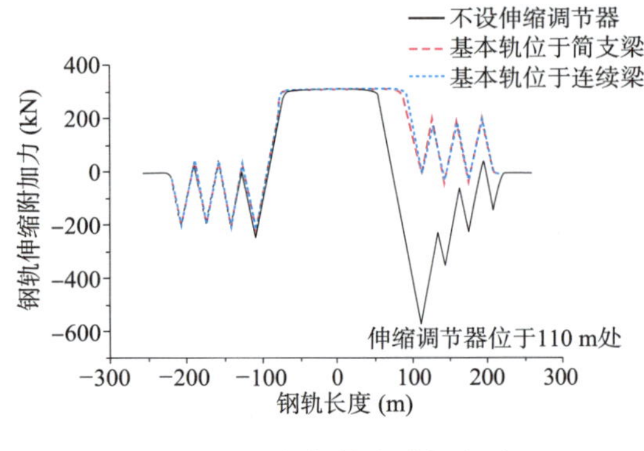

图 4—106　钢轨伸缩附加力对比

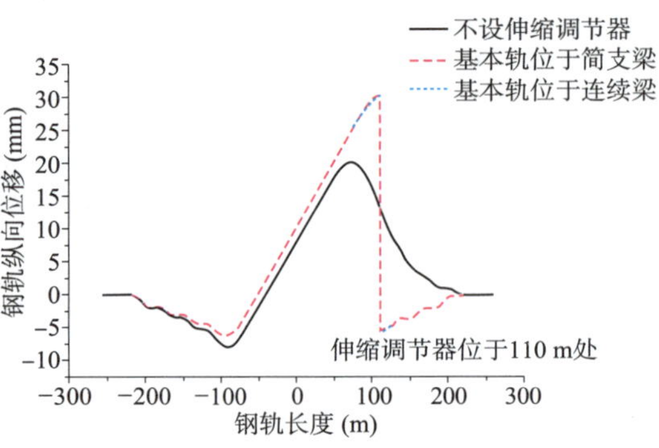

图 4—107　钢轨纵向位移对比

基本轨位于连续梁上时，连续梁所在固定墩所受伸缩力为 416 kN，简支梁所在固定墩所受伸缩力分别为 61 kN 和 72 kN，见表 4—108 和图 4—108、图 4—109。

表 4—108　墩台受力及钢轨附加力对比

设置方式	伸缩附加力(kN)			
	简支梁所在固定墩	连续梁所在固定墩	简支梁所在固定墩	钢轨
基本轨位于连续梁	61	416	72	319

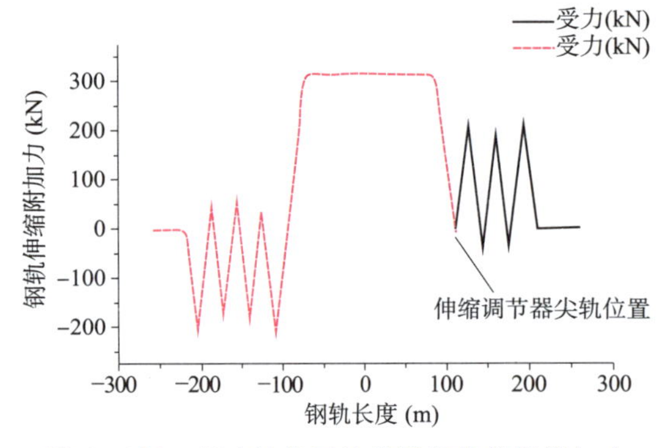

图 4—108　基本轨位于连续梁钢轨伸缩附加力

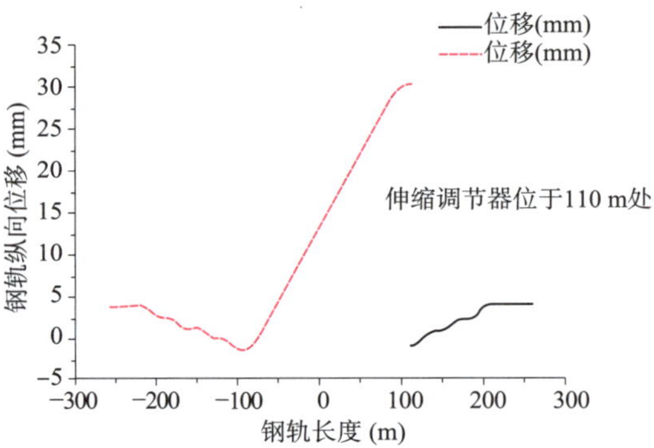

图 4—109　基本轨位于连续梁钢轨位移

(2)多跨连续梁(表 4—109 和图 4—110、图 4—111)

基本轨位于简支梁上或者基本轨位于连续梁上对钢轨受力影响不大。与基本轨位于简支梁上相比，当基本轨位于连续梁上时，紧邻连续梁的简支梁所在固定墩受力有所增大，连续梁所在固定墩受力增大，较不利于桥梁设计。因而单向钢轨伸缩调节器布置于梁端时，通常基本轨位于简支梁上，尖轨位于连续梁上。

表 4—109　墩台受力及钢轨附加力对比

设置方式	伸缩附加力(kN)			
	简支梁所在固定墩	连续梁所在固定墩	简支梁所在固定墩	钢轨
不设伸缩调节器	129	1432	778	1 005
基本轨位于简支梁	61	417	76	319
基本轨位于连续梁	61	431	79	319

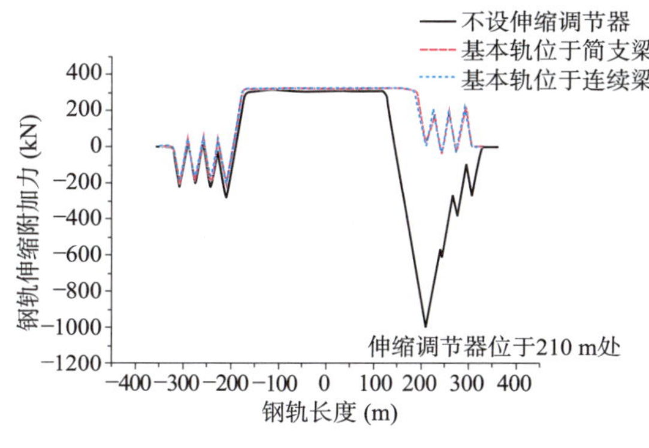

图 4—110　钢轨伸缩附加力对比

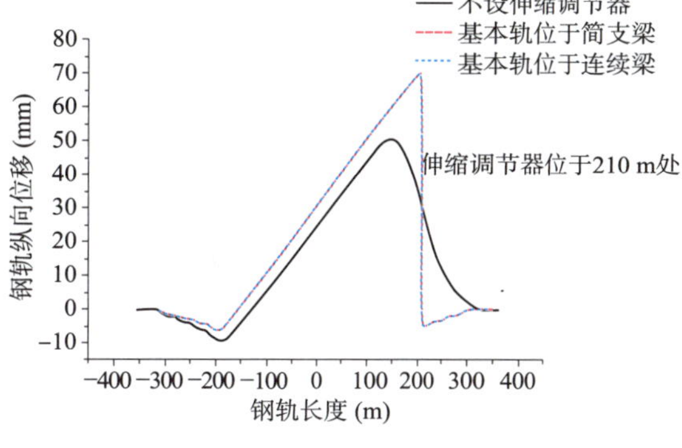

图 4—111　钢轨纵向位移对比

基本轨位于简支梁上时，连续梁所在固定墩所受伸缩力为 417 kN，简支梁所在固定墩所受伸缩力分别为 61 kN 和 76 kN，见表 4—110 和图 4—112、图 4—113。

表 4—110　墩台受力及钢轨附加力对比

设置方式	伸缩附加力（kN）			
	简支梁所在固定墩	连续梁所在固定墩	简支梁所在固定墩	钢轨
基本轨位于简支梁	61	417	76	319

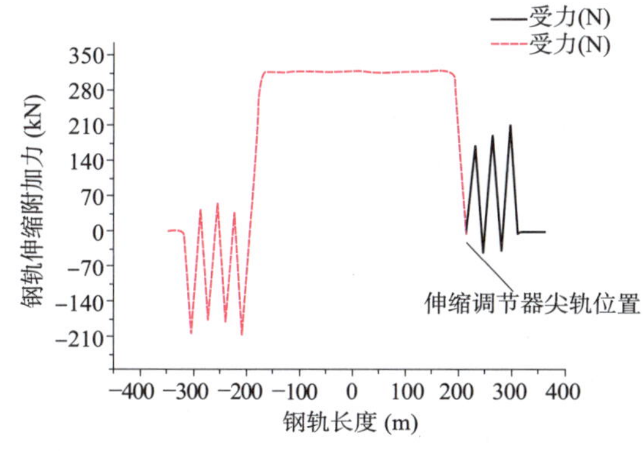

图 4—112　基本轨位于简支梁钢轨伸缩附加力

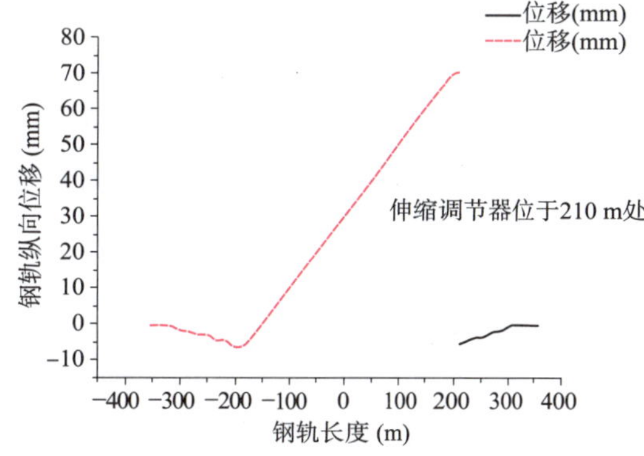

图 4—113　基本轨位于简支梁钢轨位移

基本轨位于连续梁上时，连续梁所在固定墩所受伸缩力为 431 kN，简支梁所在固定墩所受伸缩力分别为 61 kN 和 79 kN，见表 4—111 和图 4—114、图 4—115。

表 4—111　墩台受力及钢轨附加力对比

设置方式	伸缩附加力（kN）			
	简支梁所在固定墩	连续梁所在固定墩	简支梁所在固定墩	钢轨
基本轨位于连续梁	61	431	79	319

2. 单向调节器的设置位置研究

（1）三跨连续梁（表 4—112）

以三跨连续梁设置单向伸缩调节器为例进行分析，分别研究单向调节器位于正桥连续梁端部及连续梁中部的钢轨及桥梁受力。

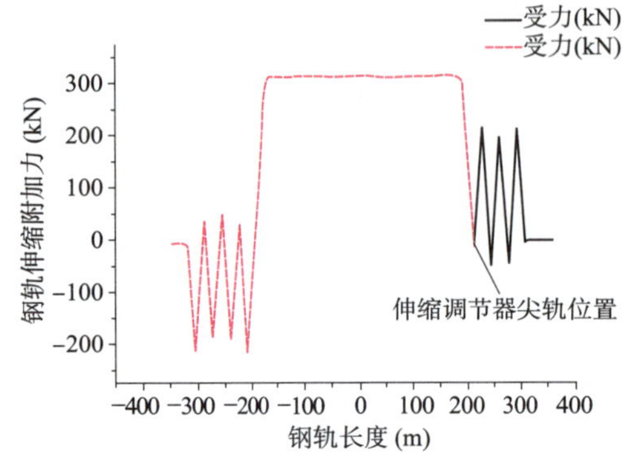

图 4—114　基本轨位于连续梁钢轨伸缩附加力

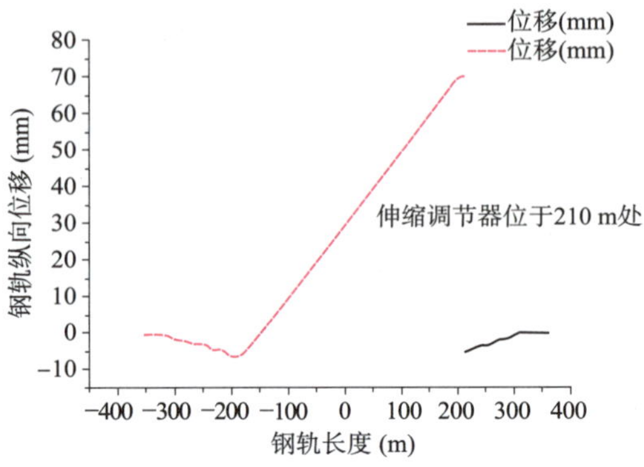

图 4—115　基本轨位于连续梁钢轨位移

表 4—112　墩台受力及钢轨附加力对比表

设置方式	伸缩附加力(kN)			
	简支梁所在固定墩	连续梁所在固定墩	简支梁所在固定墩	钢轨
单向位于连续梁中部	100	640	436	578
单向位于连续梁端部（基本轨位于连续梁）	61	416	72	319

单向调节器位于连续梁中部及端部时,对于简支梁、连续梁墩台受力及钢轨伸缩附加力均有较大影响。单向调节器位于连续梁中部时,两侧简支梁墩台受力均有明显的增大,其中距离连续梁所在固定墩台较近的简支梁固定墩台受力增大幅度最为明显,另一侧简支梁固定墩台受力有一定增大;连续梁固定墩台受力也明显增大;钢轨温度力也有一定程度的增大。

(2)多跨连续梁(表 4—113)

以多跨连续梁设置单向伸缩调节器为例进行分析,分别研究单向调节器位于连续梁端部及连续梁中部的钢轨及桥梁受力。

表 4—113　单向伸缩调节器位于正桥、引桥上对比

设置方式	伸缩附加力(kN)			
	简支梁所在固定墩	连续梁所在固定墩	简支梁所在固定墩	钢轨
引　　桥	79	43	206	317
单向位于连续梁端部	61	431	79	319
单向位于连续梁跨中	129	1434	781	1005

单向伸缩调节器位于引桥上时,靠近伸缩调节器简支梁所在固定墩受力较小,连续梁所在固定墩受力较小,但连续梁另一侧简支梁所在固定墩受力明显较大。单向伸缩调节器位于连续梁跨中时,简支梁所在固定墩及连续梁所在固定墩受力均很大。单向伸缩调节器设置于连续梁端部时,连续梁所在固定墩受力较大,两简支梁所在固定墩受力较小。单向伸缩调节器设置于连续梁端部与引桥上时,钢轨伸缩附加力基本相同。

3. 双向调节器的设置位置研究

(1)三跨连续梁(表 4—114 和图 4—116、图 4—117)

以三跨连续梁设置双向伸缩调节器为例进行分析，分别研究双向调节器位于正桥连续梁端部及连续梁中部的钢轨及桥梁受力。

表 4—114 墩台受力及钢轨附加力对比

设置方式	伸缩附加力(kN)			
	简支梁所在固定墩	连续梁所在固定墩	简支梁所在固定墩	钢轨
双向位于连续梁端部	76	22	126	317
双向位于连续梁跨中	100	640	437	579

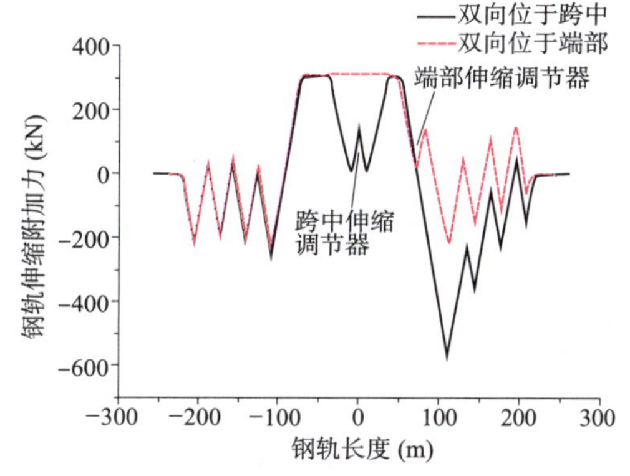

图 4—116 钢轨伸缩附加力对比

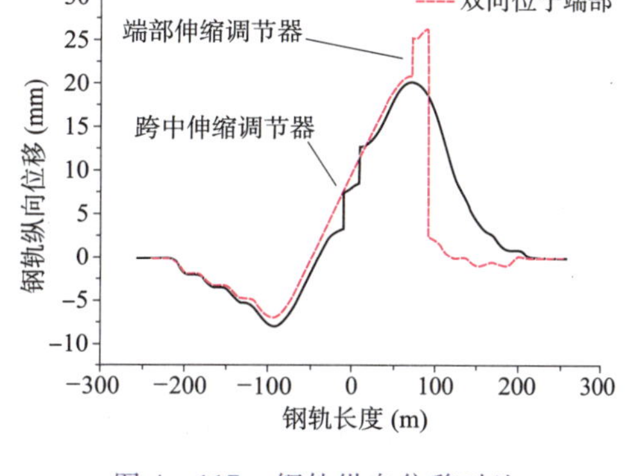

图 4—117 钢轨纵向位移对比

双向伸缩调节器设置于跨中时，同设置于连续梁端部相比，简支梁所在固定墩受力、连续梁所在固定墩受力以及钢轨伸缩附加力均较大，钢轨纵向位移相对较小。所以将双向伸缩调节器设置于连续梁端部较为合理。

双向伸缩调节器位于连续梁端部时，连续梁固定墩所受伸缩力为 22 kN，简支梁固定墩所受伸缩力为 76 kN 和 126 kN，见表 4—115 和图 4—118、图 4—119。

表 4—115 墩台受力及钢轨附加力对比

设置方式	伸缩附加力(kN)			
	简支梁所在固定墩	连续梁所在固定墩	简支梁所在固定墩	钢轨
双向位于连续梁端部	76	22	126	317

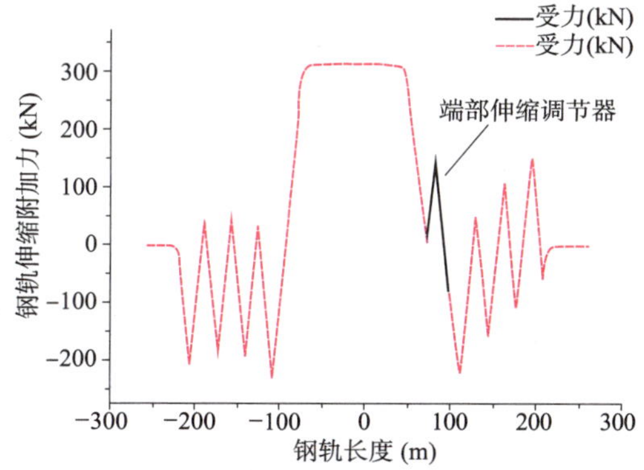

图 4—118 双向 EJ 设于连续梁端部钢轨附加力

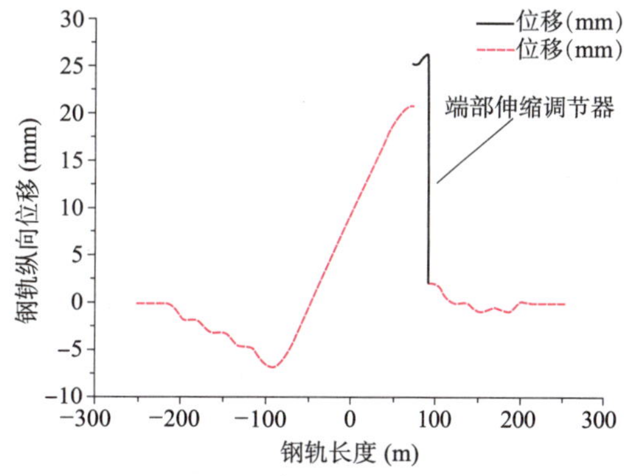

图 4—119 双向 EJ 设于连续梁端部钢轨位移

(2)多跨连续梁(表 4—116 和图 4—120、图 4—121)

以多跨连续梁设置双向伸缩调节器为例进行分析,分别研究双向调节器位于引桥、正桥连续梁端部及连续梁中部的钢轨及桥梁受力。

表 4—116 墩台受力及钢轨附加力对比

设置方式	伸缩附加力(kN)			
	简支梁所在固定墩	连续梁所在固定墩	简支梁所在固定墩	钢轨
双向位于连续梁端部	63	368	52	318
双向位于连续梁跨中	129	1 431	772	1 005

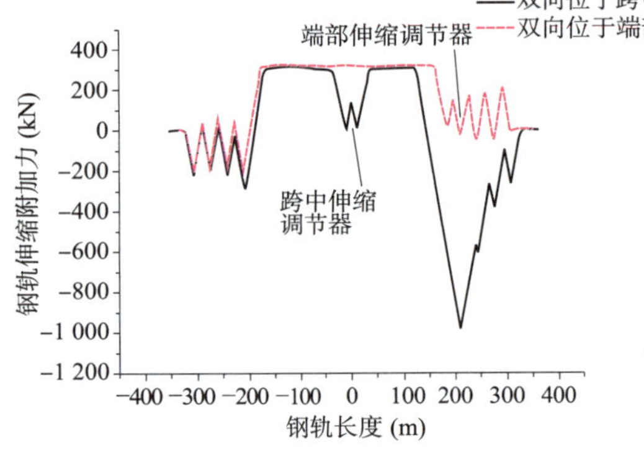

图 4—120 钢轨伸缩附加力对比

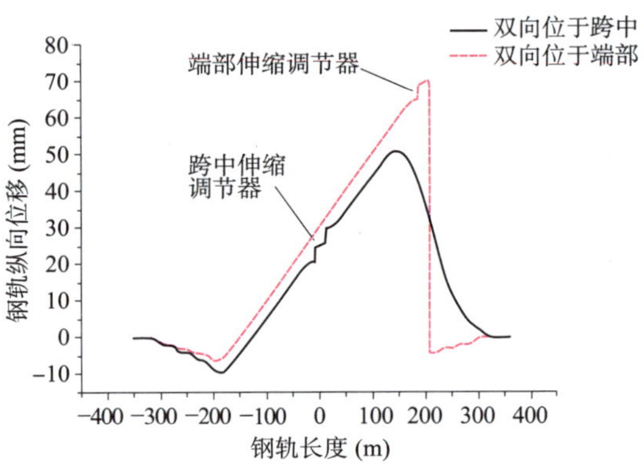

图 4—121 钢轨纵向位移对比

双向伸缩调节器设置于连续梁跨中同设置于连续梁端部相比,连续梁所在固定墩、简支梁所在固定墩受力及钢轨伸缩附加力均大很多。钢轨纵向位移设置于连续梁端部大于设置于连续梁跨中。因此双向伸缩调节器宜设置于连续梁端部。

双向伸缩调节器位于连续梁端部时,连续梁固定墩所受伸缩力为 368 kN,简支梁固定墩所受伸缩力为 63 kN 和 52 kN。相对三跨连续梁时,连续梁固定墩所受伸缩力较大,见表 4—117 和图 4—122、图 4—123。

(三)伸缩调节器的结构形式

1. 伸缩调节器设于桥梁跨中

(1)三跨连续梁(表 4—118 和图 4—124、图 4—125)

连续梁 + 简支梁桥,在连续梁跨中设置单向伸缩调节器或者双向伸缩调节器同不设置钢轨伸缩调节器相比,简支梁桥墩受力、连续梁桥墩受力、钢轨伸缩附加力以及钢轨位移基本相同。

表 4—117 墩台受力及钢轨附加力对比

设置方式	伸缩附加力(kN)			
	简支梁所在固定墩	连续梁所在固定墩	简支梁所在固定墩	钢轨
双向位于连续梁端部	63	368	52	318

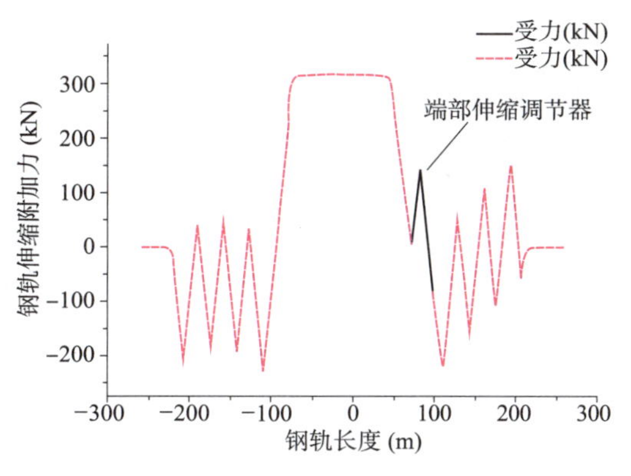

图 4—122　双向 EJ 设于连续梁端部钢轨附加力

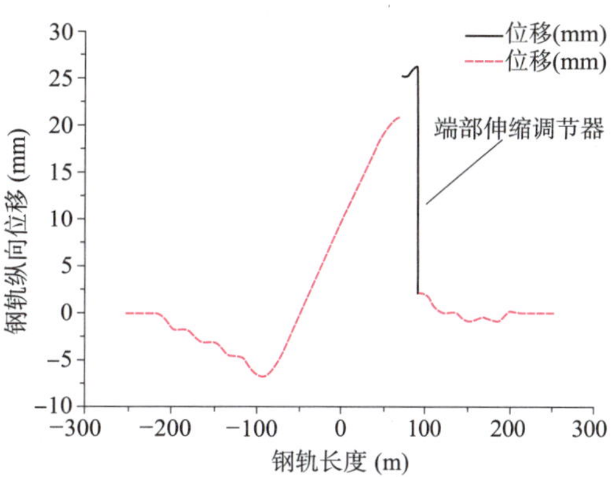

图 4—123　双向 EJ 设于连续梁端部 3 钢轨位移

表 4—118　墩台受力及钢轨附加力对比

设置方式	伸缩附加力(kN)			
	简支梁所在固定墩	连续梁所在固定墩	简支梁所在固定墩	钢轨
不设伸缩调节器	100	638	432	576
单向位于跨中	100	640	436	578
双向位于跨中	100	640	437	579

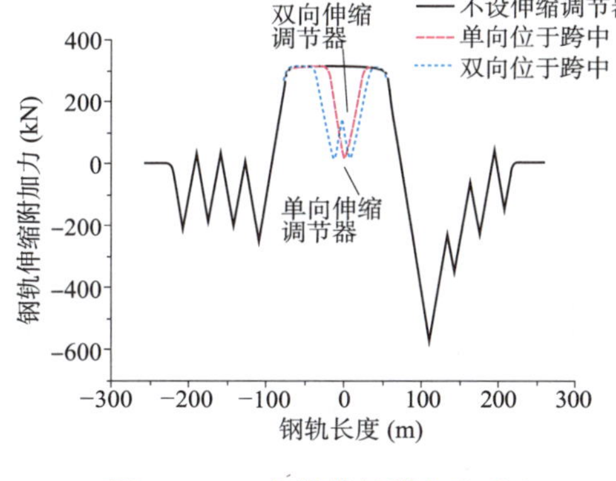

图 4—124　钢轨伸缩附加力对比

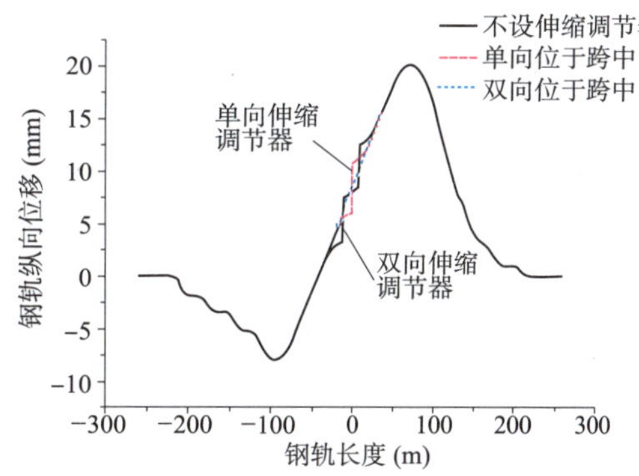

图 4—125　钢轨纵向位移对比

单向伸缩调节器位于连续梁跨中时，连续梁固定墩所受伸缩力为 640 kN，简支梁固定墩所受伸缩力分别为 100 kN 和 436 kN，见表 4—119 和图 4—126、图 4—127。

表 4—119　墩台受力及钢轨附加力对比

设置方式	伸缩附加力(kN)			
	简支梁所在固定墩	连续梁所在固定墩	简支梁所在固定墩	钢轨
单向位于跨中	100	640	436	578

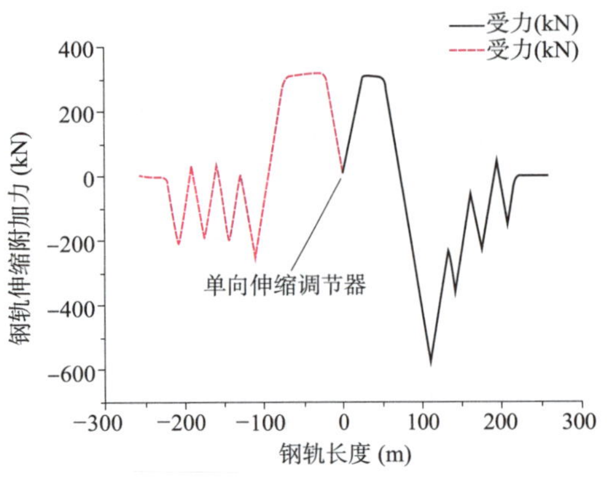

图 4—126　单向 EJ 设于跨中钢轨附加力

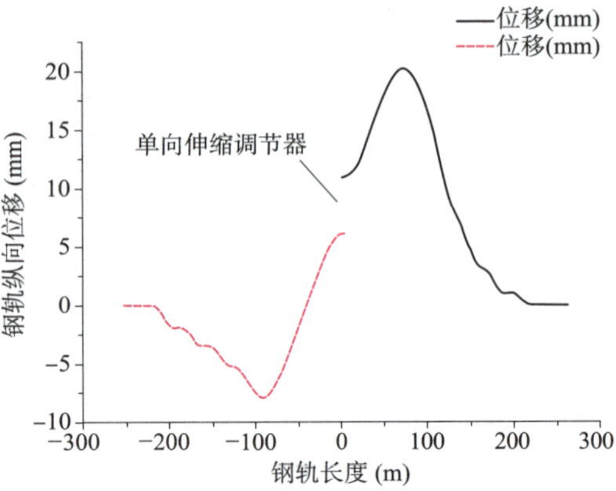

图 4—127　单向 EJ 设于跨中钢轨位移

双向伸缩调节器位于连续梁跨中时，连续梁固定墩所受伸缩力为 640 kN，简支梁固定墩所受伸缩力分别为 100 kN 和 437 kN。同单向伸缩调节器位于连续梁跨中时相比，固定墩所受伸缩力基本相同，见表 4—120 和图 4—128、图 4—129。

表 4—120　墩台受力及钢轨附加力对比

设置方式	伸缩附加力(kN)			
	简支梁所在固定墩	连续梁所在固定墩	简支梁所在固定墩	钢轨
双向位于跨中	100	640	437	579

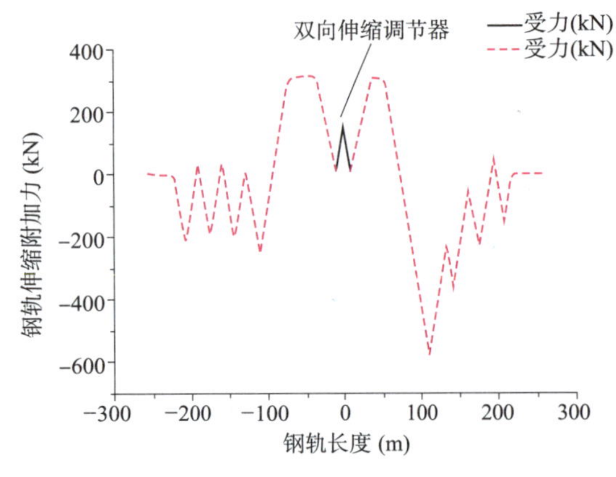

图 4—128　双向 EJ 设于跨中钢轨附加力

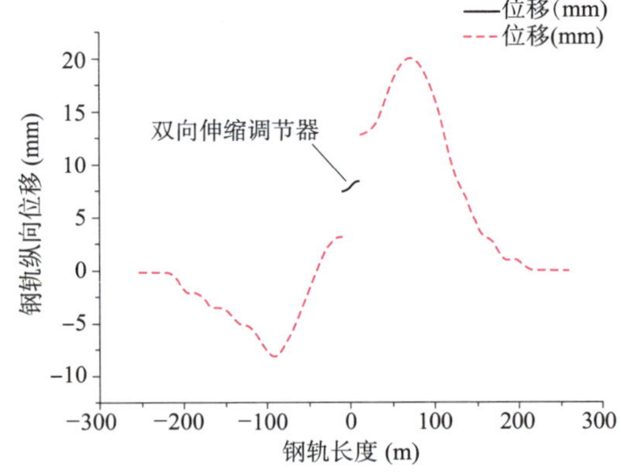

图 4—129　双向 EJ 设于跨中钢轨位移

(2)多跨连续梁(表 4—121 和图 4—130、图 4—131)

表 4—121　墩台受力及钢轨附加力对比

设置方式	伸缩附加力(kN)			
	简支梁所在固定墩	连续梁所在固定墩	简支梁所在固定墩	钢轨
不设伸缩调节器	129	1 432	778	1 006
单向位于跨中	129	1 434	780	1 006
双向位于跨中	129	1 431	772	1 006

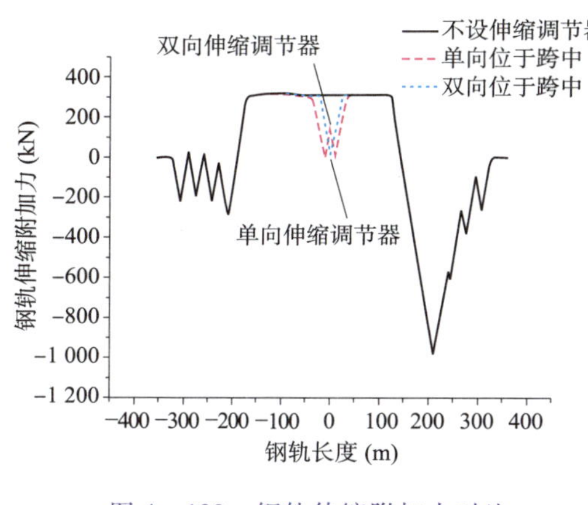

图 4—130　钢轨伸缩附加力对比

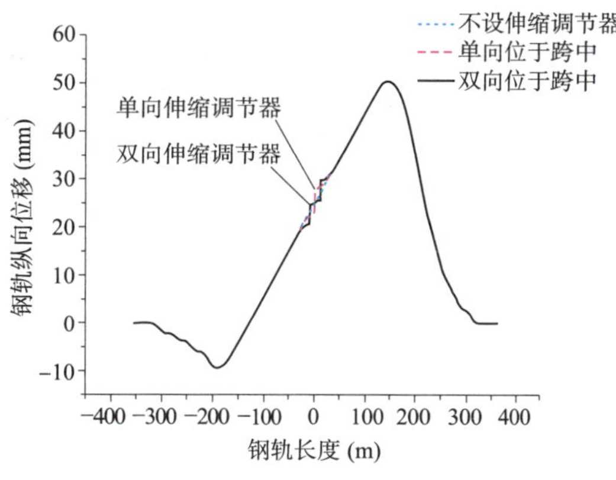

图 4—131　钢轨纵向位移对比

多跨连续梁＋简支梁桥，在连续梁跨中设置单向伸缩调节器或者双向伸缩调节器同不设置钢轨伸缩调节器，简支梁桥墩受力、连续梁桥墩受力、钢轨伸缩附加力以及钢轨位移基本相同。

单向伸缩调节器位于连续梁跨中时，连续梁固定墩所受伸缩力为 1 434 kN，简支梁固定墩所受伸缩力分别为 129 kN 和 780 kN，见表 4—122 和图 4—132、图 4—133。

表 4—122　墩台受力及钢轨附加力对比

设置方式	伸缩附加力(kN)			
	简支梁所在固定墩	连续梁所在固定墩	简支梁所在固定墩	钢轨
单向位于跨中	129	1 434	780	1 006

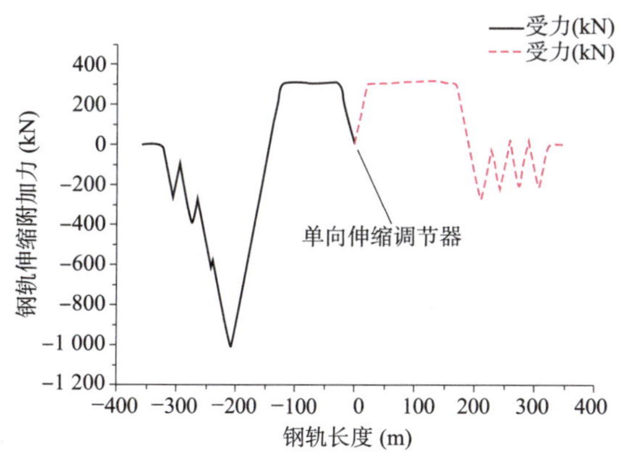

图 4—132　单向伸缩调节器位于跨中
钢轨伸缩附加力

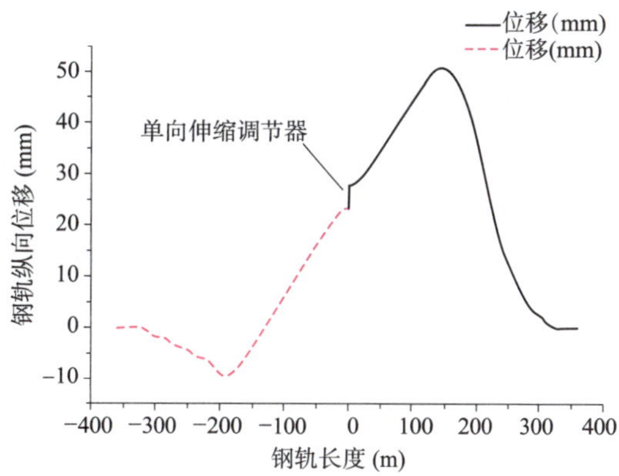

图 4—133　单向伸缩调节器位于跨中
钢轨位移

双向伸缩调节器位于连续梁跨中时，连续梁固定墩所受伸缩力为 1 431 kN，简支梁固定墩所受伸缩力分别为 129 kN 和 772 kN。同单向伸缩调节器位于连续梁跨中时相比，固定墩所受伸缩力相差不大，见表 4—123 和图 4—134、图 4—135。

表 4—123 墩台受力及钢轨附加力对比

设置方式	伸缩附加力(kN)			
	简支梁所在固定墩	连续梁所在固定墩	简支梁所在固定墩	钢轨
双向位于跨中	129	1 431	772	1 006

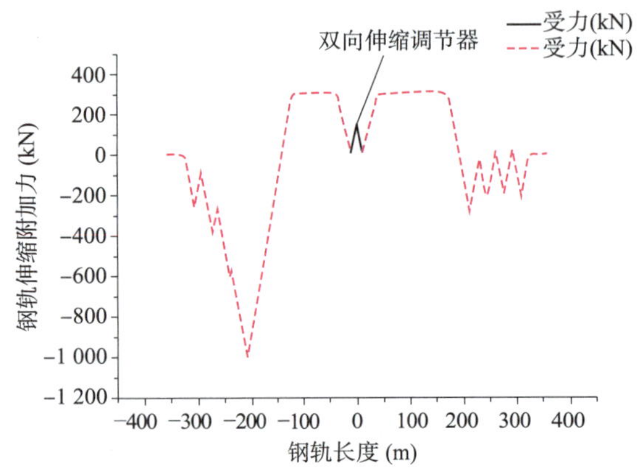

图 4—134 双向 EJ 位于跨中钢轨伸缩附加力

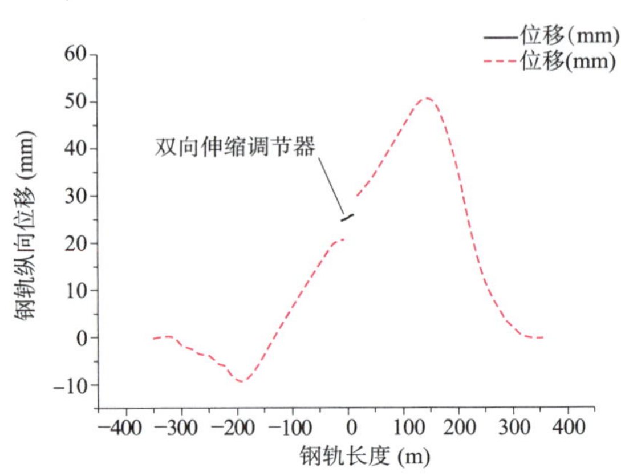

图 4—135 双向 EJ 位于跨中钢轨位移

2. 伸缩调节器设于桥梁端部

(1)三跨连续梁(表 4—124 和图 4—136、图 4—137)

表 4—124 墩台受力及钢轨附加力对比

设置方式	伸缩附加力(kN)			
	简支梁所在固定墩	连续梁所在固定墩	简支梁所在固定墩	钢轨
双向位于连续梁端部	76	22	126	317
基本轨位于简支梁(单向)	61	416	75	319
基本轨位于连续梁(单向)	61	416	72	319

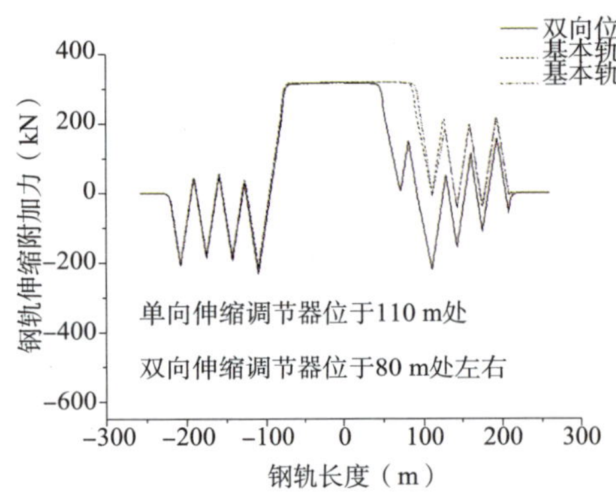

图 4—136 钢轨伸缩附加力对比

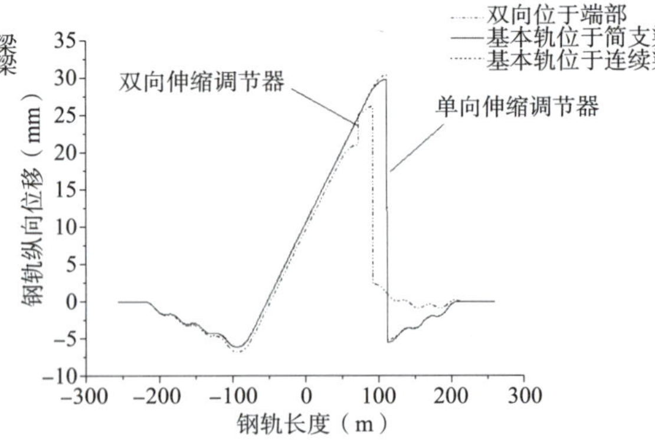

图 4—137 钢轨纵向位移对比

当伸缩调节器设置在连续梁端部或附近时，设置单向伸缩调节器连续梁所在固定墩受力较大，设置双向伸缩调节器时由于桥梁跨度较小，紧邻连续梁固定墩的简支梁所在固定墩受力显著增大；钢轨伸缩附加力二者相差不大；钢轨纵向位移双向伸缩调节器设置于连续梁端部时较小。综合分析，宜在连续梁端部设置双向伸缩调节器。

（2）多跨连续梁（表 4—125 和图 4—138、图 4—139）

表 4—125　墩台受力及钢轨附加力对比

设置方式	伸缩附加力（kN）			
	简支梁所在固定墩	连续梁所在固定墩	简支梁所在固定墩	钢轨
双向位于连续梁端部	63	368	52	318
基本轨位于简支梁（单向）	61	417	76	319
基本轨位于连续梁（单向）	61	431	79	319

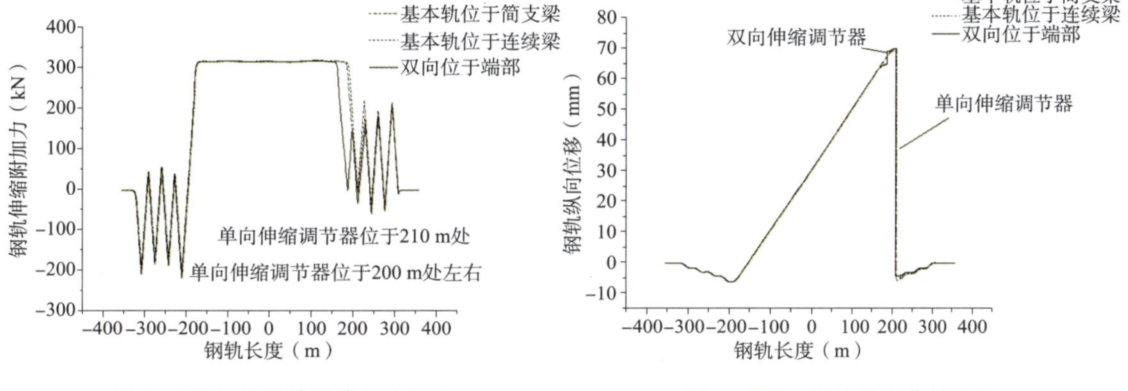

图 4—138　钢轨伸缩附加力对比　　图 4—139　钢轨纵向位移对比

与设置双向伸缩调节器相比，在连续梁端部或附近设置单向伸缩调节器时，连续梁所在固定墩受力较大。简支梁所在固定墩受力、钢轨伸缩附加力以及钢轨纵向位移基本相同。

（四）伸缩调节器的设置数量

以四跨连续梁为例，进行分析。

在连续梁端部设置一个单向伸缩调节器（图 4—140），连续梁所在固定墩受力较大，在连续梁两端设置两个单向伸缩调节器时（图 4—141），连续梁所在固定墩受力较小，左端简支梁所在固定墩受力增大。后者钢轨纵向位移比前者较大。综合分析，可以在连续梁两端同时设置单向伸缩调节器，这样对于单个桥墩的受力要求较低。

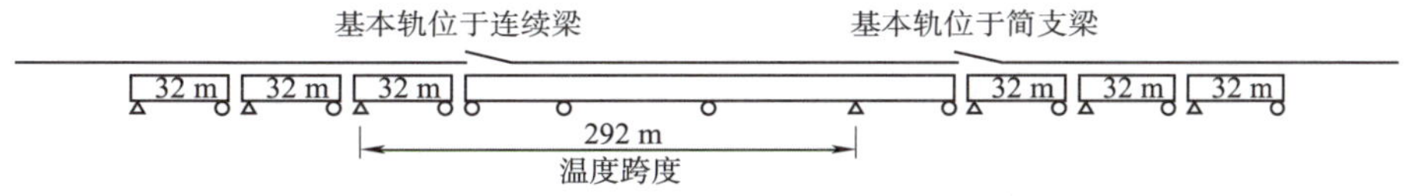

图 4—140　四跨连续梁双单向伸缩调节器设置位置

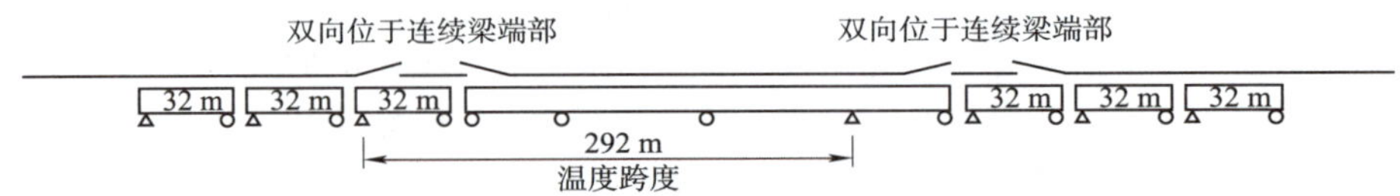

图 4—141　四跨连续梁双双向伸缩调节器设置位置

在连续梁端部设置一个双向伸缩调节器,同设置两个双向伸缩调节器相比,连续梁所在固定墩受力明显较小,左侧简支梁所在固定墩受力较小,右侧简支梁所在固定墩受力相差不大,见表 4—126、表 4—127。二者钢轨伸缩附加力及纵向位移基本相同。

表 4—126　单向伸缩调节器不同设置数量对比

设置数量	伸缩附加力(kN)				钢轨纵向位移(mm)
	简支梁所在固定墩	连续梁所在固定墩	简支梁所在固定墩	钢轨	
单个	83	402	79	319	30. 4
两个	115	170	79	319	48. 8

表 4—127　双向伸缩调节器不同设置数量对比

设置数量	伸缩附加力(kN)				钢轨纵向位移(mm)
	简支梁所在固定墩	连续梁所在固定墩	简支梁所在固定墩	钢轨	
单个	101	89	177	317	44. 8
两个	151	517	163	318	43. 9

(五)伸缩调节器的扣件阻力大小

以单向伸缩调节器基本轨位于连续梁、双向伸缩调节器位于连续梁端部为例,进行伸缩调节器伸缩区线路纵向阻力变化时,固定墩及钢轨纵向位移及伸缩附加力的变化规律的研究。以三跨连续梁为桥梁模型。

当单向伸缩调节器基本轨位于连续梁端时,随着伸缩调节器伸缩区线路纵向阻力的增加,钢轨最大伸缩附加力基本不变;钢轨纵向位移不断增加,但增量较小;离连续梁固定墩较远简支梁固定墩受力不变;离连续梁固定墩较近简支梁固定墩及连续梁所在固定墩受力减小,但变化量较小,见表 4—128。钢轨伸缩调节器伸缩区线路纵向阻力的变化,对于桥梁固定墩、钢轨伸缩附加力及纵向位移影响不大。

表 4—128　单向伸缩调节器基本轨位于连续梁

伸缩区纵向阻力(kN/m)	伸缩附加力(kN)				钢轨纵向位移(mm)
	简支梁所在固定墩	连续梁所在固定墩	简支梁所在固定墩	钢轨	
3	61	423	76	318	28. 3
5. 5	61	419	74	319	29. 4
6	61	418	73	319	29. 4
6. 67	61	416	73	319	29. 8
7	61	416	72	319	29. 9
7. 5	61	415	72	319	30. 1
9	61	412	70	319	30. 4

当双伸缩调节器基本轨位于连续梁端时，随着伸缩调节器伸缩区线路纵向阻力的增加，钢轨最大伸缩附加力不变；钢轨纵向位移不断减小，但变化量较小；距连续梁固定墩较远简支梁固定墩受力增加；距连续梁固定墩较近简支梁固定墩不断增大，且变化量较大；连续梁所在固定墩受力不断减小，变化量较大，但当伸缩区线路纵向阻力与线路常阻力相同时，连续梁所在固定墩受力变大，见表 4—129。

表 4—129　双向伸缩调节器位于连续梁端部

伸缩区纵向阻力(kN/m)	伸缩附加力(kN)				钢轨纵向位移(mm)
	简支梁所在固定墩	连续梁所在固定墩	简支梁所在固定墩	钢轨	
3	67	245	14	317	26.8
5	72	123	75	317	26.5
5.5	73	93	91	317	26.4
6	73	60	105	317	26.3
6.67	76	22	126	317	26.2
7	77	17	134	317	26.1
9	80	122	192	317	25.8

(六)温度跨度的影响规律

1. 单向伸缩调节器设置于连续梁端部

单向伸缩调节器设置于连续梁端部时，随着温度跨度的增加，钢轨伸缩附加力不变，钢轨纵向位移不断增大，且变化量较大，见表 4—130 和图 4—142、图 4—143。

表 4—130　不同温度跨度钢轨数据对比

桥　梁	温度跨度	基本轨位置	钢轨伸缩附加力(kN)	钢轨纵向位移(mm)
三跨连续梁	192 m	简支梁	319	30.4
		连续梁	319	29.8
四跨连续梁	292 m	简支梁	319	50.1
		连续梁	319	50.1
多跨连续梁	392 m	简支梁	319	69.9
		连续梁	319	69.4

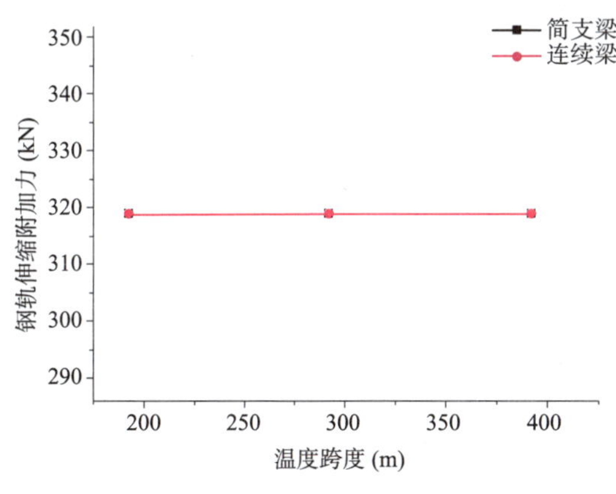

图 4—142　钢轨伸缩附加力随温度跨度变化

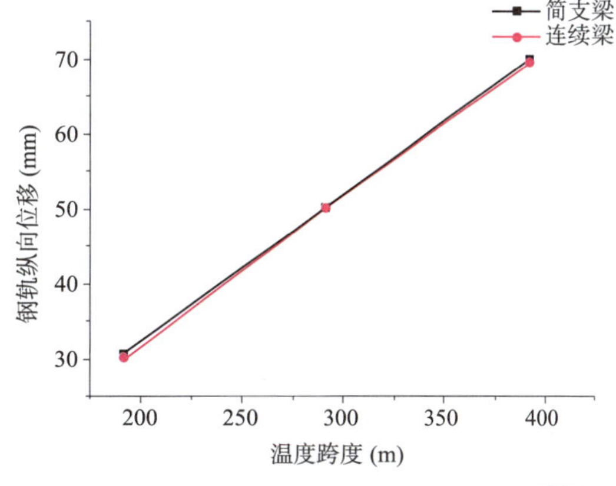

图 4—143　钢轨纵向位移随温度跨度变化

2. 单向伸缩调节器设置于连续梁跨中

单向伸缩调节器设置于连续梁跨中时，随着温度跨度的增加，钢轨伸缩附加力和钢轨纵向位移均不断增大，且变化量较大，见表4—131和图4—144、图4—145。

表4—131　不同温度跨度钢轨数据对比

桥　　梁	温度跨度(m)	钢轨伸缩附加力(kN)	钢轨纵向位移(mm)
三跨连续梁	192	578	20.2
四跨连续梁	292	795	35.4
多跨连续梁	392	1010	50.1

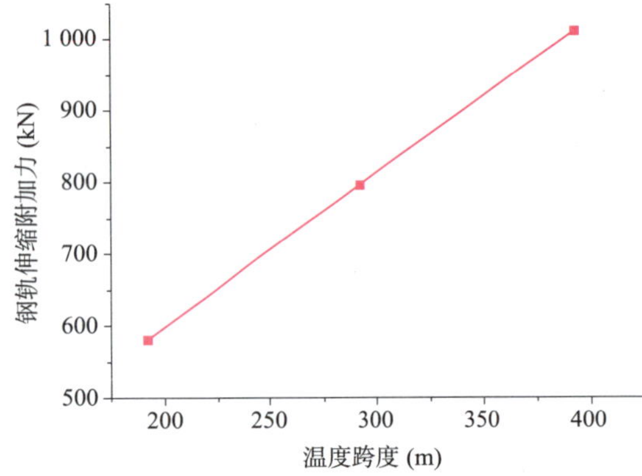

图4—144　钢轨伸缩附加力随温度跨度变化

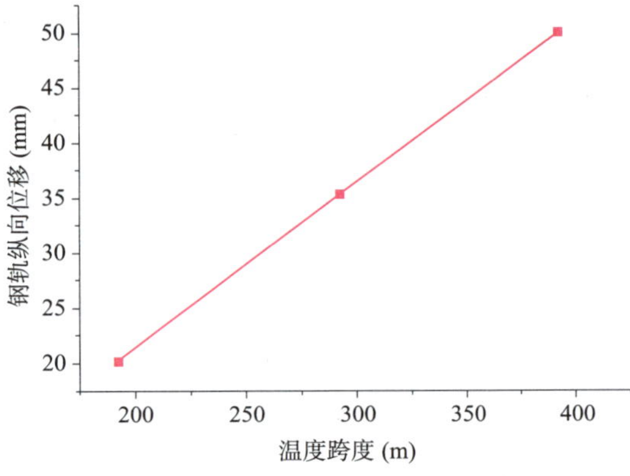

图4—145　钢轨纵向位移随温度跨度变化

3. 双向伸缩调节器设置于连续梁端部

双向伸缩调节器设置于连续梁端部时，随着温度跨度的增加，钢轨伸缩附加力不变，钢轨纵向位移不断增大，且变化量较大，见表4—132和图4—146、图4—147。

表4—132　不同温度跨度钢轨数据对比

桥梁	温度跨度(m)	钢轨伸缩附加力(kN)	钢轨纵向位移(mm)
三跨连续梁	192	317	26.2
四跨连续梁	292	317	44.8
多跨连续梁	392	317	69.9

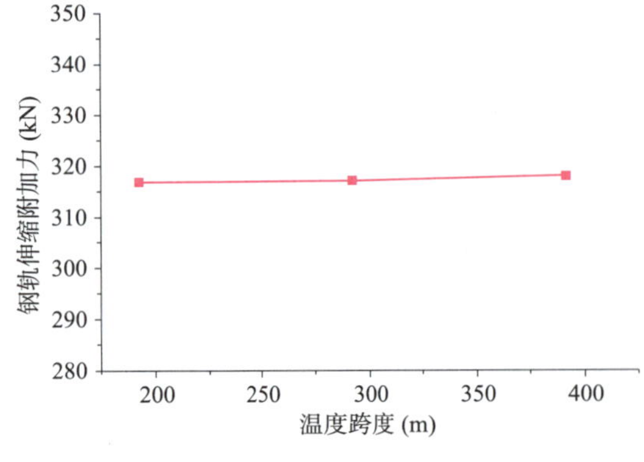

图4—146　钢轨伸缩附加力随温度跨度变化

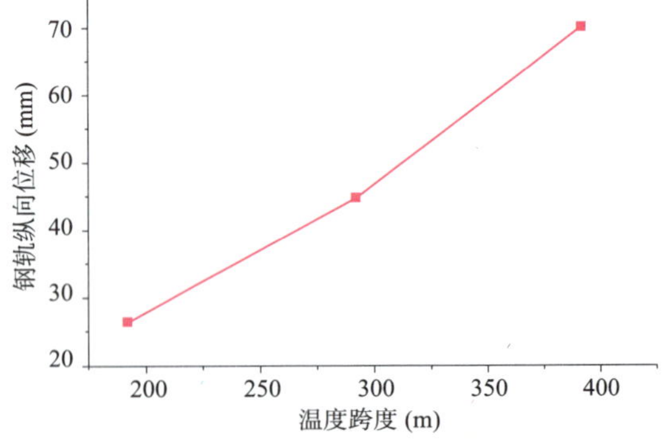

图4—147　钢轨纵向位移随温度跨度变化

4. 双向伸缩调节器设置于连续梁跨中

双向伸缩调节器设置于连续梁跨中时，随着温度跨度的增加，钢轨伸缩附加力和钢轨纵向位移均不断增大，且变化量较大，见表 4—133 和图 4—148、图 4—149。

表 4—133　不同温度跨度钢轨数据对比

桥梁	温度跨度(m)	钢轨伸缩附加力(kN)	钢轨纵向位移(mm)
三跨连续梁	192	579	20. 2
四跨连续梁	292	795	35. 6
多跨连续梁	392	1 010	50. 1

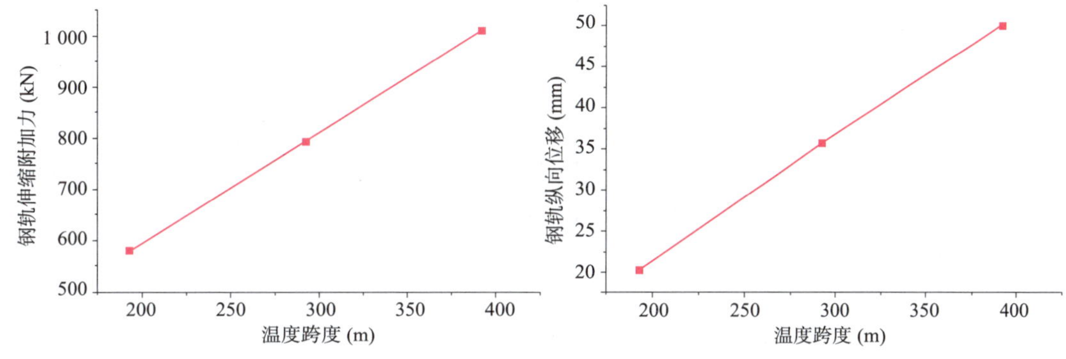

图 4—148　钢轨伸缩附加力随温度跨度变化　　图 4—149　钢轨纵向位移随温度跨度变化

(七) 小结

1. 单向伸缩调节器和双向伸缩调节器的选择

当伸缩调节器设置于桥梁跨中时，对于三跨连续梁和多跨连续梁来说，单向伸缩调节器或者双向伸缩调节器的设置对整体受力的影响均不是很大。

当伸缩调节器设置于连续梁端部时，三跨连续梁(温度跨度较小桥梁)宜设置单向伸缩调节器，这样符合通常桥梁对连续梁固定墩加固处理的做法；当设置双向伸缩调节器时，连续梁所在固定墩受力较小，与其紧邻的简支梁所在固定墩受力增大，需要加固，但简支梁所在固定墩受力明显小于设置单向伸缩调节器时连续梁所在固定墩受力。

当伸缩调节器设置于连续梁端部时，多跨连续梁(温度跨度较大桥梁)宜设置双向伸缩调节器。设置双向伸缩调节器时，简支梁所在固定墩受力和连续梁所在固定墩受力均比设置单向伸缩调节器时小，且钢轨伸缩附加力基本相同。

2. 伸缩调节器数量的选择

单向伸缩调节器设置两个同设置单个相比较，连续梁所在固定墩、右侧简支梁所在固定墩受力相对较小，左侧简支梁所在固定墩受力有所增大。因此宜在连续梁端部设置两个单向伸缩调节器。

双向伸缩调节器设置单个同设置两个相比较，连续梁所在固定墩、左侧简支梁所在固定墩受力相对较小，右侧简支梁所在固定墩受力有所增大。因此宜在远离连续梁固定墩端部设置单个双向伸缩调节器。

3. 伸缩调节器方向的选择

当在连续梁端部设置单向伸缩调节器时,若桥梁温度跨度较小,基本轨宜位于连续梁上;若桥梁温度跨度较大,基本轨宜位于简支梁上。

4. 伸缩调节器设置位置的选择

根据上文伸缩调节器设置位置的选择计算结果,可得以下分析结果

(1)三跨连续梁(小温度跨度桥梁)宜将单向伸缩调节器设于连续连端部,基本轨位于连续梁;宜将双向伸缩调节器设于连续梁端部。

(2)多跨连续梁(大温度跨度桥梁)宜将单向伸缩调节器设于连续连端部,基本轨位于简支梁;宜将双向伸缩调节器设于连续梁端部。

二、伸缩调节器的动力特性

列车通过伸缩调节器的动力仿真理论与道岔动力学类似,所不同的是左右两车轮均存在轮载在基本轨与尖轨上的过渡,以及因轮轨接触点的变化而导致左右车轮重心均要下降,相当于存在高低不平顺;当尖轨顶宽 5 mm 断面降低 14 mm,顶宽 20 mm 处降低 4 mm,顶宽 50 mm 处降低 0 mm 时,基本轨及尖轨上轮轨接触点处的高低不平顺见图 4—150,图中两线交叉处为基本轨与尖轨上轮载过渡范围。

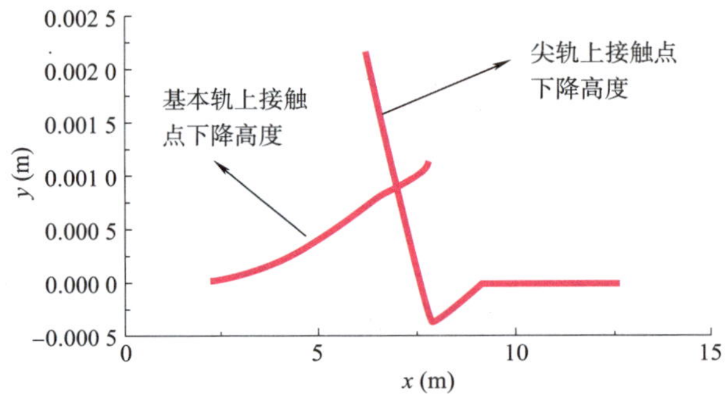

图 4—150 钢轨伸缩调节器中接触点处高低不平顺

钢轨伸缩调节器中因轮轨接触点变化所形成的结构性高低不平顺不是对称分布的,列车在逆向(列车迎着尖轨尖方向)、顺向(列车顺着尖轨尖方向)通过伸缩调节器时,轮轨动力响应是不相同的。

高速列车逆向通过伸缩调节器时,左右轮上轮载分布见图 4—151、图 4—152。因考虑了伸缩调节器前后边界条件,图中横坐标减去 6m 表示车轮距离伸缩调节器始端距离。

作用于伸缩调节器上的最大动轮载为 89. 1 kN,左右两轮轮载分布近似相同,这是由左右两股钢轨不平顺的对称性所致。运行安全性见图 4—153、图 4—154。减载率最大值约为 0. 22,脱轨系数最大值约为 0. 23,均在容许范围内,但轮载的变化幅度约为 22% 。

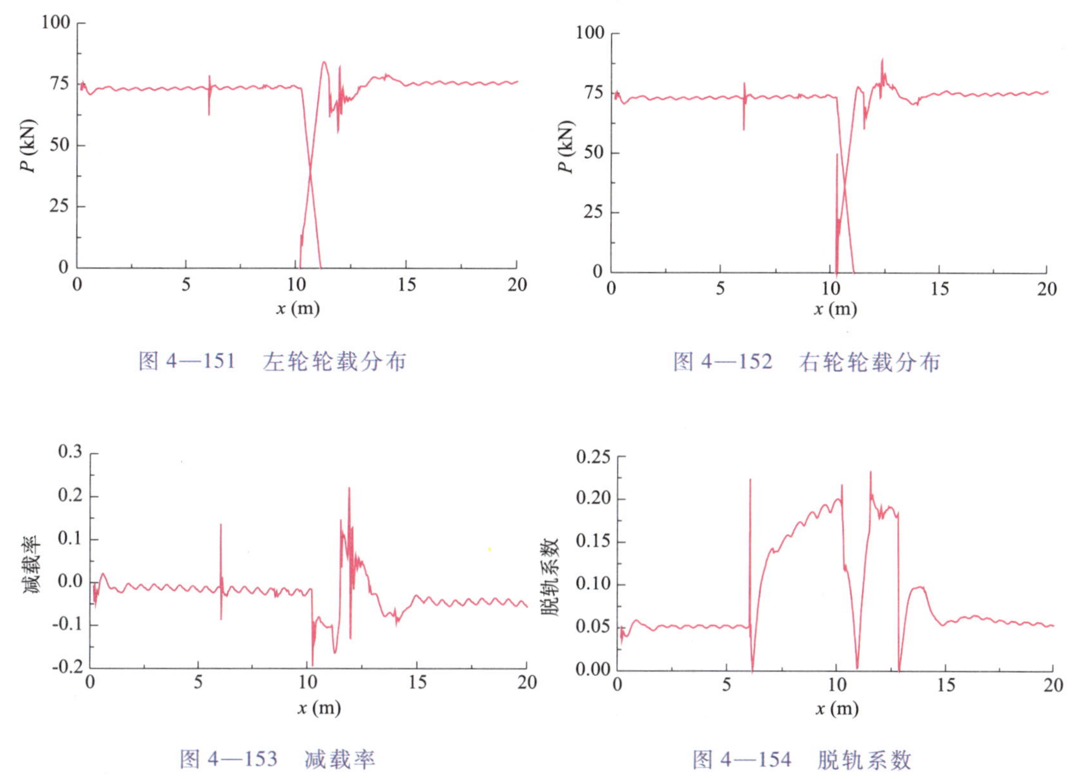

图 4—151　左轮轮载分布

图 4—152　右轮轮载分布

图 4—153　减载率

图 4—154　脱轨系数

以上分析表明，钢轨伸缩调节器仍是线路的一个薄弱环节，应尽量避免采用，铺设实践也证明，伸缩调节器为桥上无缝线路养护维修的重点、难点所在。因而在桥上无缝线路设计中应慎重考虑设置钢轨伸缩调节器。

三、伸缩调节器的设置条件及设置原则

（一）伸缩调节器设置条件

桥上无缝线路设计应少设、不设钢轨伸缩调节器。仅在但钢轨伸缩调节器是在钢轨断缝、无缝线路稳定性和钢轨强度无法满足要求，而改变桥梁型式、支座布置方式、扣件布置方式等措施不可行或无效时才设置；有时为了减少墩台的受力，也在长大温度跨度桥梁上设置伸缩调节器。

桥梁上设置有钢轨伸缩调节器时，因基本轨端头阻力较小、尖轨端头阻力也较小，可将该处视为接头阻力为零的钢轨接头，与钢轨折断情况类似，因而两端的长轨条伸缩位移较大。当轨条伸缩区位于跨度较小的简支梁上时，其伸缩位移远大于桥梁伸缩位移，这样作用于桥跨上的纵向力也较大，通常是简支梁墩台受力的控制因素，特别是当伸缩调节器位于连续梁端部时，轨条伸缩区的影响范围将长达 3 ~5 跨（对 32 m 简支梁）。因此应合理地布置伸缩调节器的位置，避免与连续梁相邻的简支梁墩台受力超限，这同时也提出了桥梁墩台纵向水平刚度的设计应在全桥均匀过渡，应增大与连续梁相邻的简支梁墩台纵向水平刚度的要求。

（二）伸缩调节器设置原则

①伸缩调节器不宜设置在半径小于 1 500 m 的平面曲线上，也不宜设置在竖曲线上。

②伸缩调节器不应设置在不同下部结构过渡段范围，也不应设在轨道结构过渡段范围。

③伸缩调节器尖轨不应跨越梁缝，基本轨、尖轨接头距桥梁横梁、桥台胸墙或支座中心的距离不应小于 2 m。

④基本轨伸缩时应与尖轨保持密贴，减少尖轨相对路基或桥梁的位移。

⑤基本轨接头以外的线路宜采用小阻力扣件，其铺设长度通过计算确定，同一跨梁上宜采用同一扣件类型。

⑥当长大连续梁桥两边跨布置有两对双向伸缩调节器时，两基本轨所形成的轨条长度不宜太短，一方面是为了方便管理，另一方面是为了使该轨条在列车制动力作用下，不致产生严重的爬行，只有当线路纵向阻力之和大于轨面制动力之和时，才能避免长轨条的爬行，因而这是该轨条的最短限制长度，当无法满足要求时，可在该轨条中间段布置常阻力扣件。

第六节 CRTSⅡ型板式无砟轨道锚固结构力学特性研究

为了进一步明确高速铁路桥上 CRTSⅡ型板式无砟轨道台后锚固机构的传力特性，笔者带领课题组分别对 Π 形及倒 T 形主端刺方案的整体受力、变形特性进行现场测试及理论研究。通过试验，验证前期理论计算及设计方案的可靠性，为倒 T 形端刺（图 4—155）和Π形端刺（图 4—156）在高速铁路 CRTSⅡ型板式轨道锚固体系中的应用提供依据。

一、静态顶推试验

（一）工点概况

倒 T 形端刺静态顶推试验的工点里程为 DK682 + 467 ~ DK682 + 497，该段路基位于 DK681 + 870. 880 ~ DK682 + 497. 980，路基长度 627. 10 m（图 4—155）。后接京沪高速铁路京杭运河特大桥北京台。线下为路堤，中心填高 5m，均为水泥级配碎石。

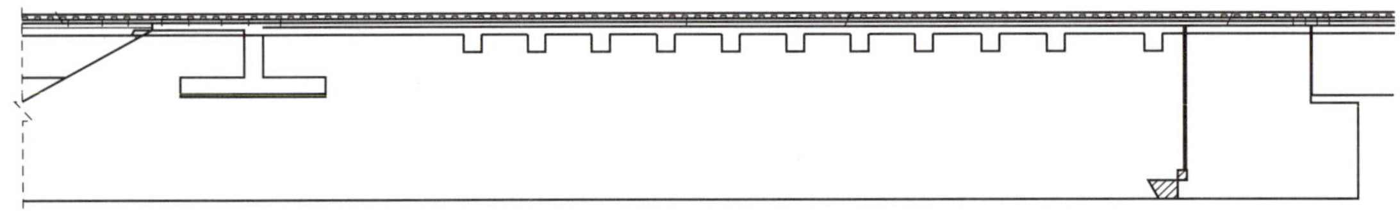

图 4—155 倒 T 形端刺结构纵断面

倒 T 形主端刺上部结构沿线路纵向厚度 1 m，沿线路横向宽度为 9 m，高度为 2. 75 m；下部结构沿线路纵向为 8 m，沿线路横向为 9 m，厚度为 1 m。小端刺：厚 1 m（纵向），高 1 m，宽度 9 m（横向），沿线路方向 1 ~ 10 号端刺间距为 3. 5 m，10 ~ 11 号端刺间距为 5. 25 m。摩擦板宽度 9 m，厚度为 0. 4 m，长度 50 m。

Π形端刺静态顶推试验的工点里程为 DK934 + 852 ~ DK934 + 892，直线地段、坡度 1. 2‰。Π 形主端刺的摩擦板及端刺宽 12 m，摩擦板总长 42. 5 m，采用 C30 混凝土现浇，前接新庄特大桥北京台台尾，路基填筑高度 3. 5 m ~ 4. 5 m，基床底层为 AB 组填料，过渡段采用级配碎石 + 5% 水泥填筑，过渡段长度 23. 23 m，见图 4—156。

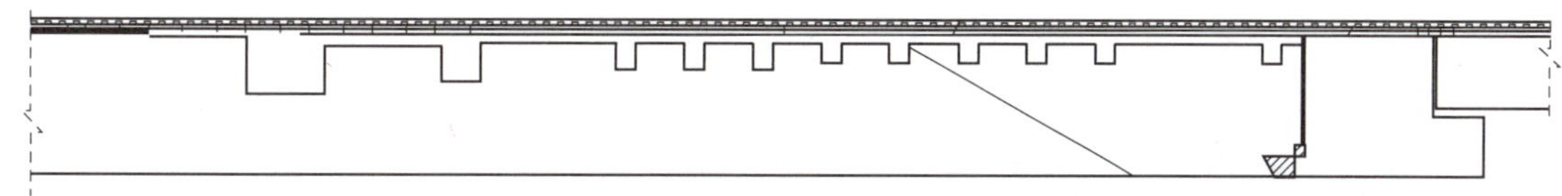

图 4—156　Π 形端刺结构纵断面

（二）测试内容

静态顶推试验为端刺整体受力和变形特性测试，测试内容为纵向荷载作用下端刺位移、端刺土体压力、端刺及摩擦板应力等。考虑直曲线地段底座板尺寸不同，所受的纵向荷载也有所不同，分两种工况进行。

（1）模拟直线地段加载时，最大纵向顶推力取 550 t；

（2）模拟曲线地段加载时，最大纵向顶推力取 1 100 t。

（三）测试方法

1. 端刺土体压力的测试

在端刺的浇筑前埋置土压力盒于端刺混凝土外侧土体中。土压力盒的导线通过 PVC 管顺出地面，连接在频率机上，进行土体压力的测试，见图 4—157。

(a)　(b)

图 4—157　端刺土压力测试

2. 摩擦板纵向应力的测试

在摩擦板上表面粘贴若干应变片，测试摩擦板的纵向应力分布，见图 4—158。应变片粘贴完毕后，将连接应变片的导线理出，并做好保护工作。通过静态数据采集系统对应变片的应变进行测试，进而计算摩擦板的纵向应力。

3. 端刺结构位移的测试

在待测试的端刺路基外侧埋置两个混凝土支撑台，在两个支撑台上架设一座钢桁架作为位移计的固定装置。在端刺上固定一根角钢，应变位移计通过磁力表座固定在角钢上，见图 4—159。当端刺结构受力发生位移时，固定在端刺上的位移计相对桁架会产生位移。

试验前，对不同温度下钢桁架结构的水平、垂直位移进行标定，根据标定结果对试验数据进行处理。试验选择温差较小的早晨和夜晚进行，每次加载、卸载温差小于 6℃，温度荷载对位移的影响较小。

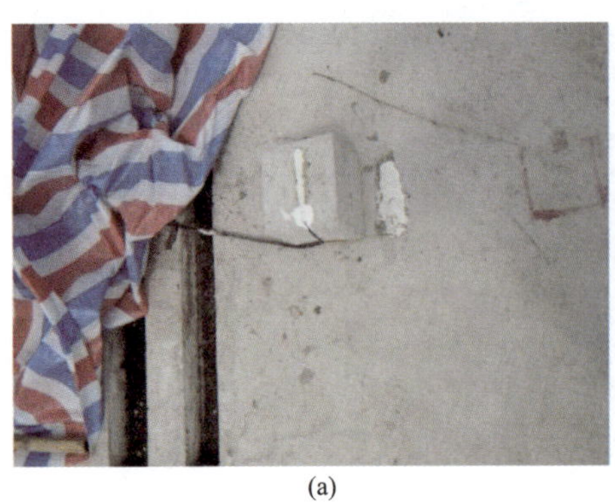

(a)

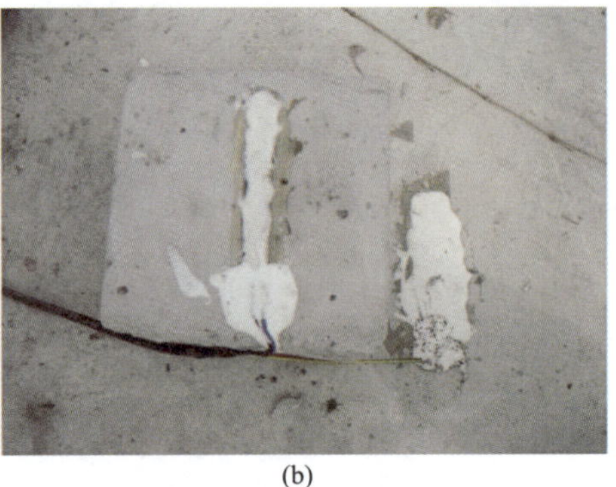

(b)

图 4—158　摩擦板纵向应力测试

(a)

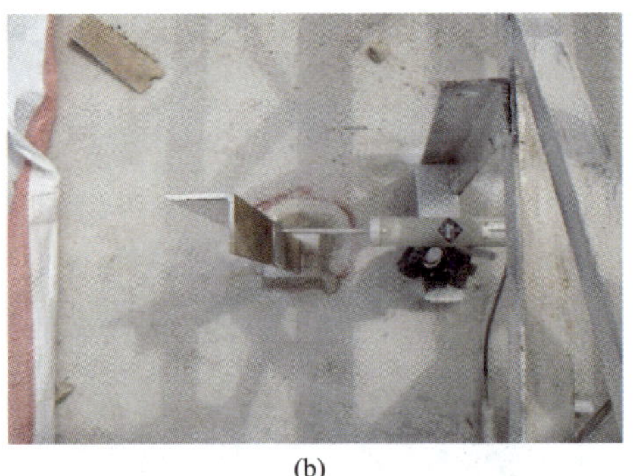

(b)

图 4—159　端刺结构位移测试

(四)测试结果分析

1. 倒 T 形端刺

(1)端刺纵向位移

倒 T 形端刺的荷载—位移曲线见图 4—160、图 4—161。当最大顶推力为 550 t 时,随着荷载的增加,主端刺纵向位移逐渐增大;加载至 550 t 时,主端刺的纵向位移最大,为 0.26 mm;卸载完后,纵向位移基本归零。

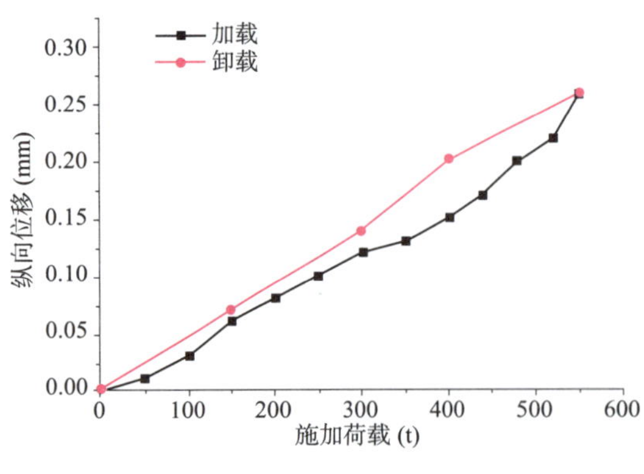

图 4—160　主端刺纵向位移(550 t)

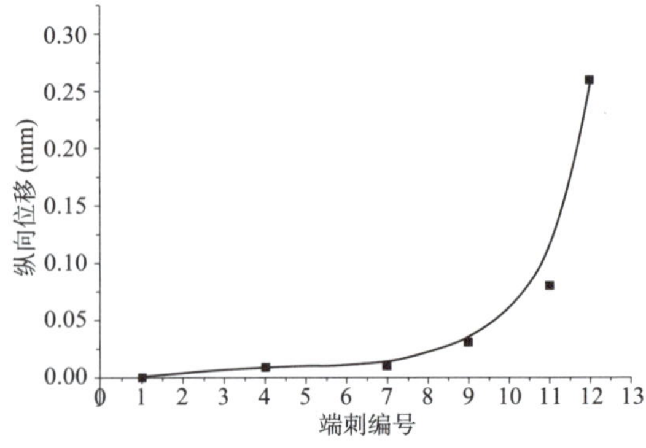

图 4—161　端刺纵向位移分布(550 t)

当最大顶推力为 1 100 t 时，主端刺纵向位移随着荷载的增加逐渐增大；加载至 1 100 t 时，端刺的最大纵向位移为 0. 56 mm，远小于 3. 0 mm 的要求。

(2) 摩擦板纵向应力

纵向应力随加载量的变化趋势见图 4—162、图 4—163。当最大顶推力为 550 t 时，随着荷载的增加，主端刺附近摩擦板的纵向应力不断增大；加载至 550 t 时，摩擦板应力达到最大，为 2. 49 MPa；卸载时，纵向应力不断减小，并基本归零。

当最大顶推力为 1 100 t 时，随着荷载的增加，主端刺附近摩擦板的纵向应力不断增大；加载至 1 100 t 时，摩擦板的最大应力 4. 12 MPa，小于混凝土的设计强度。卸载后，纵向应力基本归零。

(3) 端刺区土体压力

在图 4—164 和图 4—165 中，当最大顶推力为 550 t 时，主端刺上部测点 3 处的土压力最大，最大值为 91. 011 kPa；主端刺底板上部即测点 2 处的土压力为 12. 326 kPa；主端刺处趾部即测点 1 处的土体压力比上部小的多，测试值基本为零。由于纵向荷载值较小，主端刺没有发生整体平移，而仅发生倾斜和弯曲变形。

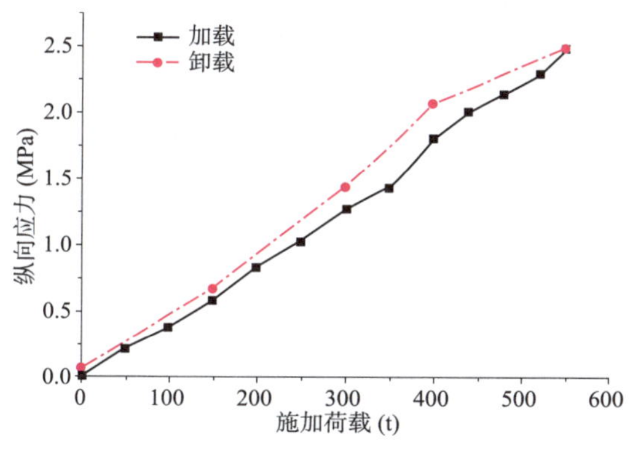

图 4—162　主端刺摩擦板纵向应力 (550 t)

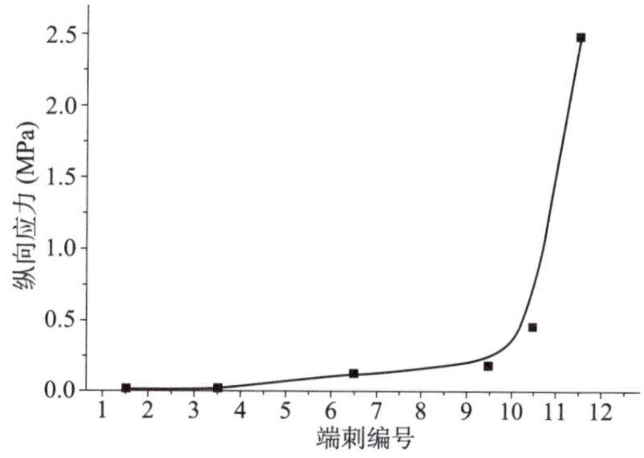

图 4—163　摩擦板纵向应力分布 (550 t)

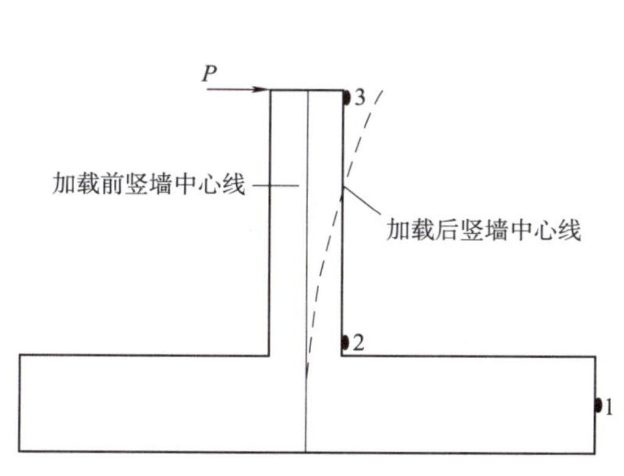

图 4—164　主端刺测点布置及变形曲线

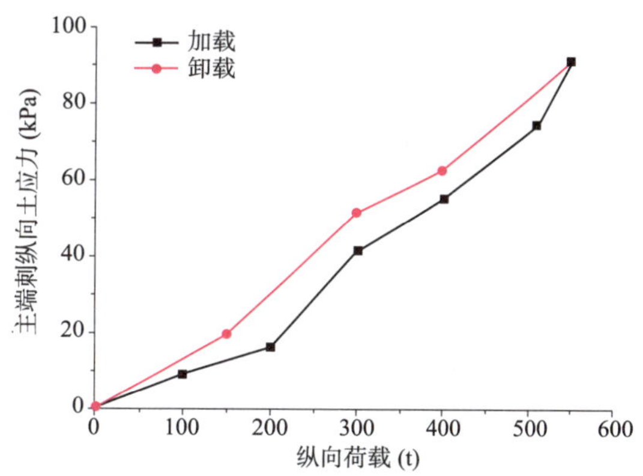

图 4—165　主端刺上部土压力试验曲线 (550 t)

当最大顶推力为 1 100 t 时，主端刺上部测点 3 处的土压力最大，为 185. 334 kPa；主端刺底板上部测点 2 处的土压力为 29. 532 kPa，主端刺趾部测点 1 处的土压力为 17. 246 kPa。在模拟曲线地段加载的情况下，主端刺变形仍以弯曲与倾斜为主，整体平动较小。

2. Π形端刺结构

(1)端刺纵向位移

主端刺的荷载－位移曲线见图4—166、图4—167。当最大顶推力为550 t时，随着荷载的增加，主端刺纵向位移逐渐增大；加载至550 t时，主端刺的纵向位移最大，为0.38 mm。加载时，纵向位移随着荷载的增加基本成线性递增关系。卸载后，纵向位移基本归零，结构完全处于弹性变形。

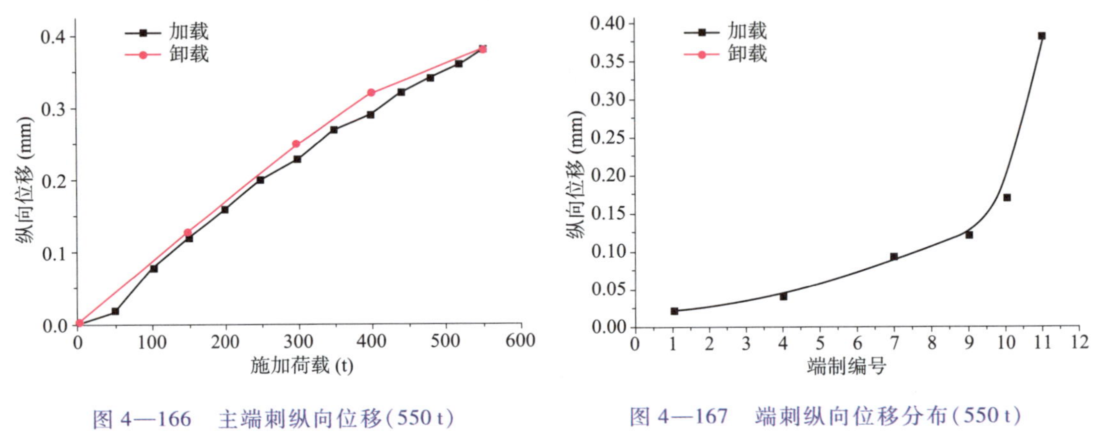

图4—166　主端刺纵向位移(550 t)　　图4—167　端刺纵向位移分布(550 t)

当最大顶推力为1 100 t时，主端刺纵向位移最大为1.16 mm，远小于3.0 mm。加载时，主端刺纵向位移随着荷载的增加逐渐增大，基本呈线性关系；卸载时，纵向位移逐渐减小，对应位移值比加载时稍大。从加载、卸载曲线来看，端刺在卸载时位移有一定的滞后现象；卸载完一段时间后，纵向位移基本可以归零。

(2)摩擦板纵向应力

主端刺附近摩擦板的纵向应力随加载量的变化趋势见图4—168、图4—169。当最大顶推力为550 t时，随着荷载的增加，纵向应力不断增大；加载至550 t时，摩擦板应力达到最大，为0.60 MPa；卸载时，纵向应力不断减小，并基本归零。

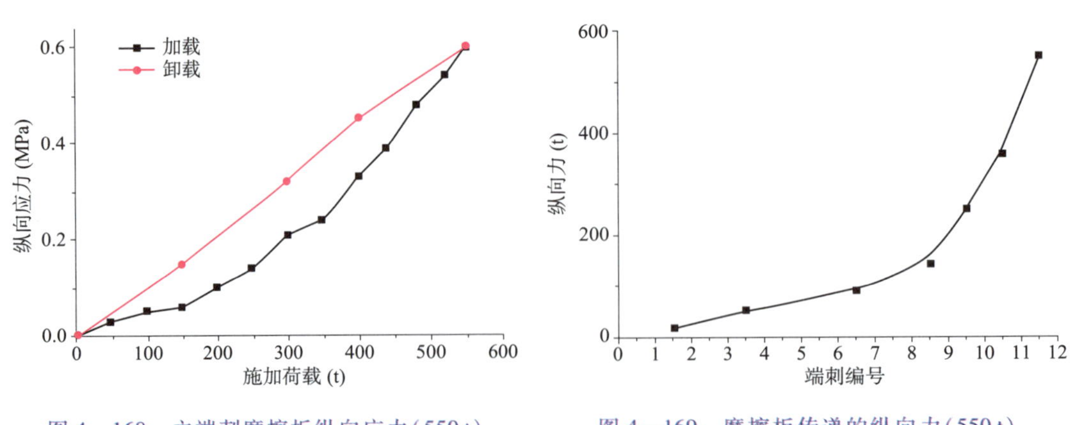

图4—168　主端刺摩擦板纵向应力(550 t)　　图4—169　摩擦板传递的纵向力(550 t)

最大顶推力为1 100 t时，摩擦板最大应力为1.08 MPa，小于混凝土的容许应力。随着荷载的增加，连接板纵向应力不断增大；卸载时，应力不断减小，并逐渐归零。加载、卸载时，相同荷载作用下，卸载时的纵向应力稍大，说明摩擦板纵向应力有一定的滞后效应。

(3)端刺区土体压力

当最大顶推力为550 t时，端刺上部土压力随荷载的变化曲线见图4—170。主端刺上部土压力最大，中部次之，下部最小。根据现场端刺基坑AB组填料横向基床系数试验，AB组填料路基在0～500 kPa压力段是线弹性材料。主端刺被动土压力最大值为56.40 kPa，远小于AB组填料弹性变形时的应力500 kPa。加载时，随着荷载的增加，土体压力基本成线性增加；卸载时，土体压力随着荷载的减小逐渐减小，也基本成线性。可见，主端刺侧面土体被动土压力随着荷载的增加而增大，支撑力也不断增大。

当最大顶推力为1 100 t时，端刺上部土压力随荷载的变化曲线见图4—171。主端刺上部土压力最大，中部次之，下部最小，可见上部的土体变形较大。土压力最大值为105.144 kPa，远小于AB组填料弹性变形时的应力。加载时，随着荷载的增加，主端刺土体压力基本成线性增加；卸载时，土体压力随着荷载的减小逐渐减小，也基本成线性。结果表明，端刺侧面土体变形均在其弹性范围之内。

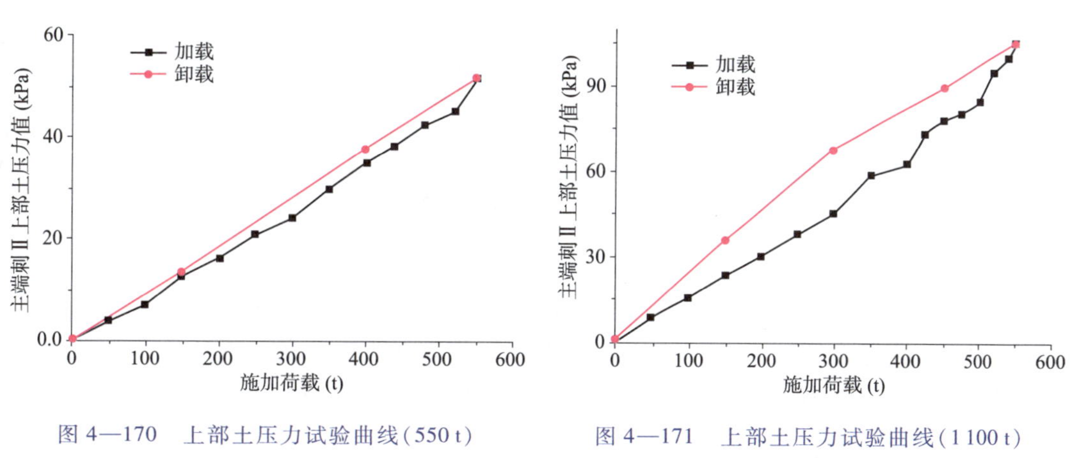

图4—170　上部土压力试验曲线(550 t)　　图4—171　上部土压力试验曲线(1 100 t)

二、长期监测试验

(一)工点概况

倒T形端刺长期监测试验的工点里程为DK659＋238，位于京沪高速铁路韩庄运河特大桥上海台，曲线地段，见图4—172。Π形端刺长期监测试验的工点里程为DK757＋350，位于京沪高速铁路淮河特大桥北京台，直线地段，见图4—173。

(二)测试内容及方法

静态监测试验内容为长期荷载作用下端刺不同位置的土体压力。测试利用预埋的静态土压力传感器进行。

倒T形端刺工点布置12个土压力测点，其中10个测点用于小端刺纵向土体压力的测试，1个测点用于主端刺纵向土体压力的测试，均布置于端刺背对桥台的方向；1个测点用于端刺横向土体压力的测试，布置在主端刺的侧面，见图4—174。

图 4—172 倒 T 形端刺长期监测工点

图 4—173 Π 形端刺长期监测工点

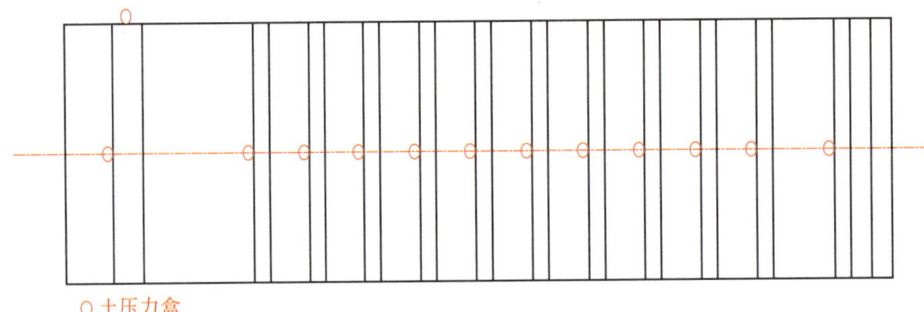

图 4—174 倒 T 形端刺长期监测测点布置

Π形端刺工点布置 12 个土压力测点，其中 9 个测点用于小端刺纵向土体压力的测试，2 个测点用于主端刺及次端刺纵向土体压力的测试，均布置于端刺背对桥台的方向；1 个测点用于端刺横向土体压力的测试，布置在次端刺的侧表面，见图 4—175。

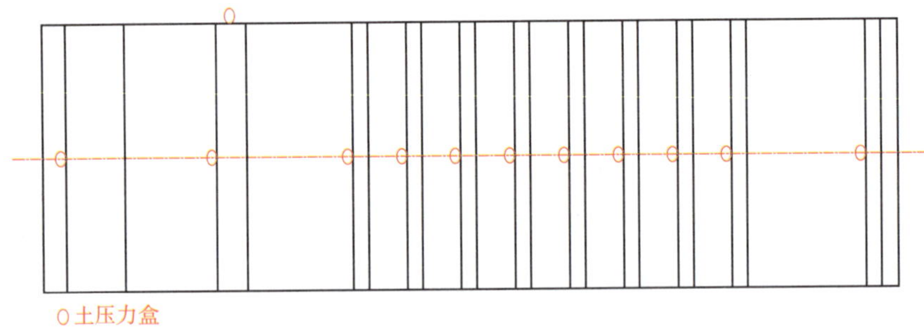

图 4—175 Π形端刺长期监测测点布置

此外，为掌握端刺在长期荷载作用下的变形特性，同时验证人工定期测试结果的正确合理，课题组还基于光纤光栅传感网络，对Π形端刺的受力变形进行了测试，监测内容主要有温度、位移及钢轨附加应力等。

(三)测试结果

1. 倒 T 形端刺

根据测试结果，主端刺土压力明显大于小端刺侧面的土压力。在测试周期内，主端刺最大土压力为 29. 97 kPa,小端刺最大土压力为 3. 55 kPa。可见,主端刺分担的纵向力较大,小端刺分担的纵向力较小,见图 4—176、图 4—177。

在测试周期内(1 月 2 日 ~3 月 11 日),受平均气温升高的影响,结构温度略有增大,主端刺、次端刺及小端刺土压力均有所增加。端刺横向土压力略有增大,表明曲线地段端刺在横向也发生一定变形。

2. Π形端刺结构

根据测试结果,主端刺土压力最大,次端刺土压力稍小,小端刺土压力最小。在测试周期内,主端刺最大土压力为 21. 38kPa,小端刺最大土压力为 3. 03kPa。可见,主端刺部分分担的纵向力较大,小端刺分担的纵向力较小。

为准确掌握端刺位移随温度的变化规律,选取 2011 年 4 月 11 日 ~4 月 14 日的监测数据进行分析。

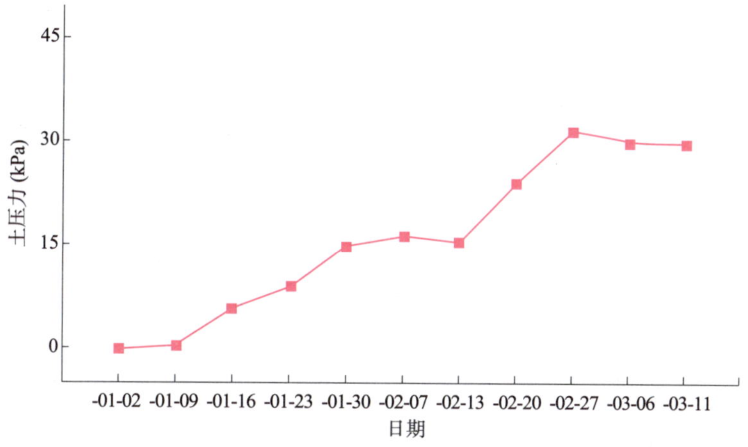

图 4—176　主端刺土压力的变化情况

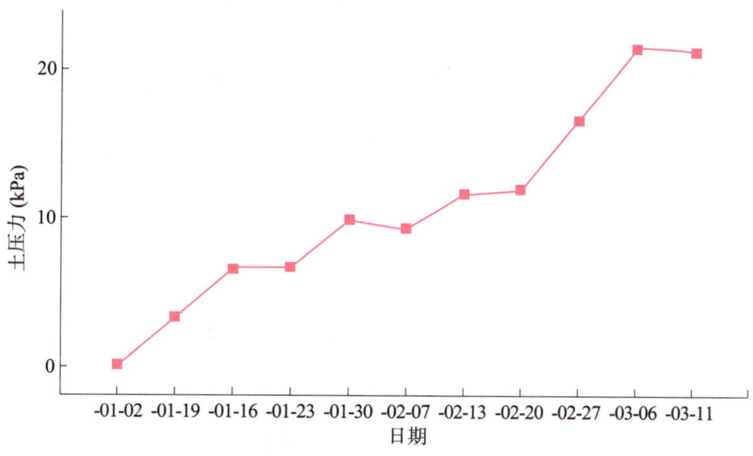

图 4—177　小端刺土压力的变化情况

4 月 12、13 日,Π形端刺区底座板温度及主端刺纵向位移随时间变化的实测曲线分别见图 4—178 ~ 图 4—181。随底座板温度的增加,Π形主端刺纵向位移逐渐增大,表明主端刺承受的纵向温度力随温度升高而增加。

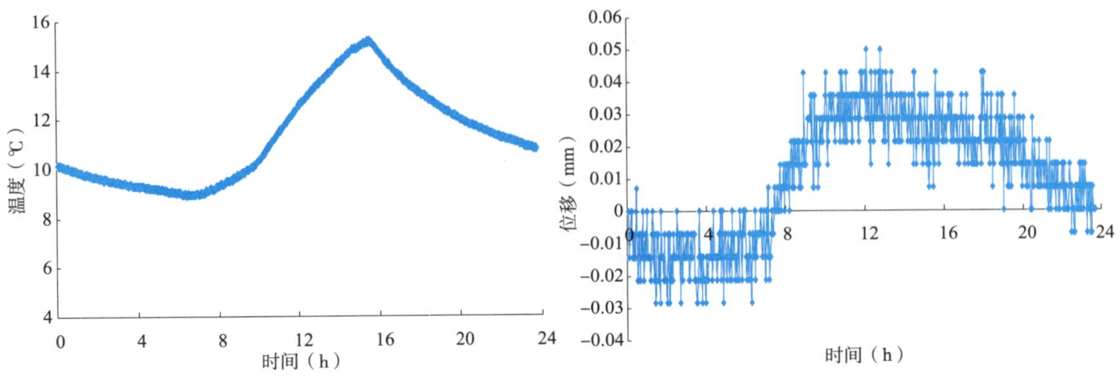

图 4—178　底座板温度一昼夜变化曲线(4 月 12 日)　图 4—179　主端刺位移一昼夜变化曲线(4 月 12 日)

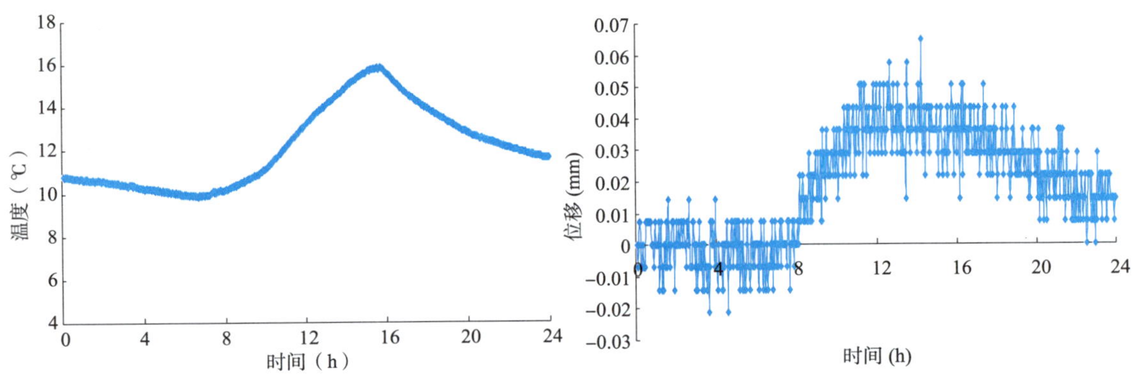

图 4—180　底座板温度一昼夜变化曲线(4 月 13 日)　图 4—181　主端刺位移一昼夜变化曲线(4 月 13 日)

4 月 12 日，无砟轨道温度升高 5.82℃，主端刺的纵向最大位移约为 0.068 mm；4 月 13 日，无砟轨道温度升高 5.63℃，主端刺的纵向最大位移约为 0.062 mm。

从 4 月 11 日至 4 月 14 日，底座板日平均温度升高 1.5℃，主端刺最大位移变化0.014 mm，见图 4—182、图 4—183。由上述结果可以推算：当底座板温度变化 40℃，主端刺纵向位移变化量为 0.48 mm，见表 4—134。

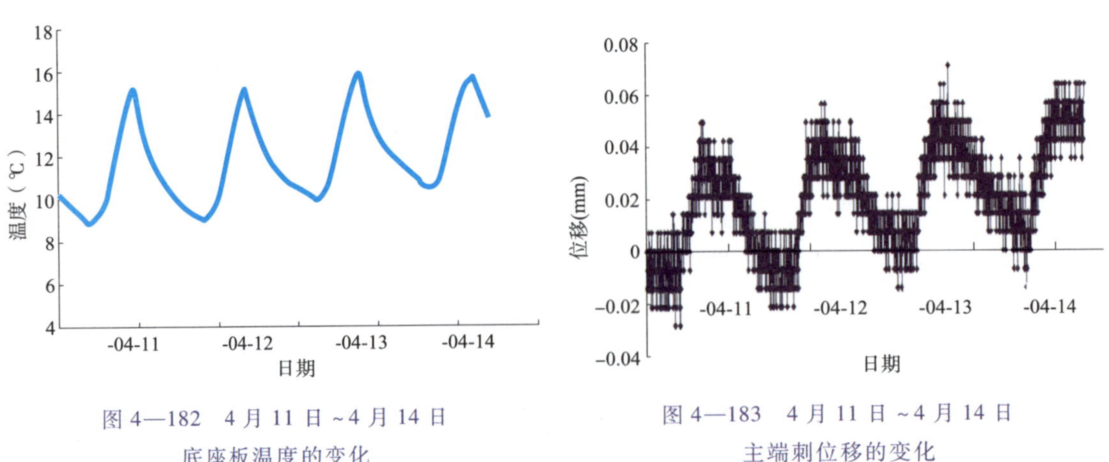

图 4—182　4 月 11 日 ~4 月 14 日底座板温度的变化

图 4—183　4 月 11 日 ~4 月 14 日主端刺位移的变化

表 4—134　主端刺纵向位移与底座板温度变化幅度

	底座板温度变化幅度(℃)	主端刺位移变化量(mm)
4 月 12 日	5.82	0.068
4 月 13 日	5.63	0.062
4 月 11 日～4 月 14 日	1.5	0.014
底座板最大温度变化幅度	40.0	0.373～0.467

(四)小结

根据不同温度下端刺的监测结果,端刺受力、位移等变化基本为弹性。两种端刺结构长期监测试验结果对比见表 4—135。由对比可知,与Π形端刺相比,曲线地段的倒 T 形端刺的土压力较大;在长期荷载作用下,直线地段端刺变形主要发生在纵向,曲线地段端刺除产生较大的纵向变形外,还会发生一定的横向变形。

表 4—135　两种端刺结构长期监测试验结果对比

项　目	倒 T 形端刺(曲线)	Π形端刺(直线)
主端刺最大土压力(kPa)	29.97	21.38
小端刺最大土压力(kPa)	3.55	3.03

三、理论分析

1. 模型建立

应用有限元软件进行建模分析,用实体单元对各轨道部件进行模拟,见图 4—184、图 4—185。底座板、摩擦板及端刺采用线弹性材料,土体采用 D－P 材料。采用非线性弹簧模拟两侧土体的侧限作用,并充分考虑到底座板与摩擦板之间的摩擦力作用。

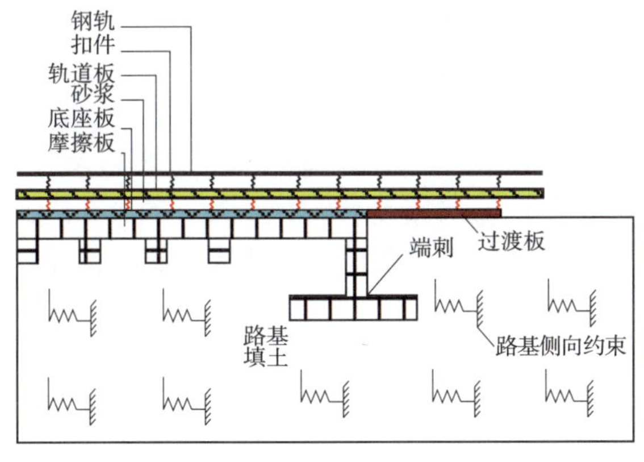

图 4—184　倒 T 形端刺结构力学模型示意图

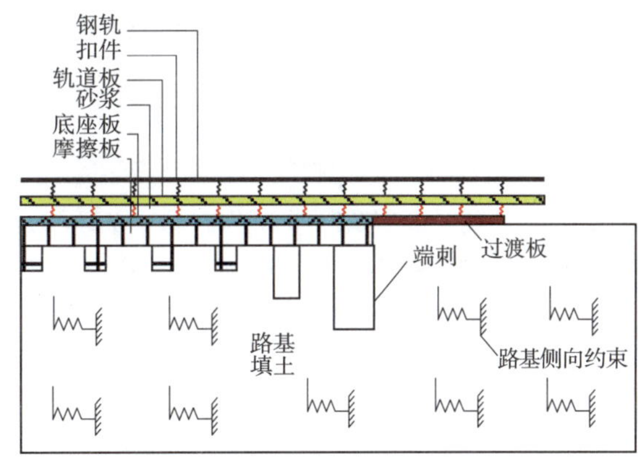

图 4—185　Π形端刺结构力学模型示意图

Π形端刺结构的有限元分析模型见图 4—186。

2. 倒 T 形端刺理论分析

倒 T 形端刺位于直线地段时,作用力大小为 550 t,纵向位移及应力的计算结果见图 4—187、图 4—188。

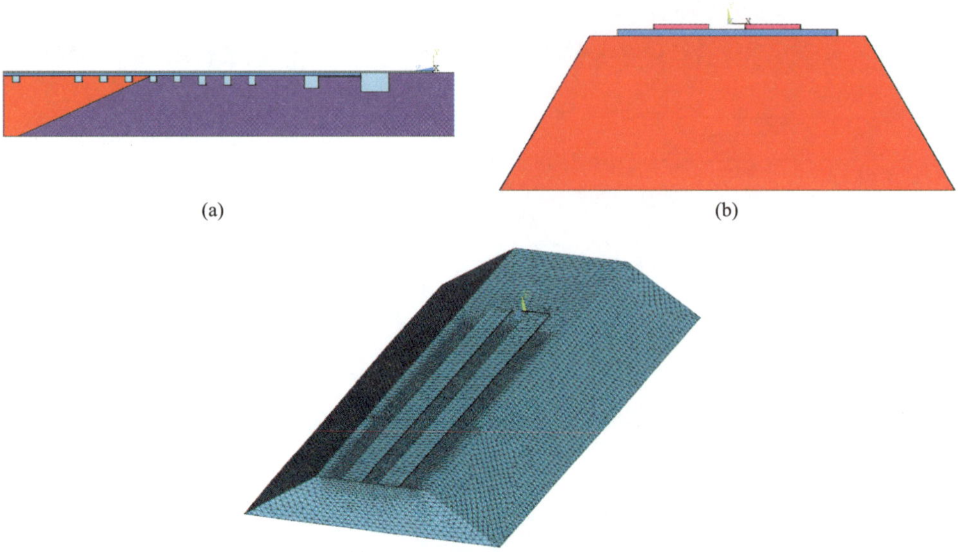

(a)　(b)

(c)

图 4—186　端刺结构有限元分析模型图

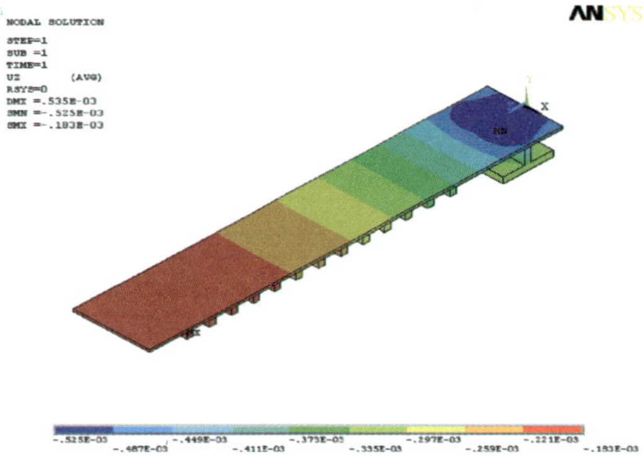

图 4—187　直线地段倒 T 形端刺纵向位移云图 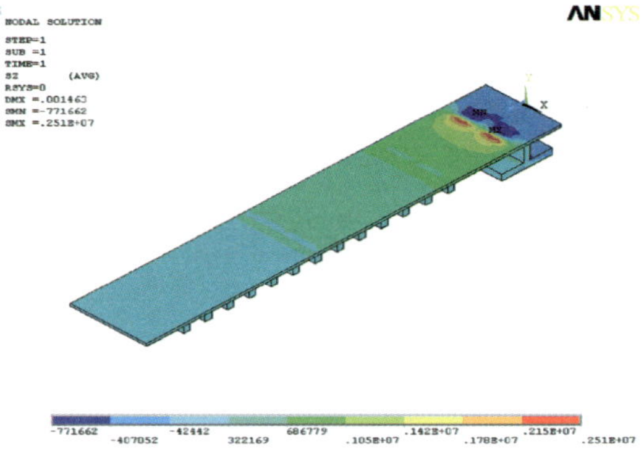　图 4—188　直线地段倒 T 形端刺纵向应力云图

在直线上加载时，倒 T 形端刺方案纵向最大位移为 0.53 mm，纵向最大应力为 2.51 MPa。主端刺受力及位移均最大。距离端刺位置越远，受力越小，呈递减趋势。

倒 T 形端刺位于曲线地段时，作用力大小为 1100t，纵向位移及应力的计算结果见图 4—189、图 4—190。

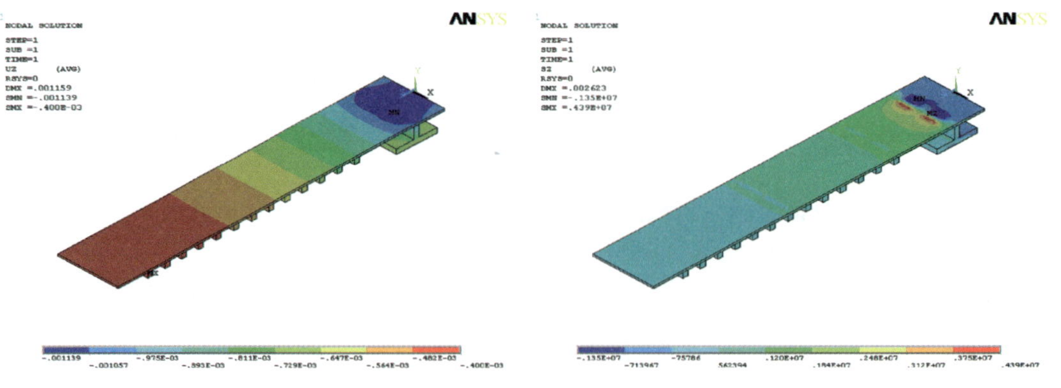

图 4—189　曲线地段倒 T 形端刺纵向位移云图　图 4—190　曲线地段倒 T 形端刺纵向应力云图

混凝土底座板降温、制动力作用方向指向桥台时，位于直线地段和曲线地段时不同工况的倒 T 形端刺结构计算结果见表 4—136。

表 4—136　倒 T 形端刺结构计算结果

所在地段	纵向位移(mm)	纵向应力(MPa)
直线地段	0.525	2.51
曲线地段	1.139	4.39

由以上计算可见，曲线上加载时的位移与应力较直线上加载时大。在曲线上加载时，倒 T 形端刺方案纵向最大位移为 1.139 mm，小于 3.0 mm；纵向最大应力为 4.39 MPa，小于 C30 混凝土设计抗压强度 14.3 MPa；主端刺受力最大，端刺离力的作用位置越远，受力越小，呈递减趋势。

3. Π形端刺理论分析

Π形端刺位于直线地段时，作用力大小为 550t，纵向位移及应力的计算结果见图 4—191、图 4—192。

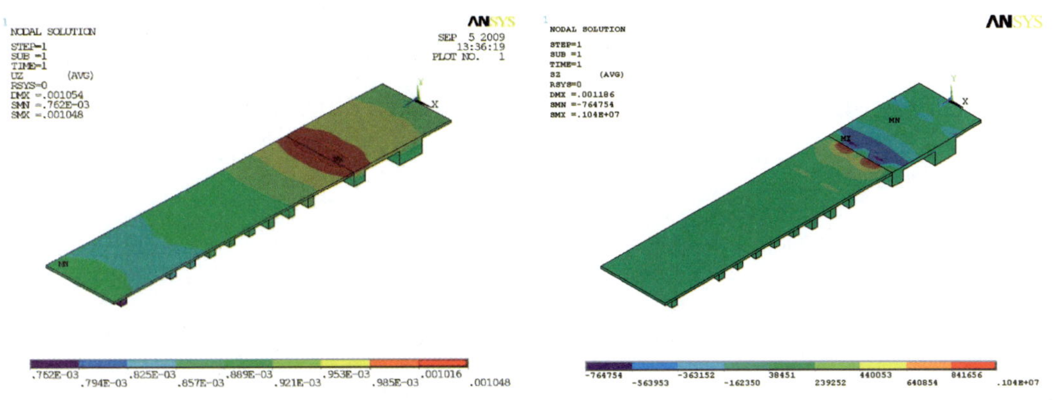

图 4—191　直线地段Π形端刺纵向位移云图　　图 4—192　直线地段Π形端刺纵向应力云图

在直线上加载时，Π形端刺方案纵向最大位移为 1.048 mm，纵向最大应力为 1.04 MPa。主端刺受力及位移均最大。

Π形端刺位于曲线地段时，作用力大小为 1 100 t，纵向位移及应力的计算结果见图 4—193、图 4—194。

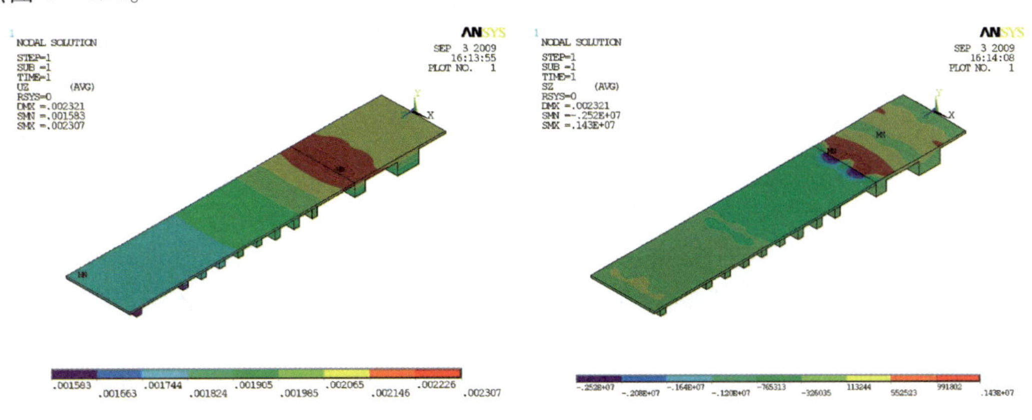

图 4—193　端刺结构纵向位移云图　　图 4—194　端刺结构纵向应力云图

各端刺的荷载分布见图 4—195。可见,Π 形端刺结构方案的荷载分布基本合理,可考虑采用。

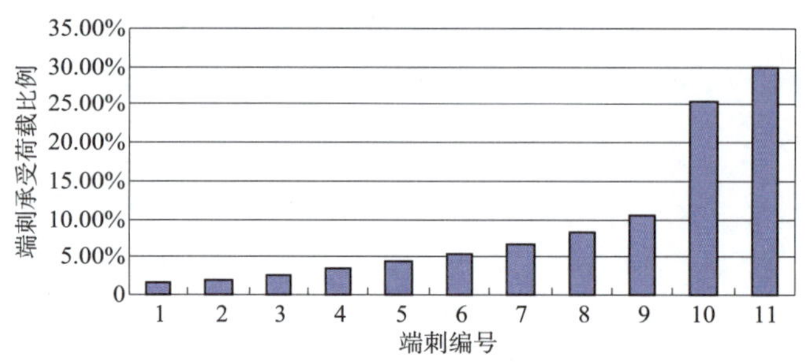

图 4—195　端刺上荷载分配图

混凝土底座板降温、制动力作用方向指向桥台时,位于直线地段和曲线地段时不同工况的Π形端刺结构计算结果见表 4—137。

表 4—137　Π形端刺结构计算结果

所在地段	纵向位移(mm)	纵向应力(MPa)
直线地段	1. 048	1. 04
曲线地段	2. 307	2. 52

由以上计算可见,曲线上加载时的位移与应力较直线上加载时大。在曲线上加载时,Π形端刺方案纵向最大位移为 2. 307 mm,小于 3. 0 mm;纵向最大应力为 2. 52 MPa,满足 C30 混凝土设计抗压强度的要求;靠近作用力侧的端刺(主端刺)受力最大;端刺离力的作用位置越远,受力越小,呈递减趋势。

4. 结果对比

根据现场倒 T 形端刺的结构及实测参数,建立有限元分析模型进行对比计算,可以得到 550 t、1 100 t 荷载条件下倒 T 形端刺结构的纵向最大位移、纵向应力及土体压力,对比结果见表 4—138 和图 4—196、图 4—197。

表 4—138　倒 T 形端刺理论结果与测试结果对比

分析方式	荷载(t)	纵向位移(mm)	纵向应力(MPa)	土体压力(kPa)
现场测试	550	0. 26	2. 49	91. 011
	1 100	0. 56	4. 12	185. 334
理论分析	550	0. 45	2. 53	105. 68
	1 100	0. 74	4. 18	206. 42

根据现场实测Π形端刺的结构及参数,建立相应的有限元分析模型进行对比计算,可以得到 550 t、1 100 t 荷载条件下Π形端刺结构的纵向最大位移、纵向应力及土体压力,对比结果见表 4—139。

从倒 T 形端刺及Π形端刺的比较结果均可看出,理论分析与实测规律基本吻合,结果比较接近。与理论计算参数相比,现场填料压实密度更大,因此实测值略小于理论值。采用理论分析模型进行结构设计和优化是安全、可靠的。

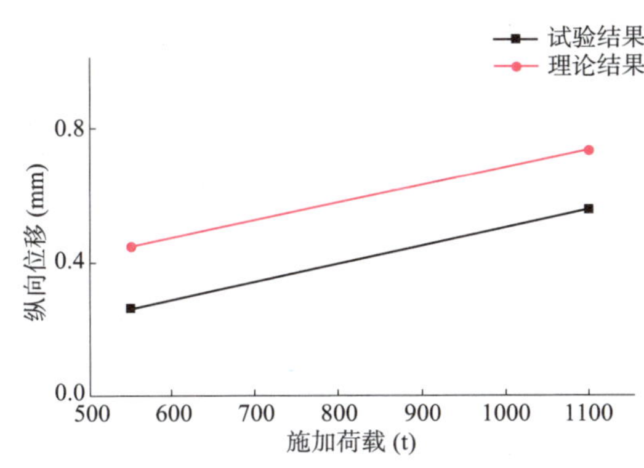

图 4—196　倒 T 形端刺理论结果和试验结果对比

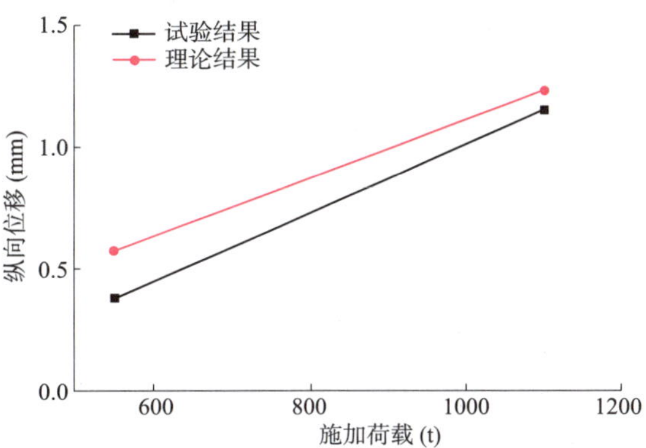

图 4—197　Π 形端刺理论结果和试验结果对比

表 4—139　Π 形端刺理论与测试结果对比

分析方式	荷载(t)	纵向位移(mm)	纵向应力(MPa)	土体压力(kPa)
现场测试	550	0.38	0.60	56.40
	1 100	1.16	1.08	105.14
理论分析	550	0.58	0.71	84.55
	1 100	1.24	1.44	126.61

四、动态测试

课题组还对京沪高速铁路先导段倒 T 形端刺、Π 形端刺结构动态力学特性进行了测试。测试结果表明，动车组高速通过不同形式的端刺测点时，主端刺的轮轨垂向力、横向力、脱轨系数及轮重减载率稍大，摩擦板位置各量值稍小，轮轨作用力变化较为均匀。

在端刺区，轨道板与底座板垂向相对位移、底座板与摩擦板垂向相对位移均很小，说明结构间变形协调性较好。钢轨与轨道板垂向相对位移较大，分布范围为 0.70 ~ 1.18 mm，钢轨垂向位移无明显突变。综合来看，倒 T 形端刺和 Π 形端刺的动力性能都很良好，都能够满足高速列车运行安全性要求。

五、小　　结

(1)直线、曲线模拟加载时，端刺结构的纵向位移随荷载增加不断增大，主端刺的纵向位移变化较明显；端刺变形基本为弹性变形。摩擦板应力由主端刺到小端刺逐级减小，摩擦板纵向应力远小于 C30 混凝土的设计强度，满足要求。

(2)从主端刺到小端刺，土体压力逐渐减小；同一端刺，土体压力由端刺下部至上部逐渐增大。端刺及周围土体变形为弹性变形；锚固体系纵向力大部分由主端刺承担。

(3)在最不利荷载作用下，倒 T 形端刺及 Π 形端刺土压力及摩擦板的应力均较小，纵向最大位移均远小于 3.0 mm 限值，两种端刺锚固体系均可满足高速铁路 CRTS Ⅱ 型板式轨道锚固体系的使用要求。

(4)端刺位移随无砟轨道温度的升高而增大，随无砟轨道温度的降低而减小，端刺变形基本为弹性变化。理论分析结果与实测规律基本吻合，所建立的有限元模型可用于端刺结构的设计和优化。

(5)长期荷载作用下,直线地段端刺主要发生纵向变形,曲线地段端刺会在纵向变形的同时,发生一定的横向变形。

(6)两种端刺结构均具有较好的稳定性,能够满足高速列车运行安全性要求。

(7)端刺区的刚度过渡较好,轮轨作用力变化均匀;动荷载作用下,与小端刺区域相比,主端刺区域动力振动较大。倒 T 形和Π形端刺动力性能都能满足高速列车运行安全性要求。

第七节 长大桥梁无砟轨道无缝线路综合试验研究

通过进行长大桥梁无砟轨道无缝线路静动态试验研究,掌握桥上无砟轨道无缝线路与桥梁间的纵向力传递规律和车-线-桥耦合振动规律,考核动车组通过长大桥梁桥上无砟轨道无缝线路的安全性和平稳性,进一步深入研究桥上无缝线路计算理论、完善桥上无缝线路设计方法、优化桥上无缝线路设计方案;验证桥上无缝线路计算理论、设计方法和设计参数的正确性和合理性,保障现有桥上无砟轨道无缝线路的安全、适用,并为其他桥上无缝线路设计、施工及养护提供理论指导和积累实践经验。

一、试验概况

京沪高速铁路京杭运河特大桥连续梁桥上无缝线路试验工点为(60 + 100 + 60)m 三跨连续梁,里程为 DK685 + 195。试验列车为 CRH380 高速列车,进行逐级提速试验。

(一)试验内容

1. 安全性指标

桥梁中间跨跨中和梁端的轮轨垂直力 P 和轮轨水平力 Q,据此计算机车车辆内外轮脱轨系数 Q/P、轮重减载率 $\Delta P/P$ 及轮轴横向力($Q_1 - Q_2$),判定试验列车运行的安全性。

2. 桥上无缝线路各部位的变形

桥梁中间跨跨中和梁端处钢轨的垂、横向位移(图 4—198)和轨道板的纵向和横向位移(图 4—199)。

3. 轨道板强度

桥梁中间跨跨中和梁端处轨道板纵向动应变。

4. 无砟轨道和钢轨的振动特性

桥梁中间跨跨中和梁端处轨道板、钢轨的垂向振动加速度。

5. 桥梁结构的振动特性

桥梁中间跨跨中和梁端处桥梁垂向、横向振动加速度,其测点见图 4—201。

6. 无缝线路挠曲力测试

无缝线路挠曲力测试见图 4—200。

7. 无缝线路钢轨温度力测试

无缝线路钢轨温度力测试见图 4—201。

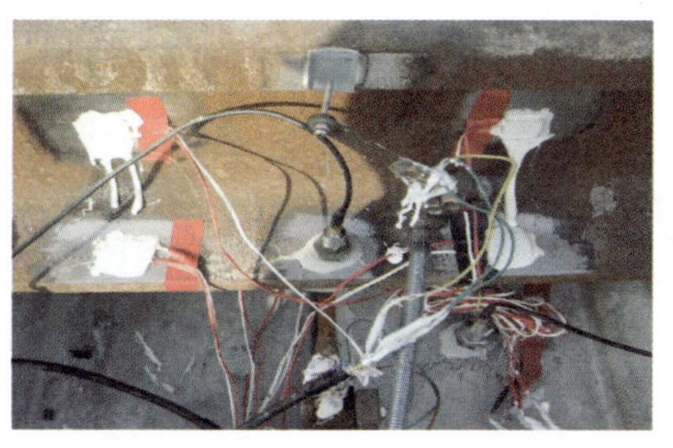

图 4—198　轮轨力、钢轨位移及加速度测点

图 4—199　轨道板位移测点

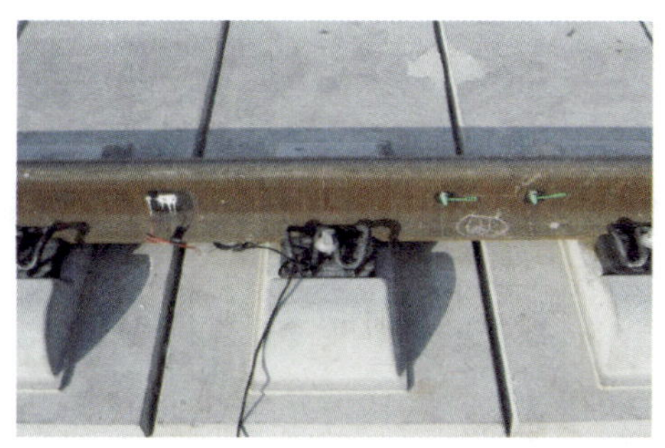

图 4—200　钢轨挠曲力和温度力测点

图 4—201　桥梁垂向、横向加速度测点

(二)测试方法

1. 轮轨垂直力、水平力

采用剪应力法测试列车以不同速度通过测点的轮轨垂直力 P 和轮轨水平力 Q,从而计算出脱轨系数 Q/P 及轮重减载率 $\Delta P/P$。

2. 钢轨垂向、横向位移和轨道板纵向、横向位移

采用弹片式位移计测试中间跨跨中、梁端的钢轨垂向、横向位移和轨道板纵向、横向位移。

3. 中间跨跨中、梁端钢轨和轨道板振动加速度

用加速度计测试中间跨跨中、梁端钢轨和轨道板的振动加速度,以判定列车运行对线路结构的动力影响。

4. 桥梁的振动特性

用拾振仪测试中间跨跨中、梁端桥梁的振动加速度,以判定列车运行对桥梁结构的动力影响。

5. 钢轨温度力

采用北京交大研制的 TS 型钢轨温度应力测量仪测试。

6. 18 号单渡线无砟道岔板温度梯度和翘曲应力

采用数码弦式应变计和综合测试仪测试。

二、静态试验

1. 测点布置

无缝线路钢轨温度力测试各测点均布置在轨腰上,以 31 号墩为坐标原点,以北京方向为

正，上海方向为负。测点布置见图 4—202。

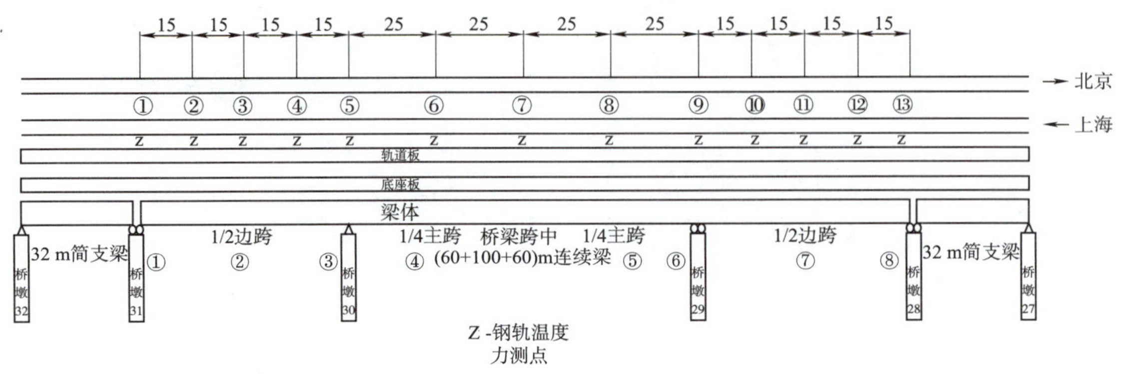

图 4—202　无缝线路钢轨伸缩力测点布置图(单位:m)

2. 温度力测试

钢轨实测温度力见图 4—203。测试结果中，温度力为正时，表示随轨温变化，钢轨内部温度力为压力；反之，则表示随轨温变化，钢轨内部温度力为拉力。

为验证无砟轨道桥上无缝线路温度力计算理论，利用实测的钢轨、轨道板及桥梁温度值，根据设计部门给定的设计相关参数，建立京杭运河特大桥模型进行计算，并将理论值和实测值进行对比分析。

随轨温差的增大钢轨温度力相应增加，桥温差越小，梁缝处的钢轨温度力与跨中钢轨温度力相差越小，且钢轨在连续梁梁缝处出现最大值，这与无缝线路计算理论相符合。

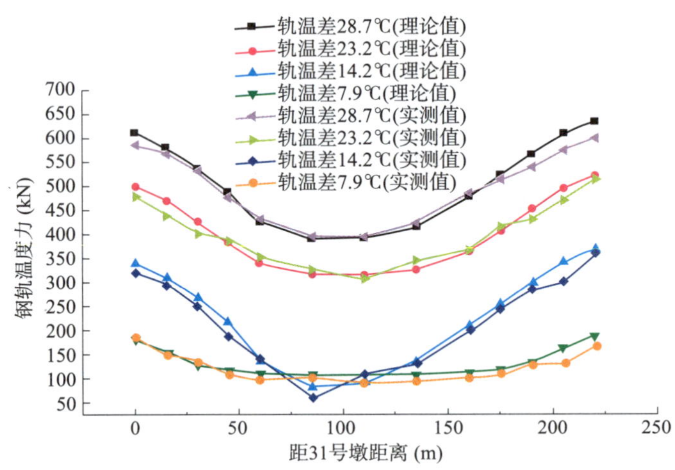

图 4—203　钢轨实测温度力与理论值对比

3. 桥梁位移测试

桥梁的伸缩位移与温度有直接的影响关系，随着温度的提高，梁体伸长量逐渐增大。连续梁端部位移随桥温的变化见图 4—204。

梁端伸缩位移与梁温变化幅度、桥梁伸缩长度直接相关。梁温变化幅度越大，梁体伸缩长度越长，梁端位移越大。由于活动支座存在一定阻力及底座板的摩擦阻力，桥梁位移实测值稍小于理论计算值。

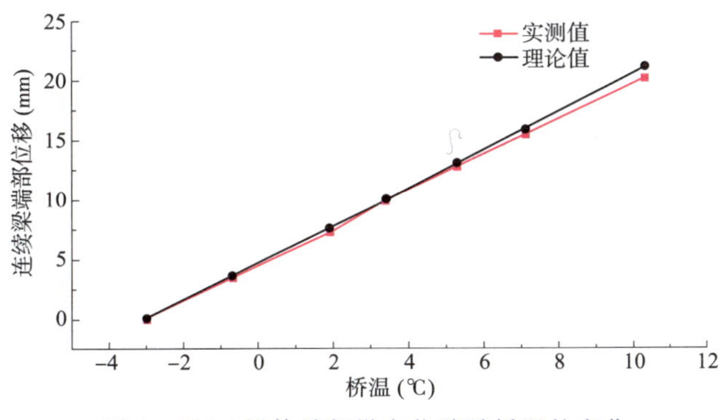

图 4—204　梁体端部纵向位移随桥温的变化

三、动态试验

京杭运河桥上无缝线路动力测试测点布置见图 4—205。

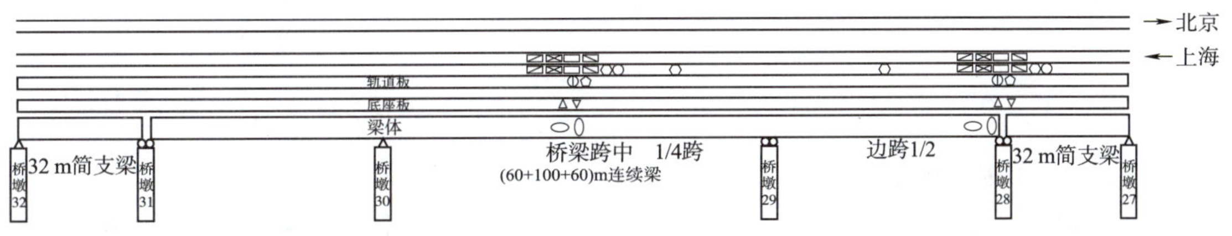

图 4—205　京杭运河桥上动测点布置图

1. 安全性指标

动车组以不同速度通过京杭运河桥主跨跨中时，实测安全性指标见图 4—206、图 4—207。桥上无缝线路的安全性指标随车速的增大而增大。当动车组以速度 150 ~ 410 km/h 通过时，最大脱轨系数为 0. 341、最大轮重减载率为 0. 243、最大轮轴横向力为 15. 656 kN，均小于动车组限值 0. 8 kN、0. 8 kN 和 35 kN，表明在该速度条件下动车组安全运行的要求能够满足。

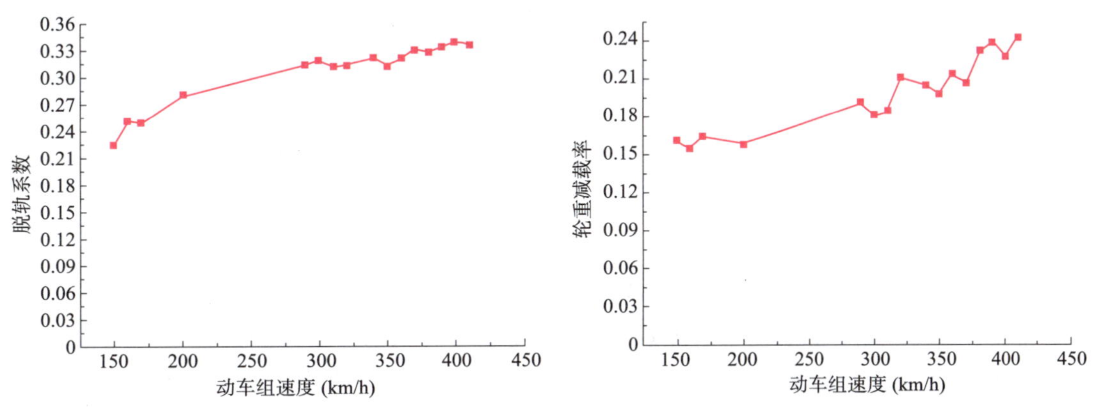

图 4—206　跨中脱轨系数随速度的变化

图 4—207　跨中轮重减载率随速度的变化

动车组以不同速度通过京杭运河桥梁端时，实测安全性指标最大值见图 4—208、图 4—209。动车组通过梁端桥上无缝线路时的安全性指标随车速的增大而增大。当动车组以速度 150 ~ 410 km/h 通过时，最大脱轨系数为 0.314、最大轮重减载率为 0.202、最大轮轴横向力为 11.897 kN，均小于动车组限值 0.8 kN、0.8 kN 和 35 kN，表明在该速度条件下动车组安全运行的要求能够满足。

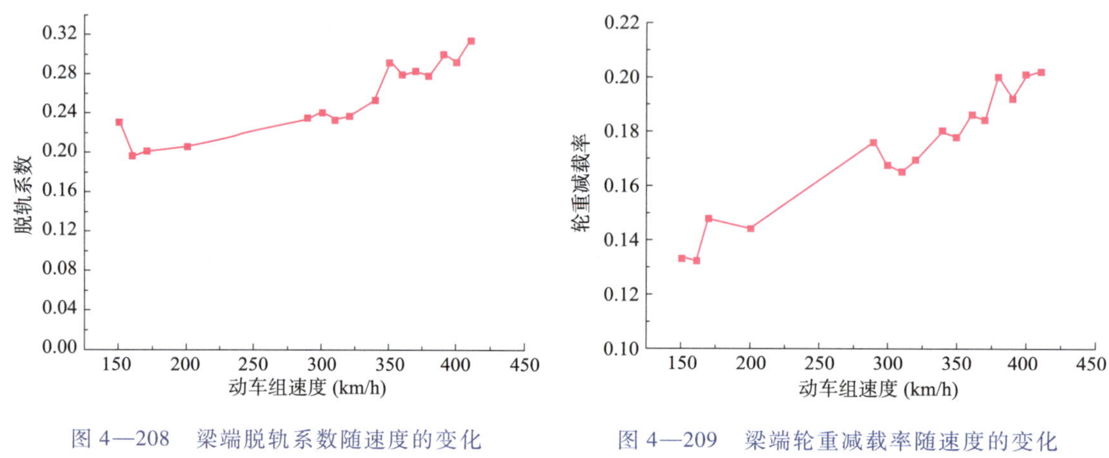

图 4—208 梁端脱轨系数随速度的变化

图 4—209 梁端轮重减载率随速度的变化

2. 钢轨垂向、横向位移

动车组以不同速度通过京杭运河桥主跨跨中时，钢轨垂向、横向位移实测最大值见图 4—210、图 4—211。当动车组以最高速度 410 km/h 通过主跨跨中桥上无缝线路时，钢轨垂向位移实测最大值为 0.878 mm、横向位移实测最大值为 0.482 mm，动车组速度对无缝线路钢轨位移影响较为明显。

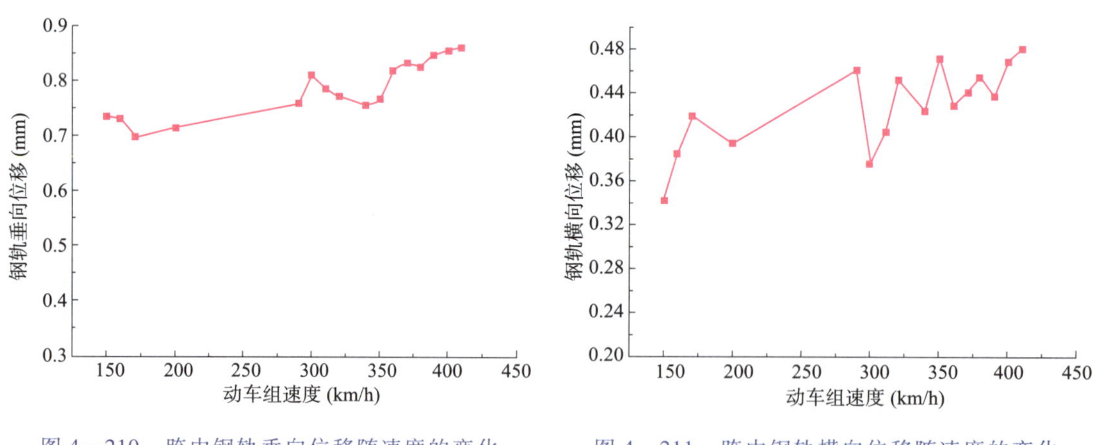

图 4—210 跨中钢轨垂向位移随速度的变化

图 4—211 跨中钢轨横向位移随速度的变化

动车组以不同速度通过京杭运河桥梁端时，钢轨垂、横向位移实测最大值见图 4—212、图 4—213。当动车组以最高速度 410 km/h 通过梁端桥上无缝线路时，钢轨垂向位移实测最大值为 0.714 mm、横向位移实测最大值为 0.324 mm，动车组速度对无缝线路钢轨位移影响较为明显。

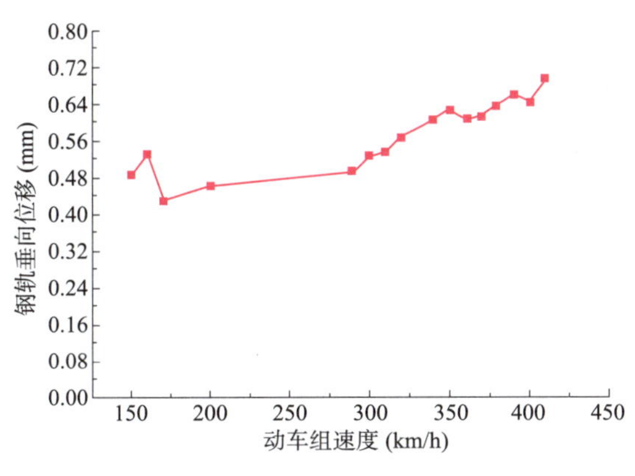

图 4—212　梁端钢轨垂向位移随速度的变化

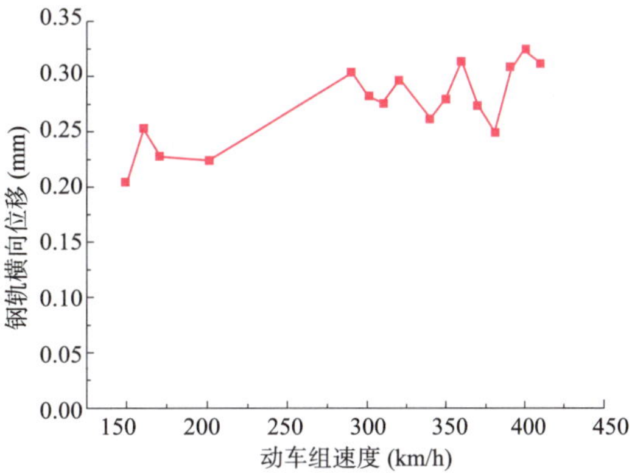

图 4—213　梁端钢轨横向位移随速度的变化

3. 钢轨、轨道板振动特性

动车组以不同速度通过京杭运河桥时，钢轨、轨道板垂向振动加速度测试结果见图 4—214 ~ 图 4—217。当动车组通过桥上无缝线路的速度从 150 km/h 增加到 410 km/h 时，主跨跨中钢轨垂向加速度实测值从 1 432. 36 m/s^2 增加到 2 339. 54 m/s^2、轨道板垂向加速度实测值从 30. 91 m/s^2 增加到 55. 24 m/s^2，增幅分别为 63. 33% 和 78. 71%；而梁端钢轨垂向加速度与轨道板垂向加速度实测值分别从 1 295. 36 m/s^2、37. 79 m/s^2 增加到 2 611. 27 m/s^2、54. 23 m/s^2，增幅分别为 101. 59% 和 43. 5%。增幅都比较大，动车组速度对无缝线路振动影响较为明显。

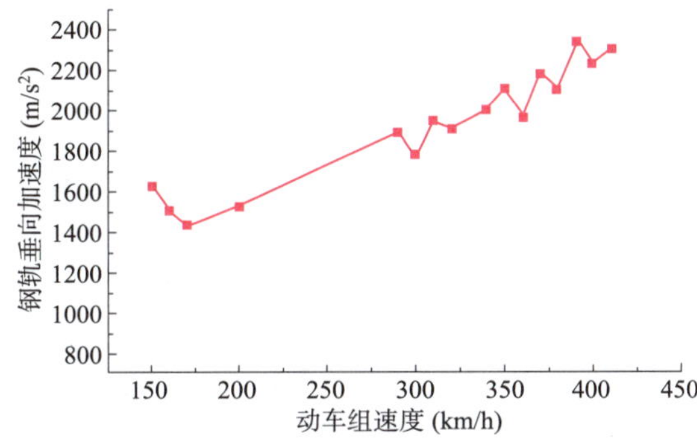

图 4—214　跨中钢轨垂向加速度随速度的变化

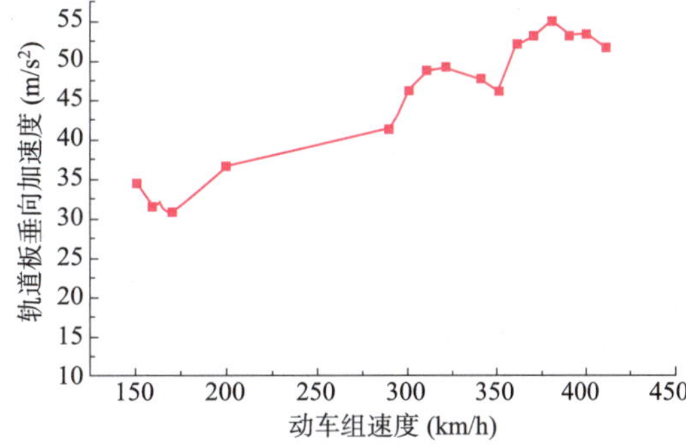

图 4—215　跨中轨道板垂向加速度随速度的变化

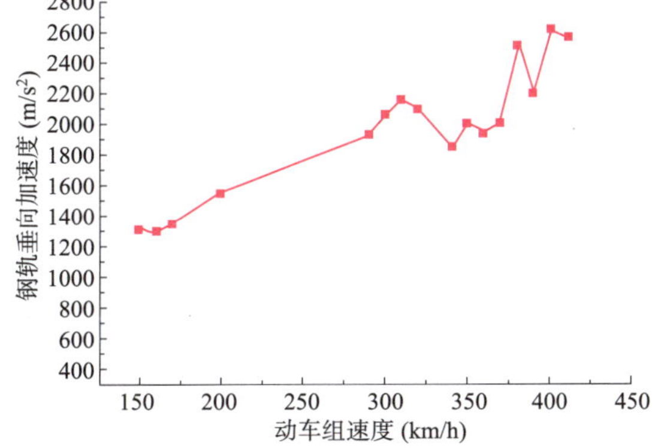

图 4—216　梁端钢轨垂向加速度随速度的变化

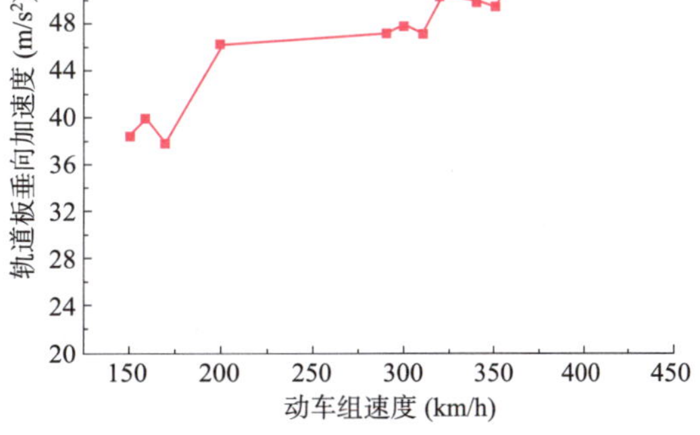

图 4—217　梁端轨道板垂向加速度随速度的变化

4. 桥梁振动特性

动车组以不同速度通过京杭运河桥时，桥梁振动加速度实测最大值见图 4—218 ~ 图 4—221。连续梁振动加速度随动车组速度的提高而增大，并且随着速度的提高，增大的趋势逐渐减缓。当动车组以最高速度 410 km/h 通过桥上无缝线路时，主跨跨中桥梁垂向加速度实测最大值达到3. 49 m/s^2，横向加速度实测最大值为 1. 39 m/s^2；梁端桥梁垂向加速度实测最大值达到 2. 28 m/s^2，横向加速度实测最大值为 1. 21 m/s^2，未超过《高速铁路设计规范(试行)》中的规定限值。

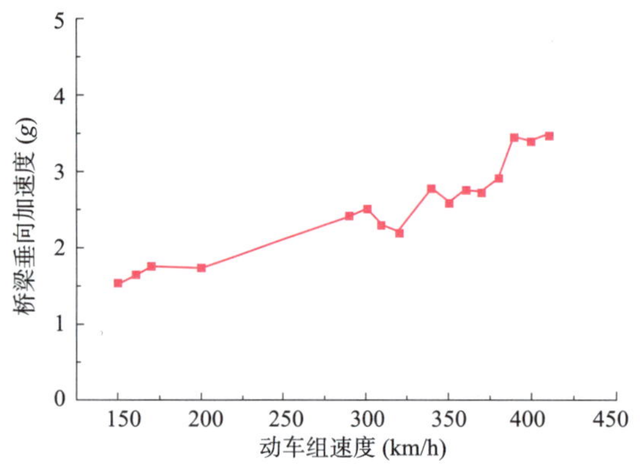

图 4—218　跨中桥梁垂向加速度随速度的变化

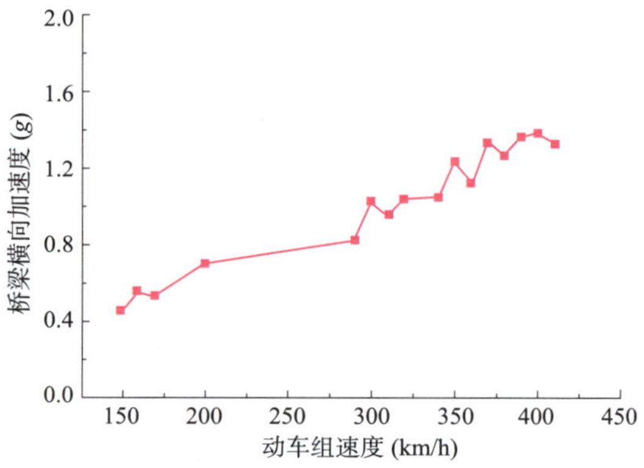

图 4—219　跨中桥梁横向加速度随速度的变化

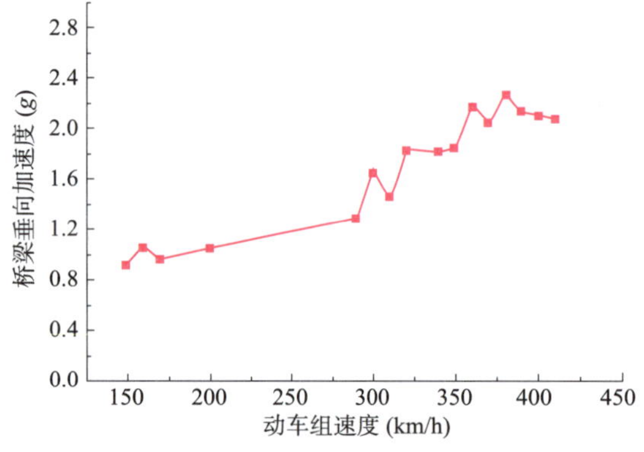

图 4—220　梁端桥梁垂向加速度随速度的变化

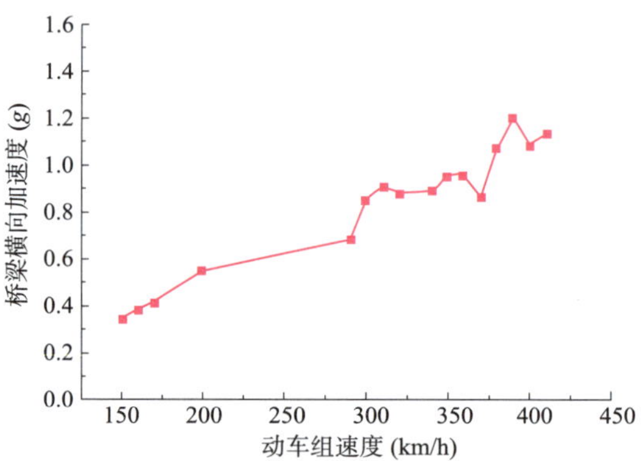

图 4—221　梁端桥梁横向加速度随速度的变化

5. 轨道板纵横向位移

动车组以不同速度通过京杭运河桥时，轨道板位移实测最大值见图 4—222 ~ 图 4—225。当动车组以最高速度 410 km/h 通过桥上无缝线路时，主跨跨中轨道板纵向位移实测最大值为 0. 106 mm、横向位移实测最大值为 0. 020 mm；梁端轨道板纵向位移实测最大值为 0. 094 mm、横向位移实测最大值为 0. 025 mm，均远小于相关技术标准的规定，满足列车通过时的安全性和平稳性要求。

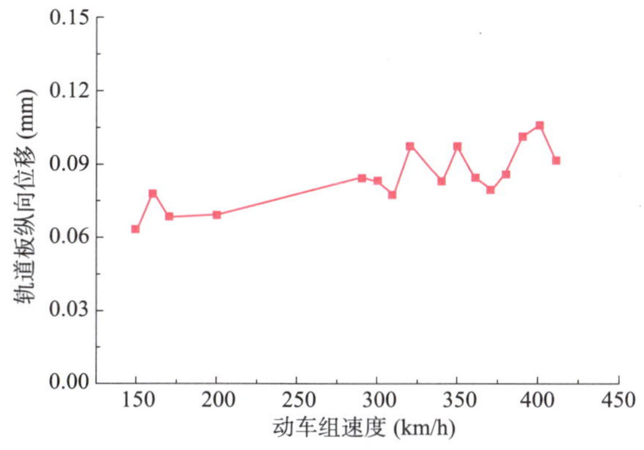

图 4—222 跨中轨道板纵向位移随速度的变化

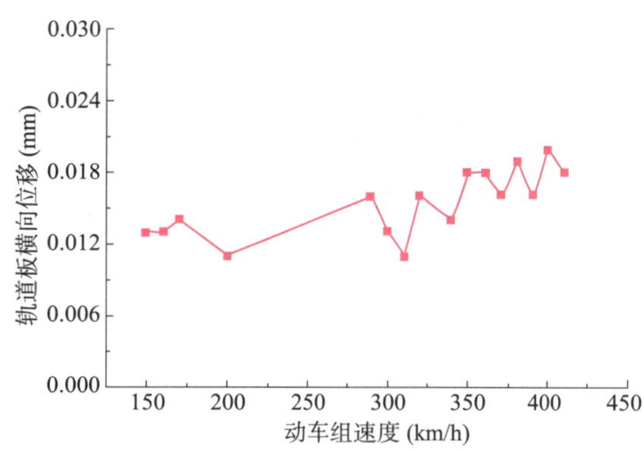

图 4—223 跨中轨道板横向位移随速度的变化

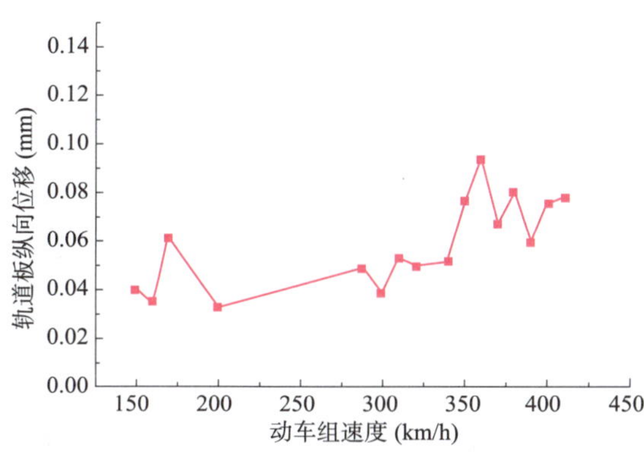

图 4—224 梁端轨道板纵向位移随速度的变化

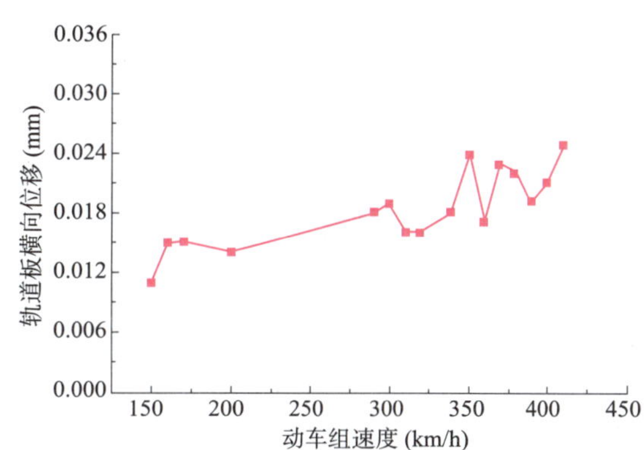

图 4—225 梁端轨道板横向位移随速度的变化

6. 钢轨挠曲应力特性

动车组以不同速度通过京杭运河桥时，钢轨挠曲应力实测最大值见表 4—140。

对于桥上Ⅱ型板式无砟轨道结构，钢轨挠曲附加应力实测最大值仅为 3. 12 MPa。梁体截面大、梁体动挠度和梁端转角均较小、轨道板及底座板均连续，对于减小桥上无缝线路挠曲附加力非常有利。

表 4—140 钢轨挠曲应力最大值

中间跨跨中钢轨挠曲应力(MPa)	中间跨 1/4 跨处钢轨挠曲应力(MPa)	边跨跨中钢轨挠曲应力(MPa)	梁端钢轨挠曲应力(MPa)
2. 87	3. 12	3. 04	3. 04

7. 理论与试验对比

利用建立的动力分析模型，对动车组高速通过桥上 CRTSⅡ型板式无砟轨道无缝线路进行理论模拟与仿真。轮轨力、轨道结构振动加速度的时程曲线见图 4—226、图 4—227。

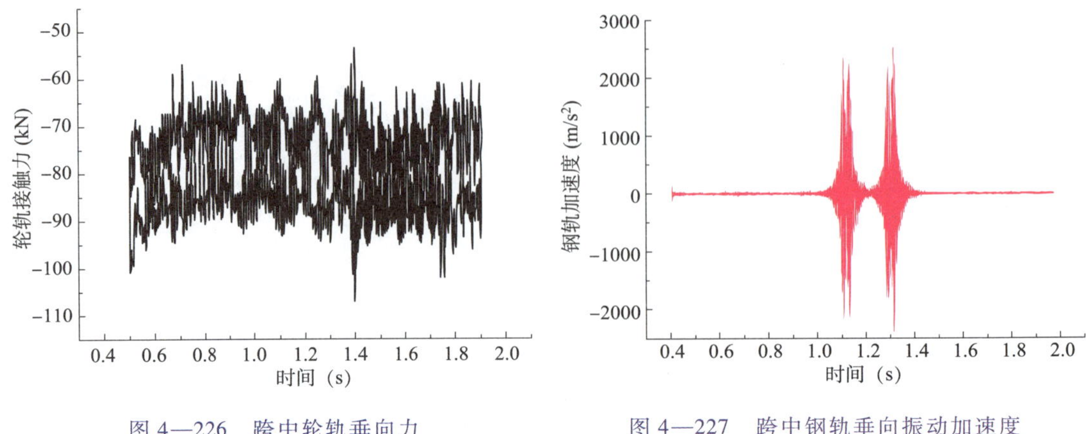

图 4—226　跨中轮轨垂向力

图 4—227　跨中钢轨垂向振动加速度

动车组以速度 350 km/h 通过桥上无缝线路时，理论计算结果和实测结果对比见表 4—141。从轮轨横向力、轮重减载率、脱轨系数、钢轨加速度、钢轨位移、桥梁加速度等比较来看，理论与试验结果一致性较好。

表 4—141　理论计算结果和实测结果对比

速度	位置	项目	垂向力(kN)	轮轴横向力(kN)	减载率	脱轨系数	钢轨垂向加速度(m/s^2)	钢轨垂向位移(mm)	桥梁垂向加速度(m/s^2)
350 km/h	跨中	理论	107.1	9.76	0.249	0.22	2512	0.924	2.24
		实测	115.5	8.32	0.197	0.31	2099	0.767	2.59
	梁端	理论	105.4	9.55	0.206	0.20	2438	0.825	2.83
		实测	111.4	7.20	0.178	0.29	2016	0.641	1.86

四、小　结

(1)无砟轨道无缝线路钢轨温度力由钢轨、轨道板、底座板、桥梁等综合控制。随轨温差的增大，钢轨温度力相应增加，在连续梁梁缝处出现最大值。

(2)梁端伸缩位移与梁温变化幅度、桥梁伸缩长度直接相关。梁温变化幅度越大，梁体伸缩长度越长，梁端位移越大。由于活动支座存在一定阻力及底座板的摩擦阻力，桥梁位移实测值稍小于理论计算值。

(3)通过实测值和理论计算值的对比，静态仿真结果与测试结果基本吻合，由此验证了长大桥梁无砟轨道无缝线路空间耦合分析模型的正确性。

(4)动车组速度越高，车辆、轨道及桥梁间的相互作用越强烈，各项动力性能指标的变化越显著。桥上无缝线路动态试验结果与理论仿真结果规律基本相同。

(5)与梁端相比，当动车组通过主跨跨中时，车辆、轨道及桥梁间的相互作用更为强烈，各项动力性能指标更为不利。当列车通过跨中时，最大脱轨系数为 0.341、最大轮重减载率为 0.243、最大轮轴横向力为 15.656 kN；钢轨垂向位移最大值为 0.878 mm、横向位移最大值为 0.482 mm；当列车通过梁端时，最大脱轨系数为 0.314、最大轮重减载率为 0.202、最大轮轴横向力为 11.897 kN；钢轨垂向位移最大值为 0.714 mm、横向位移最大值为 0.324 mm。

(6)动车组以最高速度 410 km/h 通过时，梁端钢轨加速度最大值为 2611.27 m/s^2、轨道板加速度最大值为 54.23 m/s^2、桥梁加速度最大值为 2.28 m/s^2；跨中钢轨加速度最大值为 2 339.54 m/s^2、轨道板加速度最大值为 55.24 m/s^2、桥梁加速度最大值 3.49 m/s^2。桥上无缝线路结构的动态响应正常，列车各项指标均满足规范要求，可有效保证列车运行的安全性稳定。

（7）当动车组以最高速度 410 km/h 通过桥上无缝线路时，主跨跨中轨道板纵向应变实测最大值达到 8.029 μm/m，梁端轨道板纵向应变实测最大值达到 5.117 μm/m，均小于轨道板混凝土的允许应变，能够满足列车运行的要求。

（8）对于桥上 CRTSⅡ型板式无砟轨道无缝线路结构，钢轨挠曲附加应力实测最大值仅为 3.12 MPa。梁体截面大、轨道板连续，对于减小挠曲附加力非常有利。

第五章　高架站无砟轨道无缝道岔静力特性

随着高速铁路的建设与发展,由于环保要求或地形的限制,将会有越来越多的无缝道岔设置在大桥、特大桥或高架结构上。桥上无缝道岔技术不仅综合了桥上无缝线路、无缝道岔、无砟轨道以及大跨度桥梁的技术特点,而且衍生出一系列新的技术难点,是轨道工程研究领域面临的重大技术难题之一。

桥上无缝道岔结构体系力学机理复杂。在梁体与钢轨温度变化、列车垂向荷载等作用下,道岔与梁体之间产生相对位移,因扣件压力和道砟纵向阻力的作用,梁岔相对位移受到约束,道岔钢轨将承受钢轨纵向附加力的作用,同时桥面系承受大小相等、方向相反的反作用力,该力通过桥梁、支座传递至墩台,在道岔与桥梁之间形成一个相互作用的力学平衡体系。各种影响因素通过该力学体系影响桥上无缝道岔的力学特性。

为保证列车运行的安全和旅客乘坐的舒适,桥上无缝道岔对道岔和桥梁的变形控制等都提出了更高的要求。除满足道岔强度、稳定性和桥梁安全性之外,必须控制道岔敏感部位(转辙器、辙叉等)与桥梁的相对位移;墩台沉降和梁端转角过大,不仅影响线路的高低状态,同时将增大梁端扣件系统螺栓的上拔力;桥梁变形超出扣件系统的最大调整量,桥上轨道的平顺性难以保持;道岔各部位与梁缝及梁端位置的不同,将对道岔的平顺性、部件的受力产生较大的影响等。此外,无缝道岔本身的受力和变形也会对桥梁的正常工作造成不利影响。

目前,桥上无缝道岔已成为制约我国铁路轨道设计、施工的关键技术问题。开展桥上无缝道岔研究,建立合理的桥上无缝道岔计算理论及设计方法,用以指导桥上无缝道岔的设计、运营及养护,对于我国高速铁路的建设具有重要的现实意义。

第一节　道岔-无砟轨道-桥梁-墩台空间耦合有限元分析理论

依照道岔与桥梁的实际布置情况,充分考虑道岔与桥梁之间的相互作用,采用有限单元法,建立道岔-无砟轨道-桥梁-墩台空间耦合有限元计算模型,其基本计算理论为:考虑道岔钢轨的实际参数,将钢轨按扣件支承点划分为空间梁单元,可发生纵向、横向和垂向位移;钢轨节点两端纵向力与扣件纵向阻力相平衡,钢轨两相邻节点纵向位移差与该钢轨单元释放的纵向力成正比;钢轨与桥梁节点的横向及垂向力与扣件横垂向阻力相平衡;限位器或间隔铁的阻力与位移关系采用实测值,将该力视为作用于钢轨的集中力;梁体为支承于墩上的实体,考虑具有不同纵横向线刚度的各墩对梁体的实际约束作用。我国高速铁路岔区无砟轨道有长枕埋入式和板式两种形式,二者岔桥相互作用传力机理有所不同,需要分别进行建模计算。

一、桥上长枕埋入式无缝道岔

对于桥上长枕埋入式无砟轨道无缝道岔,无缝道岔里轨发生伸缩位移后,一部分作用力通过传力结构传递给基本轨，一部分作用力通过无砟轨道传递给桥梁；一方面，桥梁因伸缩或挠曲在梁面上产生位移，另一方面，墩台由于受到无砟轨道传递的力而受力并发生变形，也带动桥梁产生位移；同时，桥梁的位移也会通过无砟轨道影响无缝道岔的受力与变形。桥上长枕埋入式无缝道岔理论模型见图 5—1、图 5—2。

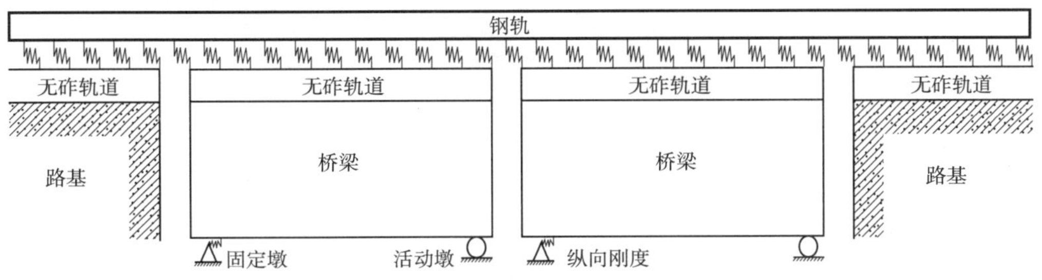

图 5—1　桥上长枕埋入式无砟轨道无缝道岔理论模型(纵向)

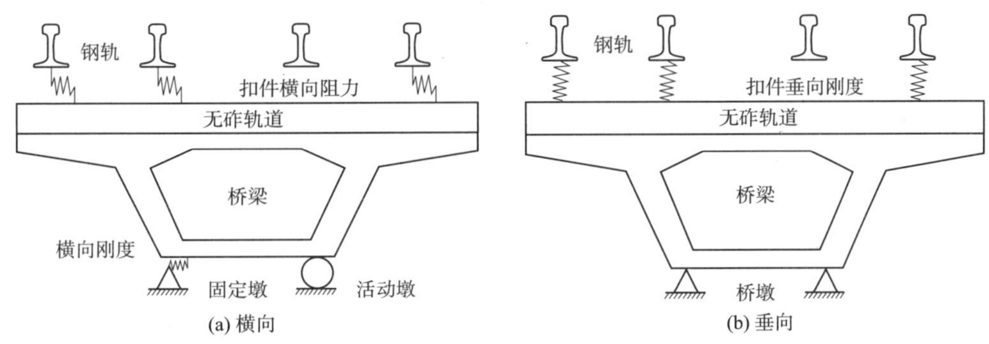

图 5—2　桥上长枕埋入式无砟轨道无缝道岔理论模型(横向、垂向)

桥上长枕埋入式无砟轨道无缝道岔空间有限元计算理论有以下基本假定。

(1)道岔尖轨与可动心轨前端可自由伸缩，尖轨或可动心轨尖端位移为其跟端位移与自由段伸缩位移之和；

(2)钢轨按支承节点划分有限长梁单元，可发生纵向、横向及垂向位移及转角；不考虑钢轨与岔枕或无砟轨道的相对扭转；

(3)扣件纵、横向阻力分别用纵、横向弹簧模拟，作用于钢轨支承节点上，可限制钢轨相对于岔枕或无砟轨道的纵、横向位移，纵、横向阻力可按常量或变量输入；扣件垂向阻力用垂向弹簧模拟，其值取扣件的支点刚度；

(4)考虑限位器与间隔铁对道岔钢轨伸缩位移的影响，限位器及间隔铁阻力用非线性弹簧单元模拟(图 5—3、图 5—4)，阻力值采用相关试验取得的数据；

(5)桥梁支座考虑纵向固定横向固定、纵向固定横向活动、纵向活动横向固定、纵向活动横向活动四种形式；固定支座可以完全阻止梁的伸缩，不考虑活动支座的摩擦阻力及支座本身的变形；固定支座承受的纵横向力全部传递至墩台；桥梁采用实体单元进行模拟，见图 5—5。

(6)桥梁墩台顶纵横向刚度为线性，考虑在墩顶面纵横向水平力作用下的墩身弯曲、基础倾斜、基础平移及橡胶支座剪切变形等引起的墩顶位移。

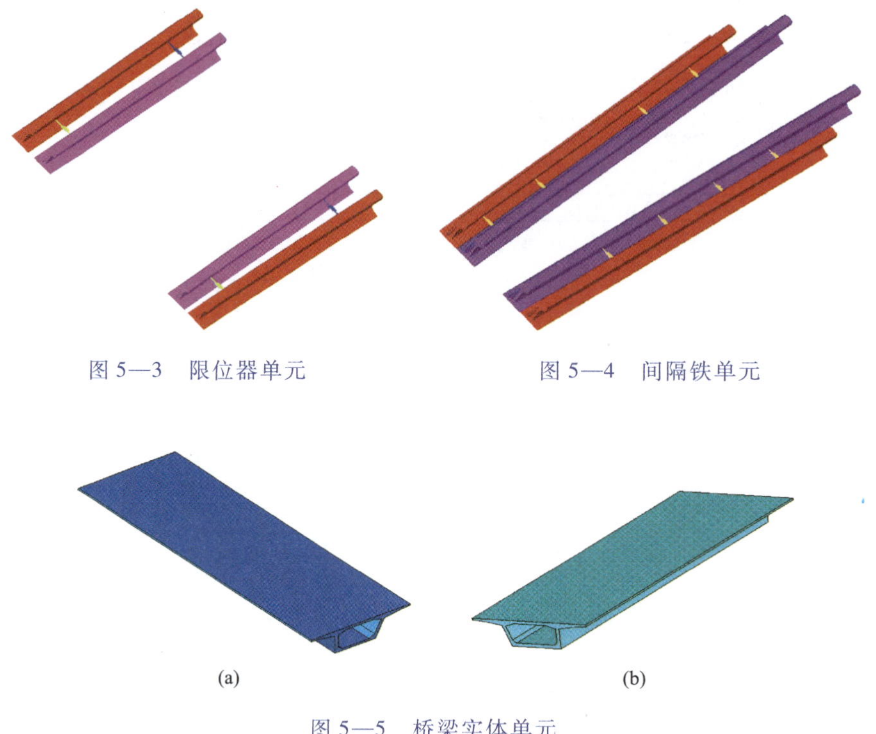

图 5—3　限位器单元　　图 5—4　间隔铁单元

(a)　(b)

图 5—5　桥梁实体单元

二、桥上板式无砟道岔

桥上纵连板式无砟轨道无缝道岔结构除道岔、轨道板、底座板、桥梁等外，还包括剪力齿槽、摩擦板、端刺、滑动层等纵向传力结构，与一般桥上无砟轨道无缝道岔相比，力学机理更加复杂。因此，必须将桥上纵连板式无砟轨道无缝道岔整个结构作为整体，建立详细的空间耦合模型，才能对其力学特性进行深入研究，掌握各种影响因素的作用规律。

桥上纵连板式无砟轨道无缝道岔结构与区间桥上纵连板式无砟轨道存在较大区别。从线路结构上看，区间桥上纵连板式无砟轨道结构形式比较单一，每跨梁上的线路结构基本相同；与其相比，桥上纵连板式无砟轨道无缝道岔结构复杂，道岔梁各跨情况均可能不同，在计算时必须考虑无缝道岔与下部结构在不同位置的相互作用关系。

从相邻股道的相互作用关系上看，区间桥上纵连板式无砟轨道相邻股道的纵向力只有通过桥梁进行相互作用，而桥上纵连板式无砟轨道无缝道岔不仅可以通过桥梁，还可以通过道岔板、底座板等传递不同股道的相互作用，受力更加复杂。

从钢轨的受力特点上看，区间桥上纵连板式无砟轨道的钢轨均处于无缝线路固定区，钢轨伸缩力是由桥梁伸缩引起的，与钢轨本身的温度变化幅度无关，而桥上纵连板式无砟轨道无缝道岔由于结构的特殊性，道岔本身存在伸缩区，即使桥梁不伸缩，道岔钢轨轨温的变化也会引起道岔与下部基础间的相互作用，这样在计算时，钢轨温度必须采用实际的轨温变化幅度。

本章所建立的模型（图 5—6、图 5—7）不仅考虑桥梁的实际尺寸，而且还考虑到包括尖轨、心轨截面的实际变化、牵引点之间的位移耦合等细部因素。因此，桥上纵连板式无砟轨道无缝道岔空间有限元耦合模型不仅可以计算桥上无缝道岔及无砟轨道在各种荷载作用下的受力及变形，还可以对固结机构、端刺、桥墩等的受力变形进行深入研究。

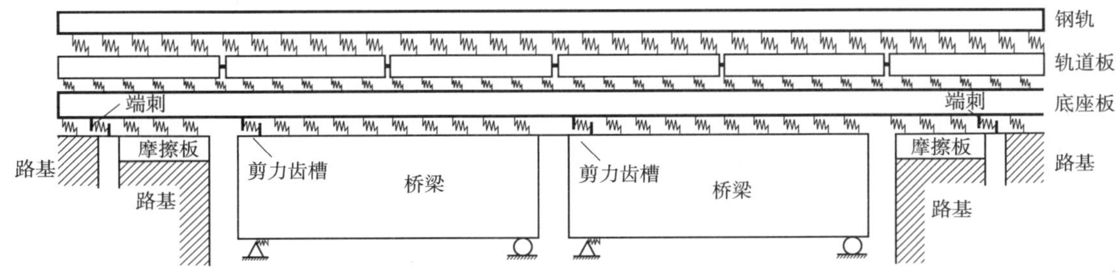

图 5—6　桥上纵连板式无砟轨道无缝道岔理论模型(纵向)

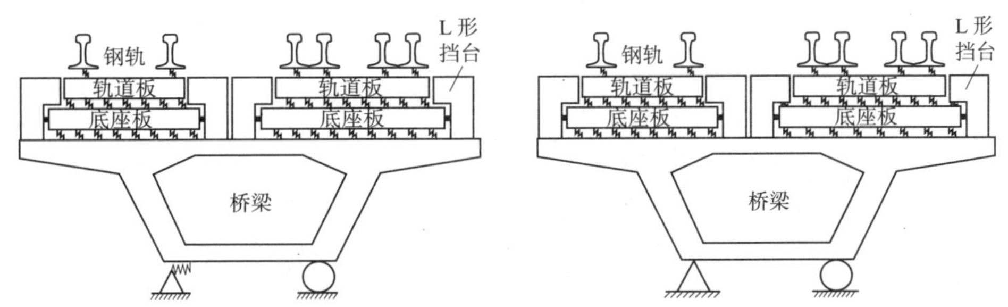

图 5—7　桥上纵连板式无砟轨道无缝道岔理论模型(横向、垂向)

桥上板式无砟轨道无缝道岔空间有限元计算理论有以下基本假定。

(1)钢轨、扣件、限位器、间隔铁、桥梁支座、桥墩刚度的计算假定与桥上长枕埋入式无砟道岔相同;

(2)底座板与桥梁间通过滑动层与固结机构产生纵向相互作用,滑动层的摩擦阻力与两者间相对位移为非线性关系,固结机构纵向作用力与两者间相对位移为线性关系;轨道板与底座板通过板间沥青砂浆产生纵向相互作用,沥青砂浆所传递的纵向阻力为非线性的,其最大值由相关推移阻力试验数据确定;

(3)底座板在桥两侧路基段与摩擦板及端刺产生纵向相互作用,底座板与摩擦板间纵向摩擦阻力与两者间相对位移为非线性关系,端刺力与端刺及底座板的相对位移为线性关系;

(4)相邻股道钢轨、轨道板、底座板、固结机构、端刺的纵向受力相互影响,不同股道的纵向力通过轨道板、底座板及梁体相互传递。

根据计算假定,选用三维梁单元模拟钢轨。扣件纵向阻力采用非线性弹簧单元模拟,横向阻力及垂向刚度采用线性弹簧单元模拟;限位器及间隔铁的阻力均为非线性,因此采用非线性弹簧单元模拟;轨道板及底座板采用空间板单元模拟,桥梁采用实体单元模拟。

根据计算假定,选用三维梁单元模拟钢轨。扣件纵向阻力采用非线性弹簧单元模拟,横向阻力及垂向刚度采用线性弹簧单元模拟;限位器及间隔铁的阻力均为非线性,因此采用非线性弹簧单元模拟;轨道板及底座板采用空间板单元模拟(图 5—8),桥梁采用实体单元模拟。

通过对不同结构的模拟,将其通过剪力齿槽、端刺、滑动层等相应弹簧单元的连接组合,就可得到桥上纵连板式无砟轨道无缝道岔的整体有限元模型,见图 5—9。

桥上纵连板式无砟轨道无缝道岔空间有限元耦合模型较为真实地反映出钢轨、轨道板、底座板、固结机构、端刺、桥梁及墩台的耦合作用，在细节上也更符合实际，所得结果更加精确，为系统掌握桥上纵连板式无砟道岔的空间力学特性提供了有力的保证。

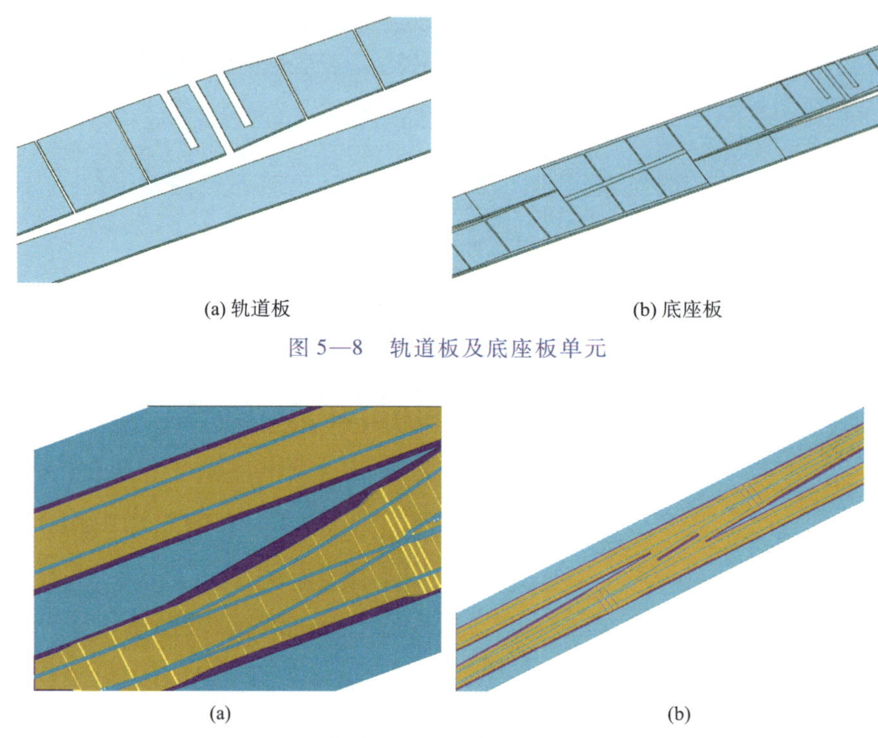

(a) 轨道板　　(b) 底座板

图 5—8　轨道板及底座板单元

(a)　　(b)

图 5—9　桥上纵连扳式无砟轨道无缝道岔整体模型

在全面掌握国内外桥上无缝道岔研究现状的基础上，本节首次建立桥上无缝道岔空间有限元计算理论，对高速铁路桥上无缝道岔的力学特性及影响因素进行系统研究。与既有的计算理论相比，利用该理论所建立的桥上无缝道岔空间有限元耦合模型，不仅考虑桥梁的实际尺寸，而且还考虑多种细部因素，真实反映出钢轨、轨下基础、桥梁及墩台的耦合作用。桥上无缝道岔空间有限元耦合模型不仅可以计算桥上无缝道岔的伸缩力及位移，还可以计算其挠曲力、制动力、断轨力及位移、桥梁的变形及桥墩的纵、横向受力等，计算结果准确。该模型除可应用于桥上无缝道岔实际项目的计算外，还可结合有限元软件的程序化设计语言，对桥上无缝道岔的空间力学特性进行系统的分析研究。

第二节　高架站长枕埋入式无砟道岔力学特性及影响因素

本节利用桥上无缝道岔空间耦合有限元理论，以 18 号无缝道岔为例，建立桥上长枕埋入式无砟轨道无缝道岔模型，对轨温变化幅度、线路纵向阻力、桥梁类型、桥跨长度等高架站无砟轨道无缝道岔的主要影响因素及作用规律进行系统研究。

道岔尖轨跟端采用限位器结构，心轨与翼轨间由间隔铁联结，限位器及间隔铁的阻力根据相关试验取值；每组扣件纵向阻力为 10 kN，扣件横向静刚度为 5.0×10^{7} N/m，垂向刚度为 3.5×10^{7} N/m；道岔梁采用 C50 混凝土，弹性模量 3.55×10^{10} MPa；桥跨布置为 4×32.0 m 连续梁，道岔岔心位于连续梁联长正中，两侧各考虑 3×24.0 m 简支梁，桥跨及支座的具体布置见图 5—10、图 5—11。其中简支梁支座布置形式为左端活动右端固定。考虑不利情况，桥上无缝道岔轨温变化幅度取为50℃,桥温变化幅度取为20℃。

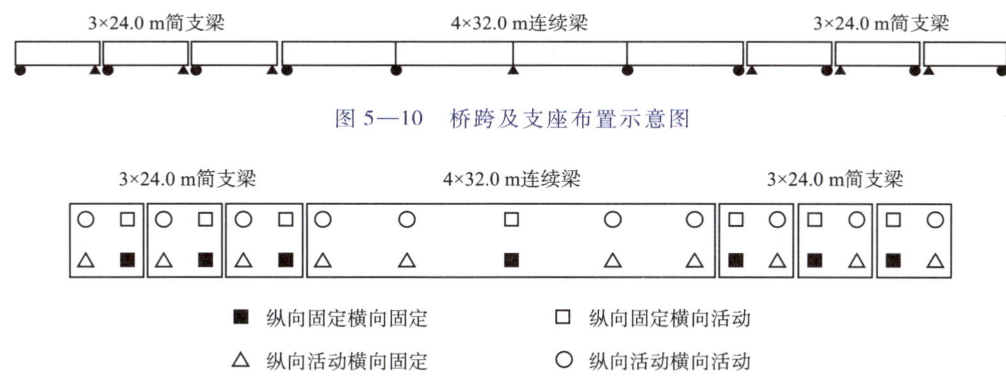

图5—10　桥跨及支座布置示意图

图5—11　支座布置详图

一、轨道结构影响因素

(一)轨温变化幅度

本部分分析轨温变化幅度对桥上无缝道岔力学特性的影响,分别考虑桥上无缝道岔轨温变化幅度为30℃、40℃、50℃的情况,见表5—1、表5—2和图5—12、图5—13。

表5—1　桥上无缝道岔受力情况

轨温变化幅度(℃)	最大温度力(kN)	最大附加温度力(kN)	限位器最大受力值(kN)	间隔铁最大受力值(kN)	桥墩纵向受力最大值(kN)	桥墩横向受力最大值(kN)
30	872.06	296.30	0.00	94.32	1 246.18	79.02
40	1 075.94	308.26	0.00	141.36	1 538.73	97.31
50	1 279.92	320.31	65.56	202.87	1 827.95	115.33

表5—2　桥上无缝道岔位移情况

轨温变化幅度(℃)	尖轨相对基本轨位移(mm)	尖轨相对桥梁位移(mm)	心轨相对翼轨位移(mm)	心轨相对桥梁位移(mm)
30	6.69	6.49	2.48	2.51
40	12.26	12.04	3.94	4.08
50	16.42	16.20	5.51	5.82

随着轨温变化幅度的增加,桥上无缝道岔温度力显著增大,附加温度力也有一定程度的增加,但温度力增幅却有所降低。由于单组无缝道岔本身的结构原因,轨温变化幅度的增加使得道岔两端温度力更加不平衡,使得道岔向岔前方向发生进一步的位移,因此基本轨位移增大,为阻止道岔的位移,桥墩纵向受力也明显增加。

随着轨温变化幅度的增加,尖轨及心轨尖端的位移都显著增大。在轨温变化幅度较低时,由于尖轨与基本轨的相对位移不大,限位器子母块并不接触;在轨温变化幅度较高时,由于尖轨与基本轨的相对位移增大,子母块发生接触,限位器及间隔铁的受力均随轨温变化幅度的增加而明显增大。

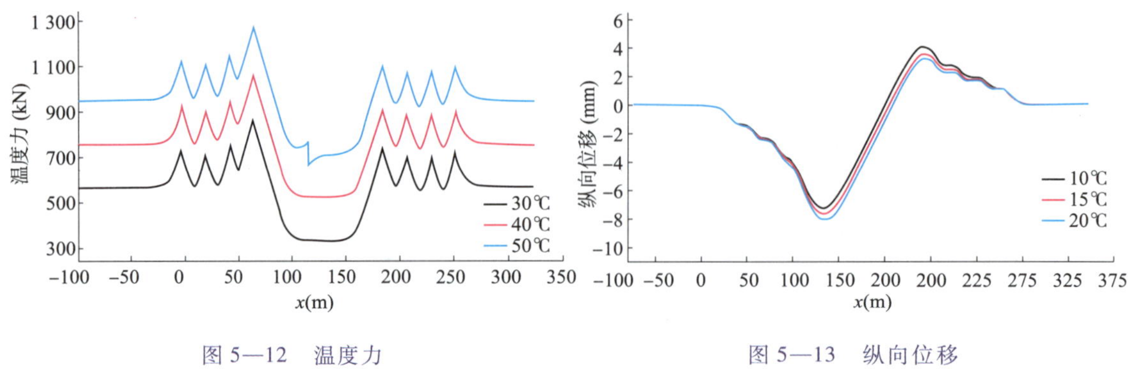

图 5—12 温度力　　图 5—13 纵向位移

可见,轨温变化幅度是影响桥上无缝道岔受力与变形的重要因素,过高的轨温变化幅度对桥上无缝道岔不利,桥上无缝道岔的锁定轨温需要根据实际情况确定,条件允许的情况下宜接近当地的中间轨温,使钢轨的最大升温及降温幅度尽量相同。

(二)尖轨跟端结构形式

本部分分析尖轨跟端结构形式对桥上无缝道岔力学特性的影响。分别考虑尖轨跟端采用2组限位器结构(限位值分别为7.0 mm、6.5 mm)、2组间隔铁结构及不设传力结构的情况,见表5—3、表5—4和图5—14、图5—15。

表 5—3 桥上无缝道岔受力情况

尖轨跟端结构形式	最大温度力(kN)	最大附加温度力(kN)	限位器最大受力值(kN)	间隔铁最大受力值(kN)	桥墩纵向受力最大值(kN)	桥墩横向受力最大值(kN)
无传力结构	1 278.30	318.69	—	200.68	1 821.39	115.04
限位器	1 279.92	320.31	65.56	202.87	1 827.95	115.33
间隔铁	1 281.89	322.29	204.34	211.82	1 832.14	115.55

表 5—4 桥上无缝道岔位移情况

尖轨跟端结构形式	尖轨相对基本轨位移(mm)	尖轨相对桥梁位移(mm)	心轨相对翼轨位移(mm)	心轨相对桥梁位移(mm)
无传力结构	19.28	19.02	5.12	6.01
限位器	16.42	16.20	5.51	5.82
间隔铁	14.47	11.31	5.73	5.69

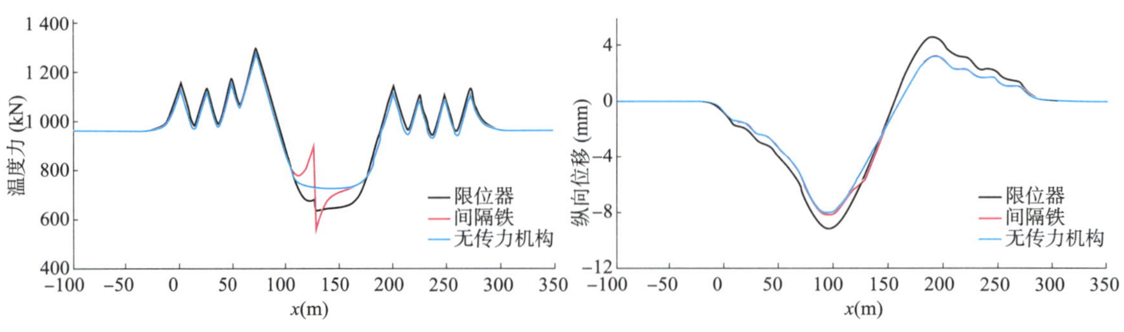

图 5—14 温度力　　图 5—15 纵向位移

尖轨跟端结构采用2组间隔铁结构时，桥上无缝道岔附加温度力最大，基本轨位移最大，尖轨尖端相对位移最小，心轨尖端相对位移最大，间隔铁受力最大；不设传力结构时，桥上无缝道岔附加温度力最小，基本轨位移最小，尖轨尖端相对位移最大，心轨尖端相对位移最小，间隔铁受力最小，见表5—5。

表5—5　桥上无缝道岔尖轨横向变形情况

尖轨跟端结构形式	最大轨距变化量（mm）	最大轨距变化率（‰）	最大轨向变化量（mm）	最大轨向变化率（‰）	最大密贴变化量（mm）
限位器	0.243	0.080	0.090	0.026	0.068
间隔铁	0.238	0.028	0.061	0.028	0.072
无传力结构	0.227	0.006	0.078	0.006	0.054

根据横向变形的计算结果，尖轨跟端不设传力结构时，桥上无缝道岔尖轨横向变形最小；尖轨跟端采用2组限位器结构时，桥上无缝道岔尖轨横向变形最大。

不同的尖轨跟端传力结构主要影响桥上无缝道岔的变形，对温度力的影响并不显著。综合考虑，当尖轨伸缩条件允许时，桥上无缝道岔尖轨跟端宜不设传力结构；当尖轨伸缩条件存在一定限制时，桥上无缝道岔尖轨跟端宜采用限位器结构，此时应进行必要的道岔横向变形检算；当尖轨伸缩条件严格时，桥上无缝道岔尖轨跟端可采用间隔铁结构。

（三）线路纵向阻力

本部分分析线路纵向阻力对桥上无缝道岔力学特性的影响。分别考虑线路纵向阻力12 kN/m/轨，15 kN/m/轨，18 kN/m/轨，道岔区15 kN/m/轨、非道岔区12 kN/m/轨，道岔区15 kN/m/轨、非道岔区6 kN/m/轨，道岔区18 kN/m/轨、非道岔区15 kN/m/轨的情况，见表5—6、表5—7和图5—16、图5—17。

表5—6　桥上无缝道岔受力情况

线路纵向阻力（kN/m/轨）	最大温度力（kN）	最大附加温度力（kN）	限位器最大受力值（kN）	间隔铁最大受力值（kN）	桥墩纵向受力最大值（kN）	桥墩横向受力最大值（kN）
12	1 235.20	275.59	90.17	222.59	1 788.05	112.05
15	1 279.92	320.31	65.56	202.87	1 827.95	115.33
18	1 318.86	359.25	53.54	182.47	1 862.85	117.98
道岔区15 非道岔区12	1 267.29	307.69	65.45	200.56	1 819.70	114.70
道岔区15 非道岔区6	1 232.64	273.03	65.17	195.35	1 814.14	113.49
道岔区18 非道岔区15	1 306.38	346.77	53.49	181.48	1 851.51	117.27

表5—7　桥上无缝道岔位移情况

线路纵向阻力（kN/m/轨）	尖轨相对基本轨位移（mm）	尖轨相对桥梁位移（mm）	心轨相对翼轨位移（mm）	心轨相对桥梁位移（mm）
12	17.09	16.66	5.54	6.30
15	16.42	16.20	5.51	5.82
18	16.08	15.94	5.38	5.53
道岔区15，非道岔区12	16.39	16.19	5.48	5.78
道岔区15，非道岔区6	16.33	16.18	5.36	5.65
道岔区18，非道岔区15	16.06	15.94	5.41	5.52

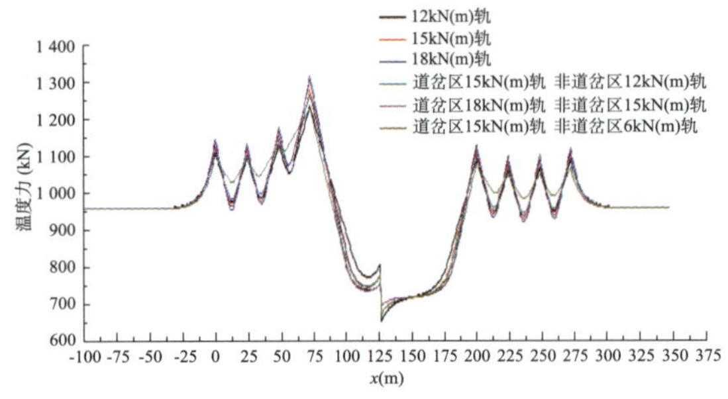

图 5—16　温度力

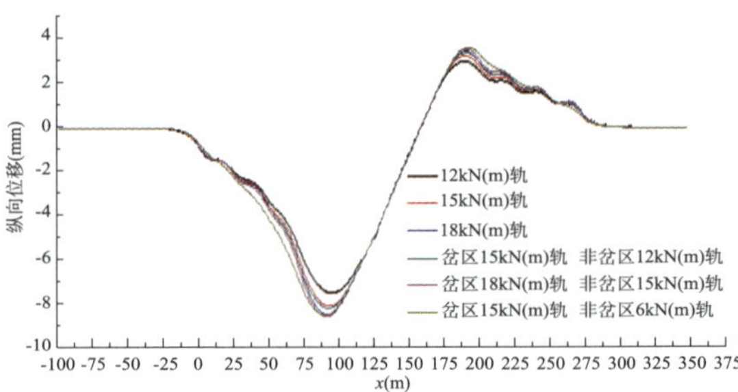

图 5—17　纵向位移

随着线路纵向阻力的增加，桥上无缝道岔最大温度力、基本轨位移、桥墩受力明显增大，尖轨与心轨的绝对位移、尖轨与基本轨及心轨与翼轨的相对位移、尖轨及心轨与桥梁的相对位移明显减少，受此影响，限位器和间隔铁受力减小。总体上看，线路纵向阻力的增加有利于控制桥上无缝道岔的变形，但对其受力存在不利影响。

与桥上无缝道岔全部铺设常阻力扣件相比，如果在道岔区铺设常阻力扣件，同时在桥上无缝线路区铺设小阻力扣件，不仅道岔的变形能够得到很好的控制，而且桥上无缝道岔的温度力将明显减小，对于限位器、间隔铁及桥墩的受力也是有利的。

为有效控制道岔内钢轨的变形，应保证道岔区内的扣件具有足够大的纵向阻力；为减小桥上无缝道岔的受力，非岔区宜铺设小阻力扣件。

（四）岔头至连续梁梁端距离

本部分分析岔头至梁端距离对桥上无缝道岔力学特性的影响。分别考虑岔头至梁端距离为 10 m、15 m、20 m、25 m、30 m 的情况，见表 5—8 ~ 表 5—10。

表 5—8　桥上无缝道岔受力情况

岔头距梁端(m)	最大温度力(kN)	最大附加温度力(kN)	限位器最大受力值(kN)	间隔铁最大受力值(kN)	桥墩纵向受力最大值(kN)
10	1 288. 10	328. 49	66. 11	179. 57	1 847. 50
15	1 285. 11	325. 50	65. 53	180. 17	1 857. 89
20	1 279. 23	319. 63	65. 20	181. 26	1 866. 09
25	1 281. 68	322. 08	65. 21	183. 43	1 850. 35
30	1 280. 76	321. 15	65. 30	195. 75	1 844. 67

表 5—9　桥上无缝道岔纵向位移情况

岔头距梁端(m)	尖轨相对基本轨位移(mm)	尖轨相对桥梁位移(mm)	心轨相对翼轨位移(mm)	心轨相对桥梁位移(mm)
10	18. 82	15. 87	5. 23	5. 45
15	18. 04	15. 99	5. 23	5. 47
20	17. 29	16. 07	5. 25	5. 50
25	16. 78	16. 13	5. 28	5. 54
30	16. 50	16. 16	5. 36	5. 64

表 5—10　桥上无缝道岔尖轨横向变形情况

岔头距梁端(m)	最大轨距变化量(mm)	最大轨距变化率(‰)	最大轨向变化量(mm)	最大轨向变化率(‰)	最大密贴变化量(mm)
10	0. 305	0. 069	0. 122	0. 024	0. 072
15	0. 305	0. 065	0. 085	0. 022	0. 072
20	0. 308	0. 068	0. 068	0. 022	0. 072
25	0. 307	0. 065	0. 084	0. 021	0. 072
30	0. 308	0. 066	0. 094	0. 020	0. 072

随着岔头至梁端距离的增加，基本轨最大温度力、桥墩受力、限位器受力基本不变，基本轨位移略有减小，尖轨及心轨的绝对位移明显减小，尖轨与基本轨的相对位移有所减小，心轨与翼轨的相对位移有所增加，造成间隔铁受力略有增大，同时，尖轨及心轨尖端相对于桥梁的位移也有所增加。虽然如此，道岔在梁上不同位置时的受力、位移等均能满足检算要求，道岔本身的受力和纵向变形不是岔头至梁端距离限值的决定因素。

随着岔头至梁端距离的增加，基本轨的横向变形无明显变化，道岔尖轨横向变形的变化也无一般规律。总体上看，岔头只要保持与梁端的一定距离，尖轨横向变形就会基本稳定；即使岔头靠近梁端，尖轨横向变形的量值也很小，远小于限值，道岔钢轨的横向变形应不是岔头至梁端距离限值的决定因素。

钢轨与桥梁刚度差异较大，道岔钢轨在车辆荷载作用下的垂向位移主要由桥梁本身的刚度决定。在车辆荷载作用下，对于岔桥相对位置不同的桥上无缝道岔而言，虽然道岔本身的受力与变形以及桥墩受力均有所不同，但其量值远小于温度荷载作用下的值，桥上无缝道岔在车辆荷载作用下的受力与变形也不是岔头至梁端距离限值的决定因素。

二、桥梁结构影响因素

(一)桥温变化幅度

本部分分析桥温变化幅度对桥上无缝道岔力学特性的影响。分别考虑桥梁桥温变化幅度为 10℃、15℃、20℃的情况，见表 5—11、表 5—12 和图 5—18、图 5—19。

表 5—11　桥上无缝道岔受力情况

桥温变化幅度(℃)	最大温度力(kN)	最大附加温度力(kN)	限位器最大受力值(kN)	间隔铁最大受力值(kN)	桥墩纵向受力最大值(kN)	桥墩横向受力最大值(kN)
10	1 252. 97	293. 36	90. 75	206. 65	1 732. 70	110. 20
15	1 279. 92	320. 31	65. 56	202. 87	1 827. 95	115. 33
20	1 294. 08	334. 47	50. 54	201. 76	1 890. 31	118. 23

表 5—12　桥上无缝道岔位移情况

桥温变化幅度(℃)	尖轨相对基本轨位移(mm)	尖轨相对桥梁位移(mm)	心轨相对翼轨位移(mm)	心轨相对桥梁位移(mm)
10	17. 73	17. 66	5. 86	6. 18
15	16. 42	16. 20	5. 51	5. 82
20	15. 45	14. 86	5. 30	5. 68

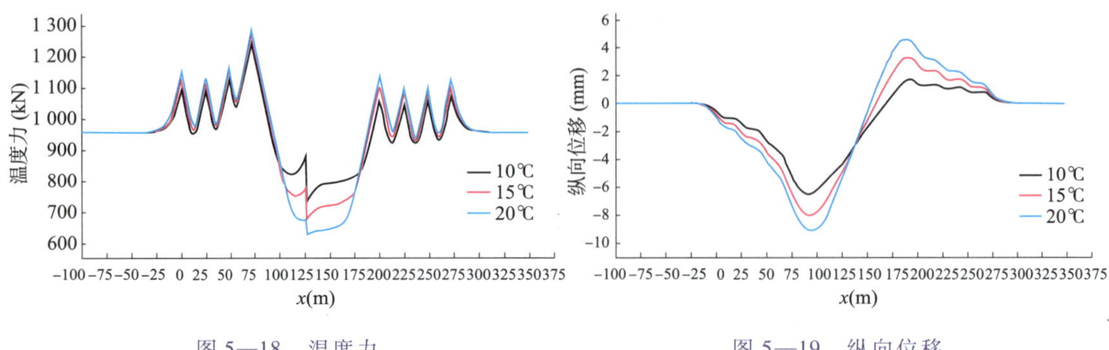

图 5—18　温度力　　　　图 5—19　纵向位移

随着桥温变化幅度的增加，桥梁伸缩加剧。受此影响，桥上无缝道岔温度力、基本轨位移、桥墩纵横向受力等明显增大。

由于尖轨与基本轨的伸缩方向相同，随着桥上无缝道岔钢轨位移增加，尖轨与基本轨相对位移减小，受此影响，限位器受力随桥温变化幅度的增加而减小；由于与心轨连接的钢轨位于连续梁后部，在桥梁的伸缩作用下发生向岔后方向的位移，因此随桥温变化幅度的增加，心轨的绝对位移及其与翼轨的相对位移减小，受此影响，间隔铁受力也减小。

桥温变化幅度也是影响桥上无缝道岔受力与变形的重要因素，不同的桥温变化幅度取值对桥上无缝道岔受力与变形的计算结果影响很大。目前我国《桥上无缝线路设计暂行规定》规定了无砟梁桥、有砟梁桥及钢梁桥的桥温变化幅度，但这些计算参数的合理性需要进一步的研究，这对桥上无缝道岔的设计具有重要意义。

(二)固定墩纵向刚度

本部分分析固定墩纵向刚度对桥上无缝道岔力学特性的影响。分别考虑桥上无缝道岔固定墩纵向刚度为 2 000 kN/cm、3 000 kN/cm、4 000 kN/cm、5 000 kN/cm、6 000 kN/cm 的情况，见表 5—13、表 5—14 和图 5—20、图 5—21。

表 5—13　桥上无缝道岔受力情况

桥墩纵向刚度 (kN/cm)	最大温度力 (kN)	最大附加温度力(kN)	限位器最大受力值(kN)	间隔铁最大受力值(kN)	桥墩纵向受力最大值(kN)	桥墩横向受力最大值(kN)
2 000	1 355.97	396.37	65.21	183.54	1 312.65	104.69
3 000	1 326.51	366.90	65.19	188.44	1 533.18	109.44
4 000	1 305.49	345.88	65.28	194.86	1 670.17	112.30
5 000	1 291.22	331.61	65.45	199.52	1 760.49	114.04
6 000	1 279.92	320.31	65.56	202.87	1 827.95	115.33

表 5—14　桥上无缝道岔位移情况

桥墩纵向刚度 (kN/cm)	尖轨相对基本轨位移 (mm)	尖轨相对桥梁位移 (mm)	心轨相对翼轨位移 (mm)	心轨相对桥梁位移 (mm)
2 000	16.65	16.17	5.27	5.54
3 000	16.52	16.18	5.32	5.59
4 000	16.47	16.19	5.36	5.64
5 000	16.44	16.19	5.46	5.76
6 000	16.42	16.20	5.51	5.82

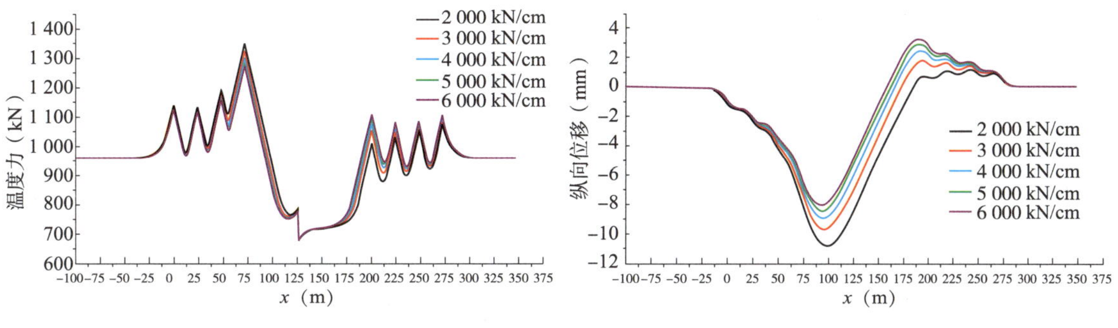

图 5—20　温度力　　　　图 5—21　纵向位移

随着连续梁固定墩纵向刚度的增加，基本轨最大温度力、基本轨位移、尖轨及心轨的绝对位移明显减小，尖轨与基本轨及心轨与翼轨的相对位移有所增加，造成限位器和间隔铁受力略有增大，同时，尖轨及心轨尖端相对于桥梁的位移也略有增加。连续梁固定墩的纵向受力随固定墩纵向刚度的增加而明显增大，横向受力略有增加。

总体上看，连续梁固定墩纵向刚度的增加有利于减小最大温度力，控制道岔的变形，但不利于桥墩的受力。考虑到纵向刚度的增加即意味着桥墩本身能够承受更大的力作用，增加连续梁固定墩纵向刚度对于桥上无缝道岔整体而言是有利的。固定墩纵向刚度的限值尚需从列车制动、车辆荷载及动力作用下的桥梁变形等角度加以研究确定。

（三）连续梁两端简支梁支座布置形式

本部分分析连续梁两端简支梁支座布置形式对桥上无缝道岔力学特性的影响，见表5—15、表5—16和图5—22、图5—23。计算工况为：①A为岔前左端活动右端固定，岔后左端固定右端活动；②B为岔前后均为左端活动右端固定；③C为岔前后均为左端固定右端活动；④D为岔前左端固定右端活动，岔后左端活动右端固定。

表 5—15　桥上无缝道岔受力情况

简支梁支座布置形式	最大温度力（kN）	最大附加温度力（kN）	限位器最大受力值（kN）	间隔铁最大受力值（kN）	桥墩纵向受力最大值（kN）	桥墩横向受力最大值（kN）
A	1 279. 92	320. 31	65. 56	202. 87	1 827. 95	115. 33
B	1 284. 66	325. 05	65. 94	212. 57	1 943. 55	119. 58
C	1 316. 43	356. 83	65. 65	203. 63	1 765. 25	115. 64
D	1 320. 93	361. 32	66. 03	213. 33	1 880. 92	119. 87

表 5—16　桥上无缝道岔位移情况

简支梁支座布置形式	尖轨相对基本轨位移（mm）	尖轨相对桥梁位移（mm）	心轨相对翼轨位移（mm）	心轨相对桥梁位移（mm）
A	16. 42	16. 20	5. 51	5. 82
B	16. 44	16. 21	5. 64	5. 99
C	16. 51	16. 20	5. 52	5. 84
D	16. 53	16. 21	5. 66	6. 00

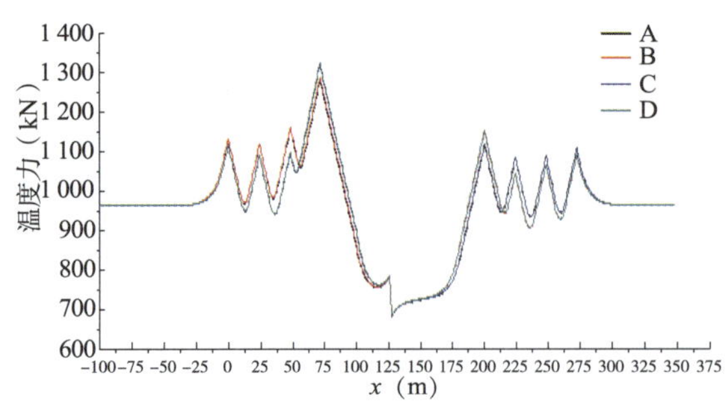

图 5—22　温度力

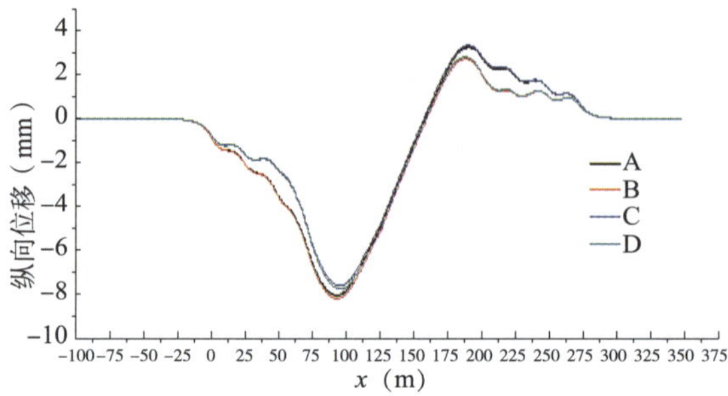

图 5—23　纵向位移

通过上述四种方案的比较，可以看出，对于连续梁两端简支梁的固定支座而言，当其均靠近连续梁时（A 方案），温度跨度最小，因此基本轨温度力最大值最小；当其均远离连续梁时（D 方案），温度跨度最大，因此基本轨温度力最大值最大。桥上无缝道岔钢轨的位移与简支梁的伸缩方向有关，当尖轨及心轨的伸缩方向与简支梁伸缩方向相同时，尖轨及心轨的伸缩位移最大，基本轨的位移也最大（B 方案）；当尖轨及心轨的伸缩方向与简支梁伸缩方向相反时，尖轨及心轨的伸缩位移最小，基本轨的位移也最小（C 方案），但量值变化并不明显。

总体上看，连续梁两端简支梁固定支座的布置方式对道岔变形影响不大，主要影响基本轨的受力。当连续梁两端简支梁固定支座均靠近连续梁布置时，对于连续梁桥上无缝道岔是最有利的。

（四）桥梁类型

本部分分析桥梁类型对桥上无缝道岔力学特性的影响。分别考虑连续梁与简支梁桥上无缝道岔，两者跨长相同，简支梁纵向支座布置形式为左端固定右端活动，固定墩刚度均为 1 500 kN/m/轨，见表 5—17 ~ 表 5—19 和图 5—24、图 5—25。

表 5—17　桥上无缝道岔受力情况

梁类型	最大温度力（kN）	最大附加温度力（kN）	限位器最大受力值（kN）	间隔铁最大受力值（kN）	桥墩纵向受力最大值（kN）	桥墩横向受力最大值（kN）
连续梁	1 279.92	320.31	65.56	202.87	1 827.95	115.33
简支梁	1 201.20	241.60	124.70	266.95	670.87	109.98

表 5—18　桥上无缝道岔位移情况

梁类型	尖轨相对基本轨位移（mm）	尖轨相对桥梁位移（mm）	心轨相对翼轨位移（mm）	心轨相对桥梁位移（mm）
连续梁	16.42	16.20	5.51	5.82
简支梁	21.90	18.87	6.61	6.89

表 5—19　桥上无缝道岔尖轨横向变形情况

梁类型	最大轨距变化量（mm）	最大轨距变化率（‰）	最大轨向变化量（mm）	最大轨向变化率（‰）	最大密贴变化量（mm）
连续梁	0.243	0.080	0.090	0.026	0.068
简支梁	0.290	0.139	0.412	0.067	0.159

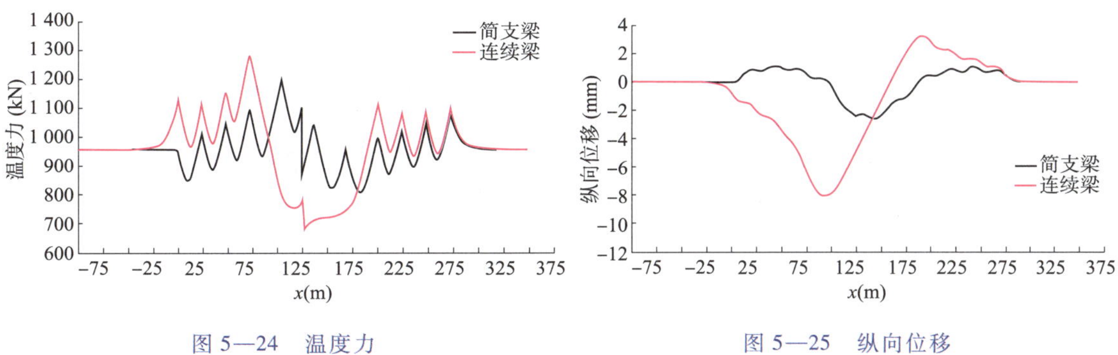

图 5—24　温度力　　　图 5—25　纵向位移

对于道岔铺设于简支梁上的情况,由于简支梁温度跨度小,连续梁温度跨度大,即使考虑尖轨跟端传力结构所传力的叠加作用,与道岔铺设于连续梁上相比,其最大温度力也较小。

对于简支梁桥上无缝道岔,由于简支梁梁体伸缩方向与尖轨及心轨的伸缩方向相反,其尖轨与心轨的绝对位移较小,尖轨与基本轨及心轨与翼轨的相对位移、尖轨及心轨相对于桥梁的位移较大,受此影响,限位器及间隔铁的受力较大。简支梁桥上无缝道岔的力学特性与其支座的纵向布置方式有关。

由于不同桥梁类型的断面相同,横向伸缩对道岔基本轨位移的影响基本一致;就尖轨的横向变形而言,由于简支梁的整体性较差,与连续梁桥上无缝道岔相比,各项指标的值均较大。

从受力的角度看,不同桥梁类型对桥上无缝道岔力学特性的影响并无优劣之分,但为控制无缝道岔在各种荷载作用下的变形,保证列车运行的平稳安全,无缝道岔应铺设在连续梁上。

(五)桥跨长度

本部分分析桥跨长度对桥上无缝道岔力学特性的影响。分别考虑道岔铺设于 3 × 40 m连续梁、4 × 32 m 连续梁、5 × 24 m 连续梁上的情况,见表 5—20、表 5—21 和图 5—26、图 5—27。

表 5—20　桥上无缝道岔受力情况

桥跨长度	最大温度力(kN)	最大附加温度力(kN)	限位器最大受力值(kN)	间隔铁最大受力值(kN)	桥墩纵向受力最大值(kN)	桥墩横向受力最大值(kN)
3 × 40 m 连续梁	1 207. 61	248. 01	67. 90	251. 44	2 110. 35	112. 06
4 × 32 m 连续梁	1 279. 92	320. 31	65. 56	202. 87	1 827. 95	115. 33
5 × 24 m 连续梁	12 29. 62	270. 02	67. 67	244. 35	1 982. 64	94. 56

表 5—21　桥上无缝道岔位移情况

桥跨长度	尖轨相对基本轨位移(mm)	尖轨相对桥梁位移(mm)	心轨相对翼轨位移(mm)	心轨相对桥梁位移(mm)
3 × 40m 连续梁	16. 39	16. 28	6. 10	6. 57
4 × 32 m 连续梁	16. 42	16. 20	5. 51	5. 82
5 × 24m 连续梁	16. 40	16. 27	6. 01	6. 45

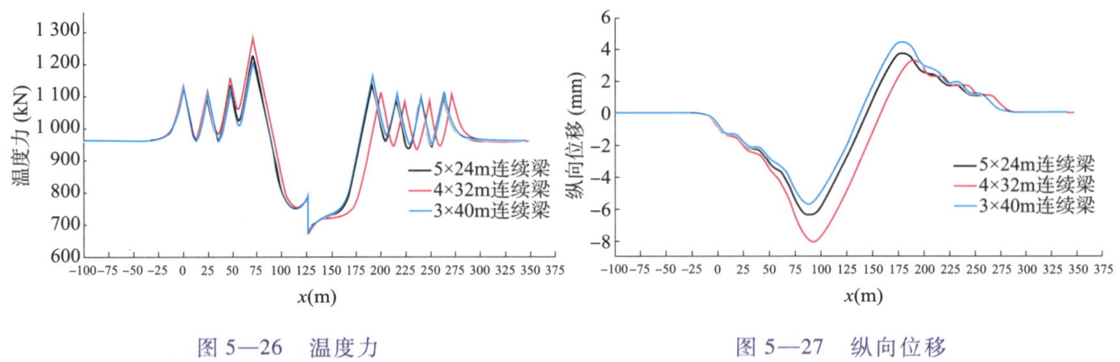

图 5—26　温度力　　　　图 5—27　纵向位移

当道岔铺设在 4 × 32 m 连续梁上时，温度跨度较大，且由于单组道岔自身结构的原因，岔前钢轨温度力较大，因此桥上无缝道岔温度力出现最大值。尖轨、心轨位移及桥墩受力与岔桥相对位置有关，对于 3 × 40 m 连续梁，由于岔心距离固定墩距离最远，因此固定墩受力最大，尖轨及心轨位移最小；对于 4 × 32 m 连续梁，由于岔心距离固定墩的距离最近，因此固定墩受力最小，尖轨及心轨位移最大。5 × 24 m 连续梁的计算结果在两者之间。

仅从伸缩力的角度看，桥上无缝道岔力学特性与桥跨长度并没有直接的关系。考虑到车辆荷载作用下，跨度较小的桥梁竖向变形较小，梁端转角也可得到较好的控制，因此桥上无缝道岔的桥跨长度不宜过大。

三、道岔群影响因素

（一）单渡线位置

本部分以铺设于连续梁上的 18 号可动心轨无缝单渡线为例，分析单渡线与桥梁的不同相对位置对桥上无缝单渡线力学特性的影响。

道岔梁为 6 × 32.0 m 连续梁，单渡线中心位于连续梁联长正中，两侧各考虑 3 × 24.0 m 简支梁。桥上无缝单渡线桥跨及支座布置见图 5—28，单渡线道岔编号见图 5—29。分别考虑单渡线 1 号道岔距离梁端 5 m、10 m、15 m 及单渡线位于连续梁正中的情况，见表 5—22。

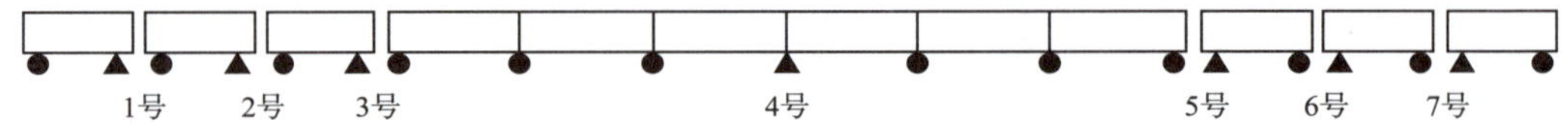

图 5—28　桥跨及支座布置示意图

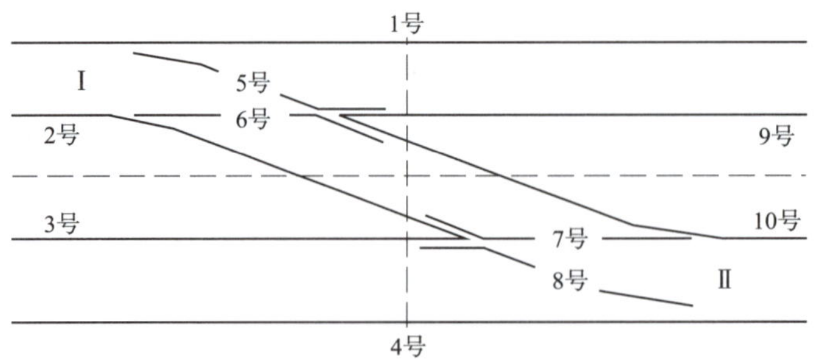

图 5—29　单渡线道岔编号

表 5—22　桥上无缝单渡线主要计算结果

1 号道岔岔头至梁端的距离(m)		5	10	15	居中
基本轨最大温度力(kN)		1348.74	1344.53	1339.08	1336.50
尖轨相对位移(mm)	1 号	20.43(13.70)	19.33(14.15)	18.36(14.44)	17.56(14.62)
	2 号	15.56(14.86)	16.10(14.82)	16.83(14.73)	17.56(14.62)
心轨相对位移(mm)	1 号	4.68(4.80)	4.64(4.80)	4.62(4.81)	4.61(4.81)
	2 号	4.59(4.82)	4.59(4.82)	4.60(4.81)	4.61(4.81)
限位器受力(kN)	1 号	58.53	54.84	52.95	51.91
	2 号	47.48	49.00	50.53	51.92
间隔铁受力(kN)	1 号	155.43	154.10	153.30	154.54
	2 号	152.69	152.42	152.44	154.30
1 号墩受力(kN)		14.13	14.56	15.18	15.47
2 号墩受力(kN)		197.76	194.98	193.08	192.06
3 号墩受力(kN)		477.47	471.34	467.63	465.69
4 号墩受力(kN)(连续梁固定墩)		33.65	18.65	7.50	0
5 号墩受力(kN)		463.72	464.15	464.67	465.69
6 号墩受力(kN)		190.82	191.49	191.56	192.06
7 号墩受力(kN)		16.06	14.94	15.45	15.41

注:尖轨相对位移为尖轨相对于基本轨的位移,括号内数值为尖轨相对于无砟轨道的位移;心轨相对位移为尖轨相对于翼轨的位移,括号内数值为心轨相对于无砟轨道的位移。

单渡线中心越靠近梁端,桥上无缝单渡线梁端钢轨温度力受尖轨跟端限位器所传力的叠加影响越大,最大温度力及位移越大。受到道岔里轨伸缩的影响,连续梁固定墩受力也越大。当单渡线中心偏离连续梁正中时,单渡线两组道岔的变形情况不同,与靠近连续梁正中的道岔相比,远离连续梁正中道岔的尖轨及心轨位移较大,且单渡线中心越靠近梁端,两组道岔尖轨及心轨位移相差越大。

为降低桥上无缝单渡线的最大温度力,减小钢轨的纵向位移,同时为便于对单渡线道岔进行统一管理及养护维修,降低连续梁固定墩受力,桥上无缝单渡线宜布置于连续梁中部,如果需要在奇数跨的连续梁上设置无缝单渡线,则单渡线中心应尽量靠近固定支座布置。

(二)单渡线桥梁形式

本部分分析不同桥梁形式对桥上无缝单渡线力学特性的影响。考虑单渡线铺设于不同支座布置及不同跨数的简支梁、连续梁的情况,其工况见图 5—30,计算结果见表 5—23 和图 5—31、图 5—32。

(1)工况 1:3×24.0 m+6×32.0 m+3×24.0 m 简支梁;

(2)工况 2:3×24.0 m+6×32.0 m+3×24.0 m 简支梁(支座对称布置);

(3)工况 3:3×24.0 m 简支梁+6×32.0 m 连续梁+3×24.0 m 简支梁;

(4)工况 4:3×24.0 m 简支梁+2×32.0 m+3×48.0 m+2×32.0 m 连续梁+3×24.0 m 简支梁;

(5)工况 5:3×24.0 m 简支梁+2×32.0 m+3×48.0 m+2×32.0 m 连续梁+3×24.0 m 简支梁(双联)。

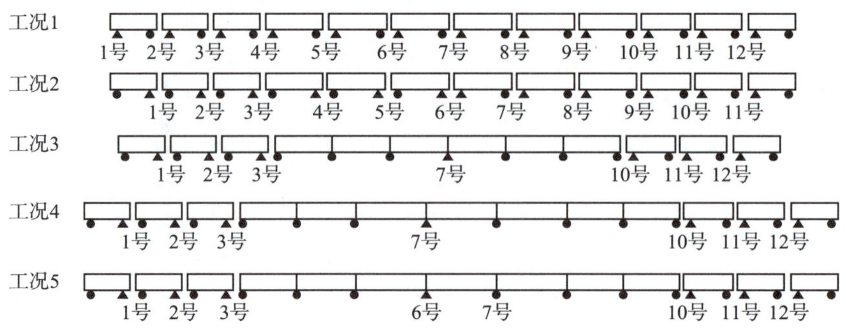

图 5—30 计算工况示意图

表 5—23 桥上无缝单渡线主要计算结果

计算工况		工况 1	工况 2	工况 3	工况 4	工况 5
基本轨最大温度力(kN)		1 208.89	1 173.98	1 336.50	1 424.92	1 356.64
尖轨相对位移	1 号	21.77(23.46)	21.26(22.66)	17.56(14.62)	15.91(14.82)	16.54(14.84)
	2 号	22.21(23.87)	21.25(22.65)	17.56(14.62)	17.23(14.73)	16.55(14.84)
心轨相对位移	1 号	5.66(5.77)	5.21(5.26)	4.61(4.81)	4.59(4.81)	4.64(4.86)
	2 号	5.67(5.78)	5.21(5.26)	4.61(4.81)	4.61(4.82)	4.64(4.86)
限位器受力	1 号	116.58	106.06	51.91	49.09	53.98
	2 号	118.71	105.64	51.92	52.01	53.98
间隔铁受力	1 号	220.03	188.10	154.54	154.36	155.53
	2 号	220.16	188.07	154.30	154.60	155.53
1 号墩受力(kN)		210.21	102.32	15.47	32.65	4.84
2 号墩受力(kN)		139.83	9.69	192.06	152.51	214.05
3 号墩受力(kN)		135.40	79.32	465.69	391.97	505.32
4 号墩受力(kN)		268.59	90.72	—	—	—
5 号墩受力(kN)		499.84	292.60	—	—	—
6 号墩受力(kN)		223.53	121.92	—	—	2 522.66
7 号墩受力(kN)(连续梁固定墩)		183.38	122.33	0	536.84	2 522.69
8 号墩受力(kN)		440.61	292.72	—	—	—
9 号墩受力(kN)		152.70	90.85	—	—	—
10 号墩受力(kN)		108.32	79.38	465.69	612.09	505.33
11 号墩受力(kN)		4.77	9.65	192.06	279.03	214.02
12 号墩受力(kN)		96.62	102.70	15.41	25.30	4.92

与单渡线铺设于支座布置方式固定的简支梁上相比，如果单渡线铺设于支座布置沿单渡线中心对称的简支梁上时，最大温度力会有所降低，尖轨及心轨的相对位移也会由于与基本轨伸缩方向一致而减小，因此限位器及间隔铁的受力也会减小；由于尖轨及心轨伸缩方向与简支梁伸缩方向相同，简支梁固定墩受力也会因此而减小。总体上看，虽然由于简支梁在车辆荷载等的作用下易产生较大的变形，不能保证单渡线的整体性，不宜用于铺设桥上无缝单渡线，但当条件受限时而不得不在简支梁上铺设无缝单渡线时，采用简支梁支座布置沿单渡线中心对

称的方案应是较好的选择。

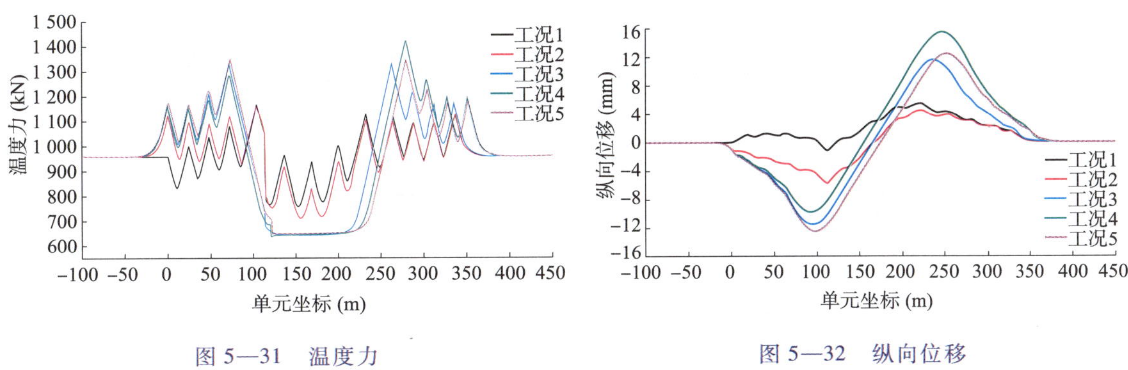

图 5—31　温度力　　　　图 5—32　纵向位移

由工况 3 与工况 1、2 的对比可知，与无缝单渡线铺设于简支梁上相比，无缝单渡线铺设于连续梁上时，虽然由于温度跨度的影响造成基本轨最大温度力增大，但尖轨及心轨位移却可以得到更好的控制，限位器及间隔铁的受力也会有所降低；考虑到在车辆荷载等作用下，连续梁整体性好，有利于控制道岔的变形，无缝单渡线应铺设于连续梁上。

由工况 4、工况 5 与工况 3 的对比可知，当无缝单渡线铺设于奇数跨连续梁且单渡线中心位于连续梁正中时，由于固定支座并不位于连续梁正中，单渡线所含两组道岔位移不同，不利于对单渡线道岔的统一管理及养护维修；当无缝单渡线铺设于设双联固定支座的奇数跨且单渡线中心位于连续梁正中时，虽然单渡线所含两组道岔位移相同，利于对单渡线道岔的统一管理及养护维修，但固定墩受力却将显著增大。因此，当无缝单渡线铺设于奇数跨连续梁时，连续梁仍应设置单联固定支座以降低固定墩受力，同时单渡线中心应尽量靠近固定支座处，这样可以使单渡线道岔的位移相同，利于统一管理及养护维修。

（三）道岔群桥梁形式

本部分以两组 18 号可动心轨无缝单渡线异向对接为例，分析不同桥梁形式对桥上无缝道岔群力学特性的影响。

道岔群（图 5—33）铺设于不同梁型的情况见图 5—34，计算结果见表 5—24 和图 5—35、图 5—36。

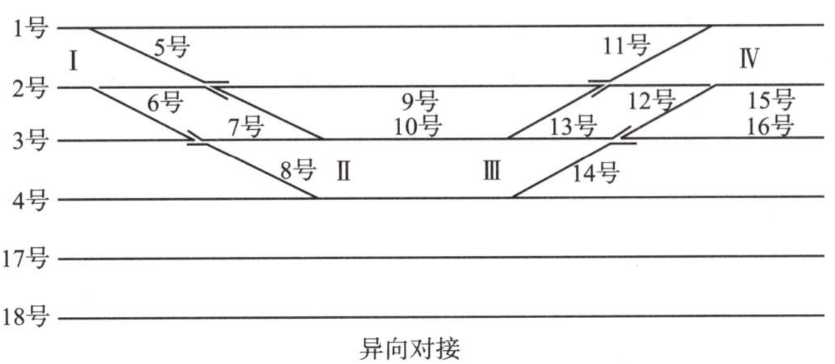

图 5—33　道岔群连接形式

（1）工况 1：3 ×24. 0 m +8 ×32. 0 m +3 ×24. 0 m 简支梁；

（2）工况 2：3 ×24. 0 m 简支梁 +12 ×32. 0 m 连续梁（单联固定支座）+3 ×24. 0 m 简支梁；

（3）工况 3：3 ×24. 0 m 简支梁 +12 ×32. 0 m 连续梁（双联固定支座）+3 ×24. 0 m 简支梁；

(4)工况 4:3×24.0 m 简支梁+12×32.0 m 连续梁(双联固定支座)+3×24.0 m 简支梁;

(5)工况 5:3×24.0 m 简支梁+12×32.0 m 连续刚构梁+3×24.0 m 简支梁。

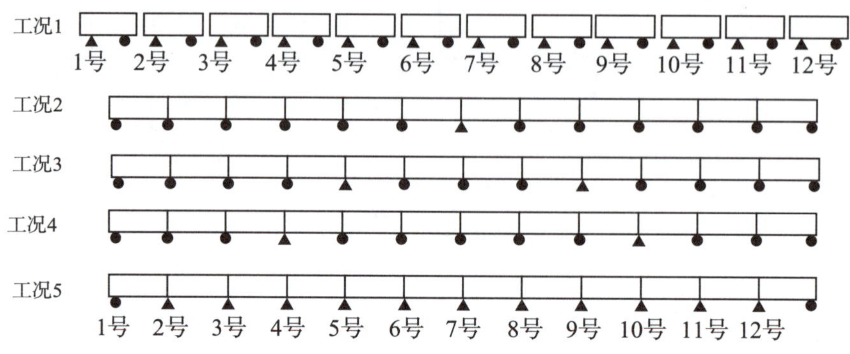

图 5—34 计算工况示意图

表 5—24 桥上无缝道岔群主要计算结果

计算工况		工况 1	工况 2	工况 3	工况 4	工况 5
基本轨最大温度力(kN)		1 252.81	1 516.40	1 501.27	1 483.77	1 467.34
尖轨相对位移(mm)	1 号	21.29(23.74)	18.79(16.03)	18.62(16.05)	18.43(16.07)	18.40(16.35)
	2 号	22.30(22.43)	16.29(16.30)	16.68(16.71)	16.90(16.92)	17.03(17.05)
	3 号	22.30(22.43)	16.29(16.30)	16.68(16.71)	16.91(16.92)	17.03(17.05)
	4 号	21.41(23.88)	18.79(16.03)	18.62(16.05)	18.43(16.07)	18.40(16.35)
心轨相对位移(mm)	1 号	6.19(6.38)	5.26(5.42)	5.24(5.46)	5.36(5.63)	5.47(5.73)
	2 号	5.71(5.65)	5.24(5.49)	5.31(5.56)	5.46(5.71)	5.51(5.78)
	3 号	5.72(5.65)	5.24(5.49)	5.31(5.56)	5.46(5.71)	5.51(5.78)
	4 号	6.23(6.42)	5.26(5.49)	5.24(5.47)	5.36(5.63)	5.47(5.74)
限位器受力(kN)	1 号	115.52	67.29	67.03	67.38	73.82
	2 号	118.23	65.94	69.89	76.83	77.91
	3 号	118.37	65.94	69.90	76.84	77.91
	4 号	116.20	67.29	67.04	67.12	73.83
间隔铁受力(kN)	1 号	239.28	180.46	179.82	185.12	189.02
	2 号	201.54	179.88	181.97	187.17	189.96
	3 号	202.11	180.09	182.16	187.36	190.16
	4 号	240.10	180.25	179.61	184.91	188.81
左侧简支梁固定墩受力(kN)		124.47	850.26	821.98	788.87	757.75
1 号墩受力(kN)		189.55	—	—	—	—
2 号墩受力(kN)		424.69	—	—	—	2 922.93
3 号墩受力(kN)		282.83	—	—	—	2 291.81
4 号墩受力(kN)		83.94	—	—	6721.63	1 684.48
5 号墩受力(kN)		416.74	—	4675.37	—	1 099.50
6 号墩受力(kN)		113.41	—	—	—	540.92
7 号墩受力(kN)		115.89	0.00	—	—	0.00

续上表

计算工况	工况 1	工况 2	工况 3	工况 4	工况 5
8 号墩受力(kN)	418.03	—	—	—	540.96
9 号墩受力(kN)	87.41	—	4675.40	—	1099.53
10 号墩受力(kN)	276.47	—	—	6721.58	1684.48
11 号墩受力(kN)	410.64	—	—	—	2291.76
12 号墩受力(kN)	157.90	—	—	—	2922.87
右侧简支梁固定墩受力(kN)	55.42	850.24	821.96	788.88	757.74

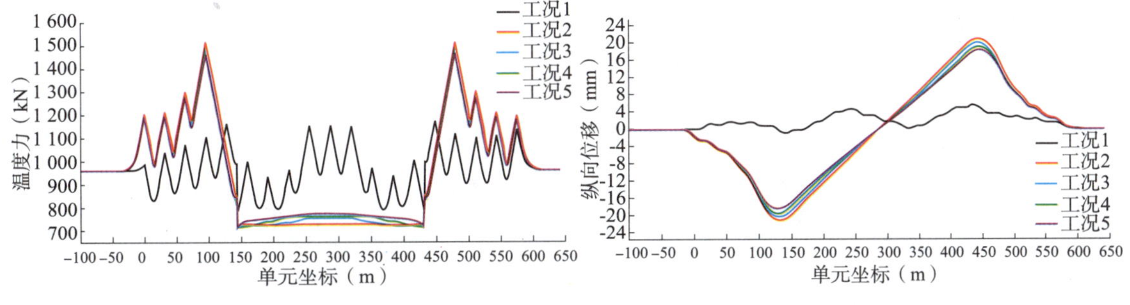

图 5—35　温度力　　　　图 5—36　纵向位移

与道岔群铺设于连续梁上相比，如果道岔群铺设于简支梁上时，最大温度力会有所降低，由于基本轨伸缩方向与尖轨及心轨相反，尖轨与心轨的相对位移较大，因此限位器及间隔铁的受力较大。总体上看，由于简支梁在车辆荷载等的作用下易产生较大的变形，不能保证道岔群的整体性，不宜用于铺设桥上无缝道岔群。

与连续梁只设单联固定支座相比，采用双联支座或将道岔群铺设于连续刚构梁桥上时，虽然道岔群最大温度力有所减小，但这种变化并不明显，温度力最大降幅仅为 3.25%，而桥墩受力将会大大增加，这种影响是极为不利的。因此，桥上无缝道岔群宜铺设于只设单联固定支座的连续梁上。

（四）连续梁间插入简支梁

本部分以分别铺设于 6×32.0 m 连续梁上异向对接的两组 18 号可动心轨无缝单渡线（单渡线中心均位于连续梁联长正中）为例，分析连续梁间插入简支梁数量及其支座布置对桥上无缝道岔群力学特性的影响。道岔群内道岔编号见图 5—37。

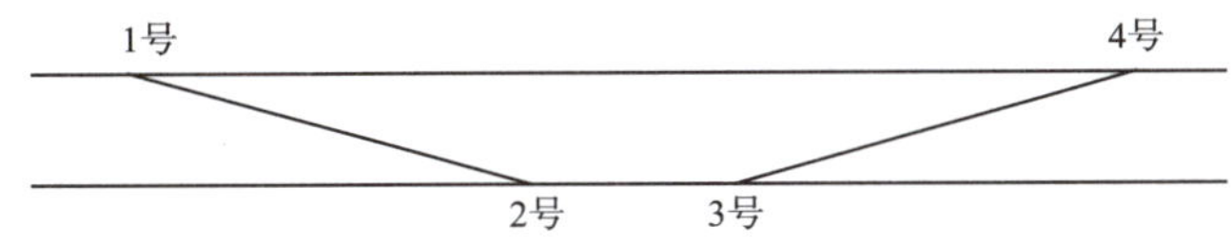

图 5—37　道岔群内道岔编号示意图

计算工况如下，计算结果见表 5—25。

(1)工况 1:3×24.0 m 简支梁 +6×32.0 m 连续梁 +6×32.0 m 连续梁 +3×24.0 m 简支梁；

(2)工况 2:3×24.0 m 简支梁 +6×32.0 m 连续梁 +1×24.0 m 简支梁 +6×32.0 m 连续梁 +3×24.0 m 简支梁(简支梁布置形式左固右活)；

(3)工况 3:3 ×24.0 m 简支梁 +6 ×32.0 m 连续梁 +1 ×32.0 m 简支梁 +6 ×32.0 m 连续梁 +3 ×24.0 m 简支梁(简支梁布置形式左固右活);

(4)工况 4:3 ×24.0 m 简支梁 +6 ×32.0 m 连续梁 +1 ×40.0 m 简支梁 +6 ×32.0 m 连续梁 +3 ×24.0 m 简支梁(简支梁布置形式左固右活);

(5)工况 4:3 ×24.0 m 简支梁 +6 ×32.0 m 连续梁 +2 ×32.0 m 简支梁 +6 ×32.0 m 连续梁 +3 ×24.0 m 简支梁(两跨简支梁布置形式分别为左固右活,左固右活);

(6)工况 6:3 ×24.0 m 简支梁 +6 ×32.0 m 连续梁 +2 ×32.0 m 简支梁 +6 ×32.0 m 连续梁 +3 ×24.0 m 简支梁(两跨简支梁布置形式分别为左固右活,左活右固);

(7)工况 7:3 ×24.0 m 简支梁 +6 ×32.0 m 连续梁 +2 ×32.0 m 简支梁 +6 ×32.0 m 连续梁 +3 ×24.0 m 简支梁(两跨简支梁布置形式分别为左活右固,左固右活);

(8)工况 8:3 ×24.0 m 简支梁 +6 ×32.0 m 连续梁 +3 ×32.0 m 简支梁 +6 ×32.0 m 连续梁 +3 ×24.0 m 简支梁(三跨简支梁布置形式分别左固右活,左活右固,左活右固)。

表 5—25　桥上无缝道岔群主要计算结果

计算工况		工况 1	工况 2	工况 3	工况 4	工况 5	工况 6	工况 7	工况 8
基本轨最大温度力(kN)		1514.28	1444.58	1432.25	1430.79	1392.48	1353.28	1371.80	1330.32
尖轨相对位移(mm)	1 号	17.63 (16.10)	17.54 (16.11)	17.52 (16.11)	17.50 (16.11)	17.45 (16.11)	17.48 (16.11)	17.49 (16.11)	17.45 (16.11)
	2 号	19.97 (15.83)	18.76 15.99)	18.53 (16.02)	18.35 (16.04)	17.87 (16.08)	18.08 (16.07)	18.27 (16.05)	17.86 (16.08)
	3 号	19.97 (15.83)	19.09 15.94)	18.95 (15.96)	18.93 (15.97)	18.50 (16.02)	18.09 (16.06)	18.28 (16.05)	17.68 (16.10)
	4 号	17.63 (16.10)	17.57 (16.11)	17.56 (16.11)	17.56 (16.11)	17.51 (16.11)	17.48 (16.11)	17.49 (16.11)	17.43 (16.11)
心轨相对位移(mm)	1 号	5.22 (5.47)	5.22 (5.46)	5.21 (5.46)	5.21 (5.46)	5.21 (5.45)	5.21 (5.45)	5.21 (5.46)	5.21 (5.45)
	2 号	5.26 (5.47)	5.24 (5.46)	5.23 (5.46)	5.23 (5.46)	5.22 (5.45)	5.22 (5.46)	5.23 (5.46)	5.22 (5.45)
	3 号	5.22 (5.47)	5.25 (5.46	5.24 (5.46)	5.24 (5.46)	5.23 (5.46)	5.22 (5.46)	5.23 (5.46)	5.21 (5.45)
	4 号	5.26 (5.47)	5.22 (5.46	5.22 (5.46)	5.22 (5.47)	5.22 (5.46)	5.21 (5.46)	5.22 (5.46)	5.21 (5.45)
限位器受力(kN)	1 号	65.72	65.64	65.62	65.61	65.57	65.59	65.60	65.57
	2 号	71.18	66.96	66.69	66.49	65.99	66.19	66.40	65.98
	3 号	71.18	67.38	67.20	67.17	66.65	66.20	66.40	65.79
	4 号	65.72	65.66	65.66	65.67	65.63	65.60	65.61	65.55
间隔铁受力(kN)	1 号	179.40	179.17	179.11	179.06	178.94	178.98	179.04	178.93
	2 号	179.94	179.32	179.19	179.08	178.85	178.93	179.04	178.84
	3 号	180.14	179.70	179.63	179.60	179.36	179.14	179.24	178.93
	4 号	179.19	179.05	179.02	179.01	178.90	178.78	178.83	178.67
连续梁 1 号固定墩受力(kN)		800.93	470.54	400.37	344.79	182.30	254.25	317.96	399.81
连续梁 2 号固定墩受力(kN)		800.93	571.62	536.47	514.11	385.25	249.29	318.29	179.32
简支梁 1 号墩受力(kN)		—	114.50	154.17	196.61	135.59	38.38	475.58	139.60

续上表

计算工况	工况 1	工况 2	工况 3	工况 4	工况 5	工况 6	工况 7	工况 8
简支梁 2 号墩受力(kN)	—	—	—	—	365.75	32.76	470.27	175.35
简支梁 3 号墩受力(kN)	—	—	—	—	—	—	—	234.78
左端简支梁固定墩受力(kN)	441.47	419.42	414.66	410.90	400.01	404.84	409.23	108.63
右端简支梁固定墩受力(kN)	441.47	426.13	423.76	417.31	413.73	404.50	408.92	395.03

连续梁间设置一定跨数的简支梁可以有效降低桥上无缝道岔群的最大温度力，设置简支梁对道岔群的变形没有明显影响。

虽然设置简支梁跨数越多，桥上无缝道岔群最大温度力降低越多，但如果简支梁跨数过多，最大温度力降幅变化并不明显，根据计算，连续梁间设置一跨简支梁，最大温度力降幅约为 6%；连续梁间设置两跨简支梁，最大温度力降幅约为 11%；连续梁间设置三跨简支梁，最大温度力降幅仅增加为约 12%。因此，为避免使用伸缩调节器，两联连续梁间应设置简支梁，且以两跨为宜。当条件不允许时，也应至少设一跨简支梁，梁长以 32 m 为宜。

四、小　结

(1)桥上无缝道岔伸缩力及位移主要由道岔梁的温度跨度、轨温及桥温变化幅度决定。道岔梁的温度跨度越大，轨温及桥温变化幅度越大，桥上无缝道岔的伸缩力越大。在条件允许的情况下，桥上无缝道岔的锁定轨温宜接近当地的中间轨温，使钢轨的最大升温及降温幅度尽量相同；

(2)尖轨跟端采用间隔铁结构时，有利于控制尖轨伸缩，但不利于道岔及桥墩的受力；尖轨跟端不设传力结构时，虽有利于道岔及桥墩的受力，但却不利于控制尖轨的位移；尖轨跟端采用限位器结构的影响介于前两者之间。桥上无缝道岔尖轨跟端结构型式需根据实际情况，综合比选确定；

(3)为有效控制道岔钢轨的变形，桥上无缝道岔区内应保持较大的纵向阻力；为减小桥上无缝道岔钢轨的伸缩力，非道岔区宜采用较小的纵向阻力值；

(4)岔区固定墩纵向刚度的增加有利于减小伸缩力，控制道岔的变形，但将显著增加桥墩的纵向力；固定墩纵向刚度存在合理范围，纵向刚度如果过小，则梁体位移将不能满足要求；纵向刚度如果过大，则对无缝道岔受力及变形的影响有限，且不利于自身的受力；

(5)对连续梁桥上无缝道岔而言，两端简支梁固定墩纵向刚度对其力学特性影响不大；简支梁固定支座靠近连续梁布置最有利于减小桥上无缝道岔的伸缩力；

(6)对连续梁桥上无缝道岔而言，在尖轨及心轨位移可以得到有效控制的条件下，为减小固定墩受力，岔心宜尽量靠近固定墩布置；

(7)桥上无缝道岔群宜铺设于采用单联固定支座的连续梁上，道岔群中心应尽量靠近固定墩；

(8) 为减小桥上无缝道岔群的伸缩力，两联无缝道岔连续梁间应设置简支梁，且以两跨为宜。当站场布置条件不允许时，也应至少设一跨简支梁，梁长以 32 m 为宜。

第三节 高架站板式无砟道岔力学特性及影响因素

本节利用桥上无缝道岔空间耦合有限元理论，建立桥上板式无砟轨道无缝道岔模型，以铺设在 6 × 32.0 m 连续梁的 18 号无缝道岔单渡线为例，对轨温变化幅度、线路纵向阻力、桥跨长度、滑动层摩擦系数等高架站无砟轨道无缝道岔的主要影响及作用规律进行系统研究。

道岔尖轨跟端采用限位器结构，限位器及间隔铁的阻力根据相关试验取值。每组扣件纵向阻力为 10 kN，扣件横向静刚度为 5.0×10^7 N/m，垂向刚度为 3.5×10^7 N/m；道岔板厚度为 240 mm，混凝土强度等级为 C55；底座板厚 180 mm，混凝土强度等级为 C40；摩擦板厚 0.4 m，混凝土强度等级为 C30；道岔梁采用 C50 混凝土，弹性模量 3.55×10^{10} MPa；桥跨布置为 6 × 32.0 m连续梁，道岔岔心位于连续梁联长正中；两侧为端刺结构，摩擦区长度取为 50 m。考虑不利情况，桥上无缝道岔轨温变化幅度取为 50℃，轨道板/底座板温度变化幅度取为 30℃，桥温变化幅度取为 20℃。

一、轨道结构影响因素

（一）扣件阻力

扣件阻力是影响道岔受力和变形的重要因素。本部分对以下 3 种工况进行计算：①0.8 倍的扣件阻力；②1.0 倍的扣件阻力；③1.2 倍的扣件阻力，分析其对桥上纵连板式无砟轨道无缝道岔的影响规律。计算结果见表 5—26 ~ 表 5—28 和图 5—38、图 5—39。

表 5—26 温度力计算结果

扣件阻力	最大温度力(kN)	附加温度力(kN)	温度力增幅(%)
0.8	1 070.53	110.93	11.56
1.0	1 071.44	111.84	11.65
1.2	1 073.44	113.83	11.86

表 5—27 道岔位移计算结果

扣件阻力	尖轨相对基本轨位移(mm)	心轨相对轨道板位移(mm)	尖轨相对基本轨位移(mm)	心轨相对轨道板位移(mm)
0.8	22.86	22.59	4.86	8.08
1.0	22.35	22.01	5.06	7.51
1.2	21.86	21.50	5.27	7.19

表 5—28 道岔传力结构及下部结构受力计算结果

扣件阻力	尖轨跟端传力结构最大受力值(kN)	翼轨末端传力结构最大受力值(kN)	桥墩最大受力值(kN)	固结机构最大受力值(kN)	端刺最大受力值(kN)
0.8	179.91	201.44	3.02	326.67	2 696.95
1.0	165.99	205.97	2.99	332.19	2 698.94
1.2	150.13	211.19	2.94	354.48	2 700.05

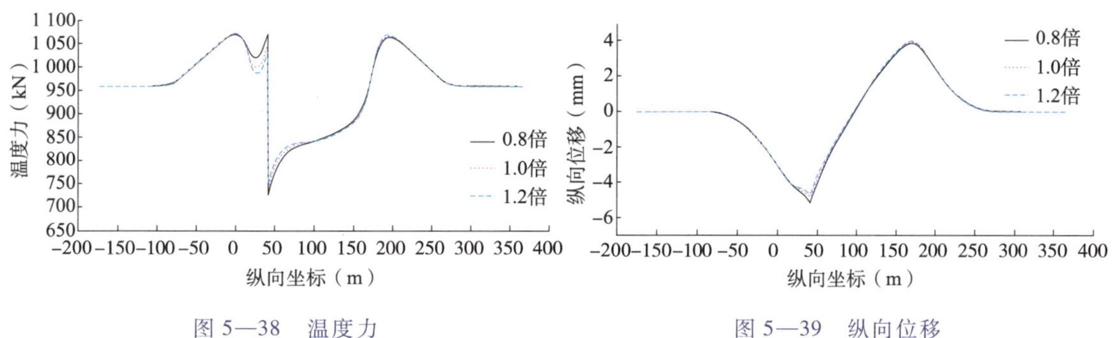

图 5—38　温度力　　　　图 5—39　纵向位移

扣件阻力越大，钢轨所受的最大温度力越大；尖轨、心轨的绝对位移和相对轨道板位移都越小，尖轨相对基本轨的位移越小，心轨相对基本轨的位移越大；尖轨跟端传力结构受力略小，翼轨末端传力结构受力越大；端刺结构的受力略有增大。在满足钢轨强度要求的条件下，采用大阻力扣件对于尖轨、心轨位移控制有利。

（二）轨道板/底座板伸缩刚度

轨道板/底座板由于裂缝的影响，存在不同的工作状态，造成伸缩刚度不同，将对桥上纵连板式无砟轨道无缝道岔的力学特性产生一定影响。当未出现裂缝时，轨道板/底座板处于弹性变形范围内，刚度最大；当轨道板/底座板开始出现裂缝，但并未贯穿整个断面时，刚度减小；当轨道板/底座板的裂缝贯穿整个断面时，结构的刚度进一步减小，仅有钢筋可以提供一定的纵向刚度。考虑到轨道板/底座板开裂的实际情况，在本部分的计算工况中，轨道板/底座板的伸缩刚度折减系数分别取为 0.1、0.5、1.0。计算结果见表 5—29 ~ 表 5—32 和图 5—40、图 5—41。

表 5—29　温度计算结果

伸缩刚度折减	最大温度力(kN)	附加温度力(kN)	温度力增幅(%)
0.1	1 092.33	132.73	13.83
0.5	1 080.92	121.32	12.64
1.0	1 071.44	111.84	11.65

表 5—30　道岔位移计算结果

伸缩刚度折减	尖轨相对基本轨位移(mm)	心轨相对轨道板位移(mm)	尖轨相对基本轨位移(mm)	心轨相对轨道板位移(mm)
0.1	22.51	22.13	5.03	7.42
0.5	22.44	22.08	5.04	7.51
1.0	22.35	22.01	5.06	7.51

表 5—31　道岔传力结构及下部结构受力计算结果

伸缩刚度折减	尖轨跟端传力结构最大受力值(kN)	翼轨末端传力结构最大受力值(kN)	桥墩最大受力值(kN)	固结机构最大受力值(kN)	端刺最大受力值(kN)
0.1	165.71	204.39	0.88	19.96	247.02
0.5	166.06	205.30	1.52	24.22	1 331.39
1.0	165.99	205.97	3.07	322.19	2 698.94

表 5—32　横向变形计算结果

伸缩刚度折减	轨距变化量(mm)	轨向变化量(mm)	轨距变化率(‰)	轨向变化率(‰)	密贴变化量(mm)
0.1	0.764	1.330	0.466	0.132	0.039
0.5	0.764	1.330	0.485	0.142	0.043
1.0	0.764	1.330	0.490	0.147	0.045

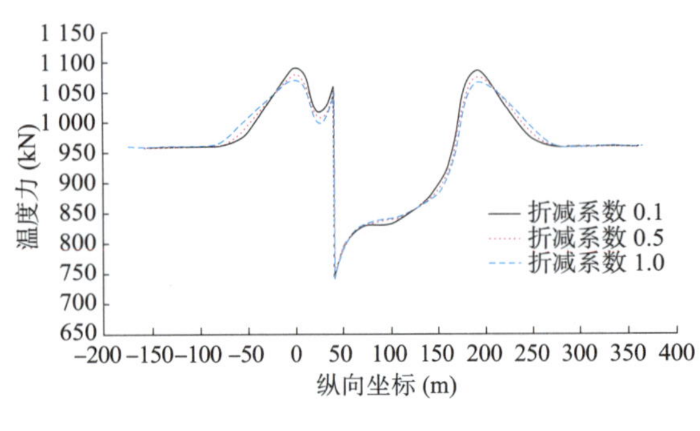

图 5—40　温度力

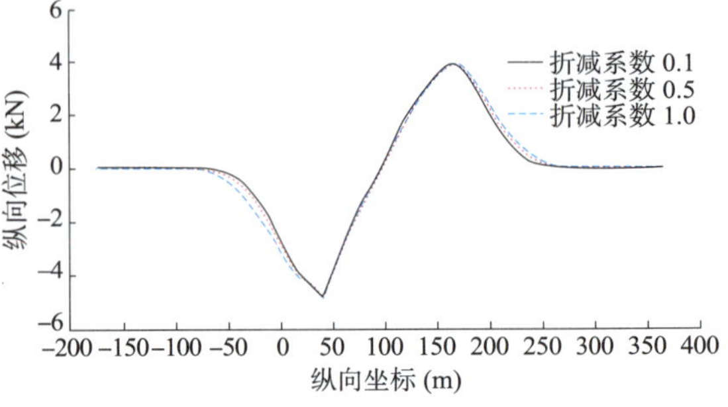

图 5—41　纵向位移

底座板的伸缩刚度越大,基本轨所受的最大温度力略有减小;尖轨位移略有减小;心轨的绝对位移略有减小,相对位移略有增加;翼轨末端传力结构受力略有增大;桥墩、固结机构和端刺结构的受力大幅增加;其他结构受力和变形规律不明显。

虽然道岔的横向变形随着轨道板/底座板的开裂而略有减小,但就变化幅度而言,轨道板/底座板伸缩刚度对无缝道岔横向变形的影响并不大。

总体上看,轨道板/底座板伸缩刚度的变化对道岔本身力学特性的影响有限,但对下部结构,如桥墩、固结机构和端刺等受力有较大影响。因此,为保证结构的正常使用,桥上纵连板式无砟轨道无缝道岔应注意轨道板/底座板伸缩刚度对端刺等结构设计的影响。

(三)滑动层摩擦系数

本部分分析滑动层摩擦系数对桥上纵连板式无砟轨道无缝道岔的影响,考虑摩擦系数分别为 0.2、0.3 和 0.4 三种情况。计算结果见表 5—33 ~ 表 5—35 和图 5—42、图 5—43。

表 5—33　温度力计算结果

滑动层摩擦系数	最大温度力(kN)	附加温度力(kN)	温度力增幅(%)
0.2	1 068.92	109.32	11.39
0.3	1 071.44	111.84	11.65
0.4	1 074.69	115.08	11.99

表 5—34　道岔位移计算结果

滑动层摩擦系数	尖轨相对基本轨位移(mm)	心轨相对轨道板位移(mm)	尖轨相对基本轨位移(mm)	心轨相对轨道板位移(mm)
0.2	22.44	22.13	5.07	7.66
0.3	22.35	22.01	5.06	7.51
0.4	22.29	21.94	5.00	7.46

表 5—35　道岔传力结构及下部结构受力计算结果

滑动层摩擦系数	尖轨跟端传力结构最大受力值(kN)	翼轨末端传力结构最大受力值(kN)	桥墩最大受力值(kN)	固结机构最大受力值(kN)	端刺最大受力值(kN)
0.2	167.81	207.55	5.74	24.11	2 672.09
0.3	165.99	205.97	3.07	322.19	2 698.94
0.4	164.09	203.84	1.30	70.89	2 730.23

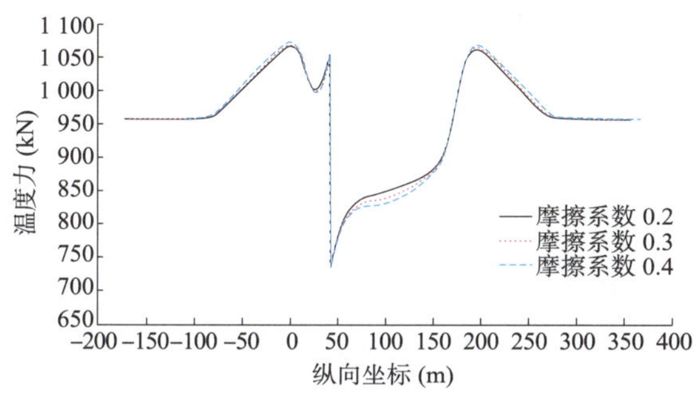

图 5—42　温度力

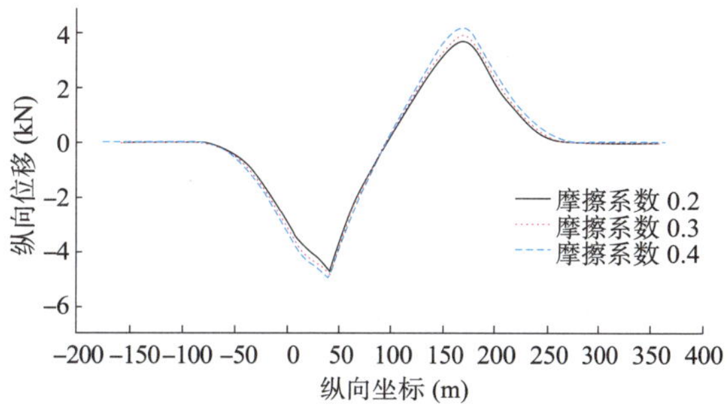

图 5—43　纵向位移

滑动层摩擦系数越大,基本轨所受最大温度力略有增加;尖轨绝对位移略有增加,尖轨、心轨的相对位移略有减小;限位器和间隔铁的受力有小幅降低;桥墩受力大幅度减小;端刺结构的受力有小幅增加;其他结构受力与变形规律不明显。综上所述,滑动层摩擦系数对桥上无缝道岔的影响有限,主要影响下部结构,如桥墩和固结机构等。从下部结构考虑,滑动层摩擦系数越小越好。

(四)摩擦板长度

本部分主要分析摩擦板长度对桥上纵连板式无砟轨道无缝道岔力学特性的影响,根据既有纵连板式无砟轨道摩擦板的设置情况,摩擦板长度分别取为 50 m、75 m、100 m。计算结果见表 5—36 ~ 表 5—39。

表 5—36　温度力计算结果

摩擦板长度(m)	最大温度力(kN)	附加温度力(kN)	温度力增幅(%)
50	1 076.93	117.33	12.23
75	1 071.44	111.84	11.65
100	1 071.26	111.65	11.63

表 5—37　道岔位移计算结果

摩擦板长度(m)	尖轨相对基本轨位移(mm)	心轨相对轨道板位移(mm)	尖轨相对基本轨位移(mm)	心轨相对轨道板位移(mm)
50	22.44	22.10	5.08	7.54
75	22.35	22.01	5.06	7.51
100	22.35	22.01	5.05	7.50

表 5—38　道岔传力结构及下部结构受力计算结果

摩擦板长度(m)	尖轨跟端传力结构最大受力值(kN)	翼轨末端传力结构最大受力值(kN)	桥墩最大受力值(kN)	固结机构最大受力值(kN)	端刺最大受力值(kN)
50	167. 51	206. 91	0. 38	328. 25	3 060. 57
75	165. 99	205. 97	3. 07	322. 19	2 698. 94
100	165. 94	205. 95	3. 85	321. 80	2 623. 35

表 5—39　横向变形计算结果

摩擦板长度(m)	轨距变化量(mm)	轨向变化量(mm)	轨距变化率(‰)	轨向变化率(‰)	密贴变化量(mm)
50	0. 764	1. 330	0. 490	0. 147	0. 045
75	0. 757	1. 323	0. 479	0. 142	0. 044
100	0. 743	1. 318	0. 473	0. 138	0. 043

随着摩擦板长度的增加,基本轨所受最大温度力略有减小,基本轨纵向位移略有增加;尖轨、心轨绝对位移略有增加,相对位移略有减小;尖轨跟端传力结构、翼轨末端传力结构略有减小;桥墩受力有所增大;端刺结构受力明显减小;道岔横向变形得到更好的控制。

综上所述,摩擦板长度越长,对桥上纵连板式无砟轨道无缝道岔越有利。

(五)尖轨跟端结构形式

本部分从尖轨跟端的结构形式出发,研究其对桥上纵连板式无砟轨道无缝道岔的影响。主要考虑的尖轨跟端结构形式为:无传力结构;限位器;间隔铁。计算结果见表 5—40 ~ 表 5—42 和图 5—44、图 5—45。

表 5—40　温度力计算结果

尖轨跟端传力结构形式	最大温度力(kN)	附加温度力(kN)	温度力增幅(%)
无传力结构	1 064. 22	104. 61	10. 90
限位器	1 071. 44	111. 84	11. 65
间隔铁	1 159. 74	200. 14	20. 86

表 5—41　道岔位移计算结果

尖轨跟端传力结构形式	尖轨相对基本轨位移(mm)	心轨相对轨道板位移(mm)	尖轨相对基本轨位移(mm)	心轨相对轨道板位移(mm)
无传力结构	39. 51	38. 72	1. 91	12. 45
限位器	22. 35	22. 01	5. 06	7. 51
间隔铁	15. 40	15. 48	6. 27	6. 60

表 5—42　道岔传力结构及下部结构受力计算结果

尖轨跟端传力结构形式	尖轨跟端传力结构最大受力值(kN)	翼轨末端传力结构最大受力值(kN)	桥墩最大受力值(kN)	固结机构最大受力值(kN)	端刺最大受力值(kN)
无传力结构	0. 00	107. 59	1. 02	707. 23	2 683. 04
限位器	165. 99	205. 97	3. 07	322. 19	2 698. 94
间隔铁	295. 72	239. 81	3. 72	309. 22	2 706. 10

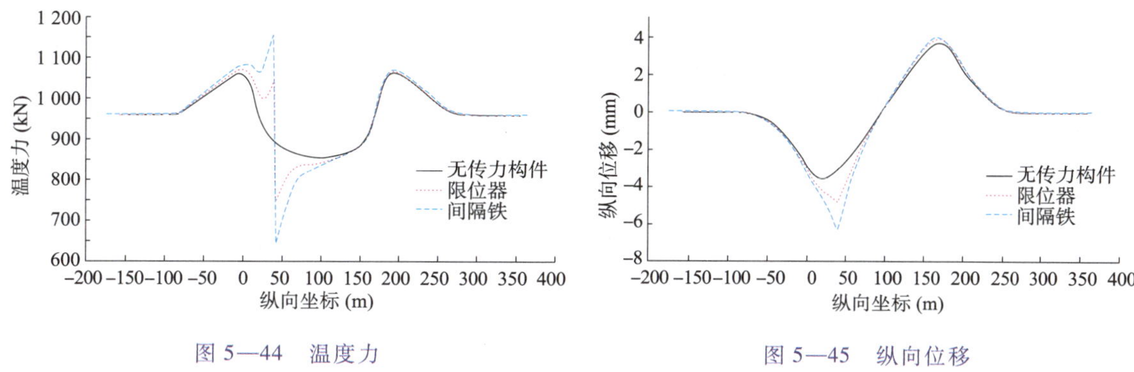

图 5—44　温度力　　　　图 5—45　纵向位移

尖轨跟端不设传力构件时,基本轨所受最大温度力最小,尖轨的位移最大,心轨的绝对位移和相对轨道板的位移最大,心轨相对基本轨的位移最小,心轨跟端间隔铁受力最小,端刺结构受力最小;尖轨跟端采用间隔铁时,钢轨所受的最大温度力最大,尖轨的位移最小,心轨的绝对位移和相对轨道板的位移最小,心轨相对基本轨的位移最大,心轨跟端间隔铁受力最大,端刺结构受力最大。

尖轨跟端不采用任何传力构件或采用限位器时,基本轨最大温度力产生在梁端位置;尖轨跟端采用间隔铁时,基本轨最大温度力产生在尖轨跟端位置。基本轨纵向最大位移均产生在尖轨跟端位置。

综上所述,尖轨跟端传力构件的选取,主要受道岔钢轨的受力与尖轨、心轨的位移的控制,当位移起控制作用时,以间隔铁最优;当钢轨受力起控制作用时,以不设置任何传力构件为最佳;其他情况应综合考虑。

二、桥梁结构影响因素

(一)桥温变化幅度

本部分分析桥梁温变化幅度对桥上纵连板式无砟轨道无缝道岔力学特性的影响。分别考虑梁温变化幅度为 15℃、20℃、25℃ 的情况。计算结果见表 5—43 ~ 表 5—45 和图 5—46、图 5—47。

表 5—43　温度力计算结果

桥梁升温幅度(℃)	最大温度力(kN)	附加温度力(kN)	温度力增幅(%)
15	1 073.79	114.19	11.90
20	1 071.44	111.84	11.65
25	1 070.40	110.80	11.55

表 5—44　道岔位移计算结果

桥梁升温幅度(℃)	尖轨相对基本轨位移(mm)	心轨相对轨道板位移(mm)	尖轨相对基本轨位移(mm)	心轨相对轨道板位移(mm)
15	22.30	21.95	5.03	7.49
20	22.35	22.01	5.06	7.51
25	22.43	22.11	5.06	7.60

表 5—45　道岔传力结构及下部结构受力计算结果

桥梁升温幅度（℃）	尖轨跟端传力结构最大受力值（kN）	翼轨末端传力结构最大受力值（kN）	桥墩最大受力值（kN）	固结机构最大受力值（kN）	端刺最大受力值（kN）
15	165.25	165.25	2.73	915.23	2 703.75
20	165.99	165.99	3.07	322.19	2 698.94
25	167.02	167.02	3.48	22.58	2 688.87

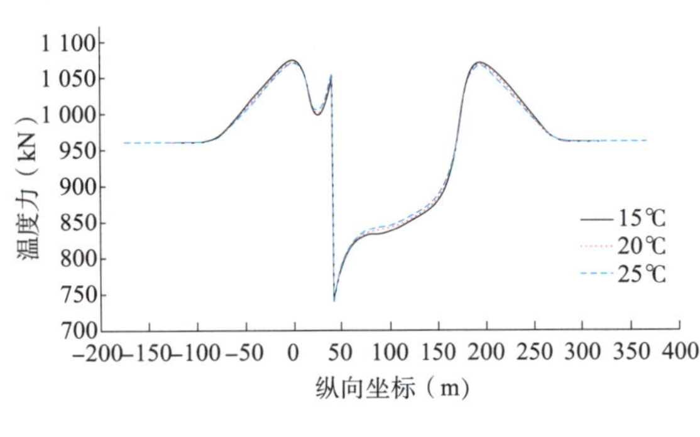

图 5—46　温度力

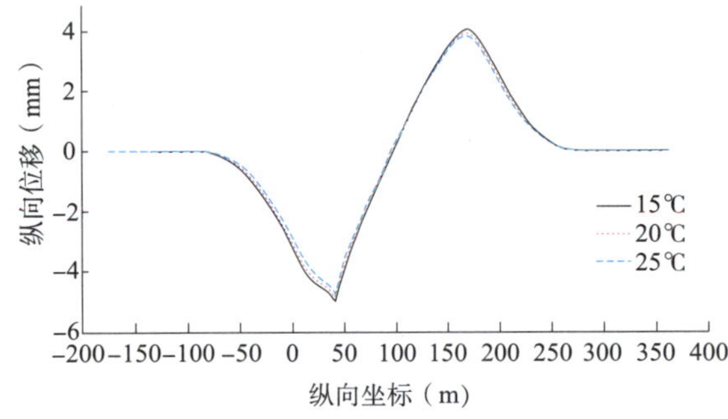

图 5—47　纵向位移

随桥温变化幅度的增加，基本轨所受最大温度力略有减小；尖轨、心轨的绝对位移略有减小，相对位移略有增加；尖轨跟端传力结构、翼轨末端传力结构受力略有增大；桥墩受力大幅增加；固结机构受力大幅减小；左端刺结构受力减小，右端刺结构正好相反；桥梁的位移大幅增加。但从总体上看，桥温变化幅度对道岔的影响很有限，可忽略不计。

综上所述，桥温变化对桥上纵连板式无砟轨道无缝道岔的影响较小，其主要影响桥梁的受力与变形、桥墩和端刺结构的受力等。

（二）桥墩纵向刚度

本部分分析桥墩纵向刚度对桥上纵连板式无砟轨道无缝道岔力学特性的影响。分别考虑桥墩纵向刚度为 500 kN/cm，1 000 kN/cm，5 000 kN/cm 的情况。计算结果见表 5—46 ~ 表 5—48。

表 5—46　温度力计算结果

桥墩纵向刚度（kN/cm）	最大温度力（kN）	附加温度力（kN）	温度力增幅（%）
500	1 071.46	111.86	11.66
1 000	1 071.44	111.84	11.65
5 000	1 071.37	111.76	11.65

表 5—47　道岔位移计算结果

桥墩纵向刚度（kN/cm）	尖轨相对基本轨位移（mm）	心轨相对轨道板位移（mm）	尖轨相对基本轨位移（mm）	心轨相对轨道板位移（mm）
500	22.35	22.01	5.06	7.51
1 000	22.35	22.01	5.06	7.51
5 000	22.35	22.02	5.06	7.51

表 5—48　道岔传力结构及下部结构受力计算结果

桥墩纵向刚度(kN/cm)	尖轨跟端传力结构最大受力值(kN)	翼轨末端传力结构最大受力值(kN)	桥墩最大受力值(kN)	固结机构最大受力值(kN)	端刺最大受力值(kN)
500	165.98	205.97	1.60	321.56	2698.77
1000	165.99	205.97	3.07	322.19	2698.88
5000	166.01	205.98	11.33	329.64	2698.94

桥墩纵向刚度增大,对道岔受力与变形影响很小,可以忽略不计;固结机构受力略有增加,端刺结构受力几乎不变;桥墩受力大幅增加。桥墩刚度的变化,主要影响桥墩受力,对桥上纵连板式无砟轨道无缝道岔的影响可忽略不计。

(三)桥跨长度

本部分分析桥跨长度对桥上纵连板式无砟轨道无缝道岔力学特性的影响。分别考虑无缝渡线铺设于6×32 m连续梁,6×40 m连续梁,6×48 m连续梁上的情况,单渡线中心均位于连续梁联长正中。计算结果见表5—49～表5—51和图5—48、图5—49。

表 5—49　温度力计算结果

桥跨长度(m)	最大温度力(kN)	附加温度力(kN)	温度力增幅(%)
32	1071.44	111.84	11.65
40	1075.17	115.57	12.04
48	1067.62	108.01	11.26

表 5—50　道岔位移计算结果

桥跨长度(m)	尖轨相对基本轨位移(mm)	心轨相对轨道板位移(mm)	尖轨相对基本轨位移(mm)	心轨相对轨道板位移(mm)
32	22.35	22.01	5.06	7.51
40	22.00	21.64	4.93	7.32
48	21.60	21.27	4.84	7.22

表 5—51　道岔传力结构及下部结构受力计算结果

桥跨长度(m)	尖轨跟端传力结构最大受力值(kN)	翼轨末端传力结构最大受力值(kN)	桥墩最大受力值(kN)	固结机构最大受力值(kN)	端刺最大受力值(kN)
32	165.99	205.97	3.07	322.19	2698.94
40	161.85	201.47	1.88	214.18	2253.51
48	153.24	197.32	0.26	56.63	2201.94

对于桥上纵连板式无砟轨道无缝道岔而言,其温度力极值与桥跨长度无直接关系;随着道岔梁跨长的增加,尖轨及心轨的相对位移均有所减小,尖轨跟端限位器及翼轨末端间隔铁的受力也相应降低,桥墩受力、固结机构受力及端刺受力均随道岔梁跨长的增大而明显减小。仅从温度荷载作用的角度看,桥跨长度的增加对于桥上纵连板式无砟轨道无缝道岔的受力及变形是有利的。

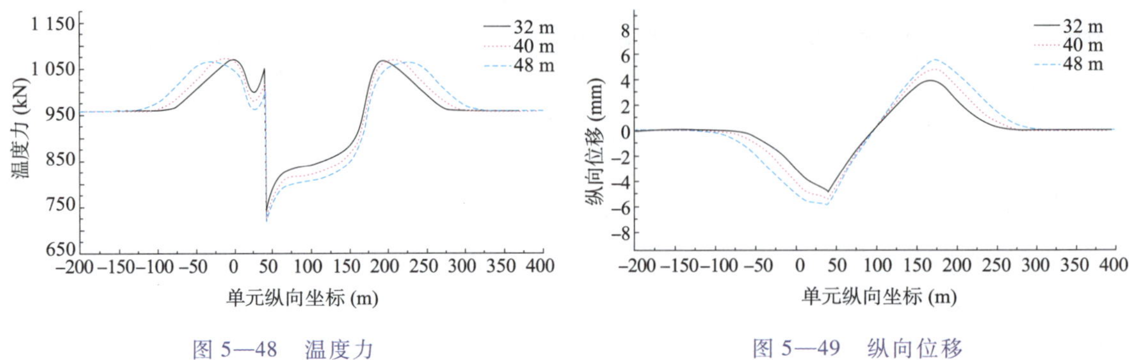

图 5—48　温度力　　　　图 5—49　纵向位移

(四)桥梁形式

本部分分析桥梁形式对桥上板式无砟轨道无缝道岔力学特性的影响。根据我国高速铁路桥梁的实际情况,分别考虑简支梁、连续梁及刚构等三种情况。三者跨长相同,其中简支梁纵向支座布置形式为左端固定右端活动,桥墩纵向刚度取为 500 kN/cm。计算结果见表 5—52 ~ 表 5—55 和图 5—50、图 5—51。

表 5—52　温度力计算结果

桥梁形式	最大温度力(kN)	附加温度力(kN)	温度力增幅(%)
简支梁	1 068.19	108.58	11.32
连续梁	1 071.44	111.84	11.65
刚构	1 139.45	179.84	18.74

表 5—53　道岔位移计算结果

桥梁形式	尖轨相对基本轨位移(mm)	心轨相对轨道板位移(mm)	尖轨相对基本轨位移(mm)	心轨相对轨道板位移(mm)
简支梁	22.73	22.45	5.18	7.89
连续梁	22.35	22.01	5.06	7.51
刚构	20.76	19.88	4.40	6.21

表 5—54　道岔传力结构及下部结构受力计算结果

桥梁形式	尖轨跟端传力结构最大受力值(kN)	翼轨末端传力结构最大受力值(kN)	桥墩最大受力值(kN)	固结机构最大受力值(kN)	端刺最大受力值(kN)
简支梁	180.80	180.80	181.18	963.83	2 629.65
连续梁	165.99	165.99	3.07	322.19	2 698.94
刚构	132.92	132.92	987.22	10 969.91	2 800.57

表 5—55　横向变形计算结果

桥梁形式	轨距变化量(mm)	轨向变化量(mm)	轨距变化率(‰)	轨向变化率(‰)	密贴变化量(mm)
简支梁	0.771	1.492	0.502	0.151	0.046
连续梁	0.764	1.330	0.490	0.147	0.045
刚构	0.764	0.991	0.489	0.146	0.045

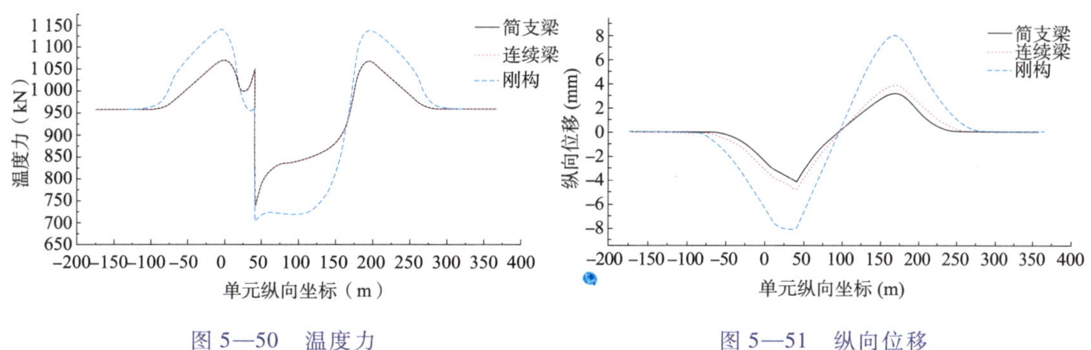

图 5—50　温度力　　　图 5—51　纵向位移

与采用连续梁或简支梁的方案相比，虽然道岔本身的受力变形相差不大，但由于桥墩受力的大幅增加，桥上纵连板式无砟轨道无缝道岔采用刚构方案时，需要特别注意桥墩的合理设计。

与简支梁方案相比，连续梁方案可减小尖轨和心轨相对位移、道岔传力结构受力、固结机构及桥墩受力，道岔的横向变形也可以得到更好的控制，只有端刺受力会有小幅增加。考虑到简支梁的挠曲变形及梁端转角对列车高速运行的不利影响，连续梁更适合无缝道岔在桥上的铺设使用。

综上所述，从无砟轨道和桥梁受力变形的角度考虑，桥上纵连板式无砟轨道无缝道岔铺设在连续梁上较为有利。

三、与桥上长枕埋入式无砟道岔的对比分析

以铺设于 6 × 32.0 m 连续梁上的国产 60 kg/m 客运专线 18 号可动心轨无缝单渡线为例，对比分析桥上长枕埋入式及板式无砟轨道无缝道岔的力学特性。对于桥上长枕埋入式无砟轨道无缝道岔，连续梁两侧各考虑 3 × 24.0 m 简支梁；对于桥上板式无砟轨道无缝道岔，两侧锚固区摩擦板长度均取 50 m。轨温变化幅度取 50℃，桥温变化幅度取 20℃（轨道板及底座板温度变化幅度取 30℃）时，计算结果对比见表 5—56。

表 5－56　不同类型桥上无缝道岔的计算结果

桥上无砟道岔类型	长枕埋入式	板式
最大温度力（kN）	1 336.50	1 052.86
最大温度附加力（kN）	376.9	93.25
尖轨跟端限位器最大受力（kN）	51.91	97.75
心轨末端限位器最大受力（kN）	154.54	224.87
尖轨相对基本轨最大位移（mm）	17.56	19.54
心轨相对翼轨最大位移（mm）	4.61	6.22
最大轨距变化量（mm）	0.306	0.764
最大轨距变化率（‰）	0.062	0.490
最大轨向变化量（mm）	1.036	1.330
最大轨向变化率（‰）	0.020	0.147
最大密贴变化量（mm）	0.005	0.045

由对比可知，由于桥上板式无砟轨道无缝道岔底座采用滑动层结构，大大减小了无砟轨道

与桥梁间的相互作用，桥梁伸缩对轨道结构受力及变形影响较小，与桥上长枕埋入式无砟轨道无缝道岔相比，钢轨温度附加力明显较小。对于桥上长枕埋入式无砟轨道无缝道岔，由于梁轨相互作用较为强烈，梁体伸缩变形使得钢轨也向梁端方向发生位移，与桥上板式无砟轨道无缝道岔相比，尖轨与基本轨及心轨与翼轨的相对位移较小，尖轨跟端限位器及翼轨末端间隔铁受力及变形相对较小，横向变形也略好于桥上板式无砟轨道无缝道岔。整体上看，由于传力机理不同，桥上长枕埋入式无砟轨道无缝道岔与桥上板式无砟轨道无缝道岔各具特点，均能满足实际需要。

四、小　结

(1)扣件阻力变化对结构受力影响不大。随着扣件阻力的增加，道岔轨板相对位移减小，横向变形有较大改善。增加扣件阻力不仅有利于保持道岔几何形位，而且能够避免钢轨低温断轨后断缝值过大，保证列车运行的平稳安全。

(2)桥上底座纵联式无砟道岔辙跟结构宜采用限位器，钢轨及固结机构受力较小，有利于控制尖轨位移，横向变形也能满足要求。

(3)轨道板/底座板伸缩刚度的变化对桥墩、端刺等下部结构的受力影响较大。为保证桥上纵连板式无砟轨道无缝道岔的正常使用，应注意轨道板/底座板伸缩刚度对端刺等结构设计的影响。

(4)摩擦板长度的增加不仅有利于控制道岔的受力变形，而且可减小下部结构的受力。桥上纵连板式无砟轨道无缝道岔可考虑适当增加摩擦板的长度。

(5)桥梁跨长变化对道岔横向变形影响不显著。道岔梁跨长增加可减小道岔位移及传力结构受力，桥墩受力、固结机构及端刺的受力也将明显改善。适当增加桥跨长度有利于减小桥上底座纵连式无砟道岔的受力与变形。

(6)桥上纵连板式无砟轨道无缝道岔铺设在连续梁上时，对无砟轨道和桥梁的受力变形都较为有利。

第四节　高架站无砟道岔静力试验研究

本节选择桥上长枕埋入式无砟轨道无缝道岔与桥上板式无砟轨道无缝道岔典型工点，进行温度力、尖轨心轨位移、桥梁伸缩位移、无砟轨道温度梯度等桥上无缝道岔力学特性的试验研究，并对理论研究成果进行验证。

一、桥上长枕埋入式无砟道岔

郑西高速铁路渭南北高架站道岔采用法国科吉富长枕埋入式无砟轨道无缝道岔(图5—52、图5—53)，共计4组18号单开道岔、2组18号单渡线。其中2组单渡线分别布置在(30.2+48+56+48+30.2)m和(32.7+3×48+32.7)m连续梁上，2组单开道岔布置在(30.7+48+33.03)m变宽度异型连续梁上，2组单开道岔布置在(29.77+48+30.7 m)变宽度异型连续梁上。结合现场实际情况，选择1号道岔(位于上行方向咽喉区，道岔前端距梁端25.171m)进行静力测试。

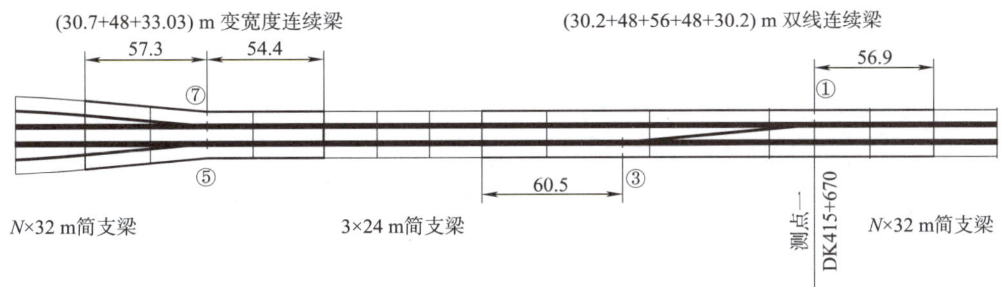

图 5—52　渭南北高架站上行咽喉布置图(单位:m)

图 5—53　渭南高架站桥上无缝道岔

(一)测试内容

1. 钢轨温度力

沿道岔直基本轨布置 36 个测点,沿道岔曲直基本轨布置 22 个测点,包括在尖轨跟端附近加布 3 个测点,在道岔导轨布置 14 个测点,长短心轨上布置 7 个测点,共 79 个测点。心轨后的正线布置测点 22 个。道岔间夹直线及 3 号道岔曲基本轨布置测点 20 个。测点均根据理论计算结果进行布置,并在梁端、板端等可能出现温度力峰值的位置适当加密。

温度力测点合计 121 个。

2. 梁轨相对位移

无砟桥梁活动端各布置测点 1 个,1 号道岔尖轨及心轨处跟端处各布置测点 1 个,共 4 个。

3. 钢轨相对位移

尖轨尖端与心轨尖端各 1 个测点,共 2 个。

4. 桥梁伸缩位移

无砟桥梁活动端各布置桥梁伸缩位移测点 1 个。

5. 无砟轨道温度梯度

新渭南高架车站渡线区轨道板由三种类型组成,其中 A 型板及 B 型板为变截面,考虑到为轨道板位移测试提供参照,方便岔区温度场影响的研究,岔区平面测点布置见图 5—54,共 10 个测点。

除 1 号、6 号及 14 号测点结合横断面温度测试布置,26 号测点位于板正中外,其他测点均布置于板的边缘(横向位于板正中),距离板端水平距离均为 20 mm,距离轨道板顶端垂直距离为 130 mm。

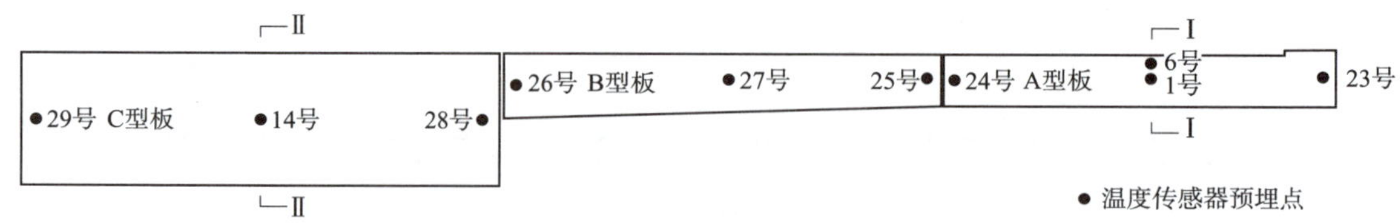

图 5—54　新渭南高架车站岔区无砟轨道平面温度测点布置

新渭南高架车站采用的无砟轨道结构由混凝土底层与混凝土道床板组成，两者宽度相同，混凝土道床板位于底层上方，轨道板厚 260 mm，底座板厚 170 ~ 190 mm，无砟轨道断面见图 5—55。

断面Ⅰ温度测点布置如下图所示，共 13 个测点，其中 1 号、6 号测点位于轨道板顶面下 10 mm，2 号测点位于轨道板中部，3 号、7 号测点位于轨道板底面上 10 mm，4 号、8 号、11 号测点位于底座板顶面下 50 mm，5 号、9 号、12 号测点位于底座板顶面下 100 mm，10 号、13 号测点位于混凝土保护层中部。

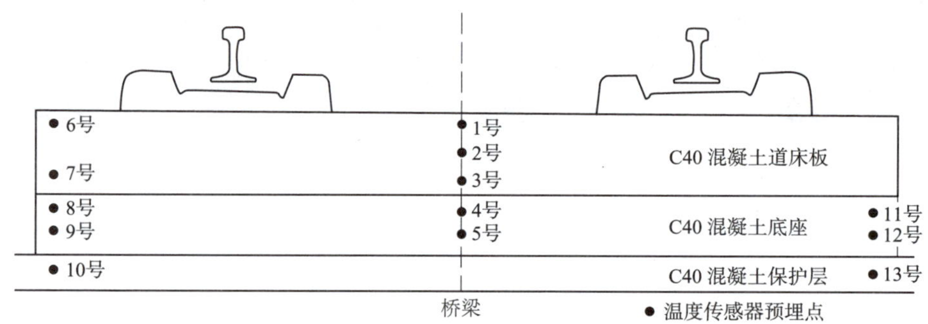

图 5—55　岔区无砟轨道断面Ⅰ温度测点布置

断面Ⅱ温度测点布置见图 5—56、图 5—57，共 9 个测点，其中 14 号测点位于轨道板顶面下 10 mm，15 号测点位于轨道板中部，16 号测点位于底座板顶面下 50 mm，17 号测点位于底座板顶面下 100 mm，其他测点均位于桥面保护层，以线路中心线为轴对称布置。

（二）测试方法

1. 钢轨温度力（图 5—58）

对于钢轨温度力，通过不同轨温条件时，钢轨轨底上表面两卡座间的纵向应变相对变化值，可换算得出钢轨温度力沿纵向的分布。

2. 钢轨相对位移及横向位移（图 5—59）

道岔尖轨及心轨尖端相对位移采用游标卡尺进行测量，测量前在尖轨尖端对应的基本轨上做出标记。

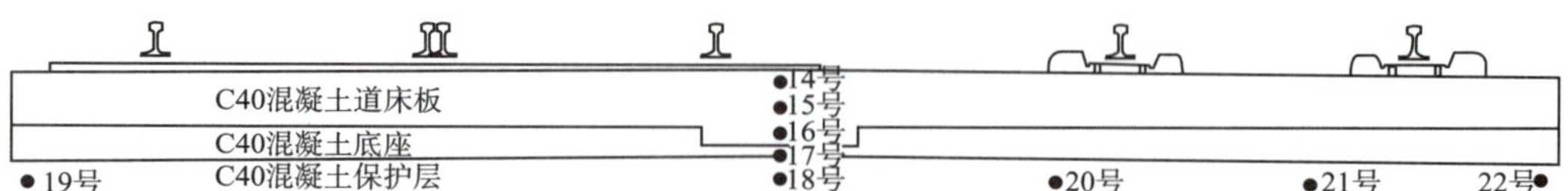

图 5—56　无砟轨道Ⅱ断面温度测点布置

(a)

(b)

图 5—57　现场温度测点布置

图 5—58　现场钢轨温度力测试

图 5—59　钢轨相对位移测试

3. 桥梁伸缩位移

梁体位移采用游标卡尺进行测试。

4. 轨温及气温

利用轨温计，选取一到两个位置进行轨温的测试，钢轨同一断面需布置两个测点，避免日照和温度传递对截面温度分布的影响，然后两者平均作为测试轨温。采用气温计对气温进行测试。

5. 无砟轨道及桥梁温度

预埋温度传感器，利用温度应变仪读取传感器示数。

（三）钢轨温度力测试

为全面了解桥上无缝道岔温度力分布规律及桥上单渡线无缝道岔间的相互影响，不仅对1号道岔各轨的温度力分布进行了测试，而且也对3号道岔的曲基本轨及两道岔间夹直线的温度力分布进行了观测，特别注意了连续梁端部的测点布置。新渭南高架车站温度力测试结果见图5—60、图5—61。

随着轨温变化幅度的增加，道岔各轨的温度力均有所增大。由于桥梁温度变化幅度较小，因此其变化幅度的不同并未对温度力的分布及大小造成明显影响。

科吉富道岔尖轨跟端没有传力结构，故道岔区间无峰值，受到桥梁伸缩的影响，钢轨温度力在梁端出现峰值。由于岔尾方向连续梁温度跨度较大，因此在该方向的连续梁端（3号道岔岔前方向），钢轨温度力出现最值。

依据已建立的新渭南高架车站桥上无缝道岔空间有限元模型，计算轨温差 25.0℃，梁温差 2.6℃时道岔温度力理论值，与实测值进行对比，见图 5—62、图 5—63。

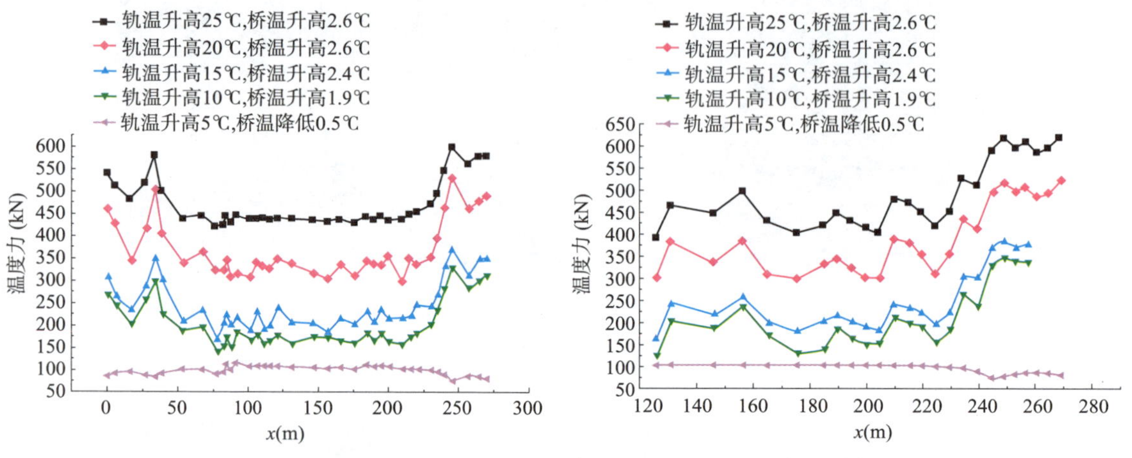

图 5—60　直基本轨温度力随温度的变化

图 5—61　长心轨温度力随温度的变化

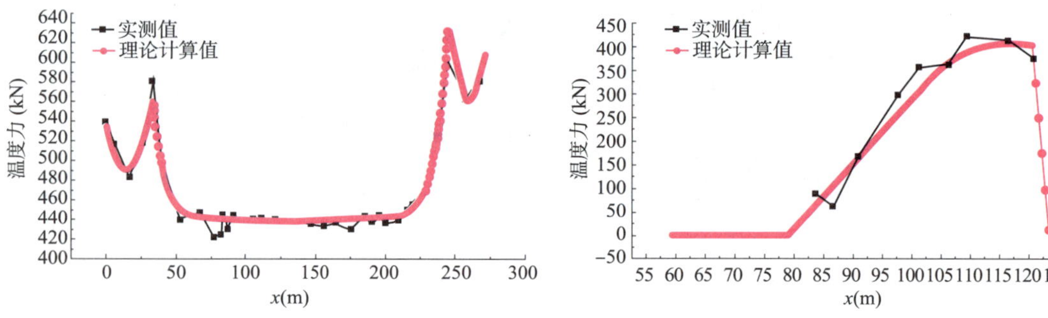

图 5—62　直基本轨实测值与理论计算值对比

图 5—63　曲导轨实测值与理论计算值对比

由对比可知，该有限元模型的计算结果与实测值整体相近，规律性表现明显。同时，理论值与实测值还存在一定差异，这应是道岔板随温度变化发生一定伸缩所造成的，无砟轨道的温度效应应在以后桥上无缝道岔及桥上无缝线路的的研究分析中予以进一步考虑。

总体上看，在保证参数取值合理的条件下，空间有限元模型用于桥上无缝道岔计算是可靠的，计算结果准确，可以满足桥上无缝道岔相关研究的需要。

(四)温度相关测试

温度相关测试是在 1 号道岔岔内平面、岔前的无砟轨道断面、桥梁断面布置温度测点，对岔区无砟轨道的温度分布及变化进行长期观测，积累数据，为相关研究提供依据。

1. 夏季无砟轨道温度测试

(1)垂向温度分布数据及分析

对于 A 板 Ⅰ—Ⅰ 断面，1 号测点(道床板中间顶部)及 6 号测点(道床板中间侧部)在夏季一天内的温度变化数据见图 5—64、图 5—65。

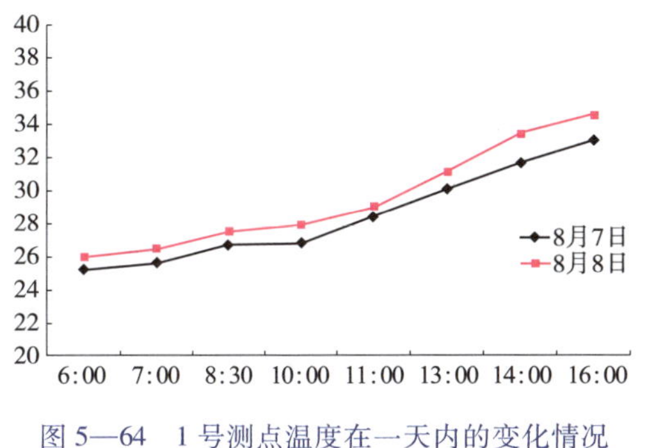

图 5—64　1 号测点温度在一天内的变化情况

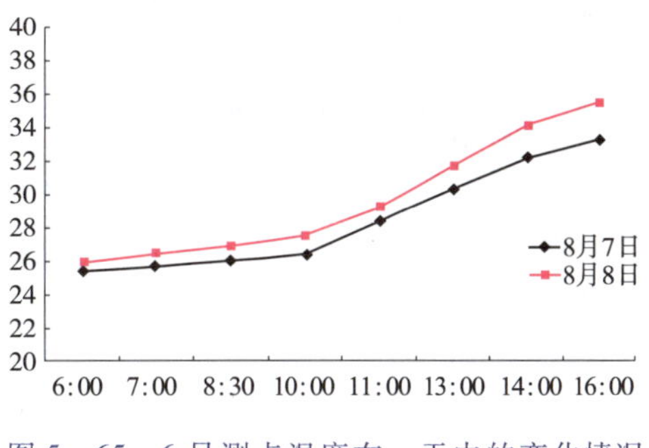

图 5—65　6 号测点温度在一天内的变化情况

5 号测点(底座板中间底部)在一天内的温度变化数据见图 5—66。

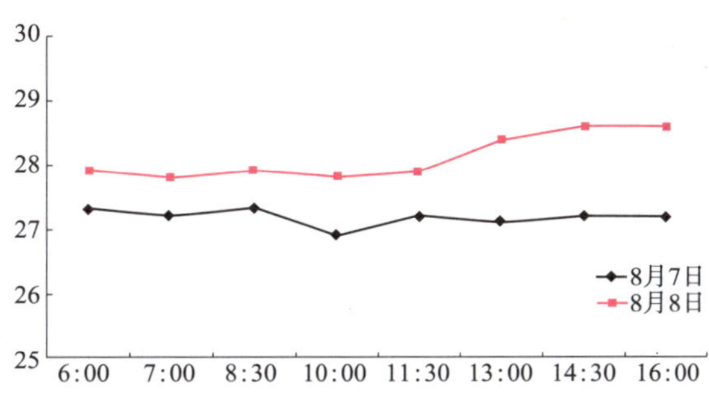

图 5—66　5 号测点温度在一天内的变化情况

由图 5—64 ~ 图 5—66 可知:从 6:00 到 16:00 的测试周期内,无砟轨道表面温度逐渐增大,而气温最大值出现在中午两点左右,可见由于热导系数较低,无砟轨道温度变化存在较明显的滞后效应;无砟轨道表面测点在测试周期内的最大温差为 9℃,与气温变化幅度基本一致;由于距离无砟轨道表面较远,底座板和混凝土保护层温度变化不大,基本没有超过 1℃。

由 1 号 ~5 号测点试验数据,可得该断面中部一天内距表面不同深度测点的最大温度变化幅度,见表 5—57。

表 5—57　I — I 断面中部不同深度测点在一天内的最大温差

深度(mm)	测试日期	
	2009-08-07	2009-08-08
10	6.3	7.1
130	4.3	5.0
250	2.3	2.8
310	0.6	1.0
360	0.4	0.8

I — I 断面中部不同深度测点在一天内的最大温差

由 6 号 ~10 号测点试验数据,可得 I — I 断面侧部一天内距表面不同深度测点的最大温度变化幅度,见表 5—58。

表 5—58　Ⅰ—Ⅰ断面侧部不同深度测点在一天内的最大温差

深度(mm)	测试日期	
	2009-08-07	2009-08-08
10	7.2	8.6
250	2.4	2.6
310	0.1	1.2
360	0.3	0.7
400	0.4	0.7

Ⅰ—Ⅰ断面侧部不同深度测点在一天内的最大温差

对于 C 板Ⅱ—Ⅱ断面，中部一天内表面不同深度测点的最大温度变化幅度见表 5—59。

表 5—59　Ⅱ—Ⅱ断面中部不同深度测点在一天内的最大温差

深度(mm)	测试日期	
	2009-08-07	2009-08-08
10	4.7	5.5
250	1.9	2.6
310	1.0	2.0
360	0.5	0.7
400	1.1	1.0

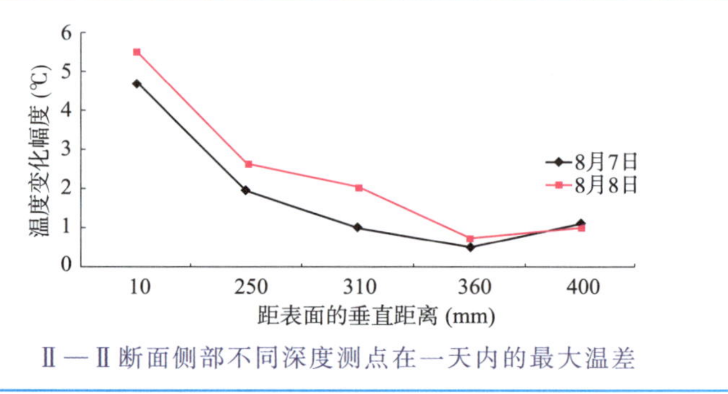

Ⅱ—Ⅱ断面侧部不同深度测点在一天内的最大温差

测点距轨道板上表面的深度越大，温度变化幅度越小。当测点距轨道板顶面的垂直距离小于 300 mm 时，温度变化量和深度基本呈线性关系；当测点距轨道板顶面的垂直距离大于 300 mm 时，温度变化幅度趋于一致，且幅值很小。总体上看，无砟轨道表面温度受日温变化影响较为明显，桥梁温度变化较为缓慢，与平均气温变化关系更为密切。

(2)横向温度分布数据及分析

对于Ⅰ—Ⅰ断面，1 号测点(断面中间顶部)和 6 号测点(断面侧边顶部)的最大温差对比见表 5—60。

表 5—60　Ⅰ—Ⅰ断面不同位置测点不同日期内的最大温度变化幅度对比

测试日期	测试编号	
	1 号	2 号
2009-08-07	6.3	7.2
2009-08-08	7.1	8.6
2009-09-14	1.4	3.1
2009-09-15	6.0	6.7
2009-09-16	0.9	1.9

根据测试结果及其对比可以发现，无砟轨道顶面测点变化幅度与当日测试时间内的气温变化幅度基本一致(8 月 7 日测试周期内的气温变化幅度约为 7℃，8 月 8 日测试周期内的气

温变化幅度约为 10℃）；就无砟轨道顶面的不同位置而言，断面侧边顶部位置的温度变化幅度较断面中间顶部位置略大，两者相差约 2℃。

对于Ⅱ—Ⅱ断面，桥面保护层内不同位置测点的测试结果见表 5—61。

表 5—61　Ⅱ—Ⅱ断面不同位置测点在一天内的最大温度变化幅度对比

水平相对位置（mm）	测试日期	
	2009-08-07	2009-08-08
-1 200.0	0.3	0.9
0.0	0.6	1.0
300.0	0.5	1.1
800.0	0.5	0.7
1200.0	0.4	0.7

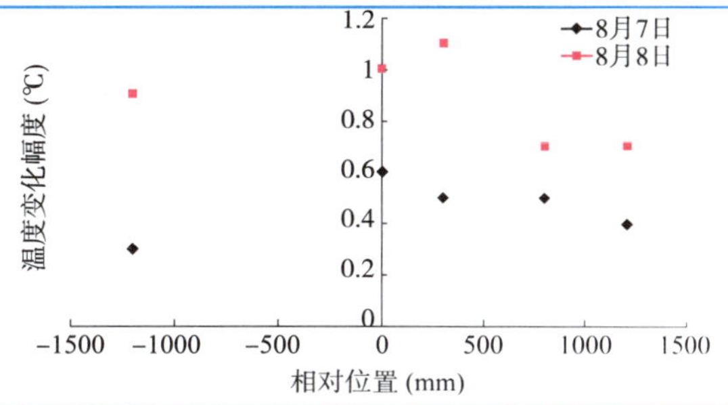

桥面保护层不同位置的温度变化幅度基本相同。由于桥面保护层距离无砟轨道顶面较远，受日温变化幅度影响较小，不同位置一天内温度变化幅度均未达到 1℃

（3）平面温度分布数据及分析

对 B 板而言，平面不同位置测点在一天内的最大温度变化幅度见表 5—62

表 5—62　B 板不同位置测点在一天内的最大温度变化幅度对比

相对位置（m）	测试日期	
	2009-08-07	2009-08-08
-12	4.4	5.0
0	2.8	3.4
12	4.5	5.0

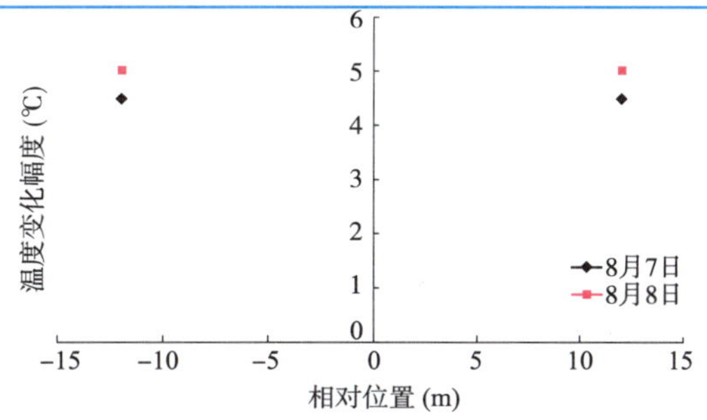

对 B 板而言，平面两边测点在一天内的最大温度变化幅度基本相同，较中部测点在一天内的最大温度变化幅度大约 1.5℃。由于 8 月 8 日最高气温较大，因此与 8 月 7 日相比，当日各点的最大温度变化幅度较大。

对 C 板而言，平面不同位置测点在一天内的最大温度变化幅度见表 5—63。

表 5—63　C 板不同位置测点在一天内的最大温度变化幅度对比

相对位置（m）	测试日期	
	2009-08-07	2009-08-08
-14	3.3	4.0
0	1.9	2.6
14	4.9	5.8

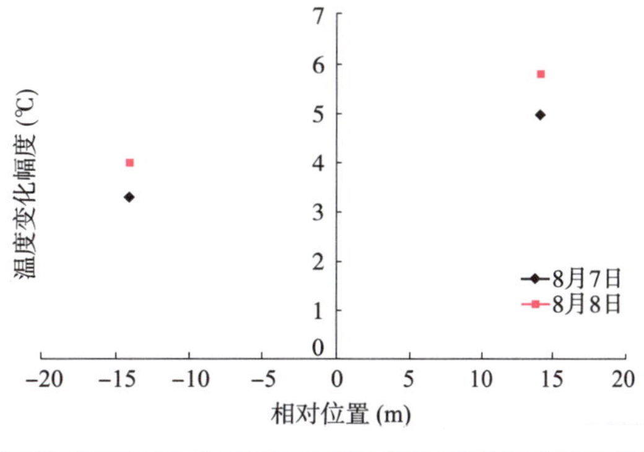

对 C 板而言,平面两边测点在一天内的最大温度变化幅度存在一定差异,这可能与 C 板两侧道岔板尺寸不同有关。C 板中部测点在一天内的最大温度变化幅度较小,与边上的测点相比,其最大温度变化幅度约小 3℃。由于 8 月 8 日最高气温较大,因此与 8 月 7 日相比,当日各点的最大温度变化幅度较大。

2. 冬季无砟轨道温度测试

课题组于 2009 年 12 月份对岔区无砟轨道温度梯度及水平分布进行了测试,测试期间最高气温约为 10℃,最低气温约为 -8℃。

(1)垂向温度分布数据及分析

对于 A 板 Ⅰ—Ⅰ 断面,1 号测点(顶面中部)及 6 号测点(顶面侧部)在测试周期内的温度变化数据见图 5—67、图 5—68。

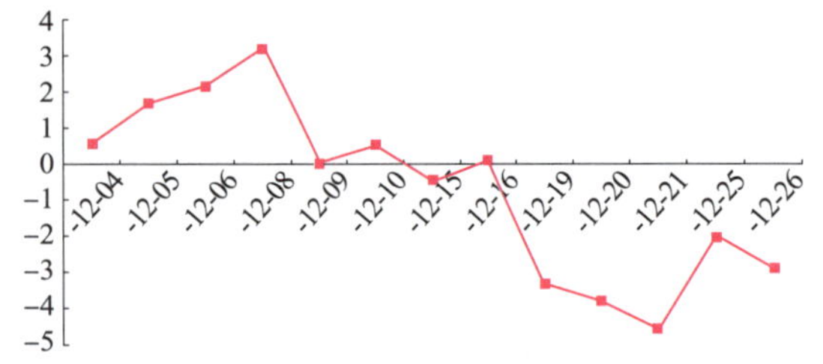

图 5—67　1 号测点温度在测试周期内的变化情况

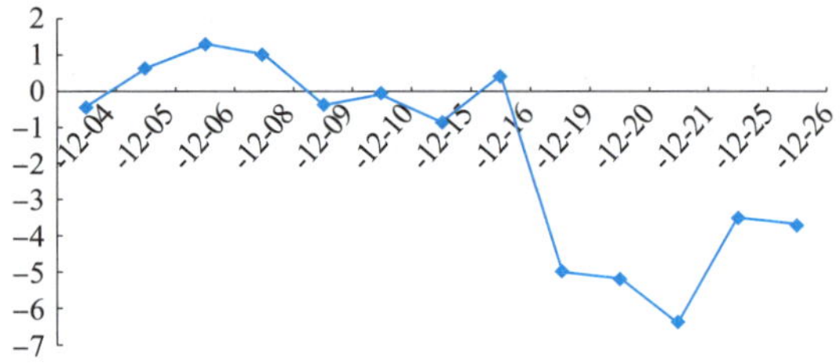

图 5—68　6 号测点温度在测试周期内的变化情况

5 号测点(底面中部)及 10 号(桥面保护层)在测试周期内的温度变化数据见图 5—79、图 5—80。

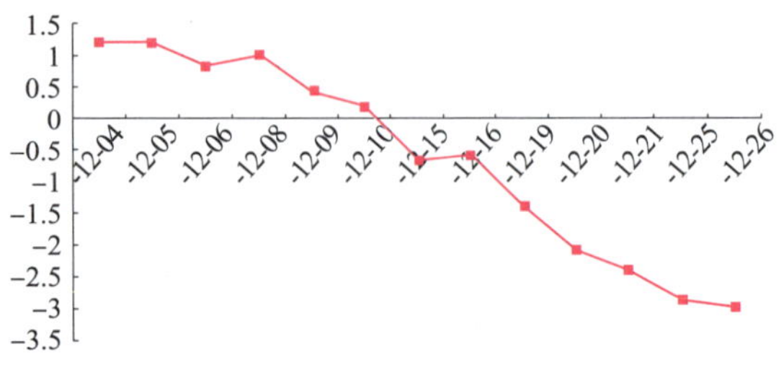

图 5—69　5 号测点温度在测试周期内的变化情况

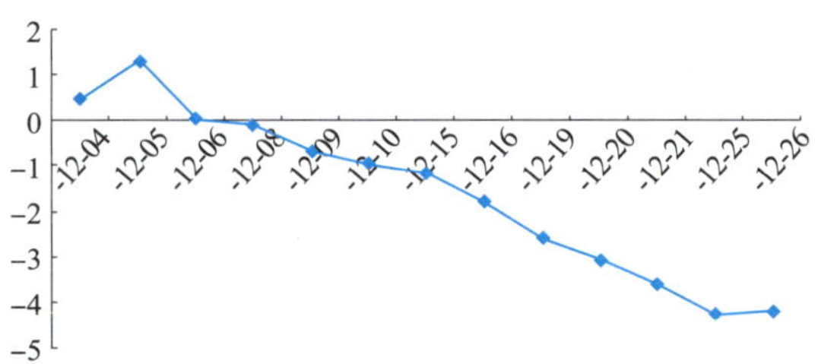

图 5—70　10 号测点温度在测试周期内的变化情况

在测试周期内,无砟轨道温度随外界温度变化而变化,整体呈下降趋势。对于无砟轨道表面而言,其温度受即时气温影响比较明显,变化曲线出现一定起伏;对于无砟轨道底面而言,其温度主要受平均气温影响,因此曲线变化虽然幅值较小,但规律性更为明显。

由 1 号 ~5 号测点试验数据可得在测试周期内,Ⅰ—Ⅰ 断面中部无砟轨道距表面不同深度测点的最大温度变化幅度,见表 5—64。

由 6 - 10 号测点试验数据可得 Ⅰ—Ⅰ 断面侧部测试周期内岔区无砟轨道距表面不同深度测点的最大温度变化幅度,见表 5—65。

对于 C 板 Ⅱ—Ⅱ 断面,无砟轨道中部在测试周期内岔区距表面不同深度测点的最大温度变化幅度见表 5—66。

表 5—64　Ⅰ—Ⅰ断面中部不同深度测点在测试周期的最大温差

深度(mm)	最大温差(℃)
10	8.2
130	6.6
250	5.8
310	5.1
360	5.0

表 5—65　Ⅰ—Ⅰ断面侧部不同深度测点在测试周期内的最大温差

深度(mm)	最大温差(℃)
10	8.8
250	6.3
360	5.8
400	5.5

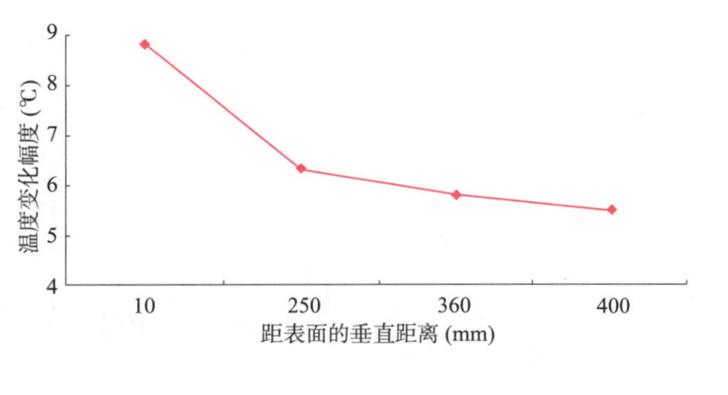

测点距轨道板上表面的深度越大,温度变化越小;从图中可以看出,当测点距轨道板顶面的垂直距离小于 300 mm 时,温度变化量和深度基本呈线性关系;当测点距轨道板顶面的深度大于 300 mm 时,温度变化量很小,且基本一致。总体上看,无砟轨道温度受气温变化影响较为明显,桥梁温度变化较为缓慢,与平均气温变化关系更为密切。

表 5—66　Ⅱ—Ⅱ断面中部不同深度测点在测试周期内的最大温差

深度(mm)	最大温差(℃)
10	7.2
250	5.7
310	4.8
360	5.6
400	4.5

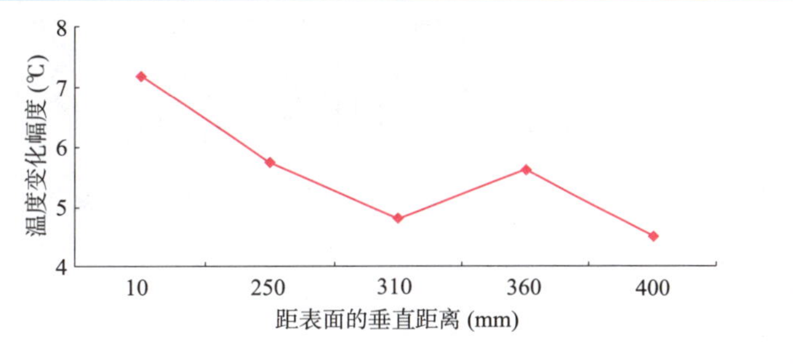

(2)横向温度分布数据及分析

对于Ⅰ—Ⅰ断面,断面中部及侧部测点在测试周期内的最大温差对比见表 5—67。

根据测试结果及其对比可以发现,就无砟轨道横断面的不同位置而言,断面侧边位置的温度变化幅度较断面中间位置略大,两者相差约 0.5℃。

3. 轨温及气温测试

为了解轨温与气温间的相互关系,掌握合理的设计取值,夏冬两季均对气温及轨温同时进行了测试,测试结果见图 5—71、图 5—72。

表 5—67　I — I 断面不同位置测点在测试周期内的最大温度变化幅度对比

测点编号	最大温度变化幅度(℃)
1	8.4
2	5.8
6	8.8
7	6.3

根据观测,无论是夏季还是冬季,在阳光照射的条件下,测试时的轨温均大于气温,两者间最大差值为 10℃;在多云等缺少阳光照射的条件下,测试时的轨温与气温相差不大,两者基本相同;在较冷的气候条件下,测试时的轨温甚至低于气温。

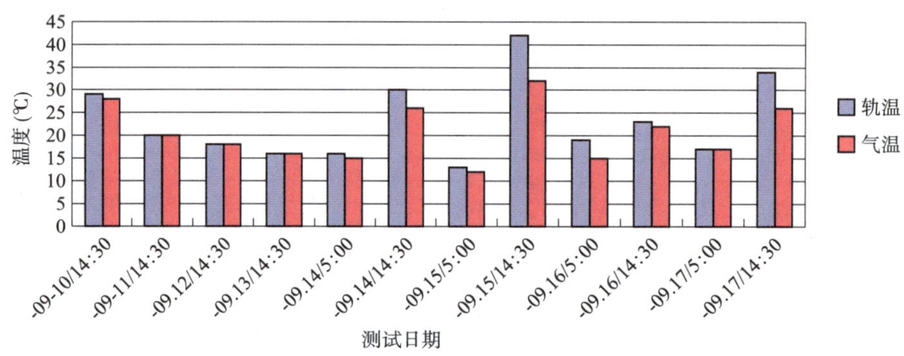

图 5—71　夏季测试气温及轨温

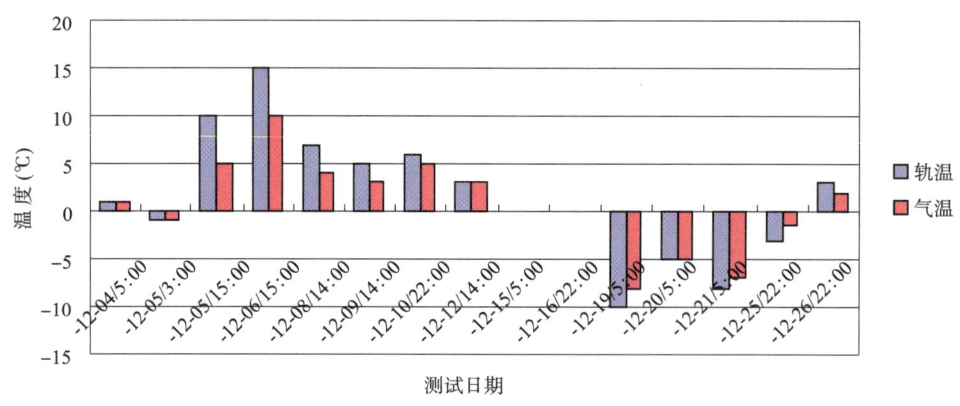

图 5—72　冬季测试气温及轨温

(五)纵向位移测试

1. 道岔钢轨纵向位移测试

道岔尖轨及心轨位移随温度发生变化的规律见图 5—73、图 5—74。

可以看出,尖轨及心轨位移与轨温变化直接相关,同时也受到桥温变化的影响;轨温升高,尖轨及心轨伸长,轨温降低,尖轨及心轨缩短;当轨温变化幅度相同时,如果桥温升温变化幅度较大，钢轨位移受其影响也会较大。对于1号道岔而言，由于连续梁固定支座位于道岔中间，当轨温与桥温同时升高时，尖轨伸缩方向与基本轨相同，而心轨伸缩方向与翼轨则相反，因此尖轨的相对位移较小，心轨的相对位移较大。

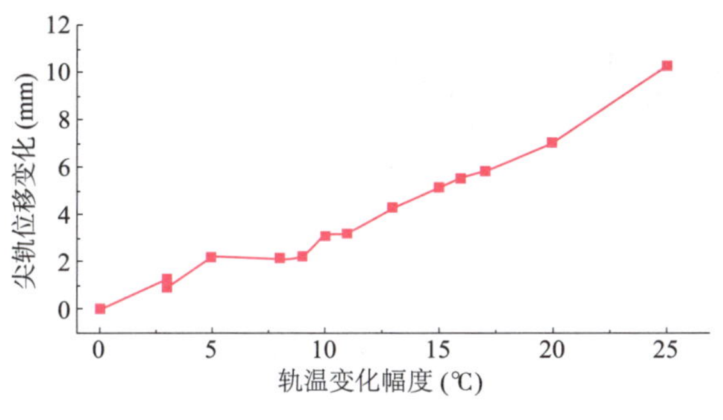

图5—73　尖轨位移随轨温的变化规律

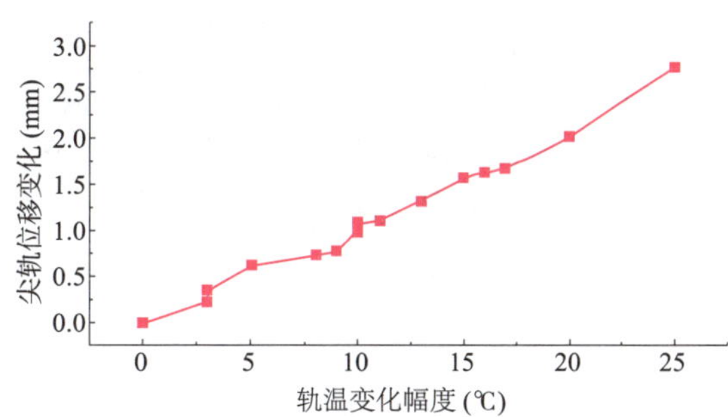

图5—74　心轨位移随轨温的变化规律

尖轨及心轨位移实测值与理论计算值存在一定差别(图5—75、图5—76)，这主要是由行车方向造成的。郑西高速铁路为复线线路，顺向通过道岔的列车数与逆向通过道岔的列车数会有明显的差异。对于1号道岔而言，其直股位于上行线，因此通过道岔的列车多为逆向。

一般情况下，在钢轨温度低于无缝道岔锁定轨温的情况下，由于列车纵向力的作用，当列车顺向通过道岔时，道岔尖轨或心轨的收缩位移会增大；当列车逆向通过道岔时，道岔尖轨或心轨的收缩位移会减小。在钢轨温度高于无缝道岔锁定轨温的情况下，当列车顺向通过道岔时，道岔尖轨或心轨的伸长位移会减小；当列车逆向通过道岔时，道岔尖轨或心轨的收缩位移会增大。除此之外，列车作用在尖轨上的纵向力克服尖轨底部的摩擦力后，剩余部分由导轨和基本轨通过尖轨跟端传力机构的协调共同承受。

对于高速铁路而言，在高速情况下，列车纵向作用力较大，行车方向的不同可能使尖轨及心轨位移发生变化。根据遂渝线18号无砟轨道无缝道岔的测试结果，在无缝道岔设计中应考虑到行车方向可能使尖轨位移增大2.0 mm，心轨位移增大1.0 mm，对于桥上铺设的18号无砟轨道无缝道岔，考虑到线路运营后运量的实际增长情况，这种理论增加值也是合适的。

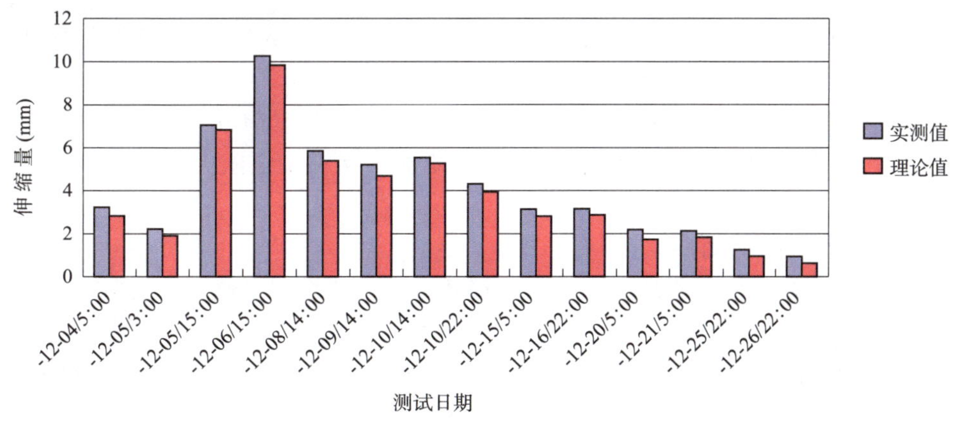

图5—75　尖轨位移实测值与理论值的对比

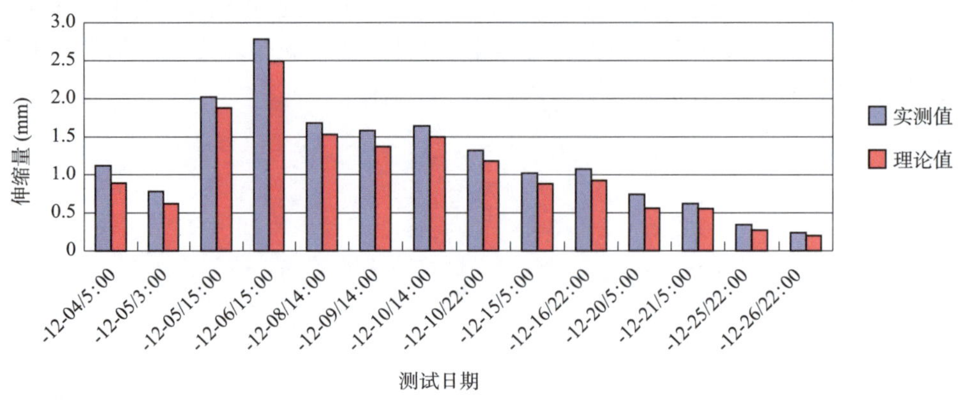

图 5—76　心轨位移实测值与理论值的对比

由于行车方向的影响，单位温度变化的道岔尖轨伸长、缩短量有明显的差异。以轨温升高25℃时为例，尖轨伸长量观测值较理论计算值大约 0. 42 mm；心轨伸长量观测值较理论计算值大约 0. 29 mm。可见，轨温升高时，由于钢轨伸长方向与行车方向相同，单位温度变化的道岔尖轨伸长量较大。

2. 桥梁纵向位移测试

连续梁端部伸缩位移随温度发生变化的规律见图 5—77、图 5—78。

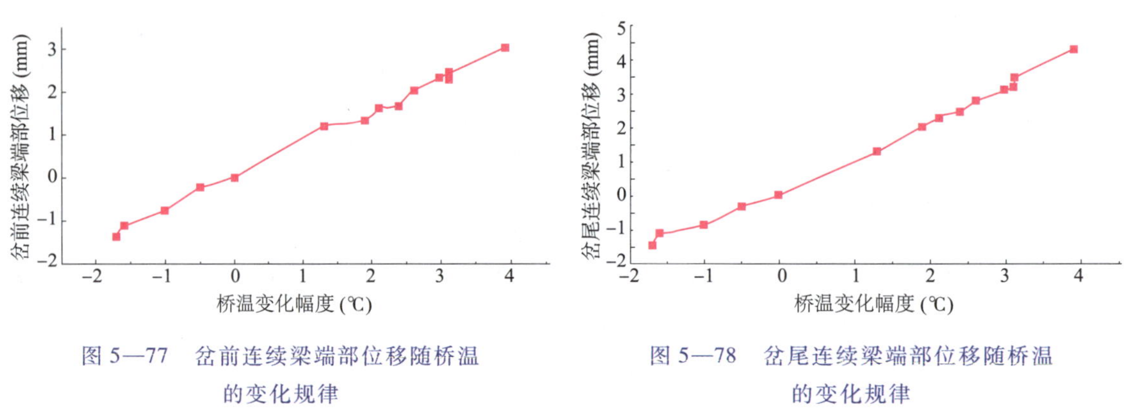

图 5—77　岔前连续梁端部位移随桥温的变化规律

图 5—78　岔尾连续梁端部位移随桥温的变化规律

桥梁位移与梁温变化直接相关，梁温升高，梁端位移增加，梁温降低，梁端位移减小；整体上看，桥梁位移受轨温变化影响不大，见图 5—79、图 5—80。

由于 1 号道岔所在连续梁固定支座位置靠近岔前方向，故岔前方向连续梁端部位移较小。对于桥梁位移，实测值均较理论计算值小，应是活动支座存在一定阻力，对桥梁伸缩产生限制作用的缘故。

3. 梁轨纵向相对位移测试

夏季对梁端及道岔尖轨、心轨跟端位置的梁轨相对位移进行了测试，测试周期内基本情况见表 5—68。

根据观测可以发现，距离连续梁固定支座越远，梁轨相对位移越大。这一规律不仅得到理论研究的支持（考虑最不利情况，轨温变化幅度 48℃、桥温变化幅度 20℃时，对于距离固定支座较近的 1 号道岔，尖轨跟端梁轨相对位移为 0. 07 mm；对于距离固定支座较远的 3 号道岔，尖轨跟端梁轨相对位移为 0.25 mm)，而且桥上道岔现场调查的结果也证明了这一点。根据调查结果，距离固定支座较近的 1 号道岔岔前梁缝处扣件垫板最大拉出量为 2 mm，距离固定支座较远的 3 号道岔岔前梁缝处扣件垫板拉出量为 20 ~ 25 mm(1 号道岔距离岔前梁端距离为 25.171 m，3 号道岔距离岔前梁端距离为 28.771 m，两道岔岔头至梁端距离基本相同)。因此，无缝道岔宜布置于靠近固定支座的位置，有利于道岔几何形位的保持，保证道岔的正常使用。

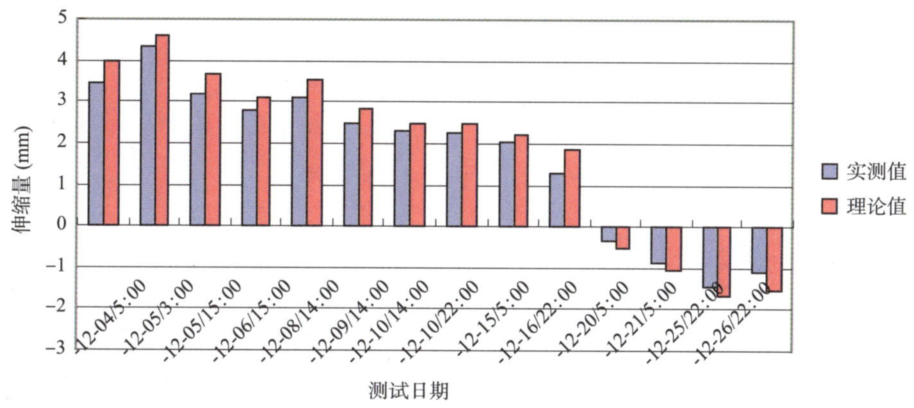

图 5—79　岔前连续梁端部伸缩位移实测值与理论值的对比

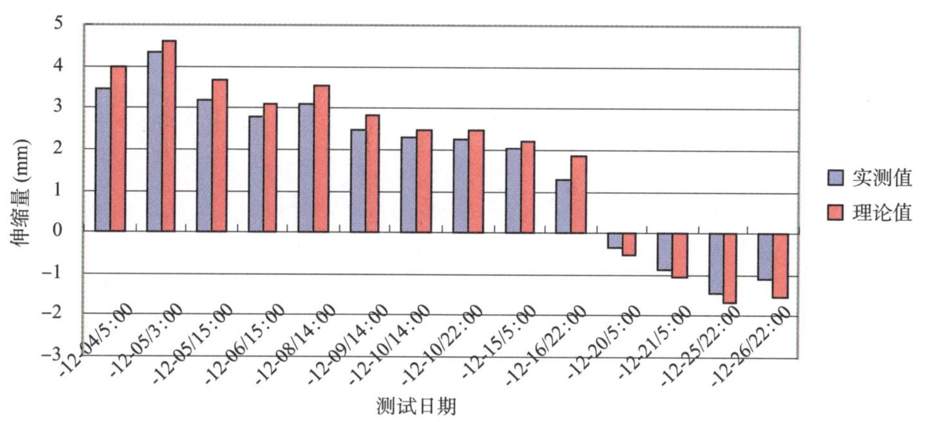

图 5—80　岔后连续梁端部伸缩位移实测值与理论值的对比

表 5—68　梁轨相对位移理论及实测值对比

工　况	尖轨跟端(mm)		心轨跟端(mm)		岔前方向连续梁端部(mm)		岔后方向连续梁端部(mm)	
	实测值	理论值	实测值	理论值	实测值	理论值	实测值	理论值
轨温升高 12℃梁温升高 0.4℃	1.22	1.32	0.14	0.21	0.60	0.95	1.16	1.24
轨温降低 7℃梁温升高 1.6℃	0.72	0.78	0.16	0.15	0.24	0.38	0.36	0.48
轨温升高 4℃梁温升高 1.7℃	0.20	0.23	0.40	0.47	0.30	0.36	0.58	0.57

(六)基本轨碎弯测试

为了解无砟轨道道岔钢轨碎弯的基本规律，对 1 号道岔直基本轨及道岔前后钢轨的横向位移进行测试，测试结果见图 5—81。

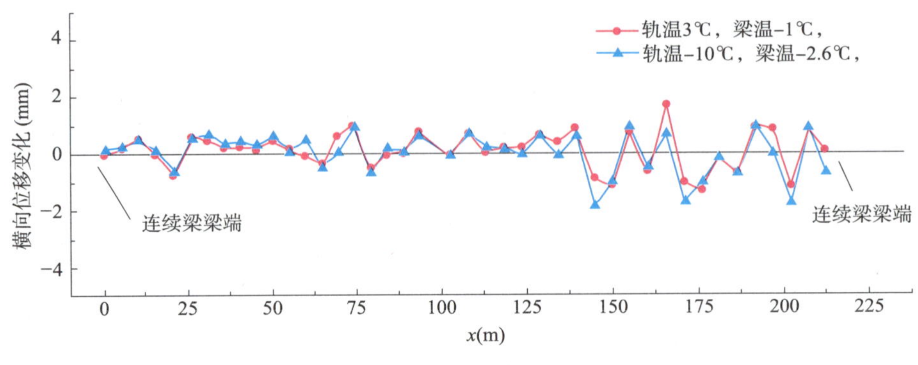

图 5—81　无砟轨道横向位移

与轨温变化相比，桥温变化对无砟轨道横向位移的影响较为明显，无砟轨道单股钢轨横向位移最大变化量约为 1.88 mm，出现在距离固定支座距离较远的梁端部。

由于 1 号道岔直基本轨位于横向活动支座一侧，受桥梁横向伸缩影响最大，因此，其横向位移的变化应是桥上无缝道岔各轨的最不利值。根据直基本轨的横向位移测试结果，偏于不利考虑，道岔直股最大轨距变化率为 0.54‰，满足 1‰的限值要求。

根据测试结果的总体分布可以看出，在距离连续梁固定支座较远的梁端，钢轨横向变形较大。因此，为有效控制道岔几何形位，道岔宜靠近固定支座布置。对于铺设于连续梁桥上的单渡线（连续梁纵向设单联固定支座，横向一侧设固定支座，另一侧设活动支座），如果固定支座与连续梁两端距离相同，单渡线中心应布置于连续梁正中；如果固定支座与连续梁两个端部距离不一致，在保证道岔至梁端距离满足要求的条件下，距离纵向固定支座较远道岔的直股应设于靠近横向固定支座的线路上。

整体上看，虽然桥梁横向伸缩及钢轨碎弯变形引起的几何尺寸变化没有超过相关限值，不会影响行车安全，但由于测试周期较短，轨温及桥温在测试周期内变化幅度并未达到最大，因此有条件时，应对桥上无砟轨道无缝线路钢轨的横向变形进行长期监测，取得更充分的数据进行更深入的分析。

二、桥上板式无砟道岔

京沪高速铁路徐州东站南侧咽喉区 18 号单渡线采用板式无砟轨道无缝道岔，铺设在 6 × 32 m 连续梁上。连续梁沿南北方向，1 号道岔靠南，3 号道岔靠北，见图 5—82。

(a) 1号道岔

(b) 3号道岔

图 5—82　徐州东站桥上板式无砟轨道无缝道岔

(一)测试内容及测试方法(图 5—83)

1. 钢轨温度力

1 号道岔——直基本轨布置 53 个测点，岔前延伸至简支梁，岔后延伸至端刺区，尖轨跟端附近测点加密布置；曲基本轨布置 22 个测点；道岔导轨布置 14 个测点，长短心轨上布置 7 个测点，共 96 个测点。心轨后的正线布置测点 22 个。3 号道岔——直基本轨布置 20 个测点，导轨布置 7 个测点。温度力测点合计 145 个。以上测点均根据理论计算结果进行布置，并在梁端、板端、尖轨跟端、端刺等可能出现温度力峰值的位置适当加密。

2. 梁轨相对位移

无砟桥梁活动端各布置测点 1 个，1 号道岔尖轨及心轨处跟端处各布置测点 1 个，共 4 个。

3. 钢轨相对位移

两组道岔的尖轨尖端与心轨尖端各 1 个测点，共 4 个。

4. 桥梁伸缩位移

无砟桥梁活动端各布置桥梁伸缩位移测点 1 个。

5. 无砟轨道温度梯度

无砟轨道温度梯度测试方法与桥上长枕埋入式无砟轨道无缝道岔相同。

(a)　(b)

图 5—83　现场钢轨温度应变及温度梯度测试

(二)钢轨温度力测试

轨温差 20℃、道岔板温差 13℃、梁温差 4℃时，道岔直基本轨的实测温度力分布及与理论计算值的对比见图 5—84。

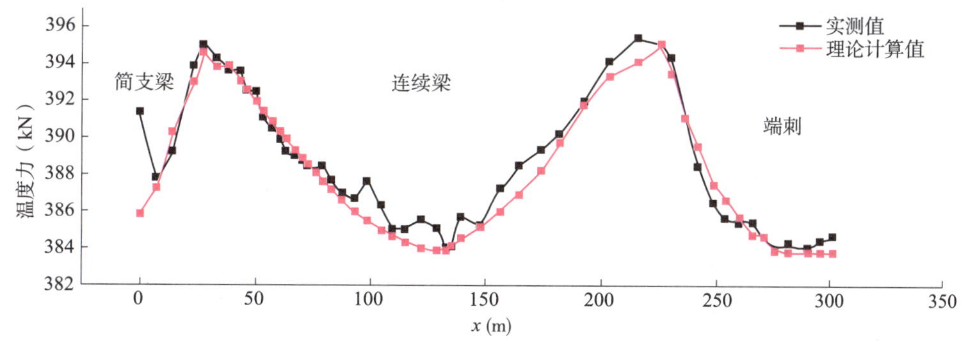

图 5—84　基本轨温度力实测值与理论计算值的对比

由实测结果可知，钢轨最大附加力出现在连续梁端部；由于限位器子母块没有接触，钢轨温度力在尖轨跟端处没有出现峰值。由于桥面与道床板及底座板间设有滑动层，桥梁伸缩对钢轨受力影响较小，钢轨附加力最大值仅为 11.6 kN，表明滑动层作用良好。端刺上部的钢轨由伸缩区逐渐进入固定区，基本不再承受附加力的作用。以上规律与桥上无缝道岔计算理论相符合。

（三）无砟轨道温度测试

选择 1 号道岔的一号道岔板，沿道岔板及道床板垂向布置 7 个温度测点，测点位置见表 5—69。一天内气温及各测点温度变化见图 5—85。

表 5—69　测点温度变化

测点 1	测点 2	测点 3	测点 4	测点 5	测点 6	测点 7
深 20 mm	深 80 mm	深 150 mm	深 230 mm	深 270 mm	深 340 mm	深 410 mm

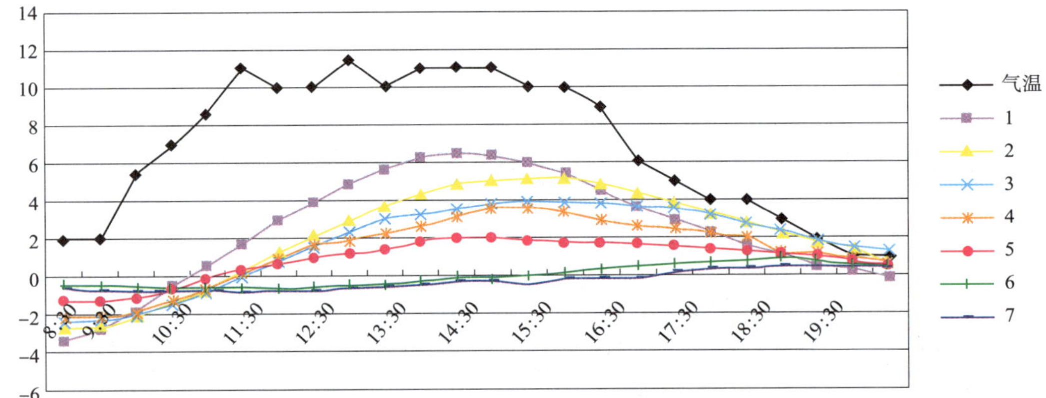

图 5—85　不同测点的温度变化

无砟轨道温度变化与位置直接相关；距离道岔板表面越近，无砟轨道温度受气温变化影响越明显。1 号测点距离道岔板表面垂向距离最近，其最大温度变化幅度为 9.9℃，与气温变化幅度基本相同；7 号测点距离道岔板表面垂向距离最远，其最大温度变化幅度仅为 1.1℃。无砟轨道温度梯度分布情况见图 5—86。

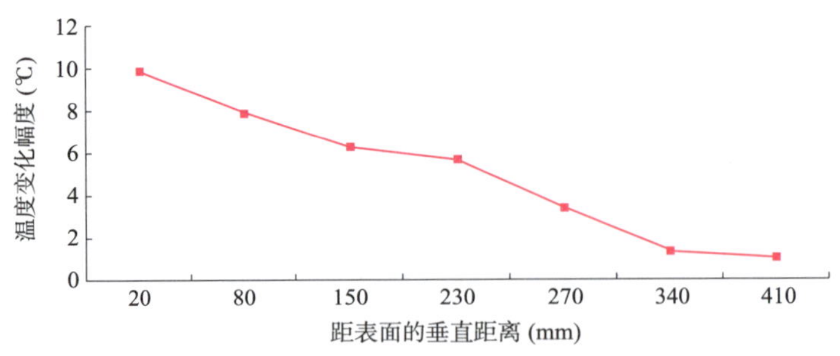

图 5—86　无砟轨道温度梯度分布

当测点距轨道板顶面的垂直距离小于 300 mm 时，温度变化量和深度基本呈线性关系；当测点距轨道板顶面的垂直距离大于 300 mm 时，温度变化幅度趋于一致，且幅值很小。总体上看，无砟轨道表面温度受日温变化影响较为明显，桥梁温度变化较为缓慢，与平均气温变化关系更为密切。

（四）纵向位移测试

1. 道岔钢轨纵向位移测试

1号道岔尖轨及心轨位移随温度发生变化的规律见图5—87、图5—88和表5—70。

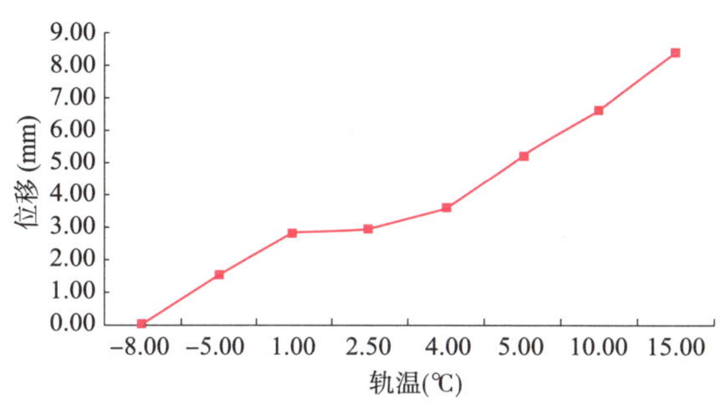

图5—87　尖轨位移随轨温的变化规律

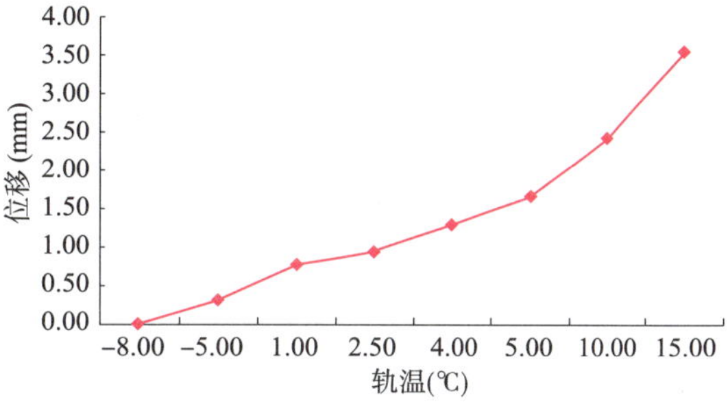

图5—88　心轨位移随轨温的变化规律

表5—70　位移实测值与理论值对比

测试序号	轨温(℃)	桥温(℃)	尖轨位移(mm)		心轨位移(mm)	
			实测值	理论值	实测值	理论值
1	−8	−2	0.00	0.00	0.00	0.00
2	−5	−1	1.54	1.52	0.33	0.31
3	1	−0.7	2.82	2.78	0.78	0.75
4	2.5	0	2.94	2.89	0.94	0.89
5	4	0.7	3.58	3.52	1.31	1.27
6	5	1.5	5.22	5.12	1.66	1.65
7	10	3	6.64	6.50	2.43	2.40
8	15	4.1	8.42	8.30	3.54	3.45

尖轨及心轨位移与轨温变化直接相关；由于桥面与底座板铺设有“两布一膜”滑动层，梁轨相互作用较小，桥温变化对道岔里轨位移的影响不明显；轨温升高，尖轨及心轨伸长，轨温降低，尖轨及心轨缩短。由于行车方向的影响，尖轨及心轨位移实测值与理论计算值有所差别。

2. 桥梁纵向位移测试

连续梁端部伸缩位移随温度发生变化的规律见图5—89、图5—90和表5—71。

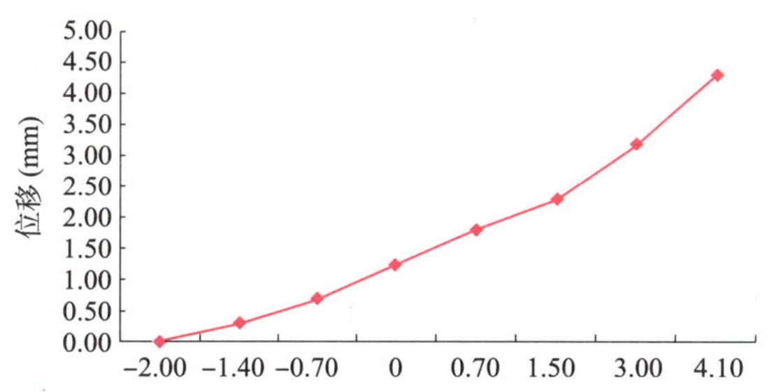

图5—89　连续梁南侧端部位移随桥温的变化规律

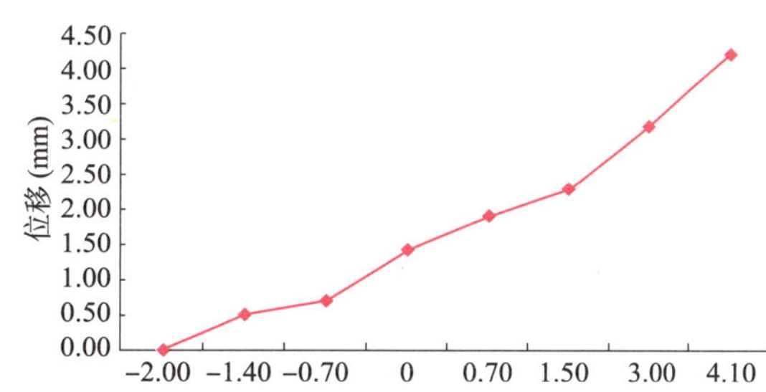

图5—90　连续梁北侧端部位移随桥温的变化规律

表 5—71　位移实测值与理论值对比

测试序号	轨温(℃)	桥温(℃)	连续梁南侧端部位移(mm)		连续梁北侧端部位移(mm)	
			实测值	理论值	实测值	理论值
1	-8	-2	0	0	0	0
2	-5	-1	0.30	0.44	0.50	0.40
3	1	-0.7	0.70	1.13	0.70	1.16
4	2.5	0	1.20	1.87	1.40	1.86
5	4	0.7	1.80	2.43	1.90	2.45
6	5	1.5	2.30	3.10	2.34	3.08
7	10	3	3.26	4.22	3.22	4.21
8	15	4.1	4.37	5.23	4.45	5.25

桥梁位移与梁温变化直接相关,梁温升高,梁端位移增加,梁温降低,梁端位移减小;整体上看,桥梁位移受轨温变化影响不大。

由于连续梁固定支座位置位于梁体中部,故连续梁两侧端部位移基本相同。由于活动支座存在一定阻力,桥梁位移实测值均较理论计算值小。

3. 板轨纵向相对位移测试(表 5—72)

表 5—72　板轨相对位移理论及实测值对比

工　况	1 号道岔尖轨跟端(mm)		1 号道岔心轨跟端(mm)		连续梁北侧端部(mm)		连续梁南侧端部(mm)	
	实测值	理论值	实测值	理论值	实测值	理论值	实测值	理论值
1. 轨温升高 9℃梁温升高 0.6℃	0.06	0.14	0.04	0.06	0.12	0.14	0.12	0.14
2. 轨温升高 8℃梁温升高 1.8℃	0.08	0.17	0.06	0.08	0.14	0.13	0.13	0.12
3. 轨温升高 4℃梁温升高 1.8℃	0.02	0.04	0.03	0.05	0.05	0.10	0.07	0.09

距离连续梁固定支座越远,板轨相对位移越大。板式无砟轨道无缝道岔宜布置于靠近固定支座的位置。与桥上长枕埋入式无砟轨道无缝道岔相比,由于桥上板式无砟轨道无缝道岔铺设有滑动层,桥梁与无砟轨道相互作用较小,板轨相对位移都很小,无砟轨道与钢轨的相对位置保持较好。

(五)基本轨碎弯测试

为了解桥上无砟轨道无缝道岔钢轨碎弯的基本规律,对连续梁范围内 1 号道岔基本轨的横向位移进行了测试(图 5—91),测试情况为:工况 1,轨温 5℃,梁温 1.4℃;工况 2,轨温 12℃,梁温 2℃;工况 3,轨温 -7℃,梁温 -1.3℃。

由于桥面与无砟轨道间铺设有“两布一膜”滑动层,桥梁与无砟轨道的相互作用较小,与桥温相比,轨温变化对钢轨碎弯变形影响较大。随着轨温变化幅度的增加,钢轨的碎弯变形也有所增大。测试周期内轨温最大值为 12℃,钢轨碎弯变形最大值为 0.51 mm。经计算,该段线路最大轨距变化率为 0.31‰,满足限值要求。

三、小　结

通过对高速铁路桥上无砟轨道无缝道岔温度力和位移进行观测记录、对实测值的分析以及与理论计算值的对比,掌握了桥上无砟轨道无缝道岔钢轨的温度力及位移、无砟轨道温度梯

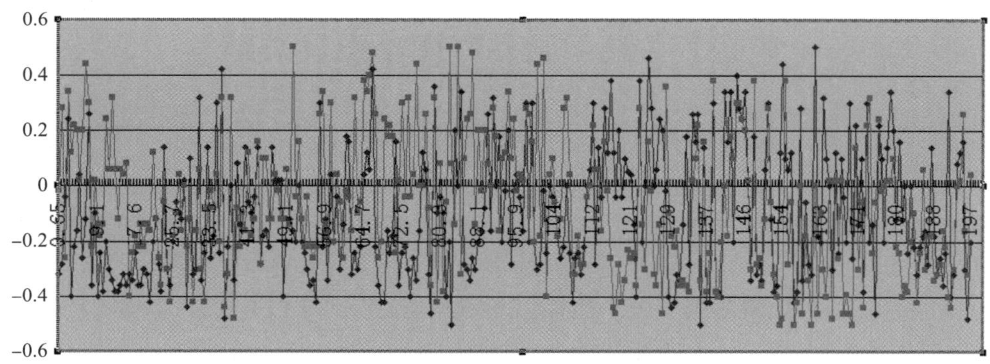

图 5—91　无砟轨道钢轨碎弯情况

度等的分布规律,并对理论模型的合理性进行了验证。得出以下主要结论及建议。

(1)在保证参数取值合理的条件下,空间有限元模型用于桥上无缝道岔计算是可靠的,计算结果准确,可以满足桥上无缝道岔相关研究的需要。

(2)与气温变化相比,道岔板及底座板温度的变化具有明显的滞后效应,道岔板温度变化幅度同时受到日温变化及平均气温变化的影响,而底座板及桥梁温度的变化则与平均气温的变化关系更为密切。

(3)同一平面内,道岔板及底座板侧部测点的温度变化幅度大于中部测点的温度变化幅度;当气温变化幅度较大时,不同位置温度变化幅度的差值也较大,夏季道岔板表面侧部位置与中部位置的温度变化幅度差值约为2℃,而在冬季,该差值约为0.5℃;不同位置温度变化幅度的不同可能导致轨道板发生一定翘曲。

(4)同一断面内,无砟轨道顶部至底部,随着距离顶部垂直距离的增加,无砟轨道最大温度变化幅度逐渐减小。总体上看,无砟轨道表面温度受日气温变化影响较为明显,一日内的温度变化幅度与气温变化幅度基本一致;桥梁温度变化较为缓慢,一日内的温度变化幅度不到1℃,桥梁温度变化与平均气温变化的关系更密切。

(5)当测点距轨道板顶面的垂直距离小于300 mm时,温度变化幅度和深度基本呈线性关系;当测点距轨道板顶面的深度大于300 mm时,温度变化幅度很小。

(6)尖轨及心轨位移与轨温变化直接相关,同时也受到桥温变化的影响。尖轨及心轨位移在不同轨温及桥温变化幅度下的变化,与其相对于桥梁固定支座的位置有关,桥梁伸缩对尖轨及心轨位移存在一定影响。

(7)桥梁位移与梁温变化直接相关,受轨温变化影响不大;桥梁活动支座存在一定摩擦阻力,对桥梁伸缩存在限制作用,应对活动支座的摩擦系数进行试验研究。

(8)与路基无缝道岔相同,桥上无缝道岔也应充分考虑行车方向对无缝道岔受力与变形的影响,应在相关项目的长期监测中注意尖轨及心轨塑性变形的观测。

(9)根据观测,距离连续梁固定支座越远,梁轨纵向相对位移越大,钢轨横向变形也较大,因此无缝道岔宜布置于靠近固定支座的位置,这样有利于道岔几何形位的保持,保证道岔的正常使用。

(10)桥上无砟轨道钢轨横向位移变化量与其位置有关,最大值出现在梁端部;钢轨碎弯变形主要受到轨温变化的影响;在测试周期内,钢轨横向位移及碎弯变形均满足限值要求,建议有条件时进行长期观测,便于进行更深入的研究。

第五节　高架站无砟道岔设计准则

基于理论与试验研究，在掌握高架站无砟轨道无缝道岔受力变形规律的基础上，形成以下高速铁路高架站无砟轨道无缝道岔设计的准则。

（1）无缝道岔或渡线宜整组布置在一联梁上，为减小桥墩受力，岔心位置应尽量靠近固定墩；困难条件下，转辙器部分、辙叉部分可分别设置于一联梁上。

（2）无缝道岔尖轨跟端宜采用限位器结构或不设传力结构；在尖轨伸缩条件不能满足时，可采用间隔铁结构。

（3）桥上无缝道岔应铺设常阻力扣件；对于桥上长枕埋入式无砟轨道无缝道岔，为减小梁轨相互作用，非道岔区宜铺设小阻力扣件。

（4）对于桥上板式无砟轨道无缝道岔，摩擦板长度的增加不仅有利于控制道岔的受力变形，而且可减小下部结构的受力。桥上纵连板式无砟轨道无缝道岔可适当增加摩擦板的长度。

（5）无缝道岔梁的结构形式可选择混凝土连续梁、混凝土简支梁、混凝土连续刚构桥。应优先考虑连续梁桥，不宜将无缝道岔铺设在简支梁上。

（6）布置无缝道岔的连续梁跨度应适中，过短可能导致道岔头尾距离梁缝过近，过长可能导致桥上无缝道岔在梁端设置伸缩调节器；合理跨度尚需要结合岔桥相对位置、动力学等方面的研究确定。

（7）从静力角度，为减小梁轨相对位移及钢轨附加纵向力，八字渡线区两联连续梁之间宜布置一孔以上简支梁。

（8）道岔梁支座应有纵向固定横向自由、纵向固定横向固定、纵向自由横向固定、纵向自由横向自由四种类型。纵向固定支座布置应能使无缝道岔及墩台的受力变形尽可能小；对于桥上单组无缝道岔，横向固定支座宜靠近直股设置；对于桥上无缝道岔群，横向固定支座宜设置在桥面横向中部，以减小桥梁横向位移对道岔的影响。

（9）整体桥面与分片式桥面相连接的两跨梁处，应优化固定支座的布置，减小相邻桥面的横向相对位移，控制道岔在梁缝处的方向不平顺；桥梁墩台在横向上宜为整体式，多线桥梁不宜置于分体式墩台上。

第六章　高架站无砟轨道无缝道岔动力特性

当列车高速通过时,车辆、无砟道岔和高架桥梁之间相互作用、相互影响,构成高速铁路车辆-无砟道岔-高架桥梁耦合系统。在车辆、道岔、桥梁动力分析方面,国内外科研人员进行了大量的工作,然而研究重点大多放在车辆-轨道、车辆-轨道-桥梁、车辆-道岔、车辆-桥梁等系统动力特性的分析方面,对车辆-道岔-桥梁系统的研究仍然不够深入,较少见到集高速道岔、无砟轨道、高架桥梁于一体的系统研究成果。目前,道岔动力分析相关的仿真计算模型大多是针对路基上道岔结构,未对道岔铺设在桥上之后车辆、道岔、桥梁组成的耦合振动系统进行细致深入的动力学研究。

道岔上桥后,在列车动荷载的作用下道岔和桥梁会相互影响,产生一些新的问题,如桥梁的变形会影响道岔的受力和变形,可能会影响转辙器、辙叉等道岔部件的正常工作;如果桥梁变形太大,还可能会造成轨道的平顺性难以保持,进而影响车辆通过道岔时的安全性、平稳性和舒适性。另外,与普通区间轨道相比,列车高速通过时道岔结构会产生较大的振动,道岔上桥也会对桥梁的正常工作造成不利的影响。道岔上桥将会给道岔和桥梁结构提出更高的要求。当前,高架桥上无砟道岔的理论研究落后于工程的实际应用,开展该问题的研究对于我国高速铁路的建设和发展具有重要的现实意义。

利用车辆、轨道、桥梁多系统耦合分析理论和大型结构的动力有限元分析方法进行理论建模,从轮轨相互作用、车辆运行的安全平稳性、道岔和桥梁的动力特性等方面对其力学机理进行深入研究,掌握车辆、道岔、桥梁相关动力参数的影响规律,提出桥上道岔结构的动力评估方法,为高速铁路列车的安全平稳运行和旅客的舒适乘坐提供保障,为高速铁路桥上道岔结构的设计和优化提供理论指导。本章的研究将有助于我国高速铁路桥上无砟道岔动力分析理论体系的形成和完善,为高速无砟道岔在高架桥上的设计应用等提供理论依据。

第一节　高架站无砟道岔车-岔-桥空间耦合动力分析理论

一、研究思路

对于复杂结构体系力学特性的分析,传统的方法往往是将研究对象隔离出来,单独进行建模研究,其他部分作为边界条件。这种方法计算过程较为简单,对于一些耦合作用较弱的结构体系或者状态,可以得到较好的计算结果。但是对于桥上无砟道岔结构体系,列车、道岔、桥梁结构之间存在着较为明显的耦合作用,将列车、道岔、桥梁结构隔离出来进行分析的传统方法,会导致计算结果与实际情况有较大的偏离,已经不能满足研究的需要,非常需要将列车、道岔、桥梁视为一个耦合系统,从列车运行的安全性、旅客乘坐的舒适性、道岔和桥梁的动力特性等多个方面研究整个系统的振动特性,以及结构之间的动力相互作用规律。

针对高架桥上无砟道岔这一复杂的力学结构体系,本章运用耦合动力学思想,基于自主开发的动力仿真平台 FORSYS,建立高速铁路车辆-无砟道岔-高架桥梁耦合系统动力分析模型。

动力仿真平台 FORSYS 由 FORTRAN 自编程序模块和 ANSYS 软件模块组成，见图 6—1。车辆结构视为多刚体系统，采用 FORTRAN 模块进行多刚体建模；桥梁和道岔结构（线性部分）利用 ANSYS 模块良好的前处理界面和丰富的材料库快速、便捷地实现有限元建模，而对于顶铁、滑床台等部件的非线性作用，在 FORTRAN 模块中进行处理。FORTRAN 自编程序模块为动力仿真计算平台 FORSYS 的核心，除了用于车辆结构的建模，还用于轮轨几何接触关系的处理、轮轨相互作用的计算、系统运动方程的求解等。

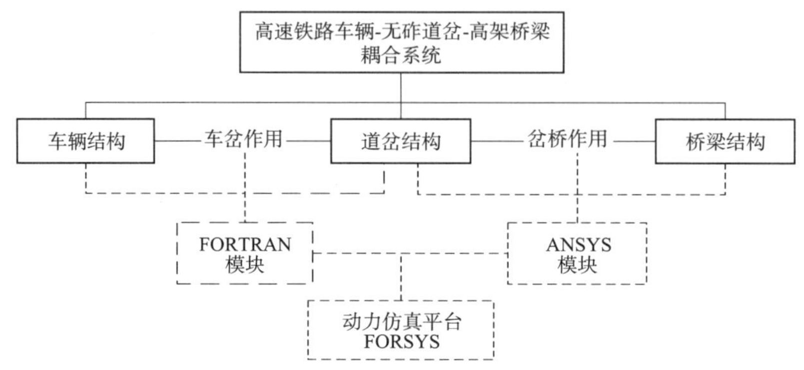

图 6—1　利用 FORSYS 进行桥上无砟道岔结构系统建模的示意图

利用 FORSYS 建立高速铁路车辆-无砟道岔-高架桥梁耦合系统动力分析模型有以下方法和步骤。

（1）利用 FORTRAN 自编程序模块，进行车辆结构的多刚体建模，形成车辆结构的刚度、质量和阻尼矩阵。

（2）利用 ANSYS 软件模块，进行道岔和桥梁结构线性部分的有限元建模，并将模型的基本信息以数据文件的形式写出，包括有限元模型节点坐标、材料属性、单元类型、质量矩阵、刚度矩阵、阻尼矩阵以及非线性部件的单元节点编号等。

（3）利用 FORTRAN 自编程序模块，读入道岔和桥梁结构有限元模型的信息，结合车辆结构模型，按“对号入座”法组集形成系统总的刚度、质量和阻尼矩阵，并根据非线性部件的单元节点编号对其进行非线性修正。

（4）在 FORTRAN 自编程序模块中，根据迹线法进行车岔空间几何接触关系的处理，根据 Hertz 非线性弹性接触理论、Kalker 轮轨蠕滑理论等进行车岔动相互作用力的计算，根据岔桥相互作用关系进行岔桥动作用力的处理，得到系统的荷载向量。

（5）根据系统刚度、质量、阻尼矩阵和荷载向量，得到整个耦合系统的运动微分方程，在 FORTRAN 自编程序模块中，利用 NEWMARK 方法求解系统运动微分方程，得到系统各部分的动力响应，并将动力计算结果写入到数据文件中。

动力仿真计算平台 FORSYS 可以实现道岔和桥梁等结构快速、准确的有限元建模，可以有效解决常见有限元软件难以进行车辆建模和轮轨接触关系处理的问题，快速实现车辆结构（多刚体模型）和道岔、桥梁结构（有限元模型）的“刚柔耦合”，是一种崭新的动力分析手段，为高速铁路车辆-无砟道岔-高架桥梁耦合系统动力特性的研究打下良好的基础。

二、动力分析模型

当列车高速通过桥上道岔时，车辆动荷载通过轮轨接触传递给道岔，进一步通过岔桥关系传递给桥梁，使道岔和桥梁结构产生振动和变形；桥梁的振动和变形又反过来通过岔桥相互作用和车岔相互作用影响道岔的振动、变形和车辆的安全性、平稳性。车辆、道岔、桥梁构成了一个相互作用、相互影响的动力耦合系统。

本部分利用多体动力学原理建立了车辆结构模型，利用有限元方法建立道岔结构模型和桥梁结构模型，在此基础上，运用耦合动力学思想，以车岔相互作用模型和岔桥相互作用模型为纽带，将车辆和道岔、道岔和桥梁耦合在一起，建立完善的高速铁路车辆-无砟道岔-高架桥梁耦合系统动力分析模型。动力分析模型的建立、求解以及仿真计算结果的输出，都是利用自主开发的动力仿真平台 FORSYS 来实现的。

1. 车辆结构模型

采用 FORTRAN 语言建立整车模型(参见第三章车-岔耦合动力学模型相关内容)。车辆系统运动微分方程中的常见符号及意义见表 6—1。

表 6—1　常见符号及意义

符　号	单　位	符号意义
M_c, M_t, M_w	kg	车体，转向架，轮对质量
I_{cx}, I_{cy}, I_{cz}	$kg \cdot m^2$	车体侧滚、点头、摇头惯量
I_{tx}, I_{ty}, I_{tz}	$kg \cdot m^2$	转向架侧滚、点头、摇头惯量
I_{wx}, I_{wy}, I_{wz}	$kg \cdot m^2$	轮对侧滚、点头、摇头惯量
K_{1x}, K_{1y}, K_{1z}	N/m	轮对轴箱纵向、横向、垂向定位刚度
C_{1x}, C_{1y}, C_{1z}	N·s/m	轮对轴箱纵向、横向、垂向阻尼
K_{2x}, K_{2y}, K_{2z}	N/m	转向架中央弹簧纵向、横向、垂向刚度
C_{2x}, C_{2y}, C_{2z}	N·s/m	转向架中央弹簧纵向、横向、垂向阻尼
d_1, d_2	m	一系、二系悬挂横向间距的 1/2
$K_{1\psi}, K_{1\theta}$	N/m	轮对摇头($d_1^2 K_{1x}$)、侧滚刚度($d_1^2 K_{1z}$)
$C_{1\psi}, C_{1\theta}$	N·s/m	轮对摇头($d_1^2 C_{1x}$)、侧滚阻尼($d_1^2 C_{1z}$)
$K_{2\psi}, K_{2\theta}$	N/m	转向架摇头($d_2^2 K_{2x}$)、侧滚刚度($d_2^2 K_{2z}$)
$C_{2\psi}, C_{2\theta}$	N·s/m	转向架摇头($d_2^2 C_{2x}$)、侧滚阻尼($d_2^2 C_{2z}$)
K_{rx}	N/m	抗侧滚刚度
l_c, l_t	m	车辆定距的 1/2、转向架轴距的 1/2
a_0	m	轮对两名义滚动圆间距的 1/2
r_{li}, r_{ri}	m	第 i 个轮对左右滚动圆半径
R_c, R_{ti}, R_{wi}	m	车体、第 i 个转向架、第 i 个轮对重心处曲线半径
h_{cb}	m	车体重心到二系悬挂上平面的距离
h_{bt}	m	二系悬挂下平面到转向架重心的距离
h_{tw}	m	转向架重心到轮对中心线的距离
N_{lxi}, N_{rxi}	N	第 i 个轮对左右轮所受法向力在 x 轴上的分量
N_{lyi}, N_{ryi}	N	第 i 个轮对左右轮所受法向力在 y 轴上的分量
N_{lzi}, N_{rzi}	N	第 i 个轮对左右轮所受法向力在 z 轴上的分量
F_{lxi}, F_{rxi}	N	第 i 个轮对左右轮所受蠕滑力在 x 轴上的分量
F_{lyi}, F_{ryi}	N	第 i 个轮对左右轮所受蠕滑力在 y 轴上的分量
F_{lzi}, F_{rzi}	N	第 i 个轮对左右轮所受蠕滑力在 z 轴上的分量
M_{lzi}, M_{rzi}	N·m	第 i 个轮对左右轮所受绕 z 轴的蠕滑力矩
M_{ti}	N·m	抗侧滚力矩($K_{rx}(\theta_c - \theta_{ti})$)

车辆系统的运动微分方程如下。

车体沉浮运动

$$M_c\ddot{z}_c + 2K_{2z}z_c - K_{2z}z_{t1} - K_{2z}z_{t2} + 2C_{2z}\dot{z}_c - C_{2z}\dot{z}_{t1} - C_{2z}\dot{z}_{t2} = M_c g \tag{6—1}$$

车体点头运动

$$\begin{aligned} & I_{cy}\ddot{\varphi}_c + 2(K_{2z}l_c^2 + K_{2x}h_{cb}^2)\varphi_c - K_{2z}l_c z_{t1} + K_{2z}l_c z_{t2} + K_{2x}h_{cb}h_{bt}\varphi_{t1} + K_{2x}h_{cb}h_{bt}\varphi_{t2} + \\ & 2(C_{2z} + C_{2x}h_{cb}^2)l_c^2\dot{\varphi}_c - C_{2z}l_c\dot{z}_{t1} + C_{2z}l_c\dot{z}_{t2} + K_{2x}h_{cb}h_{bt}\dot{\varphi}_{t1} + K_{2x}h_{cb}h_{bt}\dot{\varphi}_{t2} = 0 \end{aligned} \tag{6—2}$$

车体横移运动

$$\begin{aligned} & M_c\ddot{y}_c + K_{2y}(2y_c - y_{t1} - y_{t2} - 2h_{cb}\theta_c - h_{bt}\theta_{t1} - h_{bt}\theta_{t2}) + \\ & C_{2y}(2\dot{y}_c - \dot{y}_{t1} - \dot{y}_{t2} - 2h_{cb}\dot{\theta}_c - h_{bt}\dot{\theta}_{t1} - h_{bt}\dot{\theta}_{t2}) = 0 \end{aligned} \tag{6—3}$$

车体侧滚运动

$$\begin{aligned} & I_{cx}\ddot{\theta}_c - 2K_{2y}h_{cb}y_c + 2(K_{2\theta} + K_{2y}h_{cb}^2 + K_{rx})\theta_c + K_{2y}h_{cb}y_{t1} + K_{2y}h_{cb}y_{t2} + \\ & (K_{2y}h_{cb}h_{bt} - K_{2\theta} - K_{rx})\theta_{t1} + (K_{2y}h_{cb}h_{bt} - K_{2\theta} - K_{rx})\theta_{t2} - \\ & 2C_{2y}h_{cb}\dot{y}_c + 2(C_{2\theta} + C_{2y}h_{cb})\dot{\theta}_c + C_{2y}h_{cb}\dot{y}_{t1} + C_{2y}h_{cb}\dot{y}_{t2} + \\ & (C_{2y}h_{cb}h_{bt} - C_{2\theta})\dot{\theta}_{t1} + (C_{2y}h_{cb}h_{bt} - C_{2\theta})\dot{\theta}_{t2} = 0 \end{aligned} \tag{6—4}$$

车体摇头运动

$$\begin{aligned} & I_{cz}\ddot{\psi}_c + 2(K_{2\psi} + K_{2y}l_c^2)\psi_c - K_{2y}l_c y_{t1} + K_{2y}l_c y_{t2} \\ & - K_{2y}l_c h_{bt}\theta_{t1} + K_{2y}l_c h_2\theta_{t2} - K_{2\psi}\psi_{t1} - K_{2\psi}\psi_{t2} \\ & + 2(C_{2\psi} + C_{2y}l_c^2)\dot{\psi}_c - C_{2y}l_c\dot{y}_{t1} + C_{2y}l_c\dot{y}_{t2} \\ & - C_{2y}l_c h_{bt}\dot{\theta}_{t1} + C_{2y}l_c h_2\dot{\theta}_{t2} - C_{2\psi}\dot{\psi}_{t1} - C_{2\psi}\dot{\psi}_{t2} = 0 \end{aligned} \tag{6—5}$$

前转向架沉浮运动

$$\begin{aligned} & M_t\ddot{z}_{t1} - K_{2z}z_c - K_{2z}l_c\varphi_c + (K_{2z} + 2K_{1z})z_{t1} - K_{1z}z_{w1} - K_{1z}z_{w2} \\ & - C_{2z}\dot{z}_c - C_{2z}l_c\dot{\varphi}_c + (C_{2z} + 2C_{1z})\dot{z}_{t1} - C_{1z}\dot{z}_{w1} - C_{1z}\dot{z}_{w2} = M_t g \end{aligned} \tag{6—6}$$

前转向架点头运动

$$\begin{aligned} & I_{ty}\ddot{\varphi}_{t1} + (2K_{1z}l_t^2 + 2K_{1x}h_{tw}^2 + K_{2x}h_{bt}^2)\varphi_{t1} - K_{1z}l_t z_{w1} + K_{1z}l_t z_{w2} + K_{2x}h_{cb}h_{bt}\varphi_c \\ & + (2C_{1z}l_t^2 + 2C_{1x}h_{tw}^2 + C_{2x}h_{bt}^2)\dot{\varphi}_{t1} - C_{1z}l_t\dot{z}_{w1} + C_{1z}l_t\dot{z}_{w2} + C_{2x}h_{cb}h_{bt}\dot{\varphi}_c = 0 \end{aligned} \tag{6—7}$$

前转向架横移运动

$$\begin{aligned} & M_t\ddot{y}_{t1} + (K_{2y} + 2K_{1y})y_{t1} + (K_{2y}h_{bt} - 2K_{1y}h_{tw})\theta_{t1} \\ & - K_{2y}y_c - K_{2y}l_c\psi_c + K_{2y}h_{cb}\theta_c - K_{1y}y_{w1} - K_{1y}y_{w2} \\ & + (C_{2y} + 2C_{1y})\dot{y}_{t1} + (C_{2y}h_{bt} - 2C_{1y}h_{tw})\dot{\theta}_{t1} \\ & - C_{2y}\dot{y}_c - C_{2y}l_c\dot{\psi}_c + C_{2y}h_{cb}\dot{\theta}_c - C_{1y}\dot{y}_{w1} - C_{1y}\dot{y}_{w2} = 0 \end{aligned} \tag{6—8}$$

前转向架侧滚运动

$$\begin{aligned} & I_{tx}\ddot{\theta}_{t1} - K_{2y}h_{bt}y_c + (K_{2y}h_{cb}h_{bt} - K_{2\theta} - K_{rx})\theta_c - K_{2y}h_{bt}l_c\psi_c \\ & + (K_{2y}h_{bt} - 2K_{1y}h_{tw})y_{t1} + (2K_{1\theta} + K_{2\theta} + 2K_{1y}h_{tw}^2 + K_{2y}h_{bt}^2 + K_{rx})\theta_{t1} \\ & + K_{1y}h_{tw}y_{w1} + K_{1y}h_{tw}y_{w2} - K_{1\theta}\theta_{w1} - K_{1\theta}\theta_{w2} \\ & - C_{2y}h_{bt}\dot{y}_c + (C_{2y}h_{cb}h_{bt} - C_{2\theta})\dot{\theta}_c - C_{2y}h_{bt}l_c\dot{\psi}_c \\ & + (C_{2y}h_{bt} - 2C_{1y}h_{tw})\dot{y}_{t1} + (2C_{1\theta} + C_{2\theta} + 2C_{1y}h_{tw}^2 + C_{2y}h_{bt}^2)\dot{\theta}_{t1} \\ & + C_{1y}h_{tw}\dot{y}_{w1} + C_{1y}h_{tw}\dot{y}_{w2} - C_{1\theta}\dot{\theta}_{w1} - C_{1\theta}\dot{\theta}_{w2} = 0 \end{aligned} \tag{6—9}$$

前转向架摇头运动

$$I_{tz}\ddot{\psi}_{t1} - K_{2\psi}\psi_c + (K_{2\psi} + 2K_{1\psi} + 2K_{1y}l_t^2)\psi_{t1}$$

$$
\begin{aligned}
&-K_{1\psi}\psi_{w1}-K_{1\psi}\psi_{w2}-K_{1y}l_ty_{w1}+K_{1y}l_ty_{w2}\\
&-C_{2\psi}\dot{\psi}_c+(C_{2\psi}+2C_{1\psi}+2C_{1y}l_t^2)\dot{\psi}_{t1}\\
&-C_{1\psi}\dot{\psi}_{w1}-C_{1\psi}\dot{\psi}_{w2}-C_{1y}l_t\dot{y}_{w1}+C_{1y}l_t\dot{y}_{w2}=0
\end{aligned}
\tag{6—10}
$$

后转向架沉浮运动

$$
\begin{aligned}
&M_t\ddot{z}_{t2}-K_{2z}z_c+K_{2z}l_c\varphi_c+(K_{2z}+2K_{1z})z_{t2}-K_{1z}z_{w3}-K_{1z}z_{w4}\\
&-C_{2z}\dot{z}_c+C_{2z}l_c\dot{\varphi}_c+(C_{2z}+2C_{1z})\dot{z}_{t2}-C_{1z}\dot{z}_{w3}-C_{1z}\dot{z}_{w4}=M_tg
\end{aligned}
\tag{6—11}
$$

后转向架点头运动

$$
\begin{aligned}
&I_{ty}\ddot{\varphi}_{t2}+(2K_{1z}l_t^2+2K_{1x}h_{tw}^2+K_{2x}h_{bt}^2)\varphi_{t2}-K_{1z}l_tz_{w3}+K_{1z}l_tz_{w4}+K_{2x}h_{cb}h_{bt}\varphi_c\\
&+(2C_{1z}l_t^2+2C_{1x}h_{tw}^2+C_{2x}h_{bt}^2)\dot{\varphi}_{t2}-C_{1z}l_t\dot{z}_{w3}+C_{1z}l_t\dot{z}_{w4}+C_{2x}h_{cb}h_{bt}\dot{\varphi}_c=0
\end{aligned}
\tag{6—12}
$$

后转向架横移运动

$$
\begin{aligned}
&M_t\ddot{y}_{t2}+(K_{2y}+2K_{1y})y_{t2}+(K_{2y}h_{bt}-2K_{1y}h_{tw})\theta_{t2}\\
&-K_{2y}y_c-K_{2y}l_c\psi_c+K_{2y}h_{cb}\theta_c-K_{1y}y_{w3}-K_{1y}y_{w4}\\
&+(C_{2y}+2C_{1y})\dot{y}_{t2}+(C_{2y}h_{bt}-2C_{1y}h_{tw})\dot{\theta}_{t2}\\
&-C_{2y}\dot{y}_c-C_{2y}l_c\dot{\psi}_c+C_{2y}h_{cb}\dot{\theta}_c-C_{1y}\dot{y}_{w3}-C_{1y}\dot{y}_{w4}=0
\end{aligned}
\tag{6—13}
$$

后转向架侧滚运动

$$
\begin{aligned}
&I_{tx}\ddot{\theta}_{t2}-K_{2y}h_{bt}y_c+(K_{2y}h_{cb}h_{bt}-K_{2\theta}-K_{rx})\theta_c-K_{2y}h_{bt}l_c\psi_c\\
&+(K_{2y}h_{bt}-2K_{1y}h_{tw})y_{t2}+(2K_{1\theta}+K_{2\theta}+2K_{1y}h_{tw}^2+K_{2y}h_{bt}^2+K_{rx})\theta_{t2}\\
&+K_{1y}h_{tw}y_{w3}+K_{1y}h_{tw}y_{w4}-K_{1\theta}\theta_{w3}-K_{1\theta}\theta_{w4}\\
&-C_{2y}h_{bt}\dot{y}_c+(C_{2y}h_{cb}h_{bt}-C_{2\theta})\dot{\theta}_c-C_{2y}h_{bt}l_c\dot{\psi}_c\\
&+(C_{2y}h_{bt}-2C_{1y}h_{tw})\dot{y}_{t2}+(2C_{1\theta}+C_{2\theta}+2C_{1y}h_{tw}^2+C_{2y}h_{bt}^2)\dot{\theta}_{t2}\\
&+C_{1y}h_{tw}\dot{y}_{w3}+C_{1y}h_{tw}\dot{y}_{w4}-C_{1\theta}\dot{\theta}_{w3}-C_{1\theta}\dot{\theta}_{w4}=0
\end{aligned}
\tag{6—14}
$$

后转向架摇头运动

$$
\begin{aligned}
&I_{tz}\ddot{\psi}_{t2}-K_{2\psi}\psi_c+(K_{2\psi}+2K_{1\psi}+2K_{1y}l_t^2)\psi_{t2}\\
&-K_{1\psi}\psi_{w3}-K_{1\psi}\psi_{w4}-K_{1y}l_ty_{w3}+K_{1y}l_ty_{w4}\\
&-C_{2\psi}\dot{\psi}_c+(C_{2\psi}+2C_{1\psi}+2C_{1y}l_t^2)\dot{\psi}_{t2}\\
&-C_{1\psi}\dot{\psi}_{w3}-C_{1\psi}\dot{\psi}_{w4}-C_{1y}l_t\dot{y}_{w3}+C_{1y}l_t\dot{y}_{w4}=0
\end{aligned}
\tag{6—15}
$$

轮对沉浮运动

$$
\begin{aligned}
&M_w\ddot{z}_{w1}-K_{1z}z_{t1}+K_{1z}z_{w1}-K_{1z}l_t\varphi_{t1}-C_{1z}\dot{z}_{t1}+C_{1z}\dot{z}_{w1}-C_{1z}l_t\dot{\varphi}_{t1}\\
&=M_wg+N_{lz1}+N_{rz1}+F_{lz1}+F_{rz1}
\end{aligned}
\tag{6—16}
$$

$$
\begin{aligned}
&M_w\ddot{z}_{w2}-K_{1z}z_{t1}+K_{1z}z_{w2}+K_{1z}l_t\varphi_{t1}-C_{1z}\dot{z}_{t1}+C_{1z}\dot{z}_{w2}+C_{1z}l_t\dot{\varphi}_{t1}\\
&=M_wg+N_{lz2}+N_{rz2}+F_{lz2}+F_{rz2}
\end{aligned}
\tag{6—17}
$$

$$
\begin{aligned}
&M_w\ddot{z}_{w3}-K_{1z}z_{t2}+K_{1z}z_{w3}-K_{1z}l_t\varphi_{t2}-C_{1z}\dot{z}_{t2}+C_{1z}\dot{z}_{w3}-C_{1z}l_t\dot{\varphi}_{t2}\\
&=M_wg+N_{lz3}+N_{rz3}+F_{lz3}+F_{rz3}
\end{aligned}
\tag{6—18}
$$

$$
\begin{aligned}
&M_w\ddot{z}_{w4}-K_{1z}z_{t2}+K_{1z}z_{w4}+K_{1z}l_t\varphi_{t2}-C_{1z}\dot{z}_{t2}+C_{1z}\dot{z}_{w4}+C_{1z}l_t\dot{\varphi}_{t2}\\
&=M_wg+N_{lz4}+N_{rz4}+F_{lz4}+F_{rz4}
\end{aligned}
\tag{6—19}
$$

轮对横移运动

$$
\begin{aligned}
&M_w\ddot{y}_{w1}-K_{1y}y_{t1}+K_{1y}y_{w1}+K_{1y}h_{tw}\theta_{t1}-K_{1y}l_t\psi_{t1}-C_{1y}\dot{y}_{t1}\\
&+C_{1y}\dot{y}_{w1}+C_{1y}h_{tw}\dot{\theta}_{t1}-C_{1y}l_t\dot{\psi}_{t1}\\
&=N_{ly1}+N_{ry1}+F_{ly1}+F_{ry1}
\end{aligned}
\tag{6—20}
$$

$$M_w\ddot{y}_{w2}-K_{1y}y_{t1}+K_{1y}y_{w2}+K_{1y}h_{tw}\theta_{t1}+K_{1y}l_t\psi_{t1}-C_{1y}\dot{y}_{t1}+C_{1y}\dot{y}_{w2}+C_{1y}h_{tw}\dot{\theta}_{t1}+C_{1y}l_t\dot{\psi}_{t1}=N_{ly2}+N_{ry2}+F_{ly2}+F_{ry2} \quad (6—21)$$

$$M_w\ddot{y}_{w3}-K_{1y}y_{t2}+K_{1y}y_{w3}+K_{1y}h_{tw}\theta_{t2}-K_{1y}l_t\psi_{t2}-C_{1y}\dot{y}_{t2}+C_{1y}\dot{y}_{w3}+C_{1y}h_{tw}\dot{\theta}_{t2}-C_{1y}l_t\dot{\psi}_{t2}=N_{ly3}+N_{ry3}+F_{ly3}+F_{ry3} \quad (6—22)$$

$$M_w\ddot{y}_{w4}-K_{1y}y_{t2}+K_{1y}y_{w4}+K_{1y}h_{tw}\theta_{t2}+K_{1y}l_t\psi_{t2}-C_{1y}\dot{y}_{t2}+C_{1y}\dot{y}_{w4}+C_{1y}h_{tw}\dot{\theta}_{t2}+C_{1y}l_t\dot{\psi}_{t2}=N_{ly4}+N_{ry4}+F_{ly4}+F_{ry4} \quad (6—23)$$

轮对侧滚运动

$$I_{wx}\ddot{\theta}_{w1}-K_{1\theta}\theta_{t1}+K_{1\theta}\theta_{w1}-C_{1\theta}\dot{\theta}_{t1}+C_{1\theta}\dot{\theta}_{w1}=(N_{ly1}-N_{ry1}+F_{ly1}-F_{ry1})a_0-(N_{ly1}+F_{ly1})r_{l1}-(N_{ry1}+F_{ry1})r_{r1} \quad (6—24)$$

$$I_{wx}\ddot{\theta}_{w2}-K_{1\theta}\theta_{t1}+K_{1\theta}\theta_{w2}-C_{1\theta}\dot{\theta}_{t1}+C_{1\theta}\dot{\theta}_{w2}=(N_{ly2}-N_{ry2}+F_{ly2}-F_{ry2})a_0-(N_{ly2}+F_{ly2})r_{l2}-(N_{ry2}+F_{ry2})r_{r2} \quad (6—25)$$

$$I_{wx}\ddot{\theta}_{w3}-K_{1\theta}\theta_{t2}+K_{1\theta}\theta_{w3}-C_{1\theta}\dot{\theta}_{t2}+C_{1\theta}\dot{\theta}_{w3}=(N_{ly3}-N_{ry3}+F_{ly3}-F_{ry3})a_0-(N_{ly3}+F_{ly3})r_{l3}-(N_{ry3}+F_{ry3})r_{r3} \quad (6—26)$$

$$I_{wx}\ddot{\theta}_{w4}-K_{1\theta}\theta_{t2}+K_{1\theta}\theta_{w4}-C_{1\theta}\dot{\theta}_{t2}+C_{1\theta}\dot{\theta}_{w4}=(N_{ly4}-N_{ry4}+F_{ly4}-F_{ry4})a_0-(N_{ly4}+F_{ly4})r_{l4}-(N_{ry4}+F_{ry4})r_{r4} \quad (6—27)$$

轮对摇头运动

$$I_{wz}\ddot{\psi}_{w1}-K_{1\psi}\psi_{t1}+K_{1\psi}\psi_{w1}-C_{1\psi}\dot{\psi}_{t1}+C_{1\psi}\dot{\psi}_{w1}=(N_{lx1}+N_{rx1})a_0+(N_{ly1}-N_{ry1}+F_{ly1}-F_{ry1})a_0\psi_{w1}+M_{lz1}+M_{rz1} \quad (6—28)$$

$$I_{wz}\ddot{\psi}_{w2}-K_{1\psi}\psi_{t1}+K_{1\psi}\psi_{w2}-C_{1\psi}\dot{\psi}_{t1}+C_{1\psi}\dot{\psi}_{w2}=(N_{lx2}+N_{rx2})a_0+(N_{ly2}-N_{ry2}+F_{ly2}-F_{ry2})a_0\psi_{w2}+M_{lz2}+M_{rz2} \quad (6—29)$$

$$I_{wz}\ddot{\psi}_{w3}-K_{1\psi}\psi_{t2}+K_{1\psi}\psi_{w3}-C_{1\psi}\dot{\psi}_{t2}+C_{1\psi}\dot{\psi}_{w3}=(N_{lx3}+N_{rx3})a_0+(N_{ly3}-N_{ry3}+F_{ly3}-F_{ry3})a_0\psi_{w3}+M_{lz3}+M_{rz3} \quad (6—30)$$

$$I_{wz}\ddot{\psi}_{w4}-K_{1\psi}\psi_{t2}+K_{1\psi}\psi_{w4}-C_{1\psi}\dot{\psi}_{t2}+C_{1\psi}\dot{\psi}_{w4}=(N_{lx4}+N_{rx4})a_0+(N_{ly4}-N_{ry4}+F_{ly4}-F_{ry4})a_0\psi_{w4}+M_{lz4}+M_{rz4} \quad (6—31)$$

2. 道岔结构模型

相对于普通区间轨道,岔区轨道较为复杂,建模也较为繁琐。针对道岔的特点,本部分建立了包括转辙器、连接部分和辙叉区在内完整的道岔结构模型,并在模型中对间隔铁、顶铁、滑床台等道岔部件的非线性作用等进行了细致考虑,见图 6—2、图 6—3(参见第三章车-岔耦合动力学模型相关内容)。

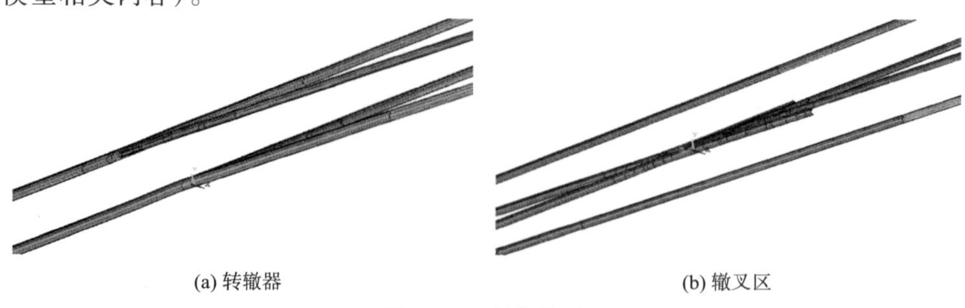

(a) 转辙器　　(b) 辙叉区

图 6—2　道岔模型

3. 桥梁结构模型

桥梁模型有两种：一种是直接采用有限元模型，另一种是利用模态综合技术建模。为了更好地利用 ANSYS 模块，本部分采用第一种建模方式，见图 6—4。考虑尽量减少桥梁结构建模的工作量，本部分只进行梁体和桥梁支座的建模，不考虑防护墙等附属结构对系统振动的影响。

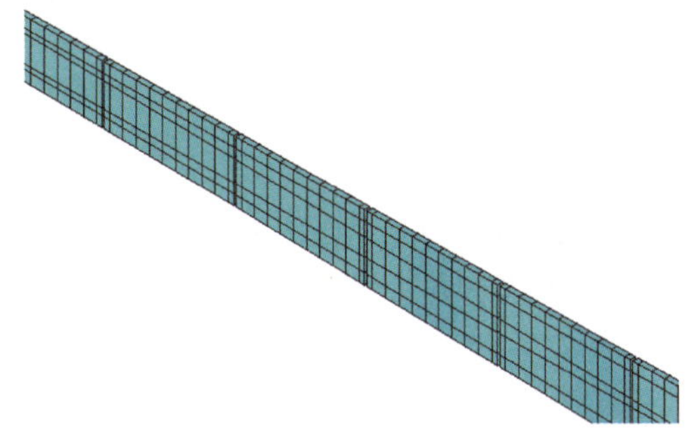

图 6—3　轨道板模型

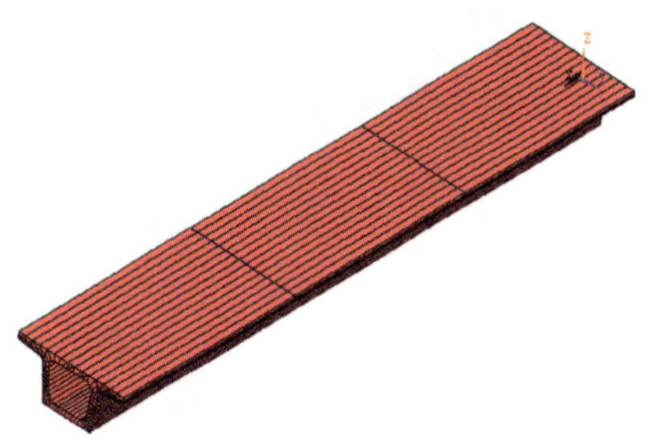

图 6—4　梁体模型

对于桥梁结构，梁体采用空间梁单元进行模拟，支座采用弹簧单元进行模拟。ANSYS 的空间梁单元可以按截面赋值，并具有变截面属性，同时 ANSYS 提供与 AutoCAD 软件专用的数据接口，因此，将不同位置的梁体截面绘成 AutoCAD 图形，直接导入到 ANSYS 中，实现梁体的快速准确建模。

4. 车岔相互作用模型

参见第三章车-岔耦合动力学模型相关内容。

5. 岔桥相互作用模型

在岔桥相互作用模型中，道岔与桥梁之间通过弹簧-阻尼装置连接，见图 6—5。设某时刻第 i 个截面处桥梁形心 O 的垂向位移、横向位移、转角分别为 z_{bi}、y_{bi}、θ_{bi}，无砟轨道板底面第 j 个作用点的垂向位移、横向位移为 z_{sij}、y_{sij}、x_{sij}为岔桥作用点至梁体中心的横向距离，H_b 为轨道板底面至梁体中心的垂向距离，则第 i 个截面、第 j 个作用点处的岔桥垂向作用力 F_{zij}、横向相互作用力 F_{yij}分别为

$$F_{zij}=K_{sz}(z_{sij}-z_{bi}+\theta_{bi}x_{sij})+C_{sz}(\dot{z}_{sij}-\dot{z}_{bi}+\dot{\theta}_{bi}x_{sij}) \tag{6—32}$$

$$F_{yij}=K_{sy}(y_{sij}-y_{bi}-\theta_{bi}H_b)+C_{sy}(\dot{y}_{sij}-\dot{y}_{bi}-\dot{\theta}_{bi}H_b) \tag{6—33}$$

式中，K_{sz}、C_{sz}分别为板下垂向支承刚度和阻尼；K_{sy}、C_{sy}分别为板下横向约束刚度和阻尼。

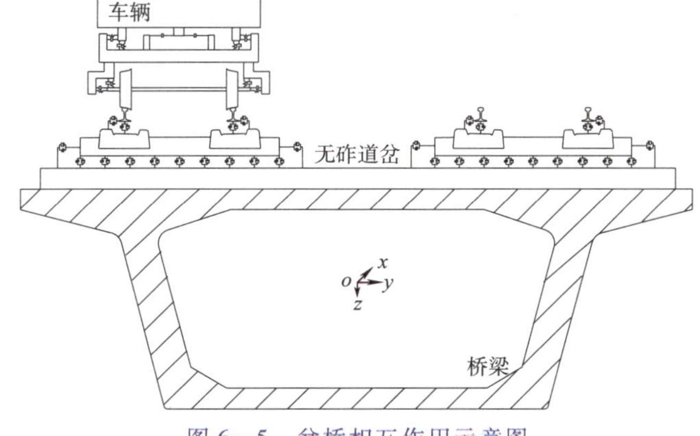

图 6—5　岔桥相互作用示意图

第二节　高架站无砟道岔动力特性

本节利用高速铁路车辆-无砟道岔-高架桥梁耦合系统动力分析模型，从轮轨相互作用、车辆运行的安全平稳性、道岔结构动力特性、桥梁结构动力特性四个方面，对车辆直向、侧向过岔时车岔桥耦合系统的动力特性进行研究。

一、直向过岔系统动力特性

我国高速铁路上采用的道岔绝大部分为18号道岔，以国产18号高速无砟道岔铺设在6×32 m连续梁上为例，对高速车辆直向过岔时，系统的动力特性进行研究。18号高速道岔直向允许速度350 km/h，按直向允许速度+10%进行设计检算，即直向过岔速度取为385 km/h。为了便于研究，不考虑轨道随机不平顺，只考虑道岔结构不平顺的影响。

（一）轮轨相互作用

1. 轮轨垂向力

车辆直向通过道岔时，轮轨垂向力的时程曲线见图6—6。可以看出，车辆过岔时，在转辙区、辙叉区均有较大的轮载波动。且辙叉部分心轨较短，存在较大的结构不平顺，出现了较大的轮轨冲击，轮轨垂向力最大约为166.94 kN。

2. 轮轨横向力

车辆直向通过道岔时，轮轨横向力的时程曲线见图6—7。可以看出，与轮轨垂向力的变化类似，轮轨横向力在转辙区、辙叉区均有较大的波动。轮轨横向力最大约为10.96 kN，出现在结构不平顺较大的辙叉区。

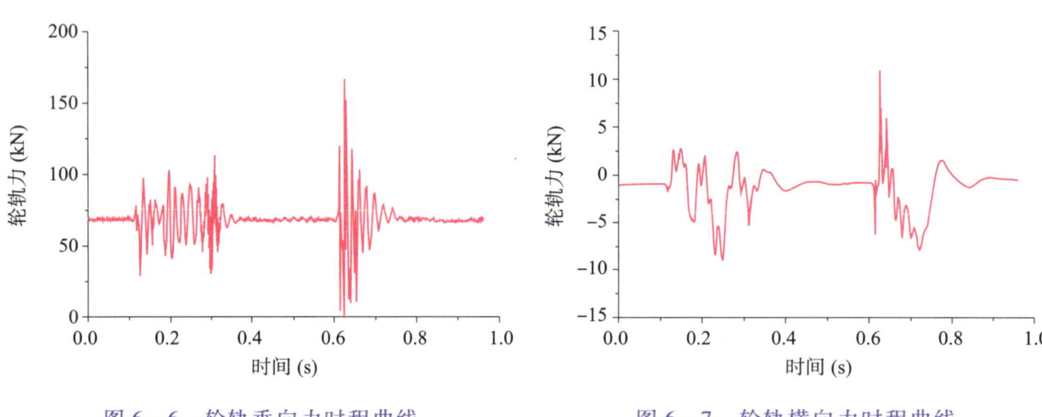

图6—6　轮轨垂向力时程曲线　　图6—7　轮轨横向力时程曲线

3. 轮轴横向力

车辆直向通过道岔时，轮轴横向力的时程曲线见图6—8。可以看出，与轮轨垂向力、横向力的变化类似，轮轴横向力在转辙区、辙叉区均有较大的波动，最大约为7.5 kN。

（二）车辆运行安全平稳性

1. 安全性指标

车辆直向通过道岔时，脱轨系数、轮重减载率的时程曲线见图6—9、图6—10。可以看出，脱轨系数与轮轨横向力的规律较为一致，最大值出现在辙叉区，最大约为0.14，这说明在不考虑随机不平顺的情况下，列车直向过岔时存在较大的安全余量。轮重减载率与轮轨垂向力的规律类似，最大值出现在存在较大轮轨冲击的辙叉区，最大值达到1.0，但是持续时间很短，超过限值0.8的时间在0.01 s以下，可认为没有脱轨危险性。

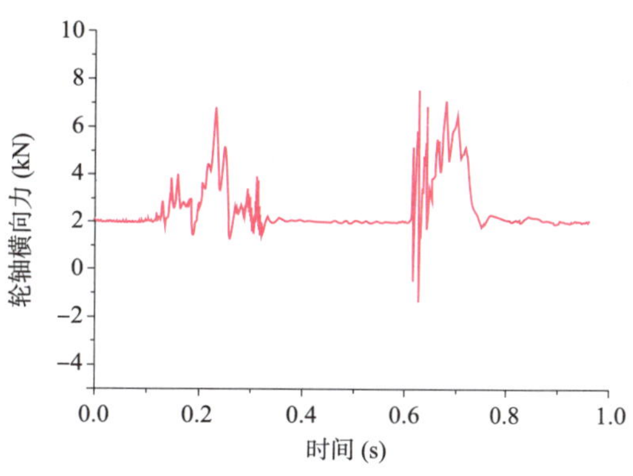

图 6—8　轮轴横向力时程曲线

2. 平稳性指标

车辆直向通过道岔时，车体垂向、横向加速度的时程曲线见图 6—11 ~ 图 6—12。车体加速度受长波不平顺的影响较大，道岔结构不平顺为短波，主要引起轮轨间的高频冲击力，对车体垂横向加速度的影响较小。车体垂向、横向加速度的最大值分别为 0.03 m/s^2、0.35 m/s^2。车体垂向、横向 Sperling 平稳性指标分别为 1.21、2.76，车辆运行的平稳性较好。

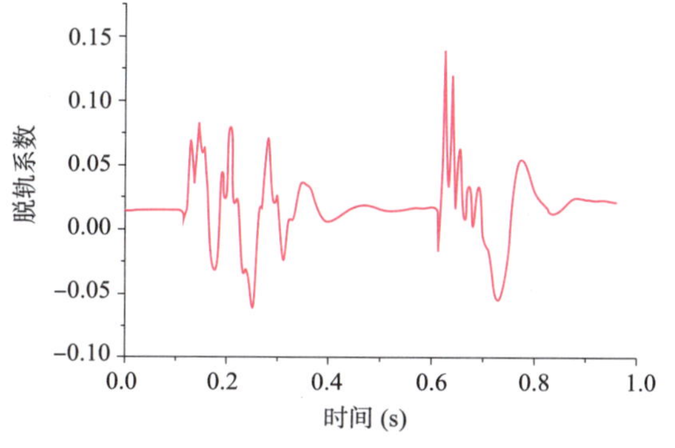

图 6—9　脱轨系数时程曲线

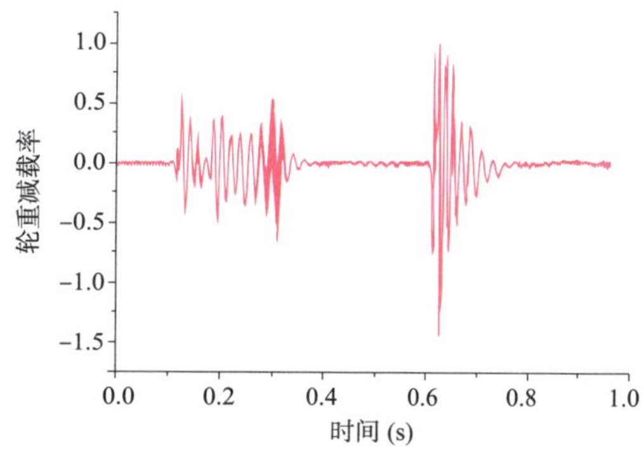

图 6—10　轮重减载率时程曲线

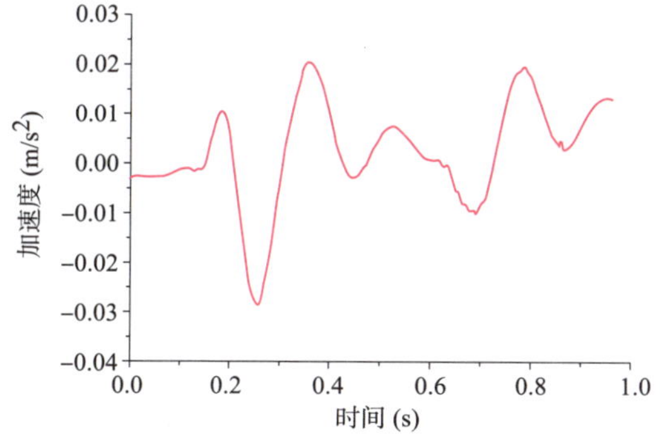

图 6—11　车体垂向加速度时程曲线

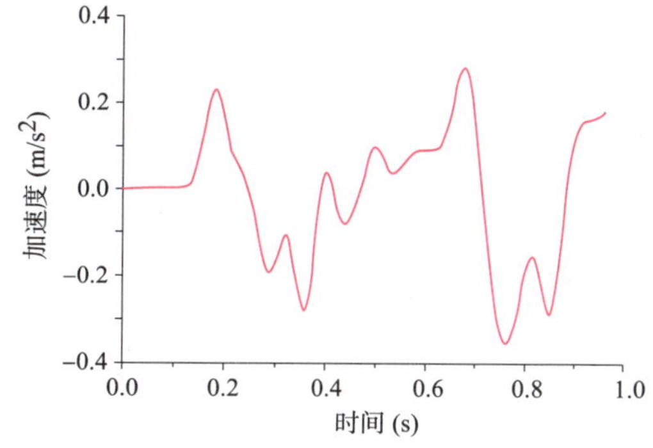

图 6—12　车体横向加速度时程曲线

（三）道岔结构的动力特性

1. 道岔部件振动

车辆直向通过道岔时，钢轨和轨道板加速度的时程曲线见图 6—13、图 6—14。可以看出，车辆通过时，钢轨和轨道板都有明显的振动，钢轨加速度最大为 2 536 m/s^2，轨道板加速度最大为 223 m/s^2，从钢轨到轨道板加速度有明显的衰减。

2. 道岔部件变形和强度

车辆直向通过道岔时，钢轨垂横向动位移时程曲线见图 6—15、图 6—16；尖轨、心轨开口量见图 6—17、图 6—18。其中，钢轨动位移都是指钢轨与轨道板的相对位移（下同），钢轨垂横向动位移最大值分别为 0.71 mm、0.11 mm；尖轨、心轨开口量最大值分别为 0.11 mm、0.09 mm，均在限值范围之内。

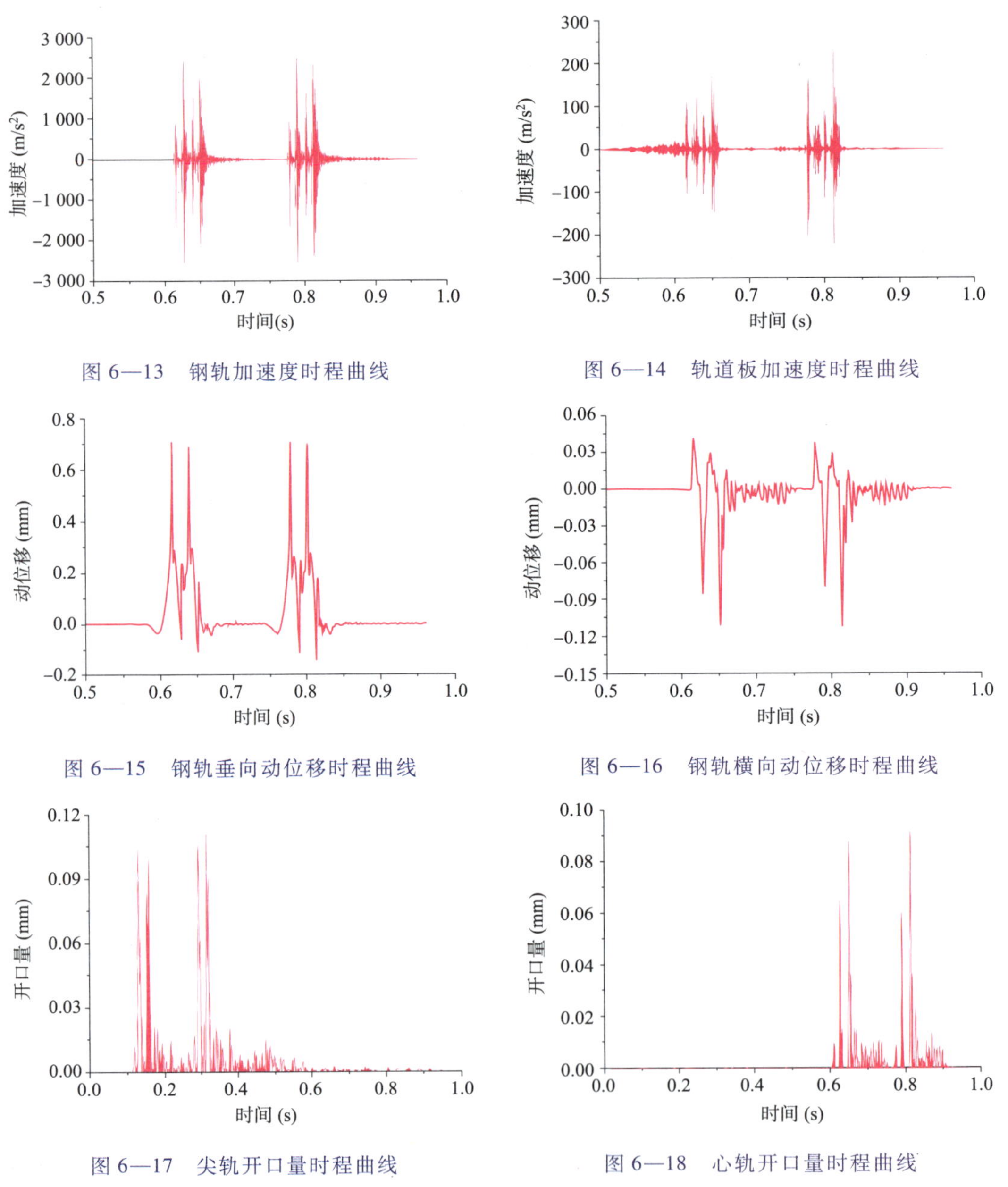

图 6—13　钢轨加速度时程曲线

图 6—14　轨道板加速度时程曲线

图 6—15　钢轨垂向动位移时程曲线

图 6—16　钢轨横向动位移时程曲线

图 6—17　尖轨开口量时程曲线

图 6—18　心轨开口量时程曲线

车辆直向通过道岔时，尖轨和心轨处钢轨动应力时程曲线见图 6—19、图 6—20。尖轨、心轨动弯应力的最大值分别为 11.37 MPa、12.42 MPa，数值较小，远小于钢轨的容许应力。

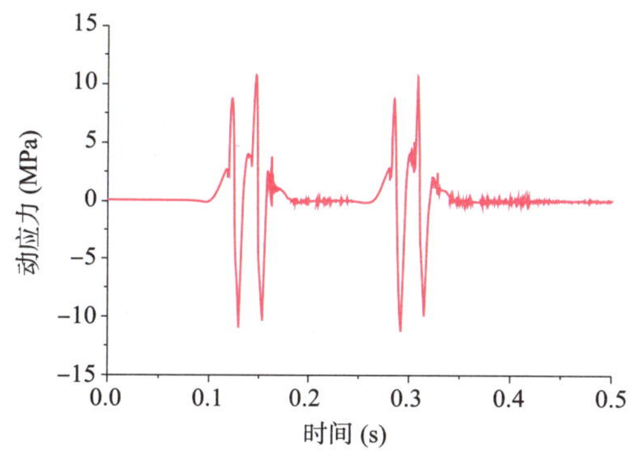

图 6—19　尖轨动应力时程曲线

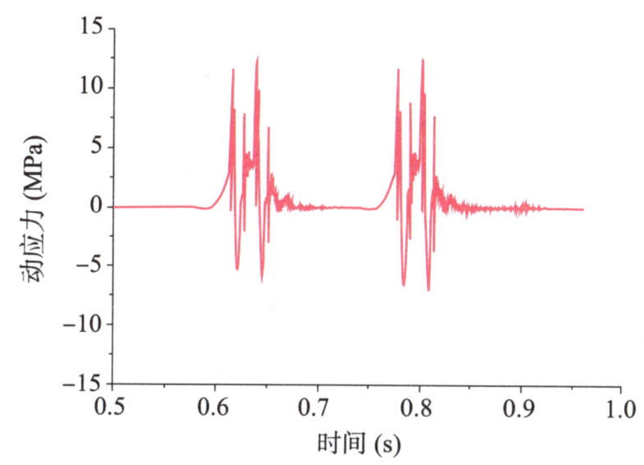

图 6—20　心轨动应力时程曲线

(四)桥梁结构的动力特性

1. 桥梁振动

车辆直向通过道岔时,桥梁垂横向加速度时程曲线见图 6—21、图 6—22。可以看出,车辆通过时桥梁垂横向都有明显的振动,桥梁垂横向加速度最大值分别为 3.49 m/s^2、0.42 m/s^2。

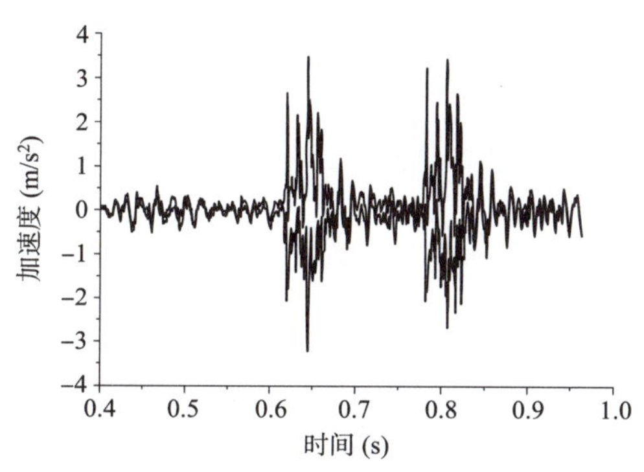

图 6—21　桥梁垂向加速度时程曲线

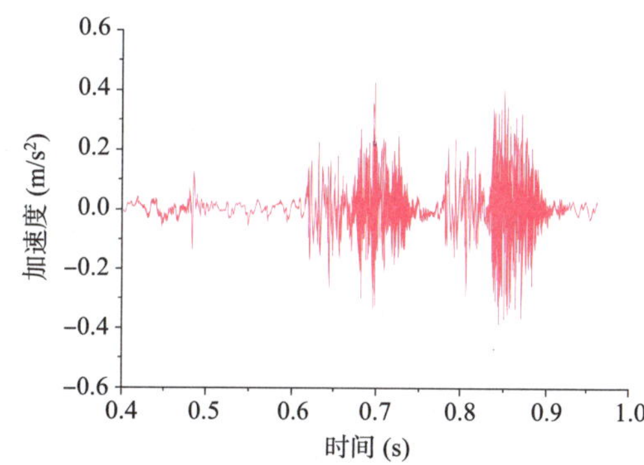

图 6—22　桥梁横向加速度时程曲线

2. 桥梁变形

车辆直向通过道岔时,桥梁跨中动位移、梁端转角时程曲线见图 6—23、图 6—24。桥梁跨中动位移最大为 0.16 mm,梁端转角最大为 0.0209 rad,符合规范的相关要求。

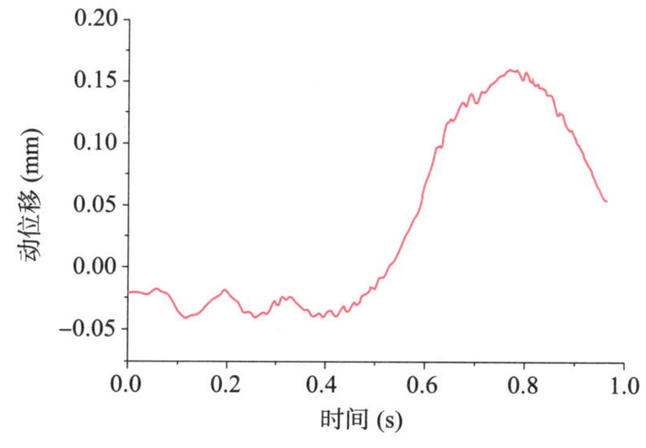

图 6—23　桥梁跨中处动位移时程曲线

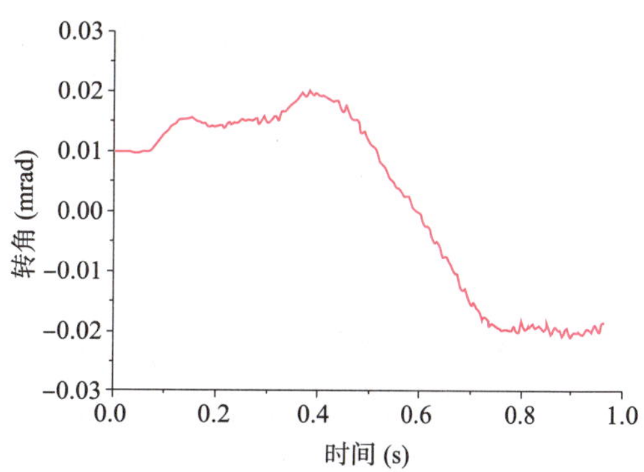

图 6—24　桥梁梁端转角时程曲线

二、侧向过岔系统动力特性

18 号高速道岔侧向允许速度 80 km/h，按侧向允许速度 +10 km/h 进行设计检算，即侧向过岔速度取为 90 km/h。

(一)轮轨相互作用

1. 轮轨垂向力

车辆侧向通过道岔时，外侧车轮轮轨垂向力的时程曲线见图 6—25。车辆侧向过岔时，轮轨垂向力有所增大，尤其是在辙叉区，轮轨力增大较为明显，轮轨垂向力最大约为 135.3 kN。

2. 轮轨横向力

车辆侧向通过道岔时，轮轨横向力的时程曲线见图 6—26。可以看出，与轮轨垂向力的变化类似，外侧车轮的轮轨横向力有所增大，轮轨最大横向力约为 47.2 kN。

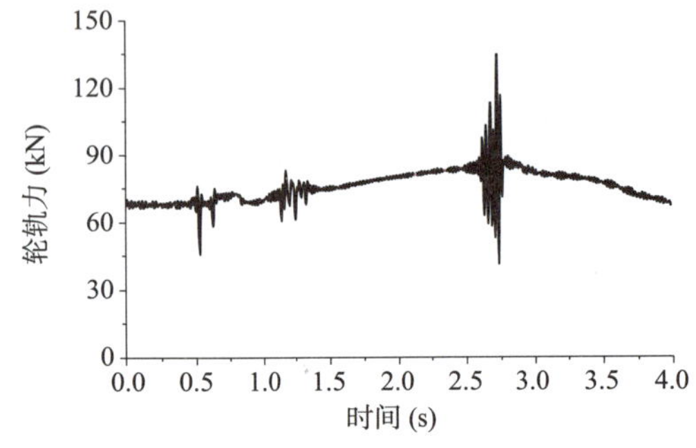

图 6—25　轮轨垂向力时程曲线

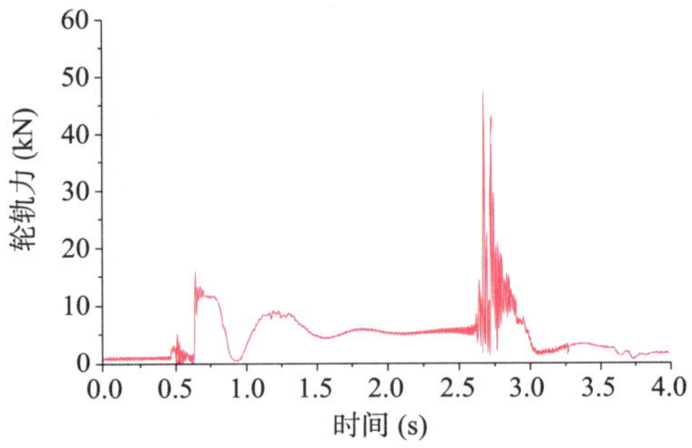

图 6—26　轮轨横向力时程曲线

3. 轮轴横向力

车辆侧向通过道岔时，轮轴横向力的时程曲线见图 6—27。与轮轨横向力的变化类似，轮轴横向力在转辙区、辙叉区均有较大的波动，最大约为 53.9 kN，出现在辙叉区。

(二)车辆运行安全平稳性

1. 安全性指标

车辆侧向通过道岔时，脱轨系数、轮重减载率的时程曲线见图 6—28、图 6—29。可以看出，脱轨系数与轮轨横向力的规律较为一致，最大值出现在辙叉区，最大约为 0.58，小于限值 0.8。侧向过岔时外轮轮轨力增大，内轮轮轨力减小，出现轮重减载，减载率最大约为 0.49，也在限值之内。

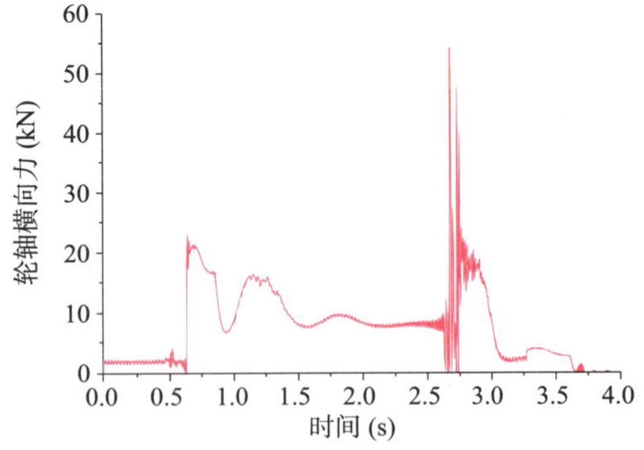

图 6—27　轮轴横向力时程曲线

2. 平稳性指标

车辆侧向通过道岔时，车体垂向、横向加速度的时程曲线见图 6—30、图 6—31。与直向过岔类似，车体垂向加速度受长波不平顺的影响较大，侧向过岔时道岔结构不平顺为短波，主要引起轮轨间的高频冲击力，对车体垂向加速度的影响较小。车辆通过导曲线时，存在一定的未被平衡的离心加速度，使侧向过岔时的车体横向加速度比直向过岔时要大。车体垂向、横向加速度的最大值分别为 0.03 m/s^2、0.74 m/s^2。车体垂向、横向 Sperling 平稳性指标分别为 1.09、2.93，车辆运行的垂向平稳性优、横向平稳性合格。

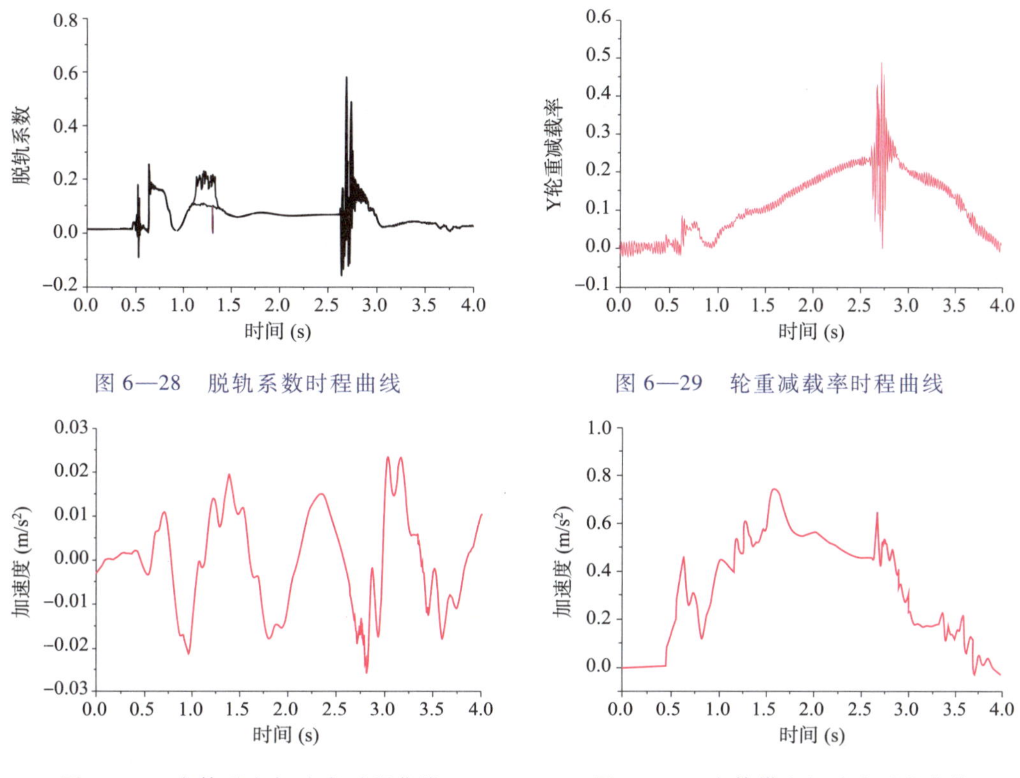

图 6—28　脱轨系数时程曲线

图 6—29　轮重减载率时程曲线

图 6—30　车体垂向加速度时程曲线

图 6—31　车体横向加速度时程曲线

（三）道岔结构的动力特性

1. 道岔部件振动

车辆侧向通过道岔时，钢轨和轨道板加速度的时程曲线见图 6—32、图 6—33。可以看出，车辆通过时，钢轨和轨道板都有明显的振动，钢轨加速度最大为 1 777 m/s^2，轨道板加速度最大为 257 m/s^2，从钢轨到轨道板加速度有明显的衰减。

2. 道岔部件变形和强度

车辆侧向通过道岔时，钢轨垂横向动位移时程曲线见图 6—34、图 6—35；尖轨、心轨开口量见图 6—36、图 6—37。钢轨垂横向动位移最大值分别为 0. 70 mm、0. 26 mm，尖轨、心轨开口量最大值分别为 0. 59 mm、0. 64 mm，均在限值范围之内。

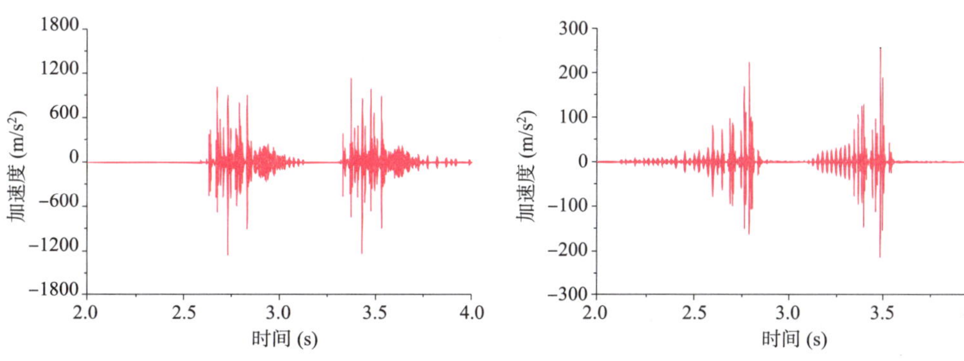

图 6—32　钢轨加速度时程曲线

图 6—33　轨道板加速度时程曲线

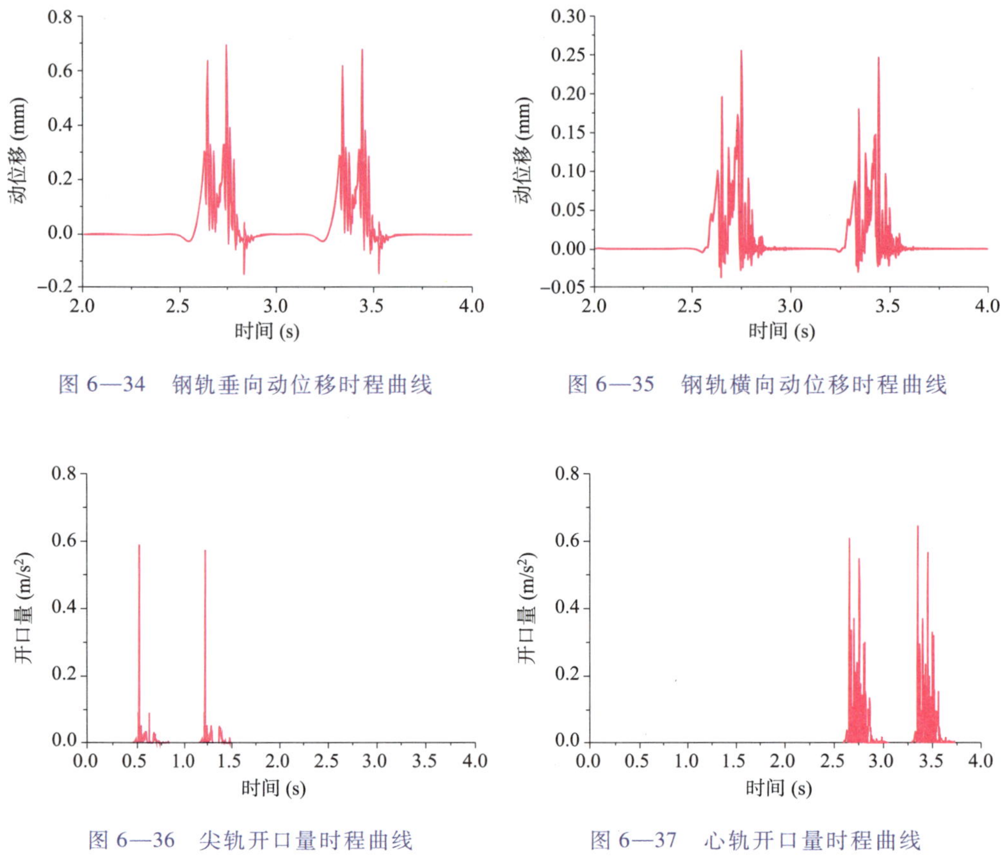

图 6—34　钢轨垂向动位移时程曲线

图 6—35　钢轨横向动位移时程曲线

图 6—36　尖轨开口量时程曲线

图 6—37　心轨开口量时程曲线

车辆侧向通过道岔时，尖轨和心轨处钢轨动应力时程曲线见图 6—38、图 6—39。尖轨、心轨动弯应力的最大值分别为 48.08 MPa、16.84 MPa，数值较小，远小于钢轨的容许应力。

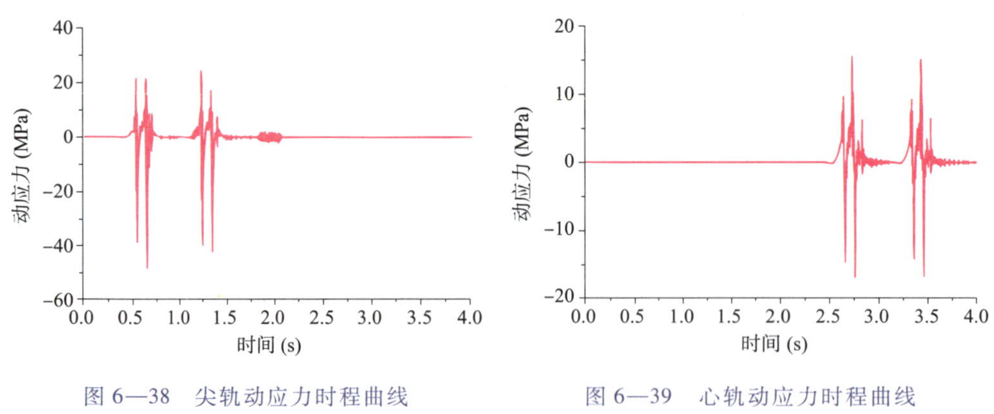

图 6—38　尖轨动应力时程曲线

图 6—39　心轨动应力时程曲线

(四)桥梁结构的动力特性

1. 桥梁振动

车辆侧向通过道岔时，桥梁垂横向加速度时程曲线见图 6—40、图 6—41。可以看出，车辆通过时桥梁垂横向都有明显的振动，桥梁垂、横向加速度最大值分别为 3.13 m/s^2、0.99 m/s^2。

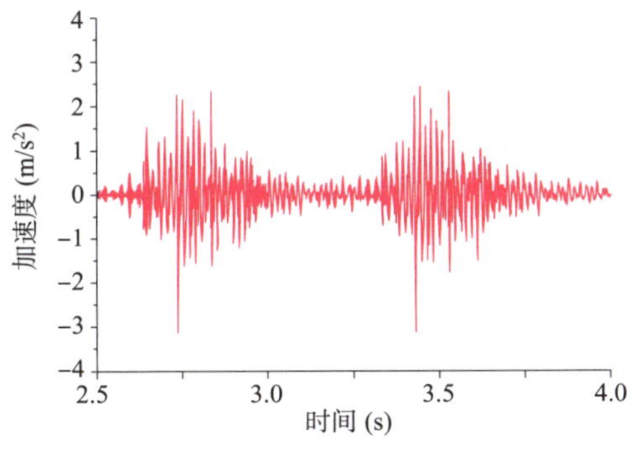

图 6—40　桥梁跨中垂向加速度时程曲线

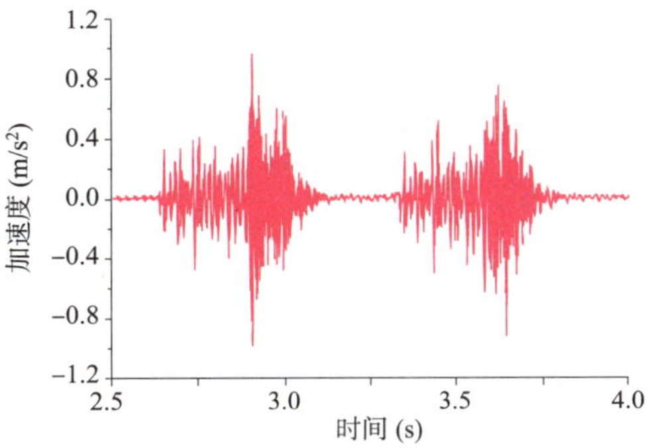

图 6—41　桥梁跨中横向加速度时程曲线

2. 桥梁变形

车辆直向通过道岔时,桥梁跨中垂、横向动位移时程曲线见图 6—42、图 6—43。桥梁跨中垂、横向动位移最大分别为 0. 16 mm、0. 065 mm,梁端转角最大为 0. 0207 mrad,均符合规范的相关要求。

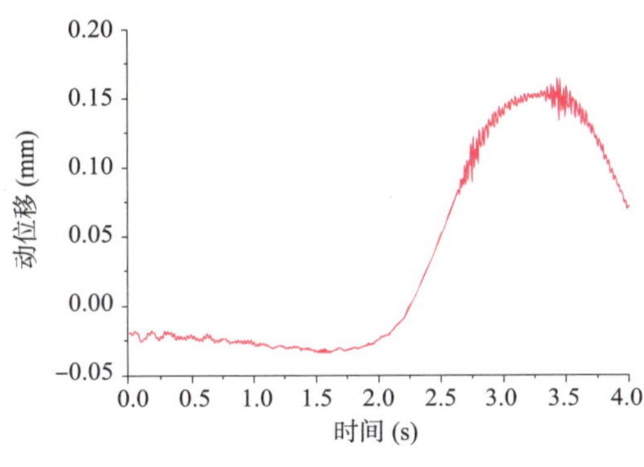

图 6—42　桥梁跨中垂向动位移时程曲线

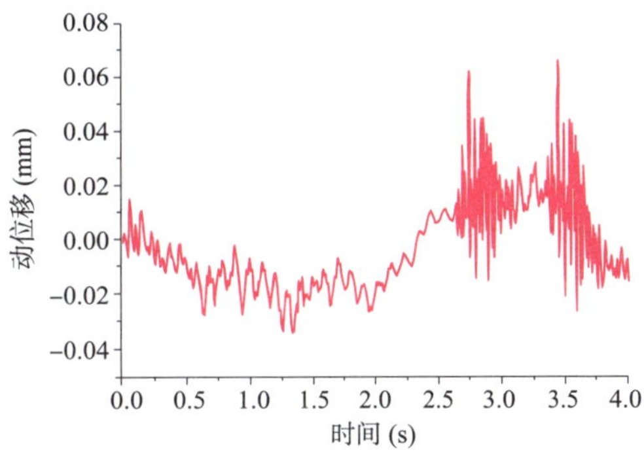

图 6—43　桥梁跨中横向动位移时程曲线

三、小　　结

本节利用动力分析模型,从轮轨相互作用、车辆运行的安全平稳性、道岔结构动力特性、桥梁结构动力特性四个方面,对车辆直向、侧向过岔时系统的动力特性进行了研究,并将桥上无砟道岔与路基上无砟道岔进行了对比分析。得出以下主要结论。

(1)不论直向还是侧向过岔,车辆通过时,在转辙区、辙叉区均有较大的轮载波动。由于辙叉部分心轨较短,轮载过渡时间短,轮轨之间动力作用明显。

(2)车辆直向过岔时,脱轨系数与轮轨横向力的规律较为一致,最大值出现在辙叉区,但数值较小,最大约为 0. 14。轮重减载率与轮轨垂向力的规律类似,最大值出现在辙叉区,最大值达到了 1. 0,但是持续时间很短,超过限值 0. 8 的时间在 0. 01 s 以下,可认为没有脱轨有危险性。

(3)车辆侧向过岔时,轮轨横向力增大明显,脱轨系数、车体横向加速度和车体横向平稳性指标也有较大的增大,但是都满足车辆的安全平稳性要求。

(4)不论直向还是侧向过岔,车辆通过时,钢轨和轨道板都有明显的振动。车辆直向过岔时,钢轨加速度最大为 2 536 m/s^2,轨道板加速度最大为 223 m/s^2;侧向过岔时,钢轨加速度最大为 1 777 m/s^2,轨道板加速度最大为 257 m/s^2。不论直向还是侧向过岔,从钢轨到轨道板振动加速度有明显的衰减。

(5)车辆通过时,桥梁垂横向都有明显的振动。直向过岔时,桥梁垂横向加速度最大值分别为 3.49 m/s^2、0.42 m/s^2;侧向过岔时,桥梁垂横向加速度最大值分别为 3.13 m/s^2、0.99 m/s^2。直向过岔时桥梁的垂向加速度较大,侧向过岔时桥梁横向加速度较大,这与轮轨力的规律一致。直侧向过岔时,桥梁跨中动位移和梁端转角的差别较小。

第三节　高架站无砟道岔动力特性参数及影响规律

高速铁路车辆-无砟道岔-高架桥梁耦合系统是一个复杂的大系统,影响因素众多,包括车辆、道岔、桥梁三大方面的影响因素。以下利用高速铁路车辆-无砟道岔-高架桥梁耦合系统动力分析模型,从轮轨相互作用、车辆运行的安全平稳性、道岔结构动力特性、桥梁结构动力特性等方面,对行车速度、车辆类型、轨道不平顺、扣件刚度、轨道类型、桥梁类型、梁体抗弯刚度、桥梁跨度、岔桥位置等动力参数的影响规律进行研究。

一、车辆动力参数的影响

(一)行车速度

以 6 × 32 m 连续梁上铺设国产 18 号高速道岔、岔区采用板式无砟轨道为例,研究行车速度对车岔桥系统的影响,计算结果见表 6—2 和图 6—44 ~ 图 6—46。

表 6—2　不同行车速度下车岔桥系统动力响应

行车速度	km/h	250	275	300	325	350	385
轮轨垂向力	kN	163.74	176.18	203.24	207.41	185.51	166.94
轮轨横向力	kN	10.90	10.63	11.71	11.73	11.17	10.96
轮轴横向力	kN	12.64	11.12	10.2	8.52	9.41	7.50
脱轨系数		0.18	0.17	0.18	0.15	0.18	0.14
轮重减载率		1.00	1.00	1.00	1.00	1.00	1.00
车体垂向加速度	m/s^2	0.03	0.03	0.03	0.03	0.03	0.03
车体横向加速度	m/s^2	0.33	0.32	0.26	0.24	0.26	0.35
车体垂向平稳性指标		1.23	1.17	1.13	1.13	1.13	1.21
车体横向平稳性指标		2.55	2.57	2.30	2.25	2.37	2.76
钢轨加速度	m/s^2	1566	1430	1898	1920	2036	2536
轨道板加速度	m/s^2	132	184	144	135	209	223
钢轨垂向位移	mm	0.60	0.64	0.66	0.68	0.69	0.71
钢轨横向位移	mm	0.24	0.18	0.17	0.17	0.14	0.11
尖轨开口量	mm	0.30	0.26	0.26	0.22	0.16	0.11
心轨开口量	mm	0.21	0.14	0.13	0.13	0.10	0.09
尖轨动应力	MPa	18.45	16.85	15.44	15.02	12.47	11.37
桥梁垂向加速度	m/s^2	1.90	2.25	2.95	3.06	3.51	3.49
桥梁横向加速度	m/s^2	0.40	0.43	0.51	0.78	0.32	0.42
桥梁跨中动位移	mm	0.16	0.16	0.16	0.16	0.16	0.16
桥梁梁端转角	mrad	0.0209	0.0206	0.0205	0.0218	0.0217	0.0209

1. 轮轨相互作用

随着车速的变化,轮轨垂横向力、脱轨系数、垂横向平稳性指标等与车速关系不明显。在高速情况下,测试结果和理论计算结果均表明,轮轨垂、横向力与速度关系不明显。

2. 车辆运行的安全平稳性

轮重减载率达到1.0,这出现在车辆通过辙叉的时候,由于持续时间较短(持续时间小于0.01 s),不会影响车辆运行的安全性(下同)。测试结果和理论计算结果均表明,脱轨系数等安全平稳性指标都与车速的关系不明显。

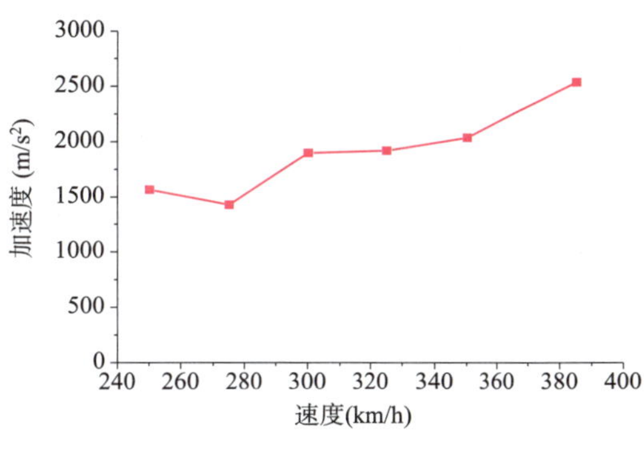

图6—44　钢轨加速度

3. 道岔结构的动力特性

随着车速的增加,钢轨、轨道板的加速度和钢轨垂向位移有增大趋势,而钢轨横向位移、尖轨动应力和尖轨、心轨开口量有减小趋势。

4. 桥梁结构的动力特性

随着车速的增加,桥梁垂向加速度有明显的增大趋势,跨中动位移基本不变,横向振动加速度和梁端转角与速度关系不明显。

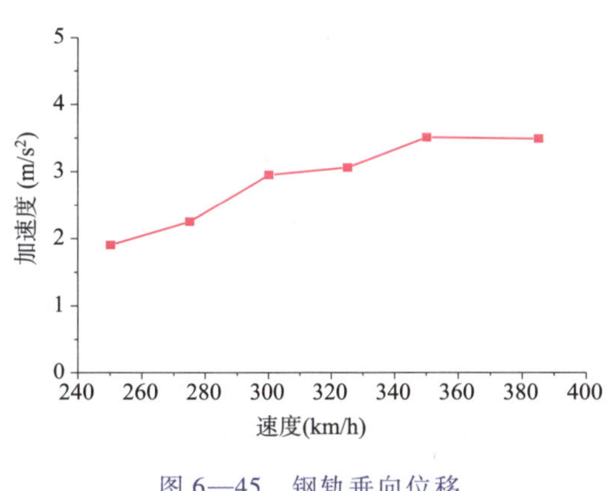

图6—45　钢轨垂向位移

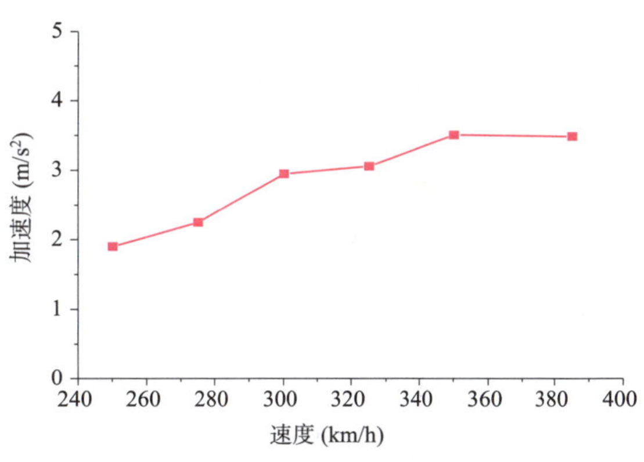

图6—46　桥梁垂向加速度

(二)车辆类型

以6×32 m连续梁上铺设国产18号高速道岔、岔区采用板式无砟轨道为例,研究我国铁路上运行的250 km/h动车组和350 km/h动车组对对车岔桥系统的影响,车速统一取为250 km/h。计算结果见表6—3。

1. 轮轨相互作用

两车的轴重均为14t,但是350 km/h动车的轮轨垂、横向力和轮轴横向力明显较小。

2. 车辆运行的安全平稳性

两种类型的车辆通过时,轮重减载率、车体垂向加速度、垂向平稳性指标相差不大,350 km/h动车的脱轨系数、车体横向加速度、横向平稳性指标相对较小。

3. 道岔结构的动力特性

相对250 km/h动车,350 km/h动车通过时引起的钢轨和轨道板的振动、钢轨的垂横向位移、尖轨和心轨的廾口量和动应力均相对较小。

表 6—3　不同车辆类型下车岔桥系统动力响应

车辆类型		250 km/h 动车	350 km/h 动车
轮轨垂向力	kN	219. 21	163. 74
轮轨横向力	kN	15. 81	10. 90
轮轴横向力	kN	14. 86	12. 64
脱轨系数		0. 28	0. 18
轮重减载率		1. 00	1. 00
车体垂向加速度	m/s^2	0. 04	0. 03
车体横向加速度	m/s^2	0. 41	0. 33
车体垂向平稳性指标		1. 24	1. 23
车体横向平稳性指标		2. 78	2. 55
钢轨加速度	m/s^2	1 762	1 566
轨道板加速度	m/s^2	143	132
钢轨垂向位移	mm	0. 66	0. 60
钢轨横向位移	mm	0. 38	0. 24
尖轨开口量	mm	0. 37	0. 30
心轨开口量	mm	0. 29	0. 21
尖轨动应力	MPa	18. 81	18. 45
心轨动应力	MPa	12. 53	12. 25
桥梁垂向加速度	m/s^2	3. 05	1. 90
桥梁横向加速度	m/s^2	0. 63	0. 40
桥梁跨中动位移	mm	0. 16	0. 16
桥梁梁端转角	mrad	0. 0210	0. 0209

4. 桥梁结构的动力特性

两种类型的动车通过时，桥梁的动位移和转角基本相同，而 350 km/h 动车通过时桥梁的垂、横向振动加速度明显较小。

整体来看，车辆类型对轮轨相互作用、车辆运行的安全平稳性、道岔和桥梁的动力特性均有较为明显的影响。在相同行车速度下，350 km/h 动车的性能明显优于 250 km/h 动车。

二、道岔动力参数的影响

（一）轨道不平顺

轨道不平顺是引起车岔桥系统振动的主要根源。岔区轨道不平顺主要有道岔结构不平顺、轨道几何不平顺、轮轨表面的磨耗等。本部分对这几种常见轨道不平顺的影响进行了研究。道岔铺设在 6 × 32 m 连续梁上，岔区采用板式无砟轨道，车速 385 km/h，主要考虑以下 4 种工况。

工况 1：只考虑道岔结构不平顺；工况 2：道岔结构不平顺 + 武广高速铁路轨道不平顺谱；工况 3：道岔结构不平顺 + 轮轨表面粗糙度谱；工况 4：道岔结构不平顺 + 武广高速铁路轨道不平顺谱 + 轮轨表面粗糙度谱。

上述 4 种轨道不平顺工况下车岔桥系统的动力响应见表 6—4。

表 6—4　不同轨道不平顺下车岔桥系统动力响应

轨道不平顺工况		工况 1	工况 2	工况 3	工况 4
轮轨垂向力	kN	166.94	166.70	193.70	215.21
轮轨横向力	kN	10.96	24.31	15.78	40.42
轮轴横向力	kN	7.50	48.05	15.12	52.47
脱轨系数		0.14	0.18	0.22	0.32
轮重减载率		1.00	1.00	1.00	1.00
车体垂向加速度	m/s^2	0.03	0.12	0.03	0.12
车体横向加速度	m/s^2	0.35	0.55	0.34	0.65
车体垂向平稳性指标		1.21	1.49	1.18	1.51
车体横向平稳性指标		2.76	3.01	2.66	3.05
钢轨加速度	m/s^2	2536	3202	3711	4093
轨道板加速度	m/s^2	223	329	356	397
钢轨垂向位移	mm	0.71	0.79	0.72	0.79
钢轨横向位移	mm	0.11	0.25	0.22	0.29
尖轨开口量	mm	0.11	0.40	0.32	0.59
心轨开口量	mm	0.09	0.22	0.30	0.25
尖轨动应力	MPa	11.37	15.21	26.80	29.99
心轨动应力	MPa	12.42	13.38	16.75	18.32
桥梁垂向加速度	m/s^2	3.49	8.13	8.20	7.66
桥梁横向加速度	m/s^2	0.42	0.88	0.69	1.01
桥梁跨中动位移	mm	0.16	0.16	0.15	0.15
桥梁梁端转角	mrad	0.0209	0.0205	0.0203	0.0206

1. 轮轨相互作用

相对工况 1 和工况 2，工况 3 和工况 4 的轮轨垂向力明显较大，这说明轮轨表面粗糙度谱（短波不平顺）对轮轨垂向力的大小贡献很大。在进行系统随机振动分析时，轨道短波不平顺的影响不可忽略。而相对工况 1 和工况 3，工况 2 和工况 4 的轮轨横向力、轮轴横向力较大，这说明轨道不平顺谱（中长波）对轮轨间的横向相互作用有较大贡献。工况 4 考虑了道岔结构不平顺、轨道不平顺谱和轮轨表面粗糙度谱的综合影响，轮轨间的垂横向力是 4 种工况中最大的。

2. 车辆运行的安全平稳性

工况 1 和工况 3、工况 2 和工况 4 的车体垂横向加速度、平稳性指标相差不大。相对工况 1 和工况 3，工况 2 和工况 4 的脱轨系数、车体垂横向加速度和平稳性指标均相对较大，这说明车体的安全平稳性主要受轨道不平顺谱（中长波）的影响。

3. 道岔结构的动力特性

考虑了轨道随机不平顺谱、轮轨表面粗糙度谱后，钢轨和轨道板的振动加速度、钢轨的动位移、尖轨和心轨的开口量、动应力均有所增大，尤其是综合考虑轨道随机不平顺谱和轮轨表面粗糙度谱后，道岔结构各项指标均有明显增大。

4. 桥梁结构的动力特性

考虑了轨道随机不平顺谱和轮轨表面粗糙度谱后，桥梁的振动加速度有明显增大，但是桥梁动位移和转角变化不大。

整体来看，轨道不平顺是极为重要的动力参数，轨道短波不平顺对轮轨作用力、道岔和桥梁结构的振动有显著影响，而轨道中长波不平顺对车辆运行的安全平稳性等有显著影响。

无砟轨道扣件系统直接与混凝土道床板连接，轨道稳定性较好，不易发生失稳，但在较大升温条件下极易出现钢轨碎弯。较大的钢轨碎弯、扣件的扣压力损失和组装公差等共同作用，会对高速列车的平稳运行产生不利影响。下面主要对长大桥上无砟轨道无缝线路钢轨碎弯变形对车、轨、桥的动力学性能的影响进行计算，主要考虑以下 3 种计算工况。

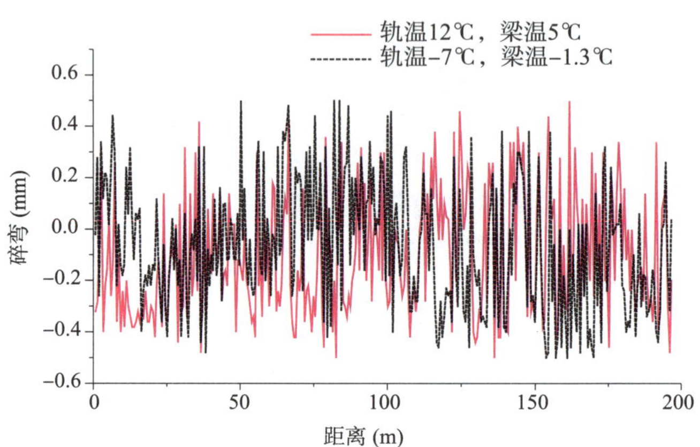

图 6—47　不同梁轨温度条件下的钢轨碎弯变形比较

工况 1：无钢轨碎弯变形；工况 2：考虑轨温 12℃，梁温 5℃时的实测碎弯值；工况 3：考虑轨温 －7℃，梁温 －1.3℃时的实测碎弯值。

不同梁、轨温度条件下的实测钢轨碎弯变形比较见图 6—47；不同计算工况之下车、轨、桥不同部分的动力学计算结果比较见表 6—5。

表 6—5　不同计算工况之下车、轨、桥不同部分的动力学计算结果比较

钢轨碎弯变形计算工况		工　况 1	工　况 2	工　况 3
轮轨垂向力	kN	166.94	168.98	168.83
轮轴横向力	kN	7.50	8.58	8.55
脱轨系数		0.14	0.16	0.15
轮重减载率		1.00	1.00	1.00
车体垂向加速度	m/s^2	0.03	0.03	0.03
车体横向加速度	m/s^2	0.35	0.35	0.35
车体垂向平稳性指标		1.21	1.21	1.21
车体横向平稳性指标		2.76	2.77	2.77
钢轨加速度	m/s^2	2 536	2 584	2 576
轨道板加速度	m/s^2	223	250	237
钢轨垂向位移	mm	0.71	0.71	0.71
钢轨横向位移	mm	0.11	0.11	0.11
桥梁垂向加速度	m/s^2	3.49	3.56	3.52
桥梁横向加速度	m/s^2	0.42	0.43	0.42
桥梁跨中动位移	mm	0.16	0.16	0.16
桥梁梁端转角	mrad	0.0209	0.0209	0.0209

由表6—5计算结果对比可知，当考虑梁、轨温度变化产生的钢轨碎弯变形之后，轮轨垂向力、轮轴横向力、脱轨系数、车体横向平稳性指标、钢轨加速度、轨道板加速度、桥梁垂向加速度和横向加速度等动力响应指标均有所增长，而轮重减载率、车体垂向加速度和横向加速度、车体垂向平稳性指标、钢轨垂向位移和横向位移、桥梁跨中动位移、桥梁梁端转角等动力学响应指标则几乎保持不变。由此可知，长大桥梁无砟轨道无缝线路由于扣件失效、钢轨升温幅度较大等因素所造成的钢轨碎弯变形，会对高速车辆产生不利的影响，需要在计算分析和养护维修中加以重视。

（二）扣件刚度

国产18号高速道岔铺设在6×32 m连续梁上，岔区采用板式无砟轨道，车速385 km/h，扣件刚度对车岔桥系统的影响见表6—6和图6—48～图6—51。

表6—6　不同扣件刚度下车岔桥系统动力响应

扣件刚度	kN/mm	15	20	25	30	35	40
轮轨垂向力	kN	159.29	149.76	166.94	170.39	169.98	168.3
轮轨横向力	kN	11.63	10.45	10.96	10.26	9.05	9.07
轮轴横向力	kN	10.06	8.81	7.50	9.09	8.84	8.55
脱轨系数		0.15	0.16	0.14	0.21	0.21	0.20
轮重减载率		1.00	1.00	1.00	1.00	1.00	1.00
车体垂向加速度	m/s^2	0.03	0.03	0.03	0.03	0.03	0.03
车体横向加速度	m/s^2	0.45	0.39	0.35	0.29	0.25	0.25
车体垂向平稳性指标		1.34	1.26	1.21	1.17	1.15	1.13
车体横向平稳性指标		2.94	2.83	2.76	2.66	2.58	2.52
钢轨加速度	m/s^2	2 253	2 467	2 536	2 561	2 571	2 564
轨道板加速度	m/s^2	199	202	223	238	216	218
钢轨垂向位移	mm	0.85	0.77	0.71	0.67	0.63	0.60
钢轨横向位移	mm	0.14	0.13	0.11	0.1	0.09	0.08
尖轨开口量	mm	0.19	0.13	0.11	0.09	0.07	0.06
心轨开口量	mm	0.10	0.10	0.09	0.08	0.07	0.07
尖轨动应力	MPa	11.53	11.67	11.37	11.05	11.04	11.23
心轨动应力	MPa	12.54	12.38	12.42	12.44	12.51	12.52
桥梁垂向加速度	m/s^2	2.55	2.87	3.49	4.29	4.52	4.92
桥梁横向加速度	m/s^2	0.53	0.40	0.42	0.44	0.62	0.48
桥梁跨中动位移	mm	0.16	0.16	0.16	0.16	0.16	0.16
桥梁梁端转角	mrad	0.0208	0.0208	0.0209	0.0209	0.0209	0.0209

1. 轮轨相互作用

随着扣件刚度的增加，轮轨垂向力有增大趋势，轮轨横向力、轮轴横向力有减小趋势。

2. 车辆运行安全平稳性

随着扣件刚度的增加，脱轨系数有增大趋势，车体垂向加速度基本没有变化，而车体横向加速度、车辆运行的平稳性指标则随之减小。扣件刚度的减小可以降低轮轨垂向相互作用，但不宜太小，扣件刚度过小可能会引起车辆晃车等。

3. 道岔结构的动力特性

随着扣件刚度的增大，钢轨、轨道板的加速度有增大趋势，而钢轨的垂、横向动位移随之减小；扣件刚度的增大会减小尖轨和心轨的开口量，但由于开口量距限值 4 mm 相差较远，扣件刚度在这方面的作用不显著；扣件刚度对钢轨动应力的影响很微弱。

4. 桥梁结构的动力特性

扣件刚度的增大会增加桥梁的垂向加速度，但是对跨中动位移和梁端转角的影响较小。

整体来看，在一定范围内，降低扣件刚度可以减小轮轨垂向相互作用，进而减小道岔和桥梁结构的振动，但是扣件刚度不宜太小，扣件刚度过小会增大钢轨的动位移，不利于车辆的平稳运行。扣件刚度在 20 ~ 25 kN/mm 范围内可以起到较好的减振效果，并能较好地控制钢轨的变形。

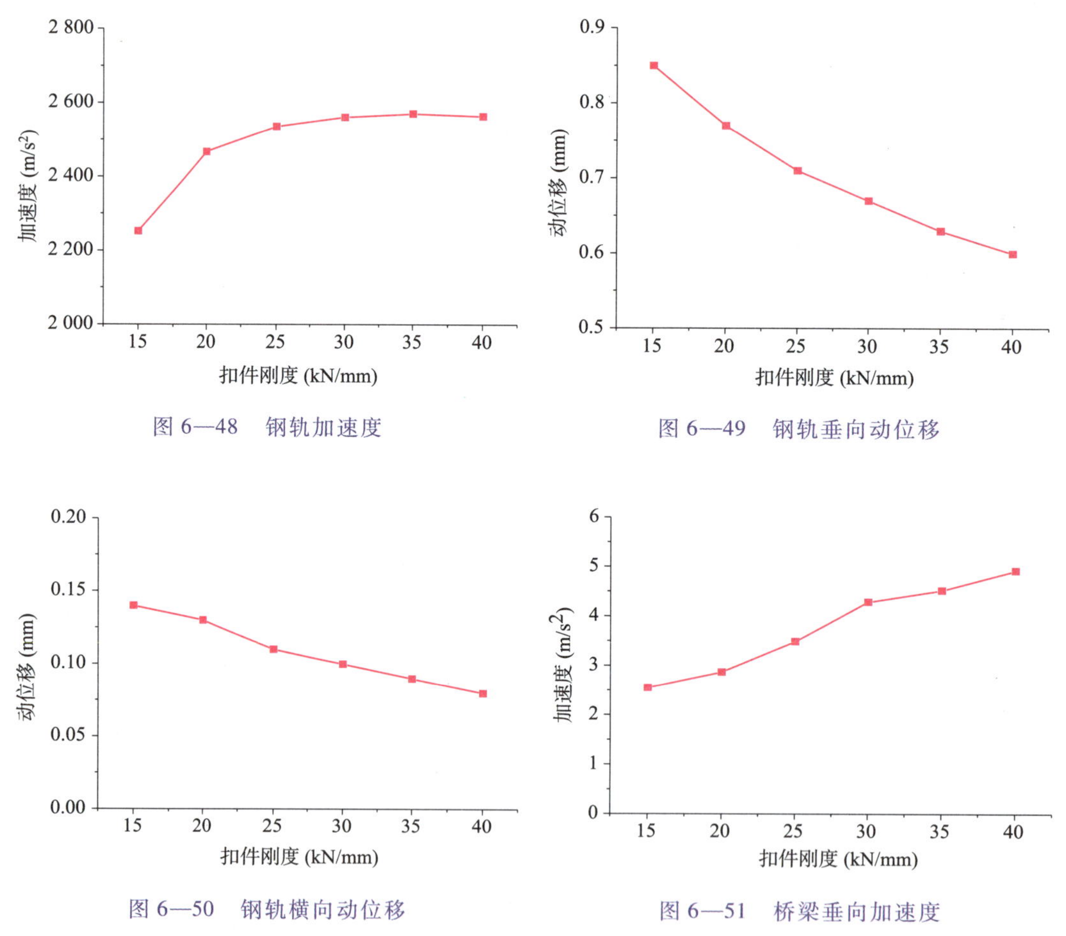

图 6—48　钢轨加速度

图 6—49　钢轨垂向动位移

图 6—50　钢轨横向动位移

图 6—51　桥梁垂向加速度

（三）无砟轨道类型

我国高速铁路岔区无砟轨道有长枕埋入式和板式两种形式。研究这两种类型的无砟轨道对车岔桥系统的影响。国产 18 号高速道岔铺设在 6 × 32 m 连续梁上，车速取为 385 km/h，计算结果见表 6—7。

1. 轮轨相互作用

两种轨道形式下轮轨垂向、横向作用力和轮轴横向力差别不大。

2. 车辆运行的安全平稳性

两种轨道形式下车体垂向、横向加速度和平稳性差别不大。

3. 道岔结构的动力特性

两种轨道形式下钢轨和轨道板的振动、钢轨的垂横向位移、尖轨和心轨的开口量和动应力均差别不大。

4. 桥梁结构的动力特性

相对于板式无砟轨道，长枕埋入式无砟轨道的桥梁垂向、横向加速度稍大，但是桥梁跨中动位移和梁端转角略小。

表 6—7　不同轨道类型下车岔桥系统动力响应

轨道类型	单位	板式	长枕埋入式
轮轨垂向力	kN	166.94	168.80
轮轨横向力	kN	10.96	10.38
轮轴横向力	kN	7.50	7.40
脱轨系数		0.14	0.14
轮重减载率		1.00	1.00
车体垂向加速度	m/s^2	0.03	0.03
车体横向加速度	m/s^2	0.35	0.33
车体垂向平稳性指标		1.21	1.21
车体横向平稳性指标		2.76	2.71
钢轨加速度	m/s^2	2 536	2 546
轨道板加速度	m/s^2	223	218
钢轨垂向位移	mm	0.71	0.71
钢轨横向位移	mm	0.11	0.11
尖轨开口量	mm	0.11	0.12
心轨开口量	mm	0.09	0.09
尖轨动应力	MPa	11.37	11.34
心轨动应力	MPa	12.42	12.41
桥梁垂向加速度	m/s^2	3.49	3.92
桥梁横向加速度	m/s^2	0.42	0.47
桥梁跨中动位移	mm	0.16	0.13
桥梁梁端转角	mrad	0.0209	0.0207

整体来看，两种无砟轨道形式下轮轨相互作用、车辆运行的安全平稳性、道岔结构的动力特性差别不大，但是长枕埋入式轨道对应的桥梁振动加速度略大。

(四)轨道板厚度

国产 18 号高速道岔铺设在 6 × 32 m 连续梁上，岔区采用板式无砟轨道，车速取为 385 km/h，轨道板厚度对车岔桥系统的影响见表 6—8 和图 6—52 ~ 图 6—55。

1. 轮轨相互作用

轨道板厚度对轮轨垂横向力、轮轴横向力影响的差别均较小。

2. 车辆运行安全平稳性

轨道板厚度对脱轨系数、减载率、车体垂横向加速度和平稳性指标等指标影响的差别均较小。

表 6—8　不同轨道板厚度下车岔桥系统动力响应

轨道板厚度	m	0.20	0.22	0.24	0.26	0.28	0.30
轮轨垂向力	kN	162.46	164.95	166.94	165.78	165.69	169.41
轮轨横向力	kN	10.90	10.93	10.96	10.88	10.9	10.57
轮轴横向力	kN	8.40	7.91	7.50	7.10	7.03	8.21
脱轨系数		0.16	0.14	0.14	0.14	0.14	0.15
轮重减载率		1.00	1.00	1.00	1.00	1.00	1.00
车体垂向加速度	m/s^2	0.03	0.03	0.03	0.03	0.03	0.03
车体横向加速度	m/s^2	0.35	0.35	0.35	0.35	0.36	0.31
车体垂向平稳性指标		1.21	1.21	1.21	1.21	1.21	1.21
车体横向平稳性指标		2.76	2.76	2.76	2.77	2.77	2.72
钢轨加速度	m/s^2	2563	2545	2536	2516	2554	2590
轨道板加速度	m/s^2	245	238	223	215	213	166
钢轨垂向位移	mm	0.71	0.71	0.71	0.71	0.71	0.71
钢轨横向位移	mm	0.11	0.11	0.11	0.11	0.11	0.11
尖轨开口量	mm	0.11	0.11	0.11	0.11	0.11	0.12
心轨开口量	mm	0.09	0.09	0.09	0.09	0.09	0.09
尖轨动应力	MPa	11.34	11.13	11.37	11.38	11.29	11.27
心轨动应力	MPa	12.38	12.44	12.42	12.4	12.37	12.4
桥梁垂向加速度	m/s^2	3.55	3.37	3.49	3.63	3.75	3.83
桥梁横向加速度	m/s^2	0.72	0.48	0.42	0.53	0.63	0.58
桥梁跨中动位移	mm	0.18	0.17	0.16	0.15	0.14	0.13
桥梁梁端转角	mrad	0.0232	0.0217	0.0209	0.0201	0.0195	0.0187

3. 道岔结构的动力特性

轨道板厚度对钢轨加速度、动位移、动应力以及尖轨、心轨开口量的影响均较小；随着轨道板厚度的增加，轨道板自身的振动加速度随之减小。

4. 桥梁结构的动力特性

轨道板厚度的增加可以减小桥梁跨中动位移和梁端转角，但是会在一定程度上增大桥梁的振动加速度。

整体来看，轨道板厚度的影响主要体现在轨道板自身和桥梁结构的振动上，在对轨道板振动和桥梁变形无严格要求的情况下，可以保持现有轨道板厚度不变。

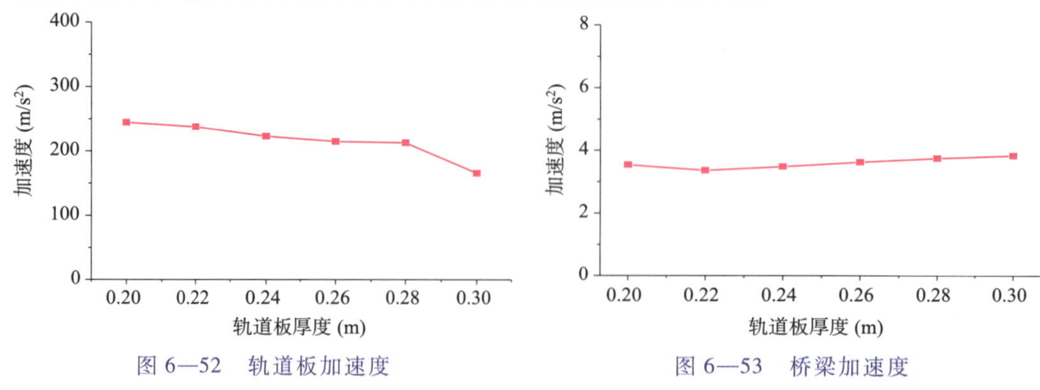

图 6—52　轨道板加速度　　图 6—53　桥梁加速度

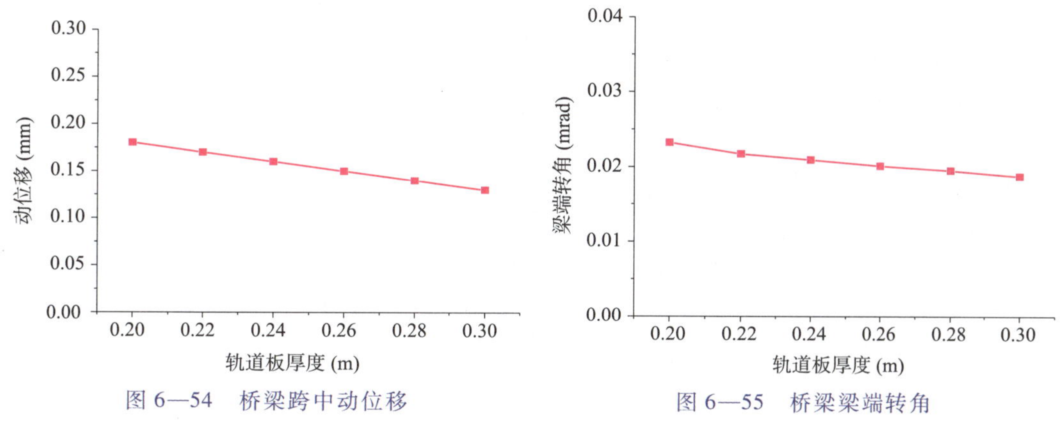

图 6—54　桥梁跨中动位移　　图 6—55　桥梁梁端转角

(五)板下支承刚度

国产 18 号高速道岔铺设在 6 × 32 m 连续梁上,岔区采用板式无砟轨道,车速取为 385 km/h,改变板下支承刚度,研究其对车岔桥系统动力响应的影响,计算结果见表 6—9。

表 6—9　不同板下支承刚度下车岔桥系统动力响应

板下支承刚度	GPa/m	10	20	50	80	100	150
轮轨垂向力	kN	181.65	192.1	192.1	169.19	166.39	158.13
轮轨横向力	kN	11.13	10.06	10.06	10.55	10.98	11.18
轮轴横向力	kN	9.00	11.24	11.24	8.30	7.69	9.76
脱轨系数		0.15	0.15	0.15	0.16	0.14	0.21
轮重减载率		1.00	1.00	1.00	1.00	1.00	1.00
车体垂向加速度	m/s^2	0.03	0.02	0.02	0.03	0.03	0.03
车体横向加速度	m/s^2	0.31	0.39	0.39	0.31	0.35	0.38
车体垂向平稳性指标		1.19	1.22	1.22	1.21	1.21	1.20
车体横向平稳性指标		2.58	2.53	2.53	2.71	2.77	2.80
钢轨加速度	m/s^2	2 654	2 167	2 167	2 587	2 562	2 531
轨道板加速度	m/s^2	279	265	265	256	226	203
钢轨垂向位移	mm	0.70	0.70	0.70	0.71	0.71	0.71
钢轨横向位移	mm	0.14	0.09	0.09	0.11	0.11	0.11
尖轨开口量	mm	0.22	0.11	0.11	0.11	0.11	0.11
心轨开口量	mm	0.11	0.08	0.08	0.09	0.09	0.09
尖轨动应力	MPa	11.29	11.25	11.25	11.98	11.13	11.36
心轨动应力	MPa	12.80	12.44	12.44	12.45	12.38	12.37
桥梁垂向加速度	m/s^2	4.38	4.13	4.13	3.59	3.47	3.84
桥梁横向加速度	m/s^2	0.63	0.55	0.55	0.61	0.49	0.44
桥梁跨中动位移	mm	0.18	0.17	0.17	0.16	0.16	0.16
桥梁梁端转角	mrad	0.0224	0.0207	0.0207	0.0208	0.0209	0.0210

1. 轮轨相互作用

板下支承刚度的增加可以一定程度上减小轮轨之间的冲击。

2. 车辆运行安全平稳性

板下支承刚度对车体加速度、平稳性指标等影响均较小。

3. 道岔结构的动力特性.

钢轨振动加速度、动位移、动应力以及尖轨、心轨开口量受板下支承刚度的影响较小;随着板下支承刚度的增加,轨道板振动加速度有减小的趋势。

4. 桥梁结构的动力特性

在一定范围内,板下支承刚度的增大可以减小桥梁的振动加速度,但是支承刚度的过大也会使桥梁振动加速度增大。

整体来看,轨道板下支承刚度太小,则起不到较好的支承作用,会导致轮轨间的动力相互作用剧烈;而板下支承刚度太大,则起不到较好的隔振效果,会引起桥梁的振动加剧。因此,在进行轨道板下垫层等结构的设计时,建议综合考虑其支承和隔振作用,合理选取支承刚度。

三、桥梁动力参数的影响

(一)桥梁类型

同样以 6×32 m 连续梁上铺设国产 18 号高速道岔、岔区采用板式无砟轨道为例,研究桥梁类型对车岔桥系统的影响,计算结果见表 6—10。

表 6—10　不同梁型下车岔桥系统动力响应

桥梁类型	单位	连续梁	简支梁
轮轨垂向力	kN	166.94	165.58
轮轨横向力	kN	10.96	10.73
轮轴横向力	kN	7.50	6.88
脱轨系数		0.14	0.14
轮重减载率		1.00	1.00
车体垂向加速度	m/s^2	0.03	0.03
车体横向加速度	m/s^2	0.35	0.34
车体垂向平稳性指标		1.21	1.2
车体横向平稳性指标		2.76	2.74
钢轨加速度	m/s^2	2 536	2 525
轨道板加速度	m/s^2	223	205
钢轨垂向位移	mm	0.71	0.71
钢轨横向位移	mm	0.11	0.11
尖轨开口量	mm	0.11	0.11
心轨开口量	mm	0.09	0.09
尖轨动应力	MPa	11.37	11.37
心轨动应力	MPa	12.42	12.34
桥梁垂向加速度	m/s^2	3.49	3.50
桥梁横向加速度	m/s^2	0.42	0.56
桥梁跨中动位移	mm	0.16	0.18
桥梁梁端转角	mrad	0.0209	0.0235

1. 轮轨相互作用

由于桥梁截面本身较大,且轨道板与桥梁连接紧密,可提供较好的下部基础,简支梁和连续梁对轮轨动力作用的影响差别不大。

2. 车辆运行安全平稳性

简支梁和连续梁对车体加速度和平稳性指标的影响差别不大。

3. 道岔结构的动力特性

简支梁和连续梁对钢轨和轨道板振动加速度、钢轨动变形、尖轨和心轨开口量及动应力的影响差别均很小。

4. 桥梁结构的动力特性

相对连续梁，采用简支梁会较为明显地增大桥梁的振动加速度和动变形。

整体来看，高速铁路采用的桥梁截面具有较大的安全余量，且采用无砟轨道形式，无砟轨道与桥梁连接紧密，这使得连续梁和简支梁对桥梁上方的车辆、轨道动力响应的影响差别不大。梁型的影响主要体现在桥梁振动和变形本身，简支梁会产生较大的振动和动变形，从长远来看，随着线路的长期运营，势必会对无砟轨道的使用寿命和车辆运行的安全平稳性不利。因此，建议采用连续梁。

（二）梁体刚度

仍以 6×32 m 连续梁上铺设国产 18 号高速道岔、岔区采用板式无砟轨道为例，研究桥梁梁体抗弯刚度对车岔桥系统的影响，计算结果见表 6—11，其中 1 倍抗弯刚度按 32 m 标准梁的实际抗弯刚度取值。

表 6—11　不同梁体抗弯刚度下车岔桥系统动力响应

抗弯刚度		1 倍	1.2 倍	1.4 倍	1.6 倍	1.8 倍	2 倍
轮轨垂向力	kN	166.94	164.92	163.94	164.92	164.8	164.0
轮轨横向力	kN	10.96	10.89	10.94	10.88	10.96	10.82
轮轴横向力	kN	7.50	6.88	8.15	7.10	7.97	7.16
脱轨系数		0.14	0.14	0.15	0.14	0.14	0.14
轮重减载率		1.00	1.00	1.00	1.00	1.00	1.00
车体垂向加速度	m/s^2	0.03	0.03	0.03	0.03	0.03	0.03
车体横向加速度	m/s^2	0.35	0.36	0.35	0.35	0.36	0.35
车体垂向平稳性指标		1.21	1.21	1.21	1.21	1.21	1.22
车体横向平稳性指标		2.76	2.77	2.77	2.77	2.77	2.77
钢轨加速度	m/s^2	2536	2574	2568	2558	2550	2525
轨道板加速度	m/s^2	223	222	207	223	222	224
钢轨垂向位移	mm	0.71	0.71	0.71	0.71	0.71	0.71
钢轨横向位移	mm	0.11	0.11	0.11	0.11	0.11	0.11
尖轨开口量	mm	0.11	0.11	0.10	0.11	0.10	0.11
心轨开口量	mm	0.09	0.09	0.09	0.09	0.09	0.09
尖轨动应力	MPa	11.37	11.41	11.37	11.07	11.24	11.07
心轨动应力	MPa	12.42	12.32	12.3	12.34	12.26	12.3
桥梁垂向加速度	m/s^2	3.49	2.69	2.68	2.24	1.85	1.87
桥梁横向加速度	m/s^2	0.42	0.44	0.44	0.43	0.43	0.43
桥梁跨中动位移	mm	0.16	0.15	0.15	0.14	0.14	0.14
桥梁梁端转角	mrad	0.0209	0.0204	0.0206	0.0201	0.0204	0.0202

1. 轮轨相互作用

由于桥梁抗弯刚度已经满足要求，在此基础上继续增大桥梁的抗弯刚度对轮轨相互作用力影响差别不大。

2. 车辆运行安全平稳性

与对轮轨力的影响类似，继续增大桥梁抗弯刚度对车体加速度和平稳性指标的影响差别不大。

3. 道岔结构的动力特性

与对轮轨力的影响类似，继续增大桥梁抗弯刚度对钢轨和轨道板振动加速度、钢轨动变形、尖轨和心轨开口量及动应力的影响差别均不大。

4. 桥梁结构的动力特性

增大桥梁刚度会较为明显地降低桥梁的垂向振动，减小桥梁的动位移和梁端转角。

整体来看，桥梁抗弯刚度增大的影响主要体现在桥梁自身的振动和变形上。在桥梁截面抗弯刚度已经有较大安全余量，且对桥梁振动和变形无特殊要求的地方，桥梁抗弯刚度已经符合要求，建议不作改动。

（三）岔桥相对位置

研究表明，车辆过岔时，辙叉处轮轨冲击最大，车辆、道岔、桥梁之间的动力相互作用最为明显。本部分以 6×32 m 连续梁上铺设国产 18 号高速道岔、岔区采用板式无砟轨道为例，对辙叉与桥梁不同相对位置下的车岔桥系统的动力响应进行了研究，计算结果见表 6—12。

表 6—12　不同岔桥相对位置的车岔桥系统动力响应

辙叉位置		桥墩	1/4 跨	1/2 跨	3/4 跨
轮轨垂向力	kN	169.54	166.92	166.75	165.79
轮轨横向力	kN	10.47	10.97	10.98	11.01
轮轴横向力	kN	7.67	7.52	7.58	7.88
脱轨系数		0.14	0.14	0.14	0.14
轮重减载率		1.00	1.00	1.00	1.00
车体垂向加速度	m/s^2	0.03	0.03	0.03	0.02
车体横向加速度	m/s^2	0.30	0.35	0.35	0.36
车体垂向平稳性指标		1.23	1.22	1.20	1.20
车体横向平稳性指标		2.69	2.76	2.77	2.77
钢轨加速度	m/s^2	2 591	2 535	2 530	2 558
轨道板加速度	m/s^2	262	223	226	205
钢轨垂向位移	mm	0.71	0.71	0.71	0.71
钢轨横向位移	mm	0.11	0.11	0.11	0.11
尖轨开口量	mm	0.12	0.11	0.11	0.11
心轨开口量	mm	0.09	0.09	0.09	0.09
尖轨动应力	MPa	11.64	11.07	11.44	11.16
心轨动应力	MPa	12.50	12.42	12.43	12.42
桥梁垂向加速度（跨中处）	m/s^2	2.23	3.02	3.51	3.11
桥梁垂向加速度（辙叉处）	m/s^2	3.62	3.48	3.51	3.45

续上表

辙叉位置		桥墩	1/4 跨	1/2 跨	3/4 跨
桥梁横向加速度(跨中处)	m/s^2	0.26	0.37	0.43	0.38
桥梁横向加速度(辙叉处)	m/s^2	0.47	0.44	0.43	0.45
桥梁跨中动位移	mm	0.12	0.15	0.15	0.12
桥梁梁端转角	mrad	0.0215	0.0223	0.0224	0.0200

1. 轮轨相互作用

岔桥相对位置对轮轨垂、横向作用力和轮轴作用力的影响差别不大。

2. 车辆运行安全平稳性

岔桥相对位置对脱轨系数、减载率、车体垂横向加速度和平稳性指标等指标影响差别均较小。

3. 道岔结构的动力特性

岔桥相对位置对钢轨和轨道板加速度、动位移、动应力以及尖轨、心轨开口量的影响差别均较小。

4. 桥梁结构的动力特性

不同岔桥相对位置下辙叉所在截面的桥梁垂横向加速度相差不大,而跨中处桥梁垂横向加速度随着辙叉与跨中距离的增大而减小;桥梁跨中动位移和梁端转角受岔桥相对位置影响不大。

整体来看,岔桥相对位置对轮轨间动力相互作用的影响差别不大,对车辆、道岔和桥梁动力特性的影响差别也不大。不同岔桥相对位置下,辙叉处桥梁振动最为剧烈;对于跨中处的桥梁振动加速度,随着其与辙叉距离的增大而减小。

以下对道岔与梁端距离的影响进行研究,计算结果见表6—13。

表6—13　车岔桥系统动力响应

道岔端与梁端距离		0	10	18	32
轮轨作用力	kN	156.85	157.81	154.65	154.79
脱轨系数		0.12	0.12	0.12	0.12
轮重减载率		1.00	1.00	1.00	1.00
车体垂向加速度	m/s^2	0.03	0.03	0.03	0.03
车体横向加速度	m/s^2	0.23	0.23	0.23	0.24
钢轨加速度	m/s^2	352.4	335.7	357.1	375.8
轨道板加速度	m/s^2	15.5	15.6	15.5	15.4
桥梁加速度	m/s^2	2.5	2.4	2.4	1.8
桥梁跨中动挠度	mm	0.21	0.21	0.21	0.21
桥梁梁端转角	mrad	0.030	0.029	0.028	0.029

注:超过限值0.8的时间小于0.01 s,可认为没有脱轨危险。

可见,除了桥梁加速度,其他动力响应指标受道岔端与梁端距离的影响不大。桥梁加速度变化较大,是因为其数值取自桥梁边跨的跨中,随着道岔端与梁端距离的增大,辙叉离边跨跨中的距离也增大,辙叉处的冲击对桥梁的作用自然也越来越不明显。整体来看,道岔与梁端距离对轮轨间动力相互作用的影响并不显著。

（四）桥梁跨度

以 8×24m、6×32 m、4×48m 连续梁上铺设国产 18 号高速道岔为例，研究桥梁跨度对车岔桥系统动力响应的影响。桥梁跨度的改变是个综合因素，跨度改变的同时势必造成岔桥相对位置的改变，不同桥梁跨度下岔桥相对位置见图 6—56。岔区采用板式无砟轨道为例，行车速度取为 385 km/h，不同桥梁跨度下系统动力响应的计算结果见表 6—14。

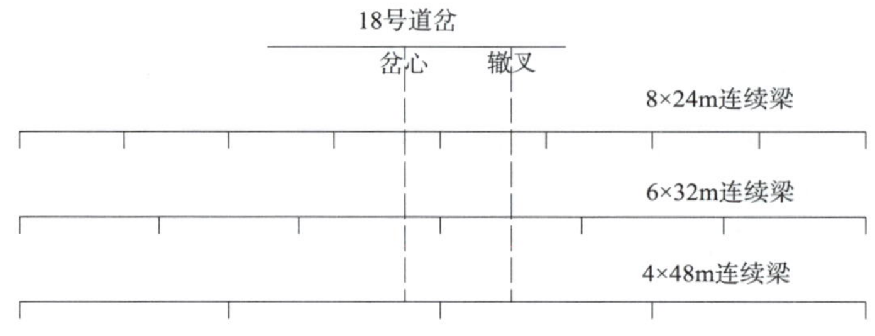

图 6—56　不同桥梁跨度下岔桥相对位置示意图

表 6—14　不同桥梁跨度下车岔桥系统动力响应

桥梁跨度		8×24m	6×32 m	4×48m
轮轨垂向力	kN	166.04	166.94	163.88
轮轨横向力	kN	10.99	10.96	11.05
轮轴横向力	kN	7.78	7.50	8.37
脱轨系数		0.14	0.14	0.15
轮重减载率		1.00	1.00	1.00
车体垂向加速度	m/s^2	0.03	0.03	0.03
车体横向加速度	m/s^2	0.36	0.35	0.36
车体垂向平稳性指标		1.21	1.21	1.22
车体横向平稳性指标		2.77	2.76	2.78
钢轨加速度	m/s^2	2 540	2 536	2 546
轨道板加速度	m/s^2	223	223	223
钢轨垂向位移	mm	0.71	0.71	0.71
钢轨横向位移	mm	0.11	0.11	0.12
尖轨开口量	mm	0.11	0.11	0.11
心轨开口量	mm	0.09	0.09	0.09
尖轨动应力	MPa	11.35	11.37	11.38
心轨动应力	MPa	12.43	12.42	12.42
桥梁垂向加速度（跨中处）	m/s^2	1.86	3.49	1.48
桥梁垂向加速度（辙叉处）	m/s^2	3.21	3.51	3.97
桥梁横向加速度（跨中处）	m/s^2	0.28	0.42	0.26
桥梁横向加速度（辙叉处）	m/s^2	0.37	0.43	0.74
桥梁跨中动位移	mm	0.12	0.16	0.40
桥梁梁端转角	mrad	0.0194	0.0209	0.0267

注：桥梁振动加速度、动位移和梁端转角取自辙叉所在的一跨。

1. 轮轨相互作用

桥梁跨度对轮轨垂向、横向作用力、轮轴横向力的影响差别不大。

2. 车辆运行安全平稳性

桥梁跨度对车体垂、横向加速度和平稳性指标的影响差别不大。

3. 道岔结构的动力特性

桥梁跨度对钢轨和轨道板振动加速度、钢轨动变形、尖轨和心轨开口量及动应力的影响差别均很小。

4. 桥梁结构的动力特性

增大桥梁跨度会较为明显地增大辙叉处桥梁的振动加速度，而对于跨中处桥梁振动加速度，随其与辙叉距离的增大而减小；增大桥梁跨度会明显地增大跨中动位移和梁端转角。

整体来看，桥梁跨度的影响主要体现在桥梁结构自身的振动和变形上，在对桥梁振动和变形控制严格和无地形限制的区域，建议考虑采用小跨度的桥梁。

四、小　结

本节对行车速度、车辆类型、轨道不平顺、扣件刚度、轨道类型、轨道板厚度、板下支承刚度、桥梁类型、梁体刚度、岔桥相对位置和桥梁跨度等车辆、道岔和桥梁动力参数对车岔桥系统的影响进行了计算分析。根据计算结果，主要得到以下结论和建议。

1. 车辆参数方面

(1)随着行车速度的增大，钢轨、轨道板和桥梁的振动加速度都有一定的增大趋势。但轮轨作用力、脱轨系数等指标都与车速的关系不明显，这和测试结果规律一致。因此，在研究轮轨相互作用、车辆动力特性时，不能简单地将最高车速当作最不利车速。

(2)车辆类型对轮轨相互作用、车辆运行的安全平稳性、道岔和桥梁的动力特性均有较为明显的影响。在相同车速下，350 km/h 动车的性能明显优于 250 km/h 动车。这说明，高速动车的研发十分必要。

2. 道岔参数方面

(1)轨道不平顺是重要的动力参数，轨道短波不平顺对轮轨作用力、道岔和桥梁结构的振动有显著影响，而轨道中长波不平顺对车辆运行的安全平稳性等有显著影响。特别应注意考虑梁、轨温度变化所产生钢轨碎弯变形对高速车辆产生的不利影响。

(2)在一定范围内，降低扣件刚度可以减小轮轨垂向相互作用，进而减小道岔和桥梁结构的振动，但是扣件刚度不宜太小，扣件刚度过小会增大钢轨的动位移，不利于车辆的平稳运行。扣件刚度在 20 ~ 25 kN/mm 范围内可以起到较好的减振效果，并能较好地控制钢轨的变形。

(3)板式无砟轨道和长枕埋入式无砟轨道下轮轨相互作用、车辆运行的安全平稳性、道岔结构的动力特性都差别不大；相对板式无砟轨道，长枕埋入式无砟轨道对应的桥梁振动加速度略大。这两种轨道形式都可以满足高速道岔在桥上铺设的要求。

(4)轨道板厚度的影响主要体现在轨道板自身和桥梁结构的振动上，在对轨道板振动和桥梁变形无严格要求的情况下，可以保持现有轨道板厚度不变。

(5)轨道板下支承刚度太小，则起不到较好的支承作用，会加剧轮轨间的动力作用；轨道板下支承刚度太大，则起不到较好的隔振效果，会加剧桥梁的振动。因此，在进行轨道板下垫层等结构的设计时,建议综合考虑其支承和隔振作用,合理选取支承刚度。

3. 桥梁参数方面

(1)桥梁类型的影响主要体现在桥梁振动和变形上。简支梁会产生较大的振动和变形,从长远来看,线路的长期运营势必会对无砟轨道的使用寿命和车辆运行的安全平稳性造成不利影响。因此,建议采用连续梁。

(2)桥梁抗弯刚度增大的影响主要体现在桥梁自身的振动和变形上。在桥梁截面抗弯刚度已经有较大安全余量,且对桥梁振动和变形无特殊要求的地方,桥梁抗弯刚度已经符合要求,建议不作改动。

(3)岔桥相对位置对轮轨间动力相互作用的影响差别不大,从而对车辆、道岔和桥梁结构动力特性的影响差别也不。辙叉处桥梁振动最为剧烈,不同岔桥位置下辙叉处桥梁振动加速度差别不大。跨中处桥梁振动加速度,随着其与辙叉距离的增大而减小。从动力分析角度,岔桥相对位置的不同,不会引起车岔桥系统动力特性的显著差别。

(4)桥梁跨度的动力影响主要体现在桥梁结构自身的振动和变形上,在对桥梁振动和变形控制严格和无地形限制的区域,建议考虑采用小跨度的桥梁。

第四节　高架站无砟道岔动力特性试验研究

本节对桥上无砟道岔现场测试的布点原则进行了探讨;根据对郑西高速铁路、京沪高速铁路相关测试数据的分析,对列车过岔时的轮轨相互作用、车辆运行的安全平稳性、道岔和桥梁结构的动力特性进行了评估;将理论计算结果与测试数据进行对比,对所建立的高速铁路车辆-无砟道岔-高架桥梁耦合系统动力分析模型进行了验证。

桥上无砟道岔动态试验主要对轮轨垂横向力,钢轨垂横向动位移、振动加速度、动弯应力,轨道板振动加速度,桥梁的振动加速度及动位移等进行测试。

1. 轮轨垂横向力

参照《轮轨水平力、垂直力地面测试方法》(TB/T 2489—94),采用全桥剪应力法测试动车组通过测点时的钢轨的垂向力和横向水平力。垂向力和水平力测试应变花(或应变片)分别贴在钢轨中和轴、轨底上表面,与钢轨纵向成 ±45°角,分别组成剪应力全桥通过四芯或七芯屏蔽电缆接入动态应变仪进行信号滤波和放大。在进行轮轨垂向力和水平力的测试时,需要进行现场标定。根据钢轨垂向力和水平力测试数据可计算得到动车组通过测试断面时的轮脱轨系数、轮重减载率及轮对横向力等车辆运行安全性指标。

2. 钢轨和桥梁动位移

在钢轨垂、横向位移测试时,将簧片式位移传感器设置于钢轨侧方或底部,应变片对称贴于簧片上,组成全桥(或半桥)通过屏蔽电缆接入动态应变仪进行信号滤波和放大。

在桥梁动位移测试时,将钢绞线上方固定在桥梁上,下方悬挂重锤,重锤下方放置位移计,并将位移计固定在地面上。

3. 钢轨动弯应力

钢轨动弯应力采用应变片进行测试。对于基本轨,应变片沿纵向对称贴于轨底的顶面上;对于尖轨等位置,无法在钢轨两侧粘贴应变片,应变片仅贴于尖轨内侧的轨底顶面上。

4. 钢轨、轨道板及桥梁振动加速度

钢轨、轨道板和梁面垂向振动加速度测试时,将压电式或电阻应变式加速度传感器粘贴于被测体上,通过同轴电缆接入电荷放大器或动态应变仪进行信号滤波和放大。

在现场测试之前,进行了初步的动力仿真研究,为测试断面的选择提供一定的理论指导。列车通过高架桥上无砟道岔时,列车动荷载通过轮轨接触传递给道岔,进一步通过岔桥相互作用传递到桥梁,引起道岔和桥梁的振动。本节所进行的试验研究为地面测试,通过在道岔和桥梁结构上布设测点,对列车过岔时系统的动力响应进行评估。

轮轨之间的相互作用是道岔和桥梁振动的根源,因此,本部分主要以轮轨作用力为依据,结合考虑道岔和桥梁结构的力学特点,来进行测点的布设。列车过岔时,在转辙器和辙叉处轮轨作用都较为剧烈,尤其是辙叉处,由于存在较大的结构不平顺,产生了较大的轮轨冲击。因此,测试应重点关注转辙器和辙叉区,也即尖轨和心轨处的振动。但是由于道岔的尖轨和心轨都是可动的,在其轨腰两侧粘贴应变片是不可能的,因此,垂横向力和钢轨动位移的测点建议布设在尖轨、心轨对侧的基本轨上。钢轨加速度采用加速度传感器进行测试,不存在粘贴应变片的问题,如果条件允许,可以尽量布设在尖轨和心轨上。而且为了进行对比,一般在岔前也布设一个测点。

对于轨道板上测点,为了利于研究振动沿垂向的传递规律,建议与钢轨测点布置在同一个测试断面上。对于桥梁测点,除了跨中、梁端需要重点关注的位置外,测点也建议尽量与钢轨测点布设在一起。

综上所述,应将测点布设在尖轨、心轨、梁端、跨中等关键位置,并在岔前设一测点作为对比;不同结构、同一类型的测试仪器,如钢轨和轨道板上的加速度传感器,尽量布置在同一横断面上。

根据该布点原则,在郑西高速铁路渭南北站和京沪高速铁路徐州东站进行桥上道岔的现场测试工作,并结合测试数据,对所建立的高速铁路车辆-无砟道岔-高架桥梁耦合系统动力分析模型进行了验证。

一、郑西高速铁路渭南北站

笔者带领科研团队参与了郑西高速铁路渭南北站道岔动力特性的测试工作,测试的道岔为1号道岔。

(一)数据分析

1. 轮轨垂横向力

轮轨垂横向力实测值见图6—57～图6—60。可以看出,岔前轮轨垂向力在67.6～113.8 kN之间,轮轨横向力在9.1～25.3 kN之间;心轨处轮轨垂向力在107.2～120.6 kN之间,轮轨横向力在14.1～28.4 kN之间。可见,轮轨垂横向力均在限值范围以内。心轨处的轮轨垂、横向力比岔前的大,测试数据具有一定的离散性,轮轨垂、横向力与车速的关系不明显。

根据轮轨垂向力和横向力,可以求得列车通过时的脱轨系数,见图6—61、图6—62。岔前脱轨系数为0.13～0.41,心轨处脱轨系数为0.17～0.30,均在限值范围之内。随着车速的增大,岔前脱轨系数有增大的趋势。而心轨处脱轨系数数据较为离散,与车速的关系不明显。

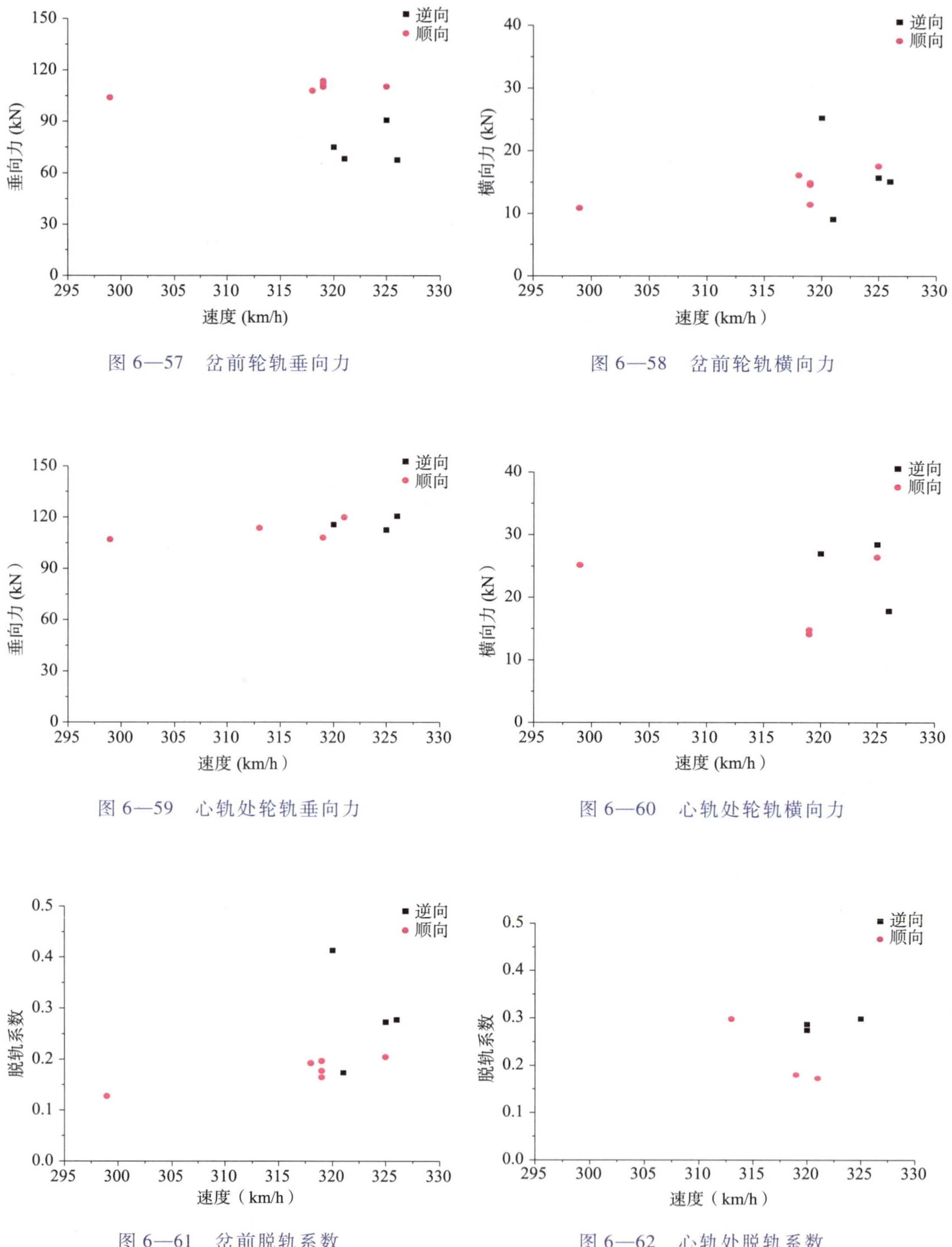

图 6—57　岔前轮轨垂向力

图 6—58　岔前轮轨横向力

图 6—59　心轨处轮轨垂向力

图 6—60　心轨处轮轨横向力

图 6—61　岔前脱轨系数

图 6—62　心轨处脱轨系数

2. 钢轨加速度

钢轨加速度实测值见图 6—63 ~ 图 6—66。

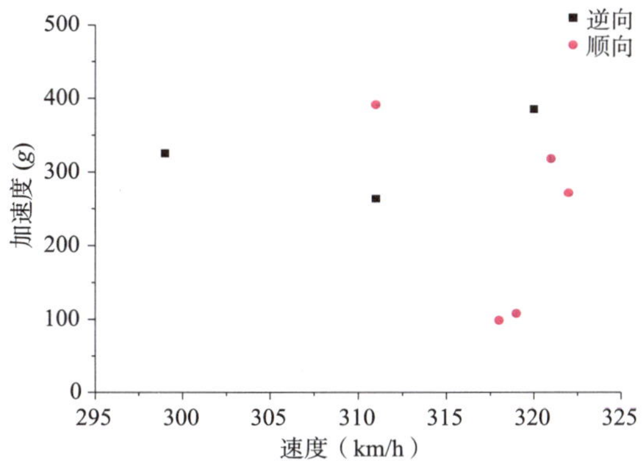

图 6—63　岔前钢轨加速度 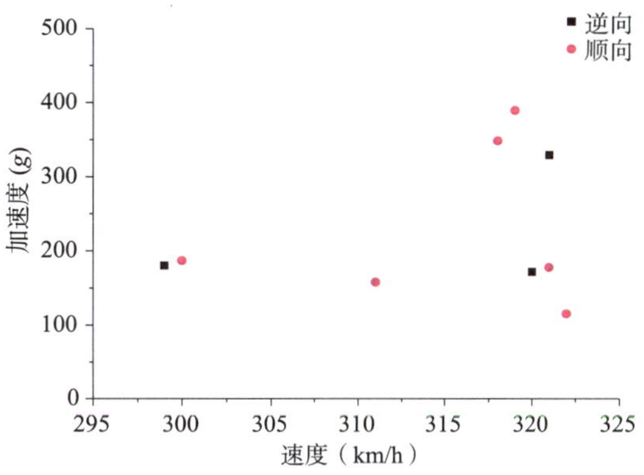　　　图 6—64　尖轨处钢轨加速度

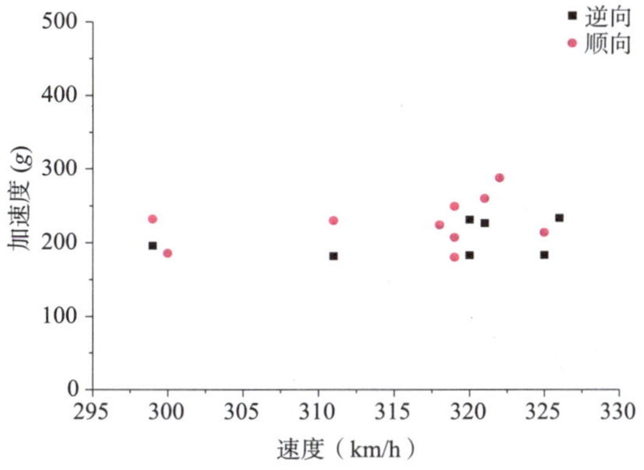

图 6—65　岔心处钢轨加速度 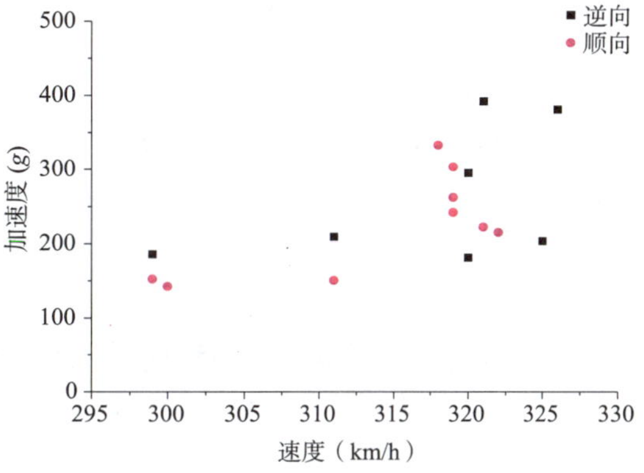　　　图 6—66　心轨处钢轨加速度

岔前钢轨加速度为 98.6g ~ 391.6g，尖轨处的钢轨加速度为 115.4g ~ 389.8g，岔心处的钢轨加速度为 180.3g ~ 289.7g，心轨处的钢轨加速度为 142.7g ~ 392.0g。

对比各测试断面，心轨处的钢轨加速度相对较大，且随车速的增大，有一定的增大趋势。相对岔心处的钢轨加速度，岔前、尖轨处的钢轨加速度测试数据比较离散，都与车速和过岔方向的关系不明显。

3. 钢轨动位移

钢轨垂横向动位移实测值见图 6—67 ~ 图 6—70。

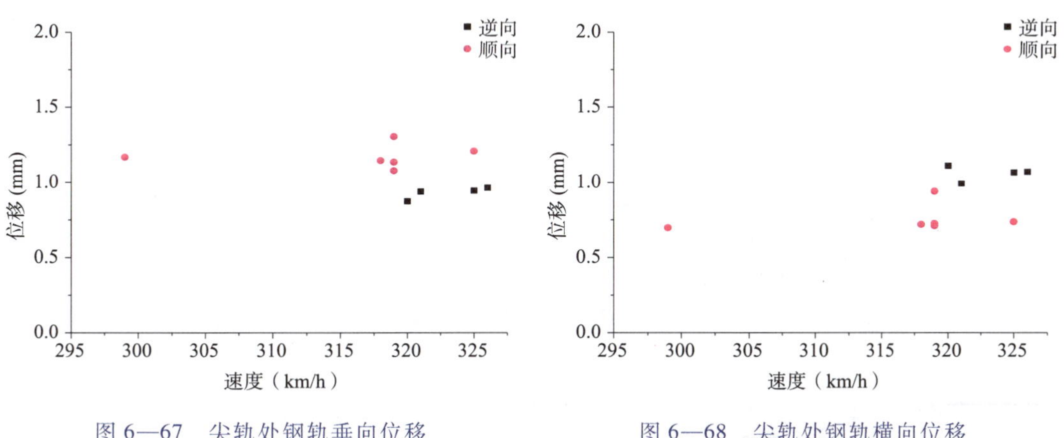

图 6—67　尖轨处钢轨垂向位移　　　图 6—68　尖轨处钢轨横向位移

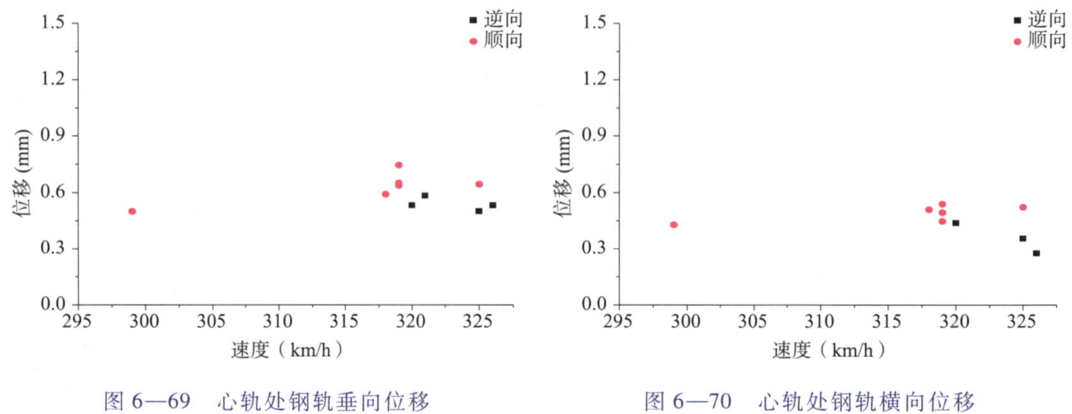

图 6—69　心轨处钢轨垂向位移　　图 6—70　心轨处钢轨横向位移

尖轨处钢轨垂向位移为 0.87 ~ 1.31 mm，钢轨横向位移为 0.70 ~ 1.11 mm；心轨处钢轨垂向位移为 0.50 ~ 0.75 mm，钢轨横向位移为 0.28 ~ 0.54 mm。钢轨垂横向位移均在限制范围以内。可以看出，列车通过时，尖轨处的垂向、横向位移要大于心轨处。

4. 钢轨动应力

钢轨动弯应力实测值见图 6—71 ~ 图 6—73。

岔前钢轨动应力为 19.9 ~ 32.3 MPa；尖轨处钢轨动应力为 23.1 ~ 33.7 MPa；心轨处钢轨动应力为 22.0 ~ 35.8 MPa。各测点钢轨动应力相差不大，且都小于钢轨的容许应力。

5. 轨道板加速度

轨道板加速度实测值见图 6—74 ~ 图 6—76。尖轨处轨道板加速度为 1.77g ~ 3.16g；岔心处轨道板加速度为 1.23g ~ 2.89g；心轨处轨道板加速度为 2.18g ~ 3.94g。在尖轨、岔心、心轨三个测试断面中，心轨处的轨道板振动加速度相对较大。各测试值随着车速的增大，均呈现出一定的增大趋势。

6. 桥梁加速度

桥梁加速度实测值见图 6—77 ~ 图 6—80。

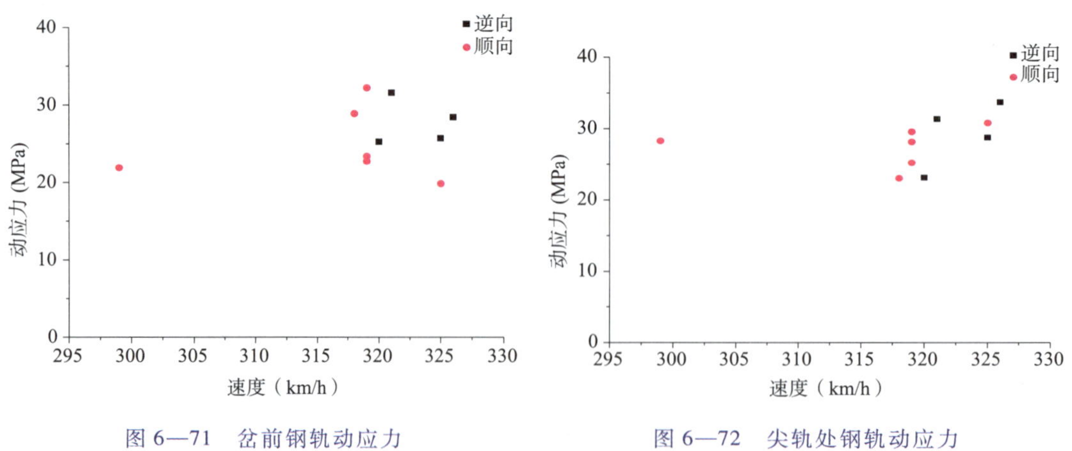

图 6—71　岔前钢轨动应力　　图 6—72　尖轨处钢轨动应力

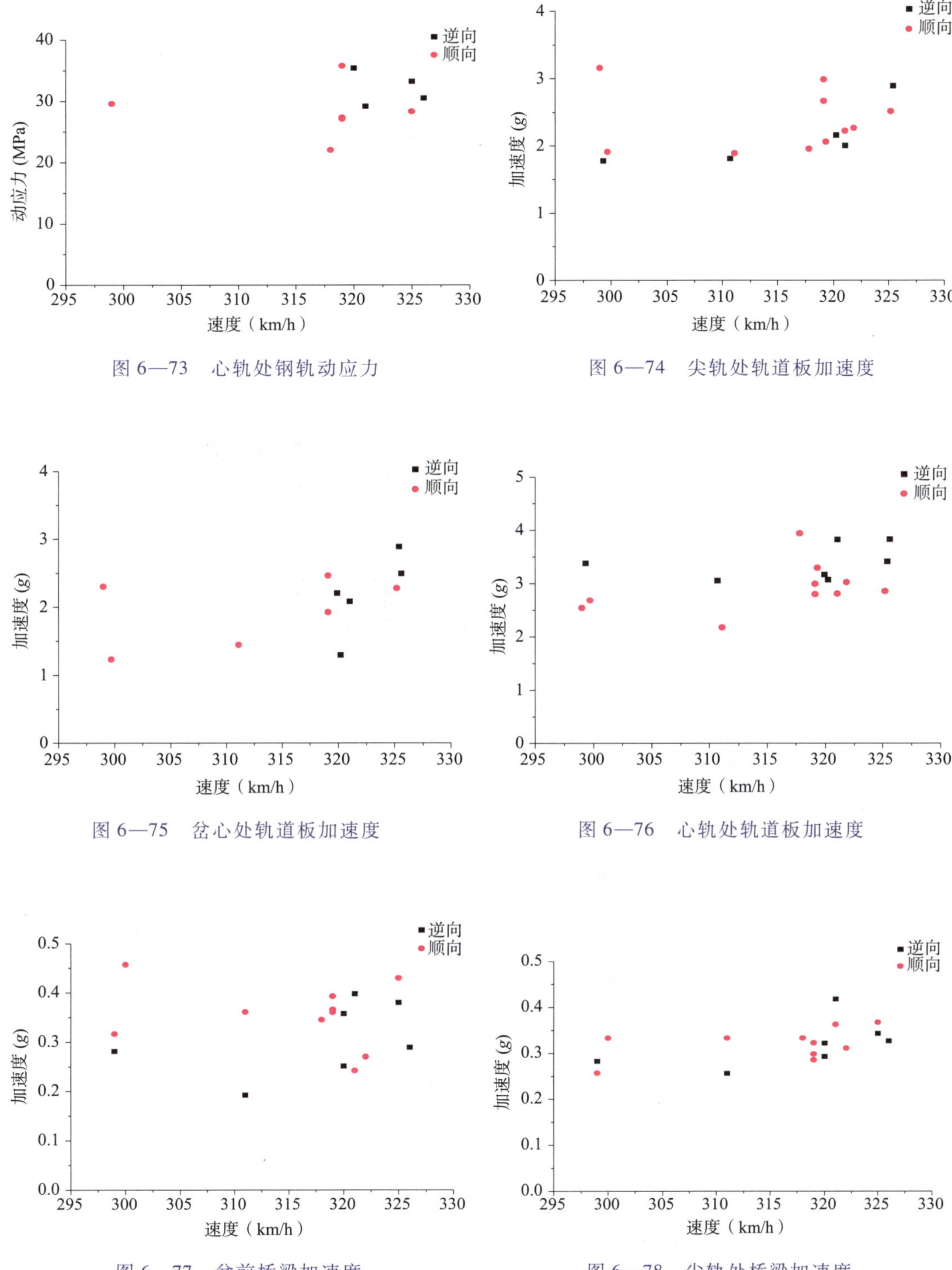

图 6—73　心轨处钢轨动应力

图 6—74　尖轨处轨道板加速度

图 6—75　岔心处轨道板加速度

图 6—76　心轨处轨道板加速度

图 6—77　岔前桥梁加速度

图 6—78　尖轨处桥梁加速度

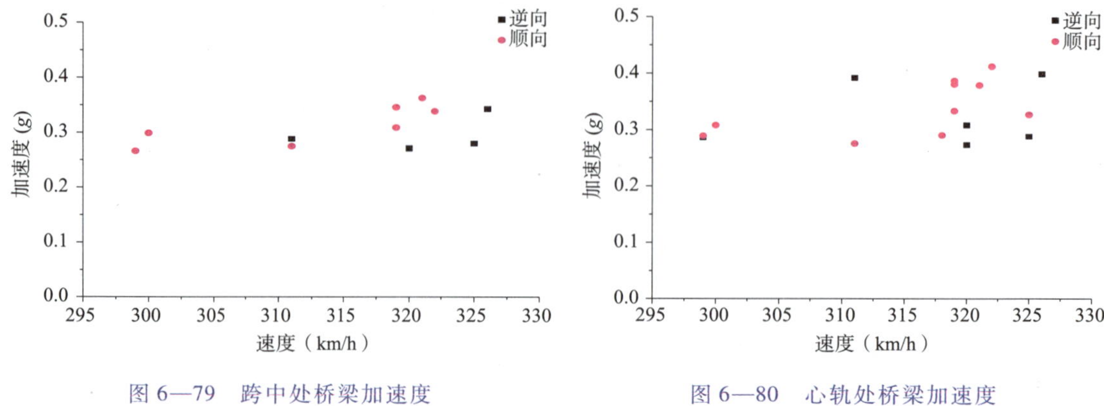

图 6—79　跨中处桥梁加速度　　图 6—80　心轨处桥梁加速度

岔前桥梁加速度为 0.19g～0.46g，尖轨处桥梁加速度为 0.26g～0.42g，跨中处桥梁加速度为 0.27g～0.36g，心轨处桥梁加速度为 0.27g～0.41g。需要指出的是，这里给出的桥梁振动加速度都是未经滤波处理的数据。都符合无砟桥梁桥面竖向振动加速度不大于 0.50g（20 Hz及以下强振频率作用下）的要求。

各测试值随着车速的增大，有一定的增大趋势，且当车速较大时，测试值表现出更强的离散性。各测试断面桥梁加速度相差不大。

7. 桥梁动位移

桥梁动位移实测值见图 6—81。

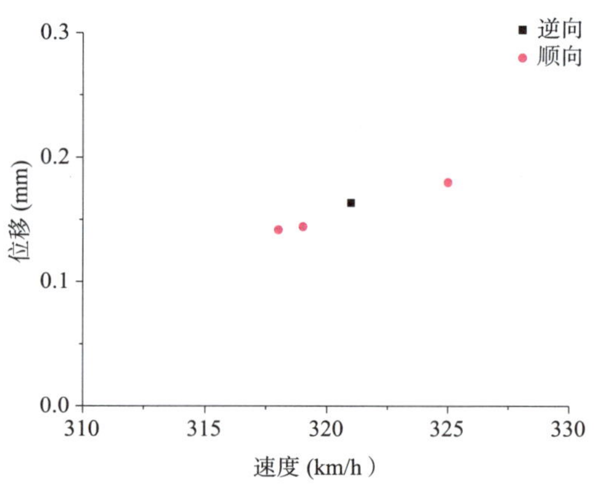

图 6—81　跨中处桥梁动位移

桥梁动位移在 0.14～0.18 mm 之间，符合相关规范的要求。对于桥梁的动位移，有效的测试数据较少，从仅有的几组数据来看，桥梁的动位移随着车速的增大呈现增大的趋势。

以下为郑西高速铁路渭南北站现场测试结论。

（1）轮轨垂向力为 67.6～120.6 kN 之间，轮轨横向力为 9.1～28.4 kN 之间，脱轨系数为 0.13～0.41，均在限值范围之内，轮轨相互作用和列车运行安全性符合要求。

（2）钢轨振动加速度为 98.6g～392.0g，轨道板加速度为 1.23g～4.68g；钢轨垂向动位移为 0.50～1.32 mm，横向动位移为 0.28～1.13 mm，钢轨动应力为 19.91～35.75 MPa。道岔结构的振动和变形指标均符合要求。

（3）桥梁加速度为 0.19g～0.46g，动位移为 0.14～0.18 mm，在限值范围之内，桥梁结构的动力特性符合要求。

综上所述，郑西高速铁路渭南北站桥上无砟道岔各项指标均符合要求。

（二）模型验证

郑西高速铁路渭南北站动力测试时车速为 300～325 km/h，计算时车速取为 300 km/h、305 km/h、310 km/h、315 km/h、320 km/h、325 km/h，将理论计算结果与测试数据进行对比。仿真计算时考虑了道岔结构不平顺、武广高速铁路轨道不平顺谱和轮轨表面粗糙度谱的综合影响，计算条件与渭南北站的测试条件相同。理论计算和测试结果见表6—15和图6—82～图6—90。

表6—15　理论计算结果与郑西线动力测试结果的对比

项目	单位	理论计算结果						动力测试结果
列车速度	km/h	300	305	310	315	320	325	300～325
轮轨垂向力	kN	137.7	144.8	169.3	168.8	166.1	162.0	107.2～120.6
轮轨横向力	kN	18.7	19.4	19.5	21.0	22.4	22.6	14.1～28.4
钢轨垂向位移	mm	0.63	0.73	0.72	0.74	0.65	0.65	0.50～0.75
钢轨横向位移	mm	0.38	0.37	0.39	0.36	0.41	0.42	0.28～0.54
钢轨动应力	MPa	26.1	28.7	29.5	29.1	27.8	28.2	22.0～35.8
钢轨加速度	m/s^2	2059	2069	1746	2074	2285	1977	1427～3920
轨道板加速度	m/s^2	30.4	29.5	32.2	27.0	33.9	41.8	21.8～39.4
桥梁加速度	m/s^2	3.0	3.0	3.3	2.9	3.6	3.0	2.7～3.6
桥梁动位移	mm	0.18	0.18	0.18	0.18	0.18	0.18	0.14～0.18

注：表中桥梁加速度和动位移取自桥梁跨中截面，轮轨垂向、横向力和钢轨、轨道板的动力响应数值都取自心轨处测点。

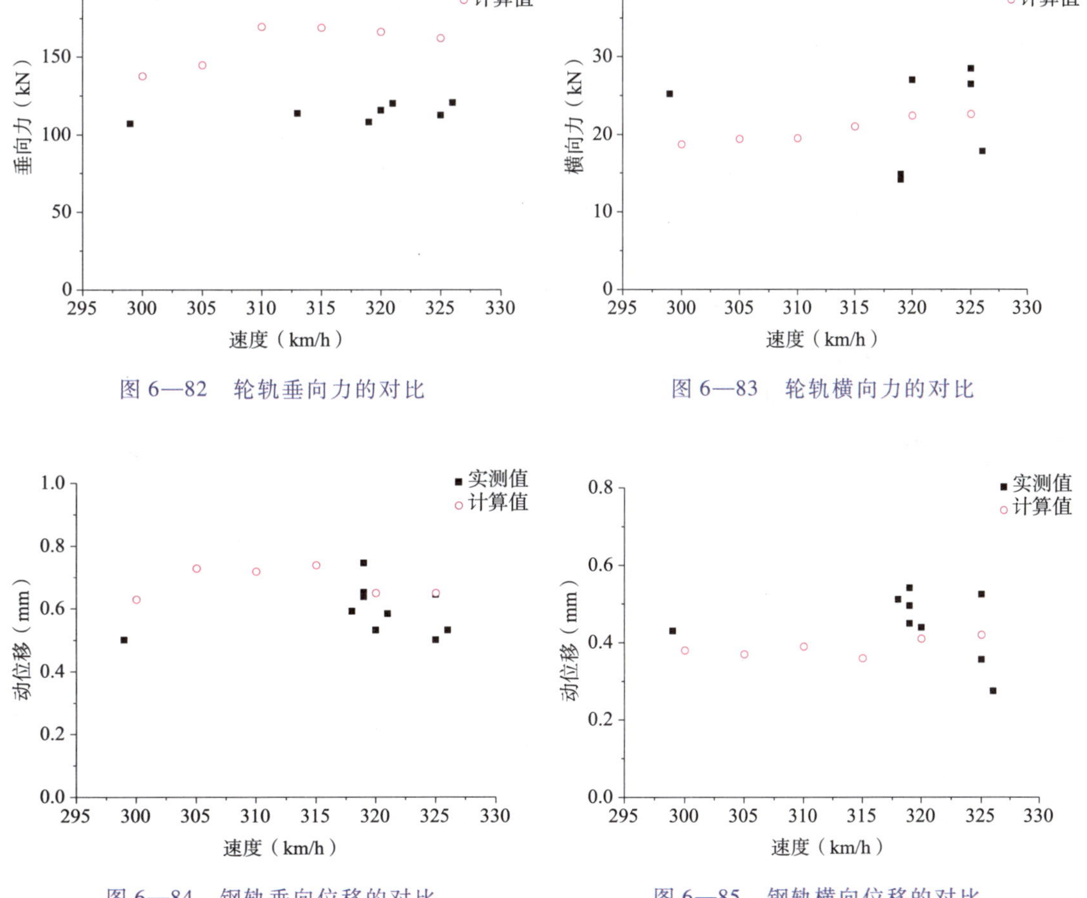

图6—82　轮轨垂向力的对比

图6—83　轮轨横向力的对比

图6—84　钢轨垂向位移的对比

图6—85　钢轨横向位移的对比

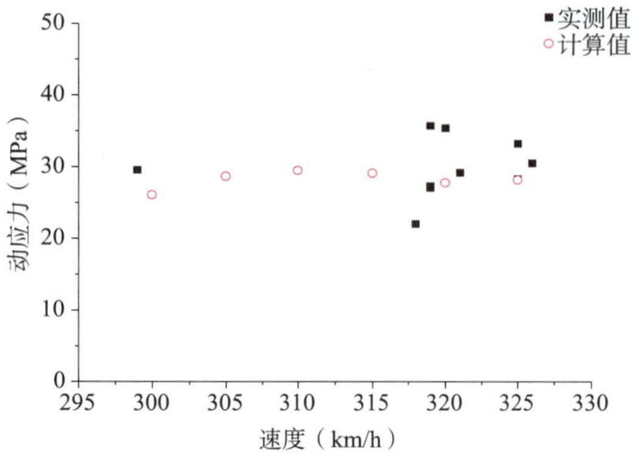

图 6—86　钢轨动应力的对比

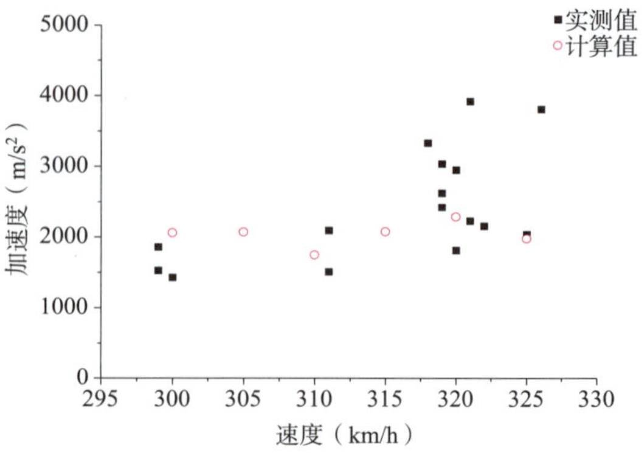

图 6—87　钢轨加速度的对比

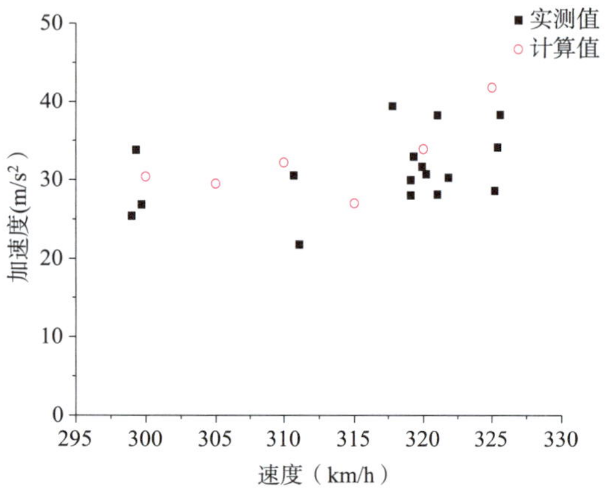

图 6—88　轨道板加速度的对比

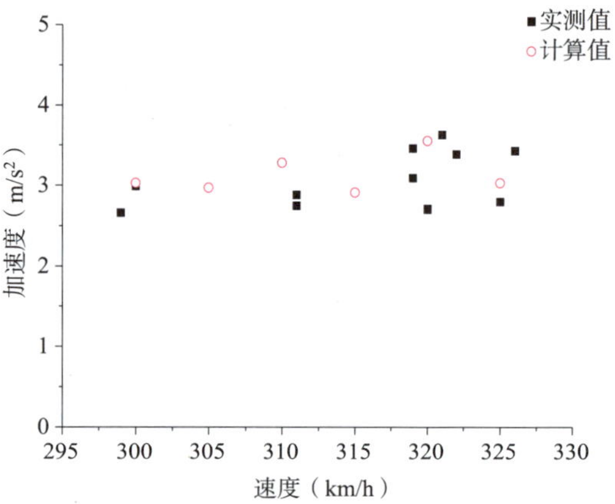

图 6—89　桥梁加速度的对比

可以看出,轮轨垂向力的计算值要比实测值略大,这是因为实测值来自地面测试,取自一个测试断面,而计算值则是车辆过岔时整个轮轨力时程的最大值。从表 6—15 和图 6—82 ~ 图 6—90 可以看出,对于其他动力响应指标,计算值和实测值都能良好地吻合,验证了所建模型的正确性和准确性。

二、京沪高速铁路徐州东站

2010 年 12 月,铁道部对京沪高速铁路枣庄至蚌埠间的先导段进行了联调联试和综合试验,笔者曾带领科研团队参与徐州东站桥上道岔动力特性的地面测试工作。

(一)数据分析

1. 轮轨垂横向力

轮轨垂横向力实测值见图 6—91 ~ 图 6—94。岔前轮轨垂向力为 93.8 ~ 111.2 kN,轮轨横向力为 9.2 ~ 57.6 kN;心轨处轮轨垂向力为 49.5 ~

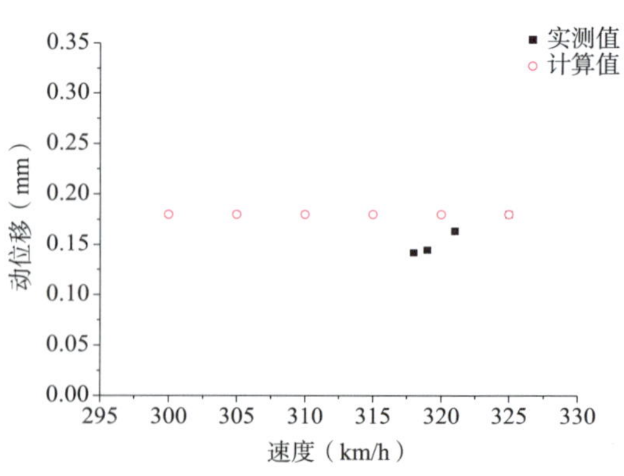

图 6—90　桥梁动位移的对比

113.7 kN,轮轨横向力为 7.9 ~ 56.5 kN。可见,轮轨垂横向力均在限值范围以内。

岔前轮轨垂向力与车速的关系不明显,而心轨处轮轨垂向力随着车速的增大有一定的增大趋势。轮轨横向力数据较为离散,与车速的关系不很明显。

脱轨系数、轮重减载率可以根据轮轨垂向力、横向力求得,见图 6—95 ~ 图 6—98。岔前脱轨系数为 0.20 ~ 0.77,轮重减载率为 0.01 ~ 0.37;心轨处脱轨系数为 0.12 ~ 0.73,轮重减载率为 0.01 ~ 0.13。脱轨系数和轮重减载率均在限值范围内。测试数据呈现出较强的离散性,与车速和行车方向的关系均不明显。

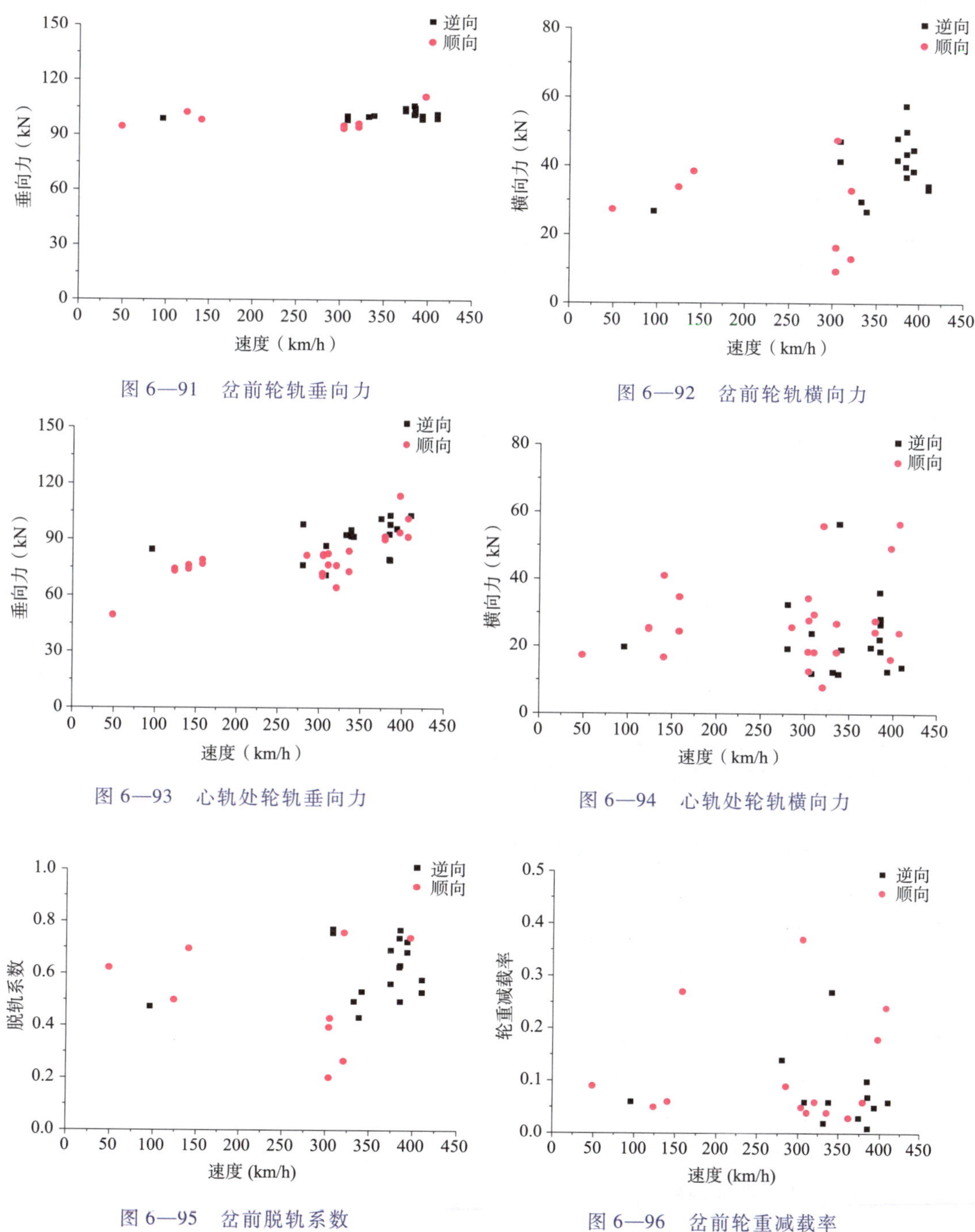

图 6—91　岔前轮轨垂向力

图 6—92　岔前轮轨横向力

图 6—93　心轨处轮轨垂向力

图 6—94　心轨处轮轨横向力

图 6—95　岔前脱轨系数

图 6—96　岔前轮重减载率

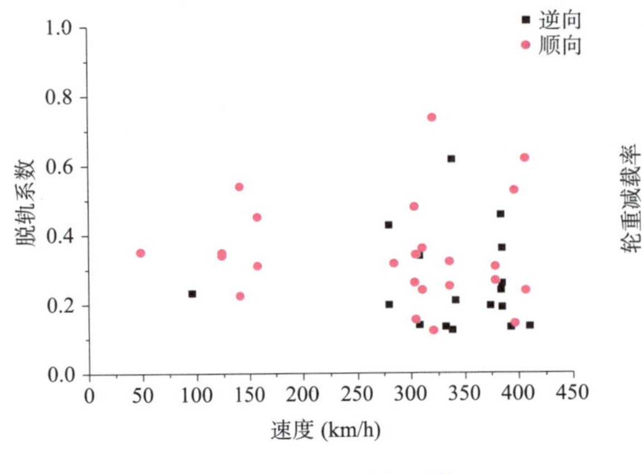

图 6—97　心轨处脱轨系数

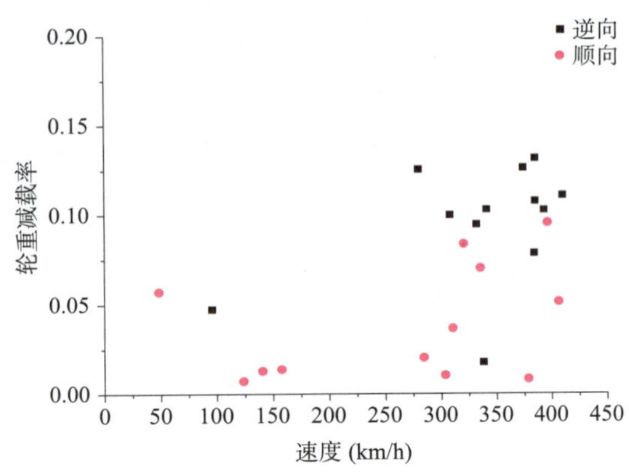

图 6—98　心轨处轮重减载率

2. 钢轨加速度

钢轨加速度实测值见图 6—99 ~ 图 6—101。

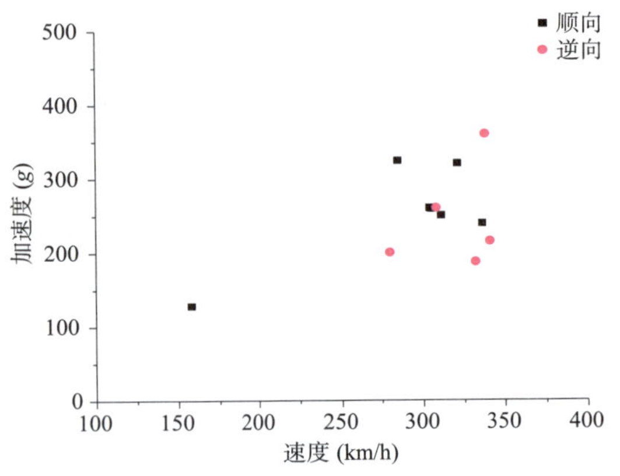

图 6—99　岔前钢轨加速度

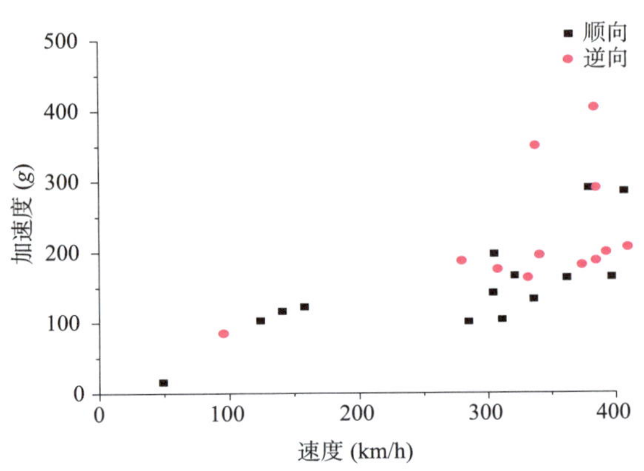

图 6—100　尖轨处钢轨加速度

岔前钢轨加速度为 128g ~ 360g，尖轨处钢轨加速度为 16g ~ 404g，心轨处钢轨加速度为 160g ~ 327g。可以看出，随着车速的增大，钢轨加速度呈增大趋势。当车速较大时，测试数据的离散性更强。

3. 钢轨动位移

钢轨垂横向动位移实测值见图 6—102 ~ 图 6—107。岔前钢轨垂向位移为 0.24 ~ 1.39 mm，钢轨横向位移为 0.54 ~ 1.00 mm；尖轨处钢轨垂向位移为 0.22 ~ 1.43 mm，钢轨横向位移为0.78 ~ 1.42 mm；心轨处钢轨垂向位移为 0.19 ~ 1.37 mm，钢轨横向位移为0.11 ~ 0.73 mm。钢轨垂横向位移均在限值范围

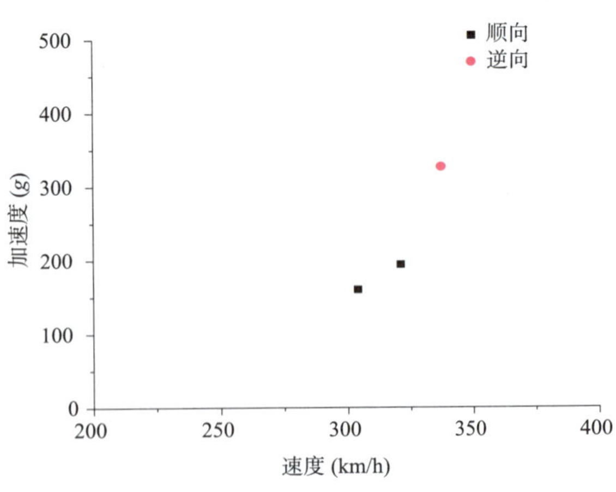

图 6—101　心轨处钢轨加速度

以内。

可以看出,当车速大于250 km/h时,岔前和尖轨处钢轨的垂向位移随着车速的增大而呈增大的趋势。总体来看,岔前和尖轨处的钢轨位移均大于心轨处钢轨位移。

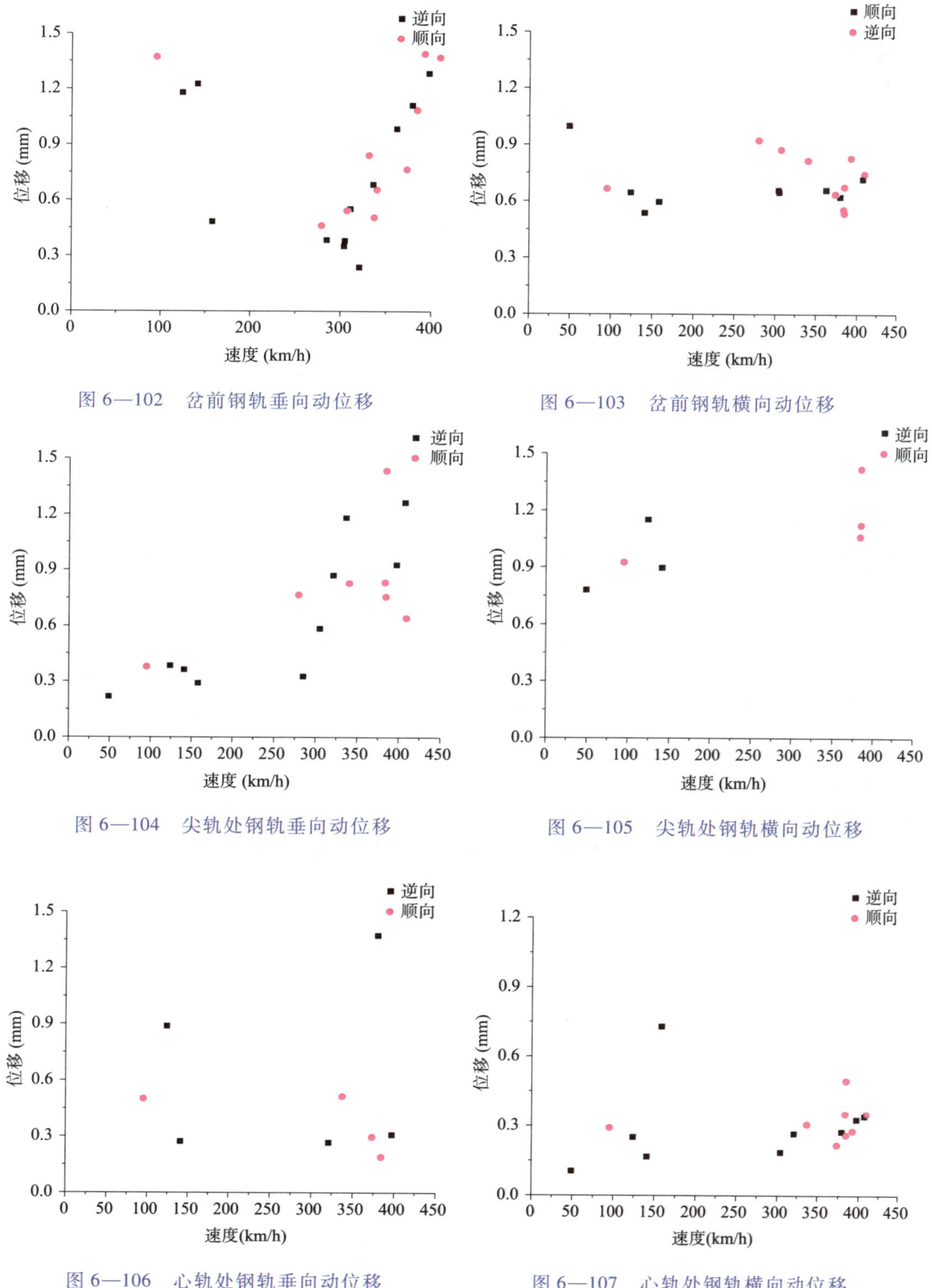

图6—102　岔前钢轨垂向动位移

图6—103　岔前钢轨横向动位移

图6—104　尖轨处钢轨垂向动位移

图6—105　尖轨处钢轨横向动位移

图6—106　心轨处钢轨垂向动位移

图6—107　心轨处钢轨横向动位移

4. 钢轨动应力

钢轨动弯应力实测值见图 6—108、图 6—109。

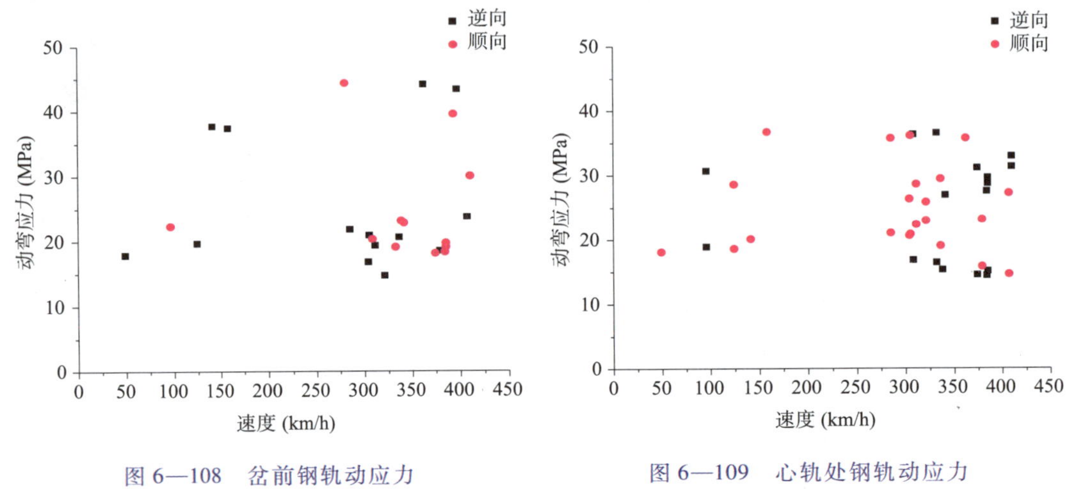

图 6—108　岔前钢轨动应力　　图 6—109　心轨处钢轨动应力

岔前钢轨动应力为 14.7 ~ 44.3 MPa，心轨处钢轨动应力为 14.4 ~ 36.7 MPa。动应力测试值较为离散，岔前和心轨处钢轨动应力相差不大，且都小于钢轨的容许应力。

5. 轨道板加速度

轨道板加速度实测值见图 6—110、图 6—111。尖轨处钢轨加速度为 0.5g ~ 4.0g，心轨处钢轨加速度为 0.4g ~ 4.0g。尖轨处和心轨处轨道板加速度数值相差不大，且都随着车速的增大而呈增大趋势。

6. 桥梁加速度

桥梁加速度实测值见图 6—112、图 6—113。

岔前桥梁加速度为 0.07g ~ 0.36g，跨中处桥梁加速度为 0.20g ~ 0.62g。需要指出的是，这里给出的桥梁振动加速度都是未经滤波处理的数据。进行 20 Hz 低通滤波后，岔前和跨中处桥梁加速度为 0.05g ~ 0.14g，都小于规范要求的限值 0.5g。可以看出，桥梁加速度随着车速的增大，有一定的增大趋势，且当车速较大时，测试数据表现出更强的离散性。

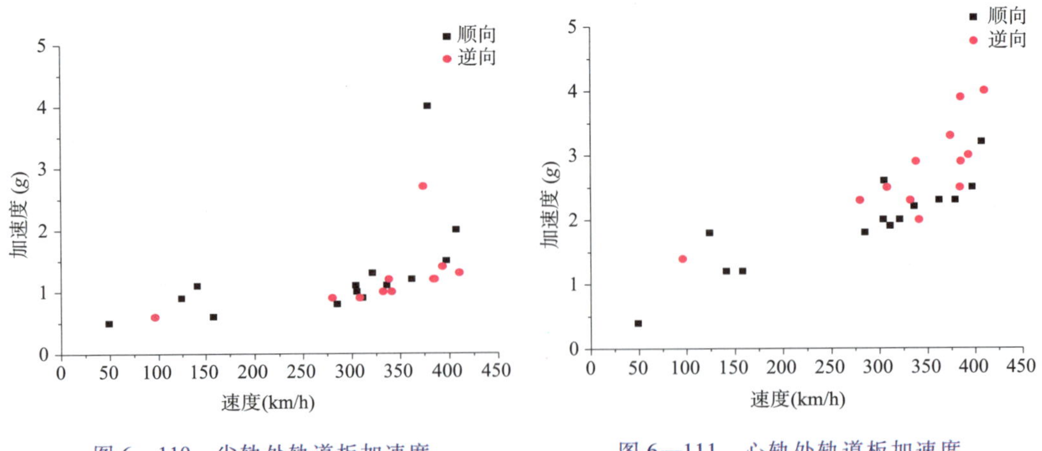

图 6—110　尖轨处轨道板加速度　　图 6—111　心轨处轨道板加速度

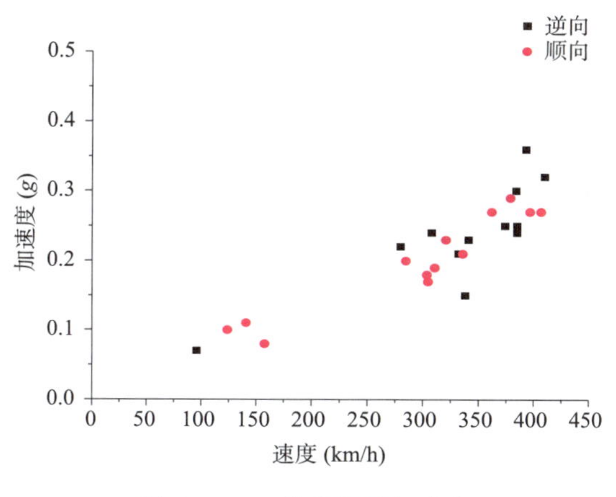

图 6—112　岔前桥梁加速度

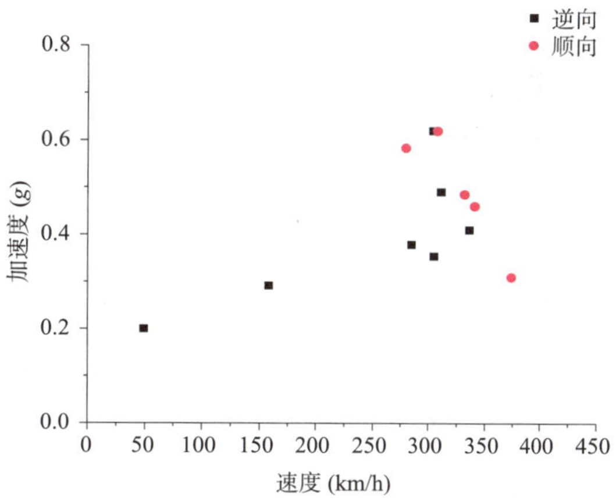

图 6—113　跨中处桥梁加速度

7. 桥梁动位移

桥梁动位移实测值见 6—114。桥梁跨中处的动位移为 0. 09 ~ 0. 28 mm，符合相关规范的要求。桥梁跨中处动位移随着车速的增大有一定的增大趋势，且当速度较大时，测试值表现出更强的离散性。

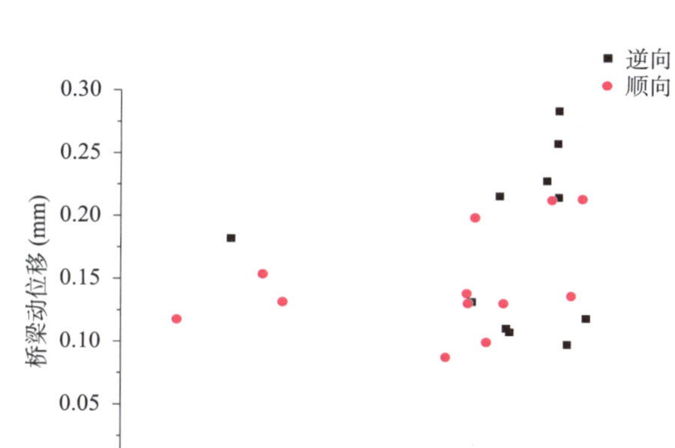

图 6—114　跨中处桥梁动位移

根据京沪高速铁路徐州东站现场测试数据，得出以下结论。

(1) 轮轨垂向力为 49. 0 ~ 113. 7 kN，轮轨横向力为 7. 9 ~ 57. 6 kN，脱轨系数为 0. 12 ~ 0. 77，轮重减载率为 0. 01 ~ 0. 37，均在限值范围之内，轮轨相互作用和列车运行安全性符合要求。

(2) 钢轨加速度为 $16g \sim 404g$，轨道板加速度为 $0.4g \sim 15.6g$；钢轨垂向动位移为 0. 19 ~ 1. 43 mm，横向动位移为 0. 11 ~ 1. 42 mm，钢轨动应力为 14. 4 ~ 44. 36 MPa。道岔结构的振动和变形指标均符合要求。

(3) 桥梁加速度为 $0.20g \sim 0.62g$（20Hz 以下的振动加速度为 $0.05g \sim 0.14g$），动位移为 0. 09 ~ 0. 28 mm，在限值范围之内，桥梁结构的动力特性符合要求。

综上所述，京沪高速铁路徐州东站桥上无砟道岔各项指标符合要求。

（二）模型验证

京沪高速铁路徐州东站动力测试时车速主要为 280 ~ 410 km/h，计算时车速取为 280 km/h、300 km/h、350 km/h、370 km/h、390 km/h、410 km/h，将理论计算结果与车速 280 ~ 410 km/h 之间的测试数据进行对比。仿真计算时考虑了道岔结构不平顺、武广高速铁路轨道不平顺谱和轮轨表面粗糙度谱的综合影响。计算条件与徐州东站的测试条件相同。理论计算和测试结果见表 6—16 和图 6—115 ~ 图 6—123。

表 6—16　理论计算结果与京沪线动力测试结果的对比

项目	单位	理论计算结果						动力测试结果
列车速度	km/h	280	300	350	370	390	410	280～410
轮轨垂向力	kN	124.4	125.8	123.2	146.4	126.3	148.4	64.4～113.7
轮轨横向力	kN	23.2	22.3	21.7	19.8	22.2	23.7	7.9～56.5
钢轨垂向位移	mm	0.42	0.45	0.48	0.50	0.55	0.59	0.19～1.37
钢轨横向位移	mm	0.25	0.24	0.29	0.35	0.31	0.28	0.19～0.50
钢轨动应力	MPa	25.4	25.8	20.6	16.0	21.2	28.2	14.4～36.5
钢轨加速度	m/s^2	2088	2410	2743	3333	3746	4206	1010～4040
轨道板加速度	m/s^2	29.1	32.0	35.0	36.9	41.3	44.6	18.0～40.0
桥梁加速度	m/s^2	3.7	4.0	5.4	4.0	5.0	3.9	3.1～6.2
桥梁动位移	mm	0.13	0.13	0.14	0.14	0.14	0.14	0.09～0.28

注：表中桥梁加速度和动位移取自桥梁跨中截面，钢轨加速度取自尖轨测点，其他指标的动力响应数值取自心轨处测点。

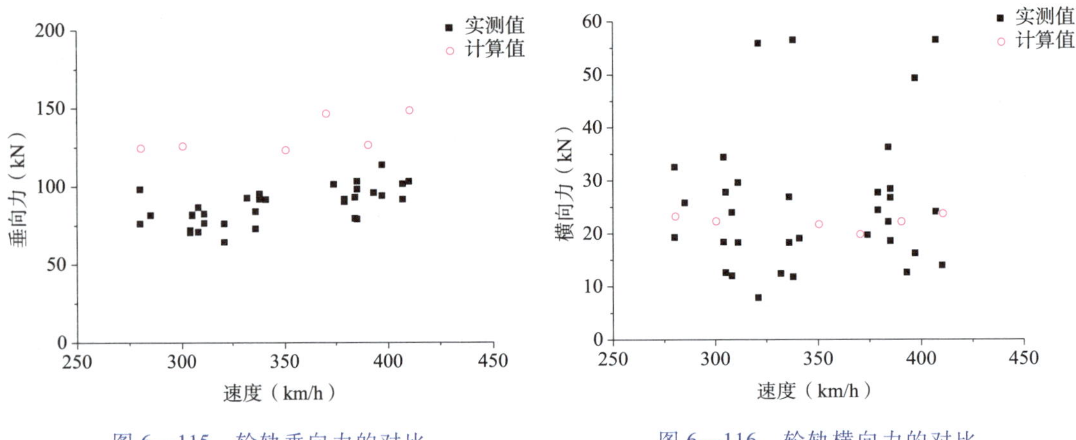

图 6—115　轮轨垂向力的对比　　图 6—116　轮轨横向力的对比

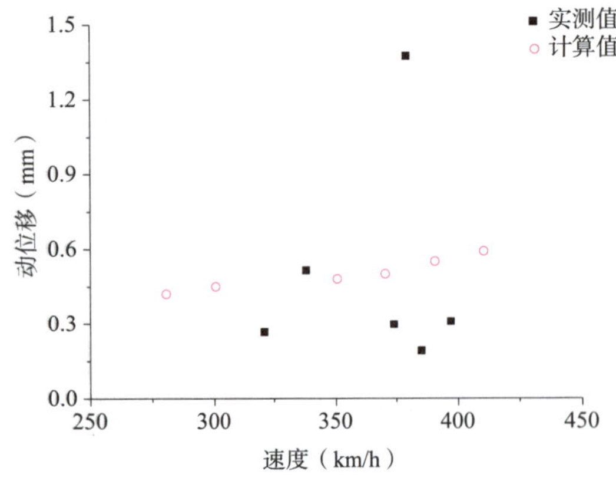

图 6—117　钢轨垂向位移的对比

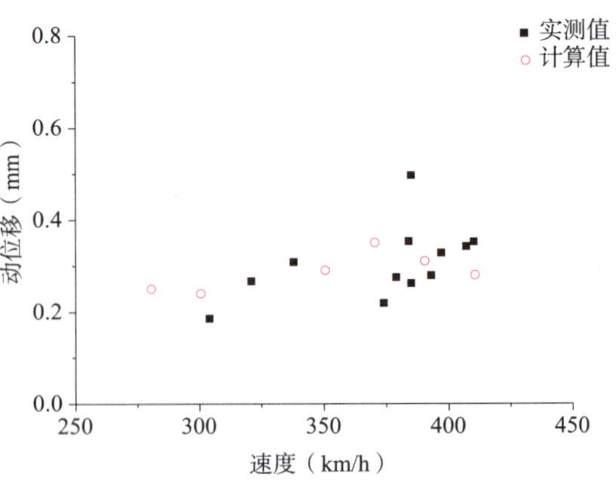

图 6—118　钢轨横向位移的对比

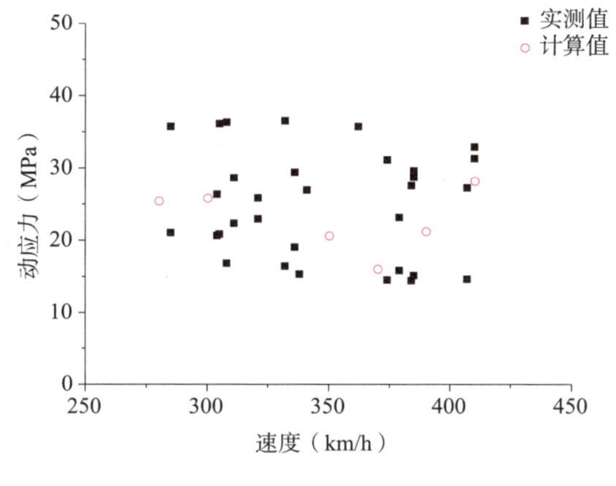

图 6—119　钢轨动应力的对比

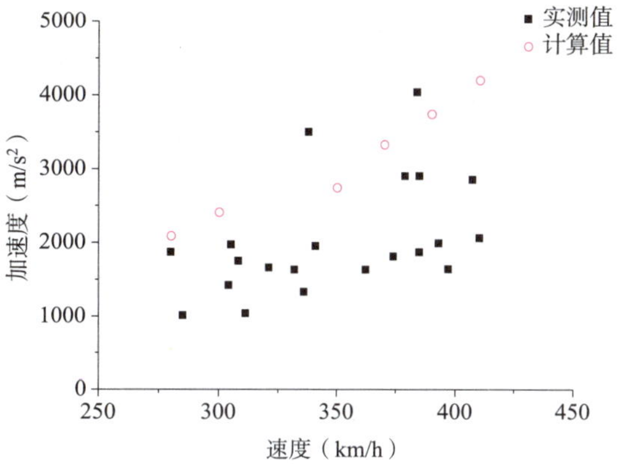

图 6—120　钢轨加速度的对比

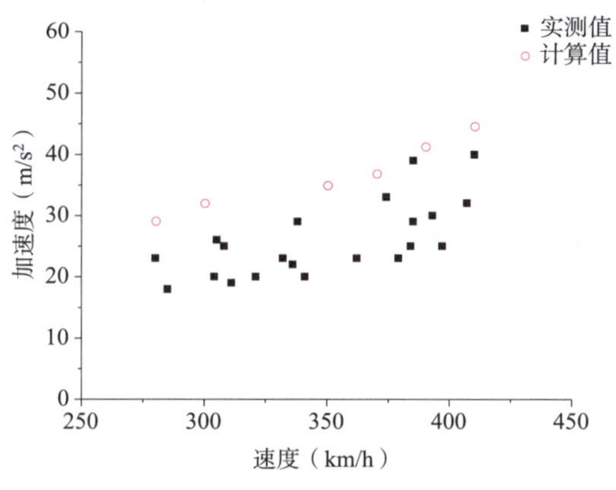

图 6—121　轨道板加速度的对比

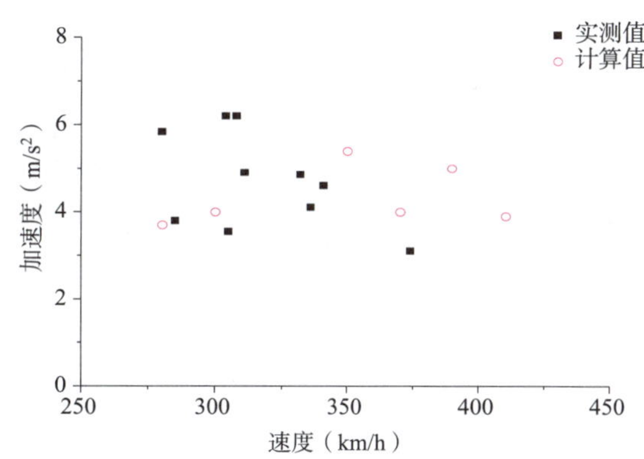

图 6—122　桥梁加速度的对比

可以看出，轮轨垂向力的计算值要比实测值略大，这同样是因为实测值来自地面测试，取自一个测试断面，而计算值则是车辆过岔时整个时程的最大值。从表 6—16 和图 6—115～图 6—123 可以看出，对于其他动力响应指标，计算值和实测值总体吻合良好，再次验证了所建模型的正确性和准确性。

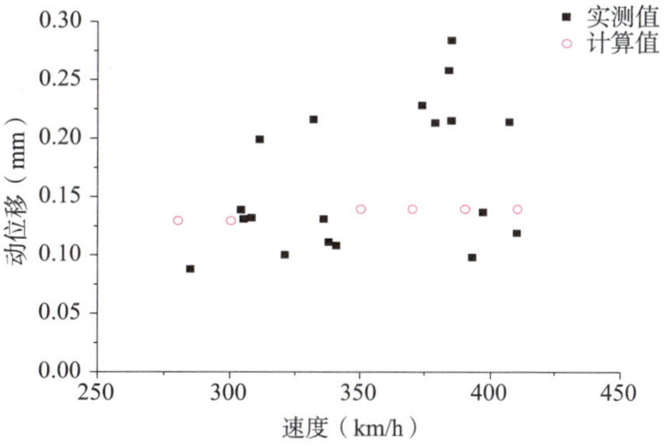

图 6—123　桥梁动位移的对比

三、小　　结

本节对桥上无砟道岔现场测试的布点原则进行了探讨。根据郑西高速铁路渭南北站和京沪高速铁路徐州东站桥上无砟道岔的测试数据，从轮轨相互作用、车辆运行的安全平稳性、道岔和桥梁结构的动力特性等方面对列车过岔时系统的动力特性进行了评估。并利用测试数据，对所建立的高速铁路车辆-无砟道岔-

高架桥梁耦合系统动力分析模型进行了验证。

(1)郑西线渭南北站岔区采用长枕埋入式无砟轨道，现场测试时列车速度为 300 ~ 325 km/h。测试数据表明，郑西高速铁路渭南北站桥上无砟道岔各项指标均符合要求。

(2)京沪线徐州东站岔区采用板式无砟轨道，现场测试时除个别车速较低，不在高速范畴内，车速主要为 280 ~ 410 km/h。测试数据表明，京沪高速铁路徐州东站桥上无砟道岔各项指标符合要求。

(3)根据郑西线渭南北站和京沪线徐州东站的测试数据，可以得出以下结论。

①高速条件下轮轨垂横向力、脱轨系数等指标与车速的关系不明显，车速越高，测试结果往往越离散。

②岔区心轨处的轮轨作用力较岔前和尖轨、岔心等位置要大。由于心轨处轮轨作用力较大，钢轨的振动也较为剧烈。由于心轨处轨道刚度相对较大，心轨处钢轨动位移较岔前和岔区其他位置要小。岔前、尖轨处、心轨处钢轨动弯应力差别不是很大。

③轨道板加速度测试结果较为离散，心轨等轮轨作用剧烈的位置轨道板加速度相对较大。

④桥梁加速度和动位移随着车速的增大有一定的增大趋势，且当车速较大时，测试结果的离散性越强。列车通过时，不同位置的桥梁加速度数值相差不大。

(4)将理论计算结果与渭南北站、徐州东站测试数据进行对比，除了轮轨垂向力因为计算值为车辆过岔整个时程曲线的最大值，测试值为一个测试断面的最大值，计算值相比理论值偏大外，其余指标计算值和测试值总体较为吻合。因此，本章所建立的高速铁路车辆 - 无砟道岔 - 高架桥梁耦合系统动力分析模型可以用于车岔桥系统的动力分析。

第七章　高速铁路无缝线路监测技术

高速铁路基础设施结构复杂，全线采用跨区间无缝线路技术和无砟轨道结构，铺设多种大号码无缝道岔，存在 CRTS Ⅰ、Ⅱ型双块式、板式，以及 CRTS Ⅲ型板式等多种无砟轨道形式，包含长大桥梁、高架车站及路桥、桥隧、路隧过渡段等复杂的线下基础。高速运营条件下，需要实时关注和监测高速铁路无缝线路在长期使用和高负荷情况下的力学特性，把握其使用状态和安全工作状态。如果理论研究不到位，将无法把握无缝线路、无缝道岔、无砟轨道等在高速运营条件下的相互作用关系和力学特性，无法掌握高速铁路无缝线路的受力敏感指标、敏感区域、测试内容和测点布置原则；如果现场安全监测不到位，将无法把握无缝线路的使用状态，无法评价高速铁路无缝线路安全状态并对其进行报警、预测和辅助决策，难以确保行车安全和指导养护维修作业。因此，开展高速铁路无缝线路监测技术的研究，势在必行。

高速运营条件下，列车运行速度快，对无缝线路的平稳性、安全性及养护维修均提出较高的要求。无缝线路状态一般在白天轨温较高时较为不利，但由于高速铁路行车密度大、天窗时间短，人工检测只能在夜间进行，不仅不能把握无缝线路的不利状态，精度也很难保证；缺乏有效的无缝线路实时监测手段；另一方面，高速运营条件下，由于列车冲击、疲劳效应、温度效应、基础沉降等因素的耦合作用，无缝线路不可避免地产生损伤积累、承载能力退化，一旦发生破坏，将直接影响列车的安全、平稳运行，造成重大损失。通过高速铁路无缝线路监测技术研究，可以实时把握高速铁路无缝线路的服役状态，为其养护维修提供有效指导。未来的高速铁路将进入信息化时代，通过远程自动化监测等现代化手段，提高高速铁路无缝线路的管理水平和效率，是建设世界先进高速铁路的必经之路。

本章主要介绍利用人工手动观测、修正的应力-应变式和光纤光栅监测三种方法对高速铁路桥上无缝线路所进行的长期监测试验研究。上述监测技术能够快速、高效地监控无缝线路状态，为列车的安全、平稳运行提供保障；为我国后续的高速铁路无砟轨道无缝线路设计、施工、运营提供理论指导和技术支持。

第一节　监测内容及指标

高速铁路道岔、桥上无砟轨道无缝线路、高架站无砟轨道无缝道岔的长期监测，需选择合理的监测内容。监测内容应与结构强度、稳定性及平顺性等直接相关，能够准确地反映结构的服役状态。对不同的监测内容，选择合理量程和测量精度的传感器也非常关键。

理论研究和现场试验分析表明，影响无砟轨道无缝线路状态的主要参数包括：锁定轨温、线路在长期运营时实际锁定轨温变化；无缝线路温度力变化、轨道板的温度变化；桥梁端部伸缩位移、梁端转角、梁跨中挠度；钢轨纵向位移、轨道板纵向位移、无缝线路几何形位等。为保证高速铁路无缝线路钢轨受力合理，几何形位正确，需要对无缝线路附加力、轨板相对位移、无砟轨道应力等进行监测，进行钢轨、无砟轨道受力及变形的检算。

一、基本监测指标

1. 轨温及锁定轨温

轨温要受到气温、日照、风力、气候条件、线路走向等影响，并且钢轨不同部位的轨温也不相同。在无缝线路温度力计算过程中，要涉及最高轨温 T_{max}、最低轨温 T_{min}、中间轨温 T_z 和锁定轨温 T_e。国内外的大量研究资料表明，设计时，最高轨温可取当地最高气温加 20℃，最低轨温与当地最低气温相同。

锁定轨温，又称零应力轨温。设计、施工、运营情况不同，运用锁定轨温的概念不同。设计确定的锁定轨温称为设计锁定轨温，施工确定的锁定轨温称为施工锁定轨温，无缝线路的运行过程中处于温度力为零状态时的轨温称为实际锁定轨温。

设计锁定轨温记为 T_e，根据无缝线路的稳定性和强度求得允许温升 $[\Delta t_u]$ 和允许温降 $[\Delta t_d]$，再根据当地 30 年内的最高轨温 T_{max} 和最低轨温 T_{min}、中间轨温 T_z，则可得设计锁定轨温。

$$[\Delta t_d] = \frac{[\sigma_s] - \sigma_{1d} - \sigma_c}{E\alpha} \tag{7—1}$$

对于路基上无缝线路

$$[\Delta t_u] = \frac{[P]}{2E\alpha F} \tag{7—2}$$

对于桥上无缝线路

$$[\Delta t_u] = \frac{[P] - 2P_l}{2E\alpha F} \tag{7—3}$$

式中，Δt_k 为中和温度修正值，取 0 ~ 5℃；σ_d 为钢轨承受在轮载作用下的最大弯曲应力（MPa）；σ_t 为温度应力（MPa）；σ_c 为列车制动应力（MPa）；$[\sigma_s]$为钢轨容许应力，为 σ_s/K，σ_s 为钢轨钢的屈服强度，K 为安全系数；P_l 为桥上无缝线路一根钢轨附加伸缩力和挠曲力中的最大值。

通常情况，设计锁定轨温上下限值为

$$t_m = T_e + (5 \sim 6)\ ℃;\ t_n = T_e - (5 \sim 6)\ ℃ \tag{7—4}$$

困难情况，设计锁定轨温上下限值为

$$t_m = T_e + (3 \sim 4)\ ℃;\ t_n = T_e - (3 \sim 4)\ ℃ \tag{7—5}$$

无缝线路在运营过程中，应力状态可能改变，故实际锁定轨温发生变化。若直接测定无缝线路实际锁定轨温，可采用钢弦位移尺测量钢轨位移，通过计算确定实际锁定轨温的变化。测量时需将长轨条上的扣件拆除，并抬上滚筒放散应力，使长轨条处于自由状态，然后测量一定标距内钢轨在放散前与放散后的伸缩量。由于实际锁定轨温测量工序多、时间长，在天窗期间几乎无法完成整个测量，故在高速铁路无缝线路运营期间，无法直接测量实际锁定轨温，需采用监测温度力、温度变化的方法间接推定实际锁定轨温的变化。另外，可以考虑在无缝线路铺设好还未通车时，上道测量实际锁定轨温。

2. 钢轨温度力

由于无缝线路长轨条受到接头阻力、扣件阻力和道床阻力的约束，当轨温发生变化时，在长钢轨中就会产生轴向温度力，轨温上升，长轨条中产生轴向压力；轨温下降，长轨条中产生轴向拉力。为了保证列车安全运行，无缝线路长钢轨中的温度力必须满足强度和稳定性的要求。

钢轨内的温度力可用下式计算

$$P_t = \sigma_t \cdot F = 2.48\Delta t \cdot F\ (\mathrm{N}) \tag{7—6}$$

式中　Δt——轨温变化幅度(℃),又称轨温差;

F——钢轨截面积(mm^2)。

虽然现场可以实时测得某一断面的钢轨温度,与施工锁定轨温相减即得轨温差 Δt,从而计算出该断面钢轨内的温度力,但线路在运营后,实际锁定轨温将发生变化,因此用这种方法测得的温度力是不准确的。

3. 钢轨纵向位移

钢轨纵向位移是无缝线路状态的综合体现,涉及温度力、伸缩力、列车荷载、轨道板与桥梁位移等各个方面。钢轨纵向位移过大,会引起扣件松动,扭矩下降,影响轨道几何形位的保持,进而影响列车运行的安全性和平稳性,需要进行严格控制。

因钢轨纵向位移影响因素过多,对其进行长期监测精度很难保证。故钢轨纵向位移暂不作为长期监测的指标,但利用监测到的温度力、伸缩力、轨道板位移、梁体位移等其余指标来间接推算钢轨纵向位移。

4. 轨道几何形位

轨道几何形位指的是轨道各部分的几何形状、相对位置和基本尺寸。

轨道由直线和曲线组成。直线部分的方向应保持笔直,曲线部分应圆顺,称之为轨道的方向;轨道在立面上应符合线路设计高程,称之为高低;两股钢轨之间应保持一定的距离,称之为轨距;两股钢轨的顶面应位于同一水平或保持一定的相对高差,称之为水平;为使钢轨顶面在有锥形踏面的车轮荷载作用下受力均匀,两股钢轨均应向内倾斜铺设,称之为轨底坡。

曲线轨道除应满足上述要求以外,还应根据机车车辆能顺利通过曲线,对半径很小的曲线,应将轨距加宽;为抵消机车车辆通过曲线时的离心力,应使外轨顶面略高于内轨顶面,形成适当的超高;为使机车车辆平稳地自直线进入圆曲线,或由圆曲线进入直线,直线与圆曲线间,应有一条曲率渐变的缓和曲线,并为外轨逐渐升高、轨距逐渐加宽创造必要的条件。

道岔的几何形位包括道岔各部分的轨距、转辙器部分的间隔尺寸、导曲线支距及辙叉和护轨部分的间隔尺寸等。

轨道几何形位的正确与否,是保证机车车辆安全、平稳运行的必要条件,因此,轨道几何形位检测非常重要。轨检车是检查线路几何状态的主要设备,检测速度高,检测项目多,检测精度高,可直接打印出超限报告、曲线报告、区段与公里总结报告、轨道质量评价结果等,并能对数据进行分析。轨道几何形位方面的研究可以使用轨检车的数据。

二、高速道岔检测指标

高速道岔是高速铁路跨区间无缝线路的关键技术,其受力与变形特点不同,具有以下特点:无缝道岔两端温度力不平衡,无缝道岔中有多根钢轨参与温度力的传递,无缝道岔直侧股钢轨间存在着限位器、间隔铁等传力部件,将道岔导轨的温度力向基本轨传递等。传力结构在限制尖轨、心轨位移的同时,将部分温度力传递至基本轨,产生伸缩附加力,引起基本轨位移。此外,道岔受力变形也受到温度梯度、刚度变化等岔区无砟轨道因素的影响。

对于高速道岔,最应关注轨道结构的强度、稳定性和几何形位方面的问题,以保证高速道岔的工作状态及高速列车运行的平稳安全。根据高速铁路道岔的监测内容,确定监测指标及对应传感器参数如下。

(1)钢轨、无砟轨道温度:需测试轨温、气温,轨道板不同深度的温度。所选传感器测试范围为 -40℃ ~100℃,测试精度为 0.1℃。

(2)钢轨纵向附加力:尖轨跟端钢轨附加力,量级在 0 ~1 000 kN。所选传感器测试范围为 ±200 MPa,测试精度为 1 $\mu\varepsilon$。

(3)钢轨与轨道板相对纵向位移:量级在几个毫米,最大为几十毫米。所选传感器测试范围为 ±100 mm,测试精度为 0.1 mm。

三、长大桥梁无缝线路监测指标

桥上无缝线路的受力情况和路基上不同,除受到车辆荷载、温度荷载、制动荷载等的作用外,还受到由于桥梁的伸缩或挠曲变形位移而产生额外的纵向附加力作用,如伸缩力和挠曲力,导致无缝线路纵向力增大,对轨道结构的安全和无缝线路的稳定性造成不利影响。

为保证轨道及桥梁结构的安全,提高行车的平稳性和舒适性,在无缝线路设计和运营中必须充分考虑无缝线路与桥梁的相互作用,严格控制轨道与桥梁相互作用的附加力;控制长轨条的纵向力,保证无缝线路稳定性和钢轨强度;控制钢轨折断时的断缝,确保行车安全。有些结构参数指标对于长大桥梁无砟轨道无缝线路的受力和变形是非常重要的,是影响无砟轨道无缝线路施工和运营的控制因素,是需要重点监测的内容。

温度变化时,桥梁与钢轨之间产生相对位移,因轨道阻力的作用,梁轨相对位移受到约束,梁轨间产生大小相等、方向相反的纵向力,致使钢轨产生变形。确定长轨条的伸缩力需考虑桥梁梁体温度变化、梁体纵向位移、轨道板温度变化、轨道板纵向位移等因素。因此梁体温度、梁端转角、梁体纵向位移、轨道板纵向位移也为长大桥梁上无缝线路的主要监测内容。

对于长大桥梁无砟轨道无缝线路最为关注轨道结构的强度、稳定性和耐久性方面的问题,通过理论与试验研究,确定监测指标及对应传感器参数如下。

(1)长钢轨温度、无砟道床温度梯度:轨温最小值为最低气温、最大值为最高气温加 20℃;无砟道床的温度范围和气温相差不大。考虑一定的安全富余量,所选传感器测试范围为 -40℃ ~100℃,测试精度为 0.1℃。

(2)长钢轨纵向力:长钢轨的纵向力为钢轨的纵向应变乘以其弹性模量和截面积,与轨温的变化幅度直接相关,量级在几百千牛顿。所选传感器测试范围为 ±500 MPa,测试精度为 1 $\mu\varepsilon$。

(3)钢轨与轨道板相对纵向位移:对于 CRTS Ⅱ 型板式无砟轨道,扣件使钢轨和无砟道床形成一个整体,相对位移非常小,一般在几个毫米。所选传感器测试范围为 ±10 mm,测试精度为 0.1 mm。

(4)梁体与轨道板间的纵向位移:由于设置两布一膜滑动层,桥梁和无砟轨道的相对位移较大,量级在几十个毫米。所选传感器测试范围为 ±100 mm,测试精度为 0.1 mm。

(5)梁端伸缩位移:梁体的伸缩量为梁长、温度变化幅度和线膨胀系数的乘积,伸缩位移的量级一般在几十个毫米。所选传感器测试范围为 ±100 mm,测试精度为 0.1 mm。

四、高架站无砟道岔监测指标

随着高速铁路、客运专线和快速客货混跑铁路的建设与发展,由于环保要求或地形条件的限制,将会有越来越多的无缝道岔设置在大桥、特大桥或高架站结构上。桥上无缝道岔结构复杂,每跨梁上线路情况均不同,必须考虑道岔与桥梁的相互位置关系;道岔结构存在伸缩区,即使桥梁不伸缩，钢轨温度的变化也会引起道岔与桥梁的相互作用。由于桥上无缝道岔必须满足列车安全平稳运行、无缝道岔结构本身的正常安全使用、桥梁结构合理受力等多方面需要，桥上无缝道岔不仅综合了桥上无缝线路、一般无缝道岔以及大跨度桥梁的技术特点，而且衍生出一系列新的技术难点。

桥上无缝道岔与长轨条一样要承受无缝线路温度力的作用，同时还要承受尖轨传递过来的附加温度力，由于道岔前后的温度力不一致，使得无缝道岔中的钢轨受力和位移发生变化，这是无缝道岔设计、铺设和维修养护中需要处理的核心问题。

在温度力的作用下，无缝道岔的尖轨与可动心轨要发生纵向位移，通常在尖轨尖端和可动心轨尖端的伸缩位移最大，为了保证转辙机械的正常工作，最大位移值应控制在容许范围内。根据道岔类型、辙跟结构、翼轨结构、直股与侧股的焊接情况、岔枕类型等的不同，尖轨跟端和可动心轨跟端的伸缩位移会不同，但基本原理相同。

为保证桥上无缝道岔的正常使用，确保高速列车的平稳安全运行，需要对道岔钢轨附加力、尖轨心轨相对位移、轨板相对位移、梁板相对位移、无砟轨道应力等进行测试，用于钢轨强度、道岔转辙器、辙叉部分钢轨位移、无砟轨道受力及变形的检算。

根据高速铁路高架站无砟轨道无缝道岔的监测内容，确定以下监测指标及选择对应传感器。

(1)钢轨、无砟轨道及桥梁温度：需测试轨温、气温，轨道板不同深度的温度，梁体的温度。所选传感器测试范围为 -40℃ ~100℃，测试精度为 0.1℃。

(2)钢轨纵向附加力：大跨度连续梁上伸缩附加力、梁端挠曲力，量级在 0 ~1 000 kN。所选传感器测试范围为 ±200 MPa，测试精度为 1 με。

(3)钢轨与轨道板相对纵向位移：量级在几个毫米，最大为几十毫米。所选传感器测试范围为 ±100 mm，测试精度为 0.1 mm。如对伸缩调节器进行监测时，钢轨相对位移往往较大，应选择合理量程的传感器。

(4)梁体与轨道板间的纵向位移：对于单元板、双块式无砟轨道，梁体与轨道板间的纵向位移基本为零。对于 CRTS Ⅱ 型板式无砟轨道，相对位移往往较大，量级在几十个毫米。所选传感器测试范围为 ±100 mm，测试精度为 0.1 mm。

(5)梁端位移：桥梁梁体的伸长量与桥梁的温度跨长直接相关。监测点梁体伸长量应在几十个毫米。所选传感器测试范围为 ±100 mm，测试精度为 0.1 mm。

第二节　长期监测方法及理论

对于高速铁路长大桥梁无砟轨道无缝线路的现场测试方法，笔者曾进行多方面的研究。提出基于人工的手动监测方法与光纤光栅测试技术，并应用于长大桥梁无砟轨道无缝线路的长期监测。此外，还参与研究了基于修正应力应变的长期监测方法。通过理论研究和实际应用，验证了上述方法的可行性和正确性。

一、基于人工的手动监测方法

对无缝线路质量的检测与跟踪，特别是对无缝钢轨温度力及锁定轨温的准确测量是目前国内外普遍提出而又未能解决的技术难题。北京交大光电检测技术研究所提出一种通过测量微小位移变化来测量钢轨的温度应力等参数的方法，并开发形成 TS 系列温度应力测量仪。笔者及课题组基于 TS 系列温度应力测量仪(图 7—1)及游标卡尺等，对钢轨附加力、位移等进行人工定期测试(图 7—2),实现了无缝线路状态的长期监测。

TS 系列钢轨温度应力测量仪具有以下特点。

(1)可测量无缝线路、无缝道岔的纵向温度应力的分布;监测无缝钢轨应力放散状态;测量或监测铁路上无缝线路钢轨或其他金属制件的纵向温度应力;作为一般传感器测量物体的微小位移或微小变形。

(2)采用高精度电感传感技术,结构和电路设计的双重温度补偿技术及高精度定位等新技术,结合专门设计的测标安装杆和标准校准座,保证了测量、定位、安装及校准的准确性,其传感器的零点不随外界温度的变化而变化。

(3)采用单片机处理系统,可保存测量数据,通过通信功能实现自动计算和打印温度应力、应变和锁定温度等参数,并可通过自身的标准校准座自动修正传感器本身的测量误差。

(4)仪器结构简单合理,测标安装方便,测量仪器体积小、重量轻,可充电工作,携带和使用均比较方便。

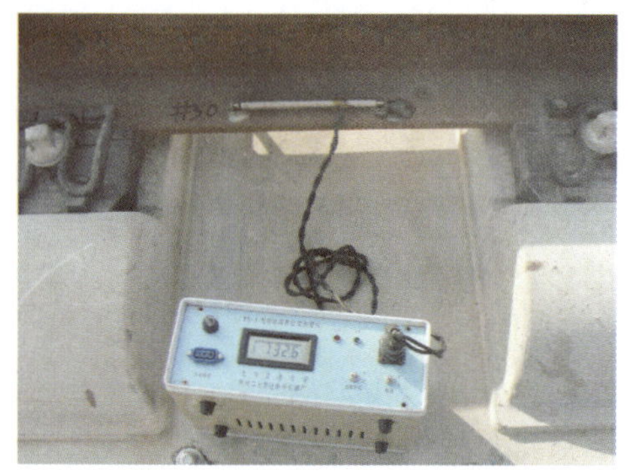

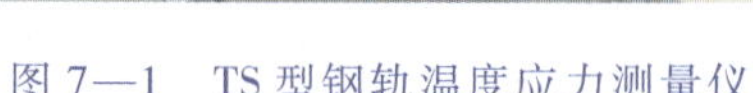

图 7—1　TS 型钢轨温度应力测量仪

图 7—2　无缝线路伸缩附加力测试

以下为 TS 系列钢轨温度应力测量仪的测试原理。

定义 L 为测标初始距离,d_1 与 d_2 分别为轨温 T_1、T_2 时测标距离相对于初始值的变化量,可得

$$\begin{aligned} L_1 &= L + d_1 \\ L_2 &= L + d_2 \end{aligned} \tag{7—7}$$

由于测标距离的变化量远小于测标初始距离,故钢轨在荷载作用下的纵向应变可按下式计算,进而求得钢轨的纵向附加力

$$\varepsilon = \frac{L_2 - L_1}{L_2} = \frac{d_2 - d_1}{L_2} \approx \frac{d_2 - d_1}{L} \tag{7—8}$$

$$P = E \times F \times (\alpha \times \Delta T - \varepsilon) \tag{7—9}$$

式中,E 为钢轨弹性模量;F 为钢轨截面面积;α 为钢轨热膨胀系数;ΔT 为轨温差;ε 为钢轨纵向应变;P 为钢轨纵向附加力。

二、修正的应力-应变监测方法

对于长大桥梁无砟轨道无缝线路、高架站无砟轨道无缝道岔的远程长期监测,归结起来就是温度、位移与内力的测试。对于温度和位移的测试,由于是直接型的测试,只要保证安装系统的牢固,测试系统的稳定和采集系统的精确就可以保证采集到正确的结果。而内力则不然,

必须通过测试应变的方法来间接测试内力，是一种间接型的测试，因此测试方法及测点位置的选择就会显得非常重要。对于无缝线路结构，钢轨内力的测试主要有以下问题难以解决。

钢轨的变形被约束，应变测试困难：这是无缝线路工作的基本特点，利用扣件的阻力使钢轨不能自由伸缩，举例来讲，如果一根钢轨铺设在路基上，完全被锁定，那么在温度的变化下其应变为零，但是存在应力；纵向温度力与伸缩附加力难于区分：由于温度力与伸缩力同时作用在钢轨上，难于区分哪些是由于温度升高引起的，哪些是由桥梁伸缩引起的。

（一）测试内容

长大桥梁无砟轨道无缝线路的监测以静态监测为主，因此主要监测钢轨温度力和伸缩附加力。温度力和伸缩附加力产生机理不同，其在钢轨上的变形表现也不一样。根据两种力的不同变形特性，可以将二者区分开来。

温度力：假设没有其他力的作用，在无缝线路的固定区，当温度变化时，钢轨的纵向应变为0，而横向应变为温度应变＋横向伸缩应变，（可以认为是先把钢轨自由放置，温度变化后钢轨长度发生变化，再将钢轨压缩或拉伸到位移为0的位置，这时钢轨将产生横向的变形）。

伸缩附加力：伸缩附加力是由桥梁的拉伸与收缩引起的，因此钢轨会有纵向的变形以及附加力作用下的横向变形。

（二）电桥接法

测点应变片的粘贴位置见图7—3。R1、R2用于测试钢轨的垂向应变，粘贴于轨腰中部，粘贴方向为垂直线路方向。R3、R4用于测试钢轨的纵向应变，粘贴于轨底，粘贴方向为平行线路方向。测试电桥见图7—4，图中Rb为温度补偿片。

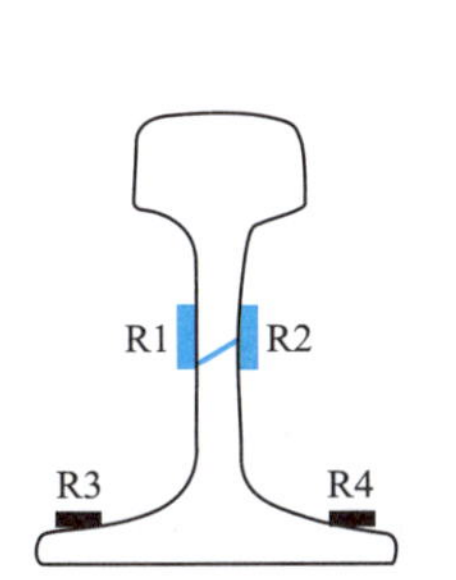

图7—3　应变片的粘贴位置

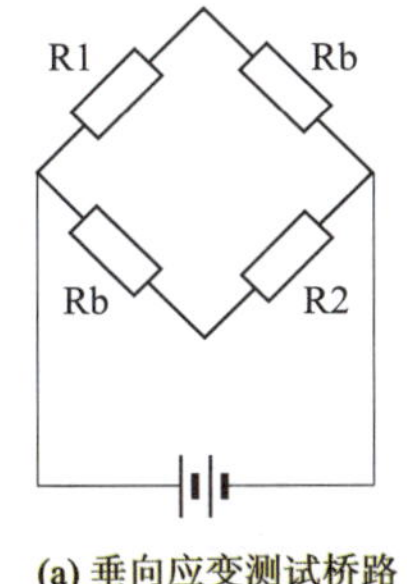

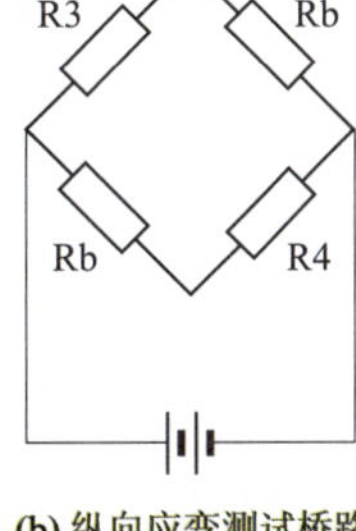

图7—4　应变测试桥路

（三）测试原理

1. 桥路图7—4(a)的测试原理

当温度变化时，温度变化产生温度应变，桥梁伸缩产生伸缩附加应变，此时粘贴在轨腰上的工作片R1、R2的电阻也将发生变化。R1、R2的电阻变化由四部分组成。

(1)在附加力作用下，钢轨将在纵向产生附加应变ε_f，同时在垂向产生相应的应变，其大小为ε_f/μ。该应变将影响工作片的电阻。

(2)钢轨的纵向变形被约束，本来应该自由伸缩的钢轨在扣件约束下将产生横向的变形ε_t/μ。

(3)温度变化，钢轨自身热胀冷缩，产生温度应变ε_t。

(4)应变片的基底材料发生变形，当基底材料的线膨胀系数与钢轨不同时，将会产生变形差，从而使工作片电阻发生变化。

在粘贴温度补偿片后，工作片3、4将被补偿片抵消，最终桥路图7—4(a)所测得的应变ε_a为

$$\varepsilon_a = 2\mu(\varepsilon_f + \varepsilon_t) \tag{7—10}$$

式中 ε_a——桥路图 7—4(a)所测的应变值；

μ——钢轨的泊松比；

ε_f——钢轨的附加应变；

ε_t——钢轨的温度应变。

(注:温度应变为被扣件锁定在钢轨内部的应变)

2. 桥路图 7—4(b)的测试原理

桥路 7—4(b)测试的是钢轨的纵向应变,工作片 3、4 的电阻变化主要由下面几个部分组成。

(1)桥梁伸缩引起的附加应变 ε_f。

(2)温度变化,钢轨自身会热胀冷缩,产生温度应变 ε_t。

(3)应变片的基底材料发生变形,带动应变片,从而使工作片电阻发生变化。

经过温度补偿片补偿后,工作片 2、3 将被补偿片抵消,最终桥路图 7—4(b)所测得的应变 ε_a 为

$$\varepsilon_a = 2(\varepsilon_f - \varepsilon_t) \tag{7—11}$$

因此纵向的应变之和为

$$\varepsilon_z = \varepsilon_f + \varepsilon_t = \frac{\varepsilon_a}{2\mu} \tag{7—12}$$

附加伸缩应变与温度应变分别为

$$\varepsilon_f = \frac{\dfrac{\varepsilon_a}{\mu} + \varepsilon_a}{4} \qquad \varepsilon_t = \frac{\dfrac{\varepsilon_b}{\mu} - \varepsilon_a}{4} \tag{7—13}$$

三、光纤光栅测试方法

(一)测试原理

光纤光栅是利用光纤中的光敏性制成的。所谓光纤中的光敏性是指激光通过掺杂光纤时,光纤的折射率将随光强的空间分布发生相应变化的特性。而在纤芯内形成的空间相位光栅,其实质就是在纤芯内形成窄带滤波器或反射镜。利用这一特性可制造出许多性能独特的光纤器件,它们都具有反射带宽范围大、附加损耗小、体积小、易与光纤耦合、可与其他光器件兼容成一体,不受环境尘埃影响等一系列优异性能。

当光纤光栅所处环境的温度、应力、应变或其他物理量发生变化时,光栅的周期或纤芯折射率将发生变化,从而使反射光的波长发生变化,通过测量物理量变化前后反射光波长的变化,就可以获得待测物理量的变化情况。通过特定的技术,可实现对应力和温度的分别测量和同时测量。通过在光栅上涂敷特定的功能材料(如压电材料),对电场等物理量的间接测量也能实现。

(二)测试系统介绍

整个监测系统由光栅传感器、光纤传输线、调制解调器、数据无线发射装置、数据接收与存储装置等几部分组成,见图 7—5。

1. 光纤光栅解调仪

光纤光栅解调仪用于采集测试数据。可允许在一根光纤上同时连接大于 40 个 FBG 传感器。

2. 光开关扩展模块

开关扩展模块可将每一通道扩成多个通道，增加测点数量。

3. 光纤光栅传感器

光纤光栅传感器包括光纤光栅温度传感器、光纤光栅应变传感器、光纤光栅位移传感器、光纤光栅加速度传感器等，可满足无缝线路钢轨纵向力、钢轨及混凝土应变、结构位移及振动的测试需要。

4. 无线传输系统

无线传输模块高度集成 GPRS/CDMA 和 TCP/IP 技术，支持多种 TCP/IP 协议，可实现测试数据的远距离传输。

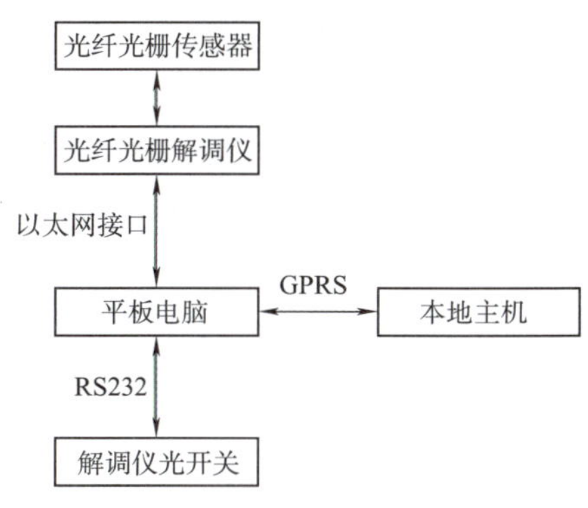

图 7—5　测试系统示意图

第三节　基于人工方法的桥上无缝线路测试

基于 TS 型传感器、游标卡尺及应变式数据采集系统，以京沪高速铁路京杭运河特大桥的中部连续梁部分及相邻桥跨为测试工点，对无缝线路钢轨纵向力、钢轨温度、轨道板温度变化梯度、桥梁纵向位移等指标进行人工长期监测。

静态试验温度力测点均布置在轨腰上，测点布置见图 7—6。

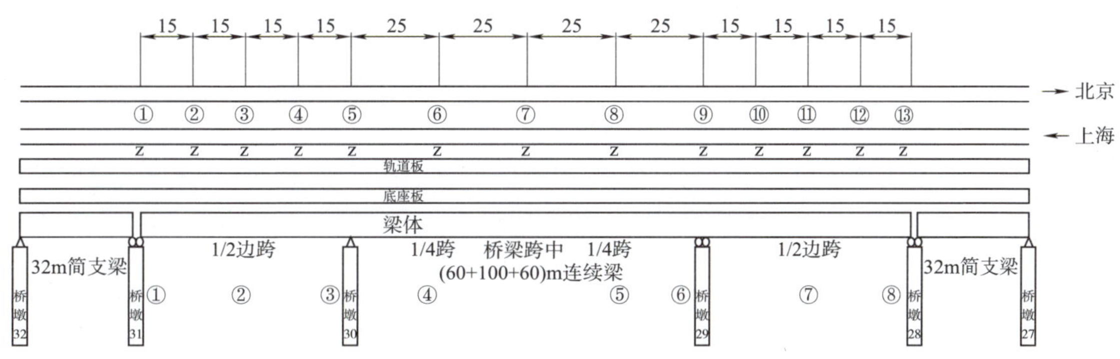

图 7—6　温度力测点布置（单位：m）

钢轨实测温度力结果见图 7—7。

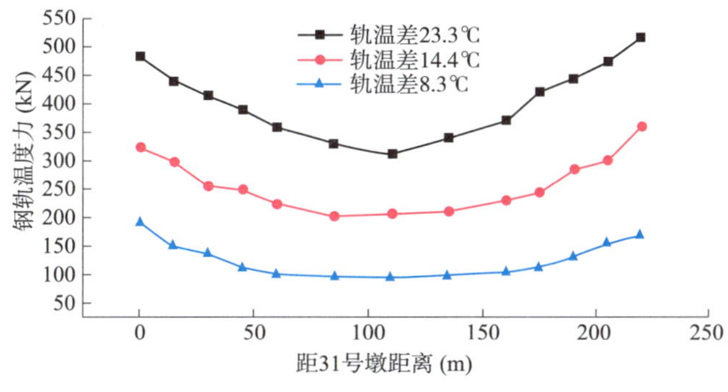

图 7—7　钢轨实测温度力分布

1. 钢轨伸缩附加力最大值为 87.19 kN,出现在梁端(靠近 29 号墩);

2. 随轨温变化幅度的增大,钢轨温度力相应增加;轨温变化幅度越小,梁缝处钢轨温度力与跨中处钢轨温度力相差越小;

3. 由于桥梁伸缩影响,钢轨在连续梁梁缝处出现最大值,与桥上无缝线路计算理论相符合;

4. 桥上纵连板式无砟轨道无缝线路钢轨温度力由钢轨、轨道板、底座板、桥梁综合控制;由于底座板与桥面设有滑动层,显著减小了梁轨间的相互作用,钢轨承受附加力较小,京沪高速铁路京杭运河特大桥桥上无缝线路钢轨受力较为合理。

采用人工方法对桥上无砟轨道无缝线路进行长期观测,方法可行。系统可较为准确测试桥上无缝线路伸缩附加力分布、钢轨及无砟轨道温度、梁体位移等指标。但采用这种方法在线路运营时无法测试,不能及时发现问题,且仅能测试位移、温度等,不能满足高速铁路快速、准确的测量要求。

第四节 基于修正应力-应变方法的桥上无缝线路监测

笔者与华东交通大学合作,基于修正的应力-应变测试方法,选择京沪高速铁路京杭运河特大桥的中部连续梁部分及相邻桥跨为测试工点,对无缝线路钢轨纵向力、钢轨温度、轨道板温度变化梯度、轨板位移、梁板位移等指标进行了长期监测。本节对测试所采用的监测系统,测试工点及测试方案进行介绍,并以 2010 年 12 月 3 日至 2010 年 4 月 15 日的采集数据作为研究对象,分析了桥上无砟轨道无缝线路钢轨及轨道板温度、内力和位移的变化规律。

一、监测系统简介

监测系统主要由传感器部分(应变、位移、温度)、位移采集模块、应变采集模块、温度采集模块、数据采集控制器、远程观测模块组成。每个传感器对应测试模块的调理通道,保证各个传感器调理独立放大器,提高系统可靠性。系统框图见图 7—8。

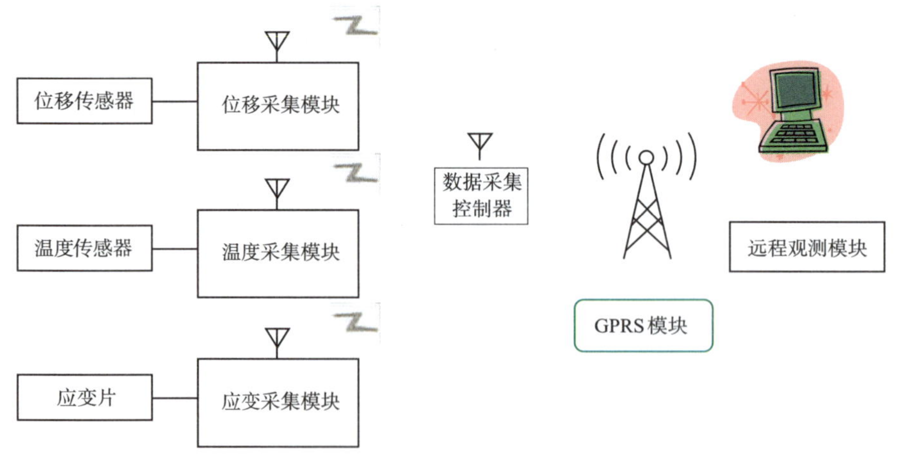

图 7—8 监测系统框图

数据采集模块将多测点的信号进行模拟调理,放大滤波,通过 A/D 转换器将调理后的模拟信号转换成数字信号,通过转换接口将数字信号通过无线网络发送至数据采集控制器。

数据采集控制器通过 GPRS 网络与采集计算机通讯，通过软件的操作完成信号调理采集系统的参数设置及采集数据的传输，将原始数据存入计算机。通过观察传输到桥梁状态监测和评估系统服务器中的数据来监测桥上无砟轨道无缝线路的状态。

二、测点布置

在京沪高速铁路徐州京杭运河特大桥梁端、跨中共设了 7 个测点，测点位置、所用传感器型号和数量及测试内容见表 7—1 和图 7—9 ~ 图 7—15。

表 7—1　测点布置表

测点号	传感器型号及数量	测试内容	测点号	传感器型号及数量	测试内容
测点 1	位移传感器	梁端位移	测点 4	温度传感器	气温
	位移传感器	梁板位移		温度传感器	轨道板温度
	位移传感器	轨板位移		温度传感器	钢轨温度
	应变片	钢轨应变	测点 5	位移传感器	梁板位移
测点 2	位移传感器	梁板位移		位移传感器	轨板位移
	位移传感器	轨板位移		应变片	钢轨应变
	应变片	钢轨应变	测点 6	位移传感器	梁板位移
测点 3	位移传感器	梁板位移		位移传感器	轨板位移
	位移传感器	轨板位移		应变片	钢轨应变
	应变片	钢轨应变	测点 7	位移传感器	梁端位移
测点 4	位移传感器	梁板位移		位移传感器	梁板位移
	位移传感器	轨板位移		位移传感器	轨板位移
	应变片	钢轨应变		应变片	钢轨应变

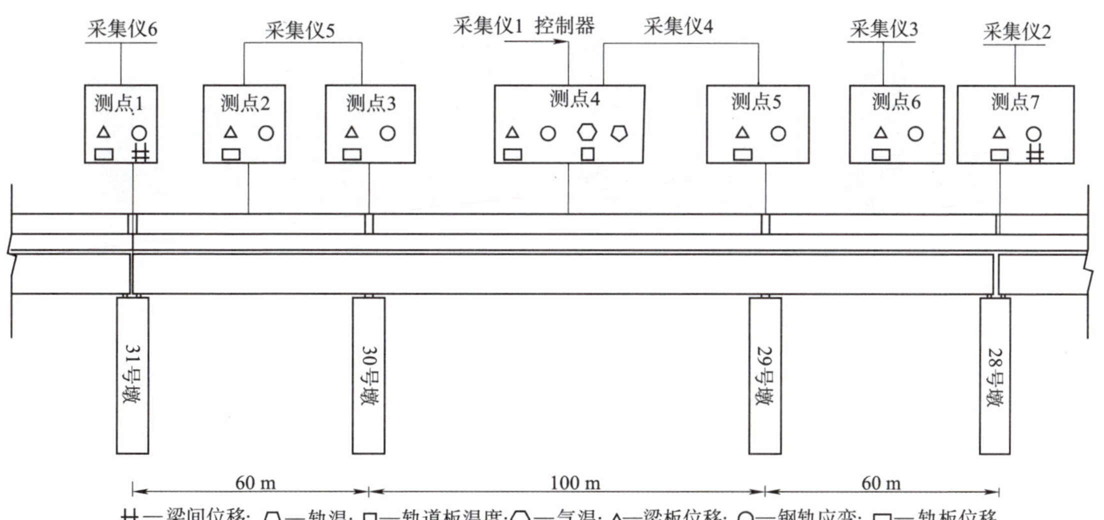

图 7—9　测点布置图

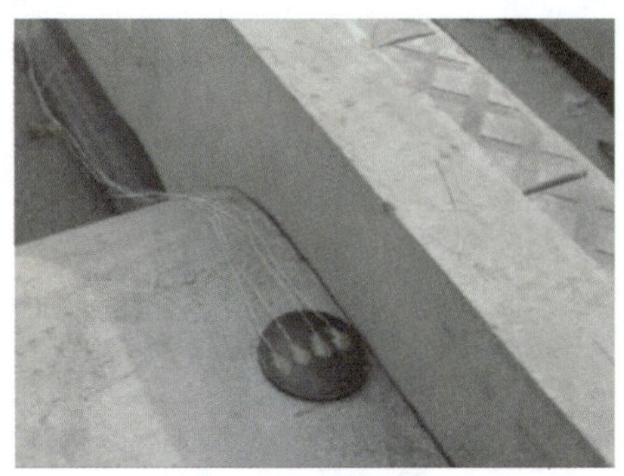

图 7—10　补偿片

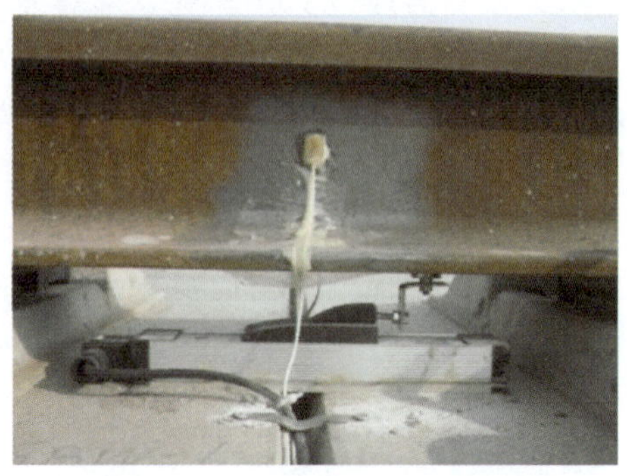

图 7—11　轨板间的位移传感器

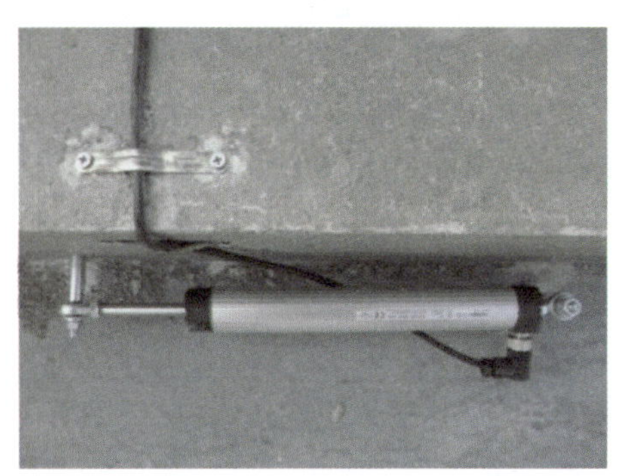

图 7—12　梁板间的位移传感器

图 7—13　梁端位移传感器

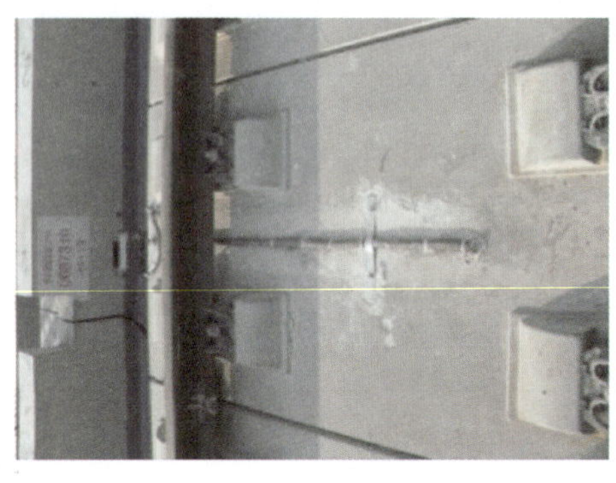

图 7—14　轨道板温度传感器

图 7—15　应变采集器

三、日温差作用下无缝线路受力变形规律分析

日温差对桥上无缝线路受力和变形的影响较大。该部分所分析数据是从 2010 年 12 月 3 日到 2010 年 12 月 28 日所采集的。

1. 钢轨轨道板温度

在桥梁的跨中位置处，轨道板内每隔 5cm 深埋入一个温度传感器，共 4 个。取 2010 年 12 月 3 日 6:00 到 2010 年 12 月 4 日 6:00 所采集的数据进行分析，见图 7—16。

由图 7—16 可知：

(1) 轨道板温度、轨温与气温变化趋势一致，且相关性较好。气温最高时，轨道板温度达

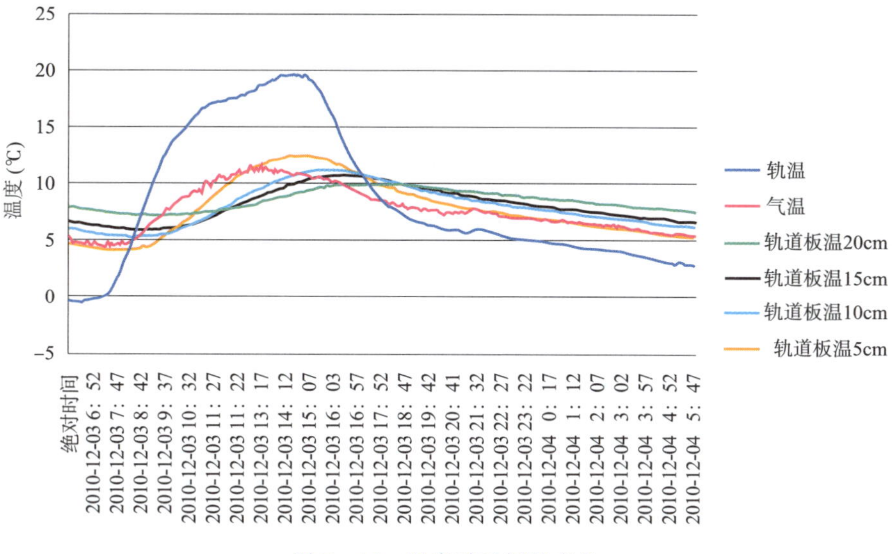

图 7—16　温度随时间的变化

到最高;轨道板的深度越深,轨道板的温度变化的越缓慢,且有一定的滞后性(轨道板最高温度的出现时间晚于最高轨温)。

(2)轨温受日照影响很大,上午 7:00 至 10:00,轨温迅速增加;下午 4:00 至 6:00,轨温又迅速降低。最低轨温出现在早晨 6:00 左右,最高轨温出现在下午 3:00 左右。各测点温度统计值见表 7—2。

表 7—2　各测点温度统计值

		最高温度 t_{max}	最低温度 t_{min}	中间温度 t_z	平均温度 t_{ave}	温度差(℃)
钢轨温度(℃)		19.70	−0.44	9.63	8.63	20.14
气温(℃)		11.66	4.42	8.04	7.71	7.24
轨道板温度(℃)	5 cm	12.50	4.10	8.30	7.81	8.40
	10 cm	11.21	5.31	8.26	8.03	5.90
	15 cm	10.76	5.95	8.36	8.14	4.81
	20 cm	10.06	7.30	8.68	8.55	2.76

由图 7—16 和表 7—2 可见:

(1)12 月 3 日 15:02 时轨温最高,为 19.7℃,此时气温为 10.7℃。深 20 cm 处的轨道板的温度为 9.4℃,轨温比气温高出 8.9℃,轨温比轨道板温度高出 10.2℃。12 月 3 日 6:27 时轨温最低,为 −0.4℃,此时气温为 4.7℃,深 20 cm 处的轨道板温度为 7.8℃,最低轨温比气温低 5.1℃,比轨道板温度低 8.2℃。

(2)轨道板昼夜温差随深度增加而减小,轨道板在 5 cm、10 cm、15 cm、20 cm 深时的最大温差分别为 8.40℃、5.90℃、4.81℃、2.76℃;钢轨昼夜最大温差为 20.14℃,远大于轨道板温差。

(3)各测点的中间温度及平均温度均差别不大,钢轨的平均温度最高;随深度的增加,轨道板平均温度及中间温度均略有增加。

2. 钢轨伸缩力

通过测得的水平和垂向应变计算附加力。取 2010 年 12 月 3 日 6:00 到 2010 年 12 月 4 日

6:00 的数据,通过计算,得出附加力随时间的变化,见图 7—17。不同轨温下附加力与桥梁跨度的关系见图 7—18。

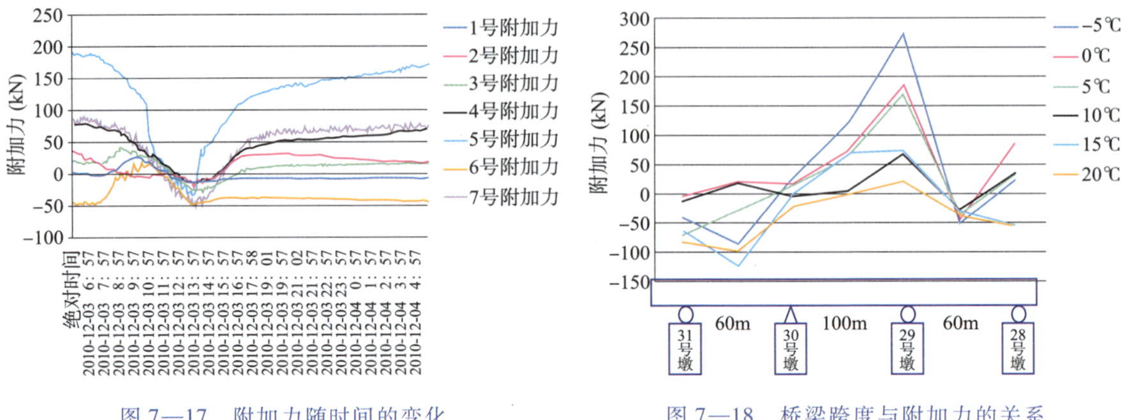

图 7—17 附加力随时间的变化

图 7—18 桥梁跨度与附加力的关系

由图 7—17、图 7—18 可见以下因素。

(1)钢轨伸缩力在 29 号墩处出现最大值,且随着轨温的降低增大。这是由于轨温越低,轨温变化幅度越大,附加力也越大。

(2)纵连板式无砟轨道无缝线路伸缩附加力与普通桥上无缝线路不同,伸缩力最大值位于梁跨中间部分,在梁体两端伸缩附加力较小。

3. 钢轨纵向力

通过测得的垂向应变计算钢轨的纵向力。取 2010 年 12 月 3 日 6:00 到 2010 年 12 月 4 日 6:00 的数据,通过计算,得出温度力随时间的变化,见图 7—19。不同轨温下温度力与桥梁跨度的关系见图 7—20,从中可见以下因素。

(1)轨温越低,纵向力越大。由于轨温变化幅度增大,使得无缝线路纵向力变大。

(2)钢轨纵向力在 29 号墩处最大。根据测试,当轨温变化 20℃时,最大纵向力为 650.02 kN。

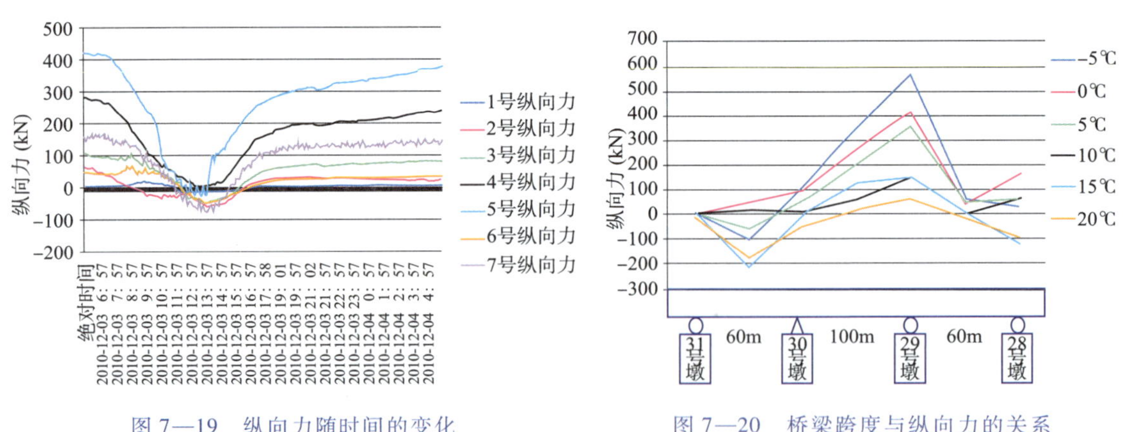

图 7—19 纵向力随时间的变化

图 7—20 桥梁跨度与纵向力的关系

4. 轨板位移

取 2010 年 12 月 3 日 6:00 到 2010 年 12 月 4 日 6:00 的数据,通过计算,得出轨板位移随时间的变化,见图 7—21、图 7—22,从中可见:

(1)轨板位移较小,在轨温变化 20℃的情况下,最大值小于 0.4 mm。

(2)与支座处的轨板位移相比,跨中的轨板位移较大,最大值为 0.38 mm。

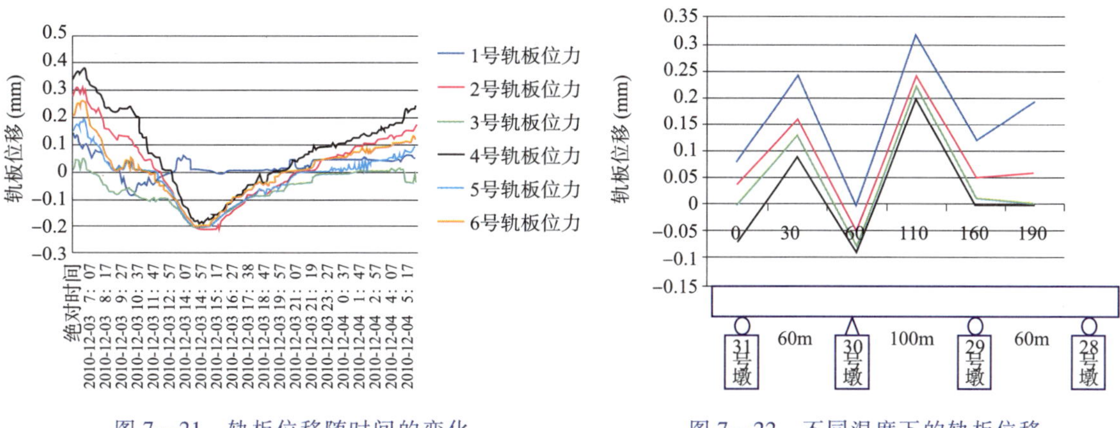

图 7—21　轨板位移随时间的变化　　图 7—22　不同温度下的轨板位移

5. 梁板位移

取 2010 年 12 月 3 日 6:00 到 2010 年 12 月 4 日 6:00 的数据,通过计算,得出梁板位移随时间的变化,见图 7—23。不同温度下的梁板位移见图 7—24。与轨板位移相比,梁板位移一般较大,滑动层起到了很好的滑动作用。

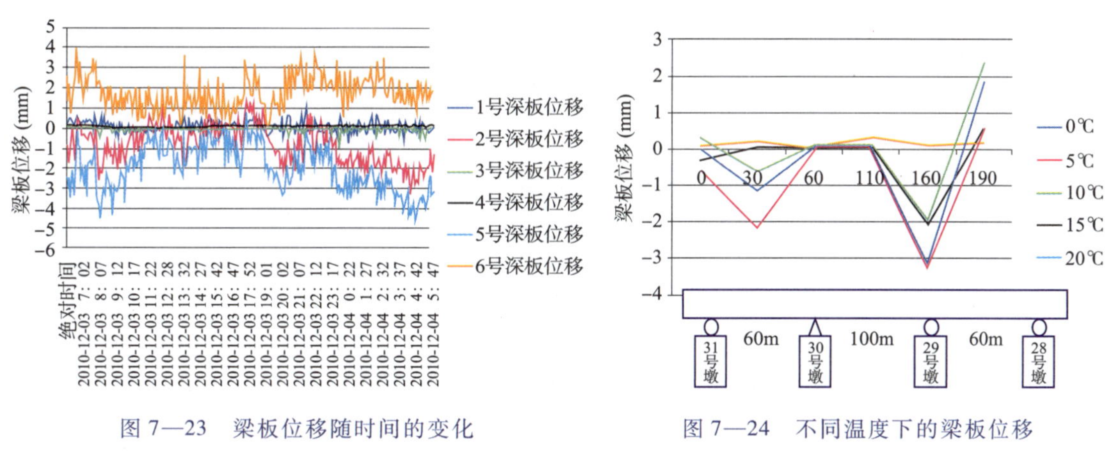

图 7—23　梁板位移随时间的变化　　图 7—24　不同温度下的梁板位移

四、长期监测数据分析

本部分以 2010 年 12 月 3 日至 2011 年 4 月 15 日的采集数据作为研究对象,分析京杭运河特大桥钢轨及轨道板温度、内力及位移的变化规律。

(一)温度的长期监测

气温、轨温及轨道板温度随时间的变化而变化,见图 7—25。

2010 年 12 月到 2011 年 3 月,最高轨温比最高气温高 5.72℃ ~13.33℃,平均高 9.09℃,最低轨温比最低气温低 2.8℃ ~4.93℃,平均低 3.92℃。

(二)内力的长期监测

1. 钢轨纵向力(图 7—26)

钢轨纵向力最大值(拉力)一般出现在 6 点到 10 点之间,纵向力最小值(压力)一般出现在 12 点到 15 点之间。5 号测点(29 号墩)的纵向力最大,最大值为 605.8 kN,最小值为 −480.5 kN。

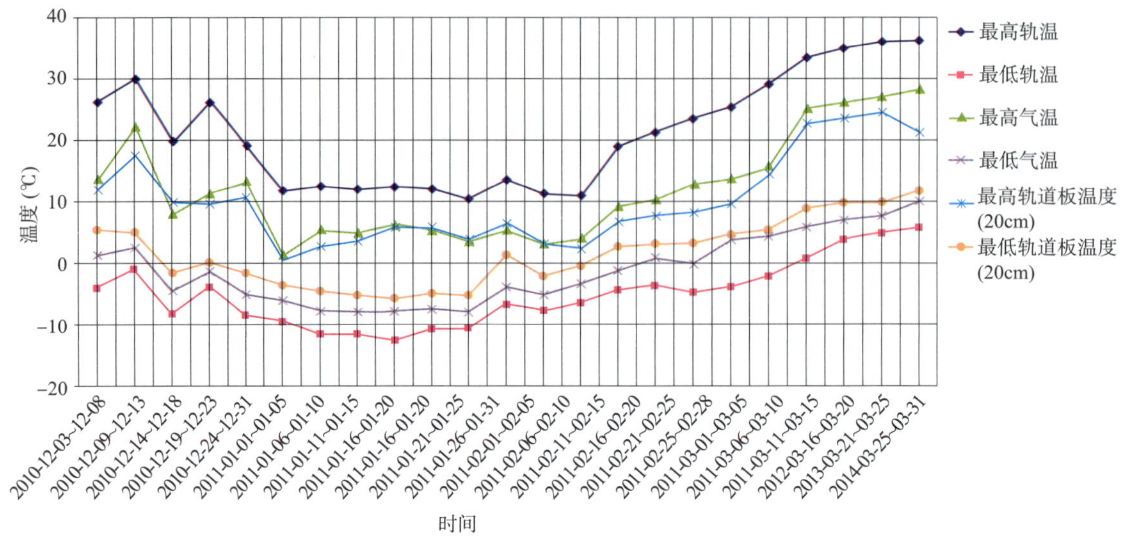

图 7—25　温度变化曲线

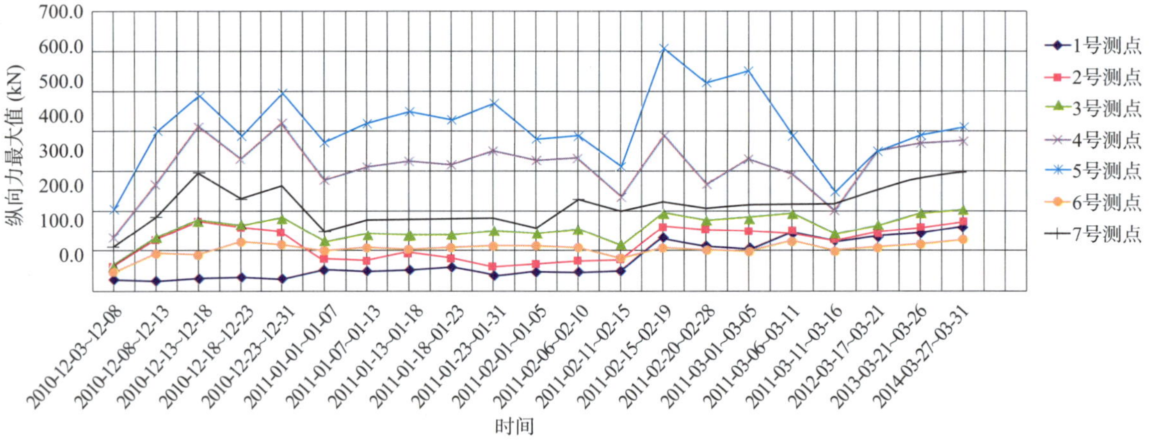

(a) 纵向力最大值

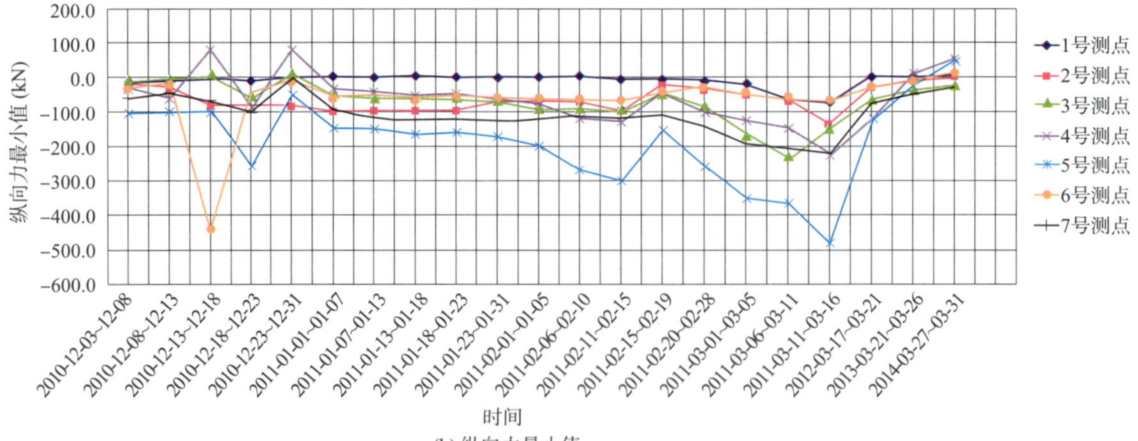

(b) 纵向力最小值

图 7—26　钢轨纵向力随时间的变化

2. 钢轨附加力(图 7—27)

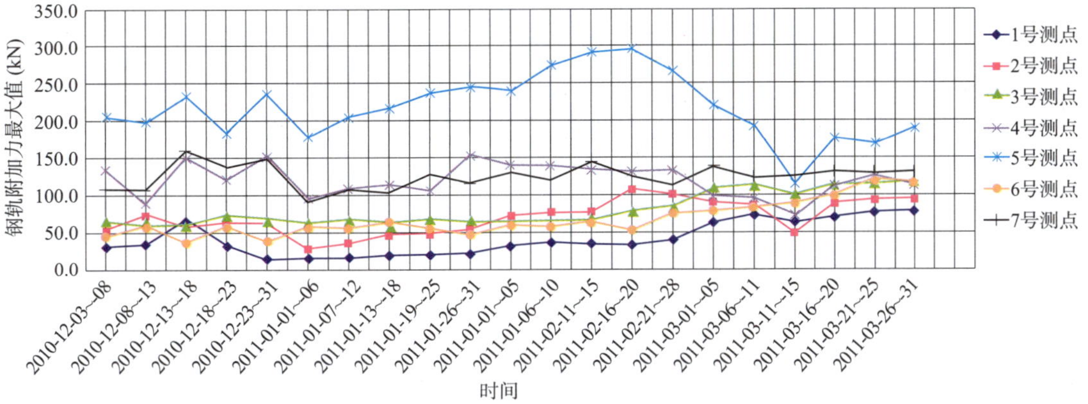

(a) 附加力最大值

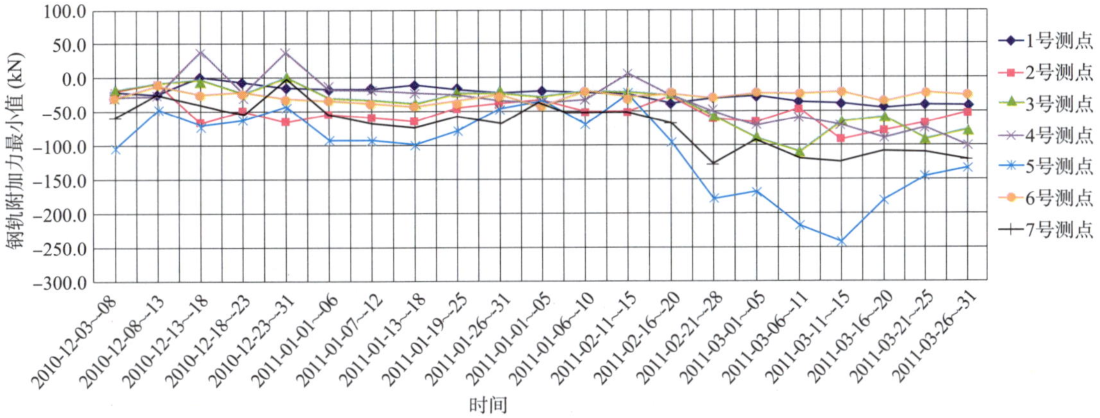

(b) 附加力最小值

图 7—27 钢轨附加力随时间的变化

5 号测点(29 号墩)的附加力最大,最大值为 295.4 kN,最小值为 -240.4 kN。

(三)位移的长期监测

各测点钢轨-轨道板相对位移随时间的变化见图 7—28、图 7—29。从中可见:钢轨-轨道板相对位移在 1.4 mm 以内,轨道板-桥梁的相对位移在 30 mm 以内。轨道板-桥梁位移一般大于钢轨-轨道板位移。

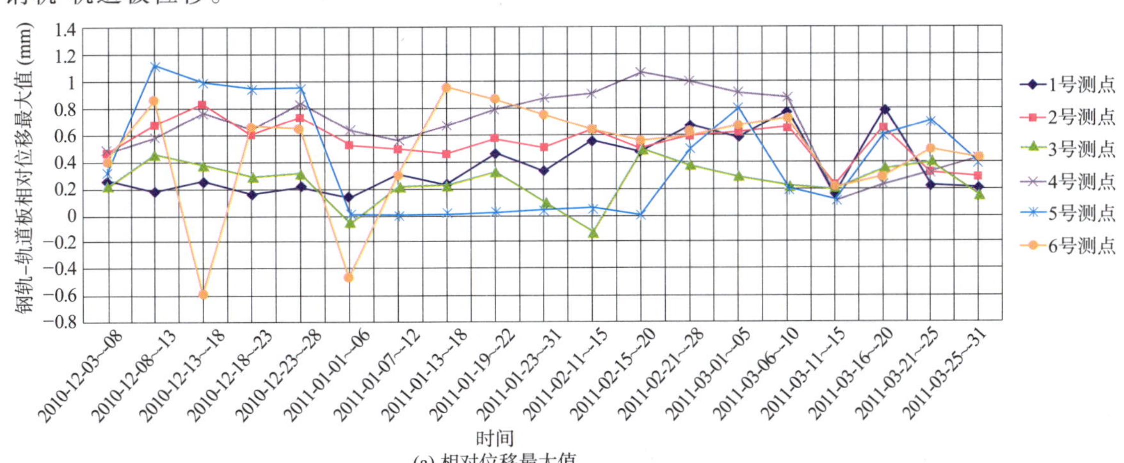

(a) 相对位移最大值

图 7—28

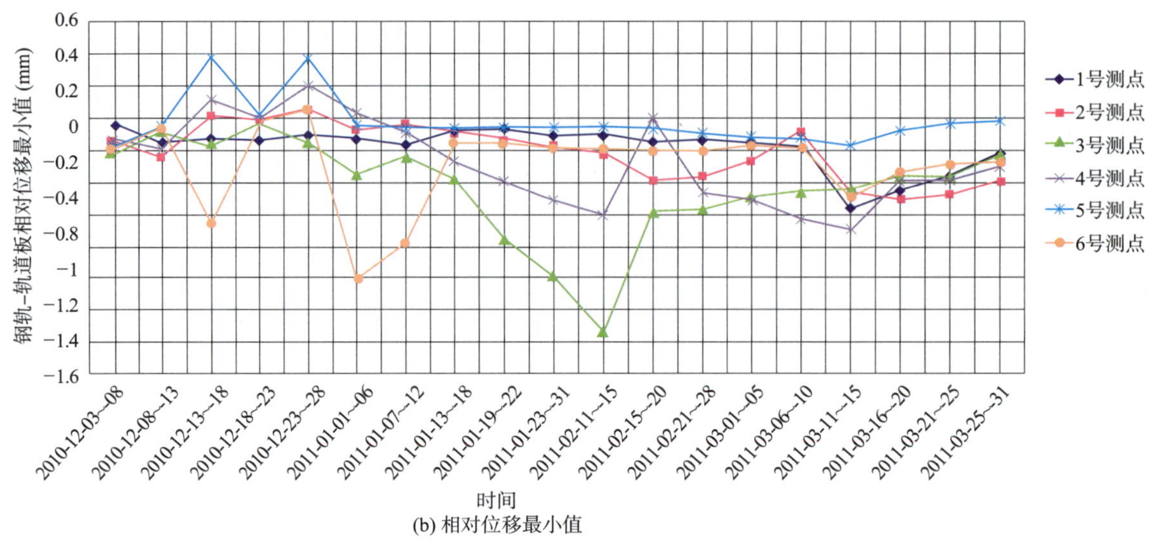

(b) 相对位移最小值

图 7—28　钢轨-轨道板相对位移随时间的变化

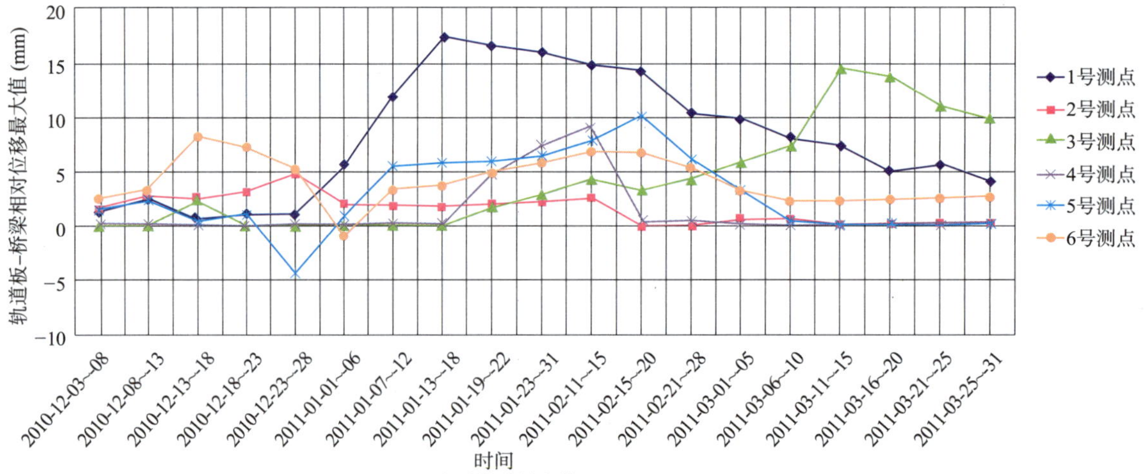

轨道板-桥梁相对位移最大值 (mm)

20
15
10
5
0
−5
−10

2010-12-03~08　2010-12-08~13　2010-12-13~18　2010-12-18~23　2010-12-23~28　2011-01-01~06　2011-01-07~12　2011-01-13~18　2011-01-19~22　2011-01-23~31　2011-02-11~15　2011-02-15~20　2011-02-21~28　2011-03-01~05　2011-03-06~10　2011-03-11~15　2011-03-16~20　2011-03-21~25　2011-03-25~31

时间

1号测点　2号测点　3号测点　4号测点　5号测点　6号测点

(a) 相对位移最大值

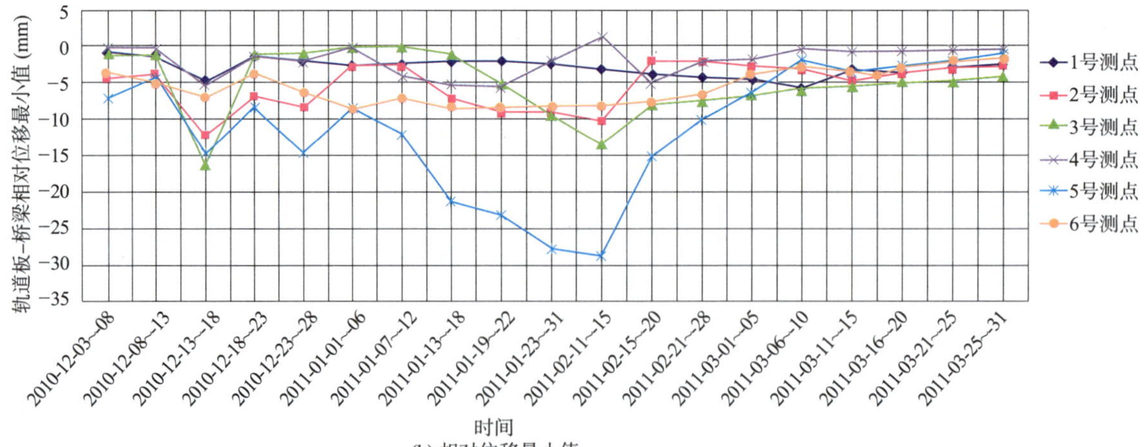

轨道板-桥梁相对位移最小值 (mm)

5
0
−5
−10
−15
−20
−25
−30
−35

2010-12-03~08　2010-12-08~13　2010-12-13~18　2010-12-18~23　2010-12-23~28　2011-01-01~06　2011-01-07~12　2011-01-13~18　2011-01-19~22　2011-01-23~31　2011-02-11~15　2011-02-15~20　2011-02-21~28　2011-03-01~05　2011-03-06~10　2011-03-11~15　2011-03-16~20　2011-03-21~25　2011-03-25~31

时间

1号测点　2号测点　3号测点　4号测点　5号测点　6号测点

(b) 相对位移最小值

图 7—29　轨道板-桥梁相对位移随时间的变化

五、小　结

(1)通过对数据的分析,验证了桥上无缝线路纵向力和位移的测试方法,经过实际检验证明,基于修正的应力应变监测方法是可行的。

(2)轨道板温度、轨温与气温的变化趋势一致,且有很好的相关性。轨道板温度的变化幅度远小于轨温的变化,且有一定的滞后性。轨道板温差随深度的增加逐渐降低。

(3)钢轨相对于轨道板的位移较小,在轨温变化20℃的情况下,最大轨板位移不超过0.4 mm,表明设置滑动层后钢轨和无砟道床形成整体结构,轨道的稳定性很好。

(4)相对于轨板位移,梁板位移一般较大,其值的量级在几个毫米至几十毫米之间,表明滑动层起到了很好的滑动作用。

第五节　基于光纤光栅方法的桥上无缝线路监测

光纤光栅传感器以其特有的优势成为国内外研究的热点,并已在国内外铁路相关领域有一定的研究与应用。基于光纤光栅测试的诸多优势,笔者科研团队进行了光纤光栅室内监测试验和现场监测试验,验证了光纤光栅测试方法的可行性和正确性。

一、光纤光栅监测技术的室内试验

光纤光栅测试技术在铁路上的应用还不够成熟,目前市场上的位移、加速度光纤光栅传感器的测量精度无法满足要求,光纤光栅传感器的封装和安装方式也不适合高速铁路安装和使用,需要特殊定制且价格过高。鉴于此笔者带领科研团队,与具有国际领先的光纤光栅传感器设计、制造能力和应用经验的香港理工大学进行合作,研发了与高速铁路桥上无缝线路相适应的传感器,并以CRTSⅡ型板式无砟轨道为测试对象(图7—30),进行光纤光栅监测技术的室内试验。

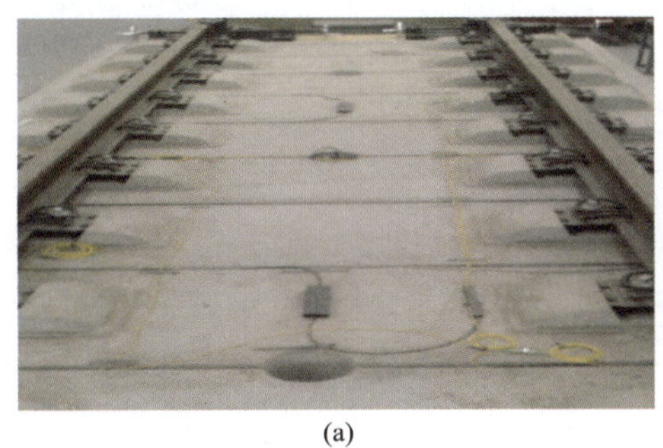
(a)

(b)

图7—30　实验室铺设的CRTSⅡ板式无砟轨道

1. 钢轨、无砟轨道、梁体温度及气温

采用光纤光栅温度传感器进行测量。钢轨的温度传感器粘贴于钢轨轨腰位置,见图7—31;无砟轨道与桥梁梁体的温度传感器埋设于混凝土中,见图7—32;测量气温的温度传感器暴露于空气中。温度测量范围-40℃~100℃,测量精度0.1℃,测量频率1 Hz。

2. 桥上无缝线路钢轨伸缩附加力、纵向位移

采用光纤光栅应力传感器进行测量。钢轨应力传感器固定于钢轨轨腰;钢轨位移测量以无砟轨道为固定点,指针指向钢轨。钢轨附加应力测量范围±500 MPa,测量精度1 με,测量频

率 1 Hz；钢轨静位移测量范围 ±50 mm，测量精度 0.1 mm，采样频率 1 Hz。钢轨、轨道板附加力测试见图 7—33、7—34。

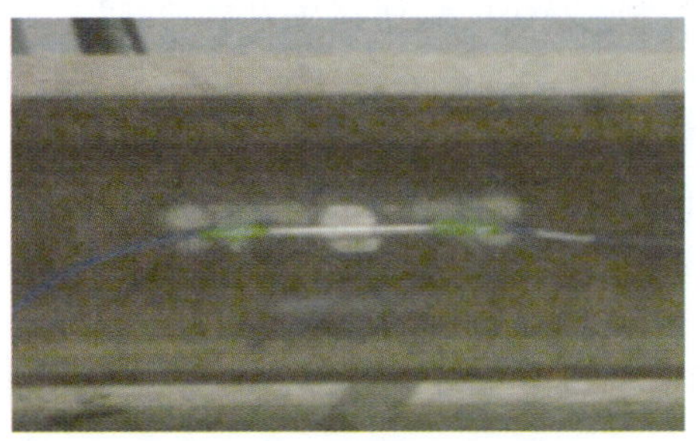
图 7—31 钢轨温度测试

图 7—32 无砟轨道温度测试

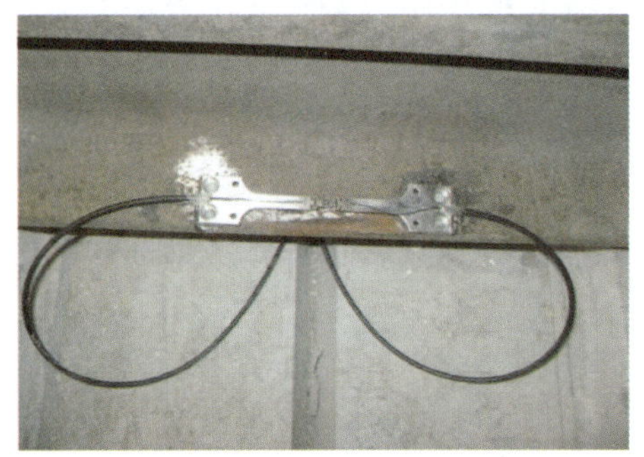
图 7—33 钢轨附加力测试

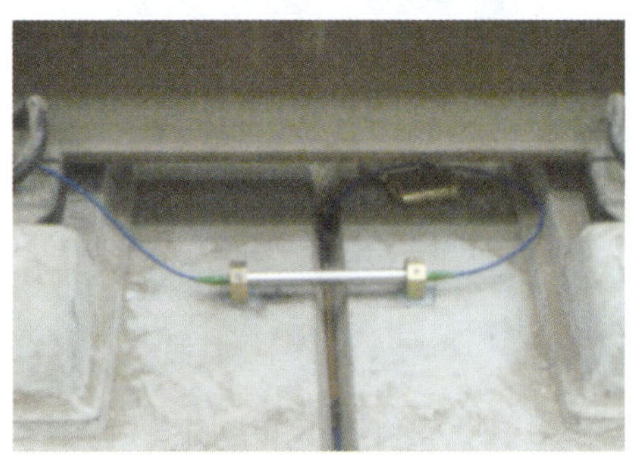
图 7—34 轨道板附加力测试

3. 连续梁梁体的纵向伸缩位移、梁端转角

采用光纤光栅位移传感器进行测量。梁体纵向位移测量以固定支座处梁端为固定点，指针指向连续梁活动端；梁端转角基于位移传感器通过梁端无砟轨道的垂向位移差进行测量。梁体静位移测量范围 ±100 mm，测量精度 0.1 mm，采样频率 1 Hz；梁端转角所用传感器测量范围 ±50 mm，测量精度 0.05 mm，采样频率 1 Hz。

4. 轮轨垂向力、横向力及钢轨轨底动弯应力

采用光纤光栅应力传感器进行测量，见图 7—35、图 7—36。轮轨垂向力传感器安装于钢轨轨腰，横向力及动应力传感器安装于轨底上表面。钢轨垂向力测量为 200 kN，测量精度 1 με，测量频率 2 000 Hz；轮轨横向力测量时，钢轨横向力测量为 100 kN，测量精度 1 με，测量频率 2 000 Hz；钢轨轨底动弯应力测量范围 ±200 MPa，测量精度 1 με，测量频率 2 000 Hz。

图 7—35 钢轨动弯应力测试

图 7—36 轨道板加速度测试

光纤光栅测试所用的采集系统及数据采集软件见图7—37、图7—38。室内试验中，对光纤光栅传感网络进行了调试工作，对光纤光栅传感器进行了测试，位移传感器的现场标定见图7—39。

图7—37　数据采集系统

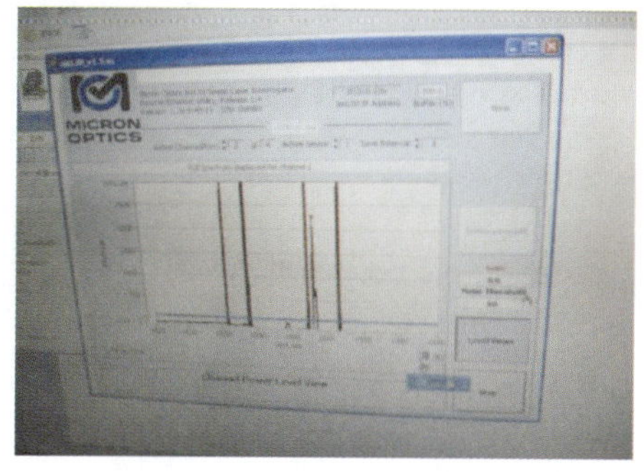

图7—38　数据采集软件

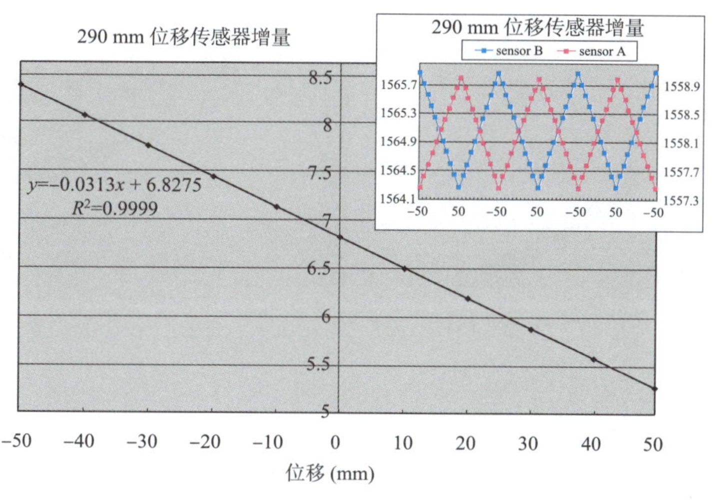

图7—39　位移传感器的现场标定

通过标定可以发现，光纤光栅传感器输出信号与测试位移值表现出很好的线性关系，说明光纤光栅传感网络信号的敏感度和准确性都是比较好的。

二、光纤光栅监测技术的现场监测

基于光纤光栅传感网络的桥上无缝线路现场监测试验工点位于京沪高速铁路淮河特大桥北京台，直线地段，测试区域为整个路桥过渡段和相邻的两跨简支梁（单跨32 m，箱梁结构），见图7—40、图7—41。

（一）测试内容

（1）钢轨、轨道板、桥梁温度及当地气温；

（2）无缝线路钢轨的伸缩附加力、纵向位移；

（3）无缝线路无砟轨道的伸缩附加力，纵向位移；

（4）简支梁梁体的纵向伸缩位移，主端刺纵向位移。

（二）测点布置

结合理论计算结果，综合考虑结构的受力和变形规律，进行布点。光纤光栅监测试验的长期监测工点结构见图7—42，测点布置及数量见表7—3。

图 7—40　京沪高速铁路淮河特大桥北京台

图 7—41　光纤光栅监测试验工点

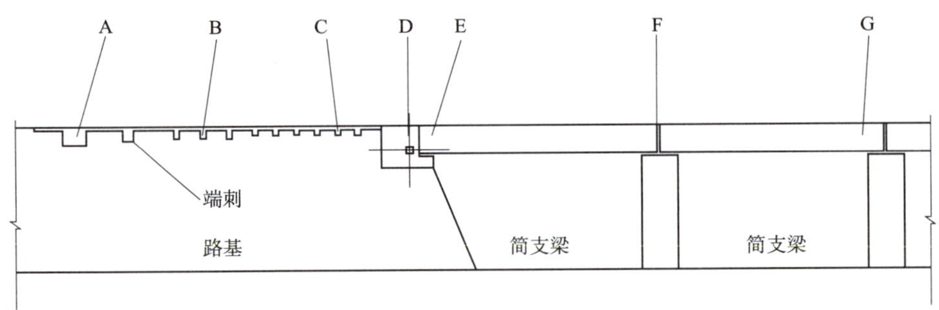

图 7—42　长期监测测点布置

表 7—3　长期监测的测点布置

测点类型	测点数量	测点位置
钢轨、无砟轨道、桥梁温度及当地气温	10	位于 D 点，气温、钢轨温度 2 个、无砟轨道温度 4 个，桥梁温度 2 个
钢轨伸缩附加力	6	A，B，C，E，F，G
钢轨纵向位移	6	A，B，C，E，F，G
梁体纵向位移	1	F
主端刺纵向位移	1	A
无砟轨道纵向位移	6	A，B，C，E，F，G
无砟轨道伸缩附加力	6	A，B，C，E，F，G

（三）测试工作

2010 年 11 月 ~2011 年 1 月，笔者带领科研团队在现场进行了基于光纤光栅传感网络的高速铁路监测试验，目前已掌握此技术。图 7—43 ~ 图 7—48 为现场监测试验不同类型传感器的安装、测试系统及太阳能电源的使用。

图 7—43 钢轨纵向附加力测试

图 7—44 钢轨纵向位移测试

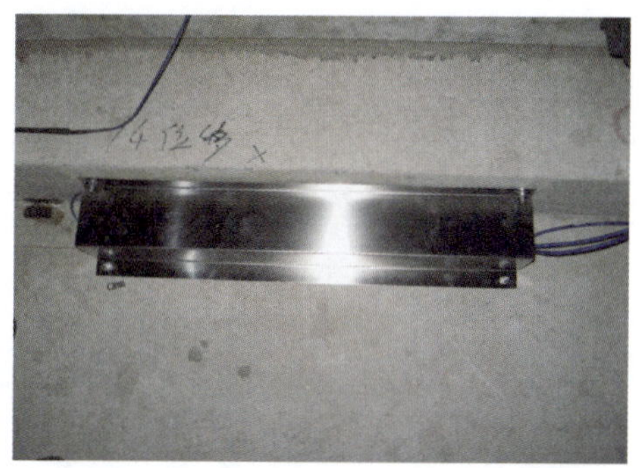

图 7—45 无砟轨道纵向位移测试

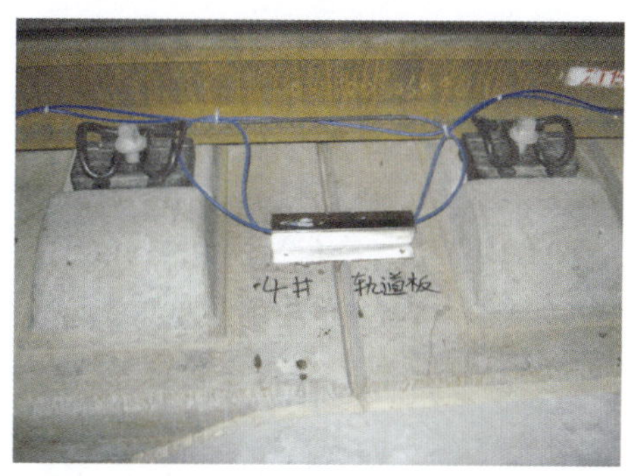

图 7—46 无砟轨道纵向附加力测试

图 7—47 测试系统

图 7—48 太阳能电源

本系统采用太阳能电池板对测试系统进行供电。太阳能电池板具有运行成本低、容易安装、可以在不同的环境下使用、可根据实际负载需求而进行精确设计、维护费用低、不需要燃料、操作时无噪声、不易磨损的活动部件、无污染、能长期在无人值守的环境下运行等优点。

(四) 数据分析

1. 轨道结构温度(图 7—49、图 7—50)

(1) 钢轨、轨道板、底座板及梁体的温度值均呈周期性变化，并呈逐渐上升的趋势，能很好地反映出温度实际变化规律。

(2) 钢轨温度受日照影响很大，变化幅度较大，最高轨温比气温高 20℃ 左右，最低轨温比气温稍低，轨道板，底座板温度变化滞后于钢轨温度变化。

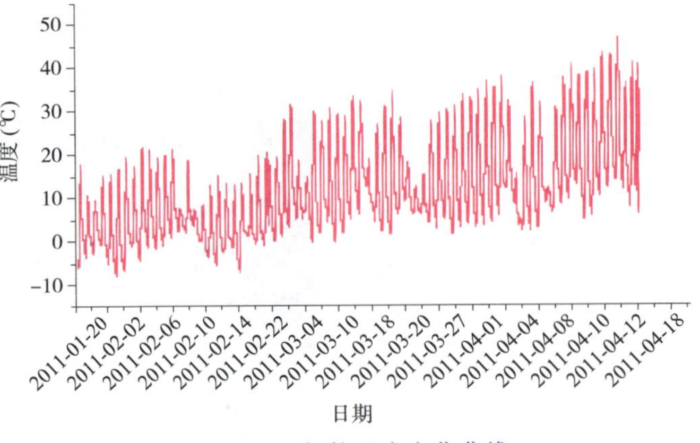

图 7—49　钢轨温度变化曲线

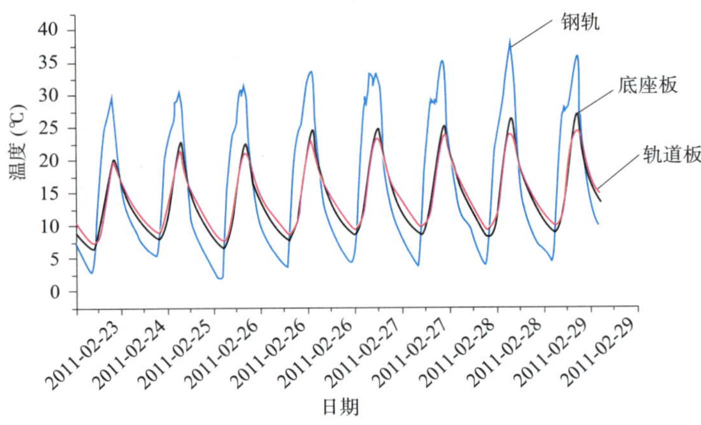

图 7—50　轨道结构温度变化曲线

(3)测试中,温度传感器布置在无砟轨道、梁体表面,测得的实际上是表面的温度变化曲线,因此测试结果比实际结构温度变化幅度偏大。

2. 钢轨伸缩附加力(图 7—51、图 7—52)

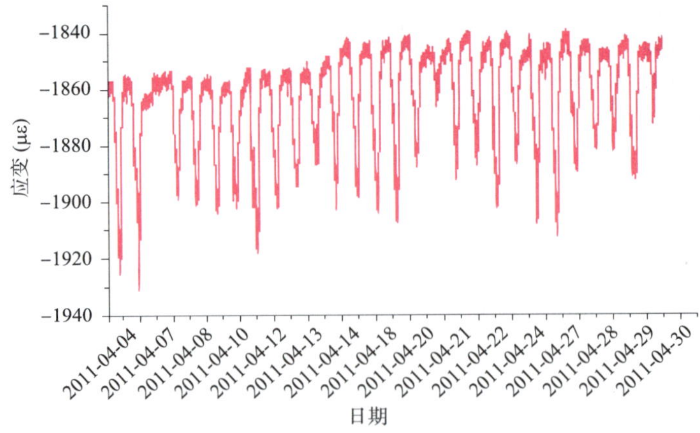

图 7—51　主端刺位置钢轨伸缩附加应变变化曲线

(1)钢轨伸缩附加力呈周期性变化,变化周期约为 24 h,与轨道结构温度变化相关性较好。

(2)钢轨伸缩附加应变变化量在 60 με 以内,应力变化量在 12.6 MPa 范围内,伸缩附加力

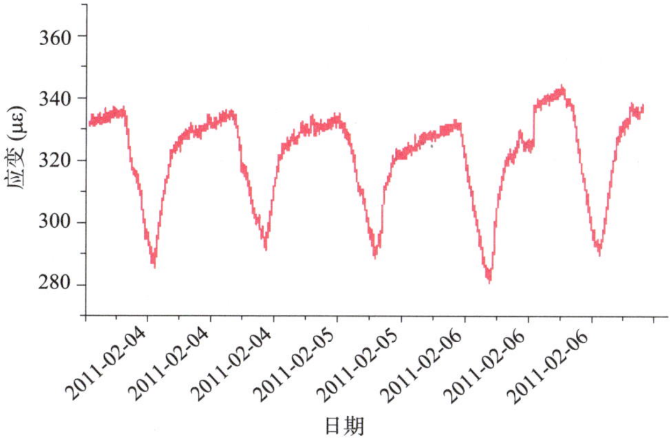

图 7—52　桥台位置钢轨伸缩附加应变变化曲线

变化量在 100 kN 范围内，伸缩附加力较小。

（3）桥上纵连板式无砟轨道无缝线路由于底座板与桥面设有滑动层，大大减小了梁轨间的相互作用，钢轨附加力较小。

3. 钢轨相对于轨道板位移（图 7—53、图 7—54）

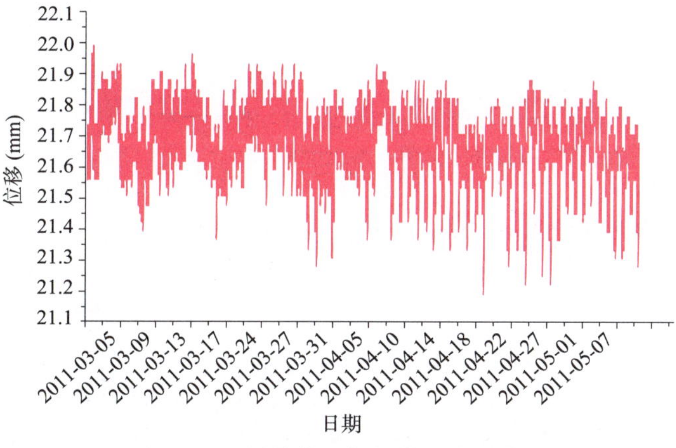

图 7—53　梁端位置轨板位移变化曲线

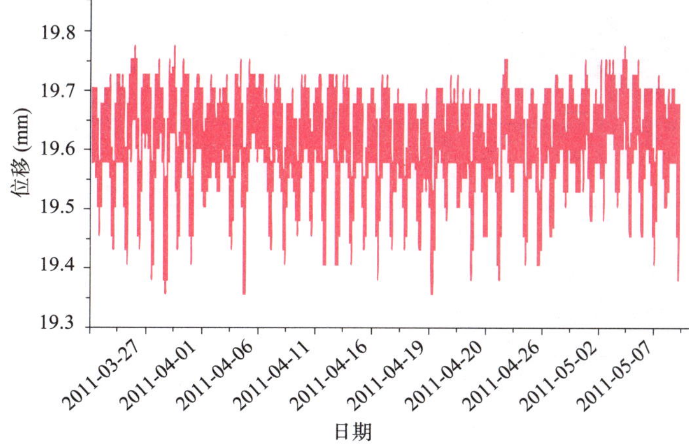

图 7—54　端刺位置轨板位移变化曲线

(1)轨板位移值呈周期性变化,变化周期约为 24 h,与轨道结构温度变化具有很好的相关性。

(2)梁端位置轨板位移变化量在 0.7 mm 以内,端刺位置轨板位移变化量在 0.4 mm 以内。

(3)桥上 CRTSⅡ型板式无砟轨道系统中,钢轨和轨道板之间的相对位移很小,由于两布一膜滑动层的设置,使得钢轨和轨道板几乎作为一个整体。

4. 底座板相对于下部结构的位移(图 7—55 ~ 图 7—57)

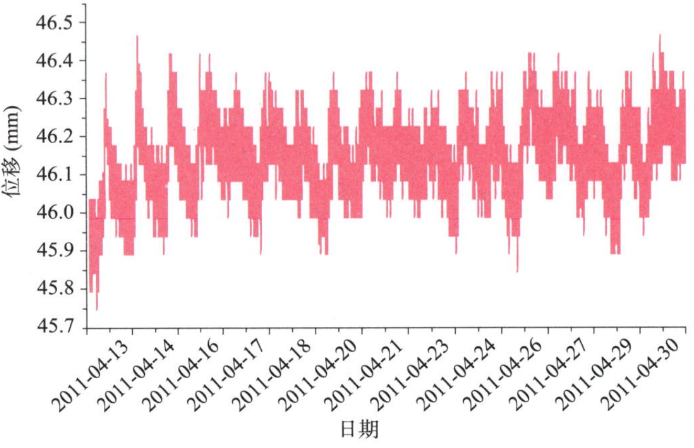

图 7—55　简支梁固定端处梁板位移变化曲线

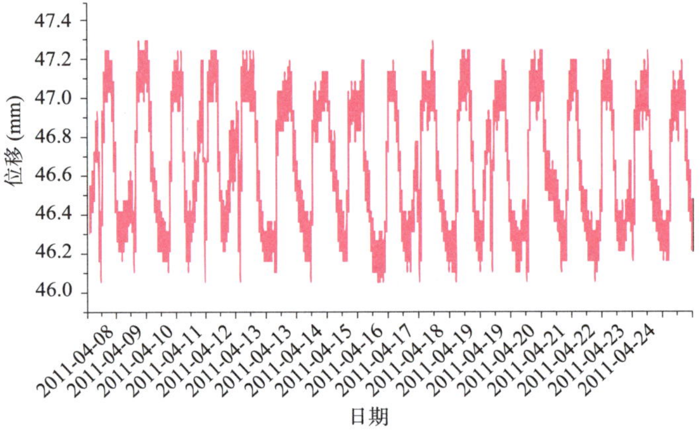

图 7—56　摩擦板位置底座板相对于下部结构的位移变化曲线

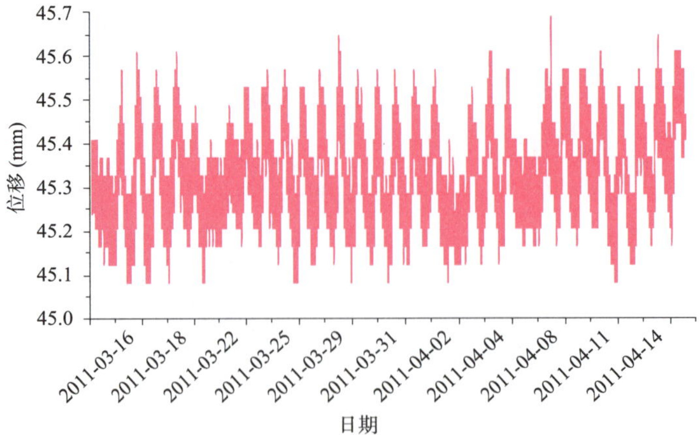

图 7—57　主端刺位置底座板相对于下部结构的位移变化曲线

(1)简支梁固定端位置、主端刺位置和摩擦板位置处底座板相对下部结构的位移均呈周期性变化,与轨道结构温度变化具有很好的相关性。

(2)简支梁固定支座处,桥梁和轨道板的相对位移较小,最大值仅为 0.6 mm,表明剪力齿槽发挥着重大作用。固定支座位置设置剪力齿槽,可有效地控制底座板的纵向移动。

(3)摩擦板位置纵向位移变化量达到 1.2 mm,且每天都有周期性位移。摩擦板设置"两布"滑动层可使底座板相对于摩擦板滑动、减小底座纵向力。

(4)在主端刺位置,底座板相对主端刺的纵向位移变化量不超过 0.4 mm。表明底座板和主端刺已形成了一个整体结构。

5. 梁体位移(图 7—58)

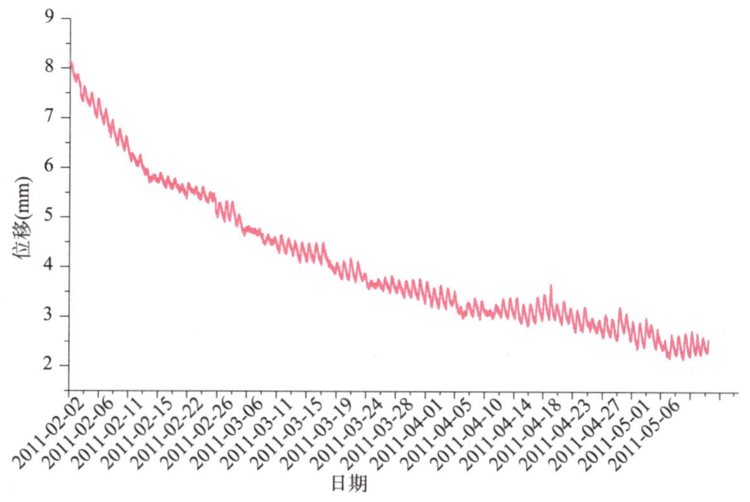

图 7—58　简支梁梁端梁体相对位移变化曲线

(1)梁体纵向位移呈周期性变化,为线性变化趋势。梁体日纵向位移量值较小,梁体纵向位移与温度变化规律具有很好的相关性。

(2)梁体相对位移变化量达到 6 mm,这是由于 CRTS Ⅱ型板式无砟轨道滑动层的设置使轨道结构与梁体之间的相互作用减弱,梁体可以相对自由地伸缩。

三、小　结

(1)采用光纤光栅传感网络对桥上无砟轨道无缝线路进行长期监测,方法可行,系统稳定。系统可准确测试桥上无缝线路伸缩附加力、钢轨纵向位移、无砟轨道纵向位移、钢轨及无砟轨道温度、梁体位移等指标。

(2)由于设置两布一膜滑动层,桥上无缝线路钢轨的伸缩附加力较小,轨道相对于梁体有一定的滑动;由于 CRTS Ⅱ型板式无砟轨道设置端刺结构,无砟轨道底座板的纵向位移由桥梁至主端刺逐渐减小。

(3)所建立的基于光纤光栅传感网络的高速铁路轨道结构监测方法与技术体系,可为高速铁路无砟轨道、无缝线路、无缝道岔的监测提供参考,可指导高速线路无缝线路的养护与维修,也可对高速铁路无缝线路设计理论及方法等进行验证。目前,课题组正在结合实时视频监控、结构内力感应技术,对高速铁路无缝线路的监测技术开展进一步的研究工作。

第八章　高速铁路无缝线路检算评估方法及典型工程应用

无砟轨道无缝线路、高速无砟道岔、长大桥梁无砟轨道无缝线路以及高架站无砟轨道无缝道岔对高速铁路整体的运营安全、乘车舒适性和工程投资均会产生深刻的影响。因此，建立一套完整的检算和评估方法，对结构设计进行检算和评估非常重要。无砟轨道无缝线路、高速道岔、长大桥梁无缝线路及高架站无砟轨道无缝道岔受力特点不同，必须保证结构的受力及变形满足相关要求，对相关指标进行严格检算与控制，从而保证结构的安全、稳定，保障高速列车的平稳安全运行，确保旅客的舒适性。

过去，随着我国对无缝线路理论研究的深入及现场静动力测试的大量开展，逐步建立起主要基于轨道结构强度和列车安全性的无缝线路的检算评价标准。以往，对于无缝线路的设计，静力检算指标主要有稳定性、附加力、断缝值等，动力检算指标主要有轨道结构振动特性指标、轮轨相互作用指标、车体安全性指标等；对于无缝道岔的设计，静力检算指标主要有稳定性、附加力、断缝值、限位器及间隔铁螺栓强度等，动力检算指标主要有道岔结构振动特性指标、轮轨相互作用指标、车体安全性指标等。然而在高速运行条件下不仅要保证列车运行安全性，还要满足列车运行平稳性和旅客乘坐舒适性的要求，因此现今对轨道（道岔）及桥梁结构变形的限制要求，以及车辆运行安全平稳性控制标准也更加严格和具体。在以往指标基础上，对于高速道岔，静力检算时，必须加入横向变形及钢轨碎弯等指标；对于长大桥上无缝线路，还必须考虑梁端转角、扣件上拔力、轨道板上拱变形量、钢轨碎弯等检算指标，动力检算还必须加入桥梁结构振动特性指标、车体舒适性指标；对于高架站上无缝道岔，静力检算还必须对道岔结构如心轨和尖轨的变形及强度、岔区梁板相对位移、梁端转角、扣件上拔力、轨道板上拱变形量、钢轨碎弯等指标加以控制，动力检算时，还必须考虑桥梁结构振动特性指标、车体舒适性指标、道岔结构振动特性指标等。

然而，由于我国高速铁路的建设及运营时间短，无砟轨道方面积累经验较少，基于普通铁路而建立的桥上无缝线路设计理论，能否满足长大桥上无砟轨道无缝线路和无缝道岔的要求，尚需深化研究。针对长大桥上无缝线路和高架站上无缝道岔设计、施工和运营方面的经验缺乏，检算和评估方法研究不足，理论与实践的矛盾凸显，为了能深入研究大跨连续梁桥上无缝线路的受力、变形规律，有必要针对高速铁路长大桥上无缝线路和无缝道岔的设计及检算方法开展深入研究工作，并通过现场观测、测试，验证检算与计算结果。

综上所述，基于线路重要的静、动力学指标的高速无砟道岔、长大桥梁无砟轨道无缝线路和无缝道岔的检算和评估，对于保证高速列车长期运行的安全性、稳定性和舒适性有着重要的意义。笔者基于理论分析和现场静动态测试，运用所建立的检算评估方法，对多座具有代表性的高速铁路长大桥梁无砟轨道无缝线路、路基及高架站上无砟轨道无缝道岔进行了系统的检算和评估分析。本章的检算和评估方法可供高速道岔、桥上无砟轨道无缝线路、高架站无砟轨道无缝道岔的设计、施工、监测及养护维修参考。

第一节　检算评估指标及方法

根据无砟轨道无缝线路、高速道岔、桥上无砟轨道无缝线路和高架站无砟轨道无缝道岔的特点，本节对相关的主要动、静力指标进行了分析，并结合规范给出一些重要检算指标的限值和检算方法，同时基于建立的检算评估方法，给出检算和评估的主要流程和框架结构。

一、无砟轨道无缝线路

（一）静力检算指标

1. 钢轨强度

目前，在无缝线路设计中进行钢轨强度检算时，作用在钢轨上的应力应满足下式要求

$$\sigma_{底d} + \sigma_t + \sigma_f \leqslant [\sigma] = \frac{\sigma_s}{K} \quad (8—1)$$

式中，$\sigma_{底d}$为轨底边缘动弯应力；σ_t 为钢轨最大温度应力；σ_f 为钢轨最大附加应力；$[\sigma]$为钢轨容许应力；σ_s 为钢轨钢屈服强度；K 为安全系数，取 1.3。一般情况钢轨强度 $\sigma \leqslant [\sigma] = 351$ MPa。对于路基无缝线路，最大附加应力取制动应力，一般为 10 MPa。

2. 轨道稳定性

目前，国内外关于无砟轨道的稳定性问题研究的较少，但不代表无砟轨道不会发生失稳。无砟轨道扣件系统直接与混凝土道床连接，轨道稳定性较好，不易发生失稳，但在较大升温条件下极易出现钢轨碎弯，或者钢轨压溃。较大的钢轨碎弯、扣件的扣压力损失和组装公差等共同作用，会对高速列车的平稳运行产生不利影响。

近年国内研究人员针对无砟轨道提出采取控制长钢轨的压弯变形作为检算条件，进行无砟轨道无缝线路允许温升的计算，并用于探索曲线地段扣件及无砟轨道轨下基础的横向抗力计算。无砟轨道允许温升采用“压弯变形公式”进行计算。

（1）轨道处于平衡状态的温度压力 P 的计算公式

$$P = \frac{\tau_i + \tau_m}{\tau_0} \quad (8—2)$$

式中　$\tau_i = 4EI\pi^2\left(\frac{f}{l^2} + \frac{di_0}{l_0}\varphi\right)$；

$\tau_m = \frac{2 \cdot \psi \cdot H}{\pi^2} f^{\frac{1}{u}} \times l^{\frac{u-1}{u}} + \frac{2l^2}{\pi^2} CKf^{\frac{1}{N}}$；$\tau_0 = f + l \cdot i_0 \cdot \eta + \frac{l^2}{R\pi^2}$；

E——钢轨钢的弹性模量；

I——一股钢轨截面对垂直轴的惯性矩；

f——轨道弯曲变形矢度，f 与轨道结构类型及道床密实度有关，通常取 0.02 cm；

l——道轨弯曲波长；

d——轨道初始弹性弯曲矢度 f_{oe} 占总初始弯曲矢度百分比，$d = f_{0e}/f_0$；

i_0——轨道初始弯曲矢度 f_0 与初始波长 l_0 之比，$i_0 = f_0/l_0$；

η——初始弯曲积分函数；

φ——弹性初始弯曲积分函数；

C, N——扣件横向系数，扣件横向抗力表示为 $Q = Cy^{\frac{1}{N}}$；

K——道床阻力增值积分函数；

ψ——扣件阻矩积分函数；

H,μ——扣件阻矩系数。

(2)计算轨温差 ΔT:

$$\Delta T = \frac{P - \Delta P}{\alpha EF} \tag{8—3}$$

式中，ΔT 为计算允许温升；对于路基上无缝线路，ΔP 为非均匀分布的纵向温度压力，一般取温升 8℃时所产生的温度压力值；桥上无缝线路 ΔP 还应包括钢轨伸缩压力或挠曲压力，无缝道岔 ΔP 还应包括基本轨附加纵向压力。

(3)允许温升

在计算无砟轨道无缝线路的允许温升时，将限制轨道产生横向累积变形作为先决条件。计算时，取产生 $f=0.02$ cm 压弯变形所对应的温差 $\Delta T_{0.02}$ 作为允许温升〔ΔT_c〕。只有采取轨道加强措施后，方可将压弯变形量扩大，相应允许温升幅值增大，但允许压弯变形量的最大值不得超过 0.05 cm。

3. 断缝值

无缝线路冬季可能出现断轨，断缝拉开过大，危及行车安全。钢轨断缝可按下式检算：

$$\lambda = \frac{EF(\alpha \Delta T_{dmax})^2}{r} \leqslant [\lambda] \tag{8—4}$$

式中　λ——无缝线路钢轨断缝计算值；

α——钢轨钢线膨胀系数，取 1.18×10^{-5}/℃；

ΔT_{dmax}——无缝线路最大降温幅度，$\Delta T_{dmax} = T_u - T_{min}$；

r——线路纵向阻力。

高速铁路无砟轨道无缝线路钢轨断缝允许值〔λ〕取值如下：一般情况下，取〔λ〕= 70 mm；困难条件下，断缝允许值可适当放宽，取〔λ〕= 90 mm。

4. 钢轨碎弯变形量

无砟轨道无缝线路在轨条纵向力、钢轨初始弯曲和线路横向抗力共同作用下，容易出现以轨枕间距为波长的钢轨碎弯，碎弯变形的出现势必会破坏轨道的平顺性，进而对车辆运行的安全性、平稳性和舒适性造成不利的影响。因此，应确保扣件具有稳定、正常的横向阻力以及防止轨条出现波幅 2.0 mm 以上的初始弯曲，包括轮轨作用下的横向弯曲，并对钢轨碎弯下的动力响应进行检算分析。严格控制钢轨碎弯变形量对于防止胀轨跑道问题的发生及保障行车安全具有十分重要的意义。

目前，还没有相关的规定统一指出钢轨碎弯变形的上限值。但可通过某一钢轨碎弯变形量下无缝线路的静、动力学指标（如钢轨静力学指标轨距、轨向的变化值，动力学指标中减载率、脱轨系数等）分析来评判该碎弯量是否超限，从而间接得出合理的钢轨碎弯量限值。

(二)动力检算指标

1. 动力相互作用指标

(1)轮轨垂向力

日本在既有线铁路提速试验规范中明确规定，轮重最大值要小于轨道部件（PC 轨枕、轨道板）的设计荷载。新干线采用轴重 170 kN 的 P 标准活载，设计荷载为 270 kN，而既有线采用轴重 160 kN 的 K 活载，设计荷载为 255 kN。

英国铁路早在20世纪70年代就注意到机车车辆通过钢轨低接头时严重的动力作用问题，通过试验首次发现了轮轨冲击力的特性，并由此定义了 P_1、P_2，同时还规定车辆轨道 P_1、P_2 限值标准：

$$\begin{cases} P_1 \leqslant 400 \text{ kN} \\ P_2 \leqslant 250 \text{ kN} \\ P_1 + P_2 \leqslant 600 \text{ kN} \end{cases} \tag{8—5}$$

德国联邦铁路规定，对于线路负荷，轮轨垂向力不允许超过极限值170 kN。

我国《高速试验列车动力车强度及动力学性能规范》(95J 01—L)中规定，动力车通过直线、曲线、道岔和桥梁时，导向轮对每个车轮作用下垂向力峰值极限值为

$$P_{\max} = 170 \text{ kN} \tag{8—6}$$

本书在进行动力评估时，将170 kN作为轮轨垂向作用力的限值。

(2)轮轨横向力

对于采用弹性扣件的轨道，轮轨横向力应小于扣件的横向设计荷载，日本新干线采用的扣件横向设计荷载极限值为轴重的0.4倍，即日本将0.4倍轴重作为轮轨横向力的限值。欧美铁路根据试验结果，一般也采取0.4倍轴重作为轮轨横向力的限值，即要求

$$Q \leqslant 0.4P_w \tag{8—7}$$

式中，P_w 为车轮静轴重。

我国《铁道车辆动力学性能评定和试验鉴定规范》(GB 5599—85)中，轮轨横向力的限值主要是根据木枕线路道钉所承受的横向力极限或钢轨弹性扣件的横向设计荷载确定，即

$$\begin{cases} Q \leqslant 29 + 0.3P_{st} & (\text{危险限度}) \\ Q \leqslant 19 + 0.3P_{st} & (\text{容许限度}) \end{cases} \tag{8—8}$$

式中，P_{st}为车轮静荷载。

《客运专线铁路工程竣工验收动态检测指导意见》(铁建设〔2008〕7号)指出，在道岔直向容许通过速度+10%、侧向容许通过速度+10 km/h的条件下，轮轨横向力不大于65 kN。本书将65 kN作为轮轨横向力的限值。

2. 车辆运行安全性指标

(1)脱轨系数

脱轨系数是车辆运营过程中极其重要的一个指标，为某一时刻作用在车轮上的横向力 Q 和垂向力 P 的比值 Q/P，该比值最初由法国科学家M. J. Nadal提出，于1908年发表，其后为世界各国铁路部门所采用。Nadal根据爬轨侧车轮在脱轨临界状态时轮轨接触点上力的平衡条件，来推导脱轨系数的表达式。车轮脱轨的临界状态为

$$\frac{Q}{P} = \frac{\tan\alpha - \mu}{1 + \mu\tan\alpha} \tag{8—9}$$

这个公式称为Nadal公式。脱轨系数仅取决于轮缘角 α 和轮轨间的摩擦系数 μ。轮缘角越大，脱轨系数临界值越大，摩擦系数越大，脱轨系数临界值越小。

《铁道车辆动力学性能评定和试验鉴定规范》(GB 5599—85)规定的车辆脱轨系数安全指标为

$$\begin{cases} Q/P = 1.2 & \text{危险限度} \\ Q/P = 1.0 & \text{容许限度} \end{cases} \tag{8—10}$$

需要指出的是，脱轨系数的危险限度和容许限度这两个限度指标只适用于横向力作用时

间大于 0.05 s 的爬轨情况。

《铁道机车动力学性能试验鉴定方法及评定标准》(TB/T 2360—93)规定的机车脱轨系数安全指标为

$$\begin{cases} Q/P = 0.6 & \text{优} \\ Q/P = 0.8 & \text{良} \\ Q/P = 0.9 & \text{合格} \end{cases} \tag{8—11}$$

我国《高速试验列车动力车强度及动力学性能规范》(95J 01—L)和《高速试验列车客车强度及动力学规范》(95J 01—M)将脱轨时间引入到规范中,对于高速动力车:

$$\begin{cases} Q/P \leqslant 0.8 & \text{脱轨系数大于 0.8 的时间 } t \geqslant 0.07\ \text{s} \\ Q/P \leqslant 0.056/t & \text{脱轨系数大于 0.8 的时间 } t < 0.07\ \text{s} \end{cases} \tag{8—12}$$

对于高速客车

$$\begin{cases} Q/P \leqslant 0.8 & \text{脱轨系数大于 0.8 的时间 } t \geqslant 0.05\ \text{s} \\ Q/P \leqslant 0.04/t & \text{脱轨系数大于 0.8 的时间 } t < 0.05\ \text{s} \end{cases} \tag{8—13}$$

本书采用规范对高速客车脱轨系数的规定作为动力评估标准。

(2)轮重减载率

轮对在轨道上运动过程中,一侧或两侧车轮会由于振动和横向力作用而发生减载。而车辆动力学试验表明,车辆可能单侧轮重减载过大而导致脱轨。轮重减载率为评定车辆在轮对横向力为零或接近于零的条件下,因一侧车轮严重减载而脱轨的安全性指标。轮重减载率的计算公式为

$$\Delta P/\bar{P} = (P_2 - P_1)/(P_1 + P_2) \tag{8—14}$$

式中,P_1、P_2 为两侧车轮的垂向接触力,假定 $P_2 > P_1$。

《铁道车辆动力学性能评定和试验鉴定规范》(GB 5599—85)给出轮重减载率的限值:

$$\begin{cases} \Delta P/\bar{P} \leqslant 0.65 & \text{危险限度} \\ \Delta P/\bar{P} \leqslant 0.60 & \text{容许限度} \end{cases} \tag{8—15}$$

该标准是在轮轴横向力 $H \approx 0$ 的假定下得出的,而这种假定只对车辆低速运行才适用。一般情况下,应以脱轨系数作为行车安全性的评价指标,而轮重减载率可视为静态或者准静态条件下的评价指标,不适合于动态减载时的评定。

而对于动态减载,美国和德国采用的限值为 0.8。日本在新干线提速时,动态轮重减载率限值也取为 0.8,而且还根据轮重和轴箱振动加速度的测量波形,判断轮重减载率超过限度 0.8 的时间在 0.01 s 以下时,可认为没有脱轨危险性。我国《客运专线铁路工程竣工验收动态检测指导意见》(铁建设〔2008〕7 号)规定的动态轮重减载率限值也为 0.8。

综上所述,本书建议将 0.8 作为动态轮重减载率的限值,但是当超限时间不超过 0.01 s 时,认为没有脱轨危险。

3. 车辆运行平稳性指标

(1)车体振动加速度

我国《铁道车辆动力学性能评定和试验鉴定规范》(GB 5599—85)中关于铁路客车车体振动加速度的评判标准为

$$\begin{cases} a \leqslant 0.2g & \text{(竖向)} \\ a \leqslant 0.15g & \text{(横向水平)} \end{cases} \tag{8—16}$$

关于货车车体振动加速度的评判标准为

$$\begin{cases} a \leqslant 0.7g & (\text{竖向}) \\ a \leqslant 0.5g & (\text{横向水平}) \end{cases} \tag{8—17}$$

欧洲规范《EUROCODE》规定的客车车体竖向振动加速度标准见表 8—1，前苏联对客货车车体振动加速度的评判标准见表 8—2。

表 8—1　客车车体竖向振动加速度标准

舒适度等级	优秀	良好	合格
车辆竖向加速度(cm/s^2)	100	130	200

表 8—2　车体振动加速度的评定标准

评定等级		客车振动加速度(cm/s^2)		货车振动加速度(cm/s^2)	
		垂　向	横　向	垂　向	横　向
Ⅰ	优　秀	<100	<50	<200	<100
Ⅱ	良　好	100～150	50～100	200～350	100～150
Ⅲ	满意(对客车为允许)	160～200	110～200	360～450	160～300
Ⅳ	允许(对货车)	210～350	210～350	460～650	310～450
Ⅴ	不适合长期运行	≥360	≥310	≥660	≥460
Ⅵ	运行不安全	≥700	≥500	≥700	≥500

对于我国高速铁路客车，参照国外经验，车体振动加速度的评判标准一般采用：垂向加速度不大于 $0.13g$，横向加速度不大于 $0.10g$。本书也采用该标准。

(2)车体平稳性

我国铁路一直采用平稳性指标法评定车辆的运行舒适性，《铁道车辆动力学性能评定和试验鉴定规范》(GB 5599—85)以 Sperling 舒适度指标为基础制定了车辆的乘坐舒适性评判标准。

Sperling 指标的计算公式为

$$W = 7.08\left(\frac{A^3}{f}F(f)\right)^{0.1} \tag{8—18}$$

式中，A 为车体振动加速度(g)；f 为振动频率(Hz)；$F(f)$ 为频率修正系数，取值参照表 8—3。

表 8—3　频率修正系数

垂向振动		横向振动	
0.5～5.9 Hz	$F(f)=0.325f^2$	0.5～5.4 Hz	$F(f)=0.8f^2$
5.9～20 Hz	$F(f)=400/f^2$	5.4～26 Hz	$F(f)=650/f^2$
>20 Hz	$F(f)=1$	>26 Hz	$F(f)=1$

由于车辆的振动实际上是随机的，其加速度和频率随时都在变化。实际评定时是将所要分析的加速度波形按频率分组，根据每一组的加速度和频率计算该组的平稳性指标 W_i，整个波形的平稳性指标按下式计算

$$W = \sqrt[10]{W_1^{10} + W_2^{10} + \cdots + W_N^{10}} \tag{8—19}$$

式中，N 为整个波段的分组总数。

车辆平稳性指标和对应的平稳性等级见表 8—4。

表 8—4　平稳性评定等级

平稳性等级		机车	客车	货车
一级	优	<2.75	<2.5	<3.5
二级	良好	2.75~3.10	2.5~2.75	3.5~4.0
三级	合格	3.10~3.45	2.75~3.0	4.0~4.25

4. 轨道结构动力性能指标

在轨道结构动力性能指标中，振动加速度是一个常用的振动评价指标，但是其评定标准却一直没有明确的规定。《客运专线铁路工程竣工验收动态检测指导意见》(铁建设〔2008〕7号)指出，轨道振动特性主要测试钢轨、轨枕和道床的振动加速度。根据以往的测试结果，大致有以下结论。

①振动级大致与速度的一次方成正比；

②轨道振动主振频率与速度没有太大的关系；

③振动在钢轨、轨枕和道床之间高频衰减大，低频衰减少；

④脉动振幅的峰值钢轨一般为几十到1 000g，轨枕为1到100g，道床在1g左右；

⑤虽然轨道的振动不能作为安全运行的判据，但实测结果与上述有显著差异时，可认为轨道有异常，应进行调查处理；

⑥道床振动加速度与轨道不平顺发展有密切的关系，其值过大时有必要考虑轨道结构的强化。

二、高速无砟道岔

(一)静力检算指标

1. 钢轨强度

根据前述方法。

2. 轨道稳定性

根据前述方法。

3. 钢轨伸缩位移

主要包括尖轨伸缩位移量和心轨伸缩位移量检算，按表8—5取值。

表 8—5　无缝道岔尖轨及心轨允许伸缩量

类型	尖轨容许伸缩位移(mm)	心轨容许伸缩位移(mm)	说明	
			锁闭机构	尖轨跟端结构
客专系列	±40	±20	多机多点钩型外锁	限位器、双间隔铁或无传力部件
CZ 系列	±45	±30	第一牵引点拐肘外锁	无传力部件
CNTT 系列	±40	±20	多机多点自调式外锁	限位器

4. 道岔横向变形

道岔的轨距变化量限值为±1 mm，轨距变化率限值为0.67‰(1/1 500)；轨向变化量限值为2 mm，轨向变化率限值为0.2‰(2/10 000)。

5. 限位器及间隔铁螺栓强度

在纵向力作用下，由于钢轨间产生相对位移，限位器及间隔铁承受作用力，该力主要由摩

阻力及螺栓剪力组成。假定螺栓平均受力，结构单根螺栓承受的剪应力为

$$\tau = \frac{(T - T')/n}{\pi d^2/4} \tag{8—20}$$

式中，T 为间隔铁或限位器结构受力；T' 为摩阻力；d 为螺栓直径；n 为结构所含螺栓数量。

根据北京交大测试结果，道岔限位器及间隔铁螺栓强度限值为〔τ〕≤264 MPa。

6. 断缝值

根据前述方法。

（二）动力检算指标

在列车高速通过道岔时，车岔相互作用强烈，高速道岔必须保证合理的几何形位，保证行车的安全平稳性。因此，高速道岔不仅需要对轮轨相互作用力、列车平稳安全性等进行检算，还对道岔结构本身的动态变形有着严格的要求。

1. 钢轨件横向弹性位移

车辆过岔时，钢轨件的弹性位移若过大，可能会加剧车辆的振动，从而造成运行安全的问题，因此，必须对钢轨件的横向弹性位移进行限制。车辆直向过岔时，钢轨件横向弹性位移应不大于 1.5 mm；车辆侧向过岔时，钢轨件横向弹性位移应不大于 3 mm。

2. 尖轨、心轨开口量

尖轨、心轨开口量是衡量尖轨与基本轨、心轨与翼轨斥离状况的参数。《客运专线铁路工程竣工验收动态检测指导意见》（铁建设〔2008〕7 号）指出，尖轨、心轨开口量过大可能导致车轮冲击尖轨、心轨而脱轨掉道，应当对其进行必要的检测。尖轨、心轨开口量的评定标准是根据结构分析而制定的。当轮缘磨耗使轮缘达到 73°时，轮缘的避开距离为 4 mm。根据轮缘的避开距离应大于心轨的隐蔽距离和转辙机在大于等于 4 mm 时不锁闭，在小于 4 mm 时锁闭的原则，确定尖轨和心轨开口量应小于 4 mm。

3. 尖轨、心轨动弯应力

尖轨和心轨应控制其应力水平，一般要求不超过容许应力 335 MPa。

三、长大桥上无缝线路

（一）静力检算指标

1. 轨道结构检算

（1）钢轨强度（根据前述方法）

（2）轨道稳定性（根据前述方法）

（3）断缝值（根据前述方法）

（4）钢轨碎弯变形量（根据前述方法）

（5）轨道板上拱变形量

温度荷载是无砟轨道无缝线路的主要荷载之一，轴向的温度荷载及温度梯度都会导致轨道板上拱变形，对线路的安全性产生较大的影响。由于目前对于轨道板上拱变形量的限值还没有相关的规范做出明确的规定，因此可采用无缝线路静、动力指标间接对其进行评价。

2. 桥梁结构检算

（1）桥梁竖向挠度

根据《高速铁路设计规范（试行）》，梁部结构在 ZK 静活载作用下，梁体竖向挠度不应大于表 8—6 限值。

表 8—6　桥梁挠度限值

设计速度 \ 跨度范围	$L\leqslant 40$ m	40 m $< L \leqslant$ 80 m	$L>80$ m
250 km/h	L/1 400	L/1 400	L/1 000
300 km/h	L/1 500	L/1 600	L/1 100
350 km/h	L/1 600	L/1 900	L/1 500

注:①表中限值适用于 3 跨及以上的双线简支梁;对于 3 跨及以上一联的连续梁,梁体竖向挠度限值按表中数值的 1.1 倍取用;对于 2 跨一联的连续梁、2 跨及以下的双线简支梁,梁体竖向挠度限值按表中数值的 1.4 倍取用。

②对于单线简支或连续梁,梁体竖向挠度限值按相应双线桥限值的 0.6 倍取用。

(2)梁端转角

由于荷载布置的不同,会发生一侧桥梁转动,另侧桥梁或台尾未转动的情况。一般地,桥梁受荷载时均会发生向下转动,但当连续梁邻跨作用有荷载时,易引起本跨向上拱起,此时梁端转角将反向。

随着梁端转角的增大,扣件中最大拉、压力均随之增大。当梁端转角为负时,扣件中最大拉力的增长速度明显大于最大压力,会产生较大的扣件上拔力;梁端转角继续增大,则仅由弹条承受拉力,对弹条受力不利。而梁端转角为正时,最大压力的增长速度大于最大拉力的增长速度,同梁端转角为负时的影响相反,即使梁端转角较大,扣件上拔力仍在容许范围内。

梁端偏转后,将引起轨道系统某些部件工作状况发生改变。这种偏转将最终导致轨面在高低上出现不平顺,应从功能和结构强度上予以保证,使其不致影响高速行车和轨道结构的功能要求,尤其是对于扣件系统。梁端偏转后将导致扣件系统出现不均匀的拉压受力。尤其是拉力的作用,当拉力超过弹条的扣压力后将导致弹条产生塑性变形或被拉断,因此扣件承受拉力不应超过弹条所能提供的扣压力。

我国《高速铁路设计规范》规定:在 ZK 竖向静活载作用下,桥梁梁端竖向转角(图 8—1)限值应符合表 8—7 的规定。

表 8—7　梁端转角限值

桥上轨道类型	位置	限值(rad)	备　注
有砟轨道	桥台与桥梁之间	$\theta\leqslant 2.0‰$	
	相邻两孔梁之间	$\theta_1+\theta_2\leqslant 4.0‰$	
无砟轨道	桥台与桥梁之间	$\theta\leqslant 1.5‰$	梁端悬出长度≤0.55 m
		$\theta\leqslant 1.0‰$	0.55 m＜梁端悬出长度≤0.75 m
	相邻两孔梁之间	$\theta_1+\theta_2\leqslant 3.0‰$	梁端悬出长度≤0.55 m
		$\theta_1+\theta_2\leqslant 2.0‰$	0.55 m＜梁端悬出长度≤0.75 m

注:相邻两孔梁的转角之和($\theta_1+\theta_2$)除应符合本条的规定的限值外,每孔梁的转角尚应符合本条中“桥台与桥梁之间转角限值的规定”。

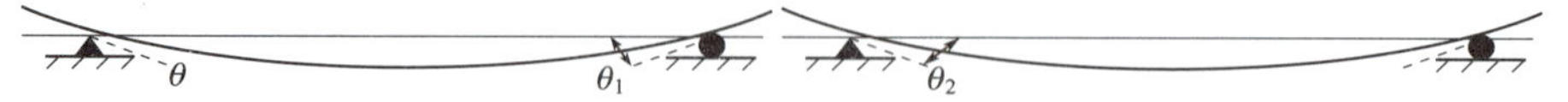

图 8—1　梁端转角示意图

(3)横向变形

根据《高速铁路设计规范(试行)》,梁体横向变形的限值应符合以下规定。

①在列车横向摇摆力、离心力、风力和温度的作用下，梁体的水平挠度不应大于梁体计算跨度的 1/4 000；

②无砟轨道桥梁相邻梁端两侧的钢轨支点横向相对位移不应大于 1 mm。梁端水平折角为 1‰rad。

(4)梁端水平折角

根据《高速铁路设计规范(试行)》，在 ZK 活载、横向摇摆力、离心力、风力和温度的作用下，墩顶横向水平位移引起的桥面处梁端水平折角不大于 1‰弧度。

(二)动力检算指标

车辆、轨道、桥梁是一个耦合的动力学系统，在列车荷载的作用下，桥梁将会产生竖向和横向的振动和变形。桥梁的变形会引起无缝线路的变形，加剧车辆与轨道的相互作用，影响行车的安全平稳性。同时，过大的桥梁振动还会使桥梁结构疲劳强度降低，使桥上无缝线路的状态难以保持。因此，桥上无缝线路不仅需要对轮轨相互作用力、列车平稳安全性、轨道变形等进行检算，还对桥梁结构的振动特性及变形有着严格的要求。

1. 自振频率

日本《铁道结构设计标准》规定，高速铁路桥梁的竖向自振频率 f_0 应满足表 8—8 的要求。

表 8—8　日本《铁道结构设计标准》中桥梁竖向自振频率的限值

桥梁类别	混凝土桥			钢桥
列车速度	$v \leqslant 210$ km/h	$v \leqslant 260$ km/h	$v \leqslant 300$ km/h	$v \leqslant 300$ km/h
自振频率	$f_0 \geqslant 55L^{-0.8}$	$f_0 \geqslant 70L^{-0.8}$	$f_0 \geqslant 80L^{-0.8}$	$f_0 \geqslant 70L^{-0.8}$

欧洲规范 EUROCODE 规定，桥梁的自振频率 f_0 不得小于下式限值：

$$f_L=\begin{cases}80/L & (4\ \text{m} \leqslant L \leqslant 20\ \text{m})\\ 23.58L^{-0.592} & (20\ \text{m} < L \leqslant 100\ \text{m})\end{cases}\quad (\text{Hz}) \tag{8—21}$$

我国《新建时速 200 公里客货共线铁路设计暂行规定》中关于桥梁竖向自振频率的规定与欧洲规范的规定相同。

我国《京沪高速铁路设计暂行规定》中规定，跨度不大于 80 m 的简支梁，竖向自振频率应不低于下式限值：

$$f=\begin{cases}120/L & (L \leqslant 40\ \text{m})\\ 23.58L^{-0.592} & (40\ \text{m} < L \leqslant 80\ \text{m})\end{cases}\quad (\text{Hz}) \tag{8—22}$$

我国《高速铁路设计规范(试行)》规定，跨度不大于 96 m 的简支梁，竖向自振频率应不低于下式限值：

$$f=\begin{cases}80/L & (L \leqslant 20\ \text{m})\\ 23.58L^{-0.592} & (20\ \text{m} < L \leqslant 96\ \text{m})\end{cases}\quad (\text{Hz}) \tag{8—23}$$

而且《高速铁路设计规范(试行)》规定，对于运行车长 24 ~ 26 m 的动车组、$L \leqslant 32$ m 混凝土及预应力混凝土双线简支箱梁，当梁体自振频率不低于表 8—9 的限值要求时，梁部结构设计可不再进行车桥耦合动力响应分析。

表 8—9　竖向自振频率限值

跨度(m) \ 列车速度	250 km/h	300 km/h	350 km/h
12	100/*L*	100/*L*	120/*L*
16	100/*L*	100/*L*	120/*L*
20	100/*L*	100/*L*	120/*L*
24	100/*L*	120/*L*	140/*L*
32	100/*L*	130/*L*	150/*L*

2. 梁体变形、变位

为保证桥上线路的平顺性和车辆运行的安全性，必须对桥梁在列车动态荷载作用下的竖向挠度、横向变形、梁端转角以及梁端水平折角加以限制，其限值规定参照《高速铁路设计规范(试行)》在静力荷载作用下对各检算指标的限值规定。

为保证桥梁具有足够的横向刚度，使高速运行的列车不致脱轨，我国《铁路桥梁检定规范》对各类简支梁桥、钢筋混凝土梁在荷载平面处跨中横向水平振幅行车安全限值及通常值，以及桥墩墩顶的实测横向水平振幅通常值作了规定，见表 8—10 ~ 表 8—12，其中$[A_{max}]_{5\%}$表示超越或然率为 95% 的值。

表 8—10　桥梁跨中横向水平振幅行车安全限值$[A_{max}]_{5\%}$

类别	结构类型			跨中横向水平振幅行车安全限值
钢梁	无桥面系的板梁或桁梁			*L*/5 500
	有桥面系	板梁		*L*/6 000
		桁梁	*L*≤40 m	*L*/6 500
			40 m < *L*≤96 m	*L*/(75*L* + 3 500)
钢筋混凝土梁、预应力混凝土梁				*L*/9 000

注:*L* 为跨度(m)。

表 8—11　桥梁跨中最大横向振幅通常值$[A_{max}]_{5\%}$

结构类型			货车(mm)	客车(mm)			
				v≤120 km/h		120 < *v*≤160 km/h	160 < *v*≤200 km/h *
				有缝线路	无缝线路		
钢梁	无桥面系的板梁、桁梁	普通桥梁钢梁	≤*L*/3.8*B*	≤*L*/9.9*B*	≤*L*/11.4*B*	≤*L*/9.4*B*	≤*L*/8.0*B*
		低合金钢梁	≤*L*/3.2*B*	≤*L*/8.3*B*	≤*L*/9.6*B*	≤*L*/7.9*B*	≤*L*/6.7*B*
	有桥面系的板梁、桁梁	普通桥梁钢梁	≤*L*/2.6*B*	≤*L*/6.8*B*	≤*L*/7.8*B*	≤*L*/6.4*B*	≤*L*/5.4*B*
		低合金钢梁	≤*L*/2.2*B*	≤*L*/5.7*B*	≤*L*/6.6*B*	≤*L*/5.4*B*	≤*L*/4.6*B*
预应力混凝土梁			≤*L*/7.0*B*	≤*L*/18.2*B*	≤*L*/20.9*B*	≤*L*/17.2*B*	≤*L*/14.7*B*

注:*L* 为跨度(m),*B* 为钢梁主梁中心距(m),预应力混凝土为支座中心距,* 为参考值。

表 8—12　墩顶最大横向振幅通常值$[A_{max}]_{5\%}$

<table>
<tr><th colspan="3" rowspan="2">结构类型</th><th colspan="2">实测墩顶最大横向振幅通常值(mm)</th></tr>
<tr><th>$v \leqslant 60$ km/h</th><th>$v > 60$ km/h</th></tr>
<tr><td rowspan="4">低墩($H_1/B < 2.5$)</td><td>扩大基础</td><td>岩　石</td><td rowspan="2">$H/30$</td><td rowspan="2">$H/25 + 0.1$</td></tr>
<tr><td>沉井基础</td><td></td></tr>
<tr><td>桩基础</td><td></td><td rowspan="2">$H/30 + 0.2$</td><td rowspan="2">$H/25 + 0.4$</td></tr>
<tr><td>扩大基础</td><td>黏土或砂、砾</td></tr>
<tr><td rowspan="4">高、中墩
($H_1/B \geqslant 2.5$)</td><td>扩大基础</td><td>岩　石</td><td colspan="2" rowspan="2">$H_1^2/100B + 0.2$</td></tr>
<tr><td>沉井基础</td><td></td></tr>
<tr><td>桩基础</td><td></td><td colspan="2">$(H + \Delta h)^2/100B + 0.2$</td></tr>
<tr><td>扩大基础</td><td>黏土或砂、砾</td><td>$H_1^2/100B + 0.2$</td><td>$1.15(H_1^2/100B + 0.2)$</td></tr>
</table>

我国在秦沈客运专线桥梁的设计和研究中，参考国外的经验，提出桥梁跨中横向振幅应满足下式的规定：

$$A_{max} \leqslant \frac{L}{16.5} \tag{8—24}$$

式中，A_{max}为桥梁跨中横向振幅半峰最大值(mm)；L 为桥梁跨度(mm)。

3. 桥梁振动加速度

限制桥梁竖向振动加速度的目的是避免出现过大的轮轨接触力，使轨道保持稳定，保证列车运行的安全。我国《新建时速 300～350 公里客运专线铁路设计暂行规定》和《高速铁路设计规范(试行)》规定：在 20 Hz 及以下强振频率作用下，有砟桥面竖向振动加速度不大于 0.35g，无砟桥面竖向振动加速度不大于 0.50g。

日本国铁技术研究所对铁路列车在线路上的脱轨试验结果表明，当梁的横向水平加速度达到 0.1g～0.2g 时，列车就容易脱轨。我国《铁路桥梁检定规范》规定，当列车通过时，桥跨结构在荷载平面的横向振动加速度不应超过 1.4 m/s^2。

四、高架站无砟轨道无缝道岔

高架站无砟轨道无缝道岔相比桥上无缝线路受力更为复杂。由于桥上无缝道岔基本轨要承受附加力作用，道岔相关部件承受剪力，尖轨及可动心轨产生较大的伸缩位移，同时桥梁的变形将直接引起无缝道岔几何形位的变化，进而影响列车的平稳运行。因此，桥上无缝道岔除具有高速道岔、桥上无缝线路的所有静、动力检算指标外，还必须结合桥上道岔的特点，对道岔-无砟轨道相对位移进行检算。道岔-无砟轨道相对位移限值见表 8—13。

表 8—13　梁板相对位移限值

<table>
<tr><th>类　　型</th><th>钢　　轨</th><th colspan="2">轨道板</th><th>桥　　面</th></tr>
<tr><td>一般要求</td><td colspan="2">20.7 mm</td><td colspan="2">0 mm</td></tr>
<tr><td>转辙器</td><td colspan="2">20.7 mm</td><td colspan="2">0 mm</td></tr>
<tr><td>辙叉部分 $R \geqslant 3\,000$ m</td><td colspan="2">0.7 mm</td><td colspan="2">0 mm</td></tr>
<tr><td>辙叉部分 $R = 1\,100$ m</td><td colspan="2">3.7 mm</td><td colspan="2">0 mm</td></tr>
</table>

根据所建立的检算指标，高速道岔、长大桥梁无砟轨道无缝线路、高架站无砟轨道无缝道

岔的检算流程图见图 8—2 ~ 图 8—4。

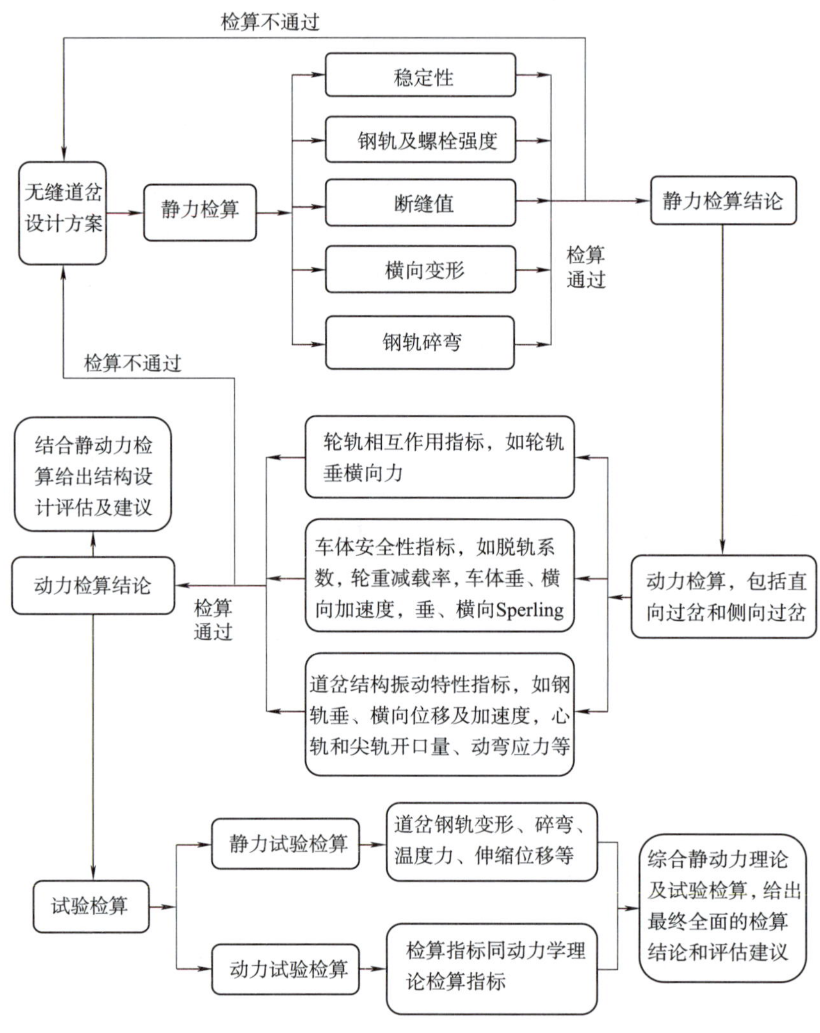

图 8—2　高速无砟道岔的检算流程

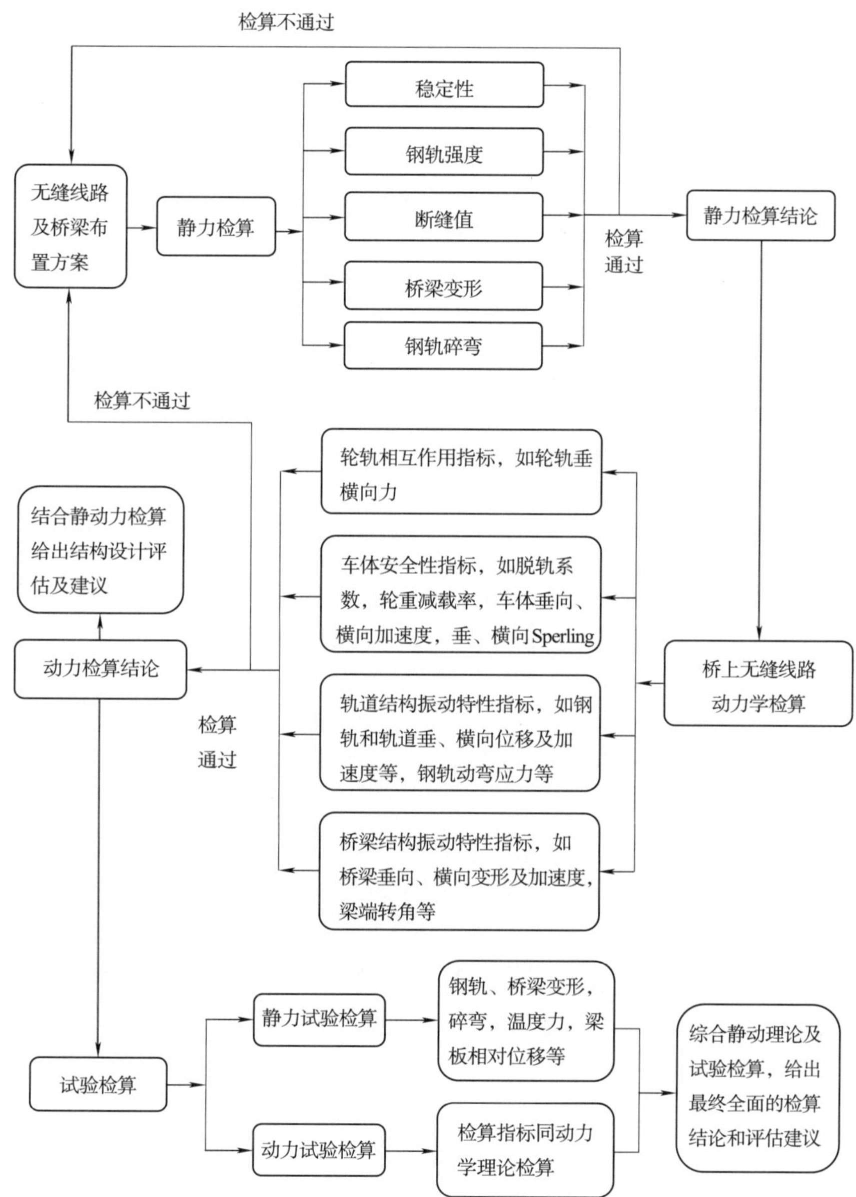

图 8—3　长大桥梁无砟轨道无缝线路检算流程

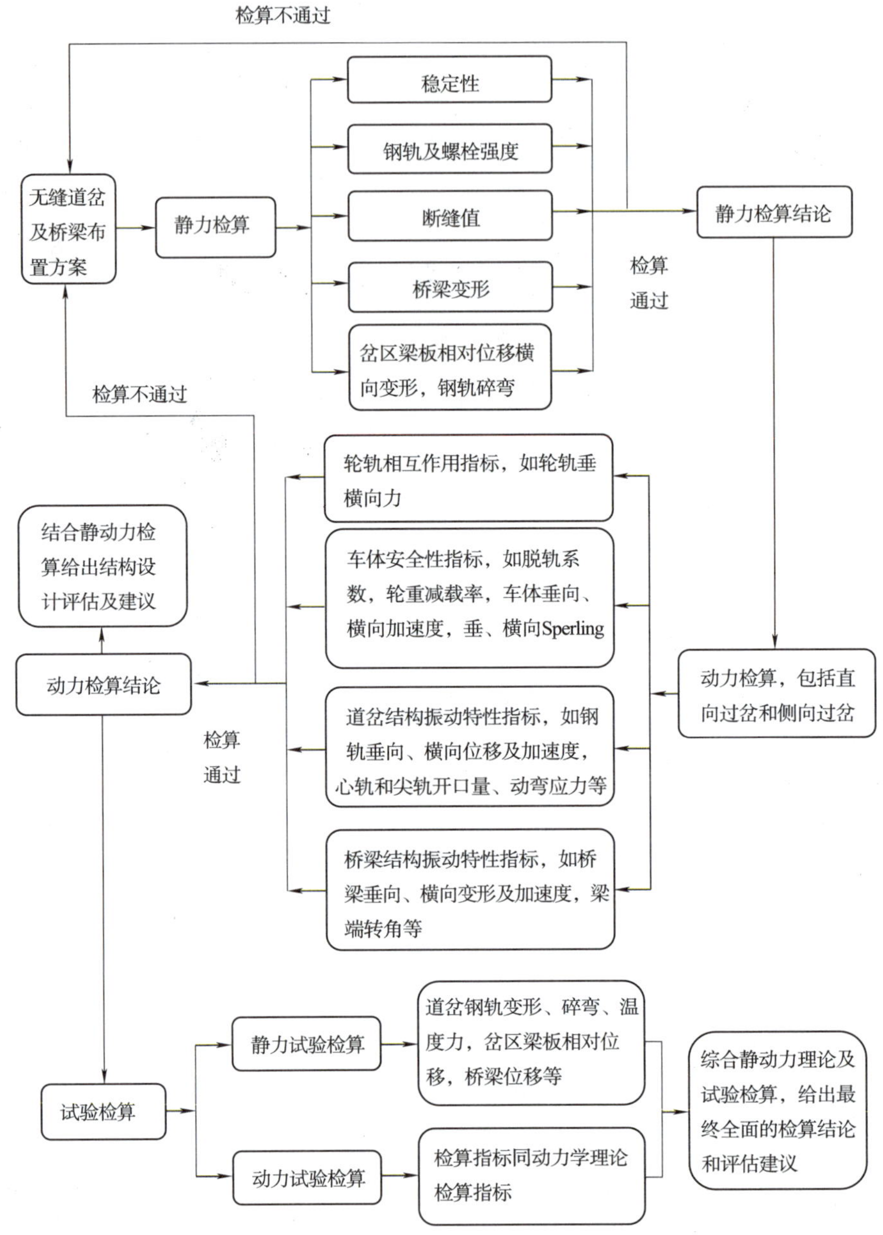

图 8—4　高架站无砟轨道无缝道岔的检算流程

第二节　高速铁路无砟轨道区间无缝线路检算

本部分利用所建立的无砟轨道无缝线路检算方法，对高速铁路区间无缝线路进行检算，指导区间无缝线路的设计。

一、工点概况

郑西高速铁路路基地段铺设CRTS Ⅱ 型双块式无砟轨道(图 8—5)，扣件采用 WJ-8B 型扣件，扣件间距0. 654 m。每组扣件钢轨纵向阻力大于9 kN。扣件垂向刚度为3. 5 × 107 N/m。检算区段所在地区最高轨温为 62.2℃，最低轨温为 -16.7℃，中间温度为23℃，高架线及地面线设计锁定轨温范围拟采用:23℃ ±5℃(按中间轨温考虑)。

图 8—5　郑西高速铁路路基地段无砟轨道无缝线路

二、静力检算

1. 强度检算

钢轨准静态计算有以下参数。

(1)钢轨:60 kg/m;

(2)扣件节点支承刚度:$D=35.0$ kN/mm;

(3)扣件节点间距为 $a=654$ mm;

(4)截面参数(按 3 mm 垂直磨耗考虑):

截面面积:$F=77.45\ \text{cm}^2$

截面惯性矩:$J_x=3\,069\ \text{cm}^4$

轨头截面系数:$W_{头}=318\ \text{mm}^3$

轨底截面系数:$W_{底}=385\ \text{mm}^3$

(5)准静态计算参数:

速度系数:$\alpha=1.0$

偏载系数:$\beta=0.002$　$\Delta h=70$ mm

横向水平力系数:$f=1.25$(直线)

(6)计算荷载见图 8—6。

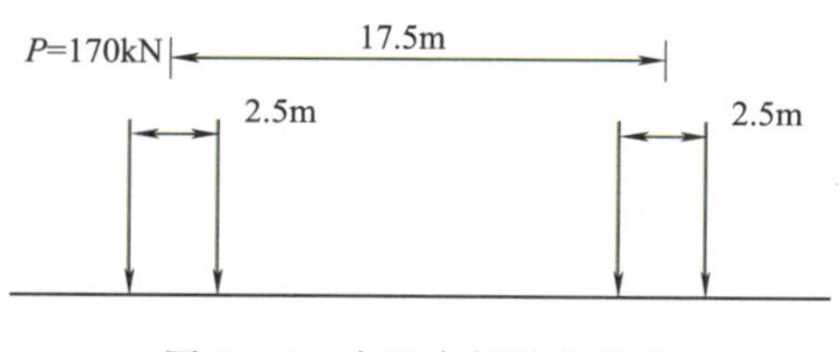

图 8—6　实际车辆轮载分布

计算得到钢轨轨头动弯应力 139.60 MPa，轨底动弯应力 115.31 MPa，制动应力取 10 MPa。考虑无缝线路钢轨最大升温幅度 40℃，最大降温幅度 45℃，根据式(8—1)，可得

轨底应力:

$$\sigma_{d1}+\sigma_t+\sigma_c=86.36+115.31+10.00=211.67\ \text{MPa}\leqslant[\sigma]=351.5\ \text{MPa}$$

轨头应力:

$$\sigma_{d2}+\sigma_t+\sigma_f=76.77+139.60+10.00=226.37\ \text{MPa}\leqslant[\sigma]=351.5\ \text{MPa}$$

无缝线路钢轨强度满足要求。

2. 断缝检算

$$\lambda=\frac{EF(\alpha\Delta t)^2}{Q}=\frac{2.1\times10^{11}\times77.45\times10^{-4}\times(11.8\times10^{-6}\times45)^2}{14\,300\times10^{-2}}=4.1\ \text{cm}<[\lambda]=7\ \text{cm}$$

无缝线路钢轨断缝值满足要求。

三、动力检算

针对郑西高速铁路路基地段无砟轨道无缝线路，运用车辆-轨道耦合动力学理论，在综合考虑线路不平顺的基础上，对高速列车的动力响应进行研究。

经动力仿真计算，高速列车以时速 300 km 通过区间时，列车的平稳安全性指标为:①最大脱轨系数为 0.19，小于限值 0.8;最大减载率为 0.22，小于限值 0.6。②车体垂向加速度为 0.02g，小于限值 0.13g;车体横向加速度为 0.19g，小于限值 0.10g。

四、小　结

综上所述，郑西客运专线路基地段无砟轨道无缝线路设计锁定轨温合理，列车通过时的动态响应较小，结构安全余量较大，可满足设计及运营要求。

第三节　高速道岔岔区无缝线路检算

本部分基于高速道岔纵-横-垂向空间耦合模型，运用所建立的高速道岔检算方法，对高速无砟道岔进行无缝化检算，指导高速道岔的设计。

一、工点概况

京津城际铁路铺设 BWG 系列道岔。BWG39 号无砟道岔扣件纵向阻力取 9 kN/组，道岔区扣件间距 $a = 600$ mm，区间扣件间距 $a = 600$ mm。尖轨跟端设 4 组限位器，限位器限位值为 6 mm。辙叉跟端为整体结构。

北京地区最高轨温 62.6℃，最低轨温 −27.4℃，天津地区最高轨温 65.0℃，最低轨温 −22.9℃，考虑京津城际无缝道岔铺设的最不利情况，取最高轨温 65.0℃，最低轨温 −27.4℃。根据设计锁定轨温，当道岔锁定轨温值最低（锁定轨温 15℃），轨温达到最高值时，道岔升温 50℃，道岔两边轨道升温 42℃（锁定轨温 23℃）；当道岔锁定轨温值最高（锁定轨温 28℃），轨温达到最低值时道岔降温 55.4℃，道岔两边轨道降温 50.4℃（锁定轨温 23℃）。

二、静力检算

道岔升温 50℃，道岔两边轨道升温 42℃时，钢轨纵向温度力及位移分布见图 8—7、图 8—8。BWG39 号无缝道岔的主要计算结果见表 8—14。

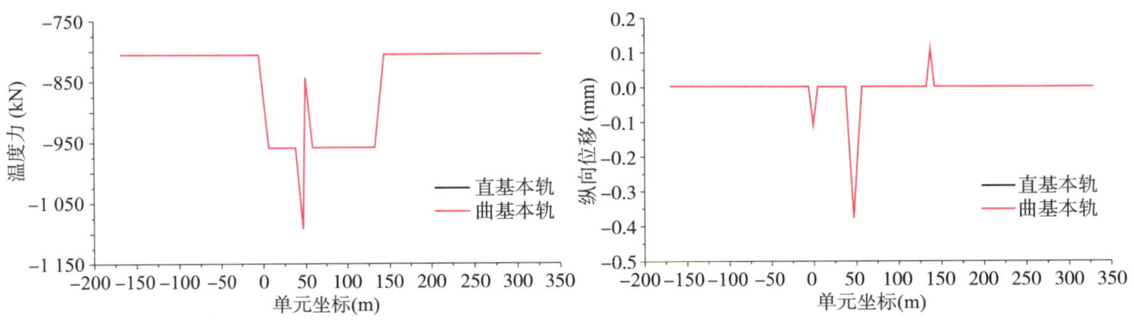

图 8—7　基本轨温度力　　　　图 8—8　基本轨纵向位移

表 8—14　道岔受力变形计算结果

计算结果	道岔升温 50℃ 岔外区间升温 42℃	道岔降温 55.4℃ 岔外区间降温 50.4℃
温度力(kN)	1 093.12	1 233.03
附加温度力(kN)	133.51	169.79
附加温度力增加幅度(%)	13.91	15.97
尖轨尖端位移(mm)	35.23	38.69
心轨尖端位移(mm)	12.63	13.89
限位器受力(kN)	114.18	125.54
间隔铁受力(kN)	958.32	1 059.79

当钢轨轨温发生变化时,无缝道岔会产生一定的横向变形。如果道岔内的钢轨横向变形过大,将导致密贴不足和轨距及轨向变化超过限值,影响旅客舒适性和行车安全性。为此,必须对无缝道岔的横向变形进行研究。BWG39号无缝道岔轨距变化、轨向变化量及密贴变化见图8—9～图8—14。

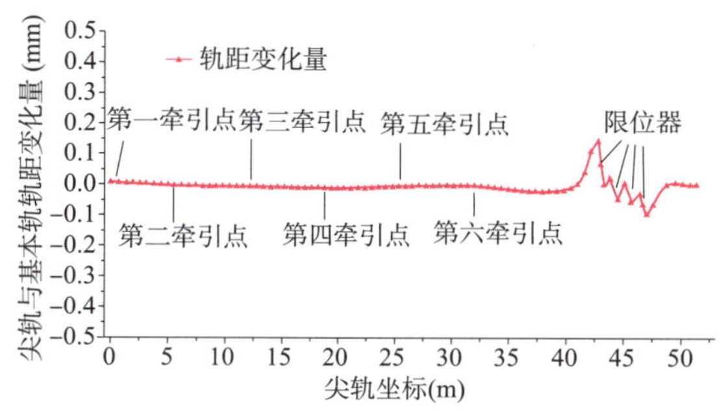

图8—9　直基本轨与直尖轨轨距变化

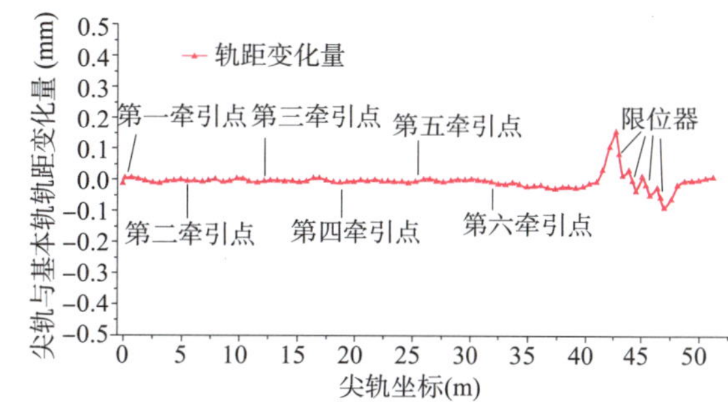

图8—10　曲基本轨与曲尖轨轨距变化

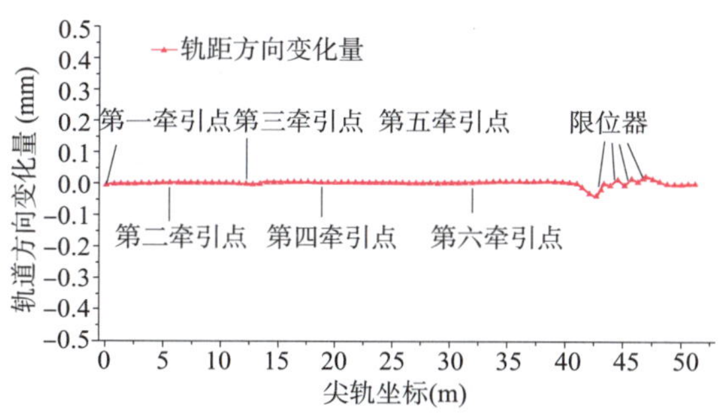

图8—11　直基本轨与直尖轨方向变化

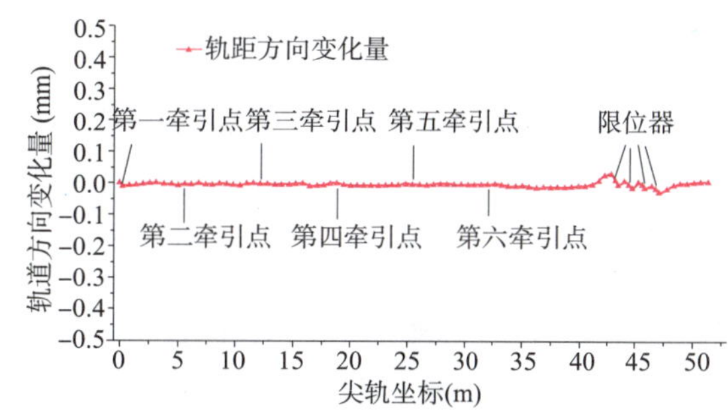

图8—12　曲基本轨与曲尖轨方向变化

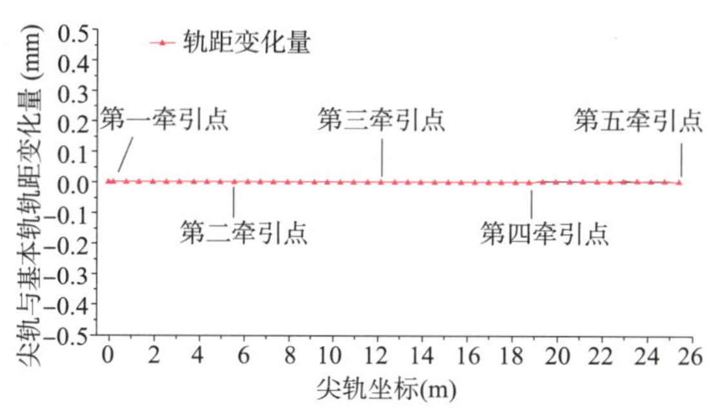

图8—13　直基本轨与曲尖轨密贴变化

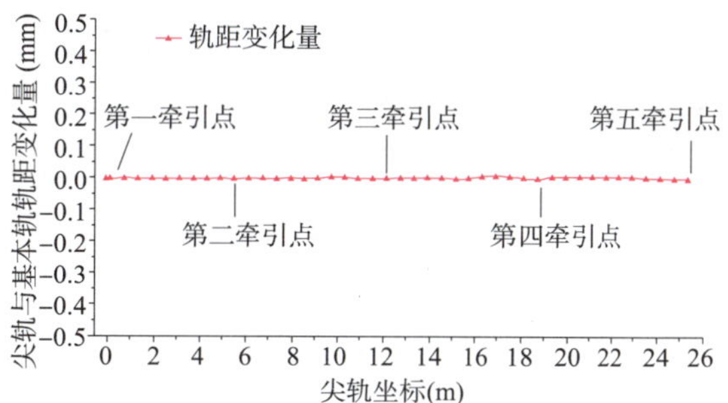

图8—14　曲基本轨与直尖轨密贴变化

在最不利条件下,德国BWG39号无缝道岔的各项轨道几何变形量见表8—15。

表8—15　轨道几何形位变化量

最大轨距变化量(mm)	最大密贴变化量(mm)	最大轨向变化量(mm)	最大轨向变化率(‰)
0.157	0.008	0.039	0.070

BWG39 号无砟道岔的各项检算结果见表 8—16。

表 8—16　道岔各项检算结果

检算项目	道岔升温 50℃ 岔外区间升温 42℃	道岔降温 55.4℃ 岔外区间降温 50.4℃	限　　值	检算结论
钢轨强度(MPa)	332.84	350.90	351.5	满足
尖轨位移(mm)	35.23	38.69	40	满足
心轨位移(mm)	12.63	13.89	20	满足
限位器螺栓强度(MPa)	36.85	74.74	264	满足
轨道稳定性(kN)	1 093.12	—	1 816.17	满足
最大轨距变化量(mm)	—	0.157	±1	满足
最大轨距变化率(‰)	—	0.106	0.67	满足
最大密贴变化量(mm)	—	0.008		满足
最大轨向变化量(mm)	—	0.039	2	满足
最大轨向变化率(‰)	—	0.070	0.2	满足

三、动力检算

针对 BWG39 号无砟轨道无缝道岔的动态特性,建立车辆-道岔系统空间耦合振动模型。在综合考虑道岔结构横向不平顺、垂向不平顺,与限位器受力扭转导致的尖轨跟端不平顺相互耦合的基础上,对高速列车过岔时的动力响应进行研究。

经动力仿真计算,行驶时速 300 km 的高速列车时,不平顺管理标准指标和舒适度管理标准指标计算如下:

不平顺管理标准指标:最大脱轨系数为 0.27,小于限值 0.8;最大减载率为 0.31,小于限值 0.6。

舒适度管理标准指标:车体垂向加速度为 0.03g,小于限值 0.13g;车体横向加速度为 0.07g,小于限值 0.10g。

四、小　　结

从道岔无缝化的角度考虑,京津城际高速铁路在拟定锁定轨温范围内铺设 BWG 39 号可动心轨辙叉单开道岔是可行的。行驶时速 300 km 的高速列车时,道岔不平顺管理标准指标和舒适度管理标准指标均满足限值要求。

基于所建立的理论分析模型和检算评价方法,根据高速无砟道岔的钢轨强度、稳定性、伸缩位移、传力结构螺栓强度等静力指标以及轮轨相互作用、列车安全平稳性、道岔动态变形等动力学指标,本节对京津城际 BWG39 号无砟道岔的无缝化设计情况进行了研究,计算分析最不利条件下是否满足无缝道岔的检算条件,得出最终的结构设计方案。分析表明,道岔无缝化设计合理,且满足列车运行安全稳定性的要求。本书所建立的高速道岔的检算评估方法可有效指导高速铁路无砟道岔的设计,也可为高速铁路无砟道岔的施工及养护维修提供必要的依据。

第四节　长大桥梁无砟轨道无缝线路检算

本部分基于桥上无缝线路空间耦合理论，运用所建立的桥上无缝线路检算方法，对有代表性的双块式和 CRTSⅡ型纵连板式无砟轨道长大桥上无缝线路进行了静动力学理论检算，并结合现场试验进行了综合评估分析，指导长大桥梁无砟轨道无缝线路的设计。

一、桥上双块式无砟轨道无缝线路

高速铁路长大桥梁双块式无砟轨道无缝线路主要包括钢轨、扣件、双块式轨枕、道床板、支承层、凹槽、隔离层、水硬性支撑层和桥梁等结构。本部分以 3×32 m 简支梁+(60+100+60) m 连续梁+3×32 m 简支梁的双线铁路桥为例进行检算。

(一)静力检算

本部分比较考虑扣件纵向阻力分别为 15.0 kN/组(常阻力)、9.0 kN/组、6.5 kN/组和 4.0 kN/组(小阻力)时的温度力、挠曲力和制动力作用。横坐标的零点为桥台与桥梁一侧的交界处。

1. 温度力作用(图 8—15、图 8—16 和表 8—17、表 8—18)

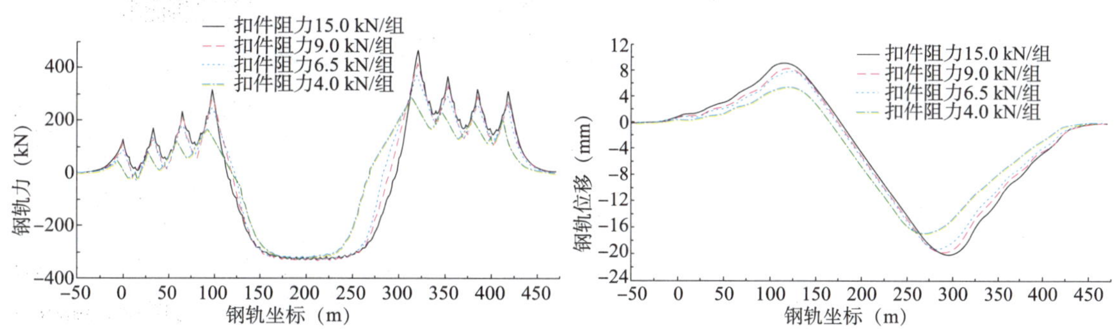

图 8—15　不同扣件纵向阻力条件下钢轨力比较　　图 8—16　不同扣件纵向阻力条件下钢轨位移比较

表 8—17　不同扣件纵向阻力条件下主要受力计算结果比较

扣件纵向阻力(kN/组)	钢轨最大纵向力(kN)	道床板最大应力(MPa)	支承层最大应力(MPa)	简支梁桥墩最大纵向力(kN)	连续梁桥墩最大纵向力(kN)
15.0	468.117	1.231	5.527	385.460	590.240
9.0	417.782	0.892	5.524	331.240	513.970
6.5	373.352	0.847	5.516	291.240	493.090
4.0	323.103	0.800	5.512	218.100	461.910

表 8—18　不同扣件纵向阻力条件下主要位移计算结果比较

扣件纵向阻力(kN/组)	钢轨最大纵向位移(mm)	道床板最大纵向位移(mm)	支承层最大纵向位移(mm)	简支梁端最大纵向位移(mm)	连续梁端最大纵向位移(mm)
15.0	20.097	23.091	28.881	16.567	28.801
9.0	19.654	26.711	29.498	15.208	29.415
6.5	19.173	28.170	29.706	14.207	29.622
4.0	16.781	30.036	30.068	12.378	29.983

2. 挠曲力作用(表 8—19 ~ 表 8—21)

表 8—19 不同扣件纵向阻力条件下主要受力计算结果比较

扣件纵向阻力(kN/组)	钢轨最大纵向力(kN)	道床板最大应力(MPa)	支承层最大应力(MPa)	简支梁桥墩最大纵向力(kN)	连续梁桥墩最大纵向力(kN)
15.0	63.474	1.217	2.392	19.726	87.332
9.0	76.383	1.214	2.385	19.666	89.151
6.5	71.853	1.216	2.387	19.716	88.567
4.0	64.527	1.217	2.391	19.734	87.494

表 8—20 不同扣件纵向阻力条件下主要纵向位移计算结果比较

扣件纵向阻力(kN/组)	钢轨最大纵向位移(mm)	道床板最大纵向位移(mm)	支承层最大纵向位移(mm)	简支梁端最大纵向位移(mm)	连续梁端最大纵向位移(mm)
15.0	1.042	1.238	1.166	0.493	0.585
9.0	1.121	1.217	1.149	0.492	0.597
6.5	1.097	1.224	1.155	0.493	0.593
4.0	1.050	1.237	1.164	0.493	0.586

表 8—21 不同扣件纵向阻力条件下主要垂向位移计算结果比较

扣件纵向阻力(kN/组)	钢轨最大垂向位移(mm)	道床板最大垂向位移(mm)	支承层最大垂向位移(mm)	桥梁最大垂向位移(mm)
15.0	13.221	12.641	12.642	12.667
9.0	13.195	12.615	12.616	12.641
6.5	13.204	12.624	12.625	12.650
4.0	13.219	12.639	12.640	12.665

3. 制动力作用(表 8—22、8—23)

表 8—22 不同扣件纵向阻力条件下主要受力计算结果比较

扣件纵向阻力(kN/组)	钢轨最大纵向力(kN)	道床板最大应力(MPa)	支承层最大应力(MPa)	简支梁桥墩最大纵向力(kN)	连续梁桥墩最大纵向力(kN)
15.0	183.664	0.321	0.094	169.597	993.550
9.0	183.032	0.491	0.111	170.787	984.680
6.5	183.378	0.413	0.098	170.421	987.830
4.0	183.586	0.330	0.098	169.627	992.990

表 8—23 不同扣件纵向阻力条件下主要位移计算结果比较

扣件纵向阻力(kN/组)	钢轨最大纵向位移(mm)	道床板最大纵向位移(mm)	支承层最大纵向位移(mm)	简支梁端最大纵向位移(mm)	连续梁端最大纵向位移(mm)
15.0	7.238	6.946	6.781	4.240	6.625
9.0	7.012	6.892	6.722	4.270	6.566
6.5	7.077	6.912	6.743	4.261	6.587
4.0	7.216	6.943	6.777	4.241	6.619

4. 检算结果(表 8—24、表 8—25)

表 8—24　轨道结构静力计算检算结果

项　　目	单位	检　算　结　果	
工点名称	—	双块式无砟轨道无缝线路	
扣件布置	—	设置常阻力扣件方案	设置小阻力扣件方案
计算钢轨断缝值	mm	18.5	69.5
允许断缝值	mm	70	90
钢轨断缝检算	—	通过	通过
附加应力	MPa	55.79	81.55
钢轨强度检算容许附加拉应力	MPa	152.0	
钢轨强度检算容许附加压应力	MPa	116.0	
钢轨强度检算	—	通过	通过

表 8—25　桥梁结构静力计算检算结果

检算项目	最大计算值	允许值
竖向挠跨比	1/7 742	1.1×1/1 500
横向挠跨比	1/10 806	1/4 000
梁端竖向转角(rad)	2.11×10^{-4}	2.0×10^{-3}

通过桥上无缝道岔钢轨强度、钢轨位移、断缝值和桥梁变形的计算与检算表明,桥上铺设双块式无砟轨道无缝线路是可行的。

(二)动力检算

利用建立的动力分析模型,计算高速动车组以 300 km/h、350 km/h 及 380 km/h 的速度通过(60+100+60)m 连续桥梁时桥上双块式无砟轨道无缝线路的动力学性能,重点检算安全性指标、稳定性指标等。动车组以速度 350 km/h 通过桥上无缝线路时,动力学检算结果见表 8—26。

表 8—26　动力学理论检算结果

车辆速度(km/h)		300	350	380	限　值	检算结果
跨中处	钢轨垂向加速度(m/s^2)	2 235	2 784	2 807	—	正常
	钢轨垂向位移(mm)	3.39	3.47	3.36	—	正常
	道床板垂向加速度(m/s^2)	149	154	177	—	正常
	道床板垂向位移(mm)	2.23	2.44	2.41	—	正常
	梁体垂向加速度(m/s^2)	0.072	0.066	0.110	5.0	安全
	梁体垂向位移(mm)	2.29	2.51	2.49	—	安全
桥墩处	钢轨垂向加速度(m/s^2)	2 382	2 473	2 433	—	正常
	钢轨垂向位移(mm)	1.58	1.60	1.58	—	正常
	道床板垂向加速度(m/s^2)	155	174	171	—	正常
	道床板垂向位移(mm)	0.47	0.56	0.55	—	正常
	梁体垂向加速度(m/s^2)	0.054	0.049	0.076	5.0	安全
	梁体垂向位移(mm)	0.53	0.68	0.66	—	安全
轮轨垂向力(kN)		102.2	116.2	102.6	170	安全
轮轨横向力(kN)		9.4	10.2	9.5	35	安全
脱轨系数		0.099	0.095	0.095	0.8	安全
轮重减载率		0.394	0.453	0.421	0.8	安全
车体垂向加速度(m/s^2)		0.083	0.138	0.156	1.3	安全

随着动车组速度的提高，钢轨、道床板、梁体等结构的加速度与位移均有所增加，但整体来看变化不大。对各项计算结果的分析可知，桥梁跨中及桥墩处的各项动力学指标均在限值之内且都有较大富余，能够满足要求，列车运行安全稳定性较好。

（三）试验检算

对板式无砟轨道及双块式无砟轨道动力学特性进行现场测试，以双块式为例，对轨道结构动力学性能进行试验检算，选取郑西线测试结果进行检算分析。在郑西桥上进行无缝线路动力试验研究，列车以速度 299.0 ~ 325.6 km/h 直向通过线路时，动态试验检算结果见表 8—27。

表 8—27　列车速度 299.0 ~ 325.6 km/h 通过时检算结果

检算指标		动测结果	铁科院测试结果	限值	检算结果
轮轨相互作用指标	轮轨垂向力(kN)	107.2 ~ 120.6	—	170	安全
	轮轨横向力(kN)	14.1 ~ 28.4	5.42	65	安全
车体安全平稳性指标	轮重减载率	0.22 ~ 0.44	0.52	0.8	安全
	脱轨系数	0.17 ~ 0.30	0.22	0.8	安全
轨道结构动力特性指标	钢轨垂向位移(mm)	0.50 ~ 0.75	0.65	1.5	安全
	钢轨横向位移(mm)	0.28 ~ 0.54	0.18	1.5	安全
	钢轨动应力(MPa)	22.0 ~ 35.8	—	335	安全
	钢轨加速度(m/s^2)	1427 ~ 3920	1628	—	正常
	道床板加速度(m/s^2)	21.8 ~ 39.4	—	—	正常
桥梁结构动力特性指标	桥梁加速度(m/s^2)	2.7 ~ 3.6	—	5.0	安全
	桥梁动位移(mm)	0.14 ~ 0.18	0.4 ~ 0.5	—	安全

当列车以速度 299.0 ~ 325.6 km/h 直向通过桥上无缝线路时，对于各动力响应指标，所有测试结果均远小于限值。其中，最大轮重减载率为 0.52，最大脱轨系数为 0.30，均远小于限值 0.8，列车运行的安全稳定性良好。

（四）综合评估

通过对桥上双块式无砟轨道无缝线路进行静动力学理论检算，各检算指标均满足限值的要求。扣件阻力的大小对结构的受力变形有一定影响，但不是很显著；设置常阻力扣件方案和小阻力扣件方案均能满足断缝值的限值要求；在断轨力作用下钢轨纵向受力较大，但小于限值。当动车组以速度 350 km/h 通过时，理论分析的轮轨垂横向力、脱轨系数、轮重减载率和车体垂向加速度，分别为 116.2 kN、10.2 kN、0.095 m/s^2、0.453 m/s^2 和 0.138 m/s^2，均分别小于各指标限值 170 kN、65 kN、0.8 m/s^2、0.8 m/s^2 和 1.3 m/s^2。检算结果表明：该无砟轨道桥梁具备铺设无缝线路条件，设计是合理的、轨道稳定性良好，列车运行安全平稳。

二、CRTS Ⅱ 型板式无砟轨道桥上无缝线路

京沪高速铁路徐州京杭运河特大桥位于江苏省徐州市，梁跨布置为：…… +1 - 32 m +2 - 24 m +3 - 32 m + (60 +100 +60) m 连续梁 +1 - 32 m +1 - 24 m +67 - 32 m……。桥上铺设 CRTS Ⅱ 型板式无砟轨道及跨区间无缝线路结构。本部分以此为例进行检算。

（一）静力检算

本部分比较考虑桥上“两布一膜”滑动层摩擦系数分别为 0.1、0.3 和 0.5 时的温度力、挠

曲力和制动力作用，同时考虑断轨力和断板力对无缝线路整体结构受力变形的影响。横坐标的零点为桥台与桥梁一侧的交界处。

1. 温度力作用（图 8—17、图 8—18 和表 8—28、表 8—29）

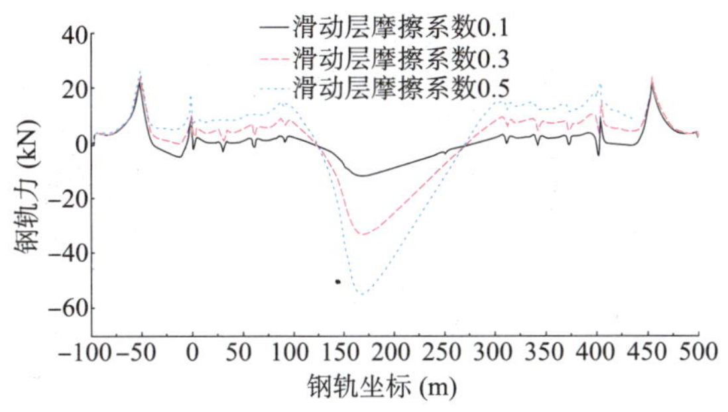

图 8—17　不同桥上滑动层摩擦系数条件下钢轨力比较

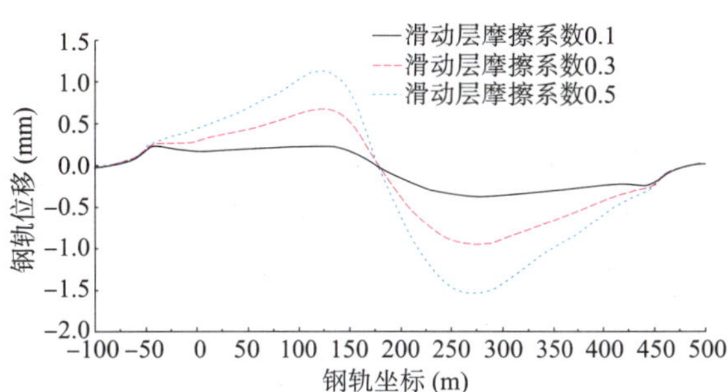

图 8—18　不同桥上滑动层摩擦系数条件下钢轨位移比较

表 8—28　不同桥上滑动层摩擦系数条件下主要受力计算结果比较

桥上滑动层摩擦系数	钢轨最大纵向力(kN)	轨道板最大应力(MPa)	底座板最大应力(MPa)	固结机构最大纵向力(kN)	大端刺最大纵向力(kN)	简支梁桥墩最大纵向力(kN)	连续梁桥墩最大纵向力(kN)
0.1	22.821	11.996	15.068	545.487	4378.390	33.449	42.732
0.3	33.347	12.130	15.091	1614.450	4427.290	59.063	134.942
0.5	55.361	12.268	15.116	2800.820	4477.640	84.784	229.460

表 8—29　不同桥上滑动层摩擦系数条件下主要位移计算结果比较

桥上滑动层摩擦系数	钢轨最大纵向位移(mm)	轨道板最大纵向位移(mm)	底座板最大纵向位移(mm)	摩擦板最大纵向位移(mm)	大端刺最大纵向位移(mm)	简支梁端最大纵向位移(mm)	连续梁端最大纵向位移(mm)
0.1	0.377	0.377	0.388	0.589	0.493	6.523	31.780
0.3	0.960	0.961	0.996	0.594	0.499	6.950	30.860
0.5	1.554	1.555	1.615	0.599	0.505	7.385	29.923

2. 挠曲力作用（图 8—19、图 8—20 和表 8—30 ~ 表 8—32）

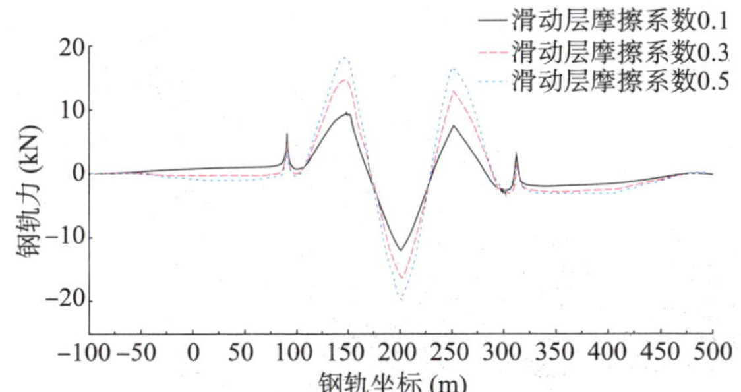

图 8—19　不同桥上滑动层摩擦系数条件下钢轨力比较

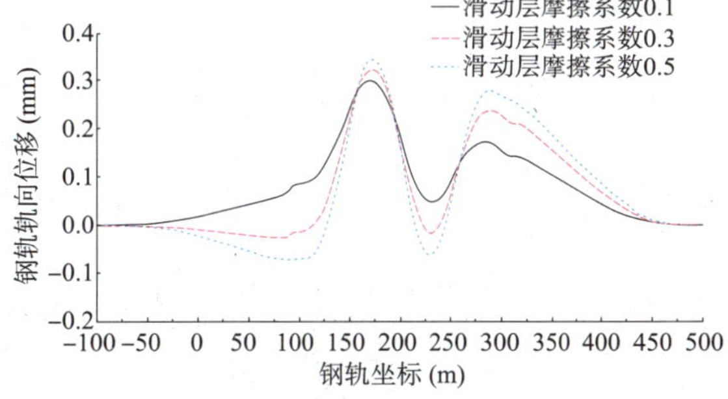

图 8—20　不同桥上滑动层摩擦系数条件下钢轨纵向位移比较

表 8—30　不同桥上滑动层摩擦系数条件下主要受力计算结果比较

桥上滑动层摩擦系数	钢轨最大纵向力(kN)	轨道板最大应力(MPa)	底座板最大应力(MPa)	固结机构最大纵向力(kN)	大端刺最大纵向力(kN)	简支梁桥墩最大纵向力(kN)	连续梁桥墩最大纵向力(kN)
0. 1	12. 094	0. 456	0. 668	372. 041	11. 341	13. 271	172. 002
0. 3	16. 480	0. 434	0. 635	494. 883	17. 759	18. 580	165. 006
0. 5	20. 001	0. 415	0. 616	515. 181	21. 908	21. 396	161. 845

表 8—31　不同桥上滑动层摩擦系数条件下主要纵向位移计算结果比较

桥上滑动层摩擦系数	钢轨最大纵向位移(mm)	轨道板最大纵向位移(mm)	底座板最大纵向位移(mm)	摩擦板最大纵向位移(mm)	大端刺最大纵向位移(mm)	简支梁端最大纵向位移(mm)	连续梁端最大纵向位移(mm)
0. 1	0. 299	0. 300	0. 262	0. 002	0. 001	0. 192	1. 647
0. 3	0. 322	0. 323	0. 306	0. 002	0. 002	0. 260	1. 639
0. 5	0. 343	0. 344	0. 349	0. 003	0. 002	0. 296	1. 626

表 8—32　不同桥上滑动层摩擦系数条件下主要垂向位移计算结果比较

桥上滑动层摩擦系数	钢轨最大垂向位移(mm)	轨道板最大垂向位移(mm)	底座板最大垂向位移(mm)	连续梁最大垂向位移(mm)	简支梁最大垂向位移(mm)
0. 1	15. 633	15. 185	15. 180	15. 207	0. 143
0. 3	15. 371	14. 923	14. 919	14. 945	0. 142
0. 5	15. 185	14. 737	14. 733	14. 758	0. 142

3. 制动力作用(图 8—21、图 8—22 和表 8—33、表 8—34)

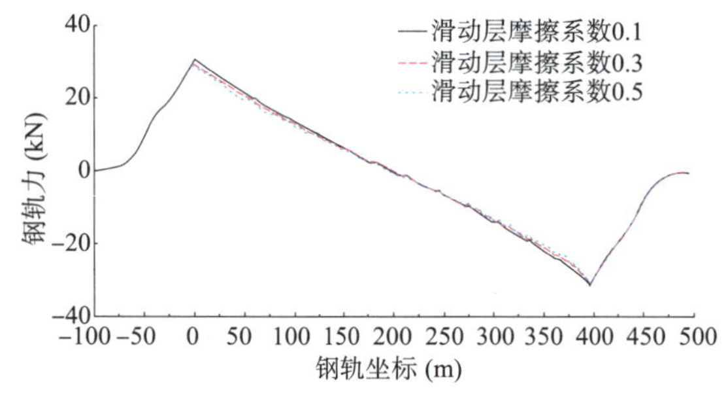

图 8—21　不同桥上滑动层摩擦系数条件下钢轨力比较

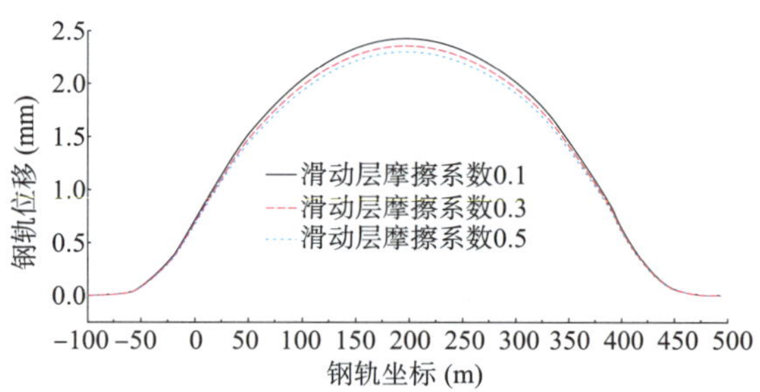

图 8—22　不同桥上滑动层摩擦系数条件下钢轨位移比较

表 8—33　不同桥上滑动层摩擦系数条件下主要受力计算结果比较

桥上滑动层摩擦系数	钢轨最大纵向力(kN)	轨道板最大应力(MPa)	底座板最大应力(MPa)	固结机构最大纵向力(kN)	大端刺最大纵向力(kN)	桥墩最大纵向力(kN)
0. 1	31. 909	0. 663	0. 639	193. 489	196. 899	184. 480
0. 3	31. 605	0. 660	0. 725	287. 821	199. 182	179. 343
0. 5	31. 360	0. 651	0. 790	374. 395	200. 936	175. 343

表 8—34　不同桥上滑动层摩擦系数条件下主要位移计算结果比较

桥上滑动层摩擦系数	钢轨最大纵向位移(mm)	轨道板最大纵向位移(mm)	底座板最大纵向位移(mm)	摩擦板最大纵向位移(mm)	大端刺最大纵向位移(mm)	梁端最大纵向位移(mm)
0.1	2.421	2.419	2.387	0.027	0.022	2.359
0.3	2.352	2.350	2.317	0.028	0.023	2.291
0.5	2.298	2.296	2.262	0.028	0.023	2.239

4. 检算结果(表 8—35、表 8—36)

表 8—35　轨道结构静力计算检算结果

项　　目	单位	检　算　结　果	
工点名称	—	徐州京杭运河特大桥上 CRTSⅡ型板式无砟轨道无缝线路	
扣件布置	—	设置常阻力扣件方案	设置小阻力扣件方案
计算钢轨断缝值	mm	19.1	71.8
允许断缝值	mm	70	90
钢轨断缝检算	—	通过	通过
附加应力	MPa	14.30	14.31
钢轨强度检算容许附加拉应力	MPa	115.3	
钢轨强度检算容许附加压应力	MPa	151.5	
钢轨强度检算	—	通过	通过

表 8—36　桥梁结构静力计算检算结果

检算项目	最大计算值	允许值
竖向挠跨比	1/6 505	1.1×1/1 500
横向挠跨比	1/70 671	1/4 000
梁端竖向转角(rad)	4.12×10^{-5}	2.0×10^{-3}

由于在徐州京杭运河特大桥上铺设了 CRTSⅡ型板式无砟轨道,底座板在桥上纵连,且与桥梁之间铺设了“两布一膜”滑动层,钢轨受力明显减小,桥梁变形也较小。经检算可知,钢轨附加力、断缝值、桥梁挠跨比及竖向转角检算均能满足要求,其方案可行。

(二)动力检算

利用建立的动力分析模型,对动车组分别以 300 km/h、350 km/h 和 380 km/h 高速通过桥上 CRTSⅡ型板式无砟轨道无缝线路进行理论模拟与仿真,检算京沪高速铁路京杭运河特大桥上无缝线路的动力学性能,结果见表 8—37。

表 8—37　动力学理论检算结果

车辆速度(km/h)		300	350	380	限值	检算结果
跨中处	钢轨垂向加速度(m/s^2)	2 030	2 306	3 201	—	正常
	钢轨垂向位移(mm)	3.9	3.85	3.89	—	正常
	轨道板垂向加速度(m/s^2)	31.06	32.68	34.06	—	正常
	轨道板垂向位移(mm)	2.7	2.74	2.78	—	正常
	梁体垂向加速度(m/s^2)	0.069	0.098	0.123	5.0	安全
	梁体垂向位移(mm)	2.3	2.37	2.40	—	安全

续上表

车辆速度(km/h)		300	350	380	限值	检算结果
桥墩处	钢轨垂向加速度(m/s^2)	2014	2227	2773	—	正常
	钢轨垂向位移(mm)	2.1	1.98	2.00	—	正常
	轨道板垂向加速度(m/s^2)	21.72	30.78	34.11	—	正常
	轨道板垂向位移(mm)	0.86	0.85	0.87	—	正常
	梁体垂向加速度(m/s^2)	0.032	0.050	0.042	5.0	安全
	梁体垂向位移(mm)	0.54	0.51	0.53	—	安全
轮轨垂向力(kN)		112.1	115.89	105.99	170	安全
轮轨横向力(kN)		10.19	10.56	9.66	35	安全
脱轨系数		0.1	0.096	0.096	0.8	安全
轮重减载率		0.401	0.593	0.444	0.8	安全
车体垂向加速度(m/s^2)		0.062	0.071	0.173	1.3	安全

随着动车组速度的提高,钢轨、轨道板、梁体等结构的加速度与位移均有所增加,但整体来看变化不大。对各项计算结果的分析可知,桥梁跨中及桥墩处的各项动力学指标均在限值之内且都有较大富余,能够满足要求,列车运行安全稳定性较好。

与长大桥上 CRTS Ⅰ型板式无砟轨道无缝线路相比,长大桥上 CRTS Ⅱ型板式无砟轨道无缝线路的钢轨和梁体的垂向加速度和位移、轮轨垂向力和横向力差距不大,但 CRTS Ⅱ型板式无砟轨道的轨道板垂向加速度明显小于 CRTS Ⅰ型板,而轨道板垂向位移则又明显大于 CRTS Ⅰ型板式无砟轨道结构。

(三)试验检算

1. 静力试验检算

在京沪高速铁路京杭运河特大桥上进行静力测试,在测试周期内不可能监测到结构最不利工况下的测试值,现选取各检算指标的最大测试值进行分析,得出以下结果。

(1)钢轨温度力

测得梁温差 10.1℃,底座板温差 20.6℃,轨道板温差 20.6℃,轨温差 28.7℃,钢轨实测温度力为 601.69 kN,钢轨伸缩附加力最大值为 87.19 kN,出现在梁端(靠近 29 号墩)。

(2)桥梁伸缩位移

梁体伸缩会对钢轨受力变形带来影响,为研究梁体伸缩对桥上纵连板式无砟轨道无缝线路伸缩附加力的影响,先对温度作用下的桥梁伸缩位移进行了测试。测试结果表明,桥梁的伸缩位移与温度有直接的影响关系,随着温度的提高,梁体伸长量逐渐增大。测试得到桥梁温度升高 10.3℃时,连续梁端顶部桥梁伸缩位移为 20.23 mm。

(3)梁轨纵向相对位移

由观测结果可知,钢轨相对于轨道板的位移较小;在轨温变化 20℃的情况下,其值均小于 0.5 mm。与支座处相比,跨中处的相对位移较大,轨温最低时(-0.44℃),纵向相对位移达到 0.38 mm。与钢轨-轨道板的相对位移相比,底座板-桥梁的相对位移较大,其中 5 号测点达到 4.8 mm,表明滑动层起到了很好的滑动作用。

综合上述试验表明,京沪高速铁路京杭运河特大桥桥上纵连板式无砟轨道无缝线路有效地减小了桥梁梁体伸缩对无砟轨道及钢轨的影响，桥上无缝线路伸缩附加力相比桥上单元板及双块式无砟轨道无缝线路较小，表明京杭大运河桥上无缝线路的设计方法是合理且比较正确的。

2. 动力试验检算

对京沪高速铁路京杭大运河桥上无缝线路进行现场动力测试，测得 CRH380 动车组以不同速度通过京杭运河桥主跨跨中时的动力响应。车体速度 350 km/h 的动力学实测数据检算结果见表 8—38。

表 8—38　动力试验检算结果

检算指标		跨　中	梁　端	限　值	检算结果
车体安全性指标	减载率	0.197	0.178	0.8	安全
	脱轨系数	0.313	0.292	0.8	安全
轮轨相互作用力指标	轮轨垂向力(kN)	115.5	111.4	170	安全
	轮轴横向力(kN)	8.317	7.20	35	安全
轨道结构动力特性指标	钢轨垂向加速度(m/s^2)	2 099	2 016	—	正常
	轨道板垂向加速度(m/s^2)	46.2	49.4	—	正常
	钢轨垂向位移(mm)	0.767	0.641	1.5	安全
	钢轨横向位移(mm)	0.473	0.279	—	正常
桥梁结构动力特性指标	桥梁垂向加速度(m/s^2)	2.59	1.86	5.0	安全
	桥梁横向加速度(m/s^2)	1.24	0.96	1.4	安全

当 CRH380 动车组以速度 350 km/h 通过京杭大运河特大桥时，与梁端相比，当动车组通过主跨跨中时，车辆、轨道及桥梁间的动力相互作用更为强烈，各项动力性能指标更为不利，其中跨中脱轨系数为 0.313，轮重减载率为 0.197，轮轨垂向力为 115.5 kN，轮轴横向力 8.317 kN，钢轨垂向位移 0.767 mm，桥梁横向加速度 2.59 m/s^2，横向加速度 1.24 m/s^2。桥上无缝线路结构的动态响应正常，各项指标均满足规范要求，且远小于限值，可有效保证列车运行的安全稳定性要求。

（四）综合评估

京沪高速铁路京杭大运河特大桥上采用纵连板式无砟轨道（未设置伸缩调节器），经过对比分析，静动力指标实测值和理论模型计算值较符合，且静动力理论和试验检算均满足限值的要求，尤其对于轮重减载率、脱轨系数和轮轴横向力等指标均远小于限值的要求。现场静态试验测试表明，京沪高速铁路京杭运河特大桥桥上纵连板式无砟轨道无缝线路有效地减小了桥梁梁体伸缩对无砟轨道及钢轨的影响，桥上无缝线路伸缩附加力相比桥上单元板及双块式无砟轨道无缝线路较小，表明京杭大运河桥上无缝线路的设计方法是合理且比较正确的；现场动态试验测试表明，与梁端相比，当动车组以速度 350 km/h 通过主跨跨中时，车辆、轨道及桥梁间的动力相互作用更为强烈，各项动力性能指标更为不利，但均明显小于限值，表明该桥上无缝线路的设计是合理的，而且轨道稳定性良好，列车运行安全平稳。

三、小　　结

基于所建立的理论分析模型和检算评价方法，根据桥上无缝线路钢轨强度、稳定性、断缝值等静力指标以及轮轨相互作用、列车安全平稳性、道岔和桥梁振动特性等动力学指标，本节对长大桥梁双块式无砟轨道桥上无缝线路和 CRTS Ⅱ 型无砟轨道京沪高铁京杭大运河无缝线路的设计情况进行了研究，计算分析了不同设计方案条件下是否满足桥上无缝线路的检算条件，得出了最终的结构设计方案，并结合现场试验进行了静动力的检算分析。分析表明，理论检算和试验检算结果一致，结构设计均合理，且都满足列车运行安全稳定性的要求。各工点无缝线路运营状况也都良好，证明本书建立的检算评估方法是合理可行的，可有效指导高速铁路长大桥梁无砟轨道无缝线路的设计。

本书所建立的桥上无缝线路的检算评估方法已成功应用于京沪高速铁路禹济特大桥跨越黄河主桥、京沪高速铁路津沪联络线、石郑高速铁路跨黄河主桥、太中银铁路吴堡黄河特大桥、丹阳至昆山跨娄江特大桥等桥上无缝线路的设计，研究成果也可为高速铁路长大桥梁桥上无缝线路的施工及养护维修提供必要的依据。

第五节　高架站无砟轨道无缝道岔检算

与路基上无缝道岔以及桥上无缝线路相比，高架站上无缝道岔的结构和受力更为复杂，对其设计检算也更严格。本节基于所建立的桥上无缝道岔检算方法，对多座具有代表性的高速铁路高架站无砟轨道无缝道岔进行了静动力检算，并结合现场试验进行了综合评估分析，指导了高架站无砟轨道无缝道岔的设计。

一、京沪高速铁路徐州东站

京沪高速铁路徐州东站南侧咽喉区桥梁布置形式为 6 × 32 m 连续梁，北侧为端刺区，南侧为多跨 32 m 简支梁。连续梁桥上铺设一组 18 号单渡线，采用 CRTS Ⅱ 型板式无砟轨道结构，见图 8—23、图 8—24。道岔-桥梁布置形式见第五章相关内容。

图 8—23　徐州东站桥上无缝道岔

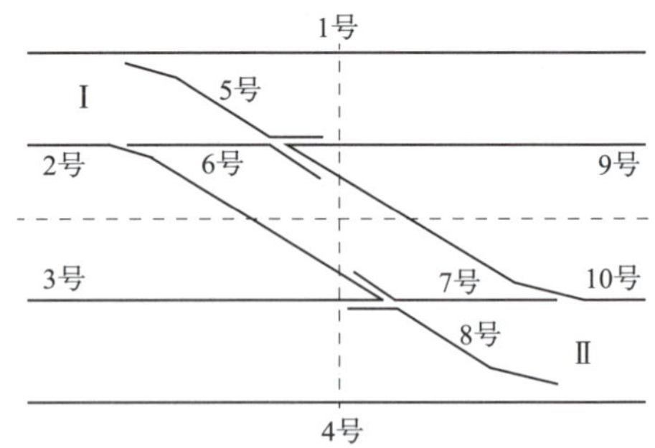

图 8—24　道岔钢轨编号

(一) 静力检算

1. 温度荷载

在温度荷载作用下，钢轨的温度力见图 8—25，钢轨的纵向位移见图 8—26。

在温度荷载作用下，该桥上无缝道岔的受力与变形结果见表8—39。其中最大钢轨温度力为1011.44 KN，尖轨、心轨尖端与底座板最大相对位移分别为17.30 mm、6.30 mm。

表8—39　桥上无缝道岔温度荷载作用的主要结果

项　　目	温度力或位移
最大钢轨温度力(kN)	1011.44
限位器受力(kN)	145.1
间隔铁受力(kN)	275.5
固结机构受力(kN)	322.19
端刺受力(kN)	2398.94
连续梁墩顶最大纵向力(kN)	12.34
尖轨尖端与底座板最大相对位移(mm)	17.30
心轨尖端与底座板最大相对位移(mm)	6.30
转辙器与底座板相对位移(mm)	1.5
辙叉与底座板相对位移(mm)	8.8

2. 车辆荷载

计算工况有4种情况，工况1：连续梁双线满布荷载；工况2：连续梁双线半联满布荷载；工况3：连续梁单线直向满布荷载；工况4：连续梁单线侧向满布荷载。

桥上无缝道岔竖向静荷载作用的主要结果见表8—40。工况1作用下的挠曲力最大为18.17 kN；工况2作用下的桥梁竖向挠度最大为8.85 mm，同时桥墩受力最大为42.33 kN。

表8—40　桥上无缝道岔竖向静荷载作用的计算结果

桥梁与荷载布置	挠曲力(kN)	桥墩受力(kN)	桥梁变形				
			横向挠度(mm)	跨挠比	竖向挠度(mm)	跨挠比	扭转(‰rad)
工况1	18.17	37.90	0.48	66354	7.01	4567	—
工况2	15.03	42.33	0.53	60130	8.85	3614	—
工况3	7.03	28.14	0.56	57375	6.15	5200	0.34
工况4	6.75	36.80	0.38	83590	5.43	5894	0.19

3. 检算结果

桥上无缝道岔进行以下项目的检算：无缝道岔位移检算、钢轨强度检算、传力结构受力检算、断缝值检算及桥梁变形检算。检算结果见表8—41、表8—42。

表8—41　桥上无缝道岔静力检算结果

检算项目	最大计算值	允许值
钢轨强度(MPa)	262.7	351.5
尖轨与底座板相对位移(mm)	17.3	30
心轨与底座板相对位移(mm)	6.3	10
转辙器与底座板相对位移(mm)	1.5	3.7
辙叉与底座板相对位移(mm)	8.8	20.7
限位器螺栓剪应力(MPa)	78.3	264
间隔铁螺栓剪应力(MPa)	63.8	
断缝值(cm)	3.6	7

表8—42　桥梁变形检算结果

检算项目	最大计算值	允许值
竖向挠跨比	1/3614	1/1455
横向挠跨比	1/57375	1/4000
扭转角(rad)	0.34×10^{-3}	0.5×10^{-3}
梁端竖向转角(rad)	0.21×10^{-3}	2.0×10^{-3}
梁端水平折角(rad)	0.03×10^{-3}	1.0×10^{-3}

通过桥上无缝道岔钢轨强度、钢轨位移、传力结构受力、断缝值和桥梁变形的计算与检算，从桥上无砟道岔无缝化的角度考虑，徐州东高架车站桥上铺设无缝道岔方案可行。

(二)动力检算

利用自主开发的动力仿真平台FORSYS建立完善的高速铁路车辆-无砟道岔-高架桥梁耦

合系统动力仿真分析模型,基于轮轨相互作用指标、车辆安全平稳性指标、道岔及桥梁结构动力特性指标,对京沪高铁徐州站桥上无缝道岔列车直向和侧向过岔时的动力响应进行检算评估分析。

1. 直向过岔检算

对京沪高铁徐州站桥上无缝道岔在列车速度为 280 ~ 410 km/h 时的动力响应指标进行检算分析,检算结果见表 8—43。

表 8—43　列车以速度 280 ~ 410 km/h 直向过岔动力检算结果

检算指标		理论计算结果	限值	检算结果
轮轨相互作用指标	轮轨垂向力(kN)	123.2 ~ 148.4	170	安全
	轮轨横向力(kN)	19.8 ~ 23.7	65	安全
车辆安全平稳性指标	脱轨系数	0.12 ~ 0.14	0.8	安全
	轮重减载率	1.0	0.8	超过限值的时间在 0.01 s 以下,安全
	车体垂向加速度(m/s^2)	0.02 ~ 0.03	1.3	安全
	车体横向加速度(m/s^2)	0.31 ~ 0.35	1.0	安全
	垂向 Sperling	1.17 ~ 1.21	优(<2.5)	优
	横向 Sperling	2.68 ~ 2.76	良(2.5 ~ 2.75) 合格(2.75 ~ 3.0)	良或合格
道岔结构动力特性指标	钢轨垂向位移(mm)	0.42 ~ 0.59	1.5	安全
	钢轨横向位移(mm)	0.24 ~ 0.35	1.5	安全
	钢轨动应力(MPa)	16.0 ~ 28.2	335	安全
	钢轨加速度(m/s^2)	2 088 ~ 4 206	—	正常
	道岔板加速度(m/s^2)	29.1 ~ 44.6	—	正常
桥梁结构动力特性指标	桥梁加速度(m/s^2)	3.7 ~ 5.4	5.0	滤波后,安全
	桥梁动位移(mm)	0.13 ~ 0.14	—	安全

列车直向通过徐州站桥上无缝道岔时,即使速度达到 410 km/h,动力学理论分析的各项指标除轮重减载率和桥梁加速度外均满足限值的要求,且有一定的富余。轮重减载率最大值虽为 1,但是超过限值的时间在 0.01 s 以下,满足规范要求;桥梁加速度在 3.7 m/s^2 ~ 5.4 m/s^2 之间,虽然超过限值,需要指出的是,这里给出的桥梁振动加速度都是未经滤波处理的数据,进行 20 Hz 低通滤波后,跨中处桥梁加速度远小于限值。因此,所有指标的检算结果都符合要求,列车运行安全稳定性良好。

2. 列车侧向过岔检算

桥上 18 号高速道岔侧向允许速度 80 km/h,按侧向允许速度 + 10 km/h 进行设计检算,即侧向过岔速度取为 90 km/h,检算结果见表 8—44。

列车在侧向通过道岔时,通过对轮轨相互作用、列车运行安全平稳性、道岔结构和桥梁结构动力特性指标的计算与检算可知,轮轨相互作用指标和轮重减载率较大,但均在容许范围内,其他指标均远小于限值。从桥上道岔无缝化的角度考虑,京沪高铁徐州站桥上无缝道岔设计方案可行,且列车运行的安全稳定性以及乘坐舒适性良好。

表 8—44　列车侧向过岔动力学理论检算结果

检算指标		理论分析最大值	限　值	检算结果
轮轨相互作用指标	轮轨垂向力(kN)	144	170	安全
	轮轨横向力(kN)	60.5	65	安全
车辆安全平稳性指标	脱轨系数	0.34	0.8	安全
	轮重减载率	0.76	0.8	安全
	车体垂向加速度(m/s^2)	0.083	1.3	安全
	车体横向加速度(m/s^2)	0.77	1.0	安全
	垂向 Sperling	1.55	优(<2.5)	优
	横向 Sperling	2.84	合格(2.75~3.0)	合格
道岔结构动力特性指标	钢轨垂向位移(mm)	0.75	1.5	安全
	钢轨横向位移(mm)	0.34	1.5	安全
	尖轨动弯应力(MPa)	23.3	335	安全
	心轨动弯应力(MPa)	38.1	335	安全
	钢轨加速度(m/s^2)	1 467	—	正常
	轨道板加速度(m/s^2)	91	—	正常
桥梁结构振动特性指标	桥梁垂向加速度(m/s^2)	2.3	5.0	安全
	桥梁横向加速度(m/s^2)	0.58	1.4	安全
	梁端转角(rad)	2.1×10^{-5}	2×10^{-3}	安全
	桥梁垂向动位移(mm)	0.20	—	安全

3. 碎弯检算

根据课题组在京沪高速铁路徐州东站现场测试的实际碎弯情况,分 3 种工况对钢轨碎弯的影响进行动力仿真检算,3 种工况为工况 1:不考虑钢轨碎弯;工况 2:考虑轨温 12℃,梁温 2℃时的实测碎弯值;工况 3:考虑轨温 −7℃,梁温 −1.3℃时的实测碎弯值。见表 8—45。

表 8—45　不同钢轨碎弯条件下车岔桥系统动力响应

钢轨碎弯工况	—	工况 1	工况 2	工况 3
轮轨垂向力	kN	166.94	168.98	168.83
轮轨横向力	kN	10.96	11.51	11.58
轮轴横向力	kN	7.50	8.58	8.55
脱轨系数	—	0.14	0.16	0.15
轮重减载率	—	1.00	1.00	1.00
车体垂向加速度	m/s^2	0.03	0.03	0.03
车体横向加速度	m/s^2	0.35	0.35	0.35
车体垂向平稳性指标	—	1.21	1.21	1.21
车体横向平稳性指标	—	2.76	2.77	2.77
钢轨加速度	m/s^2	2 536	2 584	2 576
轨道板加速度	m/s^2	223	250	237
钢轨垂向位移	mm	0.71	0.71	0.71
钢轨横向位移	mm	0.11	0.11	0.11

续上表

钢轨碎弯工况	—	工况 1	工况 2	工况 3
尖轨开口量	mm	0. 11	0. 12	0. 12
心轨开口量	mm	0. 09	0. 09	0. 09
尖轨动应力	MPa	11. 37	11. 02	11. 22
心轨动应力	MPa	12. 42	12. 47	12. 50
桥梁垂向加速度	m/s^2	3. 49	3. 56	3. 52
桥梁横向加速度	m/s^2	0. 42	0. 43	0. 42
桥梁跨中挠度	mm	0. 16	0. 16	0. 16
桥梁梁端转角	mrad	0. 0209	0. 0209	0. 0209

整体来看，钢轨碎弯对车岔桥系统各项指标的影响均较小，这可能是因为相对道岔结构不平顺，计算采用的碎弯幅值较小（仅为 0. 5 mm），其影响被道岔结构不平顺的影响所掩盖。虽然如此，碎弯的出现势必会破坏轨道的平顺性，进而对车辆运行的安全性、平稳性造成不利的影响，因此，仍有必要对钢轨碎弯进行严格控制。

（三）试验检算

1. 静力检算

（1）钢轨温度力

轨温差 20℃、道岔板温差 13℃、梁温差 4℃时，钢轨附加力最大值仅为 11. 6 kN，比较小，满足要求。

（2）道岔钢轨位移

钢轨升温 23℃，桥梁升温 6. 1℃时，尖轨的位移为 8. 42 mm，心轨的位移为 3. 54 mm，分别满足限值 ±40 mm 和 ±20 mm 的要求。

（3）桥梁纵向位移

钢轨升温 23℃，桥梁升温 6. 1℃时，连续梁南侧端部位移为 4. 37 mm，北侧端部位移为 4. 45 mm，在正常范围内。

（4）轨板纵向相对位移

以气温为 2℃，轨温为 –8℃，桥梁温度为 –2℃为基准，测得气温升高 7℃，钢轨升温 9℃，桥梁升温 0. 6℃时，1#道岔尖轨跟端轨道板纵向相对位移最大为 0. 17 mm，远小于限值 20. 7 mm 的要求。

（5）基本轨碎弯测试

由于桥面与无砟轨道间铺设有“两布一膜”滑动层，桥梁与无砟轨道的相互作用较小，与桥温相比，轨温变化对钢轨碎弯变形影响较大。随着轨温变化幅度的增加，钢轨的碎弯变形也有所增大。测试周期内轨温最大值为 12℃，钢轨碎弯变形最大值为 0. 51 mm。经计算，该段线路最大轨距变化率为 0. 31‰，满足限值要求。

综上所述，京沪高速铁路徐州站桥上无砟轨道无缝道岔的静力测试表明：在温度作用下，道岔及桥梁的受力与变形状态良好。

2. 动力检算

在徐州东站桥上无缝道岔进行动力测试，测得列车速度为 280. 0 ~ 410. 0 km/h 直向通过道岔时的动力响应，动态试验检算结果见表 8—46。

表 8—46　列车速度 280 ~ 410 km/h 直向过岔动力检算结果

检算指标		动力测试结果	限值	检算结果
列车运行安全性指标	脱轨系数	0.12 ~ 0.77	0.8	安全
	轮重减载率	0.01 ~ 0.37	0.8	安全
轮轨相互作用指标	轮轨垂向力(kN)	64.4 ~ 113.7	170	安全
	轮轨横向力(kN)	7.9 ~ 56.5	65	安全
轨道结构动力特性指标	钢轨垂向位移(mm)	0.19 ~ 1.37	1.5	安全
	钢轨横向位移(mm)	0.19 ~ 0.50	1.5	安全
	钢轨动应力(MPa)	14.4 ~ 36.5	335	安全
	钢轨加速度(m/s^2)	1 010 ~ 4 040	—	正常
	轨道板加速度(m/s^2)	18.0 ~ 40.0	—	正常
桥梁结构动力特性指标	桥梁加速度(m/s^2)	3.1 ~ 6.2	5.0	滤波后,安全
	桥梁动位移(mm)	0.09 ~ 0.28	—	安全

当列车以 280 km/h ~ 410 km/h 的速度通过徐州站桥上无缝道岔时,动力测试结果除桥梁加速度外都满足限值的要求。动力响应指标中,脱轨系数最大为 0.77,接近限值 0.8,钢轨垂向位移最大为 1.37 mm,接近限值 1.5 mm。跨中处桥梁加速度为 0.31g ~ 0.62g,超过限值。需要指出的是,这里给出的桥梁振动加速度都是未经滤波处理的数据,进行 20 Hz 低通滤波后,跨中处桥梁加速度为 0.05g ~ 0.14g,都小于规范要求的限值 0.5g。因此,所有测试指标都满足要求,列车直向过岔的安全稳定性良好。

(四)综合评估

京沪高速铁路徐州站桥上无缝道岔静力检算指标理论计算值和实测值、动力检算指标理论计算值和实测值较符合,且均小于限值的要求。通过桥上无缝道岔钢轨强度、钢轨位移、传力结构受力、断缝值和桥梁变形的理论计算与检算,表明静力作用下的结构强度和变形都较小,同时从现场静力测试来看,测得的钢轨温度力、道岔钢轨位移、桥梁纵向位移及轨板相对位移均较小。通过对列车直向和侧向过岔时轮轨相互作用指标、车辆安全平稳性指标、道岔结构动力特性指标以及桥梁结构动力特性指标动力理论计算和现场试验的检算,表明徐州东高架车站桥上铺设无缝道岔能够满足列车运行时安全稳定性的要求,结构的布局是合理的。同时,通过对桥上钢轨实测碎弯的动力检算分析表明,其对桥上无缝道岔的动力学性能影响较小。当列车速度为 410 km/h 时,结构仍有一定安全储备,表明徐州站桥上无缝道岔的设计相当安全。综上所述,从桥上道岔无缝化的角度考虑,徐州东高架车站桥上铺设无缝道岔可行且满足要求,列车运行安全稳定性较好。

二、郑西高速铁路渭南北站

郑西高速铁路渭南北高架站道岔采用法国科吉富高速道岔,共计 4 组 18 号单开道岔、2 组 18 号单渡线。道岔-桥梁布置形式见第五章相关内容。

(一)静力检算

1. 温度荷载

(1)上行咽喉(图 8—25、图 8—26)

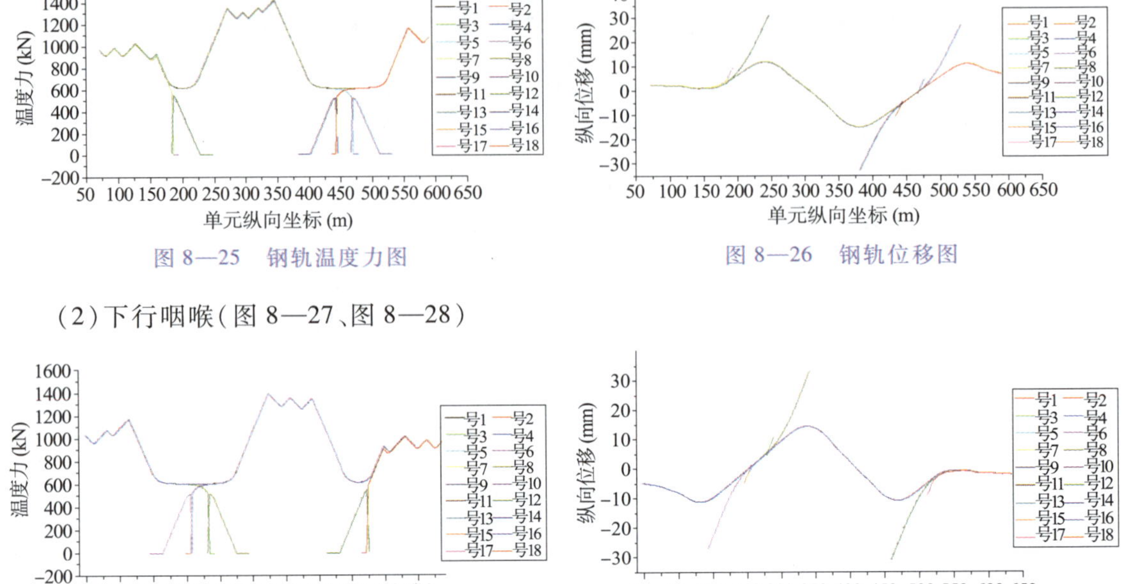

图 8—25 钢轨温度力图

图 8—26 钢轨位移图

(2)下行咽喉(图 8—27、图 8—28)

图 8—27 钢轨温度力图

图 8—28 钢轨位移图

桥上无缝道岔在温度荷载作用下的受力变形主要计算结果见表 8—47。

表 8—47 桥上无缝道岔温度荷载作用的主要结果

	最大温度力(kN)	附加温度力(kN)	尖轨尖端相对位移最大值(mm)	心轨尖端相对位移最大值(mm)	翼轨末端间隔铁受力最大值(kN)
上行咽喉	1 418.82	497.60	21.5	4.7	218.08
下行咽喉	1 394.79	473.57	22.6	4.7	218.82

2. 车辆荷载

计算工况为工况 1:五跨连续梁双线满布荷载;工况 2:五跨连续梁半联双线布置荷载;工况 3:五跨连续梁单线直向满布荷载;工况 4:五跨连续梁单线侧向满布荷载;工况 5:三跨连续梁双线满布荷载;工况 6:三跨连续梁半联双线布置荷载;工况 7:三跨连续梁单线侧向满布荷载。桥上无缝道岔竖向静荷载作用的主要结果见表 8—48。

表 8—48 桥上无缝道岔竖向静荷载作用的计算结果

桥梁与荷载布置		挠曲力(kN)	桥墩受力(kN)	桥梁变形				
				横向挠度(mm)	跨挠比	竖向挠度(mm)	跨挠比	扭转(‰rad)
上行咽喉	工况 1	58.37	97.80	0.08	700 000	7.40	7 567	—
	工况 2	67.00	342.73	0.10	560 000	10.60	5 283	—
	工况 3	34.63	48.24	0.72	77 778	5.01	11 200	0.41
	工况 4	30.75	46.30	0.39	143 590	3.76	14 894	0.39
	工况 5	46.50	85.13	0.05	9 600 000	6.30	7 619	—
	工况 6	28.10	17.50	0.05	614 000	2.00	16 515	—
	工况 7	24.63	42.81	0.53	90 566	4.36	11 009	0.38

续上表

桥梁与荷载布置		挠曲力(kN)	桥墩受力(kN)	桥梁变形				
				横向挠度(mm)	跨挠比	竖向挠度(mm)	跨挠比	扭转(‰rad)
下行咽喉	工况 1	56.44	16.80	0.16	300 000	6.69	7 175	—
	工况 2	65.37	174.24	0.15	320 000	8.46	5 674	—
	工况 3	34.43	9.20	0.15	320 000	4.96	9 677	0.44
	工况 4	28.20	20.00	0.62	77 419	4.53	10 596	0.40
	工况 5	48. 15	76.67	0.08	600 000	6.53	7 351	—
	工况 6	27.86	28.34	0.05	614 000	2.00	15 350	—
	工况 7	25.36	38.23	0.09	533 333	4.47	10 738	0.38

3. 检算结果

桥上无缝道岔进行以下项目的检算：无缝道岔位移检算、钢轨强度检算、传力结构受力检算、断缝值检算及桥梁变形检算。

表 8—49　桥上无缝道岔(群)检算结果

检　算　项　目	最大计算值	允　许　值
钢轨强度(MPa)	324.8	351.5
尖轨尖端位移(mm)	22.6	30
心轨尖端位移(mm)	4.7	10
间隔铁螺栓剪应力(MPa)	78.3	264
断缝值(cm)	8.4	9
岔区扣件上拔量(mm)	0.77	-

表 8—50　桥梁变形检算结果

检　算　项　目	最大计算值	允　许　值
竖向挠跨比	1/5 283	1/2 000
横向挠跨比	1/77 778	1/4 000
扭转角(rad)	0.44×10^{-3}	0.5×10^{-3}
梁端竖向转角(rad)	0.28×10^{-3}	2.0×10^{-3}
梁端水平折角(rad)	0.05×10^{-3}	1.0×10^{-3}

由表 8—49、表 8—50 可知，钢轨强度、钢轨位移、传力结构受力、断缝值和桥梁变形均满足要求，扣件上拔量也在合理的范围之内，但在养护维修时应注意对岔区扣件的巡查，避免扣件破坏给行车安全带来威胁。从桥上道岔无缝化的角度考虑，渭南北高架车站桥上铺设无缝道岔可行。

(二)动力检算

利用高速铁路车辆 - 无砟道岔 - 高架桥梁耦合系统动力分析模型，从轮轨相互作用、车辆运行的安全平稳性、道岔结构动力特性、桥梁结构动力特性四个方面，对车辆直向和侧向通过郑西高铁渭南桥上无缝道岔时车岔桥耦合系统的动力特性进行研究。

1. 直向过岔检算

郑西高速铁路渭南桥上无缝道岔在列车直向过岔速度为 300 ~ 325 km/h 时的动力响应检算结果见表 8—51。

表 8—51　列车直向过岔动力学理论检算结果

检 算 指 标		理论分析结果	限　值	检算结果
轮轨相互作用指标	轮轨垂向力(kN)	137.6 ~ 162.0	170	安全
	轮轨横向力(kN)	18.7 ~ 22.6	65	安全
车辆安全平稳性指标	脱轨系数	0.13 ~ 0.14	0.8	安全
	轮重减载率	1.0	0.8	超过限值时间在 0.01 s 以下,安全
	车体垂向加速度(m/s^2)	0.02 ~ 0.03	1.3	安全
	车体横向加速度(m/s^2)	0.31 ~ 0.34	1.0	安全
	垂向 Sperling	1.16 ~ 1.20	优(<2.5)	优
	横向 Sperling	2.68 ~ 2.72	良(2.5 ~ 2.75)	良
道岔结构动力特性指标	钢轨垂向位移(mm)	0.63 ~ 0.74	1.5	安全
	钢轨横向位移(mm)	0.36 ~ 0.42	1.5	安全
	钢轨动应力(MPa)	26.1 ~ 29.5	335	安全
	钢轨垂向加速度(m/s^2)	1 746 ~ 2 285	—	正常
	轨道板垂向加速度(m/s^2)	27.0 ~ 41.8	—	正常
桥梁结构动力特性指标	桥梁垂向加速度(m/s^2)	2.97 ~ 3.55	5.0	安全
	桥梁垂向动位移(mm)	0.18	—	安全

列车以速度 300 ~ 325 km/h 直向通过渭南站桥上无缝道岔时,动力学理论的各项检算指标均满足限值要求。其中轮轨垂向力最大为 162 kN,接近限值 170 kN,其他指标均远小于限值要求,高速列车运行安全稳定舒适性较好。

2. 侧向过岔检算

桥上 18 号高速道岔侧向允许速度 80 km/h,按侧向允许速度 + 10 km/h 进行设计检算,即侧向过岔速度取为 90 km/h,动力学理论检算结果见表 8—52。

表 8—52　列车侧向过岔动力学理论检算结果

检算指标		理论分析最大值	限　值	检算结果
轮轨相互作用指标	轮轨垂向力(kN)	138.9	170	安全
	轮轨横向力(kN)	61.8	65	安全
车辆安全平稳性指标	脱轨系数	0.21	0.8	安全
	轮重减载率	0.75	0.8	安全
	车体垂向加速度(m/s^2)	0.08	1.3	安全
	车体横向加速度(m/s^2)	0.71	1.0	安全
	垂向 Sperling	1.55	优(<2.5)	优
	横向 Sperling	2.68	良好(2.5 ~ 2.75)	良好

续上表

检算指标		理论分析最大值	限　值	检算结果
道岔结构动力特性指标	钢轨垂向位移(mm)	0.65	1.5	安全
	钢轨横向位移(mm)	0.30	1.5	安全
	尖轨动弯应力(MPa)	24.1	335	安全
	心轨动弯应力(MPa)	25.3	335	安全
	钢轨加速度(m/s^2)	1 123	—	正常
	轨道板加速度(m/s^2)	98	—	正常
桥梁结构振动特性指标	桥梁垂向加速度(m/s^2)	2.7	5.0	安全
	桥梁横向加速度(m/s^2)	0.68	1.4	安全
	梁端转角(rad)	1.7×10^{-5}	2×10^{-3}	安全
	桥梁垂向动位移(mm)	0.22	—	安全

列车在侧向通过道岔时,通过了对轮轨相互作用、列车运行安全平稳性、道岔结构和桥梁结构动力特性指标的计算与检算,轮轨相互作用指标和轮重减载率较大,但均在容许范围内,其他指标均远小于限值。从桥上道岔无缝化的角度考虑,郑西客专渭南站桥上无缝道岔设计方案可行,且列车运行的安全稳定性以及乘坐舒适性良好。

(三)试验检算

1. 静力检算

(1)钢轨温度力

轨温差25.0℃,梁温差2.6℃时,钢轨温度力最大值1 418.82 kN,满足强度限值要求。

(2)道岔钢轨位移

钢轨升温20℃,桥梁升温3.1℃时,尖轨的位移为7.04 mm,心轨的位移为2.02 mm,分别满足限值±40 mm和±20 mm的要求。

(3)基本轨碎弯测试

与轨温变化相比,桥温变化对无砟轨道横向位移的影响较为明显,无缝道岔单股钢轨横向位移最大变化量约为1.88 mm,出现在梁端部。此时,梁端部的梁轨纵向相对位移为2.52 mm。道岔直股最大轨距变化率为0.54‰,满足1‰的限值要求。

综上所述,郑西高速铁路渭南北站桥上无砟轨道无缝道岔的静力测试表明:在温度作用下,道岔及桥梁的受力与变形状态良好。

2. 动力检算

在郑西渭南桥上进行无缝道岔动力试验研究,列车以速度299.0~325.6 km/h直向通过道岔时,动态试验检算结果见表8—53。

当列车以速度299.0~325.6 km/h直向通过渭南站桥上无缝道岔时,对于各动力响应指标,所有测试结果均远小于限值。其中,最大轮重减载率为0.44,最大脱轨系数为0.30,均远小于限值0.8,列车运行的安全稳定性良好。

表 8—53　列车速度 299.0 ~ 325.6 km/h 直向过岔检算结果

检算指标		动测结果	限值	检算结果
轮轨相互作用指标	轮轨垂向力(kN)	107.2 ~ 120.6	170	安全
	轮轨横向力(kN)	14.1 ~ 28.4	65	安全
车体安全平稳性指标	轮重减载率	0.22 ~ 0.44	0.8	安全
	脱轨系数	0.17 ~ 0.30	0.8	安全
轨道结构动力特性指标	钢轨垂向位移(mm)	0.50 ~ 0.75	1.5	安全
	钢轨横向位移(mm)	0.28 ~ 0.54	1.5	安全
	钢轨动应力(MPa)	22.0 ~ 35.8	335	安全
	钢轨加速度(m/s^2)	1 427 ~ 3 920	—	正常
	轨道板加速度(m/s^2)	21.8 ~ 39.4	—	正常
桥梁结构动力特性指标	桥梁加速度(m/s^2)	2.7 ~ 3.6	5.0	安全
	桥梁动位移(mm)	0.14 ~ 0.18	—	安全

(四)综合评估

郑西高铁渭南桥上无缝道岔静力检算指标理论计算值和实测值、动力检算指标理论计算值和实测值值较符合,且均远小于限值的要求。通过桥上无缝道岔钢轨强度、钢轨位移、传力结构受力、断缝值和桥梁变形的理论计算与检算,表明静力作用的结构强度和变形满足要求,但是钢轨强度、断缝值和桥梁扭转角指标的量值均较大。同时从现场静力测试来看,测得的钢轨温度力、道岔钢轨纵向位移、桥梁纵向位移、基本轨横向位移及碎弯均正常。通过对列车直向和侧向过岔时轮轨相互作用指标、车辆安全平稳性指标、道岔结构动力特性指标以及桥梁结构动力特性指标动力理论计算和现场试验的检算,表明郑西高速铁路渭南桥上铺设无缝道岔能够满足列车运行时安全稳定性的要求,现场试验测得当列车以速度 299.0 ~ 325.6 km/h 直向通过渭南站桥上无缝道岔时,最大轮重减载率为 0.44,最大脱轨系数为 0.30,均远小于限值 0.8。桥梁的振动变形对上部道岔结构的影响很小,结构的布局是合理的。综上所述,从桥上道岔无缝化的角度考虑,郑西渭南桥上铺设无缝道岔可行且满足要求,列车运行安全稳定性良好。

三、京沪高速铁路天津特大桥

京沪高速铁路天津特大桥京津联、津沪联线路所分别铺设了 2 组 42 号大号码道岔,道岔编号见图 8—29。京津联络线上行布置一组 42 号大号码道岔,道岔位于一联 7 - 32.7 m 的连续梁上,岔心里程为 DK102 + 752.99,距离此连续梁左端的距离为 98.1 m,距离连续梁固定支座 32.7 m。岔区底座板全桥纵连。联络线和正线在一联 1-32.7 m 简支梁上分开,距离简支梁固定支座约 10 m 的距离。联络线为有砟轨道,正线铺设Ⅱ型纵连板式无砟轨道。

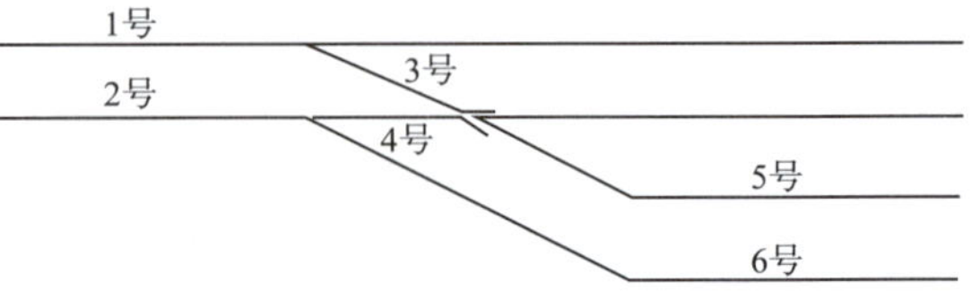

图 8—29　道岔钢轨编号

(一)静力检算

在温度荷载作用下,钢轨的受力变形见图 8—30、图 8—31。

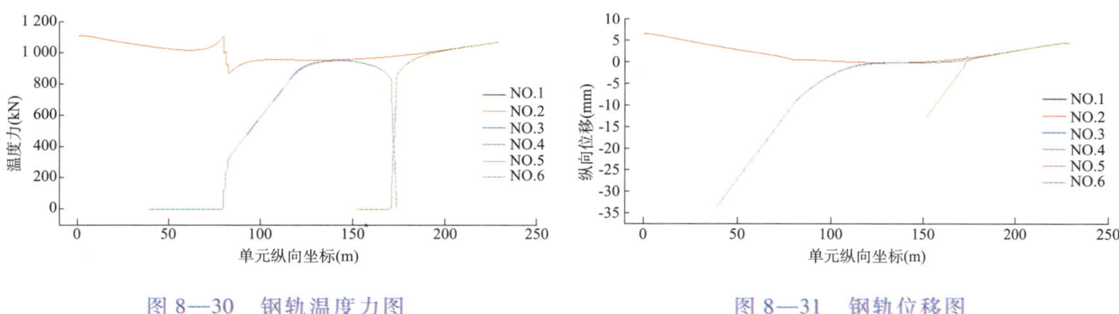

图 8—30　钢轨温度力图　　　　图 8—31　钢轨位移图

桥上无缝道岔温度荷载作用的主要结果见表 8—54。

表 8—54　桥上无缝道岔温度荷载作用的主要结果

项　　目	计算结果	项　　目	计算结果
最大钢轨温度力(kN)	1 117.33	尖轨尖端相对位移(mm)	35.58
限位器受力(kN)	114.12	心轨尖端相对位移(mm)	7.24
间隔铁受力(kN)	205.91	转辙器与底座板相对位移(mm)	1.5
固结机构受力(kN)	582.77	辙叉与底座板相对位移(mm)	2.4
连续梁墩顶最大纵向力(kN)	48.63		

桥上无缝道岔在车辆荷载作用下的受力变形主要计算结果见表 8—55。计算工况为工况 1:连续梁双线满布荷载;工况 2:连续梁双线半联满布荷载;工况 3:连续梁单线直向满布荷载。

表 8—55　桥上无缝道岔竖向静荷载作用的计算结果

桥梁与荷载布置	挠曲力(kN)	桥墩受力(kN)	桥　梁　变　形				
			横向挠度(mm)	跨挠比	竖向挠度(mm)	跨挠比	扭转(‰rad)
工况 1	20.76	12.30	0.10	327 000	2.40	13 625	——
工况 2	22.21	32.33	0.09	363 333	2.39	13 682	——
工况 3	11.92	6.27	0.46	71 087	1.98	16 515	0.16

桥上无缝道岔进行以下项目的检算:无缝道岔位移检算、钢轨强度检算、传力结构受力检算、断缝值检算及桥梁变形检算,见表 8—56、表 8—57。

表 8—56　桥上无缝道岔检算结果

检算项目	最大计算值	允许值
钢轨强度(MPa)	276.4	351.5
尖轨尖端相对位移(mm)	35.6	40
心轨尖端相对位移(mm)	7.2	10
转辙器与底座板相对位移(mm)	1.5	3.7
辙叉与底座板相对位移(mm)	2.4	20.7
限位器螺栓剪应力(MPa)	36.8	264
间隔铁螺栓剪应力(MPa)	57.0	
断缝值(cm)	4.1	7

表 8—57　桥梁变形检算结果

检算项目	最大计算值	允许值
竖向挠跨比	1/13 625	1.1 × 1/1 600
横向挠跨比	1/71 087	1/4 000
扭转角(rad)	0.16×10^{-3}	0.5×10^{-3}
梁端竖向转角(rad)	0.15×10^{-3}	2.0×10^{-3}
梁端水平折角(rad)	0.02×10^{-3}	1.0×10^{-3}

通过桥上无缝道岔钢轨强度、钢轨位移、传力结构受力、断缝值和桥梁变形的计算与检算，从桥上道岔无缝化的角度考虑，天津特大桥京津联络线上行桥上 42 号板式无砟轨道无缝道岔设计方案可行。

(二)动力学检算

利用高速铁路车辆 - 无砟道岔 - 高架桥梁耦合系统动力分析模型，从轮轨相互作用、车辆运行的安全平稳性、道岔结构动力特性、桥梁结构动力特性四个方面，对车辆直向和侧向通过 42 号道岔时车岔桥耦合系统的动力特性进行研究。

1. 直向过岔检算

42 号高速道岔直向允许速度 350 km/h，按直向允许速度 +10% 进行设计检算，即直向过岔速度取为 385 km/h，见表 8—58。

表 8—58　列车直向过岔动力理论检算结果

检算指标		理论分析最大值	限　值	检算结果
轮轨相互作用指标	轮轨垂向力(kN)	113.03	170	安全
	轮轨横向力(kN)	10.33	65	安全
车辆安全平稳性指标	脱轨系数	0.19	0.8	安全
	轮重减载率	1.0	0.8	超过限值的时间在 0.01 s 以下，安全
	车体垂向加速度(m/s^2)	0.03	1.3	安全
	车体横向加速度(m/s^2)	0.72	1.10 g	安全
	垂向 Sperling	1.13	优(<2.5)	优
	横向 Sperling	2.84	合格(2.75 ~ 3.0)	合格
道岔结构动力特性指标	钢轨垂向位移(mm)	0.55	1.5	安全
	钢轨横向位移(mm)	0.08	1.5	安全
	尖轨动弯应力(MPa)	26.4	335	安全
	心轨动弯应力(MPa)	22.1	335	安全
	钢轨加速度(m/s^2)	1 204	—	正常
	轨道板加速度(m/s^2)	66	—	正常
桥梁结构振动特性指标	桥梁垂向加速度(m/s^2)	1.64	5.0	安全
	桥梁横向加速度(m/s^2)	0.11	1.4	安全
	梁端转角(mrad)	0.024	0.002	安全
	桥梁垂向动位移(mm)	0.20	—	安全

可以看出，列车以速度 385 km/h 直向通过京津联道岔区桥上 42 号道岔时，通过对轮轨相

互作用、列车运行安全平稳性、道岔结构和桥梁结构动力特性指标的计算与检算，各检算指标均远小于限值。当列车直向过岔时，能够满足列车运行的安全性、稳定性及舒适性。

2. 侧向过岔检算

42 号高速道岔侧向允许速度 160 km/h，按侧向允许速度 +10 km/h 进行设计检算，即侧向过岔速度取为 170 km/h，见表 8—59。

表 8—59　列车侧向过岔动力理论检算结果

检算指标		理论分析最大值	限　值	检算结果
轮轨相互作用指标	轮轨垂向力（kN）	127.1	170	安全
	轮轨横向力（kN）	41.7	65	安全
车辆安全平稳性指标	脱轨系数	0.26	0.8	安全
	轮重减载率	0.33	0.8	安全
	车体垂向加速度（m/s^2）	0.048	1.3	安全
	车体横向加速度（m/s^2）	0.66	1.10 g	安全
	垂向 Sperling	1.12	优（<2.5）	优
	横向 Sperling	2.70	良好（2.5 ~ 2.75）	良好
道岔结构动力特性指标	钢轨垂向位移（mm）	0.66	1.5	安全
	钢轨横向位移（mm）	0.28	1.5	安全
	尖轨动弯应力（MPa）	22.5	335	安全
	心轨动弯应力（MPa）	23.1	335	安全
	钢轨加速度（m/s^2）	1 305	—	正常
	轨道板加速度（m/s^2）	119	—	正常
桥梁结构振动特性指标	桥梁垂向加速度（m/s^2）	2.2	5.0	安全
	桥梁横向加速度（m/s^2）	0.86	1.4	安全
	梁端转角（rad）	2×10^{-5}	2×10^{-3}	安全
	桥梁垂向动位移（mm）	0.20	—	安全

可以看出，列车在侧向通过道岔时，通过对轮轨相互作用、列车运行安全平稳性、道岔结构和桥梁结构动力特性指标的计算与检算，尽管列车侧向过岔较直向过岔速度低，结构振动总体上却稍大，但依然小于限值。显然，当高速列车侧向过岔时，能够满足列车运行的安全性、稳定性以及舒适性。

（三）综合评估

对京沪高速铁路天津特大桥京津联络线上行桥上 42 号板式无砟轨道无缝道岔的静力学和列车直向过岔以及侧向过岔进行动力学理论检算分析，从各检测指标的数值来看，均小于限值，且大部分有较充足的富余量。在温度荷载和车辆荷载作用下，钢轨应力、心轨尖端相对位移、断缝值、桥梁竖向挠跨比分别为 276.4 MPa、7.2 mm、4.1 cm、1/13 625，均远小于限值；列车直向和侧向过岔时的最大脱轨系数分别为 0.19、0.26，远小于限值 0.8。从桥上道岔无缝化以及列车运行安全稳定舒适性等角度考虑，天津特大桥京津联络线上行桥上 42 号板式无砟轨道无缝道岔设计方案可行，且该工点道岔结构设计合理，且有较高的安全储备，列车运行的安全性、稳定性以及舒适性较好。

三、小　结

利用本书所建立的桥上无缝道岔空间耦合理论与检算评价方法，本节基于桥上无缝道岔钢轨强度、尖轨心轨位移、梁轨相对位移、传力结构螺栓强度、稳定性、断缝值、横向变形等静力学指标以及轮轨相互作用、车辆安全平稳性、道岔和桥梁振动特性等动力学指标，对京沪高速铁路徐州东站、郑西高速铁路渭南北站以及京沪高速铁路天津特大桥桥上无缝道岔进行了详细的静动力学计算和检算，同时对徐州站和渭南站桥上无缝道岔，结合现场静动力试验进行了检算。分析表明上述桥上无缝道岔的各检算指标量值均小于限值，无缝道岔的结构设计合理，且都满足列车运行安全稳定性要求。

桥上无缝道岔运营状况良好，验证了本项目建立的检算评估方法的合理性。同时，本书所建立的桥上无缝道岔的检算方法也指导了哈大高速铁路红嘴河桥上道岔、京沪高速铁路苏州北站和天津南站桥上无缝道岔的设计和铺设。本书所建立的桥上无缝道岔的检算评估方法可有效指导高速铁路桥上无缝道岔的设计，为高速铁路长大桥梁无砟轨道无缝道岔的使用积累了宝贵的经验，研究成果也可为高速铁路桥上无缝道岔施工及养护维修提供必要的依据。

结　语

本书以京沪高速铁路、郑西高速铁路等为工程背景，对高速铁路无缝线路关键设计参数，高速道岔、长大桥梁无砟轨道无缝线路及高架站无砟道岔设计方法，跨区间无缝线路检算内容和评估方法，无砟轨道无缝线路长期监测技术等进行了深入的理论与试验研究；基于协同仿真技术，先后建立了高速道岔空间静动力分析模型、高速列车－无缝线路（道岔）－无砟轨道－桥梁－墩台精细化分析模型，对高速道岔、长大桥上无砟轨道无缝线路、高架站上无砟道岔的力学特性及主要影响因素进行了分析，掌握了高速运营条件下高速道岔、桥上无砟轨道无缝线路、高架站无砟轨道无缝道岔受力与变形规律，完善了相关计算理论，形成较为完善的设计理论体系；提出基于修正的应力－应变技术、光纤光栅技术的高速铁路无缝线路监测方法；形成了一套高速铁路无缝线路的检算评估方法。本书研究成果已在京沪高速铁路、郑西高速铁路、哈大高速铁路等的设计、施工及养护维修中得到成功应用。

目前，随着我国高速铁路的大规模建设及应用，高速铁路无缝线路结构的可靠性、稳定性受到越来越多地关注，高速铁路无缝线路技术也将不断面临新问题、新挑战。今后高速铁路无缝线路的研究工作主要集中在以下几个方面。

1. 在温度作用、车辆冲击等复杂荷载作用下，高速铁路无缝线路无砟轨道基础出现区域沉降、上拱、冻胀等病害，极大影响自身的使用寿命及列车运行的平稳安全，需要从设计方法、设计参数等方面对结构设计理论进行更深入的研究。

2. 对于高速铁路桥上 CRTSⅡ型板式无砟轨道无缝线路，滑动层的失效、摩擦系数的增加，都会导致系统受力的增大，应关注系统结构细节在运营条件下的结构和材料耐久性，如滑动层、剪力齿槽、端刺及砂浆等。

3. 车岔桥系统动力分析的关键在于参数准确性，由于没有岔区轨道几何不平顺、轨面和车轮踏面磨耗程度等测试数据，在研究时只能作一定的假定。为此，应开展高速铁路岔区轨道不平顺的调研。高速铁路桥上无砟道岔结构体系非常复杂，影响因素众多，而且具有一定的随机性，对随机参数、随机荷载下系统的动力可靠度进行研究十分必要。

4. 高速铁路无缝线路的长期监测技术还处于发展初期，应在力学性能监测的基础上，结合视频监测、智能识别技术，及时指导养护维修。为了满足高速运营条件下跨区间无缝线路养护维修的要求，长期监测系统应包含线路上所有的关键轨道结构及部件，如高速道岔、过渡段轨道、桥上无缝线路等。需充分利用监测数据，实现自动预警、预测及辅助决策等功能。

5. 为保证高速铁路无缝线路的平顺性及列车运行的平稳、安全，无砟轨道对下部基础的变形控制提出了更高的要求，应考虑多专业的联合，加强路基、桥梁结构的沉降长期观测，实时监测轨道结构的平顺性及动态响应，定期对道岔及桥梁等高速铁路无缝线路关键结构的安全等进行全面评估。

我国高速铁路仍处于飞速发展阶段，及时总结既有无缝线路设计、运营、铺设及养护维修经验，加快制订并完善适用于高速铁路无缝线路的相关规范，更深入地开展关键技术的研究工作，对于促进我国高速铁路的推广和应用具有重要意义。

参考文献

[1]高亮. 轨道工程[M]. 北京:中国铁道出版社,2010.

[2]赵国堂. 高速铁路无砟轨道结构[M]. 北京:中国铁道出版社,2006.

[3]高亮. 直线电机轮轨交通轨道[M]. 北京:中国科学技术出版社,2010.

[4]北京交通大学. 高速铁路长大桥梁、高架站及无砟轨道无缝线路技术试验研究报告[R]. 北京:北京交通大学,2011.

[5]北京交通大学. 京沪高速铁路双柱型(Π型)端刺理论及试验研究报告[R]. 北京:北京交通大学,2009.

[6]北京交通大学. 京沪高铁京杭运河特大桥桥上无缝线路综合试验研究报告[R]. 北京:北京交通大学,2011.

[7]中国铁道科学研究院. CRTSⅡ型板式无砟轨道可适应的长大混凝土桥梁温度跨长研究报告[R]. 北京:中国铁道科学研究院,北京交通大学,2009.

[8]GAO Liang. Study on the Elasticity-plasticity-stickiness of the Railway Crushed Stone Ballast [J]. Journal of Shanghai Jiaotong University,2004,38(z2):67-72.

[9]北京交通大学. 高速铁路高架桥-无缝道岔相互作用机理研究报告[R]. 北京:北京交通大学,2011.

[10]中铁第一勘察设计院集团有限公司,等. 客运专线桥上无缝线路及岔区桥梁与道岔设计研究报告[R]. 西安,北京,成都:中铁第一勘察设计院集团有限公司,北京交通大学,西南交通大学,2006~2009.

[11]北京交通大学. 高亮,刘衍峰,田新宇. 铁路跨区间无缝线路关键技术的试验研究[J]. 土木工程学报. 2005,38(11):128-131,137.

[12]北京交通大学. 郑西高速铁路新渭南站桥上无缝道岔测试报告[R]. 北京:北京交通大学,2009.

[13]铁道部工程管理中心. 客运专线铁路道岔铺设手册[M]. 北京:中国铁道出版社,2009.

[14]中铁第四勘察设计院. 客运专线无砟无缝线路关键技术研究报告[R]. 武汉:中铁第四勘察设计院,2009.

[15]中铁第四勘察设计院. 无缝线路设计参数的试验研究报告[R]. 武汉:中铁第四勘察设计院,2009.

[16]中铁二院工程集团有限公司,等. 遂渝线无砟轨道综合试验段关键技术试验研究[R]. 成都,北京:中铁二院工程集团有限责任公司,中国铁道科学研究院,中铁八局集团有限公司,2007.

[17]西南交通大学,等. 250 km/h 客运专线 18 号无砟道岔设计理论与仿真分析[R]. 成都,北京:西南交通大学,北京交通大学,2006.

[18]北京交通大学. 遂渝线无砟轨道客专 18 号道岔温度力及位移测试报告[R]. 北京:北京交通大学,2007.

[19]北京交通大学．哈大高速铁路红嘴河特大桥桥上无缝道岔设计可行性研究报告[R]．北京:北京交通大学,2008.

[20]曲村,高亮,陶凯．无砟轨道18号无缝道岔尖轨跟端结构选型[J]．北京交通大学学报,2009,33(4):115-118.

[21]北京交通大学．桥上无缝道岔设计理论与设计方法[R]．北京:北京交通大学,2008.

[22]北京交通大学．京津城际客运专线无砟轨道无缝道岔检算报告[R]．北京:北京交通大学,2009.

[23]北京交通大学．客运专线无缝道岔焊接顺序及作业温度范围[R]．北京:北京交通大学,2008.

[24]北京交通大学．高速铁路长大坡道道岔力学特性研究报告[R]．北京:北京交通大学,2012.

[25]高亮,曲村,陶凯,乔神路．客运专线42号无砟轨道无缝道岔设计方法研究[J]．铁道学报,2011,33(1):76-82.

[26]中国铁道科学研究院,等．高速铁路无砟轨道设计技术[R]．北京:中国铁道科学研究院,北京交通大学,2006～2008.

[27]客运专线无砟轨道技术再创新攻关组．客运专线无砟轨道设计理论和设计方法研究报告[R]．北京:客运专线无砟轨道技术再创新攻关组,2007～2008.

[28]中华人民共和国铁道部．客运专线铁路工程竣工验收动态检测指导意见[S]．北京:中国铁道出版社,2008.

[29]中国铁道科学研究院．京津城际铁路CRTSⅡ型板式无砟轨道设计原理与方法总结[R]．北京:中国铁道科学研究院,2009.

[30]中国铁道科学研究院．跨区间无缝线路关键技术试验研究报告[R]．北京:铁道科学研究院,2003.

[31]陈鹏,高亮,冯雅薇,许兆义．连续梁桥上无缝线路纵向附加力的变化规律[J]．北京交通大学学报．2007,31(1):85-88.

[32]蒋金洲,卢耀荣．客运专线钢轨断缝允许值研究[J]．中国铁道科学．2007,28(6):25-29.

[33]徐庆元．高速铁路桥上无缝线路纵向附加力三维有限元静力与动力分析研究[D]．长沙:中南大学,2005.

[34]中华人民共和国铁道部．客运专线铁路工程静态验收指导意见[S]．北京:中国铁道出版社,2009.

[35]中华人民共和国铁道部．高速铁路设计规范(试行)[S]．北京:中国铁道出版社,2009.

[36]中华人民共和国铁道部．新建铁路桥上无缝线路设计暂行规定[S]．北京:中国铁道出版社,2003.

[37]西南交通大学,等．跨区间无缝线路无缝道岔设计方法的优化研究[R]．成都,北京:西南交通大学,北京交通大学,2003.

[38]西南交通大学,等．道岔设计理论研究与动力仿真分析报告[R]．成都,北京:西南交通大学,北京交通大学,2007.

[39]陈鹏．高速铁路无砟轨道结构力学特性的研究[D]．北京:北京交通大学,2008.

[40]孙大新,高亮,刘衍峰．桥上无砟轨道无缝道岔力学特性分析[J]．北京交通大学学报,

2007,31(1):89-92.

[41]高亮,陶凯,曲村,辛涛. 客运专线桥上无缝道岔空间力学特性的研究[J]. 中国铁道科学,2009,30(1):29-35.

[42]客运专线无砟轨道技术再创新攻关组. 国内外无砟轨道系统研究分析总报告[R]. 北京:客运专线无砟轨道技术再创新攻关组,2007.

[43]高亮,陶凯,陈鹏. 无砟桥上无缝交叉渡线力学特性的影响因素[J]. 北京交通大学学报:自然科学版,2008,32(4):71-74.

[44]乔神路,高亮,曲村,辛涛. 桥上纵连板式无砟轨道无缝道岔力学特性[J]. 西南交通大学学报,2010,45(5):669-675.

[45]胡华锋. 客运专线无砟轨道无缝线路锁定轨温确定方法的探讨[J]. 中国铁道科学,2008,29(6):30-34.

[46]王平,杨荣山,刘学毅. 无缝道岔铺设于长大连续梁桥上时的受力与变形分析[J]. 交通运输工程与信息学报,2004,2(3):16-21.

[47]曾志平. 高速铁路桥上无缝道岔伸缩力及列车-道岔-桥梁系统空间振动研究[D]. 长沙:中南大学,2006.

[48]客运专线无砟轨道技术再创新攻关组. 纵连板式无砟轨道结构研究报告[R]. 客运专线无砟轨道技术再创新攻关组,2007.

[49]夏禾. 车辆与结构动力相互作用[M]. 2 版. 北京:科学出版社,2005.

[50]中国铁道科学研究院,等. 高速铁路跨区间无逢线路设计方法和设计参数研究报告[R]. 北京:中国铁道科学研究院,北京交通大学,2003.

[51]客运专线无砟轨道技术再创新攻关组. 国内外无缝线路设计技术总结及分析[R]. 客运专线无砟轨道技术再创新攻关组,2010.

[52]铁道部工程管理中心. 京津城际轨道交通工程 CRTS Ⅱ 型板式无砟轨道技术总结报告[R]. 北京:铁道部工程管理中心,2008.

[53]翟婉明. 车辆-轨道耦合动力学[M]. 3 版. 北京:科学出版社,2007.

[54]雷晓燕,圣小珍. 现代轨道理论研究[M]. 北京:中国铁道出版社,2006.

[55]XIN Tao, GAO Liang. Reducing Slab Track Vibration into Bridge Using Elastic Materials in High Speed Railway[J]. Journal of Sound and Vibration,2011,330(10):2237-2248.

[56]北京交通大学. 郑西高速铁路新渭南高架车站桥上无缝道岔群设计可行性研究报告[R]. 北京:北京交通大学,2008.

[57]陈鹏. 高速铁路无砟轨道结构力学特性的研究[D]. 北京:北京交通大学,2009.

[58]Cun Qu,Liang Gao,Xiaopei Cai,Shenlu Qiao. Analysis on the Influencing Factors of Mechanical Characteristics of Longitudinal Connected Ballastless CWR on Bridge in High-speed Railway[C]//The First International Conference on Railway Engineering,Beijing,2010.